하늘에 닿은 사랑

김기석의 시편 산책

하늘에 닿은 사랑

개정증보판 펴냄 2024년 8월 23일

지은이 김기석
펴낸이 한종호
디자인 임현주
인쇄 미래피앤피

펴낸곳 꽃자리
출판등록 2012년 12월 13일
주소 경기도 의왕시 백운중앙로 45, 207동 503호(학의동, 효성해링턴플레이스)
전자우편 amabi@hanmail.net
블로그 http://fzari.tistory.com

ISBN 979-11-86910-53-5 03230
값 40,000원

하늘에 닿은 사랑

김기석의 시편 산책

꽃자리

차례

영혼의 돌봄

시편으로 드리는 기도

삶의 다른 층위를 바라보는 일

지난 2년 동안 우리는 한 번도 겪어 보지 못한 현실에 적응하느라 안간힘을 다했다. 처음에는 초청 받지 않은 손님인 코비드19가 쉽게 물러갈 줄 알았다. 가끔 찾아오곤 하던 감염병 중 하나로 생각했기 때문이다. 그러나 이 감염병은 우리 가운데 터 잡고 살기로 작정한 것 같다. 과도기를 거치면서 바이러스는 인간과 불편한 동거를 하는 전략을 택하고 있다. 초기에는 예배에 참석하는 이들에게 마스크를 써도 된다고 안내하기도 했다. 예배 중 마스크를 쓰는 것은 왠지 예의에 어긋난다고 생각하는 이들이 많았기 때문이다. 지금은 안내하지 않아도 모두 마스크를 쓰고 예배에 참여한다. 시대의 흐름에 발 빠르게 적응하는 교회에서 QR 코드를 활용하여 교인 인증을 한다는 말을 들었을 때 왠지 저항감이 느껴지기도 했다. 공동 예배는 모든 이들에게 열려 있어야 한다는 생각 때문이었을 것이다. 이제는 어떤 공간에 들어갈 때 체온을 측정하고, 본인 인증을 하는 일이 당연하게 되었다. 인간은 적응의 동물이라는 말이 과언이 아니다.

영상을 통해 예배를 드리고, 줌을 통해 소통하는 것도 이제는 꽤 익숙해졌다. 친밀한 소통은 불가능하지만 아쉬운 대로 만남의 욕구를 해소할 길이 있어 다행이라 하겠다. 공간적 거리는 더 이상 문제가 아니다. 해외에 있는 이들과도 쉽게 접촉할 수 있으니 말이다. 코비드19 시대를 거치면서 교회는 마치 반사회적 집단인양 매도를 당하기도 했다. 방역 당국의 경고에도 불구하고 현장 예배를 단행하던 교회가 감염병 확산의 숙주 노릇을 하고 있다는 혐의 때문이었다. 기독교인들을 바라보는 세상의 시선이 점점 차가워지고 있다. 개신교회와 신자들을 신뢰한다는 이들이 점점 줄어들고 있다. '너희는 세상의 빛이다', '너희는 세상의 소금이다' 하신 주님의 선언이 무색할 지경이다.

어려운 시절이다. 많은 이들이 벼랑 끝에 내몰린 듯 위태로운 시간을 견디고 있다. 자영업자들과 소상공인들은 물론이고, 반쯤 닫힌 기회의 문 앞에서 서성이는 청년 세대도 모래를 씹듯 절망을 씹고 있다. 터널의 끝은 보이지 않고, 설사 끝이 있다 해도 그곳이 활기찬 기쁨의 장소로 이어질지는 불확실하다. 불안이 안개처럼 우리 삶을 뒤덮고 있다. 고단함과 억울함이라는 정서가 사람들을 확고하게 사로잡고 있다. 기독교인들이라 하여 형편이 다른 것은 아니다. 가끔은 우리 마음을 가득 채우는 울울함을 떨쳐내기 위해 소리라도 지르고 싶고, 저 어둠을 향해 돌이라도 던지고 싶다. 암울한 현실에 지친 이들은 결국 근원적 물음 앞에 설 수밖에 없다. '나는 누구인가?', '하나님은 어떤 분이신가?', '어떻게 살아야 할까?'

정답은 없다. 인간의 인간됨이란 이런 질문에 삶으로 응답하는 과정을 통해 구현된다. 도스토예프스키Dostoevsky는 소설의 작중 인물인 이반을 통해 '신이 없다면 모든 것이 허용된다'고 말했다. 신이 제거된 자리를 대신하는 것은 초인이다. 그들은 입법자인 동시에 집행자이기에 인간의 도덕을 훌쩍 뛰어넘는다. 신이 사라지고 초인이 다스리는 세상은 행복한가? 그럴 수 없다. 그들은 큰 뜻을 이루기 위해 개인을 희생하는 것이 정당하다고 생각하기 때문이다. 초인의 세계는 전체주의로 귀결되기 쉽다. 성서의 하나님은 세상의 모든 존재를 귀하게 여기신다. 하나님의 형상이라는 말은 가장 깊은 의미의 인권 선언이라 할 수 있다. 인간은 하나님 앞에서 살 때 인간답다. 하나님의 낯을 피하거나 등을 돌리는 순간 전락이 시작된다. 자기를 강화하기 위한 욕망에 확고하게 사로잡히기 때문이다. 인간은 하나님에 대한 경외심과 욕망 사이에서 바장인다. 희망과 절망, 기쁨과 슬픔, 확신과 회의, 빛과 어둠, 아름다움과 추함, 정의와 불의, 사랑과 미움이 시도 때도 없이 갈마들며 삶의 무늬를 만든다.

시편의 세계는 그런 인간의 삶이 빚어낸 다채로운 무늬로 가득 차 있다. 기쁨의 찬가가 있는가 하면 깊은 탄식이 있고, 하나님의 인자하심에 대한 감사가 넘치는가 하면 아무리 불러도 응답하지 않는 하나님에 대한 원망도 있다. 가없는 용서의 마음을 드러내는 시도 있지만 악인이나 원수들의 불행을 기원하는 시도 있다. 시편을 읽다가 가끔 그 적나라한 감정 표현에 놀라는 당혹스러운 경험은 누구에게나 있을 것이다. 따지고 보면 시편 속에는 인간이 이 세상에서 겪는 온갖 경험이 녹아들어 있다.

애초에 시편은 일상적 언어를 재배치하여 비일상적인 삶의 경험을 드러내는 직조된 언어 세계라기보다는 하나님 앞에서 부르는 찬양이었다. 지금은 그 곡조가 잊혀졌지만 히브리인들은 시편 찬양을 통해 하나님을 예배했고 자기 마음을 가다듬었다. 근래에 만들어진 시편 찬양을 듣노라면 활자로 읽을 때 느끼지 못하던 감정의 격동을 경험할 때가 많다. 라이너 마리아 릴케Rainer Maria Rilke는 그의 《기도 시집》에서 시간이 기울어가며 맑은 금속성 울림으로 가볍게 톡 칠 때 자기 감각이 바르르 떤다고 노래했다. 시편 찬양이 그러하다. 시편 찬양은 우리 감정의 가장 깊은 곳을 울려 잊고 있었던 기억 혹은 세계를 열어준다.

그러나 시편은 푸념이 아니다. 삶에 대한 깊은 아픔을 노래하는 시편조차 음울하지 않은 것은 하나님에 대한 신뢰에 기대고 있기 때문이다. 시편 시인들은 자기 영혼 속에서 벌어지는 다양한 갈등을 깊이 직관하는 관찰자인 동시에 세상에 만연한 아픔을 누구보다 예민하게 느끼는 사람이다. 그리고 그가 그것을 언어로 표현하는 순간 그 문제는 시인만의 문제가 아니라 모든 이들의 문제가 된다. 시편을 읽는다는 것은 일상의 무게에 짓눌려 보지 못했던 삶의 다른 층위를 바라보는 일이다. 전례를 중시하는 교회에서 예배 때 교창되는 시편은 신앙 공동체를 하나님의 현존 앞으로 이끌어가는 역할을 한다.

마음을 다해 시편을 읽거나 낭송하는 일은 우리 속에 들끓고 있는 소리를 잠재우는 일이고, 다른 차원에서 들려오는 소리에 귀를 기울이는 것이라 할 수 있다. 거의 평생을 목회자로 살아오는 동안 시편의 구절들이 거친 바다를 비추는 등대 구실을 해줄 때가 많았다. 길이 막힐 때마다 시편을 붙들고 살았다.

첫 번째 시편 묵상집 《행복하십니까? 아니오 감사합니다》가 나온 지 벌써 8년이 지났다. 그 이후에 많은 변화가 있었다. 시대적 우울이 깊어졌고, 한국교회의 상황도 악화되었고, 세상을 대하는 나의 마음 또한 달라졌다. 개정 증보판이라 할 수 있는 이 책은 그런 시대와 삶에 대한 나의 응답인 셈이다. 이 책을 읽는 이들이 조금이라도 삶의 희망을 되찾고, 신앙의 신비 속으로 더 깊이 들어갈 수 있으면 좋겠다. 당연할 줄 알았던 일상이 실은 가장 아름다운 선물임을 절감하는 나날이다. 하나님의 백성들이 어울려 성전에 올라가며 불렀던 '순례자의 노래'가 더욱 그리운 시절이다. 언제나 나의 설 땅이 되어준 청파교회의 모든 교우들과 책의 꼴을 만들어준 좋은 길벗 한종호 목사에게 감사한다.

시편의 세계에
잠기다

"그 무엇에 인생살이를 비할까?
날아가는 갈매기, 잠시 눈 녹은 진흙 위에
남겨놓은 발자국 같다 할까.
그 갈매기, 동·서쪽 어느 쪽으로 날아갔는지 알 길 없네."

송나라 시인 소동파의 시 중에 나오는 한 대목이다. 설명을 하지 않아도 그 쓸쓸함이 느껴지지 않는가? '눈 녹은 진흙 위에 남겨놓은 발자국', 이 구절과 만난 사람은 마치 거울에 비춰보듯 자기 삶을 돌아보지 않을 도리가 없다. 시인은 삶에 대해 가르치려 하지 않는다. 간접적으로나마 뭔가를 강요하지도 않는다. 그저 삶의 한 실상을 그려 보일 뿐이다. 그런데도 독자들은 시를 해석하기보다는 자기 삶을 해석하게 된다.

시는 우리 삶에 유용한 정보를 주지 않는다. 그런데도 사람들은 시를 읽는다. 특히나 쓸쓸한 시간에. 왜? 시는 진부하기 이를 데 없는 우리 삶을 새로운 시선으로 바라보게 하기 때문이다. 불붙은 떨기나무 앞에서 신을 벗고 엎드렸던 모세처럼 우리도 시적으로 변용된 현실 앞에서 새로운 삶에 이끌리게 되는 것이다. 시는 우리를 분주함 가운데 잊고 있던 본래적 실존에 대한 물음 앞에 세우고, 성찰을 위한 여백을 열어준다. 일상의 언어를 재배치하는 것만으로 무료하기 이를 데 없는 현실을 의미 충만한 공간으로 변모시키는 시의 마법이 놀랍다.

기독교인들은 시에 익숙한 이들이다. 시에 대해 깊이 알지 못한다 해도 그들은 이미 시의 리듬 속에 깊이 잠겨 있다. 예배 공동체에 의해 만들어지고 전승된 시편은 교회 안에서도 역시 즐겨 낭송되고 있다. 시편에는 하나님을 향한 인간의 찬양, 기도, 부르짖음이 담겨 있다. 고난의 현실 속에서도 댕돌같은 믿음으로 하나님을 찬양하고 율법을 찬미하는 노래가 있는가 하면, 고난에 처한 이가 하나님의 개입을 바라는 가슴 절절한 기도도 있고, 제도화된 불의에 의해 짓눌린 이들이 보복을 바라는 거칠기 이를 데 없는 요청도 있다.

> 의로운 사람이 악인이 당하는 보복을 목격하고 기뻐하게 하시며, 악인의 피로 그 발을 씻게 해주십시오(시편 58:10).

> 멸망할 바빌론 도성아, 네가 우리에게 입힌 해를 그대로 너에게 되갚는 사람에게, 복이 있을 것이다. 네 어린 아이들을 바위에다가 메어치는 사람에게 복이 있을 것이다(시편 137:8-9).

이런 구절과 만날 때마다 우리는 당황한다. 원수까지도 용서하라는 예수의 가르침이 떠오르기 때문이다. 그래서 사람들은 복수를 구하는 시편에 눈을 감기도 한다. 하지만 그런 당혹스러움 혹은 불편함과 대면하지 않고는 정화를 경험할 수 없다. 디트리히 본회퍼Dietrich Bonhoeffer는 하나님께 복수를 구하는 이는 자기 자신의 복수를 포기하는 법이라고 말하면서 이런 기도를 올릴 수 있는 것은 오직 그리스도뿐이라고 말한다. 참 어려운 일이다.

시편이 지금도 여전히 낭송되는 것은 시인들이 노정하고 있는 '희노애락애오욕喜怒哀樂愛惡慾'의 감정이 우리 속에도 있기 때문이다. 시편은 하나님 앞에서 굳이 우리 감정을 숨기지 않아도 된다는 사실을 일깨워준다. 시편은 그런 감정들을 하나님 앞에서 성찰할 수 있도록 해준다. 자기 내면에 그림자가 없는 사람은 없다. 그 그림자는 외면하는 순간 강화되게 마련이다. 강화된 그림자는 우리를 부자유하게 하는 굴레가 된다. 시편은 부끄럽고도 세속적인 감정들을 정직하게 대면하게 함으로써 숭고함을 향한 순례의 길로 우리를 인도한다.

아침마다 시편을 몇 편씩 낭독한다. 마음을 집중하고 소리를 내 시편을 읽는 순간 시의 리듬에 영혼이 조율되는 것을 느낄 수 있다. 유장하고 반복이 심한 시를 읽을 때는 호흡이 고요하고 또 깊어진다. 서사적인 내용이 생략된 채 들끓는 감정을 가감 없이 드러낸 시를 읽을 때는 호흡이 절로 가빠진다. 단어 하나하나가 돌올하게 드러나는 시를 읽을 때는 자꾸 멈추게 되고, 전체적인 분위기가 단어를 감싸 안고 있는 시를 읽을 때는 그 흐름에 몸을 맡기기도 한다. 시편을 읽는 이들은 수 천 년을 격해 있는 시인들의 마음에 접속됨을 느낀다. 상황은 조금씩 달라도 삶의 풍경은 예나 지금이나 유사하기 때문에 가능한 일이다. 굵은 밑줄을 그어놓고 가끔씩 암송하는 시편 구절들이 있다.

주님, 이 세상에서 받을 몫을 다 받고 사는 자들에게서 나를 구해 주십시오(시편 17:14).

생명의 샘이 주님께 있습니다. 우리는 주님의 빛을 받아 환히 열린 미래를 봅니다(시편 36:9).

우리가 걷는 길이 주님께서 기뻐하시는 길이면, 우리의 발걸음을 주님께서 지켜 주시고, 어쩌다 비틀거려도 주님께서 우리의 손을 잡아 주시니, 넘어지지 않는다(시편 37:23-24).

이런 구절들은 아주 오랜 시간 내 영혼 깊은 곳에 새겨져 삶의 밑절미가 된 말씀들이다. "주님의 말씀은 내 발의 등불이요, 내 길의 빛입니다"(시편 119:105)라고 고백했던 시인의 말은 가감 없는 진실이다.

시편은 또한 예배 공동체 속에서 낭독되어야 한다. 시편이 개인에 의해 작시된 것이라 해도 그것을 전승해 온 것은 공동체이다. 공동체가 그 시를 전승해 온 까닭은 그것이 예배 공동체의 삶 혹은 경험과 무관하지 않았기 때문이다. 사적 경험에서 출발하지만 보편적 공감으로 확장될 때 그 시는 공동체의 시가 된다. 그런 시편을 함께 낭독하면서 공동체는 뿌리를 더 깊이 내린다.

개신교 영성이 깊어지지 않는 이유는 '공동 기도문'이 없기 때문이 아닌가 싶다. 인생의 다양한 순간마다, 교회력의 주기마다 공동체가 함께 드리는 기도가 있어야 한다. 성령의 감화에 의해 바치는 자발적 기도도 꼭 필요하지만, 공동체가 함께 드리는 기도도 꼭 필요하다. 그것은 세파에 떠밀리기 쉬운 우리 마음을 비끄러매주는 든든한 끈이 된다. 신앙의 선배들이 정성껏 바쳤던 '그 기도'를 지금 여기서 바치면서 우리는 성도의 깊은 교제 속에 들어가게 된다. 시편만큼 좋은 공동의 기도가 또 있을까?

디트리히 본회퍼Dietrich Bonhoeffer의 말이 깊은 울림이 되어 다가온다.

"오늘날의 교회가 고대 교회와 달리 시편을 잘 사용하지 않게 되면서 비할 바 없는 보물들이 시편과 함께 교회에서 사라졌습니다. 그러나 우리가 교회에서 다시 시편으로 기도하기 시작한다면 상상할 수 없는 힘이 교회 안으로 들어오게 됩니다"(본회퍼, 《본회퍼의 시편 이해》, 32쪽).

이 책은 신앙공동체 안에서 선포된 시편 설교를 모은 것이다. 시의 행간에 서려 있는 선인들의 기쁨과 슬픔, 경탄과 탄식, 절망과 희망을 읽어내려 노력했지만 늘 역부족임을 절감하지 않을 수 없었다. 그러나 한 가지만은 분명하다. 시편을 묵상하는 동안 나를 사로잡고 있던 혼돈과 고통과 번민의 어둠이 스러지곤 했다는 사실이다.

나와 신앙여정을 함께 하고 있는 청파교회의 모든 교우들에게 감사한다. 우리는 함께 우리만의 시편을 써가고 있다. 처음 만난 이후 한결같이 벗됨의 의미를 깨우쳐주고, 가끔은 이렇게 엉뚱한 기획을 해서 나를 당황하게 만드는 편집자 한종호 목사에게 감사한다. 언제나 인내심을 가지고 지켜봐주는 가족들에게 감사한다. 이 책을 이제 몇 달 후면 첫 돌을 맞이하게 될 손자 호연이에게 돌맞이 선물로 주고 싶다. 어디선가 이명증처럼 노랫소리가 들려온다.

주님께 감사하여라. 그는 선하시며, 그의 인자하심이 영원하다(시편 118:1).

영혼의
발신음

미래는
있는가?

주님을 기다리며, 주님의 법도를 지켜라. 주님께서 너를 높여 주시어 땅을 차지하게 하실 것이니, 악인들이 뿌리째 뽑히는 모습을 네가 보게 될 것이다. 악인의 큰 세력을 내가 보니, 본고장에서 자란 나무가 그 무성한 잎을 뽐내듯 하지만, 한순간이 지나고 다시 보니, 흔적조차 사라져, 아무리 찾아도 그 모습 찾아볼 길 없더라. 흠 없는 사람을 지켜 보고, 정직한 사람을 눈여겨보아라. 평화를 사랑하는 사람에게는 미래가 있으나, 범죄자들은 함께 멸망할 것이니, 악한 자들은 미래가 없을 것이다. 의인의 구원은 주님께로부터 오며, 재난을 받을 때에, 주님은 그들의 피난처가 되신다. 주님이 그들을 도우셔서 구원하여 주신다. 그들이 주님을 피난처로 삼았기에, 그들을 악한 자들에게서 건져내셔서 구원하여 주신다(시편 37:34-40).

어둠이 지극한 때

—

우리는 지금 하나님의 거룩하신 현존 앞에 서 있다. 호렙 산 떨기나무 아래 신을 벗고 무릎을 꿇었던 모세처럼, 두렵고 떨리는 마음으로 주님의 깨우치심을 기다린다. 장마는 그쳤지만 우리 마음에 드리운 먹구름은 걷히질 않는다. 오히려 더 짙은 구름이 다가오는 것 같은 불길한 예감이 들기도 한다. 별로 하는 일이 없어도 몸과 마음이 물 먹은 솜처럼 무겁다. 내 마음이 그럴진대 정말 벼랑 끝에 선 듯 위태로운 나날을 보내는 이들이야 오죽하겠는가. 난감한 상황에 처한 우리 국민들을 하나님께서 꼭 붙들어주시기를 빈다.

얼마 전에 텔레비전에서 심각한 수해를 입은 화개장터 인근 주민들과 철원 주민들의 모습을 보았다. 어떤 분은 혼곤한 잠에서 깨어나니 물이 침대 가장자리까지 차 있더라고 당시 상황을 이야기했다. 황급히 밖으로 빠져나오니 물이 더 차올랐고 아무 것도 건질 수 없었다는 것이다. 물이 빠진 후에 집으로 혹은 가게로 돌아왔지만 남은 것은 떠밀려온 토사와 쓰레기뿐이었다. 망연자실茫然自失할 수밖에 없었다. 뭘 해야 할지 엄두가 나지 않았다. 그래도 주민들은 마음을 가다듬고 조금씩 조금씩 집과 마을을 정돈하기 시작했다. 토사들을 밀어내고, 벽지를 뜯어내고, 세간살이들을 물로 닦고, 버릴 것은 버렸다. 넘어진 벼들을 일으켜 세우고, 끊긴 길들을 복구했다. 난감하지만 새로운 삶이 그렇게 시작되고 있었다. 어려운 때이지만 그들 곁에 다가서서 복구에 구슬땀을 흘리는 이들이 참 고마웠다.

오늘의 교회가 직면한 현실 또한 이와 다르지 않다. 교회가 무너지고 있다. 현장 예배를 드리지 못해서가 아니라, 예수 정신을 상실했기 때문이다. 이웃들을 위험에 빠뜨리면서 예배의 현장을 지켜야 한다고 말하고 또 그것을 참 믿음으로 포장하는 이들 때문이다. 예수님은 세상의 아픔과 상처를 당신의 온몸으로 받아 안으셨다. 정결법에 의해 부정한 자로 규정된 사람들의 몸에 손을 대심으로 부정을 당신에게로 옮기셨다. 다른 이들을 살리기 위해 자기를 희생하는 것이 십자가이다. 그 마음을 잃는다면 우리는 모든 것을 잃는 것이다. 잎만 무성한 무화과나무를 저주하셨던 예수님의 분노가 자꾸 떠오르는 나날이다.

다시 시작할 용기

—

비교 종교학자인 로드니 스타크Rodney Stark는 초기 기독교 성장의 요인이 무엇인지를 사회학자의 시선으로 분석한 바 있다. 그의 책《기독교의 발흥》에는 주후 165년과 251년에 로마를 뒤흔들었던 역병 이야기가 나온다. 그는 로마의 급격한 쇠락이 도덕적 타락 때문이었다고 보는 기존의 학설을 비판하면서 역병으로 인한 급격한 인구 감소의 결과가 아닌가 묻고 있다. 그 강고하던 로마의 군대조차 무용지물로 만드는 역병이 제국의 토대를 흔들었다는 것이다. 그런데 재앙이 닥쳤을 때 기독교인들은 사랑과 선행을 통해 그 시대를 치유하려고 노력했다. 로마에 성행하던 다른 종교들이 역병 앞에서 무너지고 있을 때 기독교는 오히려 성장했다. 알렉산드리아의 주교였던 디오니시우스는 부활절에 교인들에게 보내는 편지에서, 다른 이를 돌보다가 목숨을 잃기까지 한 기독교인들의 노력을 치하하면서 이렇게 말하고 있다.

> "그들은 위험을 무릅쓰고 아픈 자를 도맡아 그리스도 안에서 모든 필요를 공급하고 섬겼습니다. 그리고 병자들과 함께 평안과 기쁨 속에 생을 마감했습니다. 그들은 환자로부터 병이 옮자 그 아픔을 자신에게로 끌어와 기꺼이 고통을 감내했습니다. 많은 이들이 다른 이를 간호하고 치유하다가 사망을 자신에게로 옮겨와 대신 죽음을 맞았습니다"(로드니 스타크, 《기독교의 발흥》, 손현선 옮김, 129쪽).

아픔을 자신에게로 끌어와 기꺼이 고통을 감내하고, 사망을 자신에게로 옮겨와 대신 죽음을 맞이했다는 말 속에 복음의 본질이 있다. 이 마음을 잃어버려 교회는 맛 잃은 소금처럼 길바닥에 버려져 짓밟히고 있다. 이제 다시 시작해야 할 때이다. 그동안의 허장성세에 집착할 것 없다. 버려야 할 것은 버려야 하고, 붙잡아야 할 것은 굳게 붙잡아야 한다. 척박한 땅을 갈아엎고 거기에 씨앗을 심는 농부들에게서 배워야 한다. 싹이 돋아나지 않으면 그 위에 움씨를 뿌리던 그 끈질김을 배워야 한다.

출애굽 이야기는 극적인 이야기로 가득 차 있다. 애굽에 내린 열 가지 재앙, 홍해 바다의 갈라짐, 구름 기둥과 불 기둥, 만나와 메추라기, 반석에서 솟아난 샘물, 가나안 정복과 땅의 분배 등이 그것이다. 하지만 성서 고고학을 연구하는 이들은 그 모든 사건들의 개연성을 인정하면서도 이스라엘의 정착 과정이 얼마나 험난한 과정이었는지를 밝히고 있다.

이스라엘은 애굽에서 벗어난 사람들, 사회의 가장자리로 내몰렸던 '아피루'라 불리던 계층 사람들, 그리고 가나안 땅에서 지주들의 억압과 착취를 견디다 못해 새로운 삶을 모색하던 이들이 함께 형성한 집단이라는 것이다. 그들을 하나로 묶어준 끈이 바로 야훼 하나님이셨다. 초기 철기 시대에 이들은 유다 산지, 곧 가나안 고지대에 새로운 거처를 세웠다. 주중해변의 저지대로부터 상당히 떨어져 있었기 때문에 그들은 큰 방해를 받지 않았다. 그 척박한 땅에서 살아남기 위해서는 올리브나 포도와 같은 과일과 채소 등의 농작물을 재배해야 했다. 그들은 산비탈에 계단식 농지를 만들어 테라스 농법을 시작했다. 다랑논을 생각하면 될 것이다. 돌과 자갈들을 걷어내고, 그것으로 울타리를 쌓았다. 식량을 여퉈두기 위해 곳곳에 사일로Silo를 만들었다. 돌로 쌓아서 곡식들을 오래 저장할 수 있도록 한 것이다. 10월부터 4월까지 내리는 비를 모아두어야 1년을 지낼 수 있었기에 수조Cistern를 파는 일도 소홀히 할 수 없었다. 바위 안쪽을 잘라내고 회반죽을 발라서 물이 새지 않도록 했다. 그들은 사람들이 지배자와 피지배자로 갈리지 않고 서로 존중하며 사는 새로운 세상의 꿈을 이루기 위해 어떤 어려움도 감내했다(참고/윌리엄 G. 데버, 《이스라엘의 기원》, 양지웅 역). 지금 우리에게 필요한 것이 이 마음이다.

세상 탓하지 말자

—

오늘 우리가 읽은 시는 부조리한 세상에서 살아가는 이들이 어떻게 마음을 다잡고 살아야 하는지를 보여준다. 1절에 이 시의 핵심 메시지가 나온다.

> 악한 자들이 잘 된다고 해서 속상해하지 말며, 불의한 자들이 잘 산다고 해서 시새워하지 말아라(1절).

마치 우리의 속마음을 다 들여다본 것 같지 않은가? 세상에는 설명할 수 없는 일들이 많다. 불평하고 원망으로 세월을 보내기보다는 자기 삶을 충실히 살아내는 게 현명한 태도이다. 인생의 의미는 발견하는 것이 아니라 만들어가는 것이다. 해답 없는 삶이라 하여 함부로 사는 것처럼 인생을 낭비하는 일도 없을 것이다. 시인은 "악인들이 풀처럼 빨리 시들고, 푸성귀처럼 사그라지고 만다"(2절)고 말한다. 정말 그런가 하는 의문이 드는 게 사실이다. 그러나 그들이 쉽게 사라지지 않는다고 하여 낙심할 것 없다. 시인은 믿음의 사람들이 꼭 붙들고 살아야 할 것들을 열거한다. 그 중에 몇 가지만 소개하겠다.

주님만 의지하고, 선을 행하여라. 이 땅에서 사는 동안 성실히 살아라(3절).

노여움을 버려라. 격분을 가라앉혀라. 불평하지 말아라. 이런 것들은 오히려 악으로 기울어질 뿐이다(8절).

주님만 의지하고 산다는 것은 낯설고 황량한 삶 속에서도 하나님의 사랑이 지속되고 있음을 신뢰한다는 뜻이다. 그 근본적 신뢰가 바로 설 때 우리는 선을 행할 수 있다. 설사 보상이 주어지지 않는다 해도 낙심하지 않는다. 선을 선택하는 것은 우리가 받은 바 은혜에 대한 감사의 표현이다. 선을 행한다는 것은 누군가의 요구에 응답하는 것이다. 우리를 누군가에게 선물로 주며 사는 삶이 거룩한 삶이다.

사람들이 나를 알아주지 않는다고 하여 낙심하지 말자. 불의한 이들을 보면서 분노하는 것은 당연하다. 그러나 그러한 격분이 우리에게서 선을 행할 힘을 빼앗아 갈 수 있음을 잊지 말아야 한다. 노여움, 격분, 불평을 멀리 하라는 것은 그 때문이다. 이 시에서 제일 좋아하는 구절은 이것이다.

우리가 걷는 길이 주님께서 기뻐하시는 길이면, 우리의 발걸음을 주님께서 지켜 주시고, 어쩌다 비틀거려도 주님께서 우리의 손을 잡아 주시니, 넘어지지 않는다(23-24절).

바람이 불면 비틀거릴 수밖에 없는 게 인생이다. 바람에 흔들리지 않는 것은 고사목 밖에는 없다지 않은가. 이정하 시인은 〈바람 속을 걷는 법〉이라는 시에서 "산다는 것은 바람이 잠자기를 기다리는 게 아니라 그 부는 바람에 몸을 맡기는 것", "바람이 약해지기를 기다리는 게 아니라 그 바람 속을 헤쳐나가는 것"이라고 말한다. 찬송가 373장 2절도 같은 진실을 노래한다. "큰 물결 일어나 나 쉬지 못하나 이 풍랑으로 인하여 더 빨리 갑니다." 지향이 분명하면 두려움에 사로잡히지 않는다. 하나님의 동행을 믿기 때문이다. 비틀거려도 하나님이 우리 손을 잡아주시리라 믿기 때문이다.

지켜보시는 하나님

—

오늘 본문에서 시인은 악인들이 뿌리째 뽑히는 모습을 보게 될 것이라고 말한다. 큰 세력을 형성한 것처럼 보여도 그 흔적조차 찾을 수 없는 때가 온다는 것이다. 시인은 또 흠 없는 사람과 정직한 사람을 눈여겨보라고 말한다. 평화를 사랑하는 사람에게는 미래가 있지만, 악한 자들은 미래가 없다는 것이다. 결국 이 모든 일을 이루실 분은 하나님이시다. 하나님이 계시다는 사실을 온몸으로 실감할 때 우리 삶은 이리저리 떠밀리지 않는다. 히브리서 기자는 하나님의 약속이 반드시 이루어진다는 사실이야말로 "안전하고 확실한 영혼의 닻"과 같다고 말한다(히브리서 6:19). 함민복 시인의 〈닻〉이라는 시에 나오는 한 대목이다.

"파도가 없는 날
배는 닻의 존재를 잊기도 하지만
배가 흔들릴수록 깊이 박히는 닻
배가 흔들릴수록 꽉 잡아주는 닻밥."

정말 그러하다. 배가 흔들릴수록 닻의 존재는 소중하다. 때로 상처와 시련은 우리 인생을 힘들게 만들지만 오히려 닻이 되어 우리를 붙잡아 줄 때도 있다. 시인은 "물 위에서 사는/뱃사람의 닻"이 무엇인지를 밝혀준다. 짐작이 되는가? "저 작은 마을/저 작은 집"이다. 저기 내 사랑하는 사람들이 있다는 것, 나를 기다리는 사람이 있다는 것이야말로 뱃사람의 마음을 붙잡아주는 닻이라는 것이다.

우리에게도 이런 닻이 있다. 우리를 지켜보시는 하나님이시다. 하나님이 보고 계시기에 하나님께서 모든 일을 바로잡아주실 것이다. 그 하나님을 신뢰하기에 우리는 절망의 땅에 희망을 파종한다. 우리는 패배할 수 있어도 하나님은 패배하지 않으신다. 한치 앞도 가늠하기 어려운 나날이지만, 우리는 아름다운 미래를 꿈꿀 수 있다. 우리가 바라는 모든 것이 이루어진다는 말이 아니다. 하나님이 우리를 선한 길로 인도하심을 믿는다는 말이다.

교회의 잔해를 바라보는 것 같은 나날이다. 아프고 쓰리다. 그러나 우리는 다시 시작할 것이다. 지배와 억압과 수탈을 통해 유지되던 로마 제국에 속해 살면서도 섬김과 나눔과 돌봄을 통한 평화를 꿈꾸었던 예수 그리스도의 하나님 나라 꿈을 포기할 수 없기 때문이다. 정신을 가다듬고 다시 파종의 노래를 부르자. 울면서라도 씨를 뿌리자. 아프고, 소외된 이들의 설 땅이 되어 주셨던 그리스도를 꼭 붙들어야 한다. 그것이 바른 예배이다. 미래는 있는가? 이 질문에 삶으로 응답하시기를 빈다. 토사를 밀어내고 벽을 다시 바르고 가재도구들을 물로 씻는 수해민들의 끈질김으로 우리는 다시 일어설 것이다. 주님이 밝혀주시는 환한 빛을 보며 다시 시작할 용기를 내야 한다.

지혜 있는 사람이 누구냐?

주님의 인자하심을 감사하여라. 사람에게 베푸신 주님의 놀라운 구원을 감사하여라. 백성이 모인 가운데서 그분을 기려라. 장로들이 모인 곳에서 그분을 찬양하여라. 주님께서는 강들을 사막으로 만드시며, 물이 솟는 샘들을 마른 땅이 되게 하시며, 그 곳에서 사는 사람들의 죄악 때문에, 옥토를 소금밭이 되게 하신다. 그러나 주님께서는 사막을 연못으로 만드시며, 마른 땅을 물이 솟는 샘으로 만드시고, 굶주린 사람들로 거기에 살게 하시어, 그들이 거기에다 사람 사는 성읍을 세우게 하시고, 밭에 씨를 뿌리며 포도원을 일구어서, 풍성한 소출을 거두게 하시며, 또 그들에게 복을 주시어, 그들이 크게 번성하게 하시고, 가축이 줄어들지 않게 하신다. 그들이 억압과 고난과 걱정 근심 때문에 수가 줄어들고 비천해질 때에, 주님께서는 높은 자들에게 능욕을 부으시고, 그들을 길 없는 황무지에서 헤매게 하셨지만, 가난한 사람은 그 고달픔에서 벗어나게 해주시고, 그 가족을 양 떼처럼 번성하게 하셨다. 정직한 사람은 이것을 보고 즐거워하고, 사악한 사람은 말문이 막힐 것이다. 지혜 있는 사람이 누구냐? 이 일들을 명심하고, 주님의 인자하심을 깨달아라(시편 107:31-43).

창조절

—

오늘은 창조절 첫째 주일이다. 창조절기는 비교적 최근에 제정된 절기이다. 생태계의 위기가 현실로 다가오면서 우리가 살고 있는 이 세상의 모든 것이 다 하나님으로부터 나왔고, 서로 깊이 연결되어 있다는 사실을 자각하고, 창조 질서를 보전하는 책임을 지고 살자는 취지이다. 2021년 창조절의 주제는 '창조세계 모두를 위한 집:하나님의 세계를 회복하며'이다. 하나님이 창조하신 세상은 인간만이 아니라 모든 피조물들의 집이라는 것이다.

바울 사도는 일찍이 "피조물은 하나님의 자녀들이 나타나기를 간절히 기다리고 있습니다"(로마서 8:19)라고 말했다. 창세기는 하나님의 뜻을 받들어 온갖 생명을 산출했던 땅이 인간의 죄로 말미암아 저주를 받았다고 말한다(창세기 3:17). 우리는 이 말을 신화적 표상이나 문학적 표현이 아닌 현실로 실감하고 있다. 세계 곳곳에서 일어나는 대형 산불, 홍수, 가뭄, 녹아내리는 빙하, 생물종들의 멸종, 대기와 바다의 오염, 황폐해진 땅, 그리고 코비드19를 비롯한 감염병이 우리 삶을 위태롭게 하고 있다.

지난 목요일 저녁 우리 교우 구상모 PD가 책임 연출하여 만든 KBS 다큐 인사이트의 '붉은 지구'는 묵시록적 풍경이 일상이 되어버린 우리 현실을 섬뜩하게 보여주었다. 마치 요한계시록에 등장하는 어린 양이 넷째 봉인을 뗄 때 일어난 일을 보는 듯했다.

> 청황색 말 한 마리가 있는데, 그 위에 탄 사람의 이름은 '사망'이고, 지옥이 그를 뒤따르고 있었습니다. 그들은 칼과 기근과 죽음과 들짐승으로써 사분의 일에 이르는 땅의 주민들을 멸하는 권세를 받아 가지고 있었습니다(요한계시록 6:8).

이런 상황에서 우리가 할 수 있는 일이 무엇일까? 조금 암담하다. 너무 늦은 것은 아닐까, 하는 생각이 든다. 하나님은 당신의 뜻대로 창조된 세상을 보고 기뻐하셨다. "하나님이 보시기에 좋았다"는 말이야말로 창조의 아름다움을 나타내는 말이다. 그런 세상이 이제는 낯설고 두려운 곳으로 변했다. 올해 창조절 공동 기도는 이 세상이 하나님의 거룩한 지혜로 지어졌고, 다양한 생명들이 어울려 살며 하나님을 찬양한다고 고백한다. 그러한 하나님의 동산을 아름답게 가꾸고 돌보는 것이 인간의 소명임도 밝힌다. 하지만 공동 기도는 우리의 현실을 정직하게 드러내고 있다.

> "그러나 우리는 힘을 지니고 싶어 지구가 자신의 한계를 넘을 때까지 밀어붙였다는 것을 깨닫습니다. 우리는 지구의 자생력과 조화를 이루지도 않고, 순환에 맞추어 소비하지도 않았습니다. 서식지는 척박해지거나 파괴되었습니다. 생물종들이 사라지고 생태계는 무너졌습니다. 한때 생명과 유대관계로 가득했던 암초와 동굴, 높은 산과 깊은 바다는 건조한 사막이 되어 마치 창조 이전의 모습처럼 비어버렸습니다. 사람들은 불안함과 분쟁으로 인해 평화를 찾아 이주하고 있습니다. 동물들은 화재, 벌목, 기근을 피해 새끼를 낳고 살아갈 거주지를 찾아 낯선 땅을 헤매고 있습니다."

구원을 경험한 자들의 노래

—

이런 상황에서 우리는 무엇을 해야 하고, 어디서부터 시작해야 할까? 이제 시편 시인의 노래를 통해 그 지혜를 배워보려 한다. 시편 107편은 시편의 제5권을 여는 시이다. 150편으로 구성된 시편은 다섯 권으로 나뉘어져 있다. 학자들은 오경의 구조를 따라 나눈 것이라고 말하기도 한다. 시편

107편부터 150편에 이르는 시편 제5권은 구원받은 사람들이 외치는 감사와 찬양이 주조음을 이루고 있다. '감사하다야다', '찬양하다할랄'라는 말이 반복되어 나타난다. 급변하는 역사 속에서 파국과 재난을 경험했지만, 그래서 절망의 어둠에 사로잡히기도 하지만 백성들의 곤경을 모른 척하지 않는 하나님의 은총을 확신하기 때문이다.

시를 다 살필 수는 없지만 대략적인 스케치를 하는 것이 필요할 것 같다. 1절부터 3절까지는 주님께 감사드리자는 초대의 말이다. 이후에 나오는 절들은 구체적인 삶 속에서 하나님의 은총이 어떻게 작동했는지를 고백하고 있다. 광야에서 길을 잃었다가 구원을 체험한 사람의 고백, 감옥에 갇혔다가 풀려난 사람의 기쁨, 질병의 고통에서 회복된 사람의 감사, 바다에서 풍랑에 시달리던 이가 경험한 구원의 기억 등이 상세하게 소개되고 있다. 어떻게 보면 이것은 다양한 사람들이 경험한 바를 나란히 모아 놓은 것처럼 보인다. 하지만 이 시를 읽거나 듣는 이들은 여기에 열거된 고통이 형태는 달라도 자기와 무관한 것이 아님을 잘 안다. 살다 보면 온갖 어려움을 겪어야 하는 게 인생이니 말이다. 그런데 눈여겨보면 시의 중간 중간에 감사와 찬양의 후렴구가 반복되고 있음을 알 수 있다.

> 그러나 그들이 고난 가운데서 주님께 부르짖을 때에, 그들을 그 곤경에서 구원해 주셨다(6, 13, 19, 28절).

> 주님의 인자하심을 감사하여라. 사람들에게 베푸신 주님의 놀라운 구원을 감사하여라(8, 15, 21, 31절).

성경이 증언하는 하나님은 고난 가운데 처한 이가 부르짖는 소리를 차마 외면하지 못하시는 분이시다. 하나님은 그들을 곤경에서 구원해주신다. 출애굽기는 그 전형적인 예이다. 우리가 거듭 거듭 하나님의 은혜를 되새기는 것은 현실의 어둠 속에서 좌절하지 않기 위해서이다. 하나님은 길이 없는 곳에 길을 내시는 분이시다. 홍해와 요단강을 갈라 그 백성들이 안전하게 건너게 하셨다. 십자가 위에서의 죽음을 통해 오히려 부활의 문을 여셨다. 인간의 희망이 끝나는 곳에서 하나님의 희망이 시작된다.

여호와의 위대하심

—

오늘 읽은 대목은 회중들을 감사와 찬양으로 초대하면서 하나님께서 하시는 위대한 사역을 예시하고 있다. 그것은 일종의 질서의 전복이다. 홍해를 건넌 후에 부른 미리암의 노래는 성경에서 가장 오래된 전승층에 속한다고 알려져 있다. 노래는 간결하지만 강력한 메시지를 던지고 있다.

> 주님을 찬송하여라. 그지없이 높으신 분, 말과 기병을 바다에 던져 넣으셨다(출애굽기 15:21).

하나님은 고대 근동에서 최강을 자랑하던 바로의 말과 기병을 순식간에 무기력하게 만들어버리셨다는 것이다. 이 노래는 역사를 다스리는 분이 하나님임을 암시하고 있다. 오늘의 시인도 마찬가지다.

주님께서는 강들을 사막으로 만드시며, 물이 솟는 샘들을 마른 땅이 되게 하시며, 그곳에서 사는 사람들의 죄악 때문에, 옥토를 소금밭이 되게 하신다(33-34절).

장구한 지질학적인 시간을 거슬러올라가다 보면 이것은 문학적 수사가 아니라 현실임을 알 수 있다. 바다가 솟아올라 산이 되기도 하고, 섬이 바다 밑으로 가라앉기도 하고, 비옥한 땅이 황무지가 되기도 한다. 그러나 시인은 이런 일을 지질학적 사건으로 설명하지 않는다. 사람들의 죄악 때문에 벌어진 일이라고 말한다. 시인은 과학적 사실을 밝히는 사람이 아니라, 삶의 진실을 밝히는 사람들이다. 시인은 정반대의 상황도 이야기한다.

그러나 주님께서는 사막을 연못으로 만드시며, 마른 땅을 물이 솟는 샘으로 만드시고, 굶주린 사람들로 거기에 살게 하시어, 그들이 거기에다 사람 사는 성읍을 세우게 하시고, 밭에 씨를 뿌리며 포도원을 일구어서, 풍성한 소출을 거두게 하시며, 또 그들에게 복을 주시어, 그들이 크게 번성하게 하시고, 가축이 줄어들지 않게 하신다(35-38절).

하나님은 억압과 고난과 걱정 근심에 시달리는 사람들을 외면한 채 홀로 만족하려는 높은 자들에게 능욕을 부으시고, 길 없는 황무지에서 헤매게 하신다. 그러나 가난하고 가련한 신세의 사람들을 고달픔에서 벗어나게 해주시고, 그들을 양떼처럼 번성하게 하신다. 이런 뒤집힘 혹은 전복적 상상력이 가장 극명하게 드러난 것이 바로 마그니피카트Magnificat 즉 '마리아의 노래'이다. 마리아는 태어나실 아기 예수를 마음에 그리며 이렇게 노래했다.

그는 그 팔로 권능을 행하시고 마음이 교만한 사람들을 흩으셨으니, 제왕들을 왕좌에서 끌어내리시고 비천한 사람을 높이셨습니다. 주린 사람들을 좋은 것으로 배부르게 하시고, 부한 사람들을 빈손으로 떠나보내셨습니다(누가복음 1:51-53).

현실은 암담해도 믿음의 사람들은 이 비전을 가슴에 품고 산다. 믿음은 우리가 바라는 세상을 머리에 그리며 사는 것이고, 눈에 보이지 않는 세상을 가시화하며 사는 것이다. 하나님의 뜻은 분명하다. 그렇다면 우리는 이런 세상을 만들기 위해 노력해야 한다.

절망의 현실 속에 희망을 심는 사람들

—

현실이 어둡다고 탄식만 하고 있을 수는 없다. 피조물들의 신음 소리가 높아가고 있는 이 때에 하나님의 꿈을 품고 사는 이들은 세상의 흐름을 거스를 용기를 내야 한다. 아직도 경제 논리가 생명의 논리를 압도하는 게 우리 현실이다. 야훼 하나님을 믿는다고 하면서도 바알과 아스다롯을 섬겼던 이스라엘 사람들처럼, 우리 또한 우상숭배자가 되어 살고 있는 것은 아닌가? 믿음의 사람들은 육체의 욕망, 눈의 욕망, 세상 살림에 대한 자랑(요한일서 2:16)에서 자꾸 멀어져야 한다. 그래야 자유로워진다. 문제는 사람들이 그런 욕망에 저항할 생각조차 품지 않는다는 데 있다. 싸움을 포기하는 순간 우리는 세상에 길들여진 사람이 될 수밖에 없다.

망가진 세상을 치유하고 회복하는 것은 우리의 꿈이기 이전에 하나님의 꿈이다. 우리는 그 꿈에 초대받은 이들이다. 오늘 우리가 겪고 있는 기후 위기는 문명사적 전환기에 이르렀음을 암시한다. 누구도 이전과 같은 방식으로 살 수 없다. 그러면 어떻게 살아야 할까? 에너지를 덜 소비하는 방식으로 전환해야 하고, 탄소 발자국을 덜 남기려고 노력해야 한다. 그래봐야 무슨 소용이 있냐고 묻는 이들이 있다. 문제의 크기에 비해 우리가 할 수 있는 일이 미미할 뿐이라는 비관론에 사로잡혀 있기 때문이다. 정말 우리는 이 지구가 직면한 문제를 풀 수 없을지도 모른다. 그렇다 해도 우리는 새로운 삶을 선택해야 한다.

아메리카 원주민의 후예인 로빈 월 키머러Robin Wall Kimmerer는 어린 시절 엄마와 함께 카누를 타고 야영장에 갔을 때의 경험을 들려준다. 캠핑을 마칠 시간이 되면 엄마는 늘 주변을 샅샅이 치우라고 했다. 타고 남은 성냥개비나 종잇조각 하나도 엄마의 눈길을 피하지 못했다. "올 때보다 갈 때 더 좋은 곳이 되게 하렴." 지침이 명확하다. 이게 상식이다. 그래서 로빈 월 키머러는 말한다.

> "(우리는) 다음 사람이 불을 피울 수 있도록 땔나무를 남겨두어야 했으며 부싯깃과 불쏘시개가 비에 젖지 않도록 자작나무 껍질로 조심스럽게 덮어야 했다. 우리 뒤에 카누를 타러 온 사람들이 어두워진 뒤에 도착하여 저녁 식사를 데울 연료가 준비되어 있는 것을 보고 기뻐할 것을 상상하면 기분이 좋았다"(로빈 월 키머러, 《향모를 땋으며》, 노승영 옮김, 61쪽).

지금 우리에게 필요한 것이 바로 이런 태도다. 〈한겨레신문〉에서 읽은 사티시 쿠마르(Satish Kumar, 인도 출신의 평화 운동가)의 이야기가 인상 깊게 들려왔다. “당신은 지구를 구할 수 있다고 생각하십니까?”라는 질문에 그는 이렇게 대답했다.

“사람은 지구를 사랑할 수 있을 뿐입니다. 우리는 지구를 구하는 것에 대해 걱정할 필요가 없어요. 지구를 사랑하는 것에 대해 걱정해야만 합니다. 구하는 것이 아닙니다. 내가 어떻게 지구를 구할 수 있겠어요. 지구가 훨씬 더 크고, 강력하고, 위엄 있고, 훨씬 더 에너지가 넘치는데요. 지구는 70억 인구와 1500만에 달하는 생물종들, 숲, 강, 산, 바다 등과 함께 존재의 예술을 구현합니다. 저는 이 세상을 오직 사랑할 수 있습니다. 네, 저는 이 세상을 사랑합니다. 세상을 파괴하지 않아요. 오염시키지도 그 어떤 것도 낭비하지 않습니다. 존중합니다. 그러니까 우리는 세상을 구하는 것에 대해 생각할 필요가 없습니다. 우리는 세상을 사랑하는 것에 대해 생각해야 해요”(2021. 9. 2, 〈한겨레신문〉 8-9면, 안희경의 내일의 세계, ‘아메리칸 원주민들처럼, 7세대 뒤를 생각하라’ 중에서).

우리가 지구를 구하지 못할 수도 있다. 하지만 사랑할 수는 있다. 사랑할 때 어떤 일이 벌어질 지는 아무도 모른다. 하나님이 살아계시다. 우리는 다만 하나님의 걸작품인 이 세상에 잠시 머물다 갈 뿐이다. 우리가 할 수 있는 일을 다 한 후에 하나님의 결정에 맡기면 된다. 이것이 참 지혜이다. 창조절기를 무심히 보내지 말고 생명과 평화의 청지기가 되라는 소명을 엄숙히 받아들여야 한다. 주님은 우리의 손과 발을 통해 세상을 새롭게 하려 하신다. 비관론을 내려놓고 지금 할 수 있는 일을 시작하자.

헛된 희망,
참된 희망

내 영혼이 잠잠히 하나님만을 기다림은 나의 구원이 그에게서만 나오기 때문이다. 하나님만이 나의 반석, 나의 구원, 나의 요새이시니, 나는 결코 흔들리지 않는다. 기울어가는 담과도 같고 무너지는 돌담과도 같은 사람을, 너희가 죽이려고 다 함께 공격하니, 너희가 언제까지 그리하겠느냐? 너희가 그를 그 높은 자리에서 떨어뜨릴 궁리만 하고 거짓말만 즐겨 하니, 입으로는 축복하지만 마음속으로는 저주를 퍼붓는구나. 내 영혼아, 잠잠히 하나님만 기다려라. 내 희망은 오직 하나님에게만 있다. 하나님만이 나의 반석, 나의 구원, 나의 요새이시니, 나는 흔들리지 않는다. 내 구원과 영광이 하나님께 있다. 하나님은 내 견고한 바위이시요, 나의 피난처이시다. 하나님만이 우리의 피난처이시니, 백성아, 언제든지 그만을 의지하고, 그에게 너희의 속마음을 털어놓아라. 신분이 낮은 사람도 입김에 지나지 아니하고, 신분이 높은 사람도 속임수에 지나지 아니하니, 그들을 모두 다 저울에 올려놓아도 입김보다 가벼울 것이다. 억압하는 힘을 의지하지 말고, 빼앗아서 무엇을 얻으려는 헛된 희망을 믿지 말며, 재물이 늘어나더라도 거기에 마음을 두지 말아라. 하나님께서 한 가지를 말씀하셨을 때에, 나는 두 가지를 배웠다. '권세는 하나님의 것'이요, '한결같은 사랑도 주님의 것'이라는 사실을, 주님, 주님께서는 각 사람에게 그가 행한 대로 갚아 주십니다(시편 62:1-12).

진부한 삶

—

지금 계절은 빠르게 망종에서 하지를 향해 가고 있다. 이맘 때 옛 사람들은 보리타작을 하면서 하늘의 은혜에 깊은 감사를 올렸다. 요즘 어떻게 지내시는지? 나는 할 수만 있다면 사람들의 마음속 풍경을 보고 싶은 생각이 들 때가 있다. 빔 벤더스Wim Wenders 감독의 영화 〈베를린 천사의 시〉에 나오는 천사 다니엘은 사람들의 마음을 읽을 수 있다. 그는 자기 곁을 스쳐 지나가는 사람들의 마음속 소리를 듣는다. 걱정거리나 관심사는 제가끔 다르지만 범속하고 사소한 일들이 대부분이다. 저녁 찬거리 걱정, 애들 교육 걱정, 직장 걱정… 애인의 속마음을 몰라 애태우는 이도 있다. 종교적이고 철학적인 심오한 사색에 빠진 이들은 많지 않다.

삶은 어쩌면 그렇게 진부한 것인지도 모르겠다. 우리가 서로를 긍휼히 여기며 살아야 할 까닭이 여기에 있다. 그런데 현실은 그렇지 않다. 사람들은 누구나 적당히 이기적이어서 자기를 중심에 놓고 세상을 바라본다. 저마다 중심이 되려 하지만 세상은 그것을 용인하려 하지 않으니 긴장이 발생한다. 세상이 평화롭지 못한 것은 그 때문이다. 너의 자리에 서서 생각해 보는 역지사지易地思之의 마음이 없어 세상은 늘 위태롭다. 샬롬이 없는 세상, 안식이 없는 세상에 살면서 우리는 다 지쳤다. 마음의 고요함이 없다.

이런 상황 속에서 시편 62편을 읽는다. 이 시에는 히브리어로 '아크ak'라는 부사가 유난히 자주 등장한다. 《개역 성경》은 이 단어를 '오직' 혹은 '진실로'라고 옮겼고, 《새번역 성경》은 어떤 사물을 단독적으로 일컬을 때 사용하는 '~만'이라는 조사로 옮겨놓았다. '하나님만을' 혹은 '하나님만이'가 그 예다. 시인은 그 단어를 통해 매우 단호한 어조로 우리 삶의 안식 혹은 평화는 하나님과 잇대어 살아가는 데 있다고 말한다. 시인은 하나님의 구원을 서술하기 위해 '반석, 구원, 요새, 견고한 바위, 피난처' 등의 다양한 은유를 동원한다. 그는 하나님만 기다리기에 "나는 결코 흔들리지 않는다"

는 말을 두 번 반복하고 있다.

이런 단호한 선언은 터전이 흔들리는 것 같은 경험을 많이 한 사람이 아니면 하기 어렵다. 현실이라는 수렁에 빠져들어가 오도 가도 못할 지경에 처하기도 했을 것이고, 의지가지없는 신세가 되기도 했을 것이다. 더 이상 바라볼 곳이 없을 때 비로소 하늘이 열린다. 인간의 가능성이 닫힌 곳에서 하나님의 가능성이 시작된다. 초월에 눈을 뜨는 것이다.

영혼의 무게

—

시인을 절망으로 몰아간 것은 어떤 상황이라기보다는 가까운 사람들의 태도다. 이들은 3절과 4절에서 '너희'라고 지칭되고 있다. 그들의 행습은 세 가지로 요약된다.

1) 기울어 가는 담과도 같고, 무너지는 돌담과도 같은 사람을 죽이려고 함께 공격
2) 높은 자리에 있는 이들을 떨어뜨릴 궁리만 함
3) 입으로는 축복하지만, 마음속으로는 저주를 퍼부음

왠지 낯설지 않다. 시인이 마치 오늘 우리의 현실을 보고 있는 것 같기도 하다. 하지만 이게 죄의 굴레를 벗어버리지 못한 인간의 모습이다. 아까 사람은 저마다 자기중심적이라고 말했다. 자기중심적인 사람에게는 이웃을 위한 여백이 없다. 그는 늘 경쟁적이고, 개인적이고, 난폭하다. 그는 위계적 사고에 익숙하다. 힘없는 사람은 무시하고, 힘 있는 사람 앞에서는 고분고분하다. 하지만 그는 진실한 관계를 맺는 일에 무지하다. 기울어 가는 담

과 같은 사람을 밀치면서도 죄책감을 느끼지 않는다. 이런 이들이 많을수록 세상은 각박해진다.

시인을 절망의 가장자리로 몰아붙이는 것은 입으로는 축복하지만 마음으로는 저주하는 이들이다. 교언영색巧言令色, 감언이설甘言利說로 사람들을 꾀는 이들이 많다. 만병통치약을 파는 약장사들의 말은 얼마나 매력적인가? 축복의 중개인이라도 된 것처럼 사람들에게 복의 메시지를 던지는 설교자의 말은 또 얼마나 달콤한가? 사람들의 마음을 호리는 이단종파들의 말도 매우 설득력 있게 들린다. 하지만 그들의 말 속에는 비수가 감춰져 있다. 그 비수는 자기 이익이다. 교언영색, 감언이설로 사람들의 마음을 사려는 이들과 사귀기보다는 차라리 욕쟁이 할머니에게 가서 시원하게 욕을 먹는 게 낫다. 예언자들의 말은 참 불편하다. 하지만 그 말을 들어야 우리 영혼이 산다. 아브라함 헤셸은 이렇게 말한다.

"예언자의 말은 가혹하고 쓰며 가시가 돋아 있다. 그러나 그의 엄격함 뒤에는 사랑과 인류에 대한 동정심이 숨어 있다… 실로 장래에 닥칠 재앙에 대한 예언은 한 마디 한 마디가 뉘우침을 권하는 말이다… 그는 '파멸의 메시지'로 시작하여 '희망의 메시지'로 끝맺는다… 그에게 맡겨진 근본적인 사명은 지금 여기에 하느님의 말씀을 선포하는 것이며, 현재에 숨어 있는 것을 보다 분명히 드러내기 위하여 미래를 열어 보이는 것이다"(루스 마커스 굿힐 엮음, 《헤셸의 슬기로운 말들》, 한국기독교연구소, 111쪽).

영혼의 파탄을 바라지 않는다면 유혹자의 단소리보다 예언자의 쓴소리에 귀를 기울여야 한다.

헛된 희망

—

인생의 단맛과 쓴맛, 그리고 신맛을 다 본 시인은 자기가 참으로 믿고 의지해야 할 분은 하나님 한 분 뿐이라는 사실을 절감한다. 그래서 그는 신분이 낮은 사람도 높은 사람도 저울에 달아보면 입김보다 가볍다고 말한다. 이렇게 말하면 허무해지나? 그렇지 않다. 이것을 알 때 오히려 자유의 공간이 열린다. 신분이 낮다고 주눅들 것도 없고, 높다고 으쓱거릴 것도 없다. 이사야 선지자는 "모든 육체는 풀이요, 그의 모든 아름다움은 들의 꽃과 같을 뿐이다. 주님께서 그 위에 입김을 부시면, 풀은 마르고 꽃은 시든다. 그렇다. 이 백성은 풀에 지나지 않는다"(이사야 40:6-7)고 말했다. 영원한 것이 있다면 하나님의 말씀뿐이다. 이 사실을 절감했기에 시인은 백성들을 향해 말한다.

> 억압하는 힘을 의지하지 말고, 빼앗아서 무엇을 얻으려는 헛된 희망을 믿지 말며, 재물이 늘어나더라도 거기에 마음을 두지 말아라(10절).

어느 지방단체장은 공무원들의 회식자리에서 건배를 제의할 때 '조배죽'이라고 외친다고 한다. '조직을 배신하는 자는 죽는다'는 말의 약자이다. 들려오는 풍문에 의하면 '조배죽' 하면 '예, 형님' 하고 화답해야 한다고 한다. 무슨 조폭들의 모임도 아니고…. 기가 막히지 않은가. 그들에게 술자리는 위계질서를 재확인하는 자리인 셈이다. 그들은 국민들의 행복보다는 자기 조직을 건사하는 일에 더 큰 관심을 기울인다. '힘이 곧 정의'라고 믿는 불의한 현실을 강화한다. 의가 무너진 세상의 단면이다. 하지만 그런 삶은 하나님과 대적하는 삶임을 알아야 한다.

다른 이의 몫을 빼앗아 제 배를 채우려는 일도 허망하기 이를 데 없다. 시인은 그런 헛된 희망을 믿지 말고, 재물이 늘어나더라도 거기에 마음을 두지 말라고 말한다. 예수님은 재물을 하늘에 쌓아두라고 하셨다. 하늘에 쌓는 방법은 흩어 나누는 것이다. 많은 이들이 조세도피처에 재산을 은닉했다가 들통이 나고 있다. 전직 대통령이 숨긴 비자금을 찾아내야 한다는 목소리가 높아지고 있다. 부끄럽고 통탄할 일이다. 노자는 "인위적인 조작을 하는 자는 반드시 무너지고, 한사코 움켜잡는 자는 반드시 그것을 잃는다"(爲者敗之 執者失之위자패지 집자실지, 《노자》 29장)고 했다. 전혀 그른 말이 아니다. 붙잡고 숨기고 닫아두기에 우리 삶이 무겁다. 며칠 전 손택수 시인의 시를 읽다가 속이 후련해짐을 느꼈다.

"한낮 대청마루에 누워 앞뒤 문을 열어 놓고 있다가, 앞뒤 문으로 나락드락 불어오는 바람에 겨드랑 땀을 식히고 있다가,

스윽, 제비 한마리가
집을 관통했다

그 하얀 아랫배,
내 낯바닥에
닿을 듯 말 듯,
한순간에,
스쳐 지나가 버렸다

집이 잠시 어안이 벙벙
그야말로 무방비로
앞뒤로 뻥
뚫려버린 순간,

제비 아랫배처럼 하얗고 서늘한 바람이 사립문을 빠져나가는 게 보였다 내 몸의 숨구멍이란 숨구멍을 모두 확 열어젖히고"

– 손택수, 〈放心〉

앞뒷문을 다 열어두었더니, 제비가 집을 관통하여 날아갔고, 그 순간 집은 어안이 벙벙해졌고, 그래서 무방비로 뻥 뚫려버린 순간 서늘한 바람이 불어 몸의 숨구멍을 모두 확 열어젖히더라는 것 아닌가? 기가 막힌 순간이다. 이런 느낌 경험해 본 적이 있는가? 움켜쥐기보다는 놓아야 한다. 닫기보다는 열어야 한다. 그래야 하나님의 은총이 우리를 꿰뚫는다.

깨달음 나눔

—

시편 시인은 자기가 삶의 과정을 통해 절실히 깨달은 것을 귀한 선물처럼 우리에게 나눠주고 있다. '권세는 하나님의 것'이라는 것과 '하나님의 한결같은 사랑'이 그것이다. 당장은 하나님이 침묵하시는 것 같지만 결국 역사를 이끌어 가시는 분은 하나님이시다. 그렇기에 잘 산다는 것은 그 하나님의 뜻에 따라 오늘 우리의 삶을 재조정하는 것이다.

하나님의 한결같은 사랑은 '헤세드'라는 말의 번역이다. 헤세드는 그 백성과 맺은 언약에 신실하신 하나님의 품성을 이르는 말이다. 우리는 가끔 하나님에게 등을 돌리지만 하나님은 우리를 버리지 않으신다. 시인의 고백이 적실한 것은 그가 말할 수 없는 고통을 겪었던 사람이기 때문이다. 절망의 심연에서 그는 하나님의 눈동자와 만났다. 시편 139편의 시인은 주님의 얼굴을 피해 도망칠 곳은 어디에도 없더라고 말한다. 하늘에 올라가도 거기 계시고, 스올에 자리를 펴도 거기도 계시고, 동녘 저편이나 바다 끝 서쪽으로 가서 머물러도 주님의 손이 인도하여 주시고, 힘있게 붙들어 주시더라는 것이다. 이 얼마나 든든한가?

히브리의 한 시인은 "날마다 우리의 주님을 찬송하여라. 하나님께서 우리의 짐을 대신 짊어지신다. 하나님은 우리의 구원이시다"(시편 68:19)라고 노래한다. 주님과의 접속을 잃지 않는다면 삶이 힘겨워도 너무 걱정할 것 없다. 주님이 우리의 짐을 대신 짊어지고 걷고 계신다. 이것이 우리 삶의 희망의 뿌리 아니겠는가. 헛된 희망에서 풀려날 때, 참된 희망이 우리 속에 유입된다. 참된 희망을 가슴에 품고 인내로서 선한 일을 하면 하나님은 존귀와 불멸을 우리에게 주실 것이다. 푸르름이 더해가는 이 계절에 우리의 믿음도 더욱 의연해지기를 기원한다.

주님의 환한 얼굴

의로우신 나의 하나님, 내가 부르짖을 때에 응답하여 주십시오. 내가 곤궁에 빠졌을 때에, 나를 막다른 길목에서 벗어나게 해주십시오. 나에게 은혜를 베푸시고, 나의 기도를 들어주십시오. 너희 높은 자들아, 언제까지 내 영광을 욕되게 하려느냐? 언제까지 헛된 일을 좋아하며, 거짓 신을 섬기겠느냐? 주님께서는 주님께 헌신하는 사람을 각별히 돌보심을 기억하여라. 주님께서는 내가 부르짖을 때에 들어주신다. 너희는 분노하여도 죄짓지 말아라. 잠자리에 누워 마음 깊이 반성하면서, 눈물을 흘려라. 올바른 제사를 드리고, 주님을 의지하여라. "주님, 우리에게 큰 복을 내려주십시오." "누가 우리에게 좋은 일을 보여줄 수 있을까?" 하며 불평하는 사람이 많이 있습니다. 그러나 주님, 주님의 환한 얼굴을 우리에게 비춰 주십시오. 주님께서 내 마음에 안겨 주신 기쁨은 햇곡식과 새 포도주가 풍성할 때에 누리는 기쁨보다 더 큽니다. 내가 편히 눕거나 잠드는 것도, 주님께서 나를 평안히 쉬게 하여 주시기 때문입니다(시편 4:1-8).

시편은 신앙공동체의 기도이다. 그 속에는 기쁨과 슬픔이 있고, 분노의 절규도 있고, 탄식도 있다. 특히 시편은 불의한 이들이 득세하는 세상에서 고통당하는 사람들의 모습을 보여준다. 시편은 점잖은 체하는 우리의 가면을 사정없이 벗겨내 있는 그대로의 모습으로 우리를 하나님 앞에 세운다. 시편은 우리 내면의 거울이라 할 만하다. 그런데 시편은 하나님 앞에 자신의 속마음을 있는 그대로 드러내 보이는 이들의 내면에서 일어나는 변화를 보여주기도 한다. 시편은 격렬한 분노로부터 말로 다할 수 없는 평화까지 우리 감정의 흐름을 잘 드러내고 있다. 그래서 시편을 읽을 때 우리는 회의를 거친 믿음, 어둠을 거친 빛, 분노를 거친 평안함과 만나게 된다.

막다른 골목에 몰린 사람들

—

시편 4편은 곤경에 빠진 한 사람의 모습을 보여주고 있다. 하지만 우리는 그가 어떤 형편에 있는지, 대체 어떤 일 때문에 그런 어려움을 겪고 있는지 전혀 알 수가 없다. 시인의 처지를 '막다른 골목'이란 말로 표현하고 있다. 그를 막다른 골목으로 몰아넣은 이들은 누구인가? 시인은 '높은 사람들'의 힘과 권위에 의해 부당하게 명예에 손상을 입은 것 같다. 명예란 '한 개인이 가족과 친구들, 그리고 사회 속에서 차지하는 지위에 대한 인정과 존경'을 의미한다. 그러니까 명예를 잃는다는 것은 설 자리를 잃는다는 의미이기도 하다.

우리가 정말로 조심해야 하는 것은 사람을 함부로 규정해버리는 것이다. 거짓말쟁이, 비열한 놈, 배신자, 색마… 이런 말들은 치명적이다. 이런 말로 누군가를 규정해버리는 순간 그가 가지고 있는 다른 좋은 가능성들은 가뭇없이 사라지고 만다. 우리는 말로 다른 이들을 가두어버릴 때가 많이 있다. 분리의 장벽은 팔레스타인 땅에만 있는 것이 아니다. 세상에는 '우리'와 '그들'을 가르는 수많은 경계선이 있다. 그래서 주류 사회에 속하지 못한 채 주변화된 사람들은 누구나 가슴에 상처를 안고 살아간다. 유럽의 무슬림들과 집시들이 그렇고, 미국의 히스패닉과 아시아계 사람들이 그렇고,

법적인 신분보장을 받지 못하는 사람들이 그렇다. 그것은 정신 지체인이나 장애인도 마찬가지이다.

어느 한 유력한 정치인의 망언으로 장애인들은 졸지에 태어나지 않는 게 나을 뻔한 사람이 되고 말았다. 물론 가족 가운데 장애를 입고 태어난 이들의 가정이 얼마나 큰 어려움을 겪는지 우리는 조금은 이해하고 있다. 하지만 우리가 잊지 말아야 할 것은 하나님이 그분들을 사랑하신다는 사실이다. 그들이 왜 장애를 입고 태어났는지는 우리가 알 수 없다. 하지만 그들의 존재가 우리에게 주는 선물도 분명히 있다. 연약해서 누군가의 도움을 필요로 하는 그들은 성한 이들에게 자신의 삶을 자꾸 돌아보도록 하고, 인생에서 정말로 중요한 것이 무엇인지를 성찰하도록 한다. 어린이들과 노인들이 우리 곁에 있을 때 우리는 연약한 이들의 속도에 맞추어 삶의 속도를 조절하게 되고, 그 느림 속에서 우리는 인간됨이 무엇인지를 배우게 된다.

가엾어라, 오만한 이들

—

불의한 이들에 의해 막다른 골목에 몰려 누구의 도움도 기대할 수 없을 때 사람들은 하늘을 바라본다. 도무지 받아들일 수도, 납득할 수도 없는 일이 벌어질 때 사람들은 '하늘도 무심하시지' 하고 탄식한다. 그런데 그 탄식은 기실 의로우신 하나님께서 무너진 의를 세워달라는 탄원이다. 오늘의 시인도 그래서 기도한다.

의로우신 나의 하나님, 내가 부르짖을 때에 응답하여 주십시오. 내가 곤궁에 빠졌을 때에 나를 막다른 길목에서 벗어나게 해주십시오(1절).

이런 경험이 있으신가? 그런데 이런 암담한 상황, 사방이 가로막혀 앞이 보이지 않는 고독의 순간이야말로 주님의 현존을 경험할 수 있는 절호의 기회이기도 하다. 야곱은 얍복강 나루에서 밤새워 기도하다가 하나님의 사자를 만났다. 사드락·메삭·아벳느고는 느부갓네살 왕에 의해 풀무불 속에 던져졌지만 그 속에서 하나님을 만났다. 다니엘은 사자굴 속에서 하나님을 만났다. 부르짖는 시인의 마음에 찾아온 것은 기도를 들으시는 하나님이 살아 계시다는 확신이었다. 그 확신이 시인의 마음에 평화를 가져왔다.

주님께서는 내가 부르짖을 때에 들어주신다(3절).

이 믿음이 있기에 그는 높은 자들의 부당한 억압과 괴롭힘에 질식당하지 않을 수 있었다. 요한복음은 성령을 '보혜사'라고 말한다. 보혜사로 번역된 '파라클레이토스Paracleitos'는 '파라para'와 '칼레오kaleo'라는 그리스어 두 개가 결합된 말이다. 동사인 '파라-칼레오'는 '누군가에게 도움을 요청하다'라는 뜻이다. 그 명사형인 '파라클레이토스'의 문자적 의미는 '그 요청에 응답하는 이'라는 뜻이다. 부르짖던 시인의 영혼에 하나님의 영이 찾아오셨다. 그의 마음에 평화와 확신이 찾아왔다. 이제 그는 높은 사람들의 오만함을 불쌍히 여긴다.

너희 높은 자들아, 언제까지 내 영광을 욕되게 하려느냐? 언제까지 헛된 일을 좋

아하며, 거짓 신을 섬기겠느냐?(2절)

그들은 더 이상 시인을 낙심시킬 수 없다. 항구에 닻을 내린 배는 파선을 염려하지 않는다. 하나님의 마음에 닻을 내린 사람은 웬만한 어려움 앞에서도 출렁이지 않는다. 지금 힘이 있다고 해서 그것을 조자룡의 칼처럼 휘두르는 이들은 참 불쌍한 이들이다. 힘을 가진 자들의 가장 큰 비극은 연약한 처지에 있는 이들의 사정을 헤아릴 줄 모르는 것이다. 그들은 자기 입장에서 사람들을 내려다본다. 입장의 동일함이 전제되지 않은 이해란 불가능하다. 주님께서 하늘 보좌를 버리시고 세상에 오신 까닭이 무엇이겠는가? 인간의 자리에 내려와야 그들을 하늘로 이끌 수 있음을 아셨기 때문이다. 영적인 진보의 길은 내려감의 길이다. 하지만 오만한 정신은 내려설 줄을 모른다. 참 불쌍한 영혼들이다. 시인은 이제 점잖게 그들을 타이른다.

너희는 분노하여도 죄짓지 말아라. 잠자리에 누워 마음 깊이 반성하면서, 눈물을 흘려라. 올바른 제사를 드리고, 주님을 의지하여라(4-5절).

불쑥 솟아나는 분노의 감정은 어쩔 수 없다 해도 그 분노를 표출하는 순간 죄를 짓게 된다. 그것을 잘 다스릴 수 있어야 한다. 그러기 위해서는 자꾸 자기를 돌아보는 수밖에 없다. 남의 허물을 찾던 시선을 거두어 자기의 어둠을 보아야 한다. 그러면 울지 않을 수 없다. 우리가 바로 살려면 자꾸 하나님의 것을 하나님께 돌려드려야 한다. 최종적인 판단은 하나님이 하신다. 우리가 성숙해진다는 것은 다른 이들을 쉽게 판단하고 경멸하는 일에 무능한 사람이 되는 것이다.

의심을 넘어

—

그러나 살다 보면 우리는 늘 주님 안에서 살지 못한다. 어느 순간 주님은 우리 가까이 계신 것 같지만, 다음 순간 우리는 주님이 아주 멀리 계신 것처럼 느낀다. 신앙생활이란 자기 속에서 일어나는 의심을 극복하는 과정이기도 하다. 하나님과 동행한다고 믿으면서도 우리는 일쑤 '누가 우리에게 좋은 일을 보여줄 수 있을까?'(6절) 하며 탄식한다.

어린 물고기 한 마리가 있었다. 그는 어른 물고기들이 말하는 '바다'라는 곳에 꼭 가보고 싶었다. 하루는 용기를 내서 물었다. "바다는 어디에 있어요?" 그러자 잠시 뜨악한 표정을 짓던 어른 물고기가 웃으며 대답했다. "네가 있는 곳이 바다란다." 우리도 이 어린 물고기와 같다. 이미 하나님의 은혜 속에 살면서 하나님이 먼 곳에 계신 것처럼 생각한다. 살다 보면 어려운 일이 많다. 가끔은 벼랑 끝에 선 것처럼 아찔할 때도 있다. 권태가 찾아올 때도 있다. 미워하는 마음과 두려움이 찾아올 때도 있다. 하지만 그런 순간에도 잊지 말아야 할 것은 우리가 하나님의 사랑 받는 존재라는 사실이다.

라르슈L'arche(장애인 공동체)를 설립한 장 바니에Jean Vanie 신부에게 한 소녀가 편지를 보내왔다. 소녀는 자신은 한 번도 사랑 받아본 경험이 없다고 말했다. 어릴 때부터 이 소녀를 사로잡고 있던 생각은 어머니가 실수로 자기를 잉태했다는 것이었다. 실제로 이 아이의 탄생을 원한 사람은 아무도 없었다. 부모님은 소녀의 언니와 오빠에 대한 자랑은 많이 했지만 소녀에 대한 자랑은 한 번도 한 적이 없다. 학교에서도 외돌토리로 지냈다. 이런 상황이 소녀의 마음에 지울 수 없는 상처로 남았다. 소녀는 아무도 자기를 사랑하거나 원하지 않을 거라는 부정적 확신을 가졌다. 그러던 어느 날 소녀는 숲속을 이리저리 거닐다가 한 나무 아래 앉았다. 그때 갑자기 하나님께서 자신을 사랑하신다는 확신이 가슴 깊은 곳에서 솟아올랐다. 소녀는 하나님의 눈에는 자기가 귀하고 소중한 존재라는 사실을 자각하게 되었다. 외적인 상황은 바뀐 것이 없지만 이 강력한 체험은 소녀의 삶을 송두리째 바꾸어 놓았다(Jean Vanier, *Befriending the Stranger*, pp. 30-31).

우리가 하나님의 사랑 안에 있다는 사실을 잊을 때 우리는 자신을 싸구려로 팔아버리기 쉽다. 하나님은 우리를 보배롭고 존귀하게 여기신다. 이런 확신을 가진 사람은 쉽게 절망하지도, 쉽게 세상과 타협하며 살지 않는다. 언젠가 키르기스스탄에 머물면서 고려인을 대상으로 복음을 전하시는 김성한 장로님과 조영순 권사님의 이야기를 들었다. 하나님은 깨진 질그릇 같은 80줄의 노인들을 사용하셔서 가슴에 아픈 기억만을 안고 살아온 고려인들에게 기쁨과 감격의 선물을 안겨주셨다. 하나님의 말씀을 듣고, 찬송을 부르고, 음식을 나누는 그 모든 일들을 감당하면서 두 분은 더 건강해지셨다. 두 분의 증언 중 내 귀에 천둥처럼 들려온 말씀은 '지극히 큰 능력이 내게 있구나!'라는 조 권사님의 고백이었다. 하나님의 일은 내 힘으로는 못한다. 하나님이 주시는 힘으로만 할 수 있다.

변화된 내면의 풍경

—

하나님의 은총 앞에 있는 시인은 마지막으로 하나님께 한 가지를 청한다. 그것은 세속적인 성공이나 건강이나 영혼의 평안이 아니다. 어려움 없는 삶이나, 원수들의 패망도 아니다. 그가 구하는 것은 주님의 환한 얼굴빛이다. 주님의 환한 얼굴, 그 얼굴과 만나면 우리 마음의 어둠은 물러가게 마련이다.

> 주님께서 내 마음에 안겨 주신 기쁨은 햇곡식과 새 포도주가 풍성할 때에 누리는 기쁨보다 더 큽니다(7절).

이것이 주님의 환한 얼굴과 만난 이의 고백이다. 이런 내적인 기쁨은 어디에서 비롯되는 것일까? 부족함과 연약함이야말로 주님의 은총이 우리에게 유입되는 통로라는 자각이다. 주님은 아골 평원을 희망의 문이 되게 하시는 분(호세아 2:15)이시다. 이런 믿음 가운데 사는 사람은 달고 평안한 잠을 즐길 수 있다.

시의 첫 절에서 막다른 골목에서 벗어나게 해달라며 부르짖던 시인은 마지막 절에서 평안을 노래하고 있다. 상황은 바뀐 것이 없다. 다만 하나님과의 대면을 통해서 그의 내면의 풍경이 바뀐 것일 뿐이다. 주님의 환한 얼굴이 우리를 향하고 계심을 믿을 수 있다면 우리는 어떤 시련이라도 이길 수 있다. 권력이나 쥐었다고 으스대는 이들을 불쌍히 여길 수 있다. 주님께서 환한 얼굴로 우리를 바라보고 계신다. 이 믿음으로 절망을 넘어서고, 미움과 어둠을 이겨나가야 한다. 미움과 증오가 우리 마음을 지배하지 못하도록 하고 날마다 사랑 가운데서 성장하면서, 하늘이 주는 기쁨을 누리며 살아야 한다.

고통,
생의 동반자

주님, 주님께서 약속하신 대로, 주님께서는 주님의 종인 나를 잘 대해 주셨습니다. 내가 주님의 계명을 따르니, 올바른 통찰력과 지식을 주십시오. 내가 고난을 당하기 전까지는 잘못된 길을 걸었으나, 이제는 주님의 말씀을 지킵니다. 선하신 주님, 너그러우신 주님, 주님의 율례들을 내게 가르쳐 주십시오. 오만한 자들이 거짓으로 내 명예를 훼손하였지만, 나는 온 정성을 기울여서, 주님의 법도를 지키겠습니다. 그들의 마음은 무뎌 분별력을 잃었으나, 나는 주님의 법을 즐거워합니다. 고난을 당한 것이, 내게는 오히려 유익하게 되었습니다. 그 고난 때문에, 나는 주님의 율례를 배웠습니다. 주님께서 나에게 친히 일러주신 그 법이, 천만 금은보다 더 귀합니다(시편 119:65-72).

마음에 맞는 사람과 길을 가는 것은 매우 즐거운 일이다. 청신한 아침처럼 항상 유쾌한 분위기를 만드는 사람과 만나면 기분이 좋아진다. 진지하면서도 유머러스한 사람을 만나면 마음이 편안해진다. 아무런 가식도 없이, 있는 그대로의 내 모습을 드러내 보여도 부담스럽지 않은 사람을 가리켜 친구라 한다. 친구는 어쩌면 인간 영혼의 해방구인지도 모르겠다. 다른 사람들 앞에서는 차마 보일 수 없는 나의 유치한 모습까지도 웃음으로 받아주니 말이다. 사람들은 흔히 술을 마셔야 깊은 대화가 가능하다고 한다. 술은 체면과 이성의 끈을 느슨하게 풀어놓아서, 마음 깊은 곳에 숨긴 속내를 드러내도록 만든다는 것이다. 사실 우리처럼 근엄한 표정을 짓고 살아가는 사람들에게는 그런 해소의 장치가 필요할 수도 있겠다는 생각이 든다. 그런데 문제는 그것이 감정의 배설로 끝나는 경우가 많다는 것이다. 술 깬 후에 사람들의 관계가 더 깊어지고, 돈독해졌나 생각해 보면 꼭 그런 것 같지는 않아 보이니 말이다.

백아와 종자기

—

옛날 중국에 백아伯牙라는 사람이 있었다. 그는 거문고의 명인이었다. 허풍이 심한 중국인들은 백아가 거문고를 뜯으면 마차를 끌고 가던 네 마리 말조차도 하늘을 우러러 목을 늘여빼고 푸푸 숨을 내쉬었는데, 그것은 기분이 좋아 하늘을 보고 깔깔 웃는 형상이었다고 한다. 어느 날 그는 태산泰山으로 놀러갔는데, 갑자기 날씨가 변하더니 소나기가 쏟아지기 시작했다. 백아는 서둘러 절벽 밑으로 들어가 비를 피했다. 무료하게 있던 그는 거문고를 뜯기 시작했다. 순식간에 소나기가 그치고 한줄기 눈부신 햇살이 나무 이파리 사이에 쏟아지자, 절벽 위에는 황금빛 그림자가 일렁이기 시작했다. 흥이 난 백아는 손가락으로 현을 퉁기면서 연주에 심취해 있었다. 이때 종자기라는 젊은 나무꾼이 땔감을 짊어지고 가다가 내려놓고 그 소리에 귀를 기울이기 시작했다. 한참을 듣던 그가 고개를 끄덕이며 말했다.

"정말로 비 내리는 소리와 똑같네."

백아는 그 소리를 듣고 깜짝 놀랐다. 그래서 이번에는 일부러 손가락에 힘을 주어 거문고의 줄을 세게 또는 약하게 누르고 뜯으며 산이 무너지는 듯한 곡조를 연주하였다. 그랬더니 이번에도 종자기는 고개를 끄덕이며 말하는 것이었다.

"산이 무너지는 소리로구나!"

백아는 자기도 모르게 거문고를 밀어 놓고 청년에게 손을 내밀었다. 그들은 곧 평생의 벗이 되었다. 친구를 가리켜 '지음知音'이라고도 하는데, 이 말은 이들의 관계에서 나온 말이다. 나중에 종자기가 죽었을 때, 백아는 거문고를 들고 그의 무덤 앞에 와서 그의 죽음을 슬퍼하는 음악을 한 곡조 연주하였다. 그리고 눈물을 흘리며 품속에서 칼을 꺼내어 거문고 줄을 끊어 버렸다. 이게 소위 '백아절현伯牙絶絃'이라는 것이다. 백아는 그때부터 다시는 거문고를 뜯지 않았다고 한다. 내 마음의 내밀한 탄식을 알아들을 수 있는 벗이 이 세상에 없으니, 연주할 맛이 없어졌다는 것이다. 백아가 연주를 그만 둔 행위를 가상하다고 칭찬하고 싶은 생각은 없지만, 자기 마음의 소리를 알아들을 줄 아는 친구를 가졌다는 점에서는 그를 부러워한다. 이런 이가 우리 곁에 있다면 세상은 견딜 만하지 않은가.

반갑지 않은 동반자

—

그런데 이런 친구는 고사하고 우리가 별로 좋아하지 않는데도 평생을 그림자처럼 따라붙는 생의 동반자가 있다. '고통苦痛'이다. 태어나는 순간부터 죽음에 이를 때까지 고통은 우리를 떠나지 않는다. 아기가 태어나서 우는 것은 숨을 쉬기 위해서란다. 그런데 어떤 이는 '내가 왜 태어났나?' 하고 탄식한다고 말한다. 세상 사는 게 얼마나 고단하면 이런 말을 하겠는가. 도착

증적인 환자를 제외하면 괴로움과 아픔을 좋아하는 사람은 없을 것이다. 사람들은 어떻게 하든지 고통을 떨쳐버리려고 안간힘을 다한다. 쾌락에 몸을 맡기기도 하고, 술에 탐닉하기도 한다. 정도가 심한 사람들은 마약의 힘을 빌리기도 한다. 그런데 고통은 끈 달린 테니스볼처럼 저쪽으로 힘껏 쳐내면, 꼭 그만큼의 힘으로 되돌아오곤 한다. 살다가 힘에 겨우면 우리는 다른 사람들의 삶을 힐끔거리면서 왜 내 짐이 이렇게 무거운가 탄식한다. 하지만 걱정 없는 사람이 어디에 있고, 근심 없는 사람이 어디에 있겠는가. 그러니 고통이 다가올 때 '왜 내게 이런 일이…?' 하면서 억울해하지 말아야 한다. 반갑지는 않지만 그렇다고 외면할 수도 없는 손님으로 맞아야 한다. 그리고 고통의 얼굴을 똑바로 봐야 한다. 그래야 고통을 물리칠 수 있다.

우리는 고통과 힘껏 싸워야 한다. 치통이 심한데, 네가 이기나 내가 이기나 한번 해보자고 버틴다면, 그 정신력은 가상하지만 미련한 사람이라는 평가는 피할 길이 없을 것이다. 약을 먹든지, 이를 뽑아 고통으로부터 해방되어야 한다. 배가 고프다면 귀찮더라도 밥을 짓든지, 밖에 나가 사먹기라도 해야 한다. 고통을 해결할 수 있는 능력이 있는데도, 고통과 싸우는 것이 싫어서 그 속에 머문다면 할 수 없다. 하지만 사람은 고통과 싸우는 과정을 통해서 자기도 알지 못하는 힘을 발견하게 된다. 성인聖人들에게 만일 아무런 고통도 없었다면 그들 속에서 그렇게도 깊은 영성과 사랑의 물줄기가 솟아나지는 않았을 것이다. 고통과 시련, 그것은 우리의 한계를 자각하게 만드는 것인 동시에, 우리가 새로운 단계로 도약할 수 있도록 하는 디딤돌이기도 하다. 어떤 이는 고통, 혹은 고난을 통해 하나님의 얼굴을 뵙기도 한다. 편안하기만 하다면 우리가 하나님을 찾겠는가? 시편의 시인은 이렇게 고백한다.

내가 고난을 당하기 전까지는 잘못된 길을 걸었으나, 이제는 주의 말씀을 지킵니다(67절).

고난을 당한 것이, 내게는 오히려 유익하게 되었습니다. 그 고난 때문에, 나는 주의 율례를 배웠습니다(71절).

고난을 당하는 것도 속상한데, 고난으로부터 아무것도 얻어내지 못한다면 말이 안 된다. 고난이 닥쳐오면 눈을 부릅뜨고 '고난'과 '고통'이 뒷짐에 숨기고 있는 선물을 얻어내야 한다. 얍복 나루에서 주의 사자와 씨름을 하던 야곱이 어떻게 했는지 알지 않는가? 동이 틀 무렵 주의 사자가 떠나려 하자, 그는 더욱 단단히 그의 소맷부리를 붙잡고 자기에게 축복해 주지 않으면 보내지 않겠다고 떼를 쓴다(창세기 32:26). 그래서 그는 자기 삶에 드리웠던 기름기, 즉 자기 이익을 위해 약삭빨랐던 '야곱'을 벗고, '하나님이 다스리신다'는 의미의 '이스라엘'이라는 이름을 부여받는다. 그런 의미에서 괴로움과 아픔이라는 것은 우리 생의 동반자로서 소중한 역할을 한다. 시인은 그것을 통해 주님의 말씀과 뜻을 배웠다고 말한다.

고통 속으로 들어가기

—

그런데 성도들은 개인적인 고통과의 씨름에만 매달리면 안 된다. 능동적으로 고통의 바람 속으로 들어가기도 해야 한다. 사람들에게 고통을 강요하는 제도와 질서에 대해서도 맞서야 하기 때문이다. 우리는 이 일을 위해 부름 받았다. 가난한 이들의 살 권리를 박탈하는 제도와 맞서고, 장애를 가진 이들이 평안하게 살아갈 수 있는 세상을 만들기 위한 싸움에 뛰어들어야 한다. 이런저런 폭력에 시달리는 사람들을 돕기 위한 싸움에 나서야 한다. 학대받는 여성·아동·노인들을 위해 우리가 할 수 있는 일을 찾아야 한다. 기아와 굶주림에 시달리면서, 도저히 자기들의 문제를 스스로 해결해낼 수 없는 사람들의 문제를 풀어내기 위해 머리를 싸매야 한다. 소말리아의 어린이들이 굶주려 죽어가는 모습을 지켜보면서 넉넉한 나의 식탁이 죄스러웠다.

우리가 다른 이들의 고통의 문제를 해결하기 위해 노력해야 하는 것은 우리가 진 사랑의 빚을 갚기 위해서다. 예수님은 땅에 매여 살고 있는 우리를 구하여, 하늘에 속한 사람으로 살아가도록 하기 위해 인간의 몸을 입고 이 세상에 오셨다. 그리고 우리가 겪는 것과 똑같은 고통을 겪으셨다. 나는 히브리서 기자의 말을 통해 한없는 위로를 얻는다.

> 그는 몸소 시험을 받아서 고난을 당하셨으므로, 시험을 받는 사람들을 도우실 수 있습니다(히브리서 2:18).

> 우리의 대제사장은 우리의 연약함을 동정하지 못하시는 분이 아닙니다. 그는 모든 점에서 우리와 마찬가지로 시험을 받으셨지만, 죄는 없으십니다(히브리서 4:15).

예수의 고난과 결합하기

—

하나님의 아들이신 예수님이 육신의 고통을 받으셨다는 사실은 유대인들에게는 걸림돌이다. 그리스 사람들에게는 어리석은 것이다. 그러나 운명처럼 고통을 짊어지고 살아야 하는 우리들에게는 얼마나 큰 위안인지 모른다. 우리가 인간으로서 겪는 모든 아픔과 슬픔, 그리고 고통을 주님은 관념적으로가 아니라, 육체적으로 아신다. 그러기에 우리의 연약함을 아파하시고, 그 아픔을 덜어주기 위해 할 수 있는 모든 일을 다 하시는 것이다. 주님께서 지셨던 십자가, 그 위에서 겪으셨던 주님의 고통과 우리의 고통이 결합될 때, 특별히 다른 이들의 생의 문제를 풀어주기 위해 능동적으로 선택한 고통이 십자가의 고통과 결합할 때, 그것은 구원의 연료로 바뀐다. 이것이 놀라운 신앙의 신비이다.

그러면 우리가 고통을 견딜 수 있는 힘은 어디서 얻을 수 있는가? 나는 시편 119편을 읽다가 92절의 말씀 앞에 오랫동안 머물지 않을 수 없었다.

> 주의 법을 내 기쁨으로 삼지 아니하였더라면, 나는 고난을 이기지 못하고 망하고 말았을 것입니다(시편 119:92).

그렇다. 우리가 고통을, 그리고 고난을 창조적인 생의 연료로 삼을 수 있는 것은 우리의 영웅적인 의지에 달린 것이 아니다. 주의 법을 기쁨으로 삼을 때 우리는 비로소 고난을 이길 힘을 얻는다. 예수님이 시시때때로 한적한 곳을 찾아가 하나님 앞에 엎드리신 것도 그 때문이었다. 하나님의 뜻과의 일치, 그리스도의 십자가와의 결합으로부터 힘이 나온다. 세상을 이기는 힘 말이다.

사노라면 힘겨운 일이 많다. 또한 세상에는 우리의 땀과 피와 눈물을 기다리는 일들이 많이 있다. 그것은 고난의 길이다. 하지만 가시가 싫다고 해서 장미꽃을 버릴 수는 없지 않는가. 우리에게 주어진 생의 재료를 가지고 아름다운 인생의 집을 지어야 한다. 고통이나 슬픔조차도 하나님께 봉헌되면 아름다운 빛을 얻는다. 나는 사순절기의 가파른 고갯길을 넘을 때 교우들에게 당부하곤 한다.

"예수 그리스도께서 당하셨던 그 고난이 나와 무관한 것일 수 없음을 아십시오. 그리고 그 고난의 길을 주님과 함께 걸으십시오. 주님은 우리를 통해 하나님의 뜻이 실현된 아름다운 세상을 이루시기 원하십니다. 우리는 지금 주님의 꿈을 이루는 일에 초대받았습니다. 그 초대를 귀히 여기는 사람은 고통을 경험할 것입니다. 하지만 그 고통 너머에 있는 영생도 경험할 것입니다. 주님의 십자가, 그 십자가만이 구원의 길입니다."

우리의 피난처

하나님은 우리의 피난처이시며, 우리의 힘이시며, 어려운 고비마다 우리 곁에 계시는 구원자이시니, 땅이 흔들리고 산이 무너져 바다 속으로 빠져들어도, 우리는 두려워하지 않는다. 물이 소리를 내면서 거품을 내뿜고 산들이 노하여서 뒤흔들려도, 우리는 두려워하지 않는다. 오, 강이여! 그대의 줄기들이 하나님의 성을 즐겁게 하며, 가장 높으신 분의 거룩한 처소를 즐겁게 하는구나. 하나님이 그 성 안에 계시니, 그 성이 흔들리지 않는다. 동틀녘에 하나님이 도와주신다. 민족들이 으르렁거리고 왕국들이 흔들리는데, 주님이 한 번 호령하시면 땅이 녹는다. 만군의 주님이 우리와 함께 계신다. 야곱의 하나님이 우리의 피난처시다. 땅을 황무지로 만드신 주님의 놀라운 능력을 와서 보아라. 땅 끝까지 전쟁을 그치게 하시고, 활을 부러뜨리고 창을 꺾고 방패를 불사르신다. 너희는 잠깐 손을 멈추고, 내가 하나님인 줄 알아라. 내가 뭇 나라로부터 높임을 받는다. 내가 이 땅에서 높임을 받는다. 만군의 주님이 우리와 함께 계신다. 야곱의 하나님이 우리의 피난처시다(시편 46:1-11).

'사람은 자기의 생활방식을 바꾸는 순간 하나님도 바꾸어버린다'는 말이 있다. '사람은 생각하는 대로 사는 것이 아니라, 사는 대로 생각한다'고 말한 이도 있다. 서 있는 삶의 자리가 다르면 생각하는 방식도 달라지게 마련이다. 그래서 입장의 동일함이 전제되지 않으면 이해가 불가능하다고 말하는 것인지도 모르겠다. 자동차에 타고 있으면 보행자가 못마땅하고, 도로를 걷다 보면 운전자들이 무례하다는 생각을 하게 된다. 부유한 사람들은 삶의 터전을 잃게 된 도시 빈민들의 시위가 과격하다고 말하고, 가난한 사람들은 부자들을 백안시한다. 이전에 비하면 우리는 정말 많은 것을 누리며 살고 있다. 하지만 그렇다고 하여 행복을 더 깊이 체험하는 것도 아닌 것 같다. 물건이 지천으로 넘치면서, 감사와 감격이 사라졌다. 일용할 양식을 구하지 않아도 먹을 것이 많은데, 밥 한 끼를 앞에 두고 진정한 감사의 기도를 드리겠는가. 권정생 선생님은 1960년대 교회의 모습을 그리움으로 회상하고 있다.

소박한 성스러움

—

내가 예배당 문간방에 살면서 새벽종을 울리던 때가 진짜 하나님을 만나는 귀한 시간이었는지 모른다. 특히 추운 겨울날 캄캄한 새벽에 종줄을 잡아당기며 유난히 빛나는 별빛을 바라보는 상쾌한 기분은 지금도 그리워진다. 1960년대만 해도 농촌 교회의 새벽기도는 소박하고 아름다웠다. 전깃불도 없고 석유 램프불을 켜놓고 차가운 마룻바닥에 꿇어앉아 조용히 기도했던 기억은 성스럽기까지 했다.

교인들은 모두 가난하고 슬픈 사연들을 지니고 있어 가식 없는 대화를 나눌 수 있었고, 그 중에 6·25때 남편을 잃고 외딸 하나 데리고 살던 김 아무개 집사님의 찬송가 소리는 가슴이 미어지도록 애절했다. 새벽기도 시간이면 제일 늦게까지 남아서 부르던 〈고요한 바다로〉 찬송가는 그분의 전속곡이었다. 마지막 4절의 "이 세상 고락간 주 뜻을 본받고 내 몸이 의지 없을 때 큰 믿음 줍소서" 하면서 흐느끼던 모습은 보는 사람들을 숙연하게 했다. 가난한 사람의 행복은 이렇게 욕심 없는 기도를 할 수 있기 때문이다. 새벽기도가 끝나 모두 돌아가고 아침 햇살이 창문으로 들어와 비출 때, 교회 안을 살펴 보면 군데군데 마룻바닥에 눈물자국이 얼룩져 있고 그 눈물은 모두가 얼어 있었다.

"가진 것 없지만, 기쁠 때나 슬플 때나 한결같은 마음으로 주님의 뜻을 따라 살겠습니다. 때때로 끈 떨어진 연처럼 내 인생이 적막할 때 낙심하지 않도록 큰 믿음을 주십시오."

눈물을 흘리며 찬송을 부르시는 그 김 집사님의 모습은 '성스러움'이 무엇인지를 우리에게 가르쳐준다. 그분에게 하나님은 영원한 피난처이셨으리라.

어지러운 세상

—

하나님은 우리의 피난처이시며, 우리의 힘이시며, 어려운 고비마다 우리 곁에 계시는 구원자이시니(1절).

시편 46편의 시인도 평탄한 삶을 산 것 같지는 않다. 안으로는 근심이요, 밖으로는 환난內憂外患 내우외환이었나 보다. 이방이 소란스럽게 떠들고, 나라와 나라가 전쟁을 벌이는 그 살벌한 현장에서 살아야 했기 때문이다. 그는 자기 인생의 경험을 표현할 마땅한 말을 찾을 길이 없어서인지 아주 장대한 그림 언어를 사용하고 있다. 한 번 머릿속에 그려보기 바란다. 땅이 변하고, 산이 흔들려 바다 가운데 빠지고, 바닷물이 흉포하게 넘실거리고, 그것이 넘쳐 산이 요동하고…. 이런 느낌 아는가? 나는 비교적 평탄하게 살아왔기 때문에 이런 경험을 하지 못했다. 하지만 전쟁을 경험한 세대들은 이런 상황이 머릿속에 그려질 것 같다. 하기야 지난 3-40년 세월 동안 우리가 살아온 나날만 돌아보아도 시인이 드러내려고 하는 정서를 어느 정도는 이해할 수 있을 것 같기도 하다. 이 기가 막힌 세월을 어떻게 살았나 싶다. 한편으로는 먹고살기 위해 일해야 했고, 다른 한편으로는 나라의 민주화를 위해 얼마나 애를 썼는가.

시인이 경험한 것을 지금 우리도 겪고 있다. 사막은 늘어나고, 오존층도 파괴되고, 지구의 온난화가 가속화되고 있다. 남극과 북극의 빙하가 녹아내려 해수면이 높아지면서 낮은 지대에 사는 이들이 살 땅이 해마다 줄어들고 있다. 수많은 생물종들이 지구상에서 멸종되고 있다. 빈부의 격차는 나날이 늘어나고 있고, 인종과 문화적 갈등도 깊어만 간다. 테러와 폭정을 종식시킨다는 명분으로 미국은 전 세계에 공포를 수출하고 있다. 뉴욕 뉴스쿨대학 세계정책연구소WPI가 펴낸 보고서는 미국이 겉으로는 폭정을 종식시킨다고 말하고 있지만 속으로는 무기판매에 열을 올리고 있다고 고발한다. "미국이 '테러와의 전쟁'을 빌미로 '동맹국'에 판매하는 무기가 전세계 독재정권들의 버팀목이 되고 있다." 북미간의 갈등으로 한반도는 언제 화약고로 변할지 모르는 위태로운 처지에 놓이게 되었다. 우리는 시편 46편의 시인의 노래를 애타게 부르게 된다.

민족들이 으르렁거리고 왕국들이 흔들리는데, 주님이 한 번 호령하시면 땅이 녹는다(6절).

땅 끝까지 전쟁을 그치게 하시고, 활을 부러뜨리고 창을 꺾고 방패를 불사르신다(9절).

이 말이 어떻게 들리는가? 역사를 자기 손아귀에 넣고 쥐락펴락하려는 이들의 시도가 헛된 것이라는 말이 아닌가?

풍파도 그치게 하는 사랑

—

하지만 가장 심각한 위기의 상황 속에서 살았던 시인의 눈이 다른 곳을 가리키고 있음을 본다.

오, 강이여! 그대의 줄기들이 하나님의 성을 즐겁게 하며, 가장 높으신 분의 거룩한 처소를 즐겁게 하는구나. 하나님이 그 성 안에 계시니, 그 성이 흔들리지 않는다. 동틀녘에 하나님이 도와주신다(4-5절).

세상에는 눈에 보이는 질서만 있는 것이 아니라 눈에 보이지 않는 질서도 있는 법이다. 거대한 빙하가 바람 방향의 반대편으로 흘러갈 때가 있다. 그것은 해류의 움직임 때문이다. 세상이 꼭 그런 것 같다. 세상일은 꼭 예측대로 흘러가지는 않는다. 우리가 잊지 말아야 할 것은 역사를 움직이시는 분은 하나님이시라는 사실이다. 보이지 않고, 들리지 않아도 지구는 지금 빠른 속도로 자전과 공전을 하고 있다. 눈으로 볼 수 없다고 지구의 자전과 공전을 부인할 사람은 없을 것이다. 마찬가지다. 하늘과 땅을 만드시고, 사람을 지으신 하나님이 여전히 살아계시다. 이 시에서 말하는 '하나님의 성'은 물론 예루살렘이다. 하지만 예루살렘은 어디에나 있다. 무슨 말인가? 하나님의 성은 어떤 특정한 지역을 일컫는 말이라기보다는 하나님의 임재하심을 뜻하는 단어이다. 하나님이 임재하신 땅이 곧 '하나님의 성'이고 '예루살렘'이다.

하나님이 계신 곳에는 든든함이 있다. 그런 의미에서 하나님은 피난처이시다. 시골 마을마다 있는 느티나무를 볼 때마다 '품이 참 넓구나' 하고 감탄한다. 느티나무는 자기 곁에 다가오는 사람을 가리지 않는다. 착한 사람이든 악한 사람이든, 동네 사람이든 낯선 사람이든 누구나 받아들여 품어준다. 그 품이 참 넉넉하다. 느티나무가 그런데 하나님은 더 하시지 않겠는가? 예수님을 통해 우리에게 드러나신 하나님은 세상에 살면서 상처 입은 사람들, 지친 사람들, 비틀거리는 사람들, 죄인까지도 다 받아주신다. 도덕적인 잣대로 사람을 판단하지 않으신다. 당신께 나오는 사람은 그냥 다 품어주신다. 그렇기에 하나님은 피난처이시다. 그 품에 안긴 사람은, 누구나 변화될 수밖에 없다. 무조건적인 사랑은 우리 마음의 응어리들을 풀어준다. 찬송가 299장을 부를 때마다 감격하곤 한다.

1. 하나님 사랑은 온전한 참 사랑 내 맘에 부어주시사 충만케 하소서.
3. 그 사랑 앞에는 풍파도 그치며 어두운 밤도 환하니 그 힘이 크도다.

풍파도 그치게 하는 사랑, 어두운 밤도 환하게 하는 사랑, 하나님은 그 사랑으로 우리를 대해주신다. 그 사랑을 받은 사람은 이전의 그 사람일 수 없다. 우리 마음이 옹색할 때는 다른 이에게 상처를 입히곤 한다. 받을 것만

셈하다가 가까운 사람들의 마음에 피를 흘리게 한다. 하지만 하나님의 품에 안긴 사람은 너그러운 사람으로 변한다. 큰 어려움 앞에서도 요동하지 않고, 조용히 그 문제에 직면하면서 하나님의 뜻을 헤아린다.

한 장의 얇은 모포 같은 그대

—

너희는 잠깐 손을 멈추고, 내가 하나님인 줄 알아라. 내가 뭇 나라로부터 높임을 받는다. 내가 이 땅에서 높임을 받는다(10절).

가만히 있으라는 말은 아무 일도 하지 말라는 말이 아니다. 오로지 하나님께 집중하여 마음의 풍랑을 가라앉히라는 말이다. 흔들리는 물에는 얼굴을 비춰볼 수 없다. 물이 잔잔해지면 거기에 내 얼굴을 비춰볼 수 있을 뿐만 아니라, 그 너머에 계신 하나님을 볼 수 있다. 바울은 "하나님을 사랑하는 사람들, 곧 하나님의 뜻대로 부르심을 받은 사람들에게는 모든 일이 협력해서 선을 이룬다는 것을 우리는 압니다"(로마서 8:28)라고 했다. 우리 앞에 배송된 생의 재료가 다소 미흡해 보여도 하나님이 손을 대시면 멋진 작품이 될 수 있다. 우리는 그 믿음으로 사는 사람들이다. 슬픔과 좌절, 질병과 고통, 오해와 갈등, 가난과 외로움… 하나님은 어느 것 하나 쓸모없다고 버리지 않으신다. 우리가 하나님 곁을 떠나지만 않으면 된다.

하나님을 피난처로 삼은 사람은 어떻게 살아가는가? 기꺼이 누군가의 피난처가 되어준다. 시인 도종환은 〈희망〉이라는 시에서 이렇게 노래하고 있다.

"차디찬 겨울 감옥 마룻장 같은 세상에
오랫동안 그곳을 지켜온
한 장의 얇은 모포 같은 그대가 있어서
아직도 그대에게 쓰는 편지 멈추지 않는데"

세상이 비록 겨울 감옥의 마룻장처럼 차가워도, 한 장의 얇은 모포일망정 시린 영혼을 덮어주는 마음이 있는 한 세상은 아직은 살 만한 곳이다. 세상을 살 만한 곳이 되게 하자고 하나님은 우리를 부르셨다. 하나님께서 우리의 피난처가 되어주신 것처럼, 우리도 누군가의 피난처가 되어야 한다. 우리는 이 일을 성심껏 감당하고 있다. 교회도 세상에서 떠도는 상처 입은 사람들의 피난처가 되었으면 좋겠다.

하나님은 늘 이기신다

유다에서 하나님을 모르는 사람이 누구랴. 그 명성, 이스라엘에서 드높다. 그의 장막이 살렘에 있고, 그의 거처는 시온에 있다. 여기에서 하나님이 불화살을 꺾으시고, 방패와 칼과 전쟁 무기를 꺾으셨다. 주님의 영광, 그 찬란함, 사냥거리 풍부한 저 산들보다 더 큽니다. 마음이 담대한 자들도 그들이 가졌던 것 다 빼앗기고 영원한 잠을 자고 있습니다. 용감한 군인들도 무덤에서 아무 힘도 못 씁니다. 야곱의 하나님, 주님께서 한 번 호령하시면, 병거를 탄 병사나 기마병이 모두 기절합니다. 주님, 주님은 두려우신 분, 주님께서 한 번 진노하시면, 누가 감히 주님 앞에 설 수 있겠습니까? 주님께서 하늘에서 판결을 내리셨을 때에, 온 땅은 두려워하며 숨을 죽였습니다. 주님께서는 이렇게 재판을 하시어, 이 땅에서 억눌린 사람들을 구원해 주셨습니다. 진실로, 사람의 분노는 주님의 영광을 더할 뿐이요, 그 분노에서 살아남은 자들은 주님께서 허리띠처럼 묶어 버릴 것입니다. 너희는 주 하나님께 서원하고, 그 서원을 지켜라. 사방에 있는 모든 민족들아, 마땅히 경외할 분에게 예물을 드려라. 그분께서 군왕들의 호흡을 끊을 것이니, 세상의 왕들이 두려워할 것이다(시편 76:1-12).

초기 기독교의 소중한 유산이 남아 있는 시리아가 지금 신음하고 있다. 대를 이어 군부 독재를 이어가고 있는 바샤르 아사드Bashar Assad의 철권통치에 저항하여 일어난 시리아 민중들을 향해 군대는 대포와 로켓포를 쏘고 있다. 무고한 이들이 흘리는 피와 눈물이 오론테스Orontes 강을 채우고 있다. 여성들과 어린이들의 비명소리가 하나님의 마음을 찢고 있다. 비운의 땅 홈스Homs는 지금 불타고 있다. 지금까지 민간인 사망자가 7,000명에 이를 것이라고 한다. 지금은 내전으로 치닫고 있다.

아, 시리아

—

그런데도 국제사회는 시리아 사태에 개입을 주저하고 있다. 유엔 안보리에 이 문제가 상정되었지만 중국과 러시아의 반대로 통과되지 못했다. 두 나라가 개입을 반대하는 것은 그것이 자국의 이익에 부합한다고 여기기 때문이다. 두 나라는 이란, 이라크와 더불어 반미 벨트를 형성하고 있는 시리아에 서방세계의 영향력이 커지는 것을 원치 않는다. 게다가 시리아의 타르투스에는 러시아의 해군기지가 들어서 있다. 러시아는 시리아에 5조 6천억 원에 이르는 막대한 규모의 무기를 판매하고 있다. 리비아 사태가 벌어졌을 때 나토의 전투기까지 동원하였던 서방세계도 그렇게 단호하게 시리아 사태에 개입하지 않고 있는 것은, 그 나라의 석유 매장량이 리비아에 비해 형편없기 때문이다. 개입해 보아도 얻을 게 별로 없다는 계산이 벌써 선 것이다.

국제정치를 지배하는 것은 정의의 원리가 아니라 자국의 이익임을 여실히 보여주는 현실이다. 이런 현실을 그대로 받아들인다면 세상은 약육강식의 현장이 될 것이다. 기독교인은 그런 단단한 현실 논리를 안에서, 밖에서 깨뜨려야 할 책임이 있다. 우리는 죽임의 문화가 지배하는 세상에서 생명의 세계를 열어가라는 부름에 응답한 사람들이다. 전쟁과 테러는 부도덕하고 비인도적이고 부조리한 것이다. 그것은 인류가 택한 자기 멸절의 길이다. 거대한 제국이 등장하여 주변 세계를 공포에 몰아넣고 있던 때에 예언자들은 전혀 다른 세상의 꿈을 인류 앞에 보여주었다. 사람들이 칼을 쳐서 보습을 만들고, 창을 쳐서 낫을 만들고, 나라와 나라가 칼을 들고 서로를 치지 않고, 군사훈련도 하지 않는 세상 말이다(이사야 2:4, 미가 4:3). 사람들이 저마다 자기 포도나무와 무화과나무 아래 앉아서, 평화롭게 사는 꿈, 사람마다 아무런 위협도 받지 않으며 사는 세상의 꿈, 그 꿈은 언제나 위태롭다. 하지만 그것은 인류의 꿈일 뿐만 아니라 하나님의 꿈이기도 하다.

하나님, 일어나소서

—

무고한 자들의 희생을 강요하는 전쟁은 하나님에 대한 반역이다. 일곱 봉인에 담긴 심판 내용을 전하는 요한계시록 6장에는 '전쟁, 굶주림, 죽음, 흑사병'을 상징하는 기사 네 명이 등장한다. 그들은 마지막 시대에 대한 징표이자 경고이다. 그 가운데서 붉은 말에 탄 사람은 전쟁을 통해 땅에서 평화를 거두어가는 권한을 받은 자로 소개되고 있다. 붉은 말을 탄 기사는 지금 사람들에게 평화는 불가능한 것이라고 말한다. 그는 군비경쟁을 부추기고, 첨단 무기를 구입할 것을 종용한다. 그는 또한 정의나 평화보다는 이익을 중심으로 사는 것이 지혜로운 삶이라고 사람들을 미혹한다.

어떤 이는 전쟁의 뿌리는 두려움이라고 말했지만, 전쟁의 뿌리는 과도한 욕망이다. 남이야 어찌 되든 나만 편하면 된다는 생각 속에 이미 전쟁은 잉태되어 있다. 욕망은 우리로 하여금 다른 이들을 하나님의 형상에 따라 지음 받은 존엄한 인격으로, 곧 함께 살아가야 할 이웃으로 대하기보다는 욕망 충족을 위한 수단으로 보도록 만든다. 그것은 하나님을 모독하는 일이다. 그런 현실을 목도한 시편 시인들은 하나님의 개입을 요구하지 않을 수 없었다.

> 하나님, 일어나십시오. 주님의 소송을 이기십시오. 날마다 주님을 모욕하는 어리석은 자들을 버려두지 마십시오. 주님께 항거해서 일어서는 자들의 소란한 소리가 끊임없이 높아만 가니, 주님의 대적자들의 저 소리를 부디 잊지 마십시오(시편 74:22-23).

하나님은 세운 것을 헐기도 하고, 심은 것을 뽑기도 하신다. 그것이 하나님의 다스리심이다. 애굽, 앗시리아, 바벨론, 페르시아, 그리스, 로마 등 영원할 것만 같았던 고대의 제국들은 모두 역사의 뒤안길로 사라졌다. 우리는 그들이 남긴 흔적을 보고 있을 따름이다. 하지만 잡풀처럼 땅에 의지해 살아야 했던 이들은 살아남았다. 시인이 '유다에서 하나님을 모르는 사람이 누구랴. 그 명성, 이스라엘에서 드높다'고 노래한 것은 그 때문이다. 가장 연약했을 때, 어디에서도 도움을 얻을 수 없을 때 그들을 구원하러 달려오신 하나님에 대한 기억이 생생하기에 시인은 그렇게 고백한 것이다.

역사의 주인이신 하나님은 또한 우리 가까이에 계시면서 우리의 숨소리 하나까지 듣고 계신 분이시다. 예수님이 하나님을 '아바 아버지'라 부를 수 있었던 것은 그렇게 가까이 계신 하나님을 느끼고 있었기 때문이다. 오늘의 시인은 그것을 "그의 장막이 살렘에 있고, 그의 거처는 시온에 있다"고 표현하고 있다. 하나님이 계신 그곳은 하나님께서 친히 불화살을 꺾으시고, 방패와 칼과 전쟁 무기를 꺾으신 곳이다. 구체적인 경험이 없다면 이런 고백은 쉽게 나올 수 없는 법이다. 대체 어떤 일이 벌어졌던 것일까?

하나님의 역사 개입

—

고대의 성경 번역본 가운데 셉투아진타Septuaginta라는 것이 있다. 흔히 '70인 역'이라고 부르는 것이다. 이것은 제1성서를 그리스어로 옮긴 최초의 번역본인데, 번역작업은 주전 3세기경부터 시작하여 약 100년 동안 이어졌다. 히브리어 성서를 헬라어로 번역한 것은 히브리어가 이미 사어가 되어 그 말을 아는 사람이 적었기 때문이다. 그런데 셉투아진타는 각각의 시편이 기록된 배경을 간단하게 기록했다. 그것이 역사적으로 정확한 기록이라고 말할 수는 없지만, 그래도 시를 이해하는 배경으로는 그만이다.

거기 보면 이 시에서 삶의 자리는 앗시리아 왕 산헤립이 유다를 침공했을 때이다. 기록을 보면 앗시리아 왕 산헤립은 군사 20만 명을 이끌고 유다를 공격했다. 풍전등화의 위기였다. 산헤립의 전권을 위임받은 랍사게는 예루살렘을 포위하고는 항복할 것을 권유했다. 백성들은 동요했다. 히스기야 왕은 신하들을 예언자 이사야에게 보내 자기의 참담한 심정을 알린다.

> 오늘은 환난과 징계와 굴욕의 날입니다. 아이를 낳으려 하나, 낳을 힘이 없는 산모와도 같습니다… 주 그대의 하나님께서 그가 하는 말을 들으셨으니, 그를 심판하실 것입니다. 그대는 여기에 남아 있는 우리들이 구원받도록 기도하여 주십시오(이사야 37:3-4).

하나님은 이사야를 통해 왕과 백성들을 위로하면서, 산헤립의 계획을 어떻게 좌절시키실 지를 알려준다. 하나님의 영이 산헤립의 마음을 흔들어 자기 나라로 돌아가도록 할 것이고, 그곳에서 칼에 맞아 죽게 하시겠다는 것이다. 과연 산헤립은 에티오피아 왕이 자기에 맞서 군사를 일으켰다는 보고를 받고는 전선을 옮겼다. 랍사게는 왕을 돕기 위해 포위를 풀고 떠나면서 히스기야에게 오만하기 이를 데 없는 편지를 보냈다. 세상의 어떤 신도 앗시리아로부터 나라를 지켜줄 수 없을 것이니 각오하라는 내용이었다. 히스기야는 그 편지를 가지고 성전으로 올라가 그것을 주님 앞에 펴놓고 기도를 올렸다. 그는 '이 세상의 모든 나라를 다스리시는 오직 한 분뿐이신 하나님' 앞에, '하늘과 땅을 만드신 분' 앞에 엎드려 산헤립의 망언을 잊지 말아 달라고 청한다. 그리고 그의 손에서 구원해 주시어 '오직 주님만이 홀로 주 하나님이심을 알게 하여 달라'고 기도한다.

기도는 응답되었다. 앗시리아는 물러갔고, 산헤립은 살해당했다. 그런 현실을 보았기 때문일까? 시인은 마치 우쭐거리는 어린아이처럼 말한다.

> 야곱의 하나님, 주님께서 한 번 호령하시면, 병거를 탄 병사나 기마병이 모두 기절합니다(6절).

이런 고백은 비단 이 시인만의 고백이 아니다. 시편 33편의 시인은 땅에 사는 사람들을 지켜보시는 하나님의 존재를 상기시키면서 이렇게 노래한다.

> 군대가 많다고 해서 왕이 나라를 구하는 것은 아니며, 힘이 세다고 해서 용사가 제 목숨을 건지는 것은 아니다. 나라를 구하는 데 군마가 필요한 것은 아니며,

목숨을 건지는 데 많은 군대가 필요한 것은 아니다(시편 33:16-17).

군사주의의 망령이 사람들의 의식을 옭죄던 시절에 이런 노래를 부를 수 있다는 사실이 놀랍다. 믿음의 사람들은 하늘의 눈으로 역사를 조망한다. 조금만 높은 곳에 올라가도 땅에서 벌어지는 일의 추이를 예측할 수 있다. 우리는 하나님의 뜻이 승리하리라는 확신을 가지고 산다. 그래서 전쟁과 테러가 일상화된 세상에서도 평화의 노래를 부른다.

심판하시는 하나님

—

하나님은 역사의 심판자이시다. 주님께서 하늘에서 판결을 내리시면 온 땅은 두려워하며 숨을 죽일 수밖에 없다. 하나님은 오만한 자들의 계획을 비웃으신다. 그들의 자랑거리를 걸림돌로 만드신다. 골리앗 앞에 선 다윗은 무력해 보이지만 하나님이 그를 꼭 붙들고 계셨기에 승리할 수 있었다. 하나님이 역사 속에 개입하시는 까닭은 억눌리는 사람들을 구원하시기 위함이다(9절). 하나님은 억눌린 이들의 신음소리를 '당신의 나라가 임하소서'라는 기도로 들으신다. 하나님은 방관자가 아니다. 무력한 이들을 무시하고 학대하고 착취하는 사람들은 하나님의 진노를 피할 길이 없다. 이런 사실을 두려움으로 기억해야 한다.

우리는 평화의 일꾼으로 부름 받았다. 전쟁과 평화에 대해 생각할 때마다 정현종 선생의 〈요격시〉를 떠올린다.

"다른 무기가 없습니다

마음을 발사합니다

두루미를 쏘아올립니다 모든 미사일에

기러기를 쏘아올립니다 모든 폭탄에

도요새를 쏘아올립니다 모든 전폭기에

굴뚝새를 쏘아올립니다 모든 포탄에

뻐꾸기를 발사합니다 무기 공장에

비둘기를 발사합니다 무기상들한테

따오기를 발사합니다 정치꾼들한테

왜가리를 발사합니다 군사 모험주의자들한테

뜸부기를 발사합니다 제국주의자들한테

까마귀를 발사합니다 승리 중독자들한테

발사합니다 먹황새 물오리 때까치 가마우지……

하여간 새들을 발사합니다 그 모오든 死神 들한테"

2,700년 전 히브리 시인의 마음에 공명하듯 한국의 시인은 로켓포나 대포알이 아니라 새들이 자유롭게 날아오르는 세상을 꿈꾸고 있다. 지금 전쟁을 획책하고 있는 사람들조차 그 꿈에서 배제의 대상이 아니다. 꿈은 무력한 듯싶지만, 역사는 그렇게 꿈꾸는 이들 덕분에 이만큼이나마 진보하게 되었다. 미국 유니언 신학대학의 종신교수인 현경은 모로코 순례 중에 숙소에서 텔레비전 광고를 보다가 눈물을 흘렸다.

"어떤 금융회사 광고 같았는데, 첫 장면은 이스라엘의 어린 소년이 축구를 하다가 실수로 축구공을 이스라엘과 팔레스타인을 가르는 높은 시멘트 담 너머로 넘겨버린 상황을 보여주었습니다. 실망한 소년은 시멘트 담에 뚫린 작은 구멍을 통해 팔레스타인 쪽을 들여다봅니다. 그러자 저쪽에서 놀고 있던 또래의 팔레스타인 소년이 그 소년의 얼굴을 보고는 씨익 웃으며 그 공을 힘껏 차 담을 넘겨 돌려보내줍니다. 다음 장면은 온몸이 뒤틀린 장애인 교수가 휠체어에 앉아 물리학 명강의를 하는 모습이었습니다. 강의가 끝나자 젊은 남녀 대학생들이 모두 일어나 교수님께 환히 웃으며 기립박수를 보냈습니다. 마지막 장면은 작업모와 작업복을 입고 고층 건물 신축장에서 열심히 불꽃을 날리며 용접 일을 하고 있는 여성의 모습이었습니다. 같은 복장을 한 남성이 보온병에 든 차를 가지고 가 그 여성에게 차를 따라줍니다. 여성은 잠시 일을 멈추고 헬멧을 벗고 긴 머리를 흔들어 늘어뜨리고는 차를 받아 마시며 미소를 지었습니다"(현경, 《신의 정원에 핀 꽃들처럼》, 125-126쪽).

적대감과 차별이 스러지고 서로를 따뜻한 시선으로 바라보며 연대하는 세상의 꿈은 이처럼 어디에서나 자라고 있다. 우리는 그런 세상을 향해 나아가고 있다. 잊지 말아야 한다. 최후의 승자는 하나님이심을…. 우리는 이미 이긴 싸움에 동참하라는 부름을 받고 있다. 서 있는 삶의 자리가 어디이든 평화의 물결이 되어 사람들의 가슴에 파고드는 우리가 되어야 한다.

갈 길 멀고,
밤 깊어도

악한 자들이 잘 된다고 해서 속상해하지 말며, 불의한 자들이 잘 산다고 해서 시새워 하지 말아라. 그들은 풀처럼 빨리 시들고, 푸성귀처럼 사그라지고 만다. 주님만 의지하고, 선을 행하여라. 이 땅에서 사는 동안 성실히 살아라. 기쁨은 오직 주님에게서 찾아라. 주님께서 네 마음의 소원을 들어주신다. 네 갈 길을 주님께 맡기고, 주님만 의지하여라. 주님께서 이루어 주실 것이다. 너의 의를 빛과 같이, 너의 공의를 한낮의 햇살처럼 빛나게 하실 것이다. 잠잠히 주님을 바라고, 주님만을 애타게 찾아라. 가는 길이 언제나 평탄하다고 자랑하는 자들과, 악한 계획도 언제나 이룰 수 있다는 자들 때문에 마음 상해 하지 말아라. 노여움을 버려라. 격분을 가라앉혀라. 불평하지 말아라. 이런 것들은 오히려 악으로 기울어질 뿐이다. 진실로 악한 자들은 뿌리째 뽑히고 말 것이다. 그러나 주님을 기다리는 사람들은 반드시 땅을 물려받을 것이다(시편 37:1-9).

에벤에셀

—

한 해를 마무리하다 보면 기쁨의 시간도, 슬픔의 시간도 함께 겪어내며 여기까지 왔다는 생각이 든다. 흐뭇한 기억도 있고, 후회스러운 기억도 있다. 돌아보면 너무나 많은 것을 받아 누린 한 해였다. 교우들이 내게 준 사랑과 존경은 과분한 것이었다. 예수의 길에서 만나 오랫동안 함께 걸었던 이들도 고맙고, 새로운 동행이 된 이들도 고맙다. 지구별 여행자인 우리가 이렇게 만나 생을 나누며 살 수 있다는 사실이 얼마나 신비한지 모르겠다. 바울 사도는 "기뻐하는 사람들과 함께 기뻐하고, 우는 사람들과 함께 우십시오"(로마서 12:15) 하고 권고한다. 함께 기뻐할 사람이 있다는 것, 함께 울 사람이 있다는 것보다 더 귀한 일이 어디에 있겠는가? 특별히 감사드리는 것은 우리가 생명과 평화 세상을 지향하고 있다는 것이다. 억압과 착취의 땅인 애굽을 떠나 모두가 형제자매로서 살아가는 새로운 세상을 꿈꾸었던 출애굽 공동체처럼, 우리도 새로운 세상을 꿈꾸며 한 걸음씩 나아가고 있다.

하지만 우리의 길이 늘 따뜻하고 평탄하기만 했던 것은 아니다. 가파른 길을 오르며 지친 형제자매에게 손을 내밀지 못했고, 서로의 아픔에 대해 모른 척하기도 했고, 오히려 상처를 덧내기도 했다. 우리는 본의 아니게 상처를 입히고 또 상처를 입으며 살아간다. 사소할 수도 있지만 이런 일들로 인해 우리 관계에는 금이 가곤 한다. 마음의 앙금을 해소하고, 형제자매의 사랑으로 서로를 얼싸안지 못할 때 우리의 시간은 새로워질 수 없다.

시인 도종환은 "열정이 식은 뒤에도/사랑해야 하는 날들은 있다/벅찬 감동 사라진 뒤에도/부둥켜안고 가야 할 사람이 있다"고 노래했다. 아무리 힘겨워도 삶은 계속되어야 하고, 지금 옆에 있는 이들이 우리가 부둥켜안고 가야 할 사람들이다. 시인은 계속해서 "그러나 풀이란 풀 다 시들고/잎이란 잎 다 진 뒤에도/떠나야 할 길이 있고//이정표 잃은 뒤에도/찾아가야 할 땅이 있다"(〈저녁 무렵〉 중에서)고 노래한다. 우리가 기어이 찾아야 할 땅은 정의가 강물처럼 흐르는 곳, 평화가 들풀처럼 번져가는 곳이다.

지난 시절 우리는 많은 좌절을 맛보았다. 용산 참사, 두 전직 대통령의 죽음, 북한의 제2차 핵실험을 둘러싼 긴장, 쌍용차 사태, 유명인들의 자살, 세종시와 4대강을 둘러싼 논란…. 돌아보면 가슴 시린 일들이 많다. '풍요로움에 대한 욕망'이 '함께 사는 세상'의 꿈을 유린하는 현실을 보며 사람들은 낙심한다. 하지만 우리는 눈 맑은 사람의 소리를 듣는다.

> 악한 자들이 잘 된다고 해서 속상해하지 말며, 불의한 자들이 잘 산다고 해서 시새워하지 말아라. 그들은 풀처럼 빨리 시들고, 푸성귀처럼 사그라지고 만다(1-2절).

> 노여움을 버려라. 격분을 가라앉혀라. 불평하지 말아라. 이런 것들은 오히려 악으로 기울어질 뿐이다. 진실로 악한 자들은 뿌리째 뽑히고 말 것이다. 그러나 주님을 기다리는 사람들은 반드시 땅을 물려받을 것이다(8-9절).

세상 현실만 바라보면 우리는 낙심할 수밖에 없다. 하지만 현실 너머에 있는 또 하나의 질서에 눈을 뜨면 희망의 노래를 부를 수 있다. 거룩한 분노는 필요하지만 노여움과 격분과 불평만으로는 세상을 새롭게 할 수 없다. 평화와 생명의 나무는 굳은살과 같은 마음에서는 자랄 수 없다. 오직 새 살과 같은 마음이라야 자랄 수 있다. 옛 사람은 "보이지 않는 것을 보면 이를 일컬어 깨달음이라 하고, 부드러움을 지키면 이를 일컬어 강하다(見小曰明 守柔曰强견소왈명 수유왈강 《노자》 52장)" 했다. 보이지 않는 하나님을 마음의 눈으로 보는 것이 믿음이고, 격분을 가라앉히고 차분하게 생명을 지향하는 것이 소망이고 사랑이다.

기쁨의 뿌리

—

하지만 역시 삶은 쉽지 않다. '사람들을 따뜻하게 보듬자', '사람들의 좋은 면을 보자', '화내지 말자', '부드럽지만 유약해지지 말자.' 홀로 있을 때의 장한 다짐은 가치관이 다른 사람을 만나거나 어려운 상황을 만나는 순간 흩어지고 만다. 팔뚝에 '차카게 살자'고 문신을 한다 하여 착하게 살 수 있는 것은 아니다. 삶은 관계이기 때문이다. 우리는 수없이 많은 관계의 그물망 속에서 살고 있다. 누구를 만나느냐에 따라서 우리의 모습도 달라진다. 아기를 어를 때 사용하는 언어와 강의나 인터뷰를 할 때 사용하는 언어는 달라야 한다. 가정에서의 언어와 직장에서의 언어가 다르다. 역할이 다르기 때문이다. 그래서 "경우에 알맞은 말은, 은쟁반에 담긴 금사과"(잠언 25:11)라 했다. 관계의 다른 이름은 '사이'이다. '사이좋다'는 말은 좋은 관계를 이르는 말이다. 관계는 또 '조화調和'이기도 하다. 나의 나됨을 포기하지 않으면서도 남과 조화를 이룰 줄 아는 사람이 성숙한 사람이다. 흔히 힘 있는 사람은 자신의 지위나 힘을 이용해서 다른 이들을 자기의 뜻에 동화시키려고 한다. 그것은 폭력이다. 윗사람이라 하여 중국집에 가서 '자장면으로 통일' 하고 말해서는 안 된다. 차이를 인정할 뿐 아니라 서로를 존중할 때 평화는 시작된다.

그런데 현대 세계에서 남과 조화를 이루는 일도 쉽지 않지만, 더 어려운 것은 나의 나됨을 지켜가는 것이다. 특히 신앙인인 우리들은 어떻게 해야 신앙적 정체성을 잃지 않으면서도 사람들에게 불화의 근원이 되지 않을 수 있을까? 오늘의 시인이 그 길을 제시하고 있다.

주님만 의지하고, 선을 행하여라. 이 땅에서 사는 동안 성실히 살아라. 기쁨은 오직 주님에게서 찾아라. 주님께서 네 마음의 소원을 들어주신다. 네 갈 길을 주님께 맡기고, 주님만 의지하여라. 주님께서 이루어 주실 것이다(3-5절).

시인은 철저히 하나님을 신뢰하라고 말한다. 하나님을 삶의 중심에 모시고 흔들리지 말라는 것이다. 그것이 성실한 삶의 뿌리라는 것이다. 하나님이 아닌 다른 가치에 매달릴 때 우리 삶은 중심을 잃고 흔들리게 된다. 우리는 가끔 국가, 풍요, 성공, 쾌락, 명예 등을 가장 중요한 가치로 생각할 때가 많다. 하지만 우리가 마음을 다하고 뜻과 힘을 다하여 사랑해야 할 대상은 하나님이시다.

불의한 세상에서 하나님의 뜻을 따른다는 것은 쉬운 일이 아니다. 하지만 하나님의 뜻을 따르기 위해 손해를 감수하려 할 때 우리 속에는 광대한 지평이 열리게 된다. 우리 시대의 가객인 홍순관은 낙타를 따라 바늘구멍으로 들어가 보니 그렇게 넓을 수가 없더라고 말한다.

"낙타를 따라 바늘구멍으로 들어가 봅니다.
좁을 줄 알았던 바늘구멍은 좁은 곳이 아니라
보지 못하였던 신비였습니다.
너무 넓어, 보이지 않는 길이었습니다."

바늘구멍은 들어가지 않으려는 사람들에게는 닫힌 문이지만, 들어가려는 사람에겐 낙타 수천 마리가 쉽게 드나드는 자유의 문이다.

하나님의 뜻을 따라 살기로 작정한 사람들, 자기의 삶 전체를 하나님의 자비하심에 내맡기고 사는 사람들은 어느 순간 자기 몸과 마음이 물결 위에 두둥실 떠오르는 것을 느끼게 된다. 그것이 하나님의 부력浮力이다. 우리 모두 하나님의 부력을 체험하며 살아야 하지 않겠는가. 우리가 하나님의 뜻에 따라 삶을 조율하면 하나님은 우리 의를 빛과 같이, 한낮의 햇살처럼 빛나게 해주실 것이다.

어쩌다 비틀거려도

—

하지만 어렵고 난감한 순간도 있을 것이다. 예수의 길을 걷는다는 것 때문에 주위 사람들과 불편해질 때도 있다. '좋은 게 좋은 거지' 하며 안일하게 살고 있는 사람들에게, 자꾸 문제를 제기하는 이들은 불편함을 야기하는 사람처럼 인식되기 때문이다. 예언자들은 기득권자들에게 늘 불편한 존재였다. 세례자 요한도 그랬고, 예수님도 그랬고, 사도들도 그랬다. 그들의 눈은 한 사회의 그늘진 곳에 거하는 사람들을 향했다. 당연하다. 하나님은 히브리인들의 신음소리를 들으시는 분이시고, 억울한 자의 고통을 하감하시는 분이시고, 고아와 과부와 나그네들의 인권을 보장해주시려는 분이시기 때문이다. 예수님이 먼저 걷고, 우리에게 따라오라 하신 그 길은 십자가의 길이다. 우리는 그 길을 기꺼이 걷지만 어느 순간에는 회피하기도 한다. 편안하고 안락하게 살고 싶기 때문이다.

거센 풍랑을 뚫고 물 위를 걷던 베드로도 어느 순간 물속에 빠져들었다. 베드로가 물 위를 걸을 수 있었던 것은 주님께 그의 마음을 맡겼기 때문이다. 하지만 그가 물 위를 걷고 있는 자기 자신을 의식하는 순간 그는 물에 빠질 수밖에 없었다. 주님께 마음을 맡길 때 그는 가벼웠지만, 자기를 의식할 때 무거워졌다. 차이는 '마음'이다. 마음이란 참 신비하다. 마음으로 천국을 빚기도 하지만 지옥을 빚기도 한다. 삶의 실상을 꿰뚫어 본 원효대사는 세상의 모든 것이 마음에서 빚어지는 것一切唯心造일체유심조이라고 말했다. 하루에도 수십 번 절망과 희망 사이를 오가는 우리들이다. 요즘 마음공부라는 말이 유행하는 것도 이 때문일 것이다. 그런데 오늘의 시인은 우리에게 격려가 되는 말씀을 들려주고 있다.

> 우리가 걷는 길이 주님께서 기뻐하시는 길이면, 우리의 발걸음을 주님께서 지켜주시고, 어쩌다 비틀거려도 주님께서 우리의 손을 잡아 주시니, 넘어지지 않는다(시편 37:23-24).

우리가 늘 물어야 할 질문은 이것이다. "지금 내가 하고 있는 일, 혹은 하려는 일이 하나님께서 기뻐하실 일인가?" 답이 '예'라면 그대로 살고 결과에 상관없이 기뻐하라. 답이 '아니오'라면 그것이 제아무리 근사한 계획이라 해도 포기하라. 믿음이란 그런 것이다. 물론 비틀거릴 수도 있다. 하지만 주님께서 우리의 손을 잡아 주시기에 우리는 넘어지지 않을 것이다. 오뚝이를 가리켜 '부도옹不倒翁'이라고 한다. 오뚝이가 타력에 의해 넘어져도 엎드려 있지 않고 벌떡 일어설 수 있는 것은 무게 중심이 아래쪽에 있기 때문이다. 신앙인의 무게 중심은 흔들리지 않는 터전이신 하나님이 되어야 한다. 시인은 의인의 발걸음이 흔들리지 않는 까닭은 "그의 마음속에 하나님의 법"(시편 37:31)이 있기 때문이라고 말한다.

뿌리 깊으면야

—

우리 앞의 세월이 어떤 선물을 가져다줄 지는 아무도 예측할 수 없다. 빛과 어둠, 희망과 절망, 기쁨과 슬픔, 사랑과 미움, 성공과 실패가 나란히 공존할 것이다. 하지만 그것이 무엇이든 우리는 친절하게 맞아들여야 한다. 그리고 그런 삶의 계기 속에 담긴 하나님의 메시지를 들어야 한다. 가끔은 우리가 싫어하고 회피하고 싶은 일들이 복의 계기로 작용하기도 한다. 가족들이 겪는 고통 때문에 가족 간의 사랑이 깊어지고, 교인들이 겪는 어려움이 교회 공동체를 하나로 묶어준다. 거꾸로 즐겁고 신나는 일이 오히려 우리 삶을 망가뜨리는 일도 많다. 예기치 않게 생긴 많은 돈이 가족 관계를 파탄 나게 하고, 노력 끝에 거둔 어떤 성취가 우리를 하나님으로부터 멀어지게 할 때도 있다.

그러나 어떤 경우에도 어김이 없는 한 가지 사실이 있다. "평화를 사랑하는 사람에게는 미래가 있다"(시편 37:37)는 것이다. 바울 사도는 영에 속한 생각과 육신에 속한 생각을 대조하면서 이렇게 말한다.

> 육신에 속한 생각은 죽음입니다. 그러나 성령에 속한 생각은 생명과 평화입니다(로마서 8:6).

육신에 매인 사람은 하나님을 기쁘게 해 드릴 수 없다. 우리가 가야 할 길은 멀고, 밤이 깊었을지라도 빛이신 주님이 우리와 함께 계시니 우리는 두렵지 않다.

고정희 시인은 〈상한 영혼을 위하여〉라는 시에서 "상한 갈대라도 하늘 아래선/한 계절 넉넉히 흔들리거니/뿌리 깊으면야/밑둥 잘리어도 새순은 돋거니"라고 노래한다. 상한 갈대 같은 우리들이지만, 우리의 뿌리가 든든하다면 언제든 새순은 돋게 마련이다. 뿌리 없이 흔들리는 부평초 잎이라 해도 물이 고이면 꽃을 피워낸다. 그것이 희망이다. 시인은 "외롭기로 작정하면 어딘들 못 가랴/가기로 목숨 걸면 지는 해가 문제랴" 하고 노래한다. 이제 불평과 탄식으로 멍든 마음을 내려놓자. 냉소와 체념으로 병든 마음을 내려놓자. 주님이 고쳐주실 것이다. 주님의 꿈을 이루기 위해 우리 몸과 마음과 물질을 내려놓을 때, 하나님은 우리 속에 평화와 감사와 기쁨을 창조해주실 것이다.

명랑하게 싸워
이기기

너희는 주님의 신실하심을 깨달아라. 주님을 피난처로 삼는 사람은 큰 복을 받는다. 주님을 믿는 성도들아, 그를 경외하여라. 그를 경외하는 사람에게는, 아무런 부족함이 없을 것이다. 젊은 사자들은 먹이를 잃고 굶주릴 수 있으나, 주님을 찾는 사람은 복이 있어 아무런 부족함이 없을 것이다. 젊은이들아, 와서 내 말을 들어라. 주님을 경외하는 길을 너희에게 가르쳐 주겠다. 인생을 즐겁게 지내고자 하는 사람, 그 사람은 누구냐? 좋은 일을 보면서 오래 살고 싶은 사람, 그 사람은 또 누구냐? 네 혀로 악한 말을 하지 말며, 네 입술로 거짓말을 하지 말아라. 악한 일은 피하고, 선한 일만 하여라. 평화를 찾기까지, 있는 힘을 다하여라(시편 34:8-14).

하나님의 눈물

—

살아온 시간을 반추하며 알곡과 쭉정이를 가려보아야 할 때이다. 돌아보면 주님은 수고하고 무거운 짐을 지고 허덕이는 우리를 당신의 품에 받아 안으셨다. 그리고 힘겹지만 현실을 이겨낼 힘도 우리에게 불어넣어 주셨다. 힘든 일을 만날 때마다 주님께 사정을 아뢰고 해결의 길을 열어 달라고 기도했다. 주님은 때로는 즉각적으로 때로는 간접적으로 우리의 기도에 응답하셨다. 물론 그 기도를 거절하신 때도 있었다. 하지만 거절조차 응답이다. 하나님은 누구보다 우리를 잘 아시고, 또 사랑하시기에 우리에게 가장 필요한 것을 아신다.

그런 하나님께서 지금 '내 마음을 좀 알아달라'고 하신다. 믿음이 깊어진다는 것은 하나님의 마음을 알아드리는 것이다. 어느 유명한 미술관 관장 집에는 리히텐슈타인Lichtenstein의 〈행복의 눈물〉이라는 그림이 걸려 있었다고 들었다. 아주 비싼 작품이다. 그 그림을 볼 때마다 그분과 가족들은 행복의 눈물을 흘렸을까? 성도들의 집에는 〈하나님의 눈물〉이라는 작품이 한 점씩 걸려 있어야 한다고 생각한다. 물론 그런 작품은 없다. 그것은 우리 각자가 가슴에 그려야 할 작품이다.

하나님의 눈물을 닦아드리려는 마음이 우리에게 있고 없고의 차이는 실로 엄청나다. 나는 사랑은 무능하지 않다고 말한다. 누군가를 진심으로 사랑한다면 그를 위해 모든 힘을 다 동원한다. 할 수 없는 일까지도 해내려 한다. 그런데 우리는 하나님을 사랑한다고 말하면서도 하나님의 마음 아픔을 덜어드리려 노력하지 않는다. 이게 무슨 뜻일까? 결국 우리가 주님을 사랑하지 않는다는 말이 아니겠는가. 믿음의 길을 걸어가려는 이들에게 꼭 필요한 것은 '훈련'과 '신실함'이다.

믿음의 삶도 훈련이 필요하다. 출애굽 공동체가 광야 길을 통과해야 했던 것은 애굽에 사는 동안 몸과 마음에 밴 노예적 삶의 습성을 씻어내야 했기 때문이다. 눈치껏 살면서 밥이나 굶지 않으면 그만이라는 안일한 생각에서 벗어나, 벗들과 더불어 살아가야 할 새로운 세상을 꿈꾸기 위해서는 온갖 위험과 불편이 도사리고 있던 광야를 지나지 않을 수 없었던 것이다. 광야야말로 하나님의 학교다. 그 학교를 졸업하기 위해서는 하나님에 대한 신뢰가 있어야 한다. 지금은 비록 납득할 수 없다 하더라도 하나님의 이끄심에 자신을 맡기고 그분의 뜻에 순명하는 것, 그것이 바로 신실함이다.

감사

시편 34편은 세 부분으로 구성되어 있다. 1절부터 7절까지가 첫째 부분이고, 8절부터 14절까지가 둘째 부분, 그리고 15절부터 22절까지가 셋째 부분이다.

먼저 첫째 부분의 음악으로 이야기하자면 장조이다. 시는 아주 명랑한 강박强拍으로 시작한다.

> 내가 주님을 늘 찬양할 것이니, 주님을 찬양하는 노랫소리, 내 입에서 그치지 않을 것이다(1절).

이어서 시인은 함께 기뻐하자며 자신의 노래에 비천한 자들을 초대한다. 그런데 여기서 말하는 '비천한 자the afflicted'는 그저 못난 사람 혹은 가난한 사람을 가리키는 말이 아니라 불의한 이들에 의해 희생당한 이들을 일컫는 단어다. 그들은 도무지 기뻐할 수 없는 사람들이다. 인생이라는 광야에서 길 잃은 양처럼 방황하는 이들, 새 사냥꾼의 덫에 걸린 것 같은 처지의 사람들이 어찌 기쁨의 노래를 부를 수 있겠는가. 하지만 시인은 그런 이들을 자기의 찬양 속으로 초대하고 있다. 그들의 처지를 몰라서가 아니라 자신도 그들과 똑같은 어려움을 경험했기 때문이다. 그러면 대체 어떤 변화가 있었기에 그는 고난의 어둠 가운데서도 기쁨의 노래를 부를 수 있었던 것일까?

그는 절망의 어둠 속에서 하나님을 만났다. 그가 만난 하나님은 간절히 찾는 자에게 응답하시는 분이시고, 두려움에 빠진 이를 건지시는 분이셨다(4절). 하나님은 그를 경외하는 사람을 지키시기 위해 천사를 보내주시는 분이셨다(7절). 하나님은 고난 당하는 이들을 고아처럼 홀로 버려두시는 분이 아니시다. 하나님은 고난 당하는 이들을 찾아오시는 분이시다. '고난'을 좋아하는 사람은 없지만, 고난이 우리 삶에 유익이 될 때가 있다. 고난이 없다면 우리는 하나님의 뜻을 알기도 어렵고 또 그 뜻을 수행할 생각도 품지 못했을 것이다. 하나님은 언제나 세상의 어리석고 연약한 이들을 들어 스스로 지혜롭고 강하다고 장담하는 이들을 부끄럽게 하신다(고린도전서 1:27).

사실 어려움이 중첩될 때면 우리 마음의 여백은 점점 사라진다. 삶에 대한 감사와 경탄이 자취를 감추고, 다른 이들을 관용의 시선으로 바라보지 못하고, 마음은 차갑게 얼어붙는다. 하지만 하나님이 우리 기도를 들으시고, 삶에 개입하시고, 건지시고, 지키신다는 확신을 갖는 순간 삶은 전혀 다른 차원으로 전개된다. 그동안 살아오면서 정말 놀랐던 것 가운데 하나는 불의에 맞서 치열하게 싸우며 살아온 이들이 오히려 부드럽고 따뜻하고 배려심이 많다는 사실이다. 그 까닭이 무엇일까? 하나님을 깊이 신뢰하기 때문이다. 의의 최후 승리를 믿기 때문이다. 부활을 이미 살고 있기 때문이다. 시인이 짓밟히고 천대받아 마음에 시커먼 멍 자국이 가실 길 없는 사람들을 부르는 곳은 기쁨의 노래판이다.

시편 137편의 시인은 "우리는 바빌론의 강변 곳곳에 앉아 시온을 생각하며 울었다"(1절)고 고백한다. 그들의 울음은 참 비통하다. 하나님을 찬양하는 데 사용하기 위해 강변 버드나무 가지에 수금을 걸어 놓은 것을 보고, 압제자들이 "저희들 흥을 돋우어 주기를 요구하며, 시온의 노래 한 가락을 저희들을 위해 불러 보라"(3절)고 했던 것이다. 기가 막힐 노릇이다. 시인은 그런 노래를 부르지 않겠다며 만일 자신이 그런 노래를 부른다면, 그리고 예루살렘을 잊는다면 오른팔이 말라비틀어지고, 혀가 입천장에 붙어버리기를 기원하고 있다.

하지만 시편 34편의 시인은 새로운 노래로 그들을 초대하고 있다. 그는 느헤미야가 백성들에게 했던 말처럼 "주님 앞에서 기뻐하면 힘이 생기는 법"(느헤미야 8:10)임을 알았던 것이다. 집요하기 이를 데 없는 불의와 싸워 이기기 위해서는 화만 내면 안 된다. 명랑해야 한다. 그래야 지치지 않을 수 있다. 함께 노래도 부르고, 춤도 추고, 누군가 치는 장단에 '얼쑤!' 추임새도 넣어야 한다. 싸우면서도 스스로 거칠어지지 말아야 한다. 그럴 수 있는 것은 우리의 싸움은 이미 이겨놓고 싸우는 싸움이기 때문이다.

새로운 세상 만들기

—

둘째 부분은 그렇게 하나님의 선율에 맞추어 노래하고 춤추며 살아가는 사람들이 함께 만들어가야 할 세상을 제시하고 있다. 하늘의 길은 땅의 길과 연결되어 있다. 야곱이 꿈에 보았던 층계도 땅에서 하늘로 이어져 있었다. 땅의 길을 제대로 걷지 않고는 하늘에 이를 수 없다. 예수님이 가르치신 하나님 나라의 급진성은 무엇일까? 너무나 일상적인 삶 속에서 하늘을 보자는 것 아닐까? 씨를 뿌리고 열매를 거두는 농부들의 삶의 자리, 그물을 던지고 거두는 어부들의 삶의 자리, 여인들이 밀가루 반죽을 하고 빵을 굽는 바로 그 자리야말로 하나님 나라가 깃든 자리임을 잊지 말자는 것이다. 하나님 나라는 이미 우리 가운데 와 있다. 우리는 다만 그것을 발견하고 또 살아내면 된다. 하나님 나라는 하나님이 주시는 선물이지만, 그것은 동시에 우리가 함께 피와 땀을 흘려 만들어가야 할 세상이다. 오늘의 시인은 이런 질문을 던진다.

> 인생을 즐겁게 지내고자 하는 사람, 그 사람은 누구냐? 좋은 일을 보면서 오래 살고 싶은 사람, 그 사람은 또 누구냐?(12절)

'나다'라고 대답하려면 먼저 삶이 새로워져야 한다. 시인은 그런 삶의 길을 몇 가지 제시하고 있다. 멋진 삶의 첫 번째 조건은 악한 말, 거짓말을 하지 않는 것이다. 악한 말은 생명을 풍성하게 하는 말이 아니라 해치고 죽이는 말이다. 베고, 찌르고, 가르는 말이 횡행하는 시대다. 이어주는 말, 북돋는 말, 감싸 안는 말을 회복해야 한다. '비폭력 대화'에 대한 교육을 받은 적이 있다. 우리가 일상에서 사용하는 언어는 참 폭력적이다. 많은 청소년들이 입에 달고 사는 욕만 문제인 것은 아니다. 단정적인 말, 판단하는 말, 비난과 냉소, 말의 독점, 경청하려 하지 않는 것… 거짓말도 넓게 보자면 폭력이다. 남을 속여 어떤 형태로든 자기 이익을 꾀하려는 것이니 말이다. 사용하는 말이 달라지면 세상과 이웃을 보는 눈이 달라지고, 태도가 달라진다. 말씀으로 세상을 창조했다는 말은 정말 깊은 통찰이다.

둘째는 악한 일을 피하고, 선한 일만 하여야 한다. 우리 교회 표어는 '언제나 어디서나 그리스도인'이다. 멋지긴 하지만 그대로 살려면 참 어렵다. 이것은 기독교인 티를 내며 살라는 말이 아니라, 우리가 예수의 사람이라는 사실을 한 순간도 잊지 말자는 것이다. 악한 일을 피하는 것이 소극적인 대응이라면 선을 행하는 것은 적극적인 선택이다. 하지만 이것은 동전의 양면이다. 선한 일은 평화를 이루는 일이고, 생명을 살리는 일이다.

모로코의 여성운동 단체 가운데 '드림 위버Dream Weaver'라는 단체가 있다. 카펫을 함께 짜면서 카펫의 무늬 속에 숨겨진 여성사를 연구하기도 하고, 거기서 얻어진 수입금으로 여성들이 경제적 독립을 할 수 있도록 돕기도 하는 단체다(현경, 《신의 정원에 핀 꽃들처럼》, 148쪽). 그들은 꿈을 짜는 사람들이다. 기독교인들은 생명이라는 날실과 평화라는 씨실로 하나님 나라를 짜는 '헤븐 위버Heaven Weaver'가 되어야 한다.

평화를 찾기까지 있는 힘을 다하여라(14절).

이 요구가 아주 강력하게 느껴진다. 우리는 평화가 무너진 현장을 외면할 때가 많았다. 그것을 남의 일처럼 여겼다. 하지만 이 일은 하나님을 믿는 이들이라면 회피할 수 없는 일이다.

누가 의로운 자인가?

—

시편 34편의 셋째 부분은 의로운 사람에 대해 말하고 있다.

주님의 눈은 의로운 사람을 살피시며, 주님의 귀는 그들이 부르짖는 소리를 들으신다(15절).

의인이 부르짖으면 주님께서 반드시 들어주시고, 그 모든 재난에서 반드시 건져 주신다(17절).

의로운 사람에게는 고난이 많지만, 주님께서는 그 모든 고난에서 그를 건져 주신다(19절).

의로운 사람에 대해 하나님께서 각별한 관심을 갖고 계심을 알 수 있다. 그들을 돌보시는 하나님의 행동은 '살피시고'(15절), '들으시고'(17절), '가까이 계시고'(18절), '건져주신다'(19절)는 말 속에 다 담겨 있다. 그렇다면 이렇게 하나님의 깊은 관심의 대상이 되고 있는 의로운 사람은 누구인가? 우리는 '의로운 사람' 하면 불의를 참지 못하는 사람, 그래서 용감하게 불의에 맞서는 사람을 일단 생각한다. 어려움에 처한 사람을 보면 자기 안위를 계산하지 않고 뛰어들어 문제를 해결하는 착한 사람 말이다. 하나님은 물론 그런 이들을 사랑하신다. 그렇다면 적당히 비겁한 우리는 주님의 사랑을 받을 수 없을까? 참 어려운 문제다.

하지만 우리가 잊지 말아야 할 것이 있다. 성경은 용감한 사람만을 의인이라고 말하지 않는다. 시인은 의인이 부르짖으면 주님께서 반드시 들어주신다고 말한 후, "주님은 마음 상한 사람에게 가까이 계시고, 낙심한 사람을 구원해 주신다"고 말한다. 이상하지 않은가? 여기서 우리는 알 수 있다. 의인은 정의로운 사람을 말하는 것이라기보다는 세상에서 힘 좀 쓴다는 이들로부터 무시당하고 빼앗기고 박해를 받는 사람들, 주류 사회에 의해 철저하게 외면당하는 사람들, 그래서 아무런 도움도 기대할 수 없어 오직 하나님만 바라보는 사람들을 일컫는 말이다. 가난한 이들의 부르짖음은 그들을 의지가지없는 신세로 만드는 세상을 걸어 하나님 앞에 제출된 고발장이다. 함께 살아가야 할 이들의 기본권을 억압하고, 인간의 기본적인 욕구조차 채워주려 하지 않는 세상에 대해 하나님은 분노하신다.

> 주님의 얼굴은 악한 일을 하는 자를 노려보시며, 그들에 대한 기억을 이 땅에서 지워 버리신다(16절).

지금 우리 삶은 어떠한가? 불의한 세상에 공모자가 되어 살고 있지는 않는가? 우리가 함께 찬송과 기도를 바치는 순간 우리는 하나님의 회복적 정의에 동참하겠다고 고백하는 것이나 마찬가지다. 힘들더라도 그 길에 접어드는 순간 우리는 이전까지는 보지 못했던 새로운 삶의 입구에 서 있음을 알게 된다. 그 삶은 곧 하나님 나라다. 하나님 나라는 우리가 원하는 것이 다 이루어지는 곳이 아니라, 모든 불의가 사라지고 사람들이 사랑의 관계를 맺고 사는 곳이다. 우리는 이런 세상에 초대받고 있다.

불의와 어둠이 짙은 세상이다. 이럴 때일수록 작은 등불 하나를 밝혀드는 이들이 필요한 법이다. 늘 삶에 대해 감사하고 또 사랑하는 이들과 더불어 주님을 찬양할 때 우리는 세상을 이길 힘을 얻는다. 유대교의 지혜서에는 "주여, 저의 깨어진 가슴 조각을 모아 성소를 만들겠습니다"라는 고백이 나온다. 놀라운 고백이다. 가장 깊이 그리고 심하게 고통을 겪어본 사람이 그 상처를 극복하고 생명을 향해 돌아서면 그는 다른 이들의 희망이 될 수 있다. 오늘 우리의 구체적인 삶의 자리에서 생명과 평화의 태피스트리Tapestry를 짜는 우리가 되기를 기원한다.

죽음의 잠에 빠지지 않게

주님, 언제까지 나를 잊으시렵니까? 영원히 잊으시렵니까? 언제까지 나를 외면하시렵니까? 언제까지 나의 영혼이 아픔을 견디어야 합니까? 언제까지 고통을 받으며 괴로워하여야 합니까? 언제까지 내 앞에서 의기양양한 원수의 꼴을 보고만 있어야 합니까? 나를 굽어살펴 주십시오. 나에게 응답하여 주십시오. 주, 나의 하나님, 내가 죽음의 잠에 빠지지 않게 나의 눈을 뜨게 하여 주십시오. 나의 원수가 "내가 그를 이겼다" 하고 말할까 두렵습니다. 내가 흔들릴 때에, 나의 대적들이 기뻐할까 두렵습니다. 그러나 나는 주님의 한결같은 사랑을 의지합니다. 주님께서 구원하여 주실 그 때에, 나의 마음은 기쁨에 넘칠 것입니다. 주님께서 나를 너그럽게 대하여 주셔서, 내가 주님께 찬송을 드리겠습니다(시편 13:1-6).

"세상에서 가장 아름다운 인사말은 '나마스떼Namaste'라고 말하는 이들을 보았다. '안녕하세요?' 정도의 인사말이지만 산스크리트어의 어원을 따져 보면 '당신을 존중합니다' 혹은 '내 안의 신이 당신 안에 있는 신에게 인사하다'로 새길 수 있다. 샬롬, 샨티 등의 인사말도 대중들에게 친숙한 말이다. 그런데 이런 인사말을 들어보았는가? '에이 숨채요.' 사할린으로, 러시아의 오지로 끌려갔던 고려인들, 까레이스키의 인사말이라고 한다. 그 뜻은 '살아 있다는 것이 숨차도록 고맙다'는 뜻이란다. 생존을 위해 극한의 고통을 겪어야 했던 그들이 서로를 격려했던 말인 것 같다. 정겹고도 처절한 인사다"(홍순관, 《네가 걸으면 하나님도 걸어》, 85쪽).

언제까지 나를 잊으시렵니까

—

눈물겹고 힘겹지만 산 자의 땅에 있다는 사실을 기뻐하자는 일종의 북돋움일 것이다. 몸을 받아 세상에서 살아가는 이들은 누구나 고통을 겪는다. 가끔은 자신의 존재가 견디기 어려운 무게로 느껴지기도 한다. 마치 자신이 세상에서 잊혀진 것 같은 느낌이 들 때도 있다. 어떤 시인은 삶이란 느낌표를 향해 가는 물음표라 했다. 물론 진짜 느낌표를 만나기 위해서는 수없이 많은 거짓 대답들에 저항해야 한다. 오늘의 시인도 생의 곤경에 처해 있다. 세상에서 겪는 고통도 고통이려니와 그를 더욱 힘겹게 만드는 것은 하나님조차도 그를 외면하시는 것 같다는 생각이다.

> 주님, 언제까지 나를 잊으시렵니까? 영원히 잊으시렵니까? 언제까지 나를 외면하시렵니까? 언제까지 나의 영혼이 아픔을 견디어야 합니까? 언제까지 고통을 받으며 괴로워하여야 합니까? 언제까지 내 앞에서 의기양양한 원수의 꼴을 보고만 있어야 합니까?(1-2절)

시인을 괴롭히는 것을 요약하면 네 가지다. 하나님의 잊으심, 하나님의 외면, 아픔의 지속, 의기양양한 원수들의 존재이다. 반복되는 '언제까지'라는 단어는 그가 겪는 시련이 느닷없이 찾아온 불청객이 아니라는 사실을 보여준다. 사실 '언제까지?'라는 질문은 질문이라기보다는 하소연이다. 시인의 삶은 심각하게 뒤틀려 있다. 시인은 그 모든 시련의 원인을 자기에게서 찾지 않는다. 보통은 시련이 닥쳐오면 자기를 먼저 돌아보는 법이다. 하나님 앞에서 지은 죄는 없는지, 이웃들에게 못할 짓을 한 건 아닌지, 숨겨진 죄가 없는지…. 그런데 시인은 그 책임을 하나님의 부재不在에 돌리고 있다. 하나님께서 '내가 너희와 늘 함께 있겠다' 하셨던 언약에 충실하시지 않으셨기 때문이라는 것이다. 시인의 마음은 지금 하나님에 대한 섭섭함으로 가득 차 있다. 1절에 나오는 지나칠 정도로 간결한 '주님Yahweh'이라는 호칭이 시인의 마음을 잘 보여주고 있다.

신의 일식을 넘어

—

그런데 3절에 오면 하나님에 대한 호칭이 '주, 나의 하나님Yahweh my God'으로 바뀐다. 삶이 힘겨워 투덜거리기는 했지만 시인은 자기가 처한 곤경을 해결할 힘이 자기에게 없음을 알고 있다. 자기 유한함에 대한 자각이다. 하나님이 개입하시고, 주도적으로 움직이지 않으시면 곤경에서 벗어날 길이 없다는 사실을 그는 잘 알고 있다. 그렇기에 그는 하나님을 '나의 하나님'이라 친근하게 부른다. 그는 세 가지를 구한다. '굽어살펴 주십시오', '응답하여 주십시오', '죽음의 잠에 빠지지 않게 나의 눈을 뜨게 하여 주십시오.'

성경이 증언하는 하나님은 언제나 땅의 현실에 민감하신 분이시다. 땅에서 들려오는 약자들의 신음 소리를 기도로 들으시는 분이시다. 땅에서 부르짖는 아벨의 피의 하소연을 들으시고, 소돔에서 들려오는 약자들의 탄식을 들으시고, 바로의 학정에 시달리는 히브리인들의 억눌린 외침을 들으시고,

인간의 역사에 개입하시는 분이시다. 사라에게 쫓겨난 하갈이 자식의 죽음을 예감하며 광야 한복판에서 처절하게 울 때, 그에게 다가오셔서 힘을 북돋우시고 희망의 약속을 해주신 분이시다.

시인은 '죽음의 잠에 빠지지 않게 나의 눈을 뜨게 하여 주십시오' 하고 기도한다. 그가 말하는 '죽음의 잠'은 '절망'을 가리키는 말이다. 절망은 빛이 사라진 상태다. 어둠의 극한이다. 어둠은 암담함이고, 벼랑 끝이고, 심연이다. 극심한 가난, 고통, 실패 경험, 실망, 인간관계의 파탄 등으로 인해 벼랑 끝이나 심연 앞에 선 것 같은 사람은 어지러움을 느끼게 마련이다. 사람이 절망에 빠지면 자기를 파괴하거나 남을 파괴하려는 욕망에 사로잡히기도 한다. 그런 어둠 혹은 절망은 홀로 극복하기 어려운 법이다. 그렇기에 시인은 하나님의 도우심을 구하고 있다. 하나님이 함께하신다는 확신만 있다면 어떤 어둠도 두렵지 않음을 그는 이미 알고 있는 것이다. 1, 2절에서 하나님의 부재에 대해 항의하던 시인은 3절에 이르러 자기 눈을 뜨게 해달라고 기도하고 있다.

《나와 너》라는 책으로 잘 알려진 유대인 철학자 마틴 부버Martin Buber는 20세기를 일컬어 '신의 일식日蝕'의 시대라고 말했다. 일식은 지구와 태양 사이에 달이 자리 잡음으로써 일시적으로 태양 빛을 차단하는 현상을 가리키는 말이다. 지구에 있는 사람의 눈에는 태양이 보이지 않는다. 우리는 이것을 잘 알기에 일식 현상이 나타나도 해가 사라졌다거나 해가 죽었다고 말하지 않는다. 살다 보면 하나님이 계시지 않은 것처럼 느껴질 때가 많다. 하나님과 우리 사이를 차단하는 장애물이 있기 때문이다. 우리 영혼의 창에 낀 때가 그 장애물일 것이다. 지나친 욕심, 감사할 줄 모르는 마음, 미움과 시새움, 악의, 분쟁, 오만, 자랑, 무정함, 절망…. 열거하다 보니 이런 것을 통

칭하여 이르는 말이 떠오른다. 바로 '죄'이다. 죄야말로 우리 영혼의 창문을 불투명하게 만들어 하나님의 현실을 보지 못하게 한다. 그 사실을 잘 알기에 시인은 자기 영혼을 죽음의 잠에 빠뜨리는 것들을 제거해 달라고 기도하고 있다.

4절에서 시인의 눈은 다른 이들을 향한다. 시인은 그를 절망케 했던 사람들, 하나님이 마치 계시지 않은 것처럼 느끼게 만들었던 사람들, 즉 악인들이 의기양양해하는 모습을 머리에 그려보며 소스라친다. 그들이 '내가 그를 이겼다' 할까 두렵고, 자기의 흔들리는 모습을 보고 그들이 기뻐할까 두려운 것이다. 그런데 이 구절에서 시인의 속마음을 읽을 수 있다. 그는 자기가 악인들에게 짓눌려 절망에 빠지는 것은 결국 세상 사람들에게 하나님의 패배처럼 인식될 수도 있다는 사실을 깨달은 것이다.

희망의 뿌리

—

5절에 이르러 한편으로는 투덜거리고, 다른 한편으로는 하소연하던 시인의 어조가 바뀐다.

그러나 나는 주님의 한결같은 사랑을 의지합니다(5절).

여기서 '그러나'라는 접속 부사가 참 중요하다. 현실은 여전히 암담하다. 상황이 바뀐 것도 아니다. 하지만 시인은 돌연 마음의 흐름을 바꿔버린다. 마치 안간힘을 다해 줄다리기를 하다가 어느 순간 손을 탁 놓아버릴 때 느끼는 홀가분함처럼 그는 현실을 새롭게 대면한다. 그것은 잠시 잊고 있었지만 '주님의 한결같은 사랑'에 대한 기억이 회복되었기 때문이다. 끊어졌던 회로가 회복되어 하나님의 마음과 다시 접속되었다는 말이다.

주님의 한결같은 사랑이야말로 희망의 뿌리이다. 아버지 집을 떠나 방탕한 세월을 지내다가 생의 밑바닥에 이르렀던 탕자가 구원받은 순간은 언제인가? 아버지 집에 대한 기억을 회복했을 때이다. 오늘의 시인도 마찬가지다. 하나님의 선하심과 신실하심에 대한 기억이 회복되자 그는 자기가 의지해야 할 분이 다름 아닌 하나님이심을 깨닫게 된다. 의지한다는 것은 신뢰한다는 뜻이다. 하나님을 의지하는 사람은 넘어진 자리를 딛고 일어설 수 있다. 돌아가신 김흥호 목사님은 '믿음'을 '밑힘'이라고 설명한다. 굳이 한자어로 바꾸자면 '저력底力'이다. 하나님의 사람은 모두가 절망의 탄식을 내뱉을 때 희망의 노래를 부르는 사람이다. 캄캄한 어둠 속에서 한 줄기 빛을 보아내는 사람이다. 모두가 더는 일어설 수 없을 거라고 말할 때, 다시 몸을 일으키는 사람이다.

하나님에 대한 기억이 회복되자 그의 마음에 새로운 기운이 스며들기 시작한다.

주님께서 구원하여 주실 그 때에, 나의 마음은 기쁨에 넘칠 것입니다(5절).

시제는 미래형으로 되어 있지만 그 기쁨은 이미 와 있는 것이나 마찬가지다.

주님께서 나를 너그럽게 대하여 주셔서, 내가 주님께 찬송을 드리겠습니다(6절).

찬송을 드리는 것은 미래에 좋은 일이 있을 때가 아니다. 바로 지금이다. 하나님의 부재에 대해 한탄하던 시인의 입술에서 찬양이 배어나오고 있다. 우리가 하나님 앞에 나오는 것은 바로 이 때문이다. 하나님과 접속되는 순간 우리가 겪고 있는 어려움은 못 견딜 어려움이 아니라, 우리를 하나님의 마음에 비끄러매는 끈이 됨을 알 수 있다.

저는 진실과 사랑의 승리를 믿습니다

—

정호경 신부님이 이 시편을 묵상하며 바친 기도문을 읽어주고 싶다.

주님!
언제까지 저를 잊고 계시렵니까?
언제까지 저에게서 얼굴을 돌리고 계시렵니까?
언제까지 제가 밤낮 피눈물을 흘려야 합니까?
저를 고문하며 이 지경에 이르게 만든 자들이
우쭐거리는 꼴을 언제까지 봐야 합니까?

주님!
제발 저를 기억해 주십시오.
제발 저에게 얼굴을 돌려주십시오.
제발 저에게 응답해 주십시오.
몸은 망가지고 마음마저 지쳤습니다.

병이 깊어져 눈마저 흐려지고
판단력마저 흐려졌습니다.
믿음도 바람 앞의 등불처럼 흔들거립니다.

한때 저를 걱정해 주던 이웃들도
저를 잊은 지 오래되었고
이승에서는 의지할 만한 가족도 하나 없으며
가진 돈도 하나 없습니다.
이승에서는 저의 무죄를 믿어 줄 자 하나 없습니다.
저는 사막의 외로움 속에서
주님 당신만을 바라봅니다.

이대로 가다가는 곧 죽을 것 같습니다.
그러면 저를 이 지경에 이르게 만든 자들은
한 가닥 남아 있을지도 모를
마음속 찝찝함마저 털어 버리고
좋아라 날뛰게 되겠지요!

주님!
부디 가련한 저를 살려주십시오.
시들어 가는 제 육신의 건강을 회복해 주시고,
흐려져 가는 제 영혼의 믿음을 굳세게 해 주십시오.
그리고 주님!

불의한 자들이 날뛰지 못하게 해 주십시오.
저는 진실과 사랑의 승리를 믿습니다.
사랑이신 주님!
저는 주님 사랑만을 믿고
이 생명 건져 주실 줄 바라며 기뻐합니다.
지난날을 뒤돌아보면
결국 모든 게 당신 은총이었음을 확인하며
당신께 감사와 찬양의 노래를 부르게 됩니다.
뼈저린 아픔과 외로움 속에서도
주님 당신께 기도할 수 있어서
기쁘고 참 고맙습니다.
아멘, 아멘, 아멘.

《시편을 묵상하며 바치는 오늘의 기도》 제1권 중에서

오늘 우리의 삶이 제아무리 힘겹다 해도, 한결같은 사랑으로 우리를 돌보시는 하나님이 계심을 잊지 말자. 우리 몸과 마음을 갉아먹는 시련과 고통이 있다 해도 하나님과의 접속을 잃어버리지 않아야 한다. "밤새도록 눈물을 흘려도, 새벽이 오면 기쁨이 넘친다"(시편 30:5)고 했던 히브리 시인의 기도가 현실이 되게 살아야 한다. 주님은 우리와 더불어 기쁨의 세상을 창조하고 싶어 하신다. 이러한 초대에 기꺼이 응하는 우리가 되기를 기원한다.

어찌하여
침묵하십니까?

나의 하나님, 나의 하나님, 어찌하여 나를 버리십니까? 어찌하여 그리 멀리 계셔서, 살려 달라고 울부짖는 나의 간구를 듣지 아니하십니까? 나의 하나님, 온종일 불러도 대답하지 않으시고, 밤새도록 부르짖어도 모르는 체하십니다. 그러나 주님은 거룩하신 분, 이스라엘의 찬양을 받으실 분이십니다. 우리 조상이 주님을 믿었습니다. 그들은 믿었고, 주님께서는 그들을 구해 주셨습니다. 주님께 부르짖었으므로, 그들은 구원을 받았습니다. 주님을 믿었으므로, 그들은 수치를 당하지 않았습니다. 그러나 나는 사람도 아닌 벌레요, 사람들의 비방거리, 백성의 모욕거리일 뿐입니다. 나를 보는 사람은 누구나 나를 빗대어서 조롱하며, 입술을 비쭉거리고 머리를 흔들면서 얄밉게 빈정댑니다. "그가 주님께 그토록 의지하였다면, 주님이 그를 구하여 주시겠지. 그의 주님이 그토록 그를 사랑하신다니, 주님이 그를 건져주시겠지" 합니다. 그러나 주님은 나를 모태에서 이끌어 내신 분, 어머니의 젖을 빨 때부터 주님을 의지하게 하신 분이십니다. 나는 태어날 때부터 주님께 맡긴 몸, 모태로부터 주님만이 나의 하나님이었습니다. 나를 멀리하지 말아 주십시오. 재난이 가까이 닥쳐왔으나 나를 도와줄 사람이 없습니다(시편 22:1-11).

피와 장미꽃

—

십자가에 달리신 예수님의 외침은 늘 가슴을 뭉클하게 한다.

나의 하나님 나의 하나님, 어찌하여 나를 버리십니까?(1절)

십자가는 한평생 하나님만을 바라보고, 하나님만을 섬기기 위해 자기를 버리고 달려온 길의 끝이었다. 십자가 위에서 주님은 고독하시다. 십자가 아래에서 당신을 조롱하는 이들의 소리는 들려오지도 않는다. 다만 하늘을 우러러볼 뿐이다. 하지만 하늘에서는 어떤 위로의 말도 들려오지 않는다. 버림받음의 느낌이 이보다 깊을 수는 없을 것이다. 시인 박두진은 〈갈보리의 노래1〉에서 그 참상을 이렇게 드러내고 있다.

"해도 차마 밝은 채로 비칠 수가 없어
낮을 가려 밤처럼 캄캄했을 뿐,
방울방울 가슴의
하늘에서 내려맺는 푸른 피를 떨구며,"

주님의 가슴에 흐르는 피는 저 무심한 푸른 하늘에서 쏟아지기에 '붉은 피'가 아니라 창백한 '푸른 피'이다. 마침내 주님은 호흡이 곤란할 정도의 고통 속에서 외치신다. "나의 하나님, 나의 하나님, 어찌하여 나를 버리십니까?" 현대의학은 십자가 처형의 비인간성에 대해 이렇게 보고하고 있다. "강한 채찍질에 의해서 외상과 빈혈증에 의한 쇼크가 생기고, 또한 극도의 호흡곤란이 발생된다. 고통스러운 자세 때문에 숨쉬기가 곤란하게 되고 혈액 속에 이산화탄소를 증가시켜서 결국에는 질식을 유발한다." 우리는 너무나 쉽게 십자가에서 고통을 제거해버린다. 우리가 십자가에서 보는 것은 구속의 은혜일 뿐, 서른세 살 청년 예수의 고통과 고뇌는 보려 하지 않는다.

불편하기 때문이다. 예수 그리스도의 피 위에 세워진 교회조차 주님의 고통을 정면으로 응시하려 하지 않는다. 값싼 위로와 축복을 구하는 이들에게 예수의 십자가는 스캔들이다. 그래서 그들은 예수의 피의 흔적이 배어 있는 십자가를 장미꽃으로 치장했다. 이제 더 이상 십자가는 우리 마음을 불편하게 하지 않는다. 우리가 보는 것은 억울하게 흘린 피가 아니라 장미꽃이기 때문이다.

이것이 예수에 대한 배신이 아니고 무엇이겠는가? 십자가에서 드러난 것은 인간의 깊은 곳에 있는 악마적 힘이다. 십자가에서 부정된 것은 사람을 지으시고 매우 기뻐하셨던 하나님의 하나님 되심이다. 이제 우리가 해야 할 일은 십자가에 던져진 장미꽃들을 걷어내고 예수 그리스도의 피를 보는 것이다. 우리 마음 깊은 곳에 있는 폭력성과 우리 문화에 잠재해 있는 폭력의 실체를 보는 것이다. 대의를 위해서라는 명분으로 가난하고 소외된 이들의 아픔을 외면하는 국가의 폭력을 보는 것이다. 예수님의 십자가는 바로 그런 인류의 고통이 집약된 곳이기 때문이다. 그 위에서 주님은 하나님께 부르짖는다.

> 나의 하나님, 나의 하나님, 어찌하여 나를 버리십니까?(1절)

왜 하필 시편 22편인가?

—

우리는 이 외침이 시편 22편 1절의 인용임을 잘 안다. 주님은 왜 이 구절을 외친 것일까? 왜 "내가 비록 죽음의 그늘 골짜기로 다닐지라도, 주님께서 나와 함께 계시고, 주님의 막대기와 지팡이로 나를 보살펴 주시니, 내게는 두려움이 없습니다" 하고 노래한 시편 23편이나, "주님, 내가 주님께 피하오니, 내가 결코 부끄러움을 당하지 않게 하여 주십시오. 주님의 구원의 능력으로 나를 건져 주십시오" 하고 기도한 31편이 아니고 왜 하필이면 22편인가? 사람의 몸을 죽일 수 있는 이들을 두려워하지 말고, 그 영혼을 지옥에 던지실 수 있는 이를 두려워하라고 하시던 주님이 아니신가? 지나친 고통이 주님의 믿음과 신뢰를 뒤흔든 것일까? 그래서 주님은 영혼의 평안이 아니라 혼란에 휩쓸리고 있는 것일까?

지금 주님은 십자가 위에서 인류가 겪어온 고통을 맛보고 계신다. 하나님께 버림받았다는 절망을 가슴에 품은 채로 살다가 죽어간 수많은 사람들의 가슴에 있던 아픔을 겪고 계신 것이다. 하나님의 침묵은 예수님을 절망의 심연 깊은 곳으로 떠밀었다. 굶주림으로 죽어가는 사람들, 전쟁과 테러 속에서 죽어가는 사람들, 제도적인 폭력에 의해 고문당하고 살상당한 사람들, 악마적으로 변해버린 사람들에 의해 삶이 유린된 사람들의 아픔을 주님은 고스란히 경험하고 계신다.

"온종일 불러도 대답하지 않으시고, 밤새도록 부르짖어도 모르는 체하시는"(2절) 하나님으로 인해 절망한 사람들, "나는 사람도 아닌 벌레요, 사람들의 비방거리, 백성의 모욕거리일 뿐"(6절)이라고 탄식하는 사람들, 사람들의 조롱과 빈정거림에 마음 상한 사람들의 마음 자리에 우리 주님은 서 계신다. 그렇기에 "나의 하나님, 나의 하나님, 어찌하여 나를 버리십니까?"라는 부르짖음은 주님께서 인류의 고통에 더 깊이 연루되고 계심을 보여준다. 나는 삶이 힘겹다고 느낄 때마다 히브리서의 한 구절을 읽는다.

그는 몸소 시험을 받아서 고난을 당하셨으므로, 시험을 받는 사람들을 도우실 수 있습니다(히브리서 2:18).

고난받는 하나님만이 우리를 도우실 수 있다. 십자가 아래에 서 있는 사람들은 주님의 이 외침을 들으며 헛된 기대감을 가졌을 것이다. "무슨 일이 일어나지 않을까?" 어쩌면 놀라운 기적을 보게 될 지도 모른다는 설렘이 있었는 지도 모르겠다. 하지만 그들의 흥분은 길지 않았다. 엘리야도 나타나지 않았고, 기적도 없었다. 주님의 적대자들을 제외하고는 모두가 실망했을 것이다.

하나님에서 아버지로

—

하지만 진정한 기적은 초자연적으로 일어나는 어떤 사건이 아니다. 우리는 주님의 마음속에서 일어난 기적을 보아야 한다. 신음하던 시편 22편의 기자가 마침내 "주님은 나를 모태에서 이끌어 내신 분, 어머니의 젖을 빨 때부터 주님을 의지하게 하신 분이십니다. 나는 태어날 때부터 주님께 맡긴 몸, 모태로부터 주님만이 나의 하나님이었습니다"라고 고백한 것처럼, 주님은 아버지 하나님에 대한 절대적 신뢰를 버리지 않으셨다. 주님의 마지막 말씀은 "아버지, 내 영혼을 아버지 손에 맡깁니다"(누가복음 23:46)였다.

여기서 우리가 주목해야 하는 것은 '아버지'라는 호칭이다. 예수님 말고는 하나님을 아바 아버지라 부른 사람이 없다. 이스라엘 사람들의 기도서라 할 수 있는 시편에서도 하나님을 고아의 아버지(시편 68:5)라고 표현한 곳은 있지만 직접적으로 아버지라 표현한 곳은 찾을 수 없다. 하지만 예수님은 하나님을 아바 아버지라 부르셨다. 이것은 예수님과 하나님의 친밀함을 단적으로 드러내 보여주는 표현이다. 하나님은 예수님이 삶의 역경에 직면하여 투쟁할 때마다 '아버지'가 되어주셨다. 겟세마네 동산에서도 하나님은 '아바 아버지'였다. 주님은 생의 어려움을 만날 때마다 전능하신 주님을 찾은 것이 아니라, 사랑의 아버지를 찾았다. 기성 종교인들이 믿는 하나님은 '의인들'을 귀히 여기시지만 예수님의 아버지는 참회하는 죄인과 세리를 귀히 여기신다. 종교 권위자들의 하나님은 죄인들을 멀리하고 심판하시지만, 예수님의 아버지는 죄인에게 달려가 손을 벌려 끌어안고 입을 맞추신다.

주님은 아버지이신 하나님께 당신을 맡기신다. 동시에 고통 받고 있는 사람들 하나하나를 맡기신다. 사람들의 눈물과 한숨, 고통, 고독과 쓰라림까지도 말이다. 이런 신뢰와 맡김을 통해 아들과 아버지는 서로를 부둥켜안는 것이다. 우리가 인생길에서 겪는 모든 고통을 주님은 이미 당신의 몸으로 받으셔서 그것을 하나님께 바치셨다. 우리 사정은 이제 더 이상 하나님의 눈에 가려져 있지 않다. 이것이 우리가 고통 가운데서도 희망의 노래를 부를 수 있는 까닭이다. 지금까지 어찌 살아왔든 이제는 주님의 십자가를 향해 돌아서야 할 때이다. 기독교인답게 산다는 것은 이러저러한 종교적 행위를 실천하는 것이 아니라, 세상에 살면서 주님의 고난에 참여하는 것을 의미한다.

"나의 하나님, 나의 하나님, 어찌하여 나를 버리십니까?" 지금도 우리 삶의 주변에서는 이런 소리가 들려온다. 바로 그 자리야말로 우리가 주님과 만날 자리이다. 우리가 주님의 손과 발이 되어 그 자리에 다가설 때 우리는 마침내 아버지 하나님과 만나게 될 것이다.

이제
일어나소서

> 주님, 도와주십시오. 신실한 사람도 끊어지고, 진실한 사람도 사람 사는 세상에서 사라지고 있습니다. 사람들이 서로서로 거짓말을 해대며, 아첨하는 입술로 두 마음을 품고서 말합니다. 주님은, 간사한 모든 입술과 큰소리 치는 모든 혀를 끊으실 것이다. 비록 그들이 말하기를 "혀는 우리의 힘, 입술은 우리의 재산, 누가 우리를 이기리요." 하여도, 주님은 말씀하신다. "가련한 사람이 짓밟히고, 가난한 사람이 부르짖으니, 이제 내가 일어나서 그들이 갈망하는 구원을 베풀겠다." 주님의 말씀은 순결한 말씀, 도가니에서 단련한 은이요, 일곱 번 걸러 낸 순은이다. 주님, 주님께서 우리를 지켜 주십시오. 지금부터 영원까지, 우리를 지켜 주십시오. 주위에는 악인들이 우글거리고, 비열한 자들이 사람들 사이에서 높임을 받습니다(시편 12:1-8).

어떤 사람이 가로등 불빛을 의지하여 무엇인가를 찾고 있었다. 그의 모습이 안돼 보였던지 지나가던 사람들이 그를 돕기 위해 나섰다. 무얼 찾느냐고 묻자, 바늘이 없어졌다고 했다. 그들은 불빛이 미치는 곳을 샅샅이 뒤졌지만 바늘은 나오지 않았다. 그러자 한 사람이 물었다. "여기서 잃어버린 게 분명합니까?" 그러자 그는 무슨 소리냐는 표정으로 "아니오, 집 안에서 잃어버렸습니다" 하고 대답했다. 어이가 없어진 나그네가 "그렇다면 왜 안에서 찾지 않고 여기서 찾고 있냐"고 물었다. 그러자 그는 "이곳이 환하기 때문"이라고 대답했다. 동양에서는 이런 경우를 '각주구검刻舟求劍'이라고 한다. 바다에 칼을 빠뜨리고는 뱃전에다가 위치를 표시해둔다는 말이다. 문제는 잃어버린 것을 찾아야 할 장소를 잘못 알고 있는 것이다.

우리가 잃어버린 것

—

우리는 무엇을 잃어버렸을까? 우리는 모두 어느 정도 때 묻은 사람으로 이 자리에 있다. 젊은 날의 뜨거운 열정과 순수한 마음은 변색된 지 오래다. 좀 억울한 느낌이 든다.

"아니 벌써 밤이 깊었나/정말 시간 가는 줄 몰랐네/해 저문 거릴 비추는 가로등/하얗게 피었네."

김창완 씨가 보컬로 있었던 산울림이 부른 이 노랫말이 이렇게 처연하게 들릴 줄은 40년 전 이 노래가 나왔을 무렵엔 미처 알지 못했다. 잃어버린 것을 엉뚱한 데서 찾는 것도 문제지만 더 큰 문제는 우리가 무얼 잃어버렸는지도 모른 채 살고 있다는 것이다. 그냥 앞만 보고 달려온 것이다. 죄는 있어야 할 자리에서 벗어나는 것이다. 하나님이 선악과를 따먹은 아담에게 건네오신 말씀은 "아담아, 네가 어디 있느냐?"라는 질문이다. 어디로 가는지도 모른 채 우리는 세상에 등 떠밀려 여기까지 왔다. 너무 늦기 전에 우리가 잃어버린 것을 찾아야 한다.

아브라함 요수아 헤셀Abraham Joshua Heschel은 현대인을 가리켜 '메시지를 잃어버린 메신저'라고 말한다. 세상에 보냄을 받기는 했는데, 내가 왜 이 세상에 왔는지 잃어버린 채 살고 있는 격이라는 말이다. 그는 또 우리가 원본original으로서의 삶을 버리고 복사본copy으로 살아가고 있다고 말한다. 우리는 항상 남의 눈을 의식하며 산다. 그래서 장 폴 샤르트르Jean Paul Sartre는 '타인의 시선이 나를 타락시킨다'고 했는지도 모르겠다. 그런가 하면 우리는 존재 자체에 대한 감사의 마음을 잃고 살아간다. 나의 있음이 곧 사랑 때문임을 잊은 채 살아가기에 우리는 쓸쓸하다.

또 우리가 잃어버린 것이 무엇이 있을까? 나는 신뢰를 들고 싶다. 우리 삶이 피곤한 건 신뢰를 잃었기 때문이다. 우리는 누가 무슨 이야기를 해도 액면 그대로 믿지 않을 만반의 준비가 되어 있다. 누구 말이든 곧이듣는 사람을 보면 '순진한 사람'이라고 말하지만, 그 속뜻은 '어리석은 사람'이라는 말이다. 부모들은 자식에게 뭐든 의심하고 따져보아야 한다고 말한다. 영악하고 잇속에 재빠른 사람이 유능한 사람으로 인정받는 세상이다. 정치인들이 뭐라 변명하건 국민들은 〈바다 이야기〉라는 사행성 도박 사업에서 뭔가 악취를 맡고 있다. 정치인들이 한 가지 공헌한 것이 있다면 누구의 말도 순진하게 받아들이지 않도록 국민들에게 예방주사를 놓아준 것이다. 참 뭣 같은 공헌이다. 이런 세상에서 하나님의 뜻대로 사는 사람은 손해를 보도록 되어 있다. 많은 성도들이 현실과 신앙적 이상 사이에서 갈등을 경험한다. 세상의 문법대로 사는 것이 편한데, 신앙적 양심은 그러면 안 된다고 책망한다.

기초가 바닥부터 흔들리는 이 마당에 의인인들 무엇을 할 수 있겠는가?(시편 11:3)

사람살이의 기초는 신뢰이다. 콩 심은 데 콩 나고 팥 심은 데 팥 나는 이치가 무너지면 우리 삶은 아수라장으로 변하고 만다.

누가 우리를 이기리요?

—

오늘의 시인은 자기 시대를 한마디로 "신실한 사람도 끊어지고, 진실한 사람도 사람 사는 세상에서 사라지고" 있다고 탄식한다. '신信'의 열매實와 '진眞'의 열매를 맺지 못하는 사람은 허울뿐인 사람, 껍데기 사람이다. 말과 행실을 일치시키기 위해 부단히 노력하는 사람 찾아보기 어렵고, 참을 추구하느라 고난을 마다하지 않는 살아 있는 혼이 사라진 세상, 그런 이들이 오히려 요령부득의 사람으로 낙인찍히는 세상은 장망성將亡城, 곧 장차 망할 도성이다. 아니, 이미 몰락이 시작된 사회이다. 왕과 지도층들의 잘못을 꾸짖는 예언 정신, 잘못을 끝끝내 잘못으로 드러내면서 권세 앞에서 결코 굴하지 않는 선비 정신이 사라진 세상은 희망이 없다. 예수님도 세상을 바라보며 탄식하셨다. "인자가 올 때에, 세상에서 믿음을 찾아볼 수 있겠느냐?"(누가복음 18:8) 시인은 계속해서 자기 시대를 이렇게 진단하고 있다.

> 사람들이 서로서로 거짓말을 해대며, 아첨하는 입술로 두 마음을 품고서 말합니다(2절).

> 주위에는 악인들이 우글거리고 비열한 자들이 사람들 사이에서 높임을 받습니다(8절).

인류 역사상 아첨이라는 것은 늘 효력을 발휘해 왔다. 이 경박한 수단이 통하는 까닭은 사람들은 자기가 아첨을 들을 만한 자리에 있다는 사실을 확인할 때 느끼는 쾌감을 좋아하기 때문이란다. 하지만 잠언은 "칭찬으로 사람됨을 달아볼 수 있다"(27:21)고 말한다. 헛된 칭찬에 귀를 기울이는 사람은 소인배일 것이다. 자기가 한 일보다 더 높은 평판을 얻는 것이 인생의 화禍이다. 시인이 사는 세상도 그렇지만 우리가 사는 세상도 비열한 자들이 사람들 사이에서 높임을 받는다.

아첨할 줄 모르는 사람, 조직의 생리에 적응할 줄 모르는 야성의 인간, "예와 아니오"가 분명한 사람은 늘 소외당한다. 요즘 예언자 정신을 강조하는 신학교에서도 이런 일이 벌어지고 있는 것 같아 안타깝다. 땡감처럼 단단한 사람은 쫓겨나고, 적응의 명수들이 높은 자리에 앉는다. 작고한 시인 김수영은 〈어느 날 고궁을 나오면서〉라는 시에서 너무나 작아진 자신을 이렇게 드러내고 있다.

"왜 나는 조그마한 일에만 분개하는가
저 王宮 대신에 王宮의 음탕 대신에
오십원짜리 갈비가 기름덩어리만 나왔다고 분개하고
옹졸하게 분개하고 설렁탕집 돼지같은 주인년한테 욕을 하고
옹졸하게 욕을 하고

한번 정정당당하게
붙잡혀간 소설가를 위해서
언론의 자유를 요구하고 越南파병에 반대하는

자유를 이행하지 못하고
이십원을 받으러 세 번씩 네 번씩
찾아오는 야경꾼들만 증오하고 있는가"

그는 자기의 옹졸한 전통은 유구하다고 말하면서 "아무래도 나는 비켜서 있다 絶頂 위에서는 있지 않고/ 암만해도 조금쯤 옆으로 비켜서 있다/그리고 조금쯤 옆에 서 있는 것이 조금쯤/비겁한 것이라고 알고 있다!"고 고백한다. 시의 마지막 연은 이렇다.

"모래야 나는 얼마큼 적으냐
바람아 먼지야 풀아 나는 얼마큼 적으냐
정말 얼마큼 적으냐…"

나는 이 시를 볼 때마다 가슴이 미어지는 고통을 느낀다. 이게 내 모습이지 싶어서다. 원주에 사시던 장일순 선생님은 자기의 호를 '일율자一粟子'라고 했다. 한 알의 좁쌀이란 뜻이다. 그분이 그렇다면 우리는 말할 것도 없다. 문제는 그것을 아픔으로 여기지 않는 둔감함이다. 우리가 본래 이렇게 작은 사람들이 아니었다. 우리는 하나님의 꿈을 함께 꾸는 사람들이다. 그런데 편안함에 길들여지고, 물질적인 풍요를 누리면서 우리는 불편한 진실에 등을 돌리게 되었다. 절 한 번만 하면 천하만국을 다스리는 권세를 주겠다고 말했던 사탄은 지금 회심의 미소를 짓고 있다. 그러면 사탄의 승리는 확정된 것인가? 그렇지 않다.

주님은 말씀하신다

—

비열한 자들은 "혀는 우리의 힘, 입술은 우리의 재산, 누가 우리를 이기리요"(4절)라고 말한다.

하지만 주님은 "가련한 사람이 짓밟히고, 가난한 사람이 부르짖으니, 이제 내가 일어나서 그들이 갈망하는 구원을 베풀겠다"(5절)라고 말씀하신다.

희망은 바로 여기에 있다. 우리가 때로 역사의 과정을 지켜보면서 낙심하는 것은 하나님을 염두에 두지 않기 때문이다. 하나님이 살아 계신가? 하나님이 살아 계심을 믿는 사람들은 함부로 살 수 없다.

> 주님의 눈은 의로운 사람을 살피시며, 주님의 귀는 그들이 부르짖는 소리를 들으신다. …의로운 사람에게는 고난이 많지만 주님께서는 그 모든 고난에서 그를 건져 주신다(시편 34:15, 19).

나는 이 말씀을 확고히 믿는다. 이런 확신이 없다면 우리는 절망할 수밖에 없다. 비열한 자들의 '누가 우리를 이기리요'라는 큰소리에 대해 주님은 '이제 내가 일어나리라'고 말씀하신다. 이게 희망이다. 하나님이 살아 계심을 믿는 사람은 낙심할 수 없다.

한비야 씨가 아프가니스탄에 갔을 때 극심한 기아에 시달리는 아이들을 보면서 가슴이 아팠다. 그래서 아이들을 모아놓고 이렇게 말했다. "너네들, 이모하고 약속할 게 있다. 너희들 전쟁 끝날 때까지 죽으면 죽을 줄 알어." 50명 정도 되는 아이들이 깜짝 놀라면서 기쁜 얼굴로 "발레요(알았어요)" 하면서 고개를 오른쪽으로 갸웃했다. "너희들 천 원짜리로 고칠 수 있는 탈수,

설사병, 그런 허접한 병으로 죽으면 죽을 줄 알어." 아이들이 활짝 웃으며 알았다고 하는데 가슴이 뭉클해졌다. 그런데 지뢰를 밟아서 팔다리가 잘린 한 아이가 목발을 짚은 채 한비야에게 다가와 빵을 건네주었다. 그 빵은 그 아이가 언제 다시 마련하게 될 지 알 수 없는 소중한 것이었다. 잠깐 동안 그 빵을 아이에게 돌려줄까, 기쁘게 먹어줌으로써 친구가 되었다는 걸 보여줄까 망설이다가 빵을 한 입 베어 물었다. 아이들이 그 모습을 보고 환히 웃어 주었다. 한비야는 그날 난민 아이들을 위해 일하게 해달라고 하나님께 기도를 드렸다. 그리고 그 기도는 응답되었다.

그들이 갈망하는 구원을 베풀겠다(5절).

우리는 이 말씀을 붙들고 살아야 한다. 말씀을 붙든다는 것은 막연히 하나님의 구원을 기다리는 것이 아니라, 우리가 손과 발이 되어 주님의 일에 동참하는 것이다. 거짓과 폭력이 더 이상 지배력을 행사하지 못하는 세상을 이루기 위해, 가난하고 약한 자들이 소박하지만 아름답게 생을 누리며 살 수 있는 세상을 이루기 위해 우리는 척박한 땅에 희망의 씨를 심어야 한다.

주님께서 우리를 지켜 주십시오

—

하지만 하나님께서 함께하시지 않는다면 우리는 현실의 장벽에 부딪쳐 멍이 들 수밖에 없다. 그래서 우리는 늘 기도하지 않을 수 없다.

주님, 주님께서 우리를 지켜 주십시오. 지금부터 영원까지, 우리를 지켜 주십시오(7절).

기도하는 사람은 하늘의 도움을 받게 마련이다. 돈이 우리를 지켜 줄 수 없다. 인맥이 우리의 피난처일 수 없다. 높은 지위도 만세반석이 아니다. 오직 하나님만이 우리의 보장이시다.

그런데 나는 이 기도를 바치면서 한 가지를 추가한다.

"하나님, 미움과 폭력 그리고 돌려세움이 우리의 무기가 되지 않도록 우리 마음을 지켜 주십시오."

바른 일을 하는 사람도 미움의 노예가 될 수 있다. 그게 사람이다. 개인적으로 좋아하는 조르주 루오Georges Rouaul의 작품에서 가장 오랫동안 주목한 작품은 '미제레레Miserere'라는 판화 연작이다. 1차 세계대전의 참상을 목격한 그가 하나님의 자비를 구하는 마음으로 만든 작품들이다. 흑백으로 찍은 동판화 작품에 붙인 제목이 루오의 관심을 보여준다. 예컨대 이런 것들이다.

'정의로운 자는, 백단나무 향처럼, 그를 후려치는 도끼를 향기롭게 한다', '마음이 숭고할수록 목은 덜 뻣뻣하다', '여러 분야와 마찬가지로, 가장 좋은 직업은 척박한 땅에 씨 뿌리는 것.' 그는 미움으로 이룰 수 있는 일이 아무것도 없음을 알고 있다. 가장 좋은 직업은 척박한 땅에 씨 뿌리는 것이다.

그물은 찢어지고

이스라엘아, 대답해 보아라. 주님께서 우리 편이 아니셨다면, 우리가 어떠하였겠느냐? "주님께서 우리 편이 아니셨다면, 원수들이 우리를 치러 일어났을 때에, 원수들이 우리에게 큰 분노를 터뜨려서, 우리를 산 채로 집어삼켰을 것이며, 물이 우리를 덮어, 홍수가 우리를 휩쓸어 갔을 것이며, 넘치는 물결이 우리의 영혼을 삼키고 말았을 것이다." 우리를 원수의 이에 찢길 먹이가 되지 않게 하신 주님을 찬송하여라. 새가 사냥꾼의 그물에서 벗어남 같이 우리는 목숨을 건졌다. 그물은 찢어지고, 우리는 풀려났다. 천지를 지으신 주님이 우리를 도우신다(시편 124:1-8).

무엇을 흘려보내나?

—

교회설립 110주년을 맞으면서 감회가 새롭다. 가히 수난의 역사라고 할 수 있는 지난 20세기와 21세기 초반에 걸쳐서 이 교회는 수많은 시린 영혼들을 품어주는 어머니였다. 그런데 긴 역사를 자랑만 할 수는 없다. 한국 개신교회를 바라보는 세상의 시선이 사뭇 날카롭다. 이 땅에 세워진 교회가 세속의 물결을 거스를 능력을 잃어버린 채 욕망의 파도 위를 부평초처럼 떠다니고 있음을 세상은 누구보다 예리하게 파악하고 있다. 그렇기에 오늘 우리는 마땅히 교회 설립을 기뻐해야 함에도 불구하고 우리 자신을 자꾸만 돌아보지 않을 수 없는 것이다.

한 주간을 보내면서 바울 서신에 나오는 인사말들을 꼼꼼히 읽어보았다. 바울은 자신이 그리스도 예수의 사도로 부르심을 받았다는 사실을 상기시킨 후, 편지의 수신인들에게 '은혜와 평화'의 인사를 건넨다. 바울은 믿는 이들을 '부르심을 받은 사람들', '거룩한 백성'(로마서 1:6-7), '신실한 형제자매들'(골로새서 1:2)이라 일컫는다. 그러나 그 모든 호칭 앞에 붙는 것은 '예수 그리스도 안에 있는'이라는 구절이다. 교회의 교회됨은 그 한 마디 속에 담겨 있다. 예수 그리스도 안에 있다는 말은 교회 안에서 벌어지는 모든 말과 행위가 그리스도를 중심으로 이루어져야 함을 가리킨다.

바울은 "교회는 그리스도의 몸이요, 만물 안에서 만물을 충만케 하시는 분의 충만함"(에베소서 1:23)이라고 말한다. 충만함pleroma이란 바울이 즐겨 사용하는 용어인데, 초월을 가능하게 하는 구체적인 에너지를 일컫는 말이다. 창조와 구원은 하나님의 충만하심에서 비롯되었다. 교회는 그런 충만함으로 세속의 물결을 거스를 수 있어야 한다. 교회는 상처 입은 이들이 후송되는 야전병원에 머물러서는 안 된다. 그리스도를 통해 교회로 흘러들어온 은총과 새로운 세상의 꿈을 세상에 흘려보내야 한다. 우리가 잘 알고 있는 에스겔 47장에 나오는 성전에서 흘러나오는 물 이야기가 바로 그것이다. 성전 문지방 밑에서 발원한 물이 서서히 흘러 강을 이루고, 그 강물이 흘러가는 곳마다 생명이 되살아나는 역사가 나타났다. 죽은 물이 살아났고, 다음에는 시들었던 생명들이 살아났다. 유럽의 교회당에 가보면 다 그런 것은 아니지만 예배당 출입구 쪽 계단이나 바닥이 마치 부채를 펼쳐놓은 것 같은 모양으로 혹은 물결 무늬로 형상화되었음을 알 수 있다. 예배를 드리고 세상을 향해 나아가는 이들이 생명의 전달자가 되라는 뜻일 것이다.

그러나 오늘 한국 개신교회에서 흘러나오는 물은 생명을 살리는 역할을 하지 못하는 것 같다. 물론 좀 억울한 이들도 있고 일반화시켜 말할 수도 없는 노릇이긴 하지만 세상의 평가는 박하기 이를 데 없다. 세상 평가는 그렇다 해도 하나님의 인정이라도 받으면 좋을 텐데 그런 것 같지도 않다. 36년 전 이 교회를 건축하고 봉헌할 때 당시의 담임자이셨던 박정오 목사님이 선택한 설교 제목은 '이 성전을 허물라'였다. 눈물겨운 헌신을 통해 지어진 건물을 보며 모든 교우들이 감동에 젖어 있었을 것이다. 교인들은 어쩌면 따뜻한 감사와 격려의 말, 그리고 감동을 기대했을지 모른다. 그런데 목사님은 우리가 교회의 본질을 잃어버린다면 새로운 건물은 오히려 하나님의 무덤이 될 수 있음을 지적하고 싶으셨던 것 같다.

순례자로 산다는 것

—

다시 한 번 돌이켜 본다. 미우니 고우니 해도 교회는 우리 영혼이 새롭게 빚어진 곳이고, 거룩한 백성으로 초대받은 곳이다. 어떤 이는 어머니의 모태로부터 교회에 다녔고, 어떤 이들은 중도에 부름을 받았다. 부름 받은 형편은 각기 다르지만 우리의 지향점은 분명하다. 푯대이신 그리스도를 향해 나아가는 것이다. 속상한 것은 신앙이 습관이 되어 제 자리만 맴도는 이들이 많다는 사실이다. 믿는 이들은 자꾸만 자기를 부정하면서 더 큰 세계를 향해 성장해야 한다. 아브람은 부름 받았을 때 익숙하고 편안한 세계에서 벗어나라는 명령을 받았다. 갈릴리의 어부들은 부름 받았을 때 배와 그물을 버려두고 예수를 따랐다. 하나님은 그의 백성들을 낯선 세계로 인도하신다. 애굽을 떠난 이스라엘은 광야를 통과해야 했다.

해남에 있는 일지암 암주인 법인 스님은 '출가'는 삶의 큰 전환이라면서 "무지에서 지혜로, 이기적 욕망에서 나눔으로 삶의 방향을 선택한 것"이라 말한다. "출가는 단순히 삶터의 이동"을 말하는 게 아니라 "삶의 가치와 생활방식의 근원적 전환"을 의미한다는 것이다(2016년 4월 27일자 〈한겨레신문〉, 「선택은 도피가 아닌 '위대한 포기'」). 스님의 말이지만 배울 것이 많다. 우리가 진정 하나님을 믿는 사람이라면 생활방식의 근원적 전환을 경험해야 한다. 그러나 우리는 그런 전환을 한사코 거부한다. 바라보아야 할 푯대는 잊혀졌다. 이게 우리 삶의 실상 아닌가.

오늘의 본문인 시편 124편은 '성전에 올라가는 순례자의 노래'라는 제목이 붙어 있다. 순례자는 일상의 일들을 다 내려놓고 오로지 하나의 중심을 향해 나아가는 사람이다. 먼 길을 걷는 동안 그들은 아름다운 풍경이나 인연 앞에 잠시 멈추어 서기도 하지만, 대개의 시간은 자기 자신과 대면하게 마련이다. 지금까지 맺어왔던 다양한 관계들을 반추해 보면서 자기가 어떠한 사람이었는지를 돌아보고, 또 새로운 삶을 다짐하게 된다. 머나먼 순례길을 가는 동안 남을 탓하는 마음은 절로 스러지게 마련이다. 순례자가 사람들에게 묻는다.

> 이스라엘아, 대답해 보아라. 주님께서 우리 편이 아니셨다면, 우리가 어떠하였겠느냐?(1절)

시간 속을 바장이는 이들은 누구나 어려운 일을 만난다. 가끔은 천애 고아가 된 것처럼 아뜩한 느낌에 사로잡히기도 한다. 하나님이 내 편이라는 확신이 있다면 생이 참 든든할 것이다. 그래서 사람들은 하나님께 '내 편'이 되어달라고 기도한다. 성서의 하나님은 어떤 이들을 편드실까? 홀로 자족하는 사람들은 아닐 것이다. 다른 이들을 억압하거나 착취하는 이들 또한 아닐 것이다. 하나님은 자기 혼자 힘으로는 서기 어려운 사람들, 강자들에 의해 인권을 유린당하고, 아름다운 삶의 기회를 박탈당한 사람들을 찾아오시는 분이시다. 무정한 세상에 의해 투명 인간 취급을 받는 사람들, 짓밟힌 사람들의 처지를 딱하게 여기시고 그들의 살 권리를 되찾아 주신다.

> 주님께서 우리 편이 아니셨다면, 원수들이 우리를 치러 일어났을 때에, 원수들이 우리에게 큰 분노를 터뜨려서, 우리를 산 채로 집어삼켰을 것이며, 물이 우리를 덮어, 홍수가 우리를 휩쓸어 갔을 것이며, 넘치는 물결이 우리의 영혼을 삼키고 말았을 것이다(2-5절).

'원수의 분노', '물', '홍수', '넘치는 물결'은 우리가 통제할 수 없는 압도적인 현실을 일컫는 말들이다. 물의 이미지가 반복적으로 사용되고 있는 것은 '혼돈'의 물을 연상시키기 위함이다. 여러 해 전 동일본을 덮친 거대한 쓰나미를 보았을 때가 생각난다. 시커먼 물이 일렁임조차 없이 밀려올 때 사람들이 할 수 있는 일은 아무것도 없었다. 배도, 자동차도, 큰 건물도, 사람도 그 물살 앞에서는 종이로 만든 배나 마찬가지였다. 살다 보면 우리는 그런 큰 파도에 휘말리는 것 같은 암담함을 느낄 때가 많다. '갑'의 무도한 폭력 앞에서도 저항다운 저항 한 번 해보지 못하는 '을'의 비애가 많다.

서비스가 마음에 들지 않는다 하여 종업원의 무릎을 꿇리고, 따귀를 때리고, 모욕을 주는 이들, 회사 직원을 자기 종처럼 여기는 이들이 어쩌면 이리도 많아졌는가? 돈이 하나님의 자리를 대신하고 있기 때문이다.

하나님이 우리 편이시면

—

믿는 이들은 조금 당당해져야 한다. 돈이나 권력 앞에 자발적으로 머리를 숙이지 않아야 한다. 재작년 순례길에 나섰을 때 가장 깊은 감동으로 만난 사람은 4세기 콘스탄티노플의 총대주교였던 요한 크리소스토모스John Chrysostomos였다. 그는 기독교 신학을 정초한 사람 가운데 한 분이다. 동방교회의 전례를 완성한 분으로 존중받기도 한다. 그는 '황금의 입'이라는 별칭으로 불릴 정도로 설교를 잘한 사람이었다. 그런데 그는 말만 잘하는 사람이 아니라 예언자의 가슴을 타고 난 사람이었다. 그는 특권을 누리는 데 익숙해진 주교들과 사제들을 준엄하게 꾸짖었고, 황실에 속한 사람들의 오만함도 서슴치 않고 꾸짖었다. 당시의 황후였던 에브독시아Evdoxia는 탐욕에 찬 사람이었다. 그는 음모를 꾸며 나봇의 포도원을 빼앗았던 이세벨Jezebel과 다를 바 없는 사람이었다. 크리소스토모스는 황후와 반목하면 자신이 위험에 빠질 수 있음을 잘 알았음에도 불구하고 그녀의 불의를 지적하기 위해 분연히 일어섰다. 그는 황후에게 이런 편지를 썼다.

"만약 하느님께서 당신에게 황후의 권세를 주었다면 그것은 정의를 세우라고 주었을 것입니다. 인간은 흙과 재, 풀과 먼지에 불과하고, 인생 또한 그림자와 연기 그리고 한바탕 꿈에 지나지 않듯이, 황제도 그와 같습니다. 그러니 이제 절망에 빠져있는 이들에게 더 이상 고통과 불행을 지우지 마십시오. 당신은 포도밭과 무화과밭, 기름과 돈, 그리고 권력을 가지고 무덤에 내려갈 수 있을 거라 생각하십니까?"(요아니스 알렉시우 대사제, 《성 요한 크리소스토모스》, 요한 박용범 옮김, 정교회출판사, 83쪽)

요한 크리소스토모스는 결국 황후 에브독시아와 그의 결탁한 다른 주교들의 모함에 의해 귀양을 가게 되고, 또 다른 귀양지로 옮겨가는 중에 세상을 떠난다. 그는 예언자의 운명을 그대로 살아냈던 것이다. 그들은 눈엣가시 같은 신실한 사람을 죽였다. 하지만 그의 영혼조차 죽일 수는 없었다. 그의 영혼은 하나님께 속해 있기에 불멸이다. 예수님도 "몸은 죽일지라도 영혼은 죽이지 못하는 이를 두려워하지 말라"(마태복음 10:28)고 하셨다. 교회가 그리스도의 몸이 되려면 이런 당차고 옹골진 믿음의 사람들이 많아져야 한다. "주님께서 우리 편이 아니셨다면"이라는 부정적 가정은 하나님은 당신의 뜻을 따라 살려는 이들과 함께 계신다는 사실을 역설적으로 드러내고 있다. 집에는 복제본이긴 하지만 백범 김구 선생님이 쓰신 글씨가 한 점 있다.

하나님이 우리 편이시라면, 누가 우리를 대적하겠습니까?(로마서 8:31)

이것이 백범을 사로잡은 말씀이었던 것이다. 이제 우리가 자신에게 물어야 할 것이 있다. "우리는 과연 하나님의 편인가?" 나는 하나님의 외로움에 대해 가끔 생각한다. 하나님은 지금 외로우시다. 당신의 마음을 알아드리는 이들이 많지 않기 때문이다. 하나님의 사랑을 받은 이들은 이제 하나님 편에 서서 세상을 아름답게 만들려는 하나님의 꿈을 이루어내야 한다. 너무 거창한가? 거대한 체제 변혁을 이루지 못할 수도 있다. 하지만 우리가 일상적으로 만나는 사람들의 마음을 존중과 아낌과 사랑으로 촉촉하게 적셔 줄 수는 있다. 그들 속에 숨겨져 있는 아름다움을 호명할 수는 있다. 그리고 불의를 향해 '아니오'라고 말해야 한다. 악에 협력하지 말아야 한다. 세상의 권세자들에 의해 그 존엄성을 짓밟힌 사람들의 품이 되어주어야 한다. 그런 삶을 지며리 살아낼 때 우리 속에는 흔들리지 않는 영혼의 뿌리가 생겨난다.

주님이 도우신다

—

시인은 하나님의 구원을 체험한 사람들을 찬양으로 초대하고 있다.

우리를 원수의 이에 찢길 먹이가 되지 않게 하신 주님을 찬송하여라. 새가 사냥꾼의 그물에서 벗어남 같이 우리는 목숨을 건졌다. 그물은 찢어지고, 우리는 풀려났다(6-7절).

찬양의 이유는 다른 것이 아니다. 하나님께서 우리를 원수의 아귀 찬 손아귀에서 벗어나도록 도우셨기 때문이다. 그물은 '속박과 부자유함'을 가리킨다. 우리를 옴짝달싹 못하게 하는 것들이 참 많다. 달콤한 유혹도 거친 위협도 우리에게서 자유를 빼앗아간다. 그런데 하나님은 당신의 백성들을 그런 유혹과 위협으로부터 벗어나도록 해 주신다.

그물은 찢어지고, 우리는 풀려났다(7절).

강렬한 선언이다. 이것은 과거의 경험에 근거해 터져나온 고백이지만, 앞으로도 그러하실 거라는 확신이 내포되어 있는 고백이요 선언이다. 순례자인 시인은 확신에 차서 외친다.

천지를 지으신 주님이 우리를 도우신다(8절).

이 고백이 진실하다면 괜히 주눅들어 살 이유가 없다. 우리가 주님의 뜻 안에 머물기 위해 정신을 차린다면 주님은 언제나 우리 편이시다. 어려움도 있을 것이다. 하지만 그 어려움은 우리를 더욱 하나님의 사랑에 비끄러매는 끈이 될 것이다.

교회설립기념일인 오늘, 우리는 또다시 새로운 출발선 앞에 서 있다. 주님이 우리 편임을 확신하면서, 이제 우리가 주님의 편에 설 차례이다. 주님의 손과 발이 되어 이 땅을 새롭게 만들어가야 한다. 우리가 함께 만들어가는 신앙의 이야기가 하나님의 구원사의 한 부분이 될 수 있기를 축원한다.

주님의 다스리심은 영원하다

나의 임금님이신 하나님, 내가 주님을 높이며, 주님의 이름을 영원토록 송축하렵니다. 내가 날마다 주님을 송축하며, 영원토록 주님의 이름을 송축하렵니다. 주님은 위대하시니, 그지없이 찬양받으실 분이시다. 그 위대하심은 측량할 길이 없다. 주님께서 하신 일을 우리가 대대로 칭송하고, 주님의 위대한 행적을 세세에 선포하렵니다. 주님의 찬란하고 영광스러운 위엄과 주님의 놀라운 기적을, 내가 가슴 깊이 새기렵니다. 사람들은 주님의 두려운 권능을 말하며, 나는 주님의 위대하심을 선포하렵니다. 사람들은 한량없는 주님의 은혜를 기념하면서, 주님의 의를 노래할 것입니다. 주님은 은혜롭고 자비로우시며, 노하기를 더디하시며, 인자하심이 크시다. 주님은 모든 만물을 은혜로 맞아 주시며, 지으신 모든 피조물에게 긍휼을 베푸신다. 주님, 주님께서 지으신 모든 피조물이 주님께 감사 찬송을 드리며, 주님의 성도들이 주님을 찬송합니다. 성도들이 주님의 나라의 영광을 말하며, 주님의 위대하신 행적을 말하는 것은, 주님의 위대하신 위엄과, 주님의 나라의 찬란한 영광을, 사람들에게 알리려 함입니다. 주님의 나라는 영원한 나라이며, 주님의 다스리심은 영원무궁합니다.(주님이 하시는 말씀은 모두 다 진실하고 그 모든 업적에는 사랑이 담겨 있다) 주님은 넘어지는 사람은 누구든지 붙들어 주시며, 짓눌린 사람은 누구든지 일으켜 세우신다. 만물이 모두 주님만을 바라보며 기다리니, 주님께서 때를 따라 그들에게 먹거리를 주신다. 주님께서는 손을 펴시어서, 살아 있는 피조물의 온갖 소원을 만족스럽게 이루어 주십니다. 주님이 하시는 그 모든 일은 의롭다. 주님은 모든 일을 사랑으로 하신다. 주님은, 주님을 부르는 모든 사람에게 가까이 계시고, 진심으로 부르는 모든 사람에게 가까이 계신다. 주님은, 당신을 경외하는 사람의 소원을 이루어 주시고, 그들의 부르짖는 소리를 듣고 구원해 주신다. 주님은, 당신을 사랑하는 사람은 누구나 지켜 주시며, 악한 사람은 누구든지 다 멸하신다. 나는 내 입으로 주님을 찬양하련다. 육체를 가진 사람이면, 누구나, 주님의 거룩한 이름을 영원히 찬송하여라(시편 145:1-21).

제야의 기도

—

올해도 먼 길을 걸어 여기까지 왔다. 우여곡절이 많았지만 그래도 우리는 산 자의 땅에서 주님을 경배하고 있다. 연초부터 연말에 이르기까지 우리는 역사의 격변 현장을 묵묵히 지켜보거나, 참여하면서 지내왔다. 많은 것을 이뤘고, 또 많은 것을 잃어버렸다. 회한도 있지만 감사의 마음이 더 크다.

김교신 선생이 1941년 세밑에 드린 '除夜의 祈禱'를 찾아 읽으며 깊이 공감했다. 그는 "始終 如一하게 不敏하고 게으르고 진실치 못한 이 罪人에게 대해서도 主 예수여, 당신은 始終 一貫으로 恩惠로서 입히셨고 忠誠으로써 대접해 주셨습니다"라고 고백한다. 그는 한 해 동안 성취된 소원을 하나하나 생각할수록 "아, 分에 넘쳤도다", "나의 잔이 넘쳤나이다" 하고 고백하지 않을 수 없다고 말한다. 감사의 렌즈로 우리 삶을 돌아보아도 마찬가지일 것이다. 그러나 그 기도에서 내 마음에 가장 깊이 와 닿은 대목은 그 다음이다.

"그러나 主 예수여, 내가 드려야 할 今年度의 最大의 感謝는 이미 성취된 祈願을 위해서라기보다 不成就된 祈願 却下된 기도를 위해서인 것을 당신은 잘 살피실 줄 믿습니다. 성취된 祈願을 위한 感謝도 아시아 大陸보다 적지 않습니다

마는 不成就된 祈願을 위한 것은 실로 太平洋보다 더 큰 것이 있습니다"(김교신 전집1, 〈신앙과 인생 상〉, 노평구 편 176-7쪽).

응답되지 않은 것 같지만, 하나님은 더 좋은 길로 우리를 인도하신다. 하나님의 생각은 우리 생각보다 높고, 하나님의 길은 우리 길과 다르다. 그걸 깨닫는 게 은혜 아니겠는가. 응답되지 않은 기도 속에 깃든 은혜에 눈을 떴기에 그는 새해를 내다보며 또 이런 기도를 바친다.

"오는 一年도 기도의 應不應을 논치 말게 하옵소서. 응답치 않는 듯이 보이는 祈願이 最善으로 응답된 것을 보았기 때문이올시다. 그러나 人間이 무엇이어서 이렇게까지 關心하시나이까? 너무 큰 사랑…"(앞의 책, 177쪽).

이 마음이면 될 것 같다. 인생의 대차대조표를 만들어 일일이 손실과 이익을 따지지 말고, 하나님의 무한하신 사랑에 몸과 마음을 맡긴 채 살아갈 수 있으면 좋겠다.

왕이신 하나님

—

한 해를 마무리하고, 또 새로운 한 해를 내다보면서 시편145편을 우리의 고백 혹은 길잡이로 삼았으면 좋겠다. 이 시는 각 절의 첫 글자가 히브리어 자음 순서로 되어 있다. 그런데 어떤 영문인지 22개의 알파벳 가운데 14번째 알파벳인 '눈'이 빠져 있어 21절로 구성되어 있다. 이 시에는 창조주 하나님에 대한 감격에 찬 고백과 아울러 세상을 공의롭게 다스리시는 하나님에 대한 감사의 마음이 절절하게 담겨 있다.

이 시에서 하나님은 대개 주님 곧 '야훼'라고 표현되고 있지만, 1절에는 유독 '나의 임금님이신 하나님'으로 지칭된다. 여기서 하나님은 '엘로힘'의 번역어이다. 성경에서 하나님의 이름은 야훼로도 엘로힘으로도 고백되지만, 이 둘은 나눌 수 없는 한 분이다. 사람들이 자기들의 경험에 의지하여 다르게 부를 뿐이다. 엘로힘이란 호칭은 주로 세상을 창조하시고, 창조된 세상을 사랑으로 돌보시는 하나님을 고백할 때 등장한다. 야훼는 인간의 역사 속에 개입하셔서 당신의 백성을 구하시고, 악한 자들을 징치하시는 분으로 고백되고 있다. 이 시에서는 두 호칭이 조화롭게 등장하여 시의 내용을 풍요롭게 만들고 있다.

시인은 1절에서 하나님을 임금님이라고 표현한다. 하나님의 통치를 찬양하기 위한 일종의 은유인 셈이다. 세상을 다스리는 것은 강력한 제왕이 아니라, 세상을 질서 있게 창조하시고, 창조된 모든 것들을 세심하게 돌보시는 하나님이라는 사실을 그는 처음부터 강력하게 드러내고 있다.

> 주님의 찬란하고 영광스러운 위엄과 주님의 놀라운 기적을, 내가 가슴 깊이 새기렵니다(5절).

악인들이 득세하는 것처럼 보여도 하나님의 뜻이 결국 이루어진다. 이 근원적 진실을 마음에 명심할 때 우리는 시대적 우울을 넘어설 수 있고, 개인적인 절망에서 벗어날 수 있다. 날로 포악해져 가는 세상을 보면서 낙심될 때마다 마틴 루터 킹 주니어Martin Luther King Jr 목사가 한 말을 되새기곤 한다.

“우주의 윤리적 포물선은 길지만, 그 방향은 정의 쪽으로 굽어 있습니다”(게리 하우겐, 《정의를 위한 용기》, 60쪽에서 재인용).

우리를 영적으로 위축시키는 일이 많고, 역사가 퇴행하는 것처럼 보여도, 하나님의 통치만이 영원하다. 우리는 가끔 패배하지만 하나님은 패배하지 않으신다. 우리는 가끔 낙심하지만 하나님은 낙심하지 않으신다. 우리가 넘어진 그 자리에서 새로운 희망을 일으켜 세우시는 하나님이 살아계신다. 새해에는 이 근원적 진실을 길잡이 삼아 살 수 있기를 빈다.

근원적 신뢰

—

하나님을 임금으로 모신 시인은 하나님에 대한 이스라엘의 가장 오래된 신학적 확언을 반복한다.

주님은 은혜롭고 자비로우시며, 노하기를 더디하시며, 인자하심이 크시다(8절).

이 고백 속에는 당신의 창조물에게 베푸시는 하나님의 자유롭고, 열정적이고, 무한한 사랑이 다 담겨 있다. 피조세계는 하나님의 신실하심으로 유지되는 법이다. 또 다른 히브리의 시인은 “그 이야기 그 말소리, 비록 아무 소리가 들리지 않아도 그 소리 온누리에 울려 퍼지고, 그 말씀 세상

끝까지 번져 간다"(시편 19:3-4)는 말로 하나님의 장엄한 세계, 섭리를 노래했다. 우리가 이 세상에서 살아갈 수 있는 것은 하나님께서 끊임없는 은총으로 우리를 붙들고 계시기 때문이다. 이런 은총의 신비에 크게 눈을 뜰 수 있으면 좋겠다.

"만물을 은혜로 맞아 주시며, 지으신 모든 피조물에게 긍휼을 베푸시는"(9절) 하나님에 대한 근원적 신뢰basic trust가 있다면, 세상 일이 제 아무리 우리를 옥죄어도 우리는 기뻐하며 살아갈 수 있다. 독일 태생의 미국 발달심리학자인 에릭 에릭슨Erik H. Erikson은, 사람은 엄마와 아기 사이의 원초적 관계를 통해 '근원적 신뢰'를 배운다고 말했다. 엄마의 따뜻한 보살핌을 받으면서 기본적인 욕구가 지속적으로 충족되는 경험을 한 아이는 자신이 환영받고 있다고 느끼게 되고, 자신과 타인에 대해 신뢰하게 된다고 한다. 그에게 세상은 환대의 공간이고, 하나님의 숨결이 깃든 신비의 공간이다. 반면 기본적 욕구가 충족되지 않고, 부정적 경험을 반복적으로 하는 아이들은 모든 것이 잘못될 수 있다는 불안감에 사로잡히게 된다. 세상은 적대적인 공간으로 인식되고, 따라서 자기와 타인을 신뢰하지 못하는 사람이 되고 만다.

믿음이란 우리의 죄를 꾸짖기도 하시지만, 허물 많은 우리의 존재를 있는 그대로 수용하시는 하나님의 사랑에 대한 신뢰이다. 그 사랑 안에 머물 때 우리는 어떠한 어려움을 만나도 좌절하지 않게 된다. 바울 사도는 이것을 다른 말로 표현했다.

우리는 사방으로 죄어들어도 움츠러들지 않으며, 답답한 일을 당해도 낙심하지 않으며, 박해를 당해도 버림받지 않으며, 거꾸러뜨림을 당해도 망하지 않습니다 (고린도후서 4:8-9).

이런 사람을 누가 당해낼 수 있겠는가? 그는 세상 사람들이 두려워하는 유력한 사람은 아닐지 몰라도, 세상은 그를 두렵게 할 수 없다. 옛말에 '승인자유력 자승자강勝人者有力 自勝者强'(《노자》 33장)이라는 말이 있다. 남과 겨뤄 이기는 사람은 권력, 재력 등을 확보한다. 그러나 자기를 이기지 못한다면 그는 불행하다. 자기를 이기는 사람이라야 진짜 강한 사람이다. 부드럽고 온유하지만 세상은 그를 뒤흔들어 놓을 수 없다. 믿음의 사람은 예수 정신을 등뼈로 삼아야 한다. 하나님의 사랑을 경험한 사람이라야 진정으로 이웃을 사랑할 수 있다. 사랑한다는 것은 누군가의 품이 되어 주고, 누군가의 기댈 언덕이 되어 주는 것이다. 그가 절망을 딛고 일어서 자기 생을 한껏 살아내도록 돕는 것이다.

약자들을 돌보시는 하나님

—

세상을 창조하시고, 다스리시는 하나님, 측량할 길 없는 위엄과 권능을 보이시는 하나님은 동시에 세상에서 가장 연약한 자들에게 가장 깊은 관심을 보이시는 분이다.

주님은 넘어지는 사람은 누구든지 붙들어 주시며, 짓눌린 사람은 누구든지 일으켜 세우신다(14절).

크고 위대하신 하나님의 눈길이 세상의 약자들을 향하고 있다는 사실이야말로 성경이 우리에게 전해주는 가장 큰 신비이다. 하나님은 넘어지는 사람을 붙들어 주신다. 짓눌린 사람의 살 권리를 되찾아 주신다. 살기 위해 모욕을 감수하며 살아가는 사람들을 긍휼히 여기시고, 그들을 짓밟는 이들에 맞서신다. 잠언의 지혜자는 "가난한 사람을 조롱하는 것은 그를 지으신 분을 모욕하는 것"(잠언 17:5)이라고 가르쳤다. 바로 이것이 하나님의 은혜이고 의로우심이다.

주님은 당신을 사랑하는 사람은 누구나 지켜 주시며, 악한 사람은 누구든지 다 멸하신다(20절).

하나님을 경외하는 시인의 확신이다. 주님 사랑 안에 산다는 것은 우리가 주님의 손과 발이 되는 것을 의미한다. 넘어지는 사람을 붙들어 주고, 짓눌린 사람을 일으켜 세우는 것이 하나님의 세상 통치에 초대받은 우리가 해야 할 일이다. 지금까지도 우리를 인도하시고 붙들어 주신 하나님이 새해에도 우리와 동행해 주실 것이다. 우리는 하나님께 신실하지 못할 때가 많지만, 하나님의 신실하신 사랑은 변함이 없을 것이다. 그렇기에 우리의 미래는 밝다. 새해에도 우리 교우들 모두 주어진 생을 감사함으로 살아내고, 시련의 풍랑이 닥쳐온다 해도 늘 함께 하시는 하나님의 현존 앞에 엎드려 새로운 힘을 얻을 수 있기를 빈다.

구원의
잔을 들고

내 영혼아, 주님이 너를 너그럽게 대해 주셨으니 너는 마음을 편히 가져라. 주님, 주님께서 내 영혼을 죽음에서 건져 주시고, 내 눈에서 눈물을 거두어 주시고, 내 발이 비틀거리지 않게 하여 주셨으니, 내가 살아 있는 동안 주님 보시는 앞에서 살렵니다. "내 인생이 왜 이렇게 고통스러우냐?" 하고 생각할 때에도, 나의 믿음은 흔들리지 않았습니다. 나는 한 때, 몹시 두려워, "믿을 사람 아무도 없다." 하고 말하곤 하였습니다. 주님께서 나에게 베푸신 모든 은혜를, 내가 무엇으로 다 갚을 수 있겠습니까? 내가 구원의 잔을 들고, 주님의 이름을 부르겠습니다. 주님께 서원한 것은 모든 백성이 보는 앞에서 다 이루겠습니다. 성도들의 죽음조차도 주님께서는 소중히 여기신다(시편 116:7-15).

현실이 너무 힘겨울 때

—

추수감사주일이지만 따뜻하고 즐거운 말로 말씀을 시작할 수가 없다. 지난 한 주간 동안도 우리는 참 착잡한 분노에 사로잡혀 지냈다. 진보나 보수를 막론하고 온 국민들의 눈과 귀는 온통 국정을 농단한 이들과 대통령에게 쏠렸다. 권력을 사유화한 이들의 부패와 타락의 실체가 고스란히 드러나고 있다. 대출받은 학자금을 상환하기 위해 시급 6,000원짜리 아르바이트를 하는 젊은이들, 겨울이 다가와도 연탄조차 맘껏 때지 못하는 사람들의 눈에서 피눈물이 흐르고 있다. 몇십 억, 몇백 억이라는 돈을 아무렇게나 주무른 이들을 보며 분노하고 있다. '그들'이 사는 법은 보통 사람들이 사는 법과 너무나 다르다는 사실을 확인하며 사람들은 통탄을 금하지 못한다.

지금은 이해득실을 따지느라 복잡한 셈법을 동원할 때가 아니다. 모래 위에 세운 집은 그 무너짐이 크리라는 말씀을 아프게 들어야 한다. 잘못한 이들은 잘못을 시인하고, 책임져야 할 사람들은 책임을 져야 한다. 이제 사태는 시간이 해결해 줄 거라면서 어물쩍 넘어갈 수 없는 지경에 이르렀다. 국민들의 관심이 온통 정치권에 쏠리는 작금의 현실이야말로 우리 사회가 얼마나 불안정한지를 보여주는 증거이기도 하다. 대한민국 국민이라는 게 참 부끄럽다는 생각이 들기도 한다. 우리야 이 땅에 있으니 서로 마음으로 의지하며 지내지만, 이역 땅에서 살고 있는 동포들의 무너진 가슴을 뭐라 위로해야 할 지 모르겠다. 혼돈과 공허와 어둠의 심연에 갇혀 있던 이들 속에서 빛을 창조하셨던 하나님의 은총이 우리 역사 가운데도 나타나기를 바랄 뿐이다.

오늘의 현실을 보면서 두 가지 희망을 본다. 하나는 하나님이 역사를 이끄시는 분이라는 사실을 확인하는 데서 출발한다. 시편 2편의 시인은 하나님께서 당신의 통치를 거역하고자 하는 이들을 보면서 가소로워 웃음을 터뜨리신다고 말한다. 더딘 것처럼 보여도 하나님의 심판은 반드시 엄정하게 집행된다. "그러므로 너희는 그들을 두려워하지 말아라. 덮어 둔 것이라고 해도 벗겨지지 않을 것이 없고, 숨긴 것이라 해도 알려지지 않을 것이 없다"(마태복음 10:26) 하신 주님의 말씀이 얼마나 두려운 진실인가를 깨닫게 되었다.

다른 하나는 세상에는 하나님께서 숨겨 놓으신 선지자가 많이 있다는 사실에서 비롯된다. 어제 광화문 광장에 서 있는 동안 김교신 선생님이 〈성서조선〉에 썼던 「조와弔蛙」라는 글이 떠올랐다. 일제의 폭압적 지배로 인해 온 땅에 어둠이 드리웠던 1942년 2월 경 선생은 늘 다니던 기도처 옆에 있던 물웅덩이를 들여다보았다. 혹독한 겨울 추위에 얼어 죽은 개구리들의 사체가 많았다. 왠지 마음이 아팠다. 선생은 그 사체를 수습하여 땅에 묻어주고는 혹시 살아남은 게 없나 싶어 웅덩이 속을 유심히 살펴보았다. 놀랍게도 개구리 몇 마리가 살아 있었다. "아, 전멸은 면했나 보다!" 움직임이 둔하긴 해도 죽음을 면한 그 개구리를 보며 선생은 실낱같은 희망을 보았던 것일까? 일제는 이 글이 무엇을 암시하는지 알았기에 〈성서조선〉을 폐간시켰다. 하지만 「조와」라는 글은 수많은 사람들의 가슴에 아무리 희미해 보일망정 희망은 완전히 사그러들지 않는다는 사실을 일깨워주었다. 지금 광장에 나와 정의를 외치는 이들은 세상을 불안하게 만드는 불순분자들이 아니라, 하늘의 소리를 대신 외치는 사람들이다. 바로 그들이 희망이다.

아무리 어려워도 삶은 계속된다. 그렇기에 우리는 재 속에 묻힌 불씨라도 소중하게 여기고, 거기에 숨을 불어넣어 불꽃을 일으켜야 한다. 주님의 말씀이 새롭게 다가온다.

네 눈은 몸의 등불이다. 네 눈이 성하면 네 온 몸도 밝을 것이요, 네 눈이 성하지 못하면, 네 몸도 어두울 것이다. 그러므로 네 속에 있는 빛이 어둡지 않은지 살펴보아라(누가복음 11:34-35).

지금 우리는 밝은 눈으로 세상을 보고 있는가? 욕심과 편견에 사로잡혀 세상을 왜곡하여 바라보고 있지는 않은가? 예배를 통해 우리 속에 환한 빛, 진리의 빛이 비쳐들기를 빈다. 혼돈을 넘어 생성되고 있는 질서를 보고, 절망의 심연에서 솟아오르는 빛을 보는 눈이 열리기를 소망한다.

시편 116편의 시인은 지금 고난 중에 신음하고 있다. 그가 겪고 있는 고통의 내용은 알 수 없지만, 이 시 속에 자주 언급되는 죽음의 이미지(3,8,15절)로 미루어 볼 때 그는 견디기 어려운 시련에 처한 게 분명하다. 그가 할 수 있는 일이라고는 하나님께 부르짖는 것 뿐이었다.

> 죽음의 올가미가 나를 얽어매고, 스올의 고통이 나를 엄습하여서, 고난과 고통이 나를 덮쳐 올 때에 나는 주님의 이름을 부르며, '주님, 간구합니다. 이 목숨을 구하여 주십시오' 하였습니다(4절).

너무나 기가 막혀 신음하듯 고통스럽게 내지르는 소리를 눌함吶喊이라 한다. 우리가 믿는 하나님은 아름답게 치장된 언어보다 약자들의 신음소리에 더 예민하게 반응하신다. 사라에게 쫓겨나 광야에서 방황하던 하갈의 신음소리를 외면하지 않으셨다. 애굽의 전제 정치 하에서 신음하던 히브리들의 신음소리를 '당신의 나라가 임하소서'라는 기도로 들으셨다. 시인은 이런 하나님에 대해 절대적 신뢰를 보낸다.

> 주님은 은혜로우시고 의로우시며, 우리의 하나님은 긍휼이 많으신 분이시다. 주님은 순박한 사람을 지켜 주신다. 내가 가련하게 되었을 때에, 나를 구원하여 주셨다(5-6절).

여기서 순박한 사람이란 순량하고 소박한 사람을 일컫는 말이 아니라, 하나님 이외에는 의지할 데가 없는 처지의 사람을 일컫는다. 하나님의 눈은 그런 이들을 향하고 있다.

삼중적 구원 체험

—

시인은 기도의 응답을 받았다. 바위보다 큰 무게로 그의 영혼을 짓누르던 일들이 거짓말처럼 사라졌다. 문제가 해결되었는지는 모르겠지만, 한 가지 분명한 것은 거듭되는 어려움으로 인해 캄캄했던 그의 내면에 불 하나가 밝혀졌다는 사실이다. 시인은 자기 영혼을 향해 말한다.

> 내 영혼아, 주님이 너를 너그럽게 대해 주셨으니 너는 마음을 편히 가져라(7절).

너그럽게 대해 주셨다는 말은 하나님의 관심과 사랑이 지속됨을 이르는 말이다. 평안함은 하나님을 절대적으로 신뢰하는 이들에게 주어지는 선물이다. 바울 사도는 일찍이 "우리는 살아도 주님을 위하여 살고, 죽어도 주님을 위하여 죽습니다. 그러므로 우리는 살든지 죽든지 주님의 것입니다"(로마서 14:8)라고 고백했다. 이 한 마디 속에 부활 신앙의 핵심이 다 담겨 있다. 살아도, 죽어도 주님을 위해 사는 사람들은 결과에 연연하지 않는다. 시인은 자기의 구원 체험을 간결하게 요약한다.

> 주님, 주님께서 내 영혼을 죽음에서 건져주시고, 내 눈에서 눈물을 거두어 주시

고, 내 발이 비틀거리지 않게 하여 주셨으니, 내가 살아 있는 동안 주님 보시는 앞에서 살렵니다(8-9절).

영혼을 죽음에서 건져주셨다는 말은 무슨 뜻일까? 우선은 그의 영혼을 마치 거미줄처럼 옭아매던 일들로부터 벗어나게 해주셨다는 말이다. 생의 무거움이 우리를 짓누를 때 우리는 무기력, 무의미, 무책임에 빠지기 쉽다. 그것이 영적인 죽음 곧 나태함이다. 나태함에 빠진 이들은 하나님이 주신 생을 한껏 살아내지 못한다. 될대로 되라는 심정에 사로잡히기도 한다. 악한 자들이 득세하는 세상에 지친 이들은 냉소주의자가 되거나, 역사 비관주의자가 된다. 하나님은 그런 사람들을 구하셔서 책임적 주체로 세워주신다.

하나님은 또한 시인의 눈에서 눈물을 거두어 주셨다. 눈물도 여러 가지다. 아름다운 것을 볼 때, 뭔가에 감동했을 때 사람들은 눈물을 흘린다. 그것은 우리 영혼을 정화시키는 눈물이다. 이런 눈물은 많이 흘릴수록 좋다. 주님을 사랑하는 열심 때문에 흘리는 눈물도 있다.

사람들이 주님의 법을 지키지 않으니, 내 눈에서 눈물이 시냇물처럼 흘러내립니다(시편 119:136).

하나님에 대한 혹은 하나님의 말씀에 대한 이런 열정이 있는 사람은 행복한 사람이다. 예레미야는 눈물의 예언자로 알려져 있다. 그는 동족들이 겪는 고통과 하나님의 슬픔에 깊이 감염되어 눈물을 흘린다.

살해된 나의 백성, 나의 딸을 생각하면서, 내가 낮이나 밤이나 울 수 있도록, 누가 나의 머리를 물로 채워 주고, 나의 두 눈을 눈물 샘이 되게 하여 주면 좋으련만!(예레미야 9:1)

이런 이들이야말로 세상을 맑게 만드는 사람들이다. 문제는 억울함, 절망감, 고통 때문에 흘리는 눈물이다. 세상에는 '억눌리는 사람', '학대받는 사람'이 흘리는 눈물(전도서 4:1)이 참 많다. 니코스 카잔차키스Nikos Kazantzakis의 소설《전쟁과 신부》에서 어느 노인은 야나로스 신부에게 바다가 짠 것은 세상 사람들이 흘린 눈물이 거기로 흘러들어 갔기 때문이라고 말한다. 무시 당하고, 짓밟히는 사람들의 눈물을 하나님은 모른 체 하지 않으신다. 그들의 눈에서 눈물을 거두어 주신다. 그들의 살 권리를 회복시켜 주시고, 그들이 존엄한 인격을 누리며 살도록 도우신다.

시인은 또한 하나님께서 "내 발이 비틀거리지 않게 하여 주셨다"고 말한다. 세상에는 정말 우리 영혼을 실족하게 하는 걸림돌들이 많다. 자꾸 넘어지다 보면 무릎에 멍이 들고, 이마도 깨진다. 문제는 정신적 괴로움이다. 넘어짐이 반복될 때 사람은 누구나 자신감을 잃게 된다. 부정적인 자아상이 만들어진다. 좌절에 빠진 영혼은 자포자기적인 심정에 사로잡힌 채 살아간다. 하지만 하나님은 그들을 든든히 세워주신다. 바울 사도는 성도들은 환난을 자랑한다면서 이렇게 말한다.

우리가 알기로, 환난은 인내력을 낳고, 인내력은 단련된 인격을 낳고, 단련된 인격은 희망을 낳는 줄을 알고 있기 때문입니다(로마서 5:3-4).

지금 거친 돌짝밭을 걷는 것처럼 고단한 세월을 보내는 이들이 있다. 잊지 말아야 것은, 주님이 함께 그 길을 걸으며 그들을 꼭 붙잡고 계신다는 사실이다.

신리함으로 살다

—

하나님이 어떤 분인지를 분명히 알았기에 시인은 "'내 인생이 왜 이렇게 고통스러우냐?' 하고 생각할 때에도, 나의 믿음은 흔들리지 않았습니다"(10절)라고 고백한다. 고통이 그를 속이 무른 사람으로 만들지 못했다는 것이다. 고통은 오히려 그를 저력 있는 사람으로 만들었다. 그렇기에 그는 새로운 삶을 다짐한다.

내가 살아 있는 동안 주님 보시는 앞에서 살렵니다(9절).

주님의 눈길을 의식하며 산다는 것은 자기 좋을대로 살지 않겠다는 말이다. 하나님의 낯을 피해 나무 뒤로 숨지 않겠다는 말이다. 이웃들을 수단으로 삼으며 살지 않겠다는 말이다. 역경이 없는 것은 아니다. 그렇지만 하나님의 은혜 안에 사는 사람들은 그 역경을 하나님이라는 중심으로 이끄는 바람으로 이해한다. 찬송가 373장 2절이 떠오른다.

"큰 물결 일어나 나 쉬지 못하나/이 풍랑으로 인하여 더 빨리 갑니다."

고통을 통과한 후에 얻어진 믿음은 장엄하다. 고통에 짓눌려 자기에게 집중되었던 관심이 이제는 하나님의 뜻을 수행하고 싶은 열정으로 변화된다.

> 주님께서 내게 베푸신 모든 은혜를, 내가 무엇으로 다 갚을 수 있겠습니까? 내가 구원의 잔을 들고, 주님의 이름을 부르겠습니다(12-13절).

고통 속에서도 '갚을 길 없는 은혜'를 찬미하는 사람처럼 무서운 사람이 또 있을까? 믿음의 사람은 사랑의 빚진 자로 살아간다. 그는 구원의 잔을 들고 스스로만 행복해하는 사람이 아니라, 지금 어둠의 시간을 보내고 있는 이들의 마른 목을 축여주는 사람이다. 자기 고통에만 집중하는 사람이 아니라, 사람들을 고통으로 몰아넣는 세상을 바꾸기 위해 애쓰는 사람이다.

지금 우리 손에는 어떤 잔이 들려 있는가? 구원에 대한 감사의 잔인가? 아니면 욕망의 잔 혹은 진노의 잔인가? 믿음의 사람은 "주님께서 나에게 베푸신 모든 은혜를, 내가 무엇으로 다 갚을 수 있겠습니까?"(12절) 묻고 또 물으며 사는 사람이다. 주님은 우리를 통해 세상을 고치고, 아름답게 만드시기 원하신다. 사망의 음침한 골짜기를 걷고 있는 사람들에게 다가가 시원한 구원의 샘물, 기쁨의 샘물을 전하는 것, 하나님께 속한 생명은 죽어도 죽지 않는다는 것, 어둠은 빛을 이길 수 없다는 것, 가장 연약해 보이는 것들을 통해 세상에 빛이 유입된다는 사실을 몸으로 증언하는 것이 우리의 소명이다. 우리가 원하는 바가 이루어졌기 때문에 감사하는 것이 아니라, 이 아름답고 멋진 일에 우리를 초대해주신 하나님께 감사드린다. 오늘 이후 우리의 삶은 '구원의 잔'을 들고, 하나님의 은혜를 갚는 일에 집중될 수 있기를 기원한다.

영혼의
파열음

좋은 날 보기를 원하면

인생을 즐겁게 지내고자 하는 사람, 그 사람은 누구냐? 좋은 일을 보면서 오래 살고 싶은 사람, 그 사람은 또 누구냐? 네 혀로 악한 말을 하지 말며, 네 입술로 거짓말을 하지 말아라. 악한 일은 피하고, 선한 일만 하여라. 평화를 찾기까지, 있는 힘을 다하여라. 주님의 눈은 의로운 사람을 살피시며, 주님의 귀는 그들이 부르짖는 소리를 들으신다. 주님의 얼굴은 악한 일을 하는 자를 노려보시며, 그들에 대한 기억을 이 땅에서 지워 버리신다. 의인이 부르짖으면 주님께서 반드시 들어주시고, 그 모든 재난에서 반드시 건져 주신다. 주님은, 마음 상한 사람에게 가까이 계시고, 낙심한 사람을 구원해 주신다. 의로운 사람에게는 고난이 많지만, 주님께서는 그 모든 고난에서 그를 건져 주신다. 뼈마디 하나하나 모두 지켜 주시니, 어느 것 하나도 부러지지 않는다. 악인은 그 악함 때문에 끝내 죽음을 맞고, 의인을 미워하는 사람은, 반드시 마땅한 벌을 받을 것이다. 주님은 주님의 종들의 목숨을 건져 주시니, 그를 피난처로 삼는 사람은, 정죄를 받지 않을 것이다(시편 34:12-22).

좋은 날 보기를 싫어하는 사람은 아마 없을 것이다. 그런데 사는 것이 재미있고, 즐겁다고 말하는 사람은 많지 않다. 바람은 크지만, 성취는 적기 때문일 것이다. 원하는 모든 것을 다 가질 수는 없다. 잘 사는 비결은 어쩌면 욕망의 그릇을 줄이는 데 있다. 그릇은 큰 데, 채워지는 것은 적으니까 우리는 늘 이마에 내 '川(천)' 자를 그리고 산다. 이마에 내 '川' 자를 그리지 말고 대신 내 '川' 자를 마음에 그리면 어떨까. 생명의 흐름을 타고 살면 인생이 가벼워질 것이다.

그게 안 되니 사람들은 '음주가무飮酒歌舞'를 통해 쓰디쓴 인생살이를 망각해보려 한다. 우리나라 사람들처럼 술 마시고, 노래 부르고, 춤추는 것 좋아하는 나라도 드물 것이다. 관광지에 가면 어디에서나 술판, 춤판이 벌어지고, 나중에는 개판이 되고 만다. 사는 게 오죽 재미없고 팍팍하면 그럴까, 싶기도 하지만 나는 그런 장면을 볼 때마다 속이 상한다. 왜 우리는 마음의 짐을 털어버리는 방법이 저것밖에 없을까? 이게 다 '인생은 즐거워야 한다'는 강박관념 때문이 아닌가 싶다. 좀 심심하게도 살 줄 알아야 하는데, 사람들은 스스로 만든 헌장을 외우며 사는 것 같다. '나는 즐거워야 할 역사적 사명을 띠고 이 땅에 태어났다.'

외적인 즐거움에 탐닉하다 보면 깊어지고, 무르익을 틈이 없다. 즐거움의 두레박을 들고 바깥으로 나가기보다는, 자기 속 깊은 곳에 두레박을 드리우면 어떨까? 자기 속에서 무궁무진한 참의 세계를 발견한 사람은 외적인 즐거움에 목숨을 걸지 않는다. 다른 즐거움이 있다. 먹을 것을 구해 온 자들에게 예수님은 "나에게는 너희가 알지 못하는 먹을 양식이 있다"(요한복음 4:32)고 하셨다. 그 양식을 알고, 그 양식에 맛들여야 한다. 그게 행복의 비결이다. 그 양식과 만나기 위해서는 몇 가지 문을 거쳐야 한다. 시인은 그 문을 세 가지로 제시하고 있다.

악한 말을 하지 말고, 거짓말을 하지 말라

—

"악한 말을 하지 말고, 거짓말을 하지 말라." 참 간단하지 않은가? 하지만 쉽지는 않다. 우리는 하루에 몇 마디나 하며 살까? 사람에 따라서 다르겠지만 우리가 하는 말을 원고지에 옮기면 적어도 50매는 넘을 것이다. 하루에 하는 말을 시간으로 환산해 보면 적어도 두 시간 가까이는 될 것이다. 굉장하다. 그런데 잠자리에 들어 그날 한 말을 떠올려 보면 도무지 기억이 나질 않는다. 왜 그럴까? 우리의 말이 인격의 중심에서, 조심스럽게 건져 올린 말이 아니라서 그렇다. 우리는 말을 함부로 부리며 산다. 말이 헤프면 정신은 공허해진다. 말은 사람과 사람 사이를 이어주는 다리인데, 별생각 없이 내뱉은 말이 올가미가 되는 경우를 우리는 종종 본다. 보여줄 수 없어서 그렇지 우리 몸과 마음에는 누군가의 말로 인해 입은 상처자국이 곳곳에 새겨져 있다. 제값을 잃은 말들이 유령처럼 떠돌고 있는 것이 오늘의 현실이다.

말들에 제값을 찾아주어야 한다. 하나님은 말씀으로 세상을 창조하셨다. 말씀은 그처럼 힘이 있다. 오늘 우리는 말로서 무엇을 창조하고 있는가? 하나님으로부터 출발한 말은 뭔가 아름다운 것을 창조한다. 누군가의 가슴에 스며들어 그의 지친 영혼을 일으켜 세우고, 그의 인격을 조용히 변화시킨다. 하지만 인간의 욕망에서 비롯된 말은 상처를 입히거나 아름다운 것을 죽인다.

말씀으로 세상을 만드셨다는 말이 빈말은 아니다. 예수님의 삶을 보면 알 수 있다. "너는 베드로다"라 하신 말씀과 만나 갈릴리 사람 시몬은 새로운 역사의 초석이 되었다. "오늘 내가 당신 집에 머물러야 하겠습니다" 하신 말씀과 만나 삭개오는 회개한 새사람이 되었다. “당신의 죄는 용서받았습니다” 하신 말씀과 만나 막달라 마리아는 성녀가 되었다. 이게 바로 선한 말이며 거짓 없는 말이다.

말들에 제값을 찾아주기 위해서는 침묵을 연습해야 한다. 말 잘하는 사람은 많지만, 침묵할 줄 아는 사람은 적다. 침묵을 배경으로 하지 않은 말은 소음이다. 들은 대로, 있는 대로, 생각나는 대로 말한다고 해서 진실한 것은 아니다. 말을 자꾸만 덜어낼수록 우리말은 진실해진다. 말을 자꾸 덜어내야 우리 심정이 깨끗해지고 고요해진다. 옛말에 ‘깨끗하고 고요함이 세상을 바르게 만든다淸靜爲天下正 청정위천하정’고 했다. 참말은 어눌해 보인다. 하지만 그 말은 힘이 있다. 악한 말과 거짓말을 버려 우리 심정이 깨끗하고 고요해질 때, 기쁨의 샘물이 우리 속에서 솟구치기 시작한다.

악을 버리고 선을 행하라

—

인생을 즐겁게 보내는 두 번째 비결은 악을 버리고 선을 행하는 것이다. 남에게 해를 끼치는 행동만 억제해도 우리는 즐거움을 맛보게 된다. 우리는 늘 선과 악의 갈림길에 서서 살아간다. 어느 쪽을 택하느냐가 우리 삶을 결정한다. 테니스 선수들은 서브를 하기 전에 몇 개의 공을 손바닥에 올려놓고 두 개를 골라내고는 나머지는 볼보이들에게 넘겨준다. 그 동작이 참 멋있다. 특히 아가시라는 선수의 동작이 멋있다. 선과 악을 이렇게만 골라낼 수 있다면 얼마나 좋겠는가. 하지만 악을 버리는 일은 쉽지 않다. 쉽지 않은 일이기에 그것은 소중하다.

악을 버려야 하는 까닭은 악행이 우리에게서 자유를 빼앗아가기 때문이다. 누군가를 속이고, 불쾌하게 하고, 빼앗고, 상처를 입히면 기분이 좋던가? 그렇지 않을 것이다. 악을 행하는 것은 악행의 대상이 되는 이들을 괴롭히는 일이지만, 그것은 또한 자기 자신을 괴롭히는 일이기도 하다. 악은 결국 부메랑이 되어 자기에게로 돌아온다. 이것을 시편 34편 21절은 "악이 악인을 죽일 것"이라고 말한다.

그런데 악을 행하는 것이 유쾌한 일이 아닌 데도 우리는 가끔 악행을 저지른다. 왜 그럴까? 이익을 추구하는 마음 때문이다. 이익을 추구하는 마음이 선을 행하려는 마음보다 커질 때 우리는 악행에 빠진다. 이해타산에 밝은 사람일수록 악에 빠지기 쉽다. 이익을 추구하는 사람은 다른 이를 배려할 줄 모른다. 이익을 추구하는 마음이 우리를 지배하기 시작하면 우리 마음의 국량局量은 점점 작아진다. 선을 행하는 인간 본래의 능력이 줄어든다는 말이다. 역사를 가만히 살펴보면 악인들은 제 발에 걸려 넘어질 때가 많다. 어린 시절에 남을 빠뜨리려고 파놓았던 함정에 빠져본 적이 없는가? 내 뜻을 이루었다 싶은 순간 몰락이 도둑같이 임하는 것을 우리는 최근의 정치상황을 통해서도 보았다. 원숭이도 제 꼬리를 밟고 넘어진다지 않는가? 이해에 따라 처신하는 이들의 마지막은 늘 이와 같다.

물론 악을 버리고 선을 행하는 사람이 늘 평안한 것만은 아니다. 그에게도 어려움이 닥쳐온다. 하지만 낙심할 것 없다. 하나님은 그를 결코 잊지 않으시기 때문이다. 하나님의 기억 속에 있다는 것보다 더 좋은 일은 없다.

주님의 눈은 의로운 사람을 살피시며, 주님의 귀는 그들이 부르짖는 소리를 들으신다(15절).

의인이 부르짖으면 주님께서 반드시 들어주시고, 그 모든 재난에서 반드시 건져 주신다(17절).
의로운 사람에게는 고난이 많지만, 주님께서는 그 모든 고난에서 그를 건져 주신다(19절).

악한 일을 하는 것은 우리 마음에 장애물을 만드는 일이다. 그에 비해 하나님의 뜻대로 살기 위해 고난도 마다하지 않는 것은 우리 속에 하늘에 이르는 길을 만드는 일이다. 하나님의 법을 지키기 위해 악에게 협조하기를 거부하는 사람은 이미 구원받은 사람이고, 건짐을 받은 사람이다. 힘써 선을 택하라. 그것 자체가 복이다.

화평을 찾아 따르라

—

좋은 날 보기를 원하는 사람은 자기의 일상 가운데서 평화를 추구해야 한다. 하루 일과를 시작하기 전에 몇 분만이라도 조용히 앉아서 천천히 숨을 들이마시고 내쉬어 보라. 들이마시는 숨결을 누리고, 내쉬는 숨결을 누려 보라. 숨은 하나님께로부터 오는 것이니 숨 쉼을 통해 하나님의 임재를 경험하라는 말이다. 그리고 조용히 미소를 지어 보라. 그것은 우리 속에 기쁨을 영접하는 행위이다. 그런 후에 자신에게 '나는 평화롭다'고 말해보라. 이것은 하루를 시작하는 경이로운 방법이다.

하지만 우리는 하루에도 여러 번 마음의 평화가 깨지는 것을 경험한다. 그럴 수밖에 없다. 바람이 불면 촛불이 일렁이는 것처럼, 온전히 하나님께 이르지 못한 우리 마음은 작은 자극에도 흔들리기 때문이다. 누가 약을 올리거나, 부당한 일을 하면 '참아야 하느니라, 참아야 하느니라' 하고 주문을 외다시피 해보아도 어느 순간 감정이 둑을 넘는다. 그러면 우리는 모든 화를 상대방에게 쏟아낸다. 정도 이상으로 화를 내는 까닭은 화를 끝내 참지 못한 자책감까지 그에게 덮어씌우기 때문이다.

어떻게 해야 마음이 평안해질까? 집착을 버려야 한다. 마음에 집착하는 바가 있으면 평화는 없다. 집착은 잃어버릴까, 사라질까 두려워하는 마음이다. 그러니 마음은 늘 긴장하고, 경계심을 늦추지 못한다. 순간순간마다 자신을 하나님의 뜻에 바쳐보라. 아니, 모든 일 속에 하나님을 초대하라. 하나님이 우리 마음에 오시면 인생이 쉬워진다. 욕망이 일으키는 번뇌도 사라진다. 굳이 남에게 이기려고 하지 않는다.

마음이 평화로울 때 우리는 굳이 남에게 이기려고 혈안이 되지 않는다. 형이 기어코 동생을 이겨먹으려고 하는 데서 감정이 상하고 싸움이 난다. 져 줄 수 있는 것은 어른뿐이다. 져 주는 사람이 있는 곳에는 싸움이 일어날 수가 없다. 평화는 총칼로 얻을 수 있는 것이 아니다. 총칼로 사람들을 굴복시킬 수는 있겠지만, 그곳에는 원망과 저주가 끊이지 않는다. 조금 형편이 나은 사람이 그렇지 못한 사람에게 양보하고, 큰 나라가 작은 나라에게 져 주는 세상이 좋은 세상이다. 다르마dharma는 산스크리트어로 '진리'를 뜻하는 말이다. 그런데 그 어근인 '다르dhar'는 '떠받친다', '유지한다'는 뜻이다. 진리란 결국 모든 것의 밑에서 떠받쳐주는 것이다. 우리가 진리에 속한 사람이라면 남을 복되게 해야 한다. 그게 평화의 길이다. 메뉴판을 읽는다고 배가 부르지는 않는다. 말을 아끼고, 악을 버리고 선을 행하라. 그리고 어떤 경우에도 화평을 추구하는 사랑의 사람이 되라.

깊이
생각하라

할렐루야. 내가 온 마음을 다 기울여, 정직한 사람의 모임과 회중 가운데서 주님께 감사를 드리겠다. 주님께서 하시는 일들은 참으로 훌륭하시니, 그 일을 보고 기뻐하는 사람들이 모두 깊이 연구하는구나. 주님이 하신 일은 장엄하고 영광스러우며, 주님의 의로우심은 영원하다. 그 하신 기이한 일들을 사람들에게 기억하게 하셨으니, 주님은 은혜로우시며 긍휼이 많으시다. 주님은, 당신을 경외하는 사람들에게는 먹거리를 주시고, 당신이 맺으신 언약은 영원토록 기억하신다. 당신의 백성에게 하신 일, 곧 뭇 민족의 유산을 그들에게 주신 일로 당신의 능력을 알리셨다. 손수 하신 일들은 진실하고 공의로우며, 주님이 지시하신 법은 모두 든든하며, 영원토록 흔들리는 일이 없으니, 진실과 정직으로 제정되었다. 당신의 백성에게 구원을 베푸시고 그 언약을 영원히 세우셨으니, 그 이름이 거룩하고 두렵다. 주님을 경외하는 것이 지혜의 근본이다. 주님의 계명을 지키는 사람은 바른 깨달음을 얻으니, 영원토록 주님을 찬양할 일이다 (시편 111:1-10).

매혹의 땅 메이서

—

미국의 뉴 멕시코에는 매혹의 땅 메이서Mesa라는 곳이 있다. 광막한 사막 위로 높이 솟아 있는 그곳에는 다음과 같은 이야기가 전해 내려오고 있다.

모든 사람들이 메이서 꼭대기에 살고 있을 때만 해도 그들은 행복했다. 그곳에 오르는 가파른 길이 몇 가닥 나있었지만 그곳만 지키면 외부의 침입을 염려하지 않아도 됐다. 물은 바람과 정령들이 공급해주었다. 그들은 하늘 가까운 곳에서 계절과 조화를 이루며, 예부터 전해오는 의례와 기도와 춤을 통해 그곳의 정령들을 기쁘게 했다. 그런데 세월이 흘러가면서 그 생활에 익숙해진 몇몇 사람들이 점차 옛 방식을 버리기 시작했다. 그들은 비가 오고 천둥이 울리고 번개가 치는 것이 얼마나 좋은 지 잊었고, 봄과 겨울이 오는 것을 당연하게 생각했다. 그들은 기도와 감사를 게을리하고, 자기들이 누리는 모든 것들이 선물로 주어진 것임을 잊었다.
그래서 위대한 정령은 마음이 언짢았다. 그래서 경고를 보냈다. 메이서에는 가뭄과 홍수가 갈마들었고, 겨울은 혹독하게 추웠고, 여름은 숨쉬기 어려울 정도로 더웠다. 그러나 그런 표징들에 주의를 기울이는 사람은 거의 없었다. 상황은 점점 나빠졌다. 나이 든 몇몇 분들만이 춤을 추었고, 자기들의 내력을 이야기했고, 수확에 대한 감사의 마음으로 위대한 정령에게 옥수수를 바쳤다. 경외심을 담아 그런 일을 하는 사람은 더 적었다. 어느 날 밤 무서운 폭풍이 불어와 메이서에 오르는 길들이 다 끊어졌다. 집들도 무너졌고, 조심스럽게 간직되고 있던 물도 흐려졌다. 아침이 되어 태양이 떠오르자 사람들은 비로소 메이서 아래로 내려갈 수 있는 길이 없다는 사실을 깨닫고는 공포에 사로잡혔다.
몇날 며칠이 흘러갔다. 먹을 것은 떨어졌고 설상가상으로 물도 바닥이 나고 말았다. 사람들은 기도하기 시작했다. 그들은 노래를 불렀고, 춤을 추었다. 그러나 하늘은 응답하지 않았다. 천둥이 치고 구름이 모일 때도 있었지만 비는 내리지 않았다. 사람들은 서원을 하고 신음 소리를 내며 도와달라고 외쳤다. 하지만 하늘은 침묵할 뿐이었다. 얼마 후 메이서에는 옛 방식을 존중하고, 하늘에 이르는 가파른 계단을 소중히 여기는 몇 가족들만이 남게 되었다. 그들은 방문자들을 이곳저곳으로 안내하면서 자기 조상들의 이야기를 들려준다. 기억하고, 노래하고, 기도하고, 삼라만상에게 감사해야 한다는 것을 강조하면서 말이다(McKenna/Cowan, *Keepers of the Story*, pp.28-29).

지금 세계는 기상이변으로 큰 어려움을 겪고 있다. 우리나라 남부지방의 비 피해는 참혹할 정도다. 유럽도 마찬가지다. 블타바 강이 범람하면서 천 년 고도인 체코의 프라하가 물에 잠겨 소중한 문화유산이 유실될 위기에 빠졌고, 엘베 강이 범람하면서 드레스덴을 비롯한 중부 유럽이 물에 잠겼다. 메이서의 비극이 지금 세계 도처에서 나타나고 있다. 재앙의 원인은 눈에 보이는 세계와 질서에만 집착해 가장 소중한 생의 한 차원을 잃어버린 인간의 탐욕일 것이다. 자연과 조화를 이루면서, 피조물들과 더불어 하나님을 찬미하고, 삶의 순간순간을 하늘의 선물로 받아 누리면서, 마땅히 돌려야할 영광을 하나님께 돌리지 않았기에 우리는 오늘의 위기에 빠지게 된 것이다.

깊이 생각하라

—

성경은 도처에서 '깊이 생각하라'고 권고하고 있다. 깊이 생각한다는 것은 우리 생의 이면의 질서에 눈을 돌리라는 말이다. 보이는 것만 보지 말고, 보이지는 않지만 분명히 존재하는 하나님의 질서를 알아차리기 위해 마음을 모으라는 말이다. 시편 111편은 예배 공동체가 함께 모여, 하나님의 위대하신 역사를 상기하며 그분의 뜻을 받들어 살자고 다짐하는 내용이다. 우리가 삶 속에서 경험하는 모든 것을 다 기억할 수는 없지만, 소중한 것은 잘 가려내어 마음속에 새겨두며 사는 것이 참 삶의 비결이다. 하지만 사람의 마음은 간사하다. 어려울 때는 하나님께 도우심을 간구하지만, 문제가 해결되고 나면 하나님을 괄호 속에 묶고 살아간다.

이게 인간의 비극이다. 자기가 누리고 사는 것을 당연하게 받아들이기 시작할 때 영혼의 타락이 시작되는 것이다. 어떤 의미에서 타락은 익숙해지는 것이 아닌가 싶기도 하다. 물 한 모금, 밥 한 그릇조차 당연한 것으로 여기지 않고 감사함으로 받는 것, 이것이 삶을 충실하게 살아가는 길이 아닐까? 하지만 이게 쉽지 않다. 그렇기에 우리에게는 하나님의 은총을 함께 기리고, 기억을 이어가는 공동체가 필요하다. 시인은 예배 공동체 사람들과 더불어 하나님의 은총을 이렇게 노래한다.

> 주님께서 하시는 일들은 참으로 훌륭하시니, 그 일을 보고 기뻐하는 사람들이 모두 깊이 연구하는구나. 주님이 하신 일은 장엄하고 영광스러우며, 주님의 의로우심은 영원하다. 그 하신 기이한 일들을 사람들에게 기억하게 하셨으니, 주님은 은혜로우시며 긍휼이 많으시다(2-4절).

예배를 통해 히브리인들은 하나님의 은총에 대한 기억을 보존할 수 있었다. 그리고 어떠한 역경과 환난 속에서도 그들과 동행해 주시는 하나님에 대한 확신을 가질 수 있었다.

생의 버팀목

—

세상을 보면 정말 하나님이 계신가 싶을 때가 많다. 악인이 흥왕하고, 선인이 시련을 겪는 것을 보면 더욱더 그렇다. 하지만 하나님은 아무것도 하지 않으시는 것처럼 보이지만 모든 것을 하고 계신다. 그래서 옛사람은 '하늘 그물은 성기어도 빠뜨리는 것이 없다天網恢恢 疏而不失 천망회회 소이불실'(《노자》 73장)고 했다. 폭풍이 몰려와 바다 표면이 일렁일 때도 바다 깊은 곳의 흐름은 바뀌지 않는다. 세상이 어떠하든 흔들리지 않는 중심이 있다는 사실은 얼마나 든든한 일인가. 하나님이 만일 우리들처럼 경박하게 마음을 쓰신다면 세상은 뒤죽박죽일 것이다. 하나님을 잘 믿는 사람들도 어려움을 겪는다. 하지만 그들의 마음은 하나님의 마음을 헤아린다. 그리고 하나님에 대한 근본적인 신뢰를 버리지 않는다. 하나님이 하시는 일은 언제나 옳고, 그분의 마음은 언제나 신실하심을 알기 때문이다. 그의 삶을 지탱하는 버팀목은 이것이다.

주님은, 당신을 경외하는 사람들에게는 먹거리를 주시고, 당신이 맺으신 언약은 영원토록 기억하신다(5절).

이 말씀 하나 굳게 붙잡고 살면 된다. 하나님은 당신을 경외하는 사람을 잊으시는 법이 없다. 당장 나의 욕구에 응답하지 않으셔도 하나님은 우리를 기억하고 계신다. 이 믿음이 우리를 살게 한다.

하나님의 법도를 지키려는 용기

—

믿는 사람이 고요히 자기의 삶과 역사를 성찰하면서 확인하게 되는 것은 하나님의 법도는 귀찮은 짐이 아니라, 소중한 도우심이라는 사실이다. 많은 사람들이 세상에서 잘 살기 위해(?) 하나님의 법도를 옆으로 밀어 놓고 산다. 그것은 마치 모래 위에 집을 짓는 일처럼 어리석다. 최근에 기독교인 연예인들이 저지르는 여러 가지 불법적인 행동들을 보면 참 속상하다. 그들은 잘못 믿고 있다. 버려야 할 것을 버리지 못하면 반드시 더 큰 것을 잃게 되어 있다. 여리고 성을 점령할 때 여호수아는 백성들에게 그 성 안에 있는 모든 것은 하나님의 것이니 손을 대지 말아야 한다고 말한다.

> 이 성과 이 안에 있는 모든 것을 전멸시켜서, 그것을 주님께 제물로 바쳐라… 너희는, 전멸시켜서 바치는 희생제물에 손을 댔다가 스스로 파멸 당하는 일이 없도록 주의하여라. 너희가 전멸시켜서 바치는 그 제물을 가지면, 이스라엘 진은 너희 때문에 전멸할 것이다(여호수아 6:17-18).

이 명령은 일견 잔인해 보이지만 그것은 고대 세계의 종교관에서는 당연한 일이었다. 그런데 나는 이 말씀에서 아주 심오한 진실을 발견한다. 내 몫이 아닌 것을 탐내는 것은 스스로 무덤을 파는 행위이다. 제아무리 근사한 것이라 해도 내 것이 아니라면 거절할 줄 알아야 한다. 남의 것을 가로채고, 하나님의 것을 가로채서 얻을 것이라고는 파멸밖에는 없다. 하나님의 법도는 더딘 것처럼 보여도 틀림없이 시행된다는 사실을 잊지 말아야 한다. 우리가 하나님을 경외해야 하는 이유가 여기에 있다.

하나님을 경외하는 이의 행복

—

시인은 우리가 잘 아는 지혜 문헌의 경구로 자기 시를 마감하고 있다.

주님을 경외하는 것이 지혜의 근본이다(10절).

우리가 삶을 통해 얻게 되는 가장 소중한 깨달음은 공부를 한다고 해서 얻어지는 것이 아니다. 그것은 삶을 통해 우리에게 다가온다. 주님의 계명을 지키려고 애를 쓰는 사람은 바른 깨달음을 얻게 된다. 그때 그는 영원토록 주님을 찬미하는 사람이 된다. 우리는 매스컴을 통해 무차별적으로 유포되는 행복의 신화, 성공의 신화에 걸려 허둥거리고 있다. 하지만 행복은 돈이 많은 데 있는 것도 아니고, 유명해지는 데 있는 것도 아니다. 행복은 하나님을 경외하는 데 있다.

이야기 속에 나오는 메이서의 비극은 현재진행형이다. 하나님 경외하기를 잃어버린 문명, 자연과 더불어 찬미하고 경탄하기를 잃어버린 문명은 스스로 파멸을 향해 나아갈 뿐이다. 세상의 달콤한 유혹에 맞서야 한다. 그리고 마음속에 슬며시 파고들어 우리를 지배하려는 절망감에게 퇴거를 명해야 한다. 하나님의 살아 계심을 날마다 몸으로 체험해야 한다. 하나님께 이르는 길은 가팔라 보이지만 사실은 가장 편안한 길이고 안전한 길이다. 세상에서 우리가 누리는 어떤 것도 당연하지 않다. 그것이 선물이고 은총임을 잊지 말아야 한다. 그 은총을 사람들에게 전하고, 그 은총을 마음을 다해 찬미하자. 그것이 살 길이다.

사람이
무엇이기에

주 우리 하나님, 주님의 이름이 온 땅에서 어찌 그리 위엄이 넘치는지요? 저 하늘 높이까지 주님의 위엄 가득합니다. 어린이와 젖먹이들까지도 그 입술로 주님의 위엄을 찬양합니다. 주님께서는 원수와 복수하는 무리를 꺾으시고, 주님께 맞서는 자들을 막아 낼 튼튼한 요새를 세우셨습니다. 주님께서 손수 만드신 저 큰 하늘과 주님께서 친히 달아 놓으신 저 달과 별들을 내가 봅니다. 사람이 무엇이기에 주님께서 이렇게까지 생각하여 주시며, 사람의 아들이 무엇이기에 주님께서 이렇게까지 돌보아 주십니까? 주님께서는 그를 하나님보다 조금 못하게 하시고, 그에게 존귀하고 영화로운 왕관을 씌워 주셨습니다. 주님께서 손수 지으신 만물을 다스리게 하시고, 모든 것을 그의 발 아래에 두셨습니다. 크고 작은 온갖 집짐승과 들짐승까지도, 하늘을 나는 새들과 바다에서 놀고 있는 물고기와 물길 따라 움직이는 모든 것을, 사람이 다스리게 하셨습니다. 주 우리의 하나님, 주님의 이름이 온 땅에서 어찌 그리 위엄이 넘치는지요?(시편 8:1-9)

주 우리 하나님, 주님의 이름이 온 땅에서 어찌 그리 위엄이 넘치는지요? 저 하늘 높이까지 주님의 위엄 가득합니다(1절).

거듭해서 이 구절을 되뇌이다 보면 우리는 일상의 잔다란 일들로부터 벗어나 우주에 가득 찬 신비 앞에 서게 된다. 시편 8편은 첫 절부터 마지막 절까지 하나님의 크심과 은총에 대해 찬미하고 있다. 가을 바람에 실려 단풍을 보러 먼 길 마다하지 않고 설악산으로 내장산으로 지리산으로 떠났던 사람들은 무엇을 가지고 돌아올까? 사진 몇 장이나 고운 단풍 몇 잎, 함께 걷던 이들과의 고운 추억… 그것이 무엇이든 그들의 마음이 조금은 맑아졌을 것이다. 뭔가를 보며 '아!' 하고 경탄할 줄 안다는 것, 그것처럼 사람을 사람답게 하는 것은 없다. 놀랄 줄 모르는 것이 타락한 사람의 특색이라고 하지 않던가. 뭘 봐도 그저 심드렁한 사람들은 마음이 굳어진 사람이거나, 영혼의 샘물이 말라버린 사람일 것이다.

놀람을 잃어버린 현대인

—

앤터니 플루Anthony Flew라는 영국 철학자가 있다. 그는 철저한 무신론자였고, 그가 쓴 책은 무신론의 교과서로 통했다. "신은 너무 모호한 개념"이라며 신을 부인했던 그가 82세가 되던 해 《신은 있다》라는 제목의 책을 썼다. 그가 신의 존재를 시인하는 논거는 자연의 법칙은 우연으로 보기에는 너무 완벽하다는 것이었다. 어떤 의미에서 그의 마음은 "주님께서 손수 만드신 저 큰 하늘과 주님께서 친히 달아 놓으신 저 달과 별들을 내가 봅니다"(3절) 하고 노래했던 히브리 시인의 마음과 통하는지도 모르겠다. 앤터니 플루의 전향에 가장 실망한 것은 역시 과학적 합리성을 근거로 신의 존재를 부정해 왔던 무신론자들이다. 하지만 여든두 살 노인의 이런 변화는 합리성으로부터의 후퇴라고 해야 할까? 아니면 새로운 세계에 눈을 뜬 것이라고 해야 할까? 앤터니 플루에 관한 기사를 보면서 구상 선생님의 시가 떠올랐다.

"이제사 나는 눈을 뜬다.
마음의 눈을 뜬다.

달라진 것이라곤 하나도 없는
이제까지 그 모습, 그대로의 만물이
그 실용적 이름에서 벗어나
저마다 총총한 별처럼 빛나서
새롭고 신기하고 오묘하기 그지없다."

〈마음의 눈을 뜨니〉 중에서

사물들을 실용성으로 보지 않고 있는 그대로의 모습으로 보니 총총한 별처럼 빛나더라는 것이다. 이런 눈을 얻기까지 80년의 세월이 필요했던 것인지도 모르겠다. 미리 알았더라면 삶이 얼마나 풍성했을까? 대통령 선거 때만 되면 후보자들은 제가끔 자기야말로 교육 문제를 해결할 적임자라고 주장하지만, 교육 문제의 본질은 사람을 사람답게 만드는 데 있다. 교육은 영어와 수학도 잘 가르쳐야 하지만, '우러러보는 법, 놀라고 경외하는 법'을 가르쳐야 한다. 장엄함 앞에 멈추어 설 줄 아는 능력, 인간 영혼의 보이지 않는 위대함을 알아차리는 능력을 어떻게 가르칠 것인가에 대해 근본적으로 고민해야 할 때이다.

사람됨의 뿌리

—

시인은 세상에 가득 찬 하나님의 숨결을 느끼고 있다. 그것은 너무나도 아름답고 압도적이다. 그는 어린이와 젖먹이들까지도 그 입술로 주님의 위엄을 찬양한다고 말한다. 실제로 그랬다는 말이 아니라 우리의 있음 자체가 하나님에 대한 찬미라는 뜻일 게다. 시인은 마침내 이 시에서 절창絶唱에 해당하는 구절을 쏟아낸다.

> 사람이 무엇이기에 주님께서 이렇게까지 생각하여 주시며, 사람의 아들이 무엇이기에 주님께서 이렇게까지 돌보아 주십니까?(4절)

우리가 자신을 돌아보면 하나님의 사랑을 감당할 만한 푼수가 못됨을 인정하지 않을 수 없다. 무지할 뿐만 아니라 욕망의 구슬아치 노릇을 하느라고 자기에게 주어진 생명의 값도 못하고 사는 우리들이다. 그런 유한하고 오류로 가득한 사람에게 관심을 가지시는 하나님의 마음이 무엇일까? 바로 이게 시인의 질문이다. 이 질문에 대한 대답을 다른 시편에서 찾아보자.

> 부모가 자식을 가엾게 여기듯이, 주님께서는 주님을 두려워하는 사람을 가엾게 여기신다. 주님께서는 우리가 어떻게 창조되었음을 알고 계시기 때문이며, 우리가 한갓 티끌임을 알고 계시기 때문이다(시편 103:13-14).

속은 상하지만 버릴 수는 없는 것이 자식이다. 하나님은 부모가 자식을 가엾게 여기듯이 우리를 대하신다. 하나님은 또 우리가 한갓 티끌임을 아신다. 우리가 뭐라도 된 듯 떠들지만 우리는 지나가 버리는 인생들이다. 변화에 종속된 것이 인간의 실체이다. 우리 존재의 근거는 주님의 긍휼히 여기심이다.

마약에 손을 대기 시작한 남자가 있었다. 어느 수도자가 아무리 알아듣게 이야기를 해도 소용이 없었다. 그는 수도원에 머물면서 자기 마음을 다스려보려고 했지만 이내 포기하고 수도원을 떠났다. 이런 일이 몇 번 반복된 후 그는 마지막이라면서 수도원에 돌아왔다. 2주쯤 잘 지내는 것 같았는데, 결국 숨어서 마약을 하고 말았다. 수도자가 그를 꾸짖었다. "자네는 사나이가 아니군. 하려면 정정당당히 하지 그게 뭔가?" 그러자 그는 당당하게 마약을 했다. 그때 그 남자와 오랫동안 사귀었던 여자가 그만 울음을 터뜨렸다. 한 마디 말도 없이 그저 울고만 있었다. 그러자 그 길로 그는 마약을 끊었다. 공허했던 마음이 채워졌던 것이다. 하나님의 사랑도 이런 것이 아닐까? 하나님은 우리가 잘못을 저지르면 꾸짖기도 하시지만 무엇보다도 슬퍼하신다. 그 마음을 안다면 우리는 더 이상 옛 삶을 계속할 수 없다.

이해할 수 없는 하나님의 사랑

—

하지만 몸을 가지고 있는 인간은 늘 유혹에 직면해 있다. 식욕, 색욕, 탐욕은 참 뿌리치기 어려운 유혹이다. 잘 참아내다가도 아차 하는 사이에 정신이 몽롱해지고, 불투명한 지경에 빠지기도 하는 게 사람이다. 우리 힘만 의지한다면 백전백패일 수밖에 없다. 예수님이 진리가 너희를 자유하게 할 것(요한복음 8:32)이라고 말하자, 유대인들은 불퉁거리며 대들었다. 자기들은 종이 아니라 자유인이라는 것이다. 그 근거로 그들은 자기들이 아브라함의 자손임을 내세운다. 그러자 주님은 강한 어조로 그들을 꾸짖으셨다. '너희가 아브라함의 자녀이면 아브라함이 한 일을 할 터인데, 진리를 거절하고 진리를 말하는 사람을 죽이려는 것을 보면 너희 아비는 악마임이 분명하다'는 것이다.

사람은 자기 불화 속에서 살아간다. '되고 싶은 나'와 '현실의 나'가 그것이다. 통 크게 나눌 줄 아는 사람이 되고 싶지만, 작은 것에도 바르르 떠는 다라운 사람일 때가 많다. 품이 넓은 사람이 되어 누구든 받아들이고 싶지만, 작은 모욕이나 손해에도 불편함을 느낀다. 누군가의 설 땅이 되어주고 싶지만, 자기 일에 전전긍긍하느라 미처 남의 고통을 헤아리지 못하는 것이 우리이다. 불의에 대해서 단호하게 '아니오'라고 말하고 싶지만, 뒤돌아서서만 투덜거리는 우리들이다. 이게 우리의 작음이다. 때로는 진리를 거역할 때도 있다. '현실의 나'는 하나님께 속한 사람이기보다는 '악마'에게 속한 사람일 때가 많다. 누구든 솔직하게 자신을 돌아보면 자기 속에 악의 전초기지가 있음을 알 것이다.

이것이 에덴 이후를 살고 있는 사람의 실상이다. 그런데 이것을 인정하고, 이것을 아파할 때 하나님의 은총이 우리에게 유입된다. 은총에 눈을 뜬 사람은 비로소 자기 삶이 하나님의 사랑으로 지탱되고 있음을 깨닫게 된다. 이때 우리도 시인처럼 "사람의 아들이 무엇이기에 주님께서 이렇게까지 돌보아 주십니까?"라고 말할 수밖에 없다.

시인은 자기 머리에 씌워진 '존귀하고 영화로운 왕관'을 본다. 그것은 다른 것이 아니라 하나님의 일에 동참하는 자의 영광이다. 하나님은 다랍기 이를 데 없는 우리에게, 죄에 속절없이 끌려가곤 하는 우리에게, 부족하기

이를 데 없는 우리에게 세상에 있는 모든 것들을 잘 돌볼 책임을 맡겨주셨다. 이 무슨 은혜란 말인가. 만왕의 왕이신 주님이 우리를 믿고 신뢰하신다는 것이다. 하나님을 믿는 사람들은 하나님의 정원인 세상을 아름답게 만들 책임을 진 동산지기들이다. 우리 없이 세상을 만드신 하나님은 우리와 더불어 새 하늘과 새 땅을 열어가기 원하신다. 이보다 큰 은혜가 어디 있겠는가.

'하나님 앞', 우리의 설 자리

—

그러나 우리는 이런 소명을 잊어버린 채 살고 있다. 지구야 병들든 말든, 다른 사람이야 어찌되든 나만 잘 살면 그만이라는 생각에 사로잡혀 있다. 돈 때문에 벌벌 떨며 살고 있다. 미래 세대의 자산을 불태움으로 풍요를 누리려고 한다. 지금 이 순간의 아름다움을 누리기 위해 악마 메피스토펠레스에게 영혼을 팔았던 파우스트 박사는 우리들의 초상이기도 하다. 유대인들의 설화에 의하면 말세의 때가 되면 혼이 없는 사람이 태어난다는데 지금이 그런 때가 아닌가 싶다. 돈이나 명예나 권세보다 더 근본적인 것은 우리가 하나님의 사랑 안에 있다는 사실이다. 그 사랑을 알면 우리는 사랑의 사람이 될 수 있다. 지금보다 큰 사람이 될 수 있다.

스님들에게 '왜 사냐?'고 물으면 성불成佛하기 위해 산다고 말한다. 부처를 이루겠다는 것이다. 기독교 신앙을 가진 이들은 너무 작아진 것 아닌가? 예수 믿어 마음 편하고, 넉넉하게 살고, 성공하고, 죽어 천국 가면 되는 것인가? 우리는 하나님의 일을 위해 부름 받은 사람들이다. 햇빛발전소에서 전기가 생산되면서 우리 교회의 전력계가 거꾸로 도는 것처럼, 이제 문명의 바퀴를 거꾸로 돌리는 사람들이 필요하다. 그러기 위해서는 하나님 앞에 자꾸 나아가야 한다.

어느 목사님 댁에 갔더니 일정표를 적어놓은 칠판에 프리드리히 니체의 글귀 하나가 적혀 있었다. "Einsamkeit ist meine Heimat." '고독은 나의 고향'이라는 뜻이다. 이것은 "Einsamkeit, Du meine Heimat Einsamkeit!", 즉 '그대 나의 고향인 고독이여!'라는 구절의 변형인 듯싶다. 고독이 고향이라니 무슨 소리인가? 고독이야말로 우리를 본래의 자리로 데려다준다는 말이다. 본래의 자리는 '하나님 앞'이다. 하나님 앞에서 자기 삶을 돌아보는 사람은 더 이상 돈에 팔려 다니지 않는다. 돈에게서 해방되는 순간, 세상의 모든 것은 총총한 별처럼 빛을 발하기 시작한다. 그는 어떤 큰 문제 앞에서도 좌절하거나 낙심하지 않는다. 우리는 그 문제보다 크다는 사실을 알기 때문이다. 우리가 하나님의 사랑받는 자임을 알 때 우리 속에 있는 선함을 이끌어 낼 수 있다.

내 입에 파수꾼을 세우소서

주님, 내가 주님을 부르니, 내게로 어서 와 주십시오. 주님께 부르짖는 내 음성에 귀를 기울여 주십시오. 내 기도를 주님께 드리는 분향으로 받아 주시고, 손을 위로 들고서 드리는 기도는 저녁 제물로 받아 주십시오. 주님, 내 입술 언저리에 파수꾼을 세우시고, 내 입 앞에는 문지기를 세워 주십시오. 내 마음이 악한 일에 기울어지지 않게 해주십시오. 악한 일을 하는 자들과 어울려서, 악한 일을 하지 않게 도와주십시오. 그들의 진수성찬을 먹지 않게 해주십시오. 의인이 사랑의 매로 나를 쳐서, 나를 꾸짖게 해주시고 악인들에게 대접을 받는 일이 없게 해주십시오. 나는 언제나 그들의 악행을 고발하는 기도를 드리겠습니다. 그들의 통치자들이 돌부리에 걸려서 넘어지면, 그제서야 백성은 내 말이 옳았음을 알고서, 내게 귀를 기울일 것입니다. 맷돌이 땅에 부딪쳐서 깨지듯이 그들의 해골이 부서져서, 스올 어귀에 흩어질 것입니다. 주 하나님, 내 눈이 주님을 우러러보며, 주님께로 내가 피하니, 내 영혼을 벌거벗겨서 내쫓지는 말아 주십시오. 내 원수들이 나를 잡으려고 쳐 놓은 덫에서 나를 지켜 주시고, 악한 일을 저지르는 사람들의 함정에서 나를 건져 주십시오. 악인들은, 자기가 친 덫에 걸려서 넘어지게 해주시고, 나만은 안전하게, 빠져 나가게 해주십시오(시편 141:1-10).

가장 외로운 시간에

—

평화노래꾼 홍순관 집사의 글 가운데 이런 대목이 있다.

"테크놀로지가 아무리 앞선다 해도 나무 한 그루만 못한 것이요, 호사한 샹들리에보다 잠잠한 촛불 앞에서의 기도가 깊을 것입니다. 대리석으로 저택을 두른다고 권위가 단단해지는 것은 아니지요. 첨탑의 높이로 하늘과 가까워질 수는 없는 일입니다. 수없는 세월을 달려와 우리 앞에 열리는 별빛을 알았다면 눈앞의 부富를 향해 달리는 사람과 종교는 그 걸음을 멈추어야 합니다"(홍순관, 《네가 걸으면 하나님도 걸어》, 108쪽).

멈추어 서지 않으면 아름다움에 접속하기 어렵다. 멈추어 서지 않으면 자신이 어디로 가고 있는 지 가늠할 수 없다. 몸 받아 이 세상에 태어난 우리들, 삶은 언제나 만만치 않은 무게로 우리를 짓누른다. 하지만 슬픔이 있기에 기쁨이 있고, 절망이 있기에 희망이 고맙다. 살면서 가장 힘든 순간은 내가 세상에서 잊힌 존재가 되었다는 느낌이 들 때가 아닐까? 불의한 세상에 저항하다가 '너 홀로 의롭냐?'는 비아냥거림을 받을 때도 마찬가지다. 세상이 마치 나를 왕따시키기 위해 공모한 것 같은 느낌이 들 때면 가슴이 무지근해진다.

오늘 시편의 시인도 그러한 것 같다. 그는 지금 외롭다. 자칫하면 마음의 중심이 무너져 내릴 수도 있는 형편이다. 문제는 흔들리는 마음을 곧추세울 수 있는 힘이 그에게 없다는 사실이다. 세상은 불의한 자들이 득세하고, 의롭게 살려는 이들은 늘 그들의 좋은 먹잇감이 되곤 한다. 어찌해야 할까? 그런 상황에서 시인은 자기가 홀로가 아님을 불현듯 깨닫는다. 상황이 어떠하든 언제나 함께 계시는 분, 누구보다도 자기 말에 귀를 기울여주시는 분, 이런저런 충고를 늘어놓지 않으면서 말없이 품어주시는 분이 계시다는 사실 말이다. 근심과 걱정으로 인해 잠시 잊고 있었던 그분을 떠올리자 내면에서 용기가 솟아난다.

기도할 용기

—

그는 그분 앞에 자기 심정을 토로한다. 마치 사무엘이 태어나기 전에 자식을 얻지 못한 여인의 고통스러운 마음을 주님 앞에 쏟아 놓았던 한나처럼 말이다.

> 주님, 내가 주님을 부르니, 내게로 어서 와 주십시오. 주님께 부르짖는 내 음성에 귀를 기울여 주십시오. 내 기도를 주님께 드리는 분향으로 받아 주시고, 손을 위로 들고서 드리는 기도는 저녁 제물로 받아 주십시오(1-2절).

시인은 지금 부르짖는다. 아무리 마음을 고요히 하려고 해보아도 불쑥불쑥 치밀어 오르는 분노를 누를 길이 없다. 무엇 때문에 혹은 누구 때문인지는 알 수 없다. 하지만 그는 지금 지쳐 있다. 마음에 쌓인 울울함을 떨쳐 낼 힘이 없다. 이야기를 나눌 벗조차 떠오르지 않는다. 진정한 우정이란 벗들의 무거운 짐을 함께 나누어 질 때 생기는 법이지만, 받아들일 마음의 여유가 없는 이에게 속마음을 털어놓아 보았자 아무 소용이 없다. 오히려 사이가 버름해지기 일쑤이다. 시인은 그래서 하나님께 부르짖는다. 만수받이로 우리의 투덜거림을 들어 주시고, 결국 좋은 길로 인도하시는 하나님을 신뢰하기 때문이다.

시인은 자신의 기도를 주님께 드리는 분향焚香으로 받아 달라고 기원한다. 분향은 제사장들이 향단 위에 향을 피우는 행위를 일컫는 말이다. 출애굽기는 제사장들이 등을 손질할 때나 등불을 켤 때 향을 피워야 한다고 말한다. 분향은 기본적으로 시간과 공간의 정화라는 의미를 담고 있다. 향을 피움으로써 악하고 속된 것들을 몰아내는 것이다. 그런가 하면 현존하시는 하나님에 대한 공경의 표시이기도 했다. 출애굽기는 분향에 사용할 가루향을 만드는 방법을 자세히 가르치고 있다. 순수한 향품들을 순수한 유향과 제조법에 따라 잘 섞고 거기에 소금을 쳐서 깨끗하고 거룩하게 만들어야 한다(출애굽기 30:34-38). 재미있는 것은 사사로이 쓸 목적으로 가루향 제조법대로 그걸 만드는 사람은 누구든지 백성 가운데서 끊어질 것이라고 엄중히 경고하고 있다는 사실이다. 그러니 자기 기도를 분향처럼 받아달라는 말은 심상한 말이 아님을 알 수 있다. 부르짖을 수밖에 없는 형편이라 해도 기도는 하나님 앞에서 하는 일임을 그는 명심하고 있는 것이다.

그는 또한 손을 위로 들고서 드리는 기도는 저녁 제물로 받아달라(2절)고 청한다. 그는 지금 말로만 기도드리는 것이 아니라 몸으로도 기도를 올리고 있다. 그만큼 절박하다. 때로는 말보다 몸이 더 정직하다. 사람들은 기도할 때 무릎을 꿇기도 하고, 두 손을 가슴 앞에 모으기도 하고, 손을 위로 들어올리기도 한다. 유도 금메달리스트인 김재범 씨는 매트에 서기 전 하늘을 우러러보며 두 손을 들어 올리곤 했다. 그 긴장된 순간 그는 하나님 앞에 자기 마음을 바치고 있었던 것이다.

무엇을 청할 것인가?

—

시인의 기도는 계속된다. 그는 자기 입술 언저리에 파수꾼을 세우시고, 입 앞에는 문지지를 세워 달라고 청한다. 자기가 얼마나 말에 실수가 많은 사람인지 알기 때문이다. 성미가 급하거나 경솔한 사람이기 때문이 아니다. 누구나 성급한 열정에 사로잡히는 순간, 말은 이성의 통제를 넘어 마치 토사물처럼 쏟아져 나온다. 이게 아닌데, 하면서도 스스로 억제할 수 없을 때가 많다. 그래서 야고보는 우리는 다 실수를 저지르지만 "말에 실수가 없는 사람은 온몸을 다스릴 수 있는 온전한 사람"(야고보서 3:2)이라고 했던 것이다. 시인은 자기를 믿지 못한다. 그렇기에 하나님께 청한다. 자기 입술 언저리에 파수꾼을 세워 달라고, 입 앞에 문지기를 세워 달라고 말이다. 말이 진실해야 마음이 악한 일에 기울어지지 않게 마련이다.

조선시대의 선비인 백광훈白光勳은 가족과 떨어져 서울 생활을 하고 있었는데, 해남에 살고 있던 아들들에게 자주 편지를 보내 가풍을 세워나갔다. 편지 가운데 한 대목이 마음을 울린다.

> "듣자니 너희가 자못 남을 업신여기는 태도가 있고, 또 남의 허물 말하기를 좋아한다 하더구나. 사람이 배우는 것은 다만 이러한 병통을 없애려 함인데, 이제 너희가 만약 정말로 이와 같다면 비록 만 권의 글을 배워 곧장 과거에 급제한다 해도 그 사람을 어디에다 쓰겠느냐? 놀라고 절통하여 죽고만 싶구나. 이후로도 너희들이 이 같은 버릇을 딱 끊지 못하고 뭐라고 말하는 사람이 있게 되면 맹세컨대 다시는 너희들을 보지 않겠다"(정민, 《책 읽는 소리》, 86쪽).

만 권의 책을 읽는 것보다, 과거에 급제하는 것보다 더 중요한 것은 사람다운 사람이 되는 것임을 아버지는 절통한 심정으로 일깨우고 있다. 남을 업신여기지 않고, 남의 허물 말하기를 좋아하지 않는 것 하나만으로도 우리는 꽤 괜찮은 사람이 될 수 있다.

다음에 시인이 청하는 것은 원수에 대한 보복도 아니고, 욕망을 채워 달라는 것도 아니다. 자기를 지킬 수 있도록 힘을 달라는 것이다. 첫째, 내 마음이 악한 일에 기울어지지 않게 해주십시오. 둘째, 악한 일을 하는 자들과 어울려서, 악한 일을 하지 않게 도와주십시오. 셋째, 그들의 진수성찬을 먹지 않게 해주십시오. 넷째, 의인이 사랑의 매로 나를 쳐서, 나를 꾸짖게 해주십시오. 이 기도를 고스란히 나의 기도로 삼지 않을 수 없다. 우리가 악에 빠지는 것은 우리 속에 있는 뿌리 깊은 죄성이 극복되지 않았기 때문이다. 성화를 향한 우리의 노력은 죽는 순간까지 계속되어야 한다. 그 후에는 하나님의 자비하심 앞에 엎드릴 뿐이다.

그래도 죄의 잡아당기는 힘을 약화시킬 방법이 없을까? 있다. 그것은 악한 일을 도모하는 이들과 어울리지 않는 것이다. 악인의 진수성찬을 거절할 수 있는 용기를 내는 것이다. 악인의 진수성찬은 미끼일 따름이어서 그걸 무는 순간 우리는 그에게 얽매일 수밖에 없다. 뇌물 스캔들이나 공천헌금을 둘러싼 잡음이 끊이질 않는다. 최근에 우리는 매스컴을 통해 용역경비업체인 컨택터스에 대해 많이 보고 듣고 있다. 그들은 SJM 안산 공장에서 농성하던 노조원들을 무차별하게 폭행했다. 고스란히 폭력에 노출된 피해자들의 모습은 참혹했다. 열 지어 서 있는 가해자들의 사진을 보았다. 우락부락하게 생긴 이들도 있었지만, 잔뜩 겁에 질린 듯한 표정으로 서 있는 이들도 있었다. 그들은 하루에 일당 7-8만 원을 받는다고 한다. 일당을 벌기 위해 그런 일에 동원되는 젊은이들을 보면서 가슴이 아팠다. 불행한 시대에 태어나 괴롭게 살고 있는 젊은이들이다. 일자리가 없다고는 해도 그런 일을 거절할 수 있는 용기가 필요하다. 그것이 자기 영혼을 지키는 일이기 때문이다.

시인이 성숙한 사람이라는 것은 의인이 사랑의 매로 쳐서 자기를 꾸짖게 해 달라는 기도를 보아도 알 수 있다. 그는 칭찬을 구하는 사람이 아니라, 옳음을 구하는 사람이다. 세상에서 가장 가련한 사람은 준엄하게 꾸짖어 줄 사람이 없는 사람이다. 바른 길로 가기 위해서는 자꾸만 엇길로 나가는 우리를 꾸짖어 제자리로 돌려놓는 사람이 꼭 필요하다.

결의

—

시인은 자기 영혼의 문제에만 골똘한 사람이 아니다. 세상의 어떤 사람도 진공의 상태에서 살아갈 수는 없다. 세상은 무균실이 아니다. 우리는 자기도 모르는 사이에 그 시대를 닮게 마련이다. 흔히 사람들은 개인구원과 사회구원을 가르면서 종교가 집중할 일은 개인구원이라고 강변하는 이들이 있지만, 그들은 성경에 대해 전혀 무지한 자들일 뿐이다. 하나님의 말씀은 언제나 구체적인 삶의 문맥 속에서 선포되곤 했다. 성경은 일상의 삶의 자리와 무관한 영성을 가르치지 않는다. 폭력과 부패로 가득 찬 세상이 나와 무슨 상관이랴 하면서 자기만의 행복을 구하는 사람은 도인인지는 모르겠지만 기독교인은 아니다.

시인은 아주 단호하게 말한다.

나는 언제나 그들의 악행을 고발하는 기도를 드리겠습니다(5절).

기도는 말로 드릴 때는 사룀이지만, 몸으로 드릴 때는 행동이다. 악행을 고발한다는 것은 하나님께 사뢰는 일에 그치는 것이 아니라, 악인들을 꾸짖는 일이고 또 그들의 악행에 저항하는 일이기도 하다. 강력한 저항이 때로는 가장 절실한 기도다. 시인은 악인들이 얼마나 공교한지를 잘 알고 있다. 그렇기에 시인은 원수들이 쳐 놓은 덫과 함정에서 지켜 달라면서, 오히려 그들이 자기가 친 덫에 걸려서 넘어지게 해 달라고 기도한다. 악인들이 제 꾀에 빠져 비틀거리고, 돌부리에 걸려 넘어질 때 사람들은 비로소 의인의 말에 귀를 기울이게 될 것이기 때문이다.

악인들에 맞서 싸우는 일은 언제나 위험을 동반한다. 위험이 예기되는데도 불구하고 그들에게 저항하는 까닭은 무엇일까? 영혼이 벌거벗겨져서 내쫓기고 싶지 않기 때문이다. 영혼의 힘은 위험을 통해서만 자란다. 그렇기에 주님은 당신의 백성으로 삼으시려는 사람들에게 '떠나라'고 말씀하셨던 것이다. 아브라함도 떠나라는 명령을 들었고, 히브리인들도 그런 명령을 들었다. 신약에 오면 '떠나라'는 말은 '따르라'는 말로 바뀐다. 예수님의 제자들은 배와 그물을 버려두고 주님을 따랐다. 안락한 자리에 선 채 하나님의 역사에 동참할 수 있는 길은 없다. 예수님은 하나님의 뜻을 이루기 위해 기꺼이 십자가의 길을 걸으셨다. 하나님의 뜻에 대한 '아멘'은 대개 세상의 기득권을 향한 '아니오'일 때가 많다.

열리지 않는 문 앞에서 울고 있는가? 내 사정에 귀를 기울이지 않는 담벼락 같은 사람들 때문에 상처를 입었는가? 그 마음을 온전히 하나님 앞에 내려놓으라. 부르짖기도 하고, 온몸으로 사정을 아뢰어 보자. 그런 후에는 마음이 고요해질 때까지 기다려 보라. 그리고 침묵 속에서 우리에게 유입되는 주님의 평화를 누리라. 주님이 주시는 힘으로 충만해지고 악인의 진수성찬을 거부할 용기를 내보자. 부정의에 민감하고, 불의에 항거할 줄 아는 사람이 되자. 하나님은 애굽 한복판에서 자유의 꿈을 꾸게 하신다. 로마의 평화라는 허구의 평화 세상에서 하나님 나라를 꿈꾸게 하신다. 우리에게 주어진 시간을 하나님의 뜻으로 충만하게 채우며 살아가자.

나는 기적이다

> 주님께서 내 장기를 창조하시고, 내 모태에서 나를 짜 맞추셨습니다. 내가 이렇게 빚어진 것이 오묘하고 주님께서 하신 일이 놀라워, 이 모든 일로 내가 주님께 감사를 드립니다. 내 영혼은 이 사실을 너무도 잘 압니다. 은밀한 곳에서 나를 지으셨고, 땅 속 깊은 곳 같은 저 모태에서 나를 조립하셨으니 내 뼈 하나하나도, 주님 앞에서는 숨길 수 없습니다. 나의 형질이 갖추어지기도 전부터, 주님께서는 나를 보고 계셨으며, 나에게 정하여진 날들이 아직 시작되기도 전에 이미 주님의 책에 다 기록되었습니다. 하나님, 주님의 생각이 어찌 그리도 심오한지요? 그 수가 어찌 그렇게도 많은지요? 내가 세려고 하면 모래보다 더 많습니다. 깨어나 보면 나는 여전히 주님과 함께 있습니다(시편 139:13-18).

어느 학교를 나왔느냐가 이후에 그들이 살아갈 긴 인생의 질과 방향을 결정하는 사회는 참 나쁜 사회다. 학벌사회야말로 우리 사회의 모든 병리 현상의 뿌리라고 말할 수 있다. 따지고 보면 이름난 학교에 들어간다고 해서 인생에 성공하는 것은 아니다. 조금 더 많은 기회를 누리게 되는 것은 맞지만 그렇다고 해서 그가 아름다운 인생을 살게 되는 것은 아니다.

명문 대학을 나와 법조인이 되고 국회의원까지 되었는데 그가 하는 행동을 보면 유치하기 이를 데 없는 이들이 많다. 자기 의에 충만해서 사람들을 함부로 대한다. 그게 언론에 의해 문제가 되면 억울하다고 말한다. 그들은 자기들은 그래도 되는 줄로 안다. 똑똑한 사람인지는 모르겠으나 영혼은 천박한 이들이다. 그런 이들을 일러 '윤똑똑이'라 한다. 무엇보다 중요한 것은 자기의 분수를 아는 것이다. 주눅이 들어 살라는 말이 아니라, 자기에게 주어진 생의 가능성을 알차게 살라는 말이다. 세상을 떠난 애플의 창업자 스티브 잡스가 남긴 말이 생각난다.

"당신의 시간은 유한하다. 그러니 다른 사람의 삶을 사느라 시간을 허비하지 말라."

도토리 두 알

—

자기에게 품부된 삶을 알차게 살아내지 못하는 것이 죄이다. 박노해 시인은 〈도토리 두 알〉이라는 시에서 재미있는 이야기를 들려준다. 그는 산길에서 도토리 두 알을 주웠다. 한 알은 작고 보잘것없었고, 또 한 알은 크고 윤이 났다. 시인은 손바닥에 놓인 도토리 두 알을 바라보다가 문득 묻는다.

"너희도 필사적으로 경쟁했는가
내가 더 크고 더 빛나는 존재라고
땅바닥에 떨어질 때까지 싸웠는가."

정말로 중요한 것은 무엇인가? 시인은 크고 윤나는 도토리가 되는 것은 청설모나 멧돼지에게나 중요한 일이 아니냐면서 "삶에서 훨씬 더 중요한 건 참나무가 되는 것"이라고 말한다. 시인은 작고 보잘것없는 도토리를 멀리 빈숲으로 힘껏 던지며 마치 격려하듯 말한다.

"울지 마라, 너는 묻혀서 참나무가 되리니."

도토리의 보람은 참나무가 되는 데 있다. 우리는 언젠가 생명의 주인이신 분 앞에 서게 될 것이다. 그때 우리가 들어야 할 말은 이 한 마디다.

잘했다! 착하고 신실한 종아. 네가 적은 일에 신실하였으니, 이제 내가 많은 일을 네게 맡기겠다. 와서, 주인과 함께 기쁨을 누려라(마태복음 25:21).

큰 일이 중요한 것이 아니다. 맡겨진 일이 크든 작든 그 일에 정성을 담아야 한다. 그러면 그 일은 거룩한 일이 된다.

루스와 베델

—

중요한 것은 남보다 앞서는 것이 아니라, 자기답게 사는 것이다. 우리가 느끼는 불행의식의 태반은 남과의 비교에서 나온다. '타인은 내게 있어 지옥'이라 했던 사르트르의 말이 가리키는 바도 이런 것이 아닐까 싶다. 살다 보면 마치 낯선 땅에서 방황하는 것처럼 스산한 느낌이 들어 외로울 때가 있다. 모두가 축제를 즐기는데, 홀로 잊혀진 것 같아 쓸쓸할 때가 있다. 일은 잘 안 풀리고, 인간관계도 여의치 않아 심란하기 이를 데 없다. 하지만 잊지 말아야 할 것이 있다. 우리는 한 번도 잊혀진 적도 없고 버림받은 적도 없다. 하나님은 언제나 우리 곁에 계시고, 우리를 사랑으로 이끌어 주신다.

시편 139편의 시인은 우리가 어디에 있더라도 주님은 그곳에 이미 계시다고 말한다. 하늘로 올라가더라도 그곳에 계시고, 스올에 자리를 펴도 거기도 계시고, 동녘 너머로 날아가거나 바다 끝 서쪽으로 가서 머물러도 거기서도 주님의 손이 인도하시고 붙들어 주신다고 고백한다. 주님의 현존이 느껴지지 않을 때도 있지만 주님은 언제나 우리보다 한 발 앞서 그 자리에 가 계신다. 영국 시인 프랜시스 톰슨Francis Thompson의 시 〈하늘의 사냥개The hound of heaven〉는 시편 139편의 변주라 할 만하다. 시인은 주님의 다가오심을 이렇게 표현한다.

"서두르지 않는 추적으로
침착한 보조로
유유한 속도로, 위엄 있는 긴박성으로,
그 발소리 울렸습니다.
그리고 그 발소리가 멎는 곳은 그의 곁입니다.
하나님은 목표물을 놓치지 않는 사냥개처럼 집요하십니다."

형 에서를 피하여 달아나던 야곱은 루스라는 곳에 이르러 고단한 몸을 눕혔다. 그 황량한 광야에서 돌베개를 베고 누웠을 때 그는 절대적 고독을 느꼈을 것이다. 그의 일생 중 죽음이 그처럼 가깝게 느껴진 때가 없었을 것이다. 한 치 앞도 내다볼 수 없는 상황에서 그는 설핏 잠이 들었고 하늘과 땅을 잇는 계단을 보았다. 그 계단으로 천사들이 오르내리고 있었다. 층계 저 위에 계신 분이 그에게 말씀하셨다.

> 내가 너와 함께 있어서, 네가 어디로 가든지 너를 지켜 주며, 내가 너를 다시 이 땅으로 데려오겠다. 내가 너에게 약속한 것을 다 이루기까지, 내가 너를 떠나지 않겠다(창세기 28:15).

잠에서 깨어난 야곱은 혼자 중얼거린다.

> 주님께서 분명히 이 곳에 계시는데도, 내가 미처 그것을 몰랐구나(창세기 28:16).

놀라운 고백이다. 그는 그곳을 베델이라 했다. 하나님의 집이라는 뜻이다. 평범하기 이를 데 없는 땅 루스가 '하나님의 집'으로 불리우고 있다. 베델은 특별한 장소가 아니다. 우리가 하나님을 만나는 곳, 하나님의 현존을 체험하는 곳이다. 하나님은 지금도 우리 곁에서 우리를 어루만지고 계신다.

얼마 전에 읽은 책의 한 대목이 오랫동안 마음에서 떠나질 않는다. 소백산에서 '산 위의 마을'이라는 공동체를 이끌고 계신 박기호 신부님이 쓴 책 《산 위의 신부님》이다.

> "어느 날 그 마을에 송아지가 태어났다. 마을 가족들은 그 경사스러운 순간을 함께 지켜봤다. 어미 소는 태반에 남은 양수를 다 마시더니 하얀 막에 덮여 있는 송아지를 혀로 핥기 시작했다. 먼저 코를 핥아 숨을 틔워주고, 눈을 핥아 눈을 뜨

게 했다. 불과 10분도 지나지 않아 양수에 젖어 물에 빠진 것 같던 송아지는 뽀송뽀송한 털을 입은 누런 송아지로 거듭났다. 어미는 앉아 있는 새끼를 입으로 이러저리 굴리면서 무릎을 집중적으로 핥아주었다. 새끼가 일어나도록 무릎에 힘을 넣어주고 있었던 것이다. 20분 정도 지나자 송아지는 비틀거리면서 일어서려고 시도했다. 어미는 계속해서 무릎을 핥아주었다. 일어서고 넘어지기를 반복하던 송아지는 마침내 우뚝 일어섰다. 그러자 어미 소는 송아지에게 젖을 물렸다."

생명은 이렇게 사랑을 먹고 자라는 법이다. 그 이야기를 읽고 있는데 문득 누군가 내 무릎을 핥고 있는 것 같은 느낌이 들었다. 하나님의 사랑이 우리를 살게 한다.

마음의 감기

—

살다 보면 지치고 힘들어 모든 것을 내려놓고 싶을 때가 있다. 자기 자신에게 실망할 때도 많다. 남들의 기대에 부응하지 못하는 것도 우리를 아프게 하지만, 자기와의 약속조차 지키지 못할 때는 마음의 상처가 더욱 깊어진다. 자기에 대한 실망감이 깊어갈 때 불청객처럼 찾아오는 것이 우울증이다. 자기의 가치를 스스로 인정하지 못하는 것처럼 슬픈 일이 없다. 자존감이 낮은 사람은 역설적으로 남에게 관대하지 못하다. 그들은 남을 탓하거나 원망한다. 늘 자기 방어적인 태도를 가지고 살기에 사소한 문제에도 화를 잘 낸다. 이런 것을 일러 '마음의 감기'라고 한다. 마음의 감기 증상에 오래 시달린 사람들은 남들에게 공격적인 태도를 보일 때가 많다. 또 자기의 엄부렁한 내면을 가리기 위해 허영심이라는 가면을 만든다.

자기를 긍정하고 아낄 줄 아는 사람이라야 남도 사랑할 수 있다. 오늘의 시인은 두 가지 사실에 대해 놀라고 있다. 첫째, 시인은 '내가 이렇게 빚어진 것이 오묘하다'고 말한다. 내가 이 세상에 없지 않고 있다는 사실이 놀랍다는 것이다. 나는 없을 수도 있는 존재다. 내가 없어도 세상에는 별문제가 없을 것이다. 그런데도 내가 이 세상에 있다. 놀랍지 않은가? 우리는 왜 이 세상에 있는 것일까? 영원히 답이 없는 질문이지만, 이 질문을 물을 때와 묻지 않을 때의 삶은 확연히 달라지게 마련이다. 우리는 '나의 있음'이 하나님께는 영광이 되고 이웃에게는 기쁨이 되기를 바란다. 그래야 우리가 이 세상에 다녀간 보람이 있지 않겠는가. 하나님이 우리의 가장 내밀한 자아를 만드시고 장기를 짜 맞추셔서 우리는 이 세상에 있다. 이 말은 우리가 하나님의 작품이라는 뜻이다. 남들이 보기에는 보잘것없어 보여도 우리는 모두 저마다 다른 하나님의 작품이다. 이 사실을 잊지 말아야 한다.

둘째로 시인은 '주님께서 하신 일이 놀랍다'고 말한다. 시인은 그 내용을 일일이 거론하고 있지는 않지만 우리는 미루어 짐작할 수 있다. 시인은 위기로부터 건져 주시고, 보호해 주시고, 갈 바를 알지 못할 때 친히 길잡이가 되어 주시고, 먹이시고 입혀주신 주님을 감사함으로 기억하고 있는 것이다. 오늘 우리가 누리고 있는 것들을 생각해 보라. 당연한 것은 아무것도 없다. 내가 힘들어 번 것으로 구매했다고 말하고 싶지만, 근본적으로 보면 그 모든 것이 주어진 것이다. 참 고맙다. 놀람이란 어떤 것도 당연한 것으로 여기지 않는 마음이다.

자기가 있다는 사실에 놀라고, 주님께서 하신 일에 놀라는 사람이 참 사람이다. 어느 철학자는 "우리에게 부족한 것은 믿고자 하는 의지가 아니라 놀라고자 하는 의지"라고 말했다. 생각해 보니 그렇다. 시를 읽다 보면 시인들의 통찰에 놀라지 않을 수 없다. 그들은 우리가 일상적으로 경험하는 일들을 시적 구조 속에 담아냄으로 잊을 수 없는 순간으로 변화시킨다. 시적 언어에 담기는 순간 평범한 순간 혹은 평범한 사물은 우리 삶을 밝히는 등불이 된다. 예수님도 시인이셨다. 예수님은 지천으로 널려 있어 아무도 주목하지 않는 것들 속에서 하늘을 보았다. 공중에 나는 새 한 마리, 들에 핀 꽃 한 송이 속에서도 하나님의 숨결을 느끼셨다. 어쩌면 주님이 우리에게 주시고자 한 선물 가운데 가장 소중한 것이 '놀람'이었는지도 모르겠다.

모두가 기적이다

—

자기가 있다는 사실이 기적임을 아는 사람은 자기 앞에 있는 사람도 기적임을 안다. 그를 지으신 분이 하나님이시기 때문이다. 이웃을 기적으로 대하는 사람은 아무도 함부로 대할 수 없다. 예수님은 역사의 무대에서 상처 입은 사람들을 천하보다도 귀한 사람으로 여기셨다. 그 '귀히여김'이 바로 사랑이다. 사랑은 누군가에게 진심으로 관심을 갖는 것이다. 그를 있는 모습 그대로, 그의 상처와 어둠과 가난까지도 존중하는 것이다. 그의 존재를 기뻐하는 것이다. 그리고 그와 더불어 지속적인 관계를 맺는 것이다. 주님은 그런 세상을 이루기 위해 고투하다가 십자가를 지셨다. 우리 근대사에서 예수를 닮은 한 사람을 기억한다.

근로기준법을 준수하라고 외치며 자기 몸을 역사의 제단 앞에 불살라

바친 전태일이 그 사람이다. 한국 노동운동의 역사는 전태일 이전과 이후로 나뉜다고 말할 수 있다. 그는 이윤을 극대화하려는 자본의 논리에 의해 노동자들이 비인간적인 대접을 받고 있을 때 '우리도 사람'이라고 외쳤다. 배운 것이 없기에 법의 보호를 받지 못한다고 생각한 그는 대학생 친구 하나만 있으면 좋겠다고 말했다. 전태일이 죽은 후 대학생들은 화들짝 놀랐다. 자기들이 얼마나 특권적인 삶을 누리고 있는지를 깨달았던 것이다. 종교계도 놀랐다. 그래서 갈릴리 예수의 복음을 다시 붙들기 시작했다. 전태일은 배웠다는 사람들의 안일한 의식에 경보를 울리고 세상을 떠났다. 그는 죽음의 자리에서 어머니 이소선 여사를 붙들고 이렇게 신신당부했다고 한다.

> "학생들하고 노동자들하고 합해서 싸워야지 따로따로 하면 절대로 안 돼요. 캄캄한 암흑 속에서 연약한 시다들이 배가 고픈데, 이 암흑 속에서 일을 시키는데, 이 사람들은 좀 더 가면 전부 결핵 환자가 되고, 눈도 병신 되고 육신도 제대로 살아남지 못하게 돼요. 이걸 보다가 나는 못 견뎌서, 해보려고 해도 안 되어서 내가 죽는 거예요. 내가 죽으면 좁쌀만 한 구멍이라도 캄캄한 데 뚫리면, 그걸 보고 학생하고 노동자하고 같이 끝까지 싸워서 구멍을 조금씩 넓혀서 그 연약한 노동자들이 자기 할 일을, 자기 권리를 찾을 수 있는 길을 엄마가 만들어야 해요."

그는 죽음을 통해 좁쌀만한 구멍을 뚫었다. 그리고 그 구멍은 점점 커졌다. 마지막 순간까지 그의 간절한 염원은 사람이 사람답게 살 수 있는 세상의 꿈이었다. 잊지 말아야 한다. 지금 우리 곁에 있는 사람들은 모두 살기를 원하는 생명이다. 후줄근해 보여도 그들은 하나님의 작품이다. 우리 또한 하나님의 작품이다. 이제부터라도 욕망의 지배에 굴복하며 살았던 삶에서 벗어나, 하나님이 주신 참 멋진 삶을 한껏 누리며 살아야 한다. 그리고 그 생명의 잔치에 이웃들을 초대하자. 그들의 가슴에 생기를 불어넣고 척박한 땅을 갈아엎고 그 속에 생명과 평화의 씨를 심으며 살아가야 한다. 우리는 이 멋진 일에 초대받은 사람들이다. 감사함으로 그 초대에 응해서 아름다운 벗들의 나라를 이루는 일에 진력하는 우리가 되기를 기원한다.

하나님은 내가 받을 몫의 전부

나의 가슴이 쓰리고 심장이 찔린 듯이 아파도, 나는 우둔하여 아무것도 몰랐습니다. 나는 다만, 주님 앞에 있는 한 마리 짐승이었습니다. 그러나 나는 늘 주님과 함께 있으므로, 주님께서 내 오른손을 붙잡아 주십니다. 주님의 교훈으로 나를 인도해 주시고, 마침내 나를 주님의 영광에 참여시켜 주실 줄 믿습니다. 내가 주님과 함께하니, 하늘로 가더라도, 내게 주님 밖에 누가 더 있겠습니까? 땅에서라도, 내가 무엇을 더 바라겠습니까? 내 몸과 마음이 다 시들어가도, 하나님은 언제나 내 마음에 든든한 반석이시오, 내가 받을 몫의 전부이십니다. 주님을 멀리하는 사람은 망할 것입니다. 주님 앞에서 정절을 버리는 사람은, 주님께서 멸하실 것입니다. 하나님께 가까이 있는 것이 나에게 복이니, 내가 주 하나님을 나의 피난처로 삼고, 주님께서 이루신 모든 일들을 전파하렵니다(시편 73:21-28).

인생의 대차대조표를 작성한다면 어쩌면 붉은 색이 더 많을지도 모르겠다. 우여곡절이 많았지만 그래도 우리는 지금 산 자의 땅에 서 있다. 비틀걸음일망정 조금씩이나마 앞을 향해 걷고 있다. 2012년, 교수신문은 올해의 사자성어로 '거세개탁擧世皆濁'을 택했다. '온 세상이 모두 탁하다'는 뜻이다. 이것은 초나라의 충신인 굴원이 지은 '어부사'에 나오는 구절이다. 거지꼴이 되어 강가를 거닐며 시를 읊고 있는 그를 보고 어부가 왜 그런 행색으로 다니느냐고 묻자 그는 "온 세상이 흐린데 나만 맑고, 사람들이 다 취해 있는데 나만 홀로 깨어 있다. 그래서 쫓겨났다"擧世皆濁我獨清 衆人皆醉我獨醒 是以見放거세개탁아독청 중인개취아독성 시이견방라고 말한다. 거세개탁擧世皆濁의 대구는 '중인개취衆人皆醉'다. 뭇 사람이 다 취해 있다는 말이다. 모두가 탁하고 취해 버린 세상이라니 참 답답하다. 그럼에도 불구하고 우리는 새로운 세상을 꿈꾸며 고단한 일상을 살아내야 한다.

당신이 있어 고맙습니다

—

며칠 전 이른 아침, 병원에 가느라 전철을 탔다. 시청역을 지나면서 자리가 나길래 앉아 책을 펼쳐 들었는데, 도무지 집중할 수가 없었다. 옆자리에 앉은 젊은이의 몸에서 나는 찌든 담배 냄새 때문이었다. 머리가 어질어질해지기까지 했다. 다른 곳으로 피할까 생각도 했지만 괜히 유난을 떠는 것 같아 참았다. 그러다가 문득 '지금 내 몸과 영혼은 어떤 향기를 발하고 있는가?'를 묻게 되었다. 바울 사도는 성도들을 가리켜 "하나님께 바치는 그리스도의 향기"(고린도후서 2:15)라고 말했다. '나는 지금 사람들을 생명에 이르게 하는 생명의 향기인가?' 그 젊은이는 나로 하여금 그 질문에 답하도록 하기 위해 그 자리에 있었던 것이다. 그 젊은이가 어디서 밤을 지새웠는지는 모른다. 하지만 피로에 찌든 그의 모습이 안쓰러웠다. 그래서 화살기도를 날렸다. '하나님, 이 젊은이에게 오늘 하루를 살아갈 생의 보람과 명랑함과 기쁨과 삶에 대한 복된 전망을 허락해 주십시오.'

기도를 드린 후에도 여전히 어질어질하여 책에 집중할 수 없었다. 책을 접자 한 해 동안 내 인생의 동행이 되어 주었던 이들의 고마운 얼굴이 떠올랐다. 어둡고 탁한 세상을 살아가면서 마모되어 버렸던 신앙의 칼날을 예리하게 벼리도록 도와주었던 사람들, 응달진 마음에 마치 한 줌 햇살처럼 다가왔던 사람들, 생의 열매가 부실한데도 '애썼다'고 말해주는 사람들 말이다. 우리 삶의 현실을 돌아보며 버릴 것은 버리고 취할 것은 취해야 한다. 시편 73편은 우리 삶을 비춰볼 좋은 거울이다.

어처구니없는 현실

—

시인이 생각하는 하나님은 "마음이 정직한 사람과 마음이 정결한 사람에게 선을 베푸시는 분"이시다. 하지만 현실은 그의 믿음을 마치 비웃기라도 하듯 사뭇 다르다. 정직하게 사는 이들이 번번이 손해를 보고, 깨끗한 마음으로 살아가는 이들이 조롱거리가 되는 세상이다. 그악스러운 사람들, 자기 이익에 발밭은 사람들, 공교로운 말로 사람들을 호리는 사람들이 거리를 활보한다. 착하고 어수룩한 사람들은 그들의 밥이다. 그래서 예수님도 "이 세상의 자녀들이 자기네끼리 거래하는 데는 빛의 자녀들보다 더 슬기롭다"(누가복음 16:8)고 탄식하듯 말씀하셨다.

현실은 언제나 하나님에 대한 믿음을 뒤흔들어 놓는다. 악인들이 평안을 누리고 교만한 자들이 거들먹거리며 거리를 휩쓸고 다닌다. 그들은 죽을 때도 고통을 겪지 않고, 사람들이 흔히 당하는 고통도 재앙도 그들을 비껴가는 것처럼 보인다. 돈이 많으니 좋은 음식, 멋진 옷, 안락한 집을 누리고, 마음 내키면 여행도 잘 다닌다. 세상에 거리낄 것, 무서울 것 하나 없다는 듯이 그들은 거만한 눈을 치켜뜨고, 착하게 살려고 애쓰는 이들을 비웃고,

악의에 찬 말로 사람들에게 상처를 주곤 한다. 자기 잇속을 차리는 데는 기민하고, 부끄러움이나 수치심은 눈을 씻고 찾아보아도 찾을 수 없다.

대통령 선거가 끝난 후 절망에 빠진 노동자들이 여럿 세상을 버렸다. 가까스로 지탱하고 있던 생의 터전이 꺼지는 것 같은 느낌이었을 것이다. 누구를 지지했든 그런 자리에 선 이들의 절망과 고통에 눈 감으면 안 된다. 주님은 바로 그런 이들을 위해 오셨기 때문이다. 오랫동안 사람들을 사로잡고 있는 질문이 있다. "하나님은 정의로우시고 전지전능하신데 어째서 세상에는 악이 존재하는가?" 고통이 깊을수록 하나님의 사랑에 대한 의문이 꼬리를 물고, 하나님의 존재에 대한 회의도 커져만 간다. 하지만 이 물음에 대한 속 시원한 답은 없다. 어쩌면 인생이란 답 없는 물음을 살아내는 것인지도 모르겠다.

세상이 그러하다 보니 하나님의 백성마저도 그들에게 홀려서 그들이 하는 말을 그대로 받아들인다.

> 하나님인들 어떻게 알 수 있으랴? 가장 높으신 분이라고 무엇이든 다 알 수가 있으랴?(11절)

하나님의 현존에 대한 확신이 흔들리면서 그들은 양심에 화인 맞은 자가 된다. 서서히 세상과 타협할 준비를 갖추는 것이다. 착하게 살면 복을 받고 악하게 살면 벌을 받는다는 인습적 신앙이 무너진 자리에 남는 것은 당혹감 혹은 허무함이다.

회의를 넘어

—

자신도 모르게 이렇게 묻게 된다.

내가 깨끗한 마음으로 살아온 것과 내 손으로 죄를 짓지 않고 깨끗하게 살아온 것이 허사라는 말인가?(13절)

다른 이들의 마음을 아프게 하지 않으려고 매사에 조심하고, 더 많이 갖고 더 편하게 살고 싶은 욕망을 애써 절제해 온 것이 다 허사란 말인가? 자기에게 부여된 몫 이상의 것을 누리는 이들이 우리를 보고 '왜 그렇게 살아?' 하고 비웃던 일이 떠오르기도 한다. 얽히고 설킨 생의 문제를 풀어 보려고 깊이 생각해 보지만 역시 답은 잘 떠오르지 않는다. 그래서 전도서 기자는 "하나님은 사람들에게 과거와 미래를 생각하는 감각을 주셨다. 그러나 사람은, 하나님이 하신 일을 처음부터 끝까지 다 깨닫지는 못하게 하셨다"(전도서 3:11)고 말했다.

그런데 뭔가 답답하고 고통스럽게 이어지던 시가 17절에 와서 갑작스럽게 전환된다. 시인은 하나님의 성소에 들어가서야 비로소 악한 자들의 종말이 어떻게 되리라는 것을 깨닫게 되었다고 말한다. 그는 악인들이 행복해 보이지만 그 삶에는 지속성이 없다는 사실을 문득 자각한다. 지금은 행복해 보여도 제삿날을 위해 준비된 짐승처럼 최후의 날이 급작스럽게 그들을 찾아올 것임을 말이다. 인간의 시간에 입각해 바라보면 암담하지만 하나님의 시간에 입각해 바라보면 오히려 희망이 있다는 사실을 자각한 것이다. 신앙생활이란 하나님의 시간에 맞추어 우리의 시간을 조율하는 과정이다. 누가복음에서 예수님은 지금 부요한 사람, 지금 배부른 사람, 지금 웃는 사람, 지금 사람들에게 높은 평판을 듣는 사람은 화가 있다고 말씀하셨다(누가복음 6:24-26). 모진 말씀이다. 조금 불편하게 들리는 말씀인 게 사실이다. 그런데 이 말 앞에 감히 사족을 달아보면 뜻이 명확해진다.

> "지금 굶주리고 있는 이들을 보면서도 홀로 '배부른 사람', 지금 고통과 슬픔에 잠겨 울고 있는 이들 곁에서 홀로 '웃고 있는 사람', 지금 성공을 위해 수단과 방법을 가리지 않은 끝에 사람들의 부러움을 사는 자리에 있지만 정의에 대해서는 무감각한 사람은 화가 있다."

인생은 유한하다. 당장은 실패자처럼 보이더라도 하나님의 마음에 합하게 사는 것이 잘 사는 길이다. 하나님의 성소에 이르러서야 비로소 시인은 땅의 현실에 사로잡혔던 눈길을 거두어 하늘을 바라보고 있다. 하나님의 시간은 너무 이르지도 늦지도 않게 도래한다.

시인은 성소에서 하나님만 만난 게 아니다. 자기처럼 선한 뜻을 가지고 살려고 부단히 노력하는 이들이 그곳에 있었다. 자기 홀로 세상의 모순을 다 짊어지고 있는 것 같아 삶이 암담했는데, 세상에는 자기 못지않게 하나님의 뜻대로 살려고 노력하는 사람들이 있다는 사실은 얼마나 큰 위안인가? '이제 남은 것은 나 하나뿐'이라고 투덜거리던 엘리야에게 하나님은 바알에게 무릎을 꿇지도 아니하고, 입을 맞추지도 아니한 사람 칠 천을 땅에 남겨 놓았다(열왕기상 19:18)고 말씀하셨다. 신앙 공동체야말로 우리 믿음이 무너져 내리지 않도록 지켜주는 버팀목이다. 지금 우리 곁에 있는 이들은 우리를 든든히 붙잡아주는 하나님의 손과 발이다. 하나님의 꿈을 가슴에 품고 살아가는 이들을 자꾸 만나야 한다. 그래야 절망을 이겨낼 힘을 얻을 수 있다. 나 홀로, 인생이라는 광야에 버려진 것이 아니라는 사실을 확인해야 한다.

관점이 새로워지니 오히려 지금 행복한 자, 지금 거들먹거리는 자들이 딱하게 보인다. 하나님이 그들을 미끄러운 곳에 세우시고, 거기에서 넘어져서 멸망에 이르게 하시리라는 사실이 확실하게 보인다. 그들은 한낱 꿈처럼 자취도 없이 사라질 운명이다. 그런 사실을 깨닫고 나니 탄식하고 원망했던 자신이 부끄러워진다. 그래서 시인은 자신이 우둔한 한 마리 짐승과 같았다고 고백한다.

신앙의 재정위

—

현실에 대한 속상함, 원망, 탄식은 우리로 하여금 하나님의 손길을 느끼지 못하도록 하고, 하나님의 현존을 보지 못하게 만든다. 하지만 어느 순간 우리 눈이 밝아지면 현실은 전혀 다른 모습으로 다가온다. 신명기 말미에 나오는 모세의 노래가 떠오른다. 그는 "주님께서 광야에서 야곱을 찾으셨고, 짐승의 울음소리만 들려오는 황야에서 그를 만나, 감싸 주고, 보호하고, 당신의 눈동자처럼 지켜 주셨다"(신명기 32:10)고 노래한다. 놀라운 돌보심이다. 노래는 이어진다.

> 마치 독수리가 그 보금자리를 뒤흔들고 새끼들 위에서 퍼덕이며, 날개를 펴서 새끼들을 받아 그 날개 위에 업어 나르듯이, 주님께서만 홀로 그 백성을 인도하

셨다. 다른 신은 옆에 있지도 않았다(신명기 32:11-12).

모세의 이런 깨달음은 고스란히 시인의 고백이 된다. 시련과 탄식과 영혼의 어둔 밤이 물러가고 은총의 아침이 밝아오자 삶이 든든해졌다. 붙잡아 주시고, 교훈으로 인도해 주시고, 하나님의 영광에 참여하게 하실 하나님이 바로 곁에 계셨던 것이다. 그는 새로운 존재가 되었다. 그래서 이렇게 고백한다.

내 몸과 마음이 다 시들어가도, 하나님은 언제나 내 마음에 든든한 반석이시요, 내가 받을 몫의 전부이십니다(26절).

우리 마음에 떠올라야 하는 고백이 바로 이것이다. 경제는 어려워지고, 정치는 혼잡하고, 문화는 음란해지고, 교육은 파탄지경에 이르렀다. 인심은 사나워지고, 연약한 이들의 절망은 깊어지고 있다. 하지만 주님은 우리를 통해 이 세상을 새롭게 만들어가기를 원하신다. 하나님이 우리의 희망이다. 그리고 잊지 말아야 할 것이 있다. 우리가 하나님의 희망이다. 요즘은 고형원 님이 만든 〈오직 믿음으로〉라는 곡을 자꾸 되뇌게 된다.

"세상 흔들리고 사람들은 변하여도 나는 주를 섬기리
주님의 사랑은 영원히 변하지 않네
나는 주를 신뢰해
오직 믿음으로 믿음으로 내가 살리라
오직 믿음으로 믿음으로 내가 살리라"

우리가 세상에서 누릴 진짜 복은 하나님께 가까이 있는 것(28절)이다. 하나님에 대한 믿음을 잃을 뻔했던 시인은 영혼의 어둔 밤을 통해 하나님에 대한 새로운 이해에 이르렀다. 그는 이제 하나님을 피난처로 삼는 사람이 되었다. 그리고 주님께서 이루신 일을 전파하는 것을 자기 생의 목표로 삼고 있다.

지금까지 살아오면서 후회스러운 일이 많지만 너무 자책하지는 말자. 지금은 다만 감사할 때이다. 그리고 '하나님은 내가 받을 몫의 전부'라는 시인의 고백을 자꾸만 떠올려 보라. 주님이 함께하시면 우리는 현실의 모든 고통을 이겨낼 수 있다. 이 믿음으로 오늘을 기쁘게 살 수 있다.

조화로운 세상의 꿈

주님은, 골짜기마다 샘물이 솟아나게 하시어, 산과 산 사이로 흐르게 하시니, 들짐승이 모두 마시고, 목마른 들나귀들이 갈증을 풉니다. 하늘의 새들도 샘 곁에 깃들며, 우거진 나뭇잎 사이에서 지저귑니다. 누각 높은 곳에서 산에 물을 대주시니, 이 땅은 주님께서 내신 열매로 만족합니다. 주님은, 들짐승들이 뜯을 풀이 자라게 하시고, 사람들이 밭갈이로 채소를 얻게 하시고, 땅에서 먹거리를 얻게 하셨습니다. 사람의 마음을 즐겁게 하는 포도주를 주시고, 얼굴에 윤기가 나게 하는 기름을 주시고, 사람의 힘을 북돋아 주는 먹거리도 주셨습니다. 주님께서 심으신 나무들과 레바논의 백향목들이 물을 양껏 마시니, 새들이 거기에 깃들고, 황새도 그 꼭대기에 집을 짓습니다. 높은 산은 산양이 사는 곳이며, 바위 틈은 오소리의 피난처입니다(시편 104:10-18).

반생명적인 문명

—

오늘은 감리교회가 환경주일로 지키는 주일이다. 환경이라는 용어 자체가 인간중심주의를 내포한 말이기에 적절치 않아 보이긴 하다. 인간을 중심에 놓고 다른 생명들을 주변화하고 있기 때문이다. 인간에게 편리한 세상을 만들기 위해 다른 생명들을 함부로 대하는 일들이 비일비재하게 벌어진다. 그래서 어떤 이들은 '환경環境'보다는 '생태계生態界'라는 단어를 사용하자고 제안하기도 한다. 생태계란 생물과 비생명이 상호작용하는 시스템을 일컫는 말이다. 인간은 생태계의 질서와 한계를 지키며 살아야 한다. 그러나 인간 역사는 생태계 파괴의 역사라 해도 과언이 아니다.

인간의 생산활동은 늘 주변 생태계의 변형을 일으킬 수밖에 없다. 생명운동을 하는 이들도 이 사실을 잘 알고 있다. 그렇기에 가급적이면 '생태발자국ecological footprint'을 적게 남기며 사는 삶을 제안한다. 생태발자국이란 인간이 지구에서 삶을 영위하는 데 필요한 의식주 등을 제공하기 위한 자원의 생산과 폐기에 드는 비용을 토지로 환산한 지수를 가리킨다. 지금의 인구가 현재와 같은 소비수준을 유지하기 위해서는 지구가 하나 더 있어야 한다고 한다. 달리 말하면 지금 우리 삶의 방식은 지속 가능하지 않다는 것이다. 하나님이 창조하시며 보기에 좋았다고 하셨던 세상은 지금 인간들로 인해 속절없이 유린되고 있다.

매스컴에 보도된 강아지 공장 이야기는 충격이었다. 마트와 인터넷에서도 거래되는 애완견을 공급하기 위해 번식장이 전국 도처에 널려 있는데, 문제는 애완견을 번식시키는 방식의 반생명성이다. 값비싼 모견을 구해다가 일 년에 세차례 이상씩 강제 임신을 시켜 새끼를 낳게 하는 것이다. 그곳은 말이 번식장이지 공장이나 마찬가지이다. 돈벌이를 위해 생명을 그렇게 함부로 대하는 일은 창조주의 섭리를 거스르는 일이다.

올해 유난히 한반도 전역을 뒤덮고 있는 미세먼지가 심각한 지경에 이르고 있다. 중국에서 유입되는 황사도 문제지만 우리나라에서 발생하는 것도 많다. 정부는 경유차를 그 주범으로 꼽고 있지만, 미국 NASA 연구팀은 서해안 일대에 많이 세워진 화력 발전소가 가장 심각한 오염원이 되고 있다고 발표했다. 얼마 전 통계를 보았다. 우리나라는 OECD 38개 나라 가운데 삶의 질은 28위, 공동체 안전은 37위, 일하는 시간과 삶의 균형 지수는 36위라고 한다. 그런데 공기질은 꼴찌였다. 환경부는 막대한 미세먼지를 발생시키는 진짜 주범인 공장이나 건설 장비, 화력 발전소 등보다는 국민들의 시선을 '고등어'나 '삼겹살'에 돌리게 만들었다. 밀폐된 공간에서 고등어나 삼겹살을 구우면 미세먼지가 30배나 나온다고 발표한 것이다. 규제는 쳐부수어야 할 암덩어리로 인식하고 있는 대통령의 인식에 발을 맞추기 위한 것인지도 모르겠다.

노후한 핵 발전소 문제도 심각하다. 후쿠시마 핵 발전소 폭발 사건은 아직도 현재진행형인데 여전히 우리는 노후한 핵 발전소를 그대로 재사용할 뿐 아니라 핵 발전소를 더 짓고 있다. 무서운 일이다.

유전자조작GMO, Genetically Modified Organism 식품이 늘어나는 것도 큰 문제다. 유전자조작식품이란 생물의 유전자 중에서 유용한 유전자만을 취한 후 다른 생물체에 삽입하여 만든 새로운 농축수산물을 일컫는 말이다. 생산성 제고, 상품의 질 강화라는 명분 아래 추위나 병충해 혹은 제초제에 강한 제품을 만들어 내는 것이다. 문제는 그것이 인체에 얼마나 유해한 지에 대한 검증이 이루어지지 않았다는 사실이다. 요즘 암, 자폐증, 치매, 당뇨가 급증하는 것을 세계 최대 종자 회사인 '몬산토'가 개발한 '라운드업' 제초제 성분인 글리포세이트Glyphosate와 관련된 것으로 보는 연구가 나오고 있다. 글리포세이트는 장에서 몸속의 독소를 제거하고, 면역 시스템을 강화해주고, 사람들이 행복 호르몬이라 부르는 세로토닌 생성에 도움을 주는 좋은 세균들을 죽임으로써 우울증을 발생시키기도 한다. 지금 식당이나 가정에서 많이 사용하는 콩기름, 카놀라유, 옥수수유, 맥당, 과당은 대부분 유전자조작 콩이나 옥수수로 만든다고 한다. 건강한 삶의 가능성은 점점 줄어들고 있다.

아름다움의 구원

—

경제 논리가 생명 논리를 압도할 때 세상은 죽음의 땅으로 변할 수밖에 없다. 이런 세상에서 하나님의 백성으로 살아간다는 것은 어떤 의미일까? 세상이 제시하는 행복의 조건을 따르지 않아도 행복할 수 있다는 사실을 보여주는 것이 아닐까? 풍요롭진 않아도 남과 우정을 나누며 사는 기쁨, 자연 속에 깃든 하나님의 숨결에 감동하며 사는 삶, 설 자리를 잃어버린 사람들의 설 자리가 되어 주고, 누군가의 비빌 언덕이 되는 기쁨을 누리며 사는 삶은 가능하다. 소유에 바탕을 둔 삶은 늘 우리에게 불만족을 안겨 준다. 불만족이야말로 우리를 일하게 만드는 동력이기 때문이다.

《피로사회》라는 책을 써서 우리 사회에 큰 반향을 일으켰던 한병철 교수의 최근작 《아름다움의 구원》이 번역되었다. 그 책에서 저자는 즉각적이고 감각적인 만족을 추구하는 소비사회가 잃어버리고 있는 아름다움에 대해 일깨우고 싶어한다. 저자는 타자들의 은폐된 아름다움에 눈을 뜨자고 말한다. 타자에게 수모를 안겨 주고 혐오감을 표현하곤 하는 세상에서 철학자이자 문화 비평가인 저자는 전혀 다른 방향을 가리키고 있다. 그런데 그것은 성경이 일관되게 가리키는 방향과 같다.

이런저런 일로 가슴이 답답해질 때면 읽는 성경이 있다. 함석헌 선생님의 제안에 따라 요한복음 13장부터 17장까지를 반복해서 읽곤 한다. "유월절 전에 예수께서는, 자기가 이 세상을 떠나서 아버지께로 가야 할 때가 된 것을 아시고, 세상에 있는 자기의 사람들을 사랑하시되, 끝까지 사랑하셨다"(요한복음 13:1)는 구절로 시작되는 이 대목은 마치 예수님의 유언처럼 들려 가슴이 뜨거워진다. 욥기 38장부터 42장을 읽을 때도 있다. 하나님은 자기 고통에 온통 사로잡혀 있던 욥에게 더 크고 위대한 세계에 눈을 돌려보라 이르신다. 저 무한한 공간, 깊이를 알 수 없는 창조 세계의 신비 앞에서 욥은 입을 다물고 만다. 로마서 8장 31절 이하를 또박또박 읽을 때도 있다.

> 하나님이 우리 편이시면, 누가 우리를 대적하겠습니까? …누가 우리를 그리스도의 사랑에서 끊을 수 있겠습니까?(로마서 8:31, 35).

이 강렬한 질문 앞에 설 때마다 작은 일에 숨막혀 하는 나 자신의 모습이 부끄러워진다. 그리고 무엇보다도 흔들리는 내 마음을 안돈시켜 주는 것은 시편이다.

생명의 노래를 듣는가?

—

내 마음이 옹색해질 때 가장 자주 읽는 것이 시편 104편이 아닌가 싶다. "내 영혼아, 주님을 찬송하여라. 주, 나의 하나님, 주님은 더없이 위대하십니다. 권위와 위엄을 갖추셨습니다"(시편 104:1)로 시작되는 이 시편은 창조 시편의 백미라 할 수 있다. 시인은 삼라만상 모든 것들이 다 주님의 숨결로 지어진 것이고, 지금도 주님의 숨결 안에서 존속되고 있다고 노래한다.

가없이 넓게 펼쳐진 저 하늘도, 세상을 밝게 비치는 빛도, 불어오는 시원한 바람도, 온 세상의 물을 다 받아들이는 바다도 다 하나님께 속해 있다. 이 시편을 자꾸 읽다 보면 무정하기 이를 데 없었던 세상이 돌연 신비에 찬 섭리의 세상으로 바뀐다. 계곡 사이를 세차게 흐르는 물줄기도, 졸졸졸 흐르는 시냇물도, 뭇 짐승들의 마른 목을 축여주는 물도 모두 하나님의 뜻을 수행하며 그 자리에 있다. 직접 시인의 말을 들어보자.

주님은, 골짜기마다 샘물이 솟아나게 하시어, 산과 산 사이로 흐르게 하시니, 들짐승이 모두 마시고, 목마른 들나귀들이 갈증을 풉니다. 하늘의 새들도 샘 곁에 깃들며, 우거진 나뭇잎 사이에서 지저귑니다(10-12절).

생명의 노래를 부르는 사람들이야말로 하나님의 마음을 가장 잘 아는 사람이 아닐까? 잡지 〈전라도닷컴〉을 읽다가 괜스레 마음이 짠해졌다. 돋아난 잡초 하나를 뽑으려다 말고 혼잣말처럼 "지도 얼마나 애쓰고 나왔을 것인디" 하고 주저하는 시골 할머니, 연한 쑥을 캐들고는 "지는 크니라고 애쓰고, 나는 캐니라고 애쓰고(〈전라도닷컴〉 제167호, 기획특집 '봄의 말씀'을 보면서)라고 말씀하시는 할머니의 마음이 느꺼워졌던 것이다. 그 농투성이 할머니들의 마음이야말로 우리가 회복해야 할 마음이 아닐까? 생명이 얼마나 존귀한 지 아는 사람, 세상에 존재하는 어떤 것도 당연하게 생각하지 않는 사람이야말로 하나님의 은혜에 가까이 다가간 사람이라 말할 수 있다. 그 마음이 없어 세상이 지옥으로 변하고 있다. 한 구절을 더 읽어 보자.

주님은, 들짐승들이 뜯을 풀을 자라게 하시고, 사람들이 밭갈이로 채소를 얻게 하시고, 땅에서 먹거리를 얻게 하셨습니다. 사람의 마음을 즐겁게 하는 포도주를 주시고, 얼굴에 윤기가 나게 하는 기름을 주시고, 사람의 힘을 북돋아 주는 먹거리도 주셨습니다(14-15절).

짧은 구절이지만 시인은 우리가 일상적으로 바라보는 모든 것들이 하나님의 은혜임을 인상깊게 묘사하고 있다. 풀을 자라게 하심으로 짐승과 사람들이 살게 하시고, 포도주와 기름을 주셔서 사람을 기쁘게 하셨다. 시인은 오늘 우리가 누리고 사는 모든 것들이 하나님의 선물이라고 말한다. 우리는 다만 받아 누릴 뿐이다. 세상의 모든 미물들도 하나님의 은혜의 세계 안에 있다. 나무들이 물을 듬뿍 마시는 것도 은혜이고, 새들이 거기 깃드는 것도, 산양들이 산에 사는 것도 다 하나님의 은혜이다. 이런 말이 너무 상투적으로 들릴까 걱정되지만, 그래도 이 이상의 말은 없다. 이런 현실에 눈을 뜨면 세상은 더 이상 무정한 곳이 아니라 하나님이 머무시는 거룩한 땅이 된다. 하나님은 "너희가 사는 땅, 곧 내가 머물러 있는 이 땅을 더럽히지 말라"(민수기 35:34)고 엄중히 이르셨다. 지금 우리가 살고 있는 이 땅은 하나님이 머무시는 땅이다. 생명을 내시고 기뻐하셨던 주님의 땅 말이다.

존재의 근원은 즐거움

—

일본의 생물학자인 가와바타 구니후미는 "히로시마의 원자폭탄 돔(히로시마 평화기념관) 근처를 흐르는 모토야스 강의 하구 옆을 지나다가, 간석지에 많은 꽃발게가 모여 일제히 체조를 하고 있는 모습을 본 적이 있다"고 말한다. 꽃발게의 그 행동은 몸이 작을 때부터 행하는 일종의 '구애행동'인데 그 리드미컬한 몸짓이 참 장관이더라는 것이었다. 가와바타는 그 모습을 홀린 듯 바라보다가 문득 게들이 저렇게 체조를 하는 것이 즐겁기 때문이라는 생각이 들더란다. 그리고 이렇게 말한다.

> "그렇구나. 어떤 생물에게도 살아 있다는 것은 즐거운 일이구나. 존재의 근원은 '즐거움'이겠구나. 그러니까 누구든 대우주, 대자연이 협연하는 '즐거움'이라는 심포니를 자신 안에, 타자 속에, 모든 존재 속에서 느끼고 즐길 수 있는 거구나. 원자폭탄이 떨어져도 미동하지 않는 진실한 생명의 세계가 존재하는 거구나!"(가와바타 구니후미, 《생명의 교실》, 염혜은 옮김, 136쪽)

'존재의 근원은 즐거움'이라는 말이 참 낯설게 여겨진다. 하루하루 산다는 게 기적처럼 여겨지는 세상에서 우리가 즐거워해도 될까? 그러고 보니 우리 삶이 힘겨운 것은 존재의 근원인 즐거움을 누리지 못하기 때문이라는 생각이 든다. 복잡한 신학 이론은 몰라도 세상을 지으신 하나님을 진심으로 믿는 이들은 하나님의 즐거움에 동참해야 한다. 인간의 과도한 탐욕으로 인해 무너진 세상을 조금씩 회복해야 할 책임이 우리에게 주어져 있다.

영국의 리처드 레이놀즈Richard Reynolds라는 청년은 2004년부터 버려졌거나 사람들이 돌보지 않는 땅에 꽃을 심는 운동을 벌였다. 이름하여 게릴라 가드닝이다. 그는 삭막하고 험한 세상을 원망만 하기보다는 자기가 할 수 있는 일을 시작했다. 많은 이들이 그 운동에 동참하고 있다. 세상은 그렇게 성과를 계산하지 않고 해야 할 일을 묵묵히 하는 이들을 통해 변화된다.

하나님을 진심으로 믿는 이들은 이 세상을 생명이 넘실거리는 곳으로 바꾸기 위해 노력해야 한다. 그러기 위해서는 먼저 존재의 근원에서 비롯된 즐거움을 누릴 수 있어야 한다. 분주한 일상에서 아주 잠깐이라도 벗어나서 하나님의 걸작품 앞에 서곤 해야 한다. 우리 속에 그런 여백이 마련될 때 우리는 비로소 평화를 전할 수 있다.

에스겔이 보았던 아름다운 비전을 기억하는가? 그는 성전 문지방으로부터 흘러내린 물줄기가 이르는 곳마다 죽었던 땅이 살아나고, 온갖 생물들이 번성하며 살아나는 것을 보았다. 교회에서 발원된 물이 이런 생명의 기적을 일으킬 수 있으면 얼마나 좋겠는가? 온갖 피조물들이 조화를 이루는 세상의 꿈을 이루기 위해 오늘 이후 우리도 가급적이면 생태 발자국을 덜 남기는 삶을 실천할 수 있기를 빈다.

나는 흔들리지 않는다

하나님, 나를 지켜 주십시오. 내가 주님께로 피합니다. 나더러 주님에 대해 말하라면 '하나님은 나의 주님, 주님을 떠나서는 내게 행복이 없다.' 하겠습니다. 땅에 사는 성도들에 관해 말하라면 '성도들은 존귀한 사람들이요, 나의 기쁨이다.' 하겠습니다. 다른 신들을 섬기는 자들은 더욱더 고통을 당할 것이다. 나는 그들처럼 피로 빚은 제삿술을 그 신들에게 바치지 않겠으며, 나의 입에 그 신들의 이름도 올리지 않겠다. 아, 주님, 주님이야말로 내가 받을 유산의 몫입니다. 주님께서는 나에게 필요한 모든 복을 내려주십니다. 나의 미래는 주님이 책임지십니다. 줄로 재어서 나에게 주신 그 땅은 기름진 곳입니다. 참으로 나는, 빛나는 유산을 물려받았습니다. 주님께서 날마다 좋은 생각을 주시며, 밤마다 나의 마음에 교훈을 주시니, 내가 주님을 찬양합니다. 주님은 언제나 나와 함께 계시는 분, 그가 나의 오른쪽에 계시니, 나는 흔들리지 않는다. 주님, 참 감사합니다. 이 마음은 기쁨으로 가득 차고, 이 몸도 아무 해를 두려워하지 않는 까닭은, 주님께서 나를 보호하셔서 죽음의 세력이 나의 생명을 삼키지 못하게 하실 것이며 주님의 거룩한 자를 죽음의 세계에 버리지 않으실 것이기 때문입니다. 주님께서 몸소 생명의 길을 나에게 보여 주시니 주님을 모시고 사는 삶에 기쁨이 넘칩니다. 주님께서 내 오른쪽에 계시니, 이 큰 즐거움이 영원토록 이어질 것입니다(시편 16:1-11).

소속감

—

지금 우리는 평화로운가? '샬롬'이라는 단어를 '안녕'이라는 말로 번역하고 싶은데, 안녕이란 두루 평안한 상태를 일컫는 말이다. 우리 삶은 욕망과 그 충족 사이를 오가며, 행복도 느끼고 불행도 느낀다. 심리학자 에이브러험 매슬로우Abraham Maslow는 인간의 욕구를 다섯 단계로 나누어서 설명했다. 가장 기본적인 욕구는 숨쉬고, 먹고, 마시고, 잠자고, 배설하는 것과 관련된 '생리적 욕구'다. 그 다음은 몸, 도덕, 가족, 건강, 재산 등을 잘 지키고자 하는 '안전에 대한 욕구'다. 그 다음은 친구들의 우정이나 가족, 연인들 간의 친밀함에 대한 욕구인 '소속과 사랑에 대한 욕구'다. 그 다음은 자기 스스로에 대한 확신을 갖는 동시에 다른 이들의 존경을 받고자 하는 '존경에의 욕구'다. 그리고 마지막은 도덕성, 창조성, 자발성, 이타적인 삶을 추구하고자 하는 '자기실현에 대한 욕구'다.

여기서 우리의 주목을 끄는 것은 '소속과 사랑에 대한 욕구'다. 사람은 고립된 존재가 아니다. 철학자 하이데거는 인간을 '서로 함께의 존재Mit-einander-Sein'라 했다. 홀로는 살 수 없다는 말이다. 물론 다른 이들과 관계를 맺을 수 없는 사람들, 혹은 관계 맺기를 거부하는 사람들도 있다. 일본에서는 '히키코모리'라는 말이 사회학의 용어로 등장했다고 한다. 이 단어는 '틀어박히다'는 뜻의 일본어 '히키코모루'의 명사형으로, 사회생활에 적응하지 못하고 집 안에만 틀어박혀 사는 사람들을 일컫는다고 한다. 소속이 있는 사람은 그렇지 못한 사람보다 건강하다. 우리나라 사람들은 이런 소속감을 충족하기 위한 장치, 즉 계, 동창회, 향우회, 동호회 등을 만들며 산다. 패거리의식으로 고착된다면 문제겠지만, 건강한 삶을 나누는 기본 단위로 운용할 수만 있다면 이것도 긍정적이라 할 수 있다. 지금 우리의 소속은 분명한가? 누구로부터 살아갈 힘을 공급받고 있는가?

철저한 낙관주의

—

오늘 시인은 자기가 어디서 행복을 경험하는지를 고백하고 있다. 하나님과 그를 믿는 성도들이다.

> 나더러 주님에 대해 말하라면 '하나님은 나의 주님, 주님을 떠나서는 내게 행복이 없다.' 하겠습니다. 땅에 사는 성도들에 관해 말하라면 '성도들은 존귀한 사람들이요, 나의 기쁨이다.' 하겠습니다(2-3절).

그는 자신이 하나님께 속한 존재라는 사실에 추호의 의심도 없다. 그는 '주님이야말로 내가 받을 유산의 몫'이라고 고백한다. 주님께서 필요한 것은 다 내려주시고, 미래를 책임지신다는 것이다. 이런 확신이 부럽기도 하지만 좀 아슬아슬한 느낌이 드는 것도 사실이다. 현실은 이런 낭만적인 확신을 뒤흔들어 놓는 경우가 많기 때문이다. 살다 보면 믿음이 흔들릴 때도 있고, 어둠 속을 걸어야 할 때도 있고, 성도들끼리 상처를 주고받을 때도 있다. 이 시인이 혹시 인생의 그늘과 세상의 어둠을 모르는 철부지가 아닌가 싶기도 하다. 하지만 시의 첫 구절을 살펴 보면 꼭 그런 것 같지는 않다. 그도 하나님의 도움을 간구한다.

> 하나님, 나를 지켜 주십시오. 내가 주님께로 피합니다(1절).

그도 분명히 세상이 얼마나 위험한 곳인지를 알 뿐만 아니라, 이런저런 어려움을 겪으며 사는 사람이다. 그런데도 그는 징징거리지 않는다.

신앙은 철저한 낙관주의radical optimism라고 하지 않는가. 그저 막연히 '모든 일이 잘 될 거야Everything's all right'라고 믿는 것이 아니라, 하나님의 선하심과 이끄심에 대한 깊은 신뢰에서 비롯된 낙관주의 말이다. 우리가 직면하는 문제가 어떻게, 그리고 언제 해결될 지는 알 수 없다. 어쩌면 우리가 원하는 때, 우리가 원하는 방식으로 이루어지지 않을 수도 있다. 그럼에도 불구하고 '하나님의 생각은 나의 생각보다 깊고, 나의 생각보다 옳다'고 확고하게 믿는다면 우리는 어둠 속에서도 노래를 부를 수 있다. 이것이 철저한 낙관주의다.

주님, 참 감사합니다. 이 마음은 기쁨으로 가득 차고, 이 몸도 아무 해를 두려워하지 않는 까닭은, 주님께서 나를 보호하셔서 죽음의 세력이 나의 생명을 삼키지 못하게 하실 것이며 주님의 거룩한 자를 죽음의 세계에 버리지 않으실 것이기 때문입니다(9-10절).

당신이 당신 자신의 저자

—

경제 위기에 대한 경고의 소리가 여기저기에서 들려온다. 정밀하게 사태를 분석하고 진단할 능력이 없지만, 문제가 심각하다는 사실 만큼은 직감할 수 있다. 경기가 나빠지면 그 피해를 가장 크게 입는 것은 가난한 계층의 사람들이다. 올 겨울은 어쩌면 정신의 추위와 더불어 더 혹독하게 느껴질 수도 있다. 실업이 증가하고, 가처분 소득은 줄어들고, 물가는 오르고, 전망은 불확실하고, 그러면 삶은 위축되게 마련이다. 하지만 그럼에도 불구하고 삶은 계속되어야 한다. 때로 고통과 시련을 피할 수 없을 때가 있다. 그렇다 해도 그 고통과 시련을 대하는 태도는 우리가 선택할 수 있다. 장한나의 스승으로도 유명한 첼리스트 미츨라브 로스트로포비치Mstislav Rostropovich의 말을 들어보자.

"예술가에게 편안함과 명성은 결코 좋은 게 못 됩니다. 베토벤이 지금 살아 있다면 그는 어쩌면 하나의 선율도 작곡하지 못했을 지도 모릅니다. 사람들이 그에게 스폰서가 되겠다고 나서고, 법인을 세워주고, 명예박사학위를 수여하려 할 테니까요… 만약 내가 소련에서의 그 끔찍한 세월을 견뎌내지 못했더라면 지금의 내가 될 수 없었을 것입니다. 좋은 연주자에게는 어려운 시절이 필요한 법이지요. 그래야 비극의 감정부터 넘치는 기쁨의 감정까지 진폭이 큰 감정을 표현할 수 있을 테니까요."

이것은 비단 연주자들에게만 해당되는 이야기는 아닐 것이다. 실패와 쓰라림이 있기에 기쁨이 각별하고, 이별이 있기에 만남의 기쁨이 있고, 연약함이 있기에 회복의 기쁨도 있는 법이다. 자기 앞에 당도하는 삶의 재료들을 가지고 사람들은 저마다 다른 무늬의 삶을 직조해 낸다. 19세기의 미국 시인 월트 휘트만Walt Whitman은 자기 책의 서문에서 이런 말을 했다.

"당신의 현재 생활은 책 속의 한 장에 지나지 않는다.
당신은 지나간 장들을 썼고, 뒤의 장들을 써나갈 것이다.
당신이 당신 자신의 저자이다."

그렇다. 누구를 원망할 것 없다. 누가 뭐라 해도 내 인생의 저자는 '나'다. 문제는 우리가 남의 삶을 모방하려 한다는 것이다. 숨이 가쁘고, 얼굴이 굳어지는 것은 당연한 일이다. 시인은 자기에게 주어진 삶의 자리를 긍정한다.

줄로 재어서 나에게 주신 그 땅은 기름진 곳입니다. 참으로 나는, 빛나는 유산을 물려받았습니다(6절).

사실이 그랬는지는 알 수 없다. 어쩌면 그에게 주어진 삶의 자리는 척박할 수도 있다. 하지만 그 자리를 하나님께서 정해주신 곳으로 받아들이는 순간 그는 두려움이나 원망의 무게에 짓눌리지 않는다. 팔자타령이나 하고 있기엔 삶이 너무 찬란하지 않은가!

파랑새는 어디에?

—

철저한 낙관주의자들은 자기에게 주어진 일상의 삶이야말로 값진 보화를 캐낼 현장임을 알아차린다. 사람들은 늘 '대안 동경'을 가지고 산다. 저 건너편에서의 삶이 늘 좋아 보이기에 사람들은 '이곳'의 삶에 만족하지 못한 채 '저곳'만 바라보며 살아간다.

"산골 총각 하나가 나무를 하러 산에 갔다가 호랑이를 만났더란다. 그는 죽을 힘을 다하여 나무에 올라가 호랑이가 사라지기만을 기다렸지만, 배가 고팠던 호랑이는 떠날 기미를 보이지 않았다. 어느 순간 나무 위에서 깜빡졸던 그는 그만 나무에서 떨어지고 말았다. 그것도 호랑이 등 위로 말이다. 호랑이도 역시 졸고 있었는데 느닷없는 충격에 놀란 호랑이는 죽을 힘을 다하여 달리기 시작했다. 그 총각도 호랑이 뒷덜미에 죽을둥살둥 매달렸다. 떨어지는 순간이 죽는 순간이라고 생각했기 때문이다. 그런데 건너편 기슭에서 콩밭을 매고 있던 한 젊은이가 그 광경을 보고는 들고 있던 호미를 땅에 내동댕이치며 투덜거렸다. '이런 제길, 어떤 놈은 팔자 좋아 호랑이를 타고 노는데 난 이게 뭐람!'"

우리 사는 꼴이 꼭 이렇다. 파랑새가 어딘가 다른 곳에 있을 것 같아 바깥을 떠돌다 보니 다리는 아프고, 마음은 심란하다. 하지만 파랑새는 가까이에 있다. 주님이 주신 삶의 자리, 그곳을 거룩한 곳으로 여기고 살면 인생이 한결 풍요로워진다. 풀 한 포기, 들꽃 한 송이도 그냥 그 자리에 있는 것이 아님을 알게 된다. 때로는 아옹다옹하기도 하지만 지금 내 곁에 '그대'가 있다는 사실이 기적이요, 은총임을 알게 된다. 불가에서는 옷깃만 스쳐도 인연이라고 한다. 정말 그렇다. 우리가 늘 만나는 사람들, 우리가 늘 해야 하는 일들 속에서 하나님의 현존을 경험하지 못한다면 우리는 청맹과니처럼 어둠 속을 헤매면서 투덜거리기나 하다가 생을 마치게 될 것이다. 시편의 시인은 참 밝은 분위기를 주위에 흩뿌리며 사는 사람임이 분명하다. 그런 삶의 비결은 무엇일까?

주님께서 날마다 좋은 생각을 주시며, 밤마다 나의 마음에 교훈을 주시니, 내가 주님을 찬양합니다(7절).

그는 주님께 지혜를 구하고, 주님의 말씀에 귀를 기울이는 사람이다. 시편 1편은 복 있는 사람을 가리켜 "주님의 율법을 즐거워하며 밤낮으로 율법을 묵상하는 사람"이라고 말한다. 바로 이것이 그가 어긋난 길로 나가다가 절망을 추수하지 않는 비결이다.

터전이 흔들리는 때

—

이 시인의 말 가운데 마음에 가장 큰 울림이 되는 말씀은 8절이다.

> 주님은 언제나 나와 함께 계시는 분, 그가 나의 오른쪽에 계시니, 나는 흔들리지 않는다(8절).

지금은 모든 것이 혼돈된 시대다. 어느 것 하나 우리가 믿고 의지할 만한 것이 없다. 돈은 한순간에 손사래를 빠져나가는 모래처럼 새어 나간다. 정말 중요한 것은 돈으로 구매할 수도 없다. 명예와 권세라는 것도 허망하기 이를 데 없다. 그것을 얻을 때는 행복하지만, 그 순간부터 불안이 시작된다. 그것이 사라지지는 않을까, 누가 빼앗는 것은 아닐까? 건강도 젊음도 믿을 수 없다. 이데올로기도 마찬가지다. 한때는 가슴을 뜨겁게 했던 가치들도 시간의 풍화 작용을 견디지 못한다. 이데올로기의 불길이 꺼진 자리에 남는 것은 허망함뿐이다. 우리는 코헬렛의 탄식을 내뱉을 수밖에 없다.

> 헛되고 헛되다. 헛되고 헛되다. 모든 것이 헛되다(전도서 1:2).

터전이 흔들리는 시대다. 지진으로 땅이 흔들리면 땅 위에 서 있던 모든 것들은 다 쓰러지게 마련이다. 교회 화단에 철모르고 피었던 분꽃이 강추위가 찾아온 다음 날 보니 마치 삶아 놓은 것처럼 녹아버리고 말았다. 참 허망한 최후였다. 어쩌면 우리가 소중히 여기는 것들도 그렇게 허망하게 스러지는 것인지도 모른다. 그렇다면 우리들은 허무의 노래나 부르다가 가야 할까? 그렇지 않다. 허망하지 않은 삶이 있다.

인생이란 생명의 주인이신 하나님이 내주신 숙제를 하는 기간이다. 그 숙제란 사랑할 줄 아는 사람이 되라는 것이다. 프리드리히 니체는 "사람이 자기 자신을 넘어서기를 포기하는 때, 사람을 그 이상의 존재로 이끌어 줄 화살이 활시위에 매겨지지 않을 때, 그저 지금의 상태로 만족할 때가 가장 비참한 때"라 했다. 물론 세상은 마치 바람이 나무를 뒤흔들어 놓듯이 우리를 가만 두지 않는다. 온갖 유혹과 어려움으로 우리를 시험한다. 하지만 하나님에 대한 신뢰에 뿌리를 내린 사람은 흔들리지 않는다. "나는 흔들리지 않는다." 이 말이 우리 가슴에 새겨진다면 어떠한 시련 앞에서도 당당한 사람으로 서게 될 것이다. 죽음의 세력조차 나의 생명을 삼킬 수 없다는 도저한 확신이 있다면 우리는 작은 손실과 실패에 연연하지 않게 될 것이다. "나는 흔들리지 않는다." 이 말을 지팡이 삼아 팍팍한 세상에 밝은 기운을 불어넣는 사랑의 사도들이 되기를 바란다.

단 하나의 소원

> 주님이 나의 빛, 나의 구원이신데, 내가 누구를 두려워하랴? 주님이 내 생명의 피난처이신데, 내가 누구를 무서워하랴? 나의 대적자들, 나의 원수들, 저 악한 자들이, 나를 잡아먹으려고 다가왔다가 비틀거리며 넘어졌구나. 군대가 나를 치려고 에워싸도, 나는 무섭지 않네. 용사들이 나를 공격하려고 일어날지라도, 나는 하나님만 의지하려네. 주님, 나에게 단 하나의 소원이 있습니다. 나는 오직 그 하나만 구하겠습니다. 그것은 한평생 주님의 집에 살면서 주님의 자비로우신 모습을 보는 것과, 성전에서 주님과 의논하면서 살아가는 것입니다. 재난의 날이 오면, 주님의 초막 속에 나를 숨겨 주시고, 주님의 장막 은밀한 곳에 나를 감추시며, 반석 위에 나를 올려서 높여 주실 것이니, 그때에 나는 나를 에워싼 저 원수들을 내려다보면서, 머리를 높이 치켜들겠습니다. 주님의 장막에서 환성을 올리며 제물을 바치고, 노래하며 주님을 찬양하겠습니다(시편 27:1-6).

마음처럼 이해하기 힘든 것이 없다. 사전은 마음을 '사람의 智·情·意의 움직임, 또 그 움직임의 근원이 되는 정신적 상태의 총체'라고 정의하고 있다. '시비와 선악을 판단하고 행동을 결정하는 정신 활동'이라는 정의도 있다. 어느 경우이든 마음이 무엇인지 분명하게 잡히지는 않는다. 마음이 참 모호한 실체라는 것은 관련된 어휘들만 살펴보아도 알 수 있다. 마음을 끌다, 마음을 놓다, 마음을 먹다, 마음 붙이다, 마음에 걸리다, 마음에 두다,

마음에 새기다, 마음을 잡다, 마음을 졸이다…. 그래서인가? 순舜 임금이 우禹 임금에게 왕위를 물려주면서 전수해 준 통치의 비결은 마음을 붙잡는 법이었다. 그는 "사람의 마음은 늘 흔들리게 마련이고人心惟危 인심유위 하나님의 마음은 늘 은밀하여 파악하기 어려우니道心惟微 도심유미, 늘 세심하게 살피고 한결같이 하여야惟精惟一 유정유일 진실로 그 가운데를 잡을 수 있다允執厥中 윤집철중"고 말했다.

마음 달래기

—

어떤 사람이 거리를 달려가면서 소리쳤다. "도둑이야, 도둑이야!" 사람들이 그를 둘러싸고 물었다. "도둑이 어디 있소?", "우리 집에요.", "그를 보았소?", "아뇨.", "잃어버린 물건은 있소?", "없어요.", "그럼, 도둑이 당신 집에 들었다는 걸 어떻게 알았소?", "침대에 누워 있는데, 도둑들은 아무 소리도 내지 않고 집에 들어와서 잽싸게 움직인다는 사실이 생각났어요. 그런데 정말 아무 소리도 들리지 않는 겁니다. 그러니 틀림없이 우리 집에 도둑이 들어와 있는 것 아니오?" 우스운 이야기이지만 웃을 수가 없다. 자기가 만든 몽상에 갇혀 허둥대는 것은 이 어리석은 사람만이 아니기 때문이다.

나는 자주 '수생受生'은 '수난受難'이라고 말하곤 한다. 목숨을 받아 이 세상에 태어나는 순간부터 우리는 어려움을 겪게 마련이다. 잘 해결해 나갈 때도 있지만 어려움에 치여 헐떡일 때도 있다. 이유를 알 수 없는 두려움이 스멀스멀 우리 마음에 기어들 때도 있고, 구체적인 공포가 우리를 사로잡을 때도 있다. 어떤 경우든 두려움은 우리의 행동을 제약하고 이성적 사유를 불가능하게 만든다. 흔들리는 우리 마음을 어떻게 붙들어야 할까? 음악을 듣거나, 운동을 하거나, 잠을 청하거나, 왁자지껄한 소음 속에 자기를 던지거나, 술의 힘을 빌리는 이들이 있다. 하지만 시인은 그 마음을 하나님 앞으로 데려간다.

> 주님이 나의 빛, 나의 구원이신데, 내가 누구를 두려워하랴? 주님이 내 생명의 피난처이신데, 내가 누구를 무서워하랴?(1절)

봄바람, 회오리바람

—

시인은 두려움으로 무거워진 마음을 하나님께 들어 올린다. 그러자 은총의 날개 아래서 살아온 지난날이 또렷하게 떠오른다. 주님은 인생의 어둔 밤을 만난 시인의 등불이셨다. 그의 생명이 경각에 달했을 때 안전하게 숨을 수 있는 피난처였다. 잡아먹을 듯 달려들던 적들은 마치 제 발에 걸린 듯 비틀거리다 넘어졌다. 가끔 어려운 문제에 직면해 어쩔 줄 모르는 이들을 본다. 그런 이들에게는 어떤 충고도 들리지 않는다. 그들을 도울 수 있는 가장 좋은 방법은 문제를 멀리서 바라보게 하는 것이다. 뜻하지 않은 일이 닥치면 그 문제는 성큼 우리 앞에 다가와 우리 시야를 가린다. '눈앞이 캄캄하다'는 말이 그런 정황을 잘 드러내 준다. 손가락 하나만 가지고도 우리는 눈을 가릴 수 있다. 하지만 그 문제를 좀 멀리 떨어져서 바라보면 그게 그렇게 큰 문제도 아니고, 풀 수 없는 난제도 아니라는 사실을 알 수 있다.

어려운 일을 만나면 '나는 이 문제보다 크다'고 외쳐 보라. 그렇다고 하여 문제가 즉각 해결되지는 않지만, 문제를 바라보는 우리 태도는 달라져 있음을 느낄 수 있을 것이다. 두려움을 크게 만드는 것은 우리 마음이다. 문제와 맞서 보기도 전에 우리는 문제의 크기에 짓눌릴 때가 많다. 하지만 우리가 하나님의 자녀임을 잊지 말자. 우리가 제아무리 낮게 넘어져도 하나님의 은총 밖으로 떨어질 수는 없다. 그리고 우리는 혼자가 아니다.

어느 날 텔레비전을 통해 중국 무협 영화를 보고 있었다. 허풍이 심하긴 하지만 그래도 이야기를 만들어가는 솜씨가 재미있다는 생각이 들었다. 그런데 주인공 편에 선 여인이 악인에게 쫓겨 죽음의 자리에 이르게 되었다. 악인이 여인을 향해 손을 뻗자 여인은 눈을 감는다. '이제는 끝났구나!' 싶었다. 그런데 잠시 후 이상한 느낌에 눈을 뜬 여인은 악인이 피를 토하며 쓰러진 것을 본다. 어찌된 일인가? 여인의 등 뒤에 절세무공을 가진 주인공이 서서 여인 속에 기를 불어넣었던 것이다. 황당한가? 허구이긴 하지만 이것은 우리 삶의 경험이기도 하다. 하나님은 우리 속에 숨결을 불어넣어 절망과 무기력을 극복하게 하신다. 이런 놀라운 일을 경험했기에 시인은 노래한다.

> 군대가 나를 치려고 에워싸도, 나는 무섭지 않네. 용사들이 나를 공격하려고 일어날지라도, 나는 하나님만 의지하려네(3절).

하나님의 은총에 자기를 온전히 맡긴 사람의 고백이다. 하나님의 부력을 경험해 본 사람의 고백이다. 길들인 독수리와 함께 패러글라이딩paragliding을 하는 사람을 보았다. 날개를 편 채 유영하는 독수리와 패러글라이딩을 하는 사람이 똑같은 바람을 타고 날았다. 그 모습이 경이로웠다. 신앙인이란 어쩌면 하나님의 바람에 몸을 맡기고 살아가는 사람들을 뜻하는 것인지도 모르겠다. 그렇다고 하여 세상일을 도외시하고 산다는 것은 아니다. 그 바람은 때로는 지친 나그네들의 마음을 어루만지는 산들바람일 때도 있지만, 앞에 있는 장애물을 다 날려버리는 회오리바람이기도 하다. 하나님의 영은 사람들의 가슴속에 새로운 희망의 싹을 일깨우는 봄바람일 때도 있지만, 불의한 세상과 권력을 날려버리는 태풍일 때도 있다. 가깝게 느끼는 몇 분의 목사님들은 평소에는 너무나 부드럽고 따뜻하고 겸손하다. 하지만 사회적 약자의 편에 서서 불의를 질타할 때는 사자로 변한다. 두 모습 다 하나님의 사람다운 모습이다.

충忠인가, 환患인가?

—

이 시편에서 가장 눈에 띄는 구절은 4절이다.

주님, 나에게 단 하나의 소원이 있습니다(4절).

심술꾸러기 도깨비들도 세 가지 정도의 소원은 들어준다는데, 이 시인은 단 하나의 소원이 있다고 말한다. 하나의 소원이란 그 소원 이루고 나면 죽어도 좋은 것이다. 자기 삶 전체를 하나의 초점에 모으는 사람처럼 무서운 사람이 또 있을까? 지금 인생을 걸고 이루고 싶은 단 하나의 소원이 무엇이냐고 묻는다면 뭐라고 대답하겠는가? 백범 김구 선생님은 하나님이 만일 네 소원이 무엇이냐고 물으신다면 서슴지 않고 "내 소원은 대한 독립이오!" 라고 대답하겠다고 말했다. 오늘 시인의 꿈은 소박하지만 아름답다.

> 그것은 한평생 주님의 집에 살면서 주님의 자비로우신 모습을 보는 것과, 성전에서 주님과 의논하면서 살아가는 것입니다(4절).

그는 하나님이라는 중심에 자신을 비끄러매기를 원한다. 마음의 중심이 하나인 삶, 곧 일중一中의 삶은 하나님이 주신 소명에 충성스러운 삶이 된다中+心 → 忠. 하지만 마음이 이리저리 분산되어 있는 삶 곧 다중多中의 삶은 병이 된다串+心 → 患/근심, 병. 신앙생활이란 다른 것이 아니다. 나를 지우고 또 지워서 하나님의 마음과 통하려는 것이다.

1936년에 스페인 내전이 벌어졌을 때 그리스 작가인 니코스 카잔차키스Nikos Kazantzakis는 전쟁의 참상을 눈으로 목격하고 그것을 있는 그대로 기록하겠다는 포부를 안고 스페인으로 달려간다. 그는 살라망카에서 20세기 스페인 최고의 사상가인 미구엘 데 우나무노를 만난다. 그는 한 가지 질문을 준비하고 갔다. "오늘날 영적인 인간의 의무는 무엇입니까?" 우나무노는 스페인 사람들이 이런저런 깃발을 들고 싸우고 서로를 죽이고 교회를 불태우는 모습이 절망스럽다면서, 그런 혼란의 원인은 스페인 사람들이 아무것도 믿지 않는 데 있다고 진단한다. 우나무노는 그들을 '데스페라도Desperado' 라고 부른다. 그 말은 '붙잡고 있을 만한 것이 아무것도 없는 사람'을 뜻한다. 아무것도 믿지 않기에 정신은 와해되고, 거친 분노에 사로잡혔다는 것이다(니코스 카잔차키스, 《스페인 기행》, 204쪽).

붙잡고 있을 것이 아무것도 없는 사람처럼 불행한 사람은 없을 것이다.

이 시인은 주님의 현존을 늘 경험하고, 주님과 의논하며 살기를 소망한다. 인생의 어려운 일을 만날 때 누구와 의논하는가? 어떤 일을 하기 전에 주님께 '어떻게 할까요?'라고 한 번만이라도 여쭙는다면 우리 삶은 달라질 것이다. 이현주 목사님은 이런 문답을 생활화하고 있는 것 같다. 심지어는 자기 배에게도 질문을 던진다.

"먹기 전에 배한테 물어봅니다.
초콜렛을 먹고 싶은데 먹을까요?
—먹지 말아라.
그럼, 사과는 먹을까요?
—먹어라.
두 개 먹을까요?
—아니다.
한 개만 먹을까요?
—그래라.
그래서 초콜렛은 먹지 않고
사과를 그것도 한 개만 먹습니다.
뭐든지 이렇게만 먹는다면
속탈이 날 수가 없지요.
그런데도 만일 탈이 났다면
보셔요, 하늘이 뒤집어졌을 겝니다."

이현주, 〈먹기 전에〉에서

묻지 않기에 과식을 하고, 묻지 않기에 헛된 일을 도모한다. 상식적으로 보아도 하나님의 뜻이 아닌 일을 하나님의 뜻이라며 해치우는 이들도 있다. 그들은 묻기는 했는지 몰라도 들을 생각은 없었던 것 아닐까? 사람의 마음은 변덕스럽기 때문에 늘 위태롭다. 그렇기에 우리 마음을 자꾸자꾸 하나님의 뜻에 따라 조율해야 한다.

겁 많은 자의 용기

—

하나님의 마음과 통한 사람은 더 이상 두려움의 노예가 아니다. 고난의 현실이 닥쳐온다 해도 그는 그 문제에 사로잡혀 전전긍긍하지 않는다. 문제의 크기보다 정신의 키를 더 높이면 어떤 문제도 넘어갈 수 있기 때문이다.

> 재난의 날이 오면, 주님의 초막 속에 나를 숨겨 주시고, 주님의 장막 은밀한 곳에 나를 감추시며, 반석 위에 나를 올려서 높여 주실 것이니, 그때에 나는 나를 에워싼 저 원수들을 내려다보면서, 머리를 높이 치켜들겠다(5-6절).

신학자 폴 틸리히Paul Tillich는 인간 존재의 모든 한계에도 불구하고 삶의 부름에 '네' 하고 대답하는 것을 가리켜 '존재의 용기courage to be'라 했다. 남과 비교하면서 스스로 불행을 내면화하고 사는 것이 아니라, 자기 삶의 조건을 있는 그대로 받아들이면서 그 속에서 가장 아름다운 삶을 살아내는 것이야말로 멋진 삶이다. 그럴 수 있는 힘은 바로 하나님께로부터 나온다. 굽어 살피시고, 품어주시고, 북돋워 주시는 하나님이 계시지 않다면 우리도 좌절할 수밖에 없을 것이다. 이런 확신을 시인은 도처에서 드러내고 있다.

나의 아버지와 나의 어머니는 나를 버려도, 주님은 나를 돌보아 주십니다(10절).

이 세상에 머무는 내 한 생애에, 내가 주님의 은덕을 입을 것을 나는 확실히 믿는다(13절).

봄비가 내리더니 교회 마당가의 매화나무에 물이 올랐다. 꽃망울이 터질 듯하다. 뿌리로부터 수관을 타고 오른 물이 꽃으로 피어나려 한다. 우리 삶이 저 깊은 곳에서 하나님과 연결되어 있다면, 우리는 기어코 인생의 꽃을 피우고야 말 것이다. 인생이 늘 지화자 판일 수는 없다. 모진 겨울 추위가 있기에 매화향기가 더욱 진하듯, 어려움이 있기에 기쁨 또한 더욱 지극한 것이다. 이런저런 잡다한 일들로 인해 마음이 무거운가? 그렇다면 그 마음을 하나님께 가져가 보자. 하나님의 현존 앞에서 살겠다는 결의, 하나님과 의논하며 살겠다는 겸허한 마음만 남겨놓고 나머지는 다 내려놓으라.

하나님이 우리 편이시면, 누가 우리를 대적하겠습니까?(로마서 8:31)

이러한 확신으로 허리를 곧추 세우고, 역사의 새 봄을 향해 나아가는 우리가 되기를 기원한다.

마땅히 가야 할 길

주님, 내 영혼이 주님을 기다립니다. 나의 하나님, 내가 주님께 의지하였으니, 내가 부끄러움을 당하지 않게 하시고, 내 원수가 나를 이기어 승전가를 부르지 못하게 해주십시오. 주님을 기다리는 사람은 수치를 당할 리 없지만, 함부로 속이는 자는 수치를 당하고야 말 것입니다. 주님, 주님의 길을 나에게 보여 주시고, 내가 마땅히 가야 할 그 길을 가르쳐 주십시오. 주님은 내 구원의 하나님이시니, 주님의 진리로 나를 지도하시고 가르쳐 주십시오. 나는 종일 주님만을 기다립니다. 주님, 먼 옛날부터 변함 없이 베푸셨던, 주님의 긍휼하심과 한결같은 사랑을 기억하여 주십시오. 내가 젊은 시절에 지은 죄와 반역을 기억하지 마시고, 주님의 자비로우심과 선하심으로 나를 기억하여 주십시오(시편 25:1-7).

매주 금요일이면 부둣가에 나가 우편선이 도착하기를 기다리는 사람이 있었다. 그는 76세의 퇴역 군인인 '대령'이다. 극심한 가난에 시달리고 있는 그가 기다리고 있는 것은 제대군인 연금수표였다. 제대할 때 정부로부터 보상금 지급을 약속받았지만 15년이나 지난 지금까지 그는 아무런 보상도 받지 못했다. 노부부는 먹고 살기 위해 세간까지 다 팔아버렸고, 이제 남은 것이라곤 수탉 한 마리뿐이다. 그 수탉도 언제 팔려갈지 모르는 신세다. 어느 날 대령은 우체국에 가서 자기에게 온 편지가 있는지를 묻는다. 오늘은 틀림없이 편지가 오기로 되어 있다면서. 하지만 그는 "틀림없이 오기로 되어 있는 것은 죽음뿐"이라는 대답을 듣는다. 당장 살아갈 길이 막막해 잠을 이루지 못하고 뒤척거리는 아내를 보고 대령은 이렇게 말한다.

"오래지 않아 연금이 나올 것이오."

"당신은 똑같은 얘기를 15년째 계속하고 있어요."

아내의 퇴박에 그는 우물거리듯 말한다.

"그러기 때문에 이젠 정말 곧 나오게 될 거요."

무엇을 기다리고 있는가?

—

이 우울한 이야기는 1982년에 노벨 문학상을 받은 콜럼비아 출신의 작가 가브리엘 가르시아 마르케스Gabriel Garcia Marquez의 《아무도 대령에게 편지하지 않다》라는 소설의 일부이다. 30년 전에 이 책을 읽으면서 나는 절망과 희망을 함께 보았다. 1981년의 상황 속에서 우리는 민주화된 사회가 도래하기를 고대했다. 하지만 제5공화국이 들어서면서 민주주의의 꿈은 신기루처럼 흩어져버렸다. 참으로 암담했다. 그래서일까? 부둣가에서 우편선을 기다리고 있는 대령의 그 꾸부정한 모습에 나의 모습이 겹쳐졌다. 하지만 끝까지 희망을 버리지 않는 그의 모습에서 나는 희망의 뿌리를 보았다.

삶은 어쩌면 기다림인지도 모르겠다. 마르케스의 책을 읽은 후에 가슴이 울울해질 때마다 목이 터져라 부르던 노래가 있다.

"사노라면 언젠가는 밝은 날도 오겠지/흐린 날도 날이 새면 해가 뜨지 않더냐/새파랗게 젊다는 게 한 밑천인데/쩨쩨하게 굴지 말고 가슴을 쫙 펴라/내일은 해가 뜬다/내일은 해가 뜬다."

기다림은 희망이다. 그리워하며 간절히 기다리는 대상이 있는 사람은 행복하다. 우리는 무엇을 기다리며 살고 있는가? 성도는 다시 오실 주님을 기다리는 사람들이다. 아니 오실 줄로 믿고 기다리는 것이 아니라, 분명히 다시 오실 줄로 믿고 기다린다. 정말로 주님을 기다리고 있는가? 그분이 우리 마음속에, 그리고 우리들의 관계 속에, 역사 속에 오시기를 기다리는가?

신뢰의 근거

—

여기 하나님으로부터 한 소식 듣기를 원하여 몸과 마음을 기울여 하나님 앞에 기도를 올리는 사람이 있다. 그의 기도는 이렇게 시작된다.

주님, 내 영혼이 주님을 기다립니다(1절).

이 구절을 직역하면 "하나님, 내 영혼을 주님께 들어올립니다To you, Yahweh, I lift up my soul"가 된다. 이 기도를 하고 있는 시인은 틀림없이 하늘을 향해 두 팔을 들어올리고 있었을 것이다. 그는 이리 부딪히고 저리 부딪혀 멍들고 깨지고 더러워진 자기 영혼, 스스로도 어떻게 해볼 수 없는 자기 마음을 하나님께 숨김없이 내놓고 있다. 진실한 기도는 이런 것이다. 매끄러운 말이나 표현이 아니라 하나님을 향해 자기를 완전히 개방하는 것, 그래서 하나님의 긍휼하심을 기다리는 것이다. 우리가 진실한 기도를 하나님께 바치는 시간은 세상사에 시달리며 찢기고 상한 우리 영혼을 의사이신 주님 앞에 맡기는 시간이다.

어느 날 느부갓네살 임금이 전능하신 하나님께 찬양을 드리려고 하자 천사가 다가와 그의 머리를 때렸다. 왜 이러냐고 항의를 하자 천사는 "네가 왕관을 쓴 채 하나님을 찬양하겠단 말이냐? 어디 네가 머리를 맞고도 하나님을 찬양하는지 한번 보자!" 하고 말했단다. 유대인의 민담에 나오는 이야기다. 주님이 원하시는 제사는 상한 마음의 제사다.

시인은 자기가 지은 모든 죄로 인하여 아파하고 있다.

> 내가 젊은 시절에 지은 죄와 반역을 기억하지 마시고(7절).

그는 젊은 날, 무분별한 정열에 이끌려 행했던 그 부끄러웠던 일들을 기억하지 말아 달라고 기도한다. 우리 속에 용서에 대한 확신이 없는 한 우리는 행복할 수 없다. 하나님이 만일 냉정한 심판관이 되어 우리 죄를 살피신다면 어느 누가 무죄라 할 수 있겠는가? 시인은 하나님의 자비하심에 호소한다.

> 주님의 자비로우심(mercy)과 선하심(loving-kindness)으로 나를 기억하여 주십시오(7절).

하나님을 거역하는 우리의 성정보다 우리를 사랑하는 하나님의 사랑이 더욱 근원적임을 시인은 확신하고 있기에 이런 기도를 바칠 수 있는 것이다. 이게 우리의 희망이다. 초등학교 2학년 학생이 쓴 동시 〈화산 폭발〉의 가사를 들어보자.

1. 엄마 화산이 폭발했다 화산 폭발을 하셨다
언니는 성적이 엉망진창 나는 방 안이 뒤죽박죽
언니랑 나는 기가 죽어 조용조용히 밥을 먹었다

2. 업그레이드 마녀 일급이 된 것 같았다
소리를 꽥 하고 지르시면 귀에 진동이 갔다
슬금슬금 눈치 보며 탈출하고 싶었지만 배가 고파서 그러지 못했다

3. 엄마가 일기를 보시더니 맞고 지울래 그냥 지울래
그래도 지우기 아까워 이렇게 적고 있다 마녀 할멈 우리 엄마
심기불편하시면 또 폭발할지 모르니 조심조심

그 광경이 절로 그려진다. 모녀 사이의 긴장이 해학과 어울려 절묘하게 표현되어 있다. 엄마의 화산 폭발이 무서워 할금할금 엄마 눈치를 살피는 아이, 그래도 먹어야 사니까 탈출하고 싶은 마음을 달래가며 조심조심 밥을 먹고 있는 아이의 모습을 그려보라. 너무나 사랑스럽다. 긴장된 분위기가 해학의 옷을 입을 수 있는 것은 아이와 엄마 사이에 있는 사랑과 신뢰 때문이다. 오늘의 시인도 하나님에 대한 절대적인 신뢰가 있기에 하나님의 어지심과 선하심에 자기를 맡기고 있는 것이다.

나를 부끄럽지 않게 하소서

—

하나님의 어지심과 선하심을 믿지만 그래도 여전히 불안할 수밖에 없는 것이 시간 속에서 살아가는 인간의 운명이다. 보지 않고도 믿는 자가 복이 있다고 하고, 믿고 구한 것은 받은 줄로 믿으라 하지만, 바랄 수 없는 중에 바라는 것이 믿음이라 하지만, 우리의 믿음은 늘 흔들린다. 오늘의 시인도 역시 그렇다. 그래서 시인은 하나님께 기도한다.

> 나의 하나님, 내가 주님께 의지하였으니, 내가 부끄러움을 당하지 않게 하시고 내 원수가 나를 이기어 승전가를 부르지 못하게 해주십시오(2절).

시인이 구체적으로 어떤 어려움을 겪고 있는지는 알 수 없지만, 그를 지켜보고 있는 적대자들이 가까이에 있음은 분명하다. 시인은 잘못을 저지르기도 하지만 하나님의 뜻대로 살기 위해 부단히 애를 쓰는 사람인 것 같다. 어쩌면 그는 하나님의 뜻을 수행하기 위해 불의한 자들의 제안을 거절했는지도 모른다. 불의한 이들이 제일 싫어하는 사람은 자기들의 가까이에 있으면서도 자기들의 일에 가담하지 않는 사람들이다. 그들은 위협과 악담도 마다하지 않는다. "너만 의롭냐?", "네가 그러고도 잘 되나 두고 보자."

성도들은 그러고도 잘 되는 것을 보여주어야 한다. 그렇기에 하나님의 뜻대로 살려고 애쓰는 사람은 정말 말과 행동을 조심하지 않으면 안 된다. 악한 이들에게 책잡힐 일을 하지 말아야 한다. 하지만 아무리 조심을 해도 넘어질 수 있는 게 사람이다. 그렇기에 오늘의 시인은 하나님께 도우심을 청한다. 시인은 기도가 응답되기를 기다리고, 원수들은 시인의 기도가 어떻게 되나 결과를 지켜보고 있다. 만일 하나님이 시인의 기도에 응답하지 않으시면 원수들은 하나님이 존재하지 않으신다거나 있더라도 인간사에 관여하지 않으신다고 판단할 게 뻔하다.

도스토예프스키Dostoevsky의 《까라마조프 씨네 형제들》에 나오는 이반은 "신이 존재하지 않는다면 모든 것이 허용된다"고 말한다. 이건 참 무서운 일이다. 살인도 도둑질도 간음도 문제될 게 없다. 지구 저편에 있는 사람들이 굶어 죽든 말든, 자연 재해의 피해를 고스란히 입든 말든, 나는 풍요롭게 살겠다는 생각의 뿌리는 하나님에 대한 노골적인 무시이다. 하나님을 믿는 사람들의 삶은 하나님이 살아 계시다는 사실에 대한 증언이 되어야 한다. 풍요롭게 살아야 한다는 말이 아니라, 적은 것을 가지고도 행복하게 살 수 있음을 보여주고, 가진 것이 없어도 나누며 살 수 있음을 보여주고, 어려운 일을 만나도 정신적인 명랑함을 잃지 않을 수 있음을 보여주고, 어떤 경우에도 사랑을 선택할 수 있는 능력을 보여주어야 한다.

> 주님을 기다리는 사람은 수치를 당할 리 없지만, 함부로 속이는 자는 수치를 당하고야 말 것입니다(3절).

이것은 고백이자 꼭 그렇게 되어야 한다는 탄원이기도 하다. 이 고백이 우리의 삶을 통해서 입증되어야 한다.

지도와 교훈을 구함

—

이제 시인은 하나님께 자기가 마땅히 택해야 할 길을 일러 달라고 기도한다. 신앙생활이란 이런 것이다. 우리는 하루에도 수십 번씩 선택의 갈림길에 서게 되는데, 그때마다 잠시라도 마음을 하나님께 집중하고 하늘의 지혜를 구한다면 어긋난 길로 가지는 않을 것이다.

> 네가 하는 모든 일에서 주님을 인정하여라. 그러면 주님께서 네가 가는 길을 곧게 하실 것이다(잠언 3:6).

우리 인생의 병은 하나님을 인정하지 않는 것이다. 하나님께 여쭙고, 인도하시기를 기다릴 줄 아는 것, 바로 그것이 신앙적 성숙이다.

영국이 식민지 인도에 소금세를 인상하려고 하였을 때 간디는 시민들과 함께 그것을 저지하기 위한 시민불복종 운동을 벌인다. 모두가 날마다 먹어야 하는 소금에 비싼 세금을 매긴다면 그렇지 않아도 가난한 대중들의 살림은 거덜나게 되어 있었기 때문이다. 바다를 향한 행진 계획이 수립되고 사람들은 간디의 출발선언을 기다렸다. 하지만 며칠이 되어도 간디는 깊은 침묵 속에 잠겨 있었다. 사람들이 찾아가서 왜 출발하지 않냐고 묻자, 그는 '내면의 음성'을 기다리고 있노라고 말했다. 간디는 미움과 증오를 부추김으로 영국과 싸운 사람이 아니라 사티아그라하(satyagraha, 'satya'는 진리를 뜻하고, 'agraha'는 노력을 뜻함. 결국 이 말은 진리를 발견하기 위해 애쓴다는 뜻), 즉 진리를 굳게 붙잡음으로써 승리를 거둔 사람이었던 것이다.

날마다 겸손하게 하나님 앞에 멈추어 서야 한다. 그리고 마땅히 가야 할 길을 알려 달라고 기도하자. 그리고 그 길을 주저 없이 걸어갈 수 있는 힘을 달라고 주님께 구하라. 그 길을 따라 걷다 보면 우리는 꿈에도 그리던 주님의 품에 안기는 순간을 맞이하게 될 것이다. 우리 모두 내면에 깃든 모든 두려움과 악의와 의혹과 헛된 욕심을 비워내 주님을 맞이할 자리를 마련해야 한다. 풍랑에 시달리던 제자들이 주님을 영접했을 때 배는 곧 그들이 가려던 땅에 이르렀다(요한복음 6:21). 삶의 한복판에 주님을 모시고 사는 사람은 살아 계신 하나님을 몸으로 드러내는 존재이다.

주님,
일어나십시오

악인은 마음속으로 이르기를 "하나님은 모든 것에 관심이 없으며, 얼굴도 돌렸으니, 영원히 보지 않으실 것이다." 합니다. 주님, 일어나십시오. 하나님, 손을 들어 악인을 벌하여 주십시오. 고난받는 사람을 잊지 말아 주십시오. 어찌하여 악인이 하나님을 경멸하고, 마음속으로 "하나님은 벌을 주지 않는다." 하고 말하게 내버려 두십니까? 주님께서는 학대하는 자의 포악함과 학대받는 자의 억울함을 살피시고 손수 갚아 주려 하시니 가련한 사람이 주님께 의지합니다. 주님께서는 일찍부터 고아를 도우시는 분이셨습니다. 악하고 못된 자의 팔을 꺾어 주십시오. 그 악함을 샅샅이 살펴 벌하여 주십시오. 주님은 영원무궁토록 왕이십니다. 이방 나라들은 주님의 땅에서 사라질 것입니다. 주님, 주님께서는 불쌍한 사람의 소원을 들어주십니다. 그들의 마음을 굳게 하여 주시고, 그들의 부르짖음에 귀 기울여 주십니다. 고아와 억눌린 사람을 변호하여 주시고, 다시는 이 땅에 억압하는 자가 없게 하십니다(시편 10:11-18).

장장추야長長秋夜

—

광복 74년이 다가온다. 나라가 독립한 지 이미 오래 되었건만 아직도 마음의 독립을 이루지 못한 이들이 많다. 지식인을 자처하는 이들 가운데는 일본 덕분에 우리가 잘 살게 되었다면서 일본에게 늘 감사해야 한다고 말하는 이들이 있다. 그들은 심지어 종군 위안부는 자발적인 성매매 자영업자였다고 말하기도 하고, 징용공 문제를 두고는 조선인에게 일자리를 준 일본에 감사해야 한다고 말한다. 그런 말에 동조하는 이들 또한 적지 않다. 일본과의 문제는 복잡하기 이를 데 없다. 일본의 진보적 시인인 오구마 히데오가 1935년에 발표한 '장장추야長長秋夜'라는 장시를 우연히 읽게 되었다. 1935년은 일본정부가 전통적인 조선복 즉 '흰옷' 입는 것을 법으로 금지한 해라고 한다. 오구마 히데오는 자국의 야만적인 조치에 항거하여 이 시를 발표했다고 한다.

조선의 여인들이 "푸른 달빛이 내려다 보는 마을 지붕 아래" 모여 앉아 긴긴 가을밤을 지새며 다듬이 방망이로 '똑딱똑딱' 두들겨 풀을 먹이고 주름을 펴 만든 흰 옷을 더 이상 입지 못하게 되었을 때, 몇몇 노파가 이를 거부하고 늦은 밤 산길 낭떠러지를 지나 달아났다. 면사무소에 근무하던 일본인들이 이 노파들을 막아 세우고는 이들을 발로 차고 손으로 때리면서 노파들이 입고 있는 "조선의 전통적인 흰 옷"을 가져온 먹으로 새까맣게 더럽혔다. 밤이 지나 새벽이 오자 노파들은 새까맣게 더럽혀진 그 흰 옷을 빨기 위해 강가로 간다. 그들은 그 더럽혀진 옷을 강물에 담가 헹군 뒤 돌 위에 올려놓고 서로 '아픈 미소'를 주고받으면서 다듬이 방망이로 두드렸다. 방망이질이 계속되면서 검은 자국이 씻겨 나갔다. 오구마의 장시는 이렇게 끝난다.

"때리는 방망이도 울고 있다
맞는 백의도 울고 있다
두드리는 노파도 울고 있다
맞는 돌도 울고 있다

모든 조선이 울고 있다"

(임철규, 《고전》, 326-7쪽, 註35에서 재인용)

이 글을 처음 읽었을 때 나도 모르는 사이에 '후' 하고 깊은 숨을 내쉬었다. 그 광경이 머리에 선명하게 그려졌기 때문이다. 우리가 입는 조선옷이 식민지 시대를 거치면서 시커먼 먹물로 더러워졌다. 그 옷을 빨기 위해 울면서 방망이질을 하는 이들이 있다. 그들을 비웃는 무리들은 대체 누구인가? 지금 고통스런 기억으로부터 벗어나지 못한 채 울고 있는 이들을 한껏 조롱하는 무리들은 대체 어떤 사람들인가?

어찌하여

—

시편 10편은 "주님, 어찌하여 주님께서는 그리도 멀리 계십니까? 어찌하여 우리가 고난을 받을 때에 숨어 계십니까?"(1절)라는 탄식으로 시작한다. '어찌하여'라는 단어에는 원망과 슬픔과 아울러 하나님의 개입에 대한 기대 등 복합적인 감정이 묻어 있다. 지금 시인의 삶은 마치 벼랑 끝에 선 듯 위태롭다. 곤경에서 벗어날 길도 없고, 도와줄 이도 하나 없다. 고아 의식이 이런 것이 아닐까. 홀로 버려진 것 같은 쓸쓸함 그리고 씁쓸함이 시인의 마음을 온통 사로잡고 있다. 그를 그렇게도 힘들게 하는 상황은 무엇일까?

악인들이 득세하고 있는 현실이다. 악인들이 으스대며 약한 자를 괴롭히는 현실을 예민한 영혼의 소유자인 그는 도무지 용납할 수 없다. 사람에 대한 실망이 그를 괴롭힌다. 인간이 된다는 것은 어떤 것일까? 인간의 인간됨은 다른 이들과의 관계 속에서 발현된다. 어떤 사람이 타인에 대해 연민의 마음을 보이거나 친절하고 너그럽게 대하는 것을 볼 때 우리는 '그 사람이 참 인간적'이라고 말한다. 반면 자기보다 힘이 약하다고 하여 누군가를 함부로 대하거나 괴롭힌다면 그는 참 인간의 길에서 멀어졌다고 보아야 할 것이다. 악인이란 '악을 행하는 사람'을 의미하지만, 근본적으로는 자기 스스로 인간됨을 부정하는 사람이라 하겠다.

사람들이 행복을 구하면서도 절망을 추수하는 것은 이웃들의 요구에 응답하지 못하는 무능력 때문이다. 행복은 남이 갖지 못한 것을 가질 때 오는 것이 아니라 남에게 필요한 존재가 되는 데 있다. 감리교회의 아침기도에는 '오늘 우리가 누군가가 주님께 바치는 기도의 응답이 되게 해주십시오'라는 구절이 나온다. 절박한 처지에 빠진 사람이 하나님께 도움을 청하는 기도를 바칠 때, 하나님이 우리를 통해 그 기도에 응답하시기를 바라는 마음을 품기를 바라는 것이다.

세상에는 악인들이 참 많다. 오늘의 시인이 그들의 행태를 설명하기 위해 사용한 단어들에 주목해볼 필요가 있다. 야심, 탐욕, 모독, 멸시, 뻔뻔함, 코웃음, 기만, 폭언, 욕설, 악담, 학대, 포악…. 한 가지 공통점이 있다. '타자 부정'이다. 이 모든 단어에는 타자에 대한 존중, 이해, 사랑이 내포되어 있지 않다. 다른 사람의 마음이 어떠하건 그들은 상관하지 않는다. 그저 자기 좋을 대로 처신할 뿐이다. 시편 36편의 시인도 비슷한 현실을 겪은 것 같다.

악인의 마음 깊은 곳에는 반역의 충동만 있어, 그의 눈에는 하나님을 두려워하는 기색이 조금도 없습니다. 그의 눈빛은 지나치게 의기 양양하고, 제 잘못을 찾아내 버릴 생각은 전혀 없습니다(시편 36:1-2).

고아들을 도우시는 하나님

—

악인은 동료 인간에 대한 경멸을 넘어 하나님까지 경멸한다. 그들은 마음속으로 "하나님은 모든 것에 관심이 없으며, 얼굴도 돌렸으니, 영원히 보지 않으실 것이다", "하나님은 벌을 주지 않는다"고 말한다. 그렇기에 그들은 불쌍한 사람들을 억압하고, 가련한 사람들에게 폭력을 쓰는 일을 주저하지 않는다. 자기를 지킬 능력이 없는 이들은 하나님께 하소연할 수밖에 없다. 시인은 절박하게 부르짖는다.

주님, 일어나십시오. 하나님, 손을 들어 악인을 벌하여 주십시오. 고난받는 사람을 잊지 말아 주십시오(12절).

구약에서 '주님, 일어나십시오'라는 표현은 대개 거룩한 전쟁의 맥락에서 나타난다. 출애굽 당시 모세는 언약궤를 멘 제사장들이 일어날 때면 "주님, 일어나십시오. 주님의 원수들을 흩으십시오. 주님을 미워하는 자들을 주님 앞에서 쫓으십시오"(민수기 10:35)라고 외쳤다. 이 외침은 나중에 '악인들'과 '오만한 자들'이 득세하는 현실에 순응하지 않으려는 이들의 기도가 되었다. 주님이 일어나시면 인간의 모든 무모한 시도는 끝이 난다.

인간은 하나님의 위엄 앞에서 자신이 한낱 인간에 지나지 않는다는 사실을 절감하지 않을 수 없다.

비록 세상은 악인들이 득세하는 것처럼 보여도 그것은 비정상적인 상황일 뿐이다. 하나님은 학대받는 이들의 억울함을 살피시고 악인들을 징벌하시는 분이시다. 하나님의 시간이 이르면 학대자들은 마치 지붕 위의 풀처럼 다 자라기 전에 시들게 마련이다(시편 129:6). 학대받는 자의 억울함을 살피시고, 의지가지없는 사람들의 보호자가 되시는 주님께 시인은 기도한다.

> 악하고 못된 자의 팔을 꺾어 주십시오. 그 악함을 샅샅이 살펴 벌하여 주십시오(15절).

이런 탄원은 탄원으로만 그치면 안 된다. 하나님께서 개인적, 사회적, 정치적 악을 용납하거나 묵과하지 않으신다는 사실을 확신하는 이들은 하나님의 뜻을 구현하기 위해 움직여야 한다. 악하고 못된 자들이 더 이상 힘을 쓰지 못하도록 해야 한다. 불의한 세상에 순응만 해서는 안 된다. 오슬로 대학 교수인 박노자 교수는 일본 사회를 가리켜 권위주의 사회라고 진단한다. '튀면 안 된다'는 것이 그 사회 구성원들이 내면화한 삶의 방식이라는 것이다. 그는 일본 사회를 '쏠림 사회'라고도 설명한다. 대세에 순응한다는 말이다.

거기에 비하면 우리 사회는 정말 역동적이다. 그래서 늘 혼란스러운 것도 사실이다. 다양한 생각들이 표출되는 것은 상관없지만 그것이 곧 악을 용인해도 괜찮다는 말은 아니다. 지금 믿는 이들에게 정말 중요한 것은 분별력이다. 우리는 세상을 하나님 사랑과 이웃 사랑이라는 렌즈를 통해 바라보는 사람들이다. 탐욕, 모독, 멸시, 기만, 폭언, 뻔뻔함은 우리 신앙과 무관하다.

주님은 우리의 왕

—

우리는 모두 하나님 나라를 바라보며 살아간다. 하나님 나라는 하나님이 통치하시는 곳이다. 시인은 "주님은 영원무궁토록 왕이십니다"(16절)라고 고백한다. 때로는 멀리 계신 것처럼 보이고, 숨어 계신 것처럼 보일 때도 있지만 하나님의 통치는 영원하다. 그 통치는 약한 자들에 대한 돌봄과 악한 이들에 대한 심판으로 나타난다.

> 주님께서는 불쌍한 사람의 소원을 들어주십니다. 그들의 마음을 굳게 하여 주시고, 그들의 부르짖음에 귀 기울여 주십니다. 고아와 억눌린 사람을 변호하여 주시고, 다시는 이 땅에 억압하는 자가 없게 하십니다(17-18절).

캐나다의 신학자인 브라이언 왈쉬Brian J. Walsh와 실비아 키이즈마트Sylvia Keesmaat 부부는 '제국'과 하나님의 백성으로서의 '이스라엘'을 대조해서 보여준다. 물론 이스라엘은 지금 팔레스타인 땅에 있는 국가로서의 이스라엘이 아니라 성서에서 증언되고 있는 새 백성을 가리킨다고 보아야 할 것이다.

"제국은 생산과 소비의 관리에 미친 듯이 사로잡혀 있지만, 이스라엘은 안식일

준수를 통해 그 삶이 선물임을 인식하도록 부름 받는다. 제국은 노예의 고통과 억압의 경제에 의해 지탱되는 데 반해, 안식일을 지키는 이스라엘은 가난한 자와 낯선 자, 나그네와 고아, 과부를 돌봄으로써 자신들이 섬기는 하나님의 형상을 드러내는 것으로 지탱된다"(브라이언 왈쉬·실비아 키이즈마트, 《제국와 천국》, 홍병룡 옮김, 109쪽).

우리가 정녕 하나님 나라를 지향하며 산다면 우리는 삶이 선물임을 인식하며 살아야 한다. 안식을 누리기 위해 질주를 멈추는 것은 시간 낭비가 아니라 우리 삶을 하나님의 마음에 연결하는 소중한 노력이다. 하나님의 창조의 리듬 속에 머물며 참 안식을 누릴 때 우리는 변두리로 밀려난 사람들에게 따뜻한 관심을 기울일 수 있다. 우리는 권력과 지배를 지향하는 세상의 폭력성을 직시하면서 사랑과 섬김의 아름다움을 삶으로 증언해야 한다. 이 일을 위해 우리가 늘 바쳐야 할 기도는 바로 이것이다. "주님, 일어나십시오." 더럽혀진 흰옷을 방망이로 두들겨 빨던 그 노인들처럼 우리도 마음속의 절망과 두려움을 자꾸만 떨쳐내야 한다. 주님과 동행하면서 세상을 아름다움으로 물들이는 우리가 되기를 기원한다.

그들은 나를 이겨내지 못했다

이스라엘아, 이렇게 고백하여라. "내가 어릴 때부터, 나의 원수들이 여러 번 나를 잔인하게 박해했다. 비록 내가 어릴 때부터, 내 원수들이 여러 번 나를 잔인하게 박해했으나, 그들은 나를 이겨 내지를 못했다. 밭을 가는 사람이 밭을 갈아엎듯 그들이 나의 등을 갈아서, 거기에다가 고랑을 길게 냈으나, 의로우신 주님께서 악인의 사슬을 끊으시고, 나를 풀어 주셨다." 시온을 미워하는 사람은 그 어느 누구나, 수치를 당하고 물러가고 만다. 그들은 지붕 위의 풀같이 되어, 자라기도 전에 말라 버리고 만다. 베는 사람의 품에도 차지 않고, 묶는 사람의 품에도 차지 않아 지나가는 사람 가운데 어느 누구도 "주님께서 너희에게 복을 베푸시기를 빈다." 하지 아니하며, "주님의 이름으로 너희에게 축복한다." 하지도 아니할 것이다(시편 129:1-8).

고난의 역사

—

우리 마음속을 다 살피시는 주님께서 삶의 활력을 잃은 이들에게는 생기를, 어둠 속에 갇힌 이들에게는 빛을, 연약한 이들에게는 살아갈 용기를 불어넣어 주시기를 청한다. 또한 주님께서 우리를 통해 하실 일을 일러주시고, 그 말씀을 따라 살아갈 힘도 부어주시기를 빈다. 시편 129편은 '성전에 올라가는 순례자의 노래'라는 제사가 붙은 여러 시 가운데 하나이다.

이스라엘 사람들의 시간 경험은 3대 순례 절기인 유월절, 칠칠절, 초막절을 중심으로 이루어졌다. 예루살렘 순례를 통해 그들은 자기들의 신앙을 재확인했고, 언약 공동체 속에 속해 있다는 사실을 몸으로 체득했다. 삶은 우여곡절의 연속이다. 개인의 삶도 그러하지만 더 큰 시간 속에서 바라보면 한 민족의 역사 또한 마찬가지다. 시편은 그런 경험을 반영한다.

시편 129편은 "내가 어릴 때부터, 나의 원수들이 여러 번 나를 잔인하게 박해했다"는 탄식으로 시작된다. 여기서 '나'는 시인 자신을 말하는 것이라기보다는 순례 공동체인 이스라엘을 가리키는 말이다. 시인은 민족의 운명을 마치 개인이 겪은 일처럼 서술하고 있다. 이스라엘 역사는 파란만장이라는 말이 무색할 정도다. 앞서 말한 그 짤막한 문장 속에는 이스라엘이 겪어온 굴곡진 역사가 온축되어 있다. 나는 가끔 성경을 매끈한 텍스트가 아니라 주름이 많은 텍스트라고 말한다. 말한 것보다 말하지 않은 것이 더 많다는 의미에서 그러하다. 성경을 읽는 이들은 '말하지 않은 것'까지 들으려 노력해야 한다.

1절에는 이스라엘이 애굽에서 천대 받았던 기억, 광야에서 겪었던 시련과 유목민들의 억압, 살아남기 위해 다양한 민족들과 싸워야 했던 가나안 정착 시기, 애굽, 앗시리아, 바벨로니아, 페르시아, 그리스로 이어지는 제국의 틈바구니에서 찢기고 상처받은 기억들이 다 담겨 있다. 그런 역사적 시련을 통과해야 했던 개인의 삶 또한 평탄할 수 없었을 것이다. 순례자들은 민족의 기억과 개인의 기억이 떼려야 뗄 수 없게 연결되어 있음을 자각하며 걷고 또 걸었을 것이다.

시련을 겪을 때 사람들은 일단 시련의 시간이 빨리 지나가기를 고대한다. 그런데 그 시간이 길어질 때면 그 시련과 고난의 의미를 묻지 않을 수 없다. 의미가 있다면 시련 또한 견딜 수 있기 때문이다. 일찍이 함석헌 선생님은 《뜻으로 본 한국역사》에서 한국이 짊어져야 했던 고난의 짐은 저 자신의 죄 때문만이 아니라 세계의 죄를 대속하기 위한 것이었다고 말한 바 있다. 세상의 모든 불의를 약한 어깨 위에 지고 가는 것이 우리 사명이요 이상이라는 것이다.

제2 이사야는 세상의 모든 아픔과 죄를 대신 짊어진 고난받는 종에 대해 말한 바 있다. 어쩔 수 없이 겪어야 하는 아픔을 온몸으로 부둥켜안고, 그것을 창조적으로 변형시키는 것이 하나님을 믿는 이들의 소명이다. 아픔을 겪었기에, 시련을 겪는 이들을 이해하고 또 그들의 고통을 덜어주려는 마음을 품게 되었다면, 우리는 감히 그 아픔을 '복된 아픔'이라 말할 수 있을 것이다. 조개가 몸 안에 들어온 모래를 뱉어내려고 애쓰며 겪는 아픔이 영롱한 진주로 변하는 것처럼, 삶의 상처를 품격으로 바꾸는 것, 바로 그것이 신앙인의 과제이다.

영원의 빛 속에서 오늘을 보다

—

세상의 온갖 모순과 아픔을 겪어야 했지만 이스라엘은 무너지지 않았다.

비록 내가 어릴 때부터, 내 원수들이 여러 번 나를 잔인하게 박해했으나, 그들은 나를 이겨 내지를 못했다(2절).

얼마나 놀라운 고백인가? 감히 허릅숭이들은 할 수 없는 말이다. 여기에는 어떤 애상도 없다. '그들은 나를 이겨 내지를 못했다'는 말은 자기가 늘 승리자가 되었다는 말이 아니다. 거듭되는 시련 앞에서도 절망에 몸을 맡기지 않았다는 말이다. 그럴 수 있었던 힘은 어디에서 온 것일까? 가장 높은 곳에 계시면서도 땅에서 벌어지는 일에 깊은 관심을 갖고 계신 하나님, 땅에서 들려오는 신음소리를 기도로 들으시는 하나님, 약한 자들의 살 권리를 보장하기 위해 역사 속에 개입하시는 하나님에 대한 신뢰이다.

세상의 모든 것은 다 변화 속에 있다. 시간은 모든 것을 다 바꿔놓는다. 시간은 뜨거웠던 사랑의 감정도 재처럼 식게 만들고, 도저히 용납할 수 없을 것 같은 사람도 측은하게 여기게 만들기도 한다. 로마 황제이면서 스토아 철학자였던 마르쿠스 아우렐리우스Marcus Aurelius는 권력의 정점에 있으면서도 삶이 천년만년 지속되지 않을 것임을 늘 의식하고 살았다.

> "인간의 삶에 있어서 시간은 점이고 실체는 유동流動하는 것이며, 지각은 혼탁하고 육체의 구성은 부패하며, 영혼은 회오리바람이고, 운명은 예측하기 어려우며, 명성은 불확실한 것이다. 그리고 한마디로 요약해서 말한다면, 육체에 속하는 것은 모두 흐르는 물과 같고, 영혼에 속하는 것은 꿈이요 연기이며, 삶은 전쟁이고 나그네의 일시적 체류이며, 후세의 명성은 망각이다"(마르쿠스 아우렐리우스, 《명상록》, 황문수 역, 37쪽).

이렇게 보면 삶이 참 허무한 것 같다. 하지만 믿음의 사람들은 모든 것이 변하는 현실 속에서 살면서도 변하지 않는 세계를 바라보며 살아간다. 인간의 죄성으로 인해 세상이 점점 혼탁하게 변해가도 하나님의 공의가 결국은 굳게 서게 되리라고 확신한다. 그렇기에 쉽게 낙망하지 않는다. 우리는 패배해도 하나님은 패배하지 않으심을 믿기에 가끔 절망스러워할 때도 있지만 이내 희망을 다시 품는다. 예수님은 제자들에게 "너희는 세상에서 환난을 당할 것이다. 그러나 용기를 내어라. 내가 세상을 이겼다"(요한복음 16:33b) 이르셨다. 힘 있는 자들이 늘 역사의 승리자처럼 보인다. 그러나 역사를 영원의 층계를 올라가는 나선운동으로 보면 상황은 달라진다. 역사 속에 등장했던 모든 제국은 다 무너졌다. 그러나 그 굴곡진 역사 속에서 숨죽인 채 살던 사람들은 여전히 살아남았다.

악인의 사슬을 끊으시는 하나님

—

시인은 "밭을 가는 자들이 밭을 갈아엎듯 그들이 나의 등을 갈아서, 거기에다가 고랑을 길게 냈으나, 의로우신 주님께서 악인의 사슬을 끊으시고, 나를 풀어 주셨다"(3-4절)고 고백한다. 밭을 갈듯 등을 갈았다는 말은 채찍질을 당한 몸을 연상시킨다. 장 아메리Jean Amery는 오스트리아 빈에서 태어난 유대계 시민이었다. 나라가 나치스에 합병되자 벨기에로 망명하여 레지스탕스 운동에 가담하여 활동하던 중 체포당해 심한 고문을 받았다. 그때의 경험을 기록한 책이 《죄와 속죄의 저편》이다. 그는 어떤 도움도 바랄 수 없고, 정당방위의 가능성도 없이 무차별적인 폭력에 노출되었던 순간을 떠올리며 이렇게 말합니다.

> "고문에 시달렸던 사람은 이 세상을 더 이상 고향처럼 느낄 수 없다. 절멸의 수치심은 사라지지 않는다"(장 아메리, 《죄와 속죄의 저편》, 안미현 옮김, 91쪽).

책에서 만난 이 구절을 잊을 수 없다. 모멸감과 수치심은 세상의 어떤 지우개로도 지울 수 없는 상처이다. 농부가 밭을 간 것처럼 몸에 모진 채찍질 자국이 난 사람들은 세상을 아름답게 보기 어렵다.

여러 해 전, 독일 베를린에 갔을 때 '유대인 박물관'을 보고 깊은 충격을 받았다. 박물관 내부에 전시된 것들도 충격적이었지만, 대니얼 리버스킨트Daniel Libeskind가 설계한 건물의 외양 또한 놀라웠다. 이 건물은 위에서 보면 지그재그 모양으로 되어 있는데, 그것은 유대인의 상징인 '다윗의 별'을 변형시킨 것이라고 한다. 회색빛 건물의 외관은 꽤 충격적이다. 일반적으로 창문이 있어야 할 자리에 창문이 없다. 대신 좁고 긴 띠 모양의 창문이 드문드문 사선으로 배치되어 있다. 그 창문이 내게는 채찍 자국처럼 보였다. 그 건물은 '다시는 사람들을 함부로 대하거나 학대하지 말라'는 메시지로 들렸다.

순례자들은 자기들이 겪어온 시련의 역사를 밭을 가는 사람이 밭을 갈아엎듯 자기네 등을 갈아서 고랑을 깊게 냈다고 말한다. 그러나 그들은 절망과 모멸감에 빠져 허우적거리지 않는다. 세상에서 모욕당하고 천대받는 이들 편에 서시는 하나님을 경험했기 때문이다.

의로우신 주님께서 악인의 사슬을 끊으시고, 나를 풀어 주셨다(4절).

짧은 구절이지만 이 고백은 엄청난 파워를 보여준다. 악인의 사슬은 끊어지게 마련이다. 하나님은 압제 당하는 자들을 해방시키시는 분이시기 때문이다. 이사야는 하나님이 당신의 백성들이 마셔야 했던 분노의 잔을 적들에게 돌리시는 분이라고 말한다.

이제 내가 그 잔을 너를 괴롭힌 자들의 손에 쥐어 주겠다. 그들은, 바로 너에게 '엎드려라, 우리가 딛고 건너가겠다.' 하고 말한 자들이다. 그래서 너는 그들더러 밟고 지나가라고 땅바닥에 엎드려서 길을 만들고, 허리를 펴고 엎드려서 그들이 너의 등을 밟고 다니게 하였다(이사야 51:23).

악인들의 운명

—

사람을 하나님의 형상으로 대하지 않는 사람들, 힘에 도취하여 자기가 마치 신이라도 된 것처럼 처신하는 이들은 하나님을 적으로 삼는 어리석은 사람들이다. 시인은 하나님의 백성들을 학대하고 미워하는 자들의 운명을 '지붕 위의 풀'에 빗대고 있다. 지붕 위의 풀은 자라기도 전에 말라 버리게 마련이다. 지금 조금 높은 자리에 있다고 으스대지만 그들의 운명은 정해져 있다. 지붕 위의 풀은 아무 짝에도 쓸모가 없다. 베는 사람의 품에도 차지 않고, 묶는 사람의 품에도 차지 않기 때문이다.

'품에 차지 않는다'는 말은 참 무서운 말이다. 다니엘서에 나오는 한 대목이 떠오른다. 바벨론 왕 벨사살은 자기 권력을 과시하기 위해 화려한 잔치를 베풀었다. 귀한 손님 천 명이 초대되었다. 술 기운이 거나해지자 그는 아버지 느부갓네살이 예루살렘 성전에서 약탈해 온 금 그릇과 은 그릇을 가져오게 하였다. 그 그릇에 술을 따라 마시며 그들은 자기들이 섬기는 우상을 찬양하였다. 그때 갑자기 사람의 손과 같은 것이 나타나 촛대 앞에 있는 왕궁 석고 벽에 글씨를 쓰기 시작했다. 왕은 얼굴빛이 창백해졌고, 공포에 사로잡혀서 떨었다. 바벨론의 지혜자라는 사람들이 다 나서서 그 뜻을 해독하고자 했지만 누구도 성공하지 못했다. 그때 사람들은 다니엘을 떠올린다. 그 자리에 부름받은 다니엘은 그 글씨를 읽고 해독해주었다. '메네 메네 데겔'과 '바르신'이었다. 함축적이긴 하지만 풀어 설명하면, '메네'는 하나님이 이미 그의 나라의 시대를 계산하셔서 그것이 끝나게 하셨다는 뜻이고, '데겔'은 저울에 달린 임금의 무게가 부족함이 드러났다는 뜻이고, '바르신'은 왕국이 둘로 나뉠 것이라는 뜻이었다(다니엘 5:25-28).

왕의 힘과 부유함을 과시하기 위해 마련된 흥겨운 잔칫자리가 심판의 선고를 듣는 자리가 되었다. '무게가 부족함', 그게 벨사살에게 내려진 판단이었다. 품에 차지 않음과 거의 같은 뜻이다. 벨사살은 '벨 신이 왕을 지킨다'는 뜻이지만, 벨은 그런 능력이 없었다. 타자를 수단으로 삼고, 무시하고, 학대하며 호가호위狐假虎威 하는 사람들의 운명은 다 동일하다. 모래 위에 집을 지은 어리석은 사람의 이야기를 우리는 잘 안다. 홍수가 나고, 바람이 불어 그 집에 들이칠 때 그 무너짐이 엄청난 법이다. 악인들이 불행을 당할 때 지나가는 사람들조차 그들을 위해 하나님의 자비를 빌지 않는다.

수백 억의 돈이 어두운 곳에서 오고갔다는 소식을 들으며 많은 이들이 허탈해 한다. 현실은 성실하게 일하면서 근검절약하며 살아가는 이들을 조롱하는 것처럼 보이기도 한다. 거나한 술자리가 숙취로 끝나는 것처럼, 불의한 이들의 잔치는 부끄러움으로 귀결되게 마련이다. 세상이 아무리 흥청거리는 것처럼 보여도 함께 비틀거리지 말아야 한다. 지붕 위의 풀과 같은 그들의 운명을 부러워하지도 말자. 우리는 그리스도라는 푯대를 바라보며 걷는 사람들이다. 악인들이 우리를 이겨내지 못하게 해야 한다. 그들이 우리 영혼을 뒤흔들지 못하게 해야 한다. 우리는 바알이나 아스다롯을 따르는 사람들이 아니다. 여호와 하나님의 백성이고, 예수 그리스도의 제자이다. 많은 이들이 걷는 넓은 길에서 벗어나 좁은 길을 걷는 것이야말로 인생의 성공이다. 깊어가는 가을날 과일의 맛이 들어가는 것처럼 우리 믿음도 한결 성숙해지기를 기원한다.

깊은 물속에서

주님, 내가 깊은 물속에서 주님을 불렀습니다. 주님, 내 소리를 들어주십시오. 나의 애원하는 소리에 귀를 기울여 주십시오. 주님, 주님께서 죄를 지켜보고 계시면 주님 앞에 누가 감히 맞설 수 있겠습니까? 용서는 주님만이 하실 수 있는 것이므로, 우리가 주님만을 경외합니다. 내가 주님을 기다린다. 내 영혼이 주님을 기다리며 내가 주님의 말씀만을 바란다. 내 영혼이 주님을 기다림이 파수꾼이 아침을 기다림보다 더 간절하다. 진실로 파수꾼이 아침을 기다림보다 더 간절하다. 이스라엘아, 주님만을 의지하여라. 주님께만 인자하심이 있고, 속량하시는 큰 능력은 그에게만 있다. 오직, 주님만이 이스라엘을 모든 죄에서 속량하신다(시편 130:1-8).

신앙은 그리움

—

대림절 초 하나를 밝혀놓고 우리는 오시는 주님을 기다린다. 얼마 전 세상을 떠나신 이봉배 권사님이 하셨던 말씀이 떠오른다. "목사님, 신앙은 그리움인가 봐요. 하나님이 그립고 교우들이 그리워 못 견디겠어요." 적적함도 한 몫을 했겠지만, 권사님은 정말 신앙의 진수를 경험한 것이 아닐까? 그리워하던 하나님 품으로 돌아가셨으니 권사님은 행복한 분이다. 우리는 정말 주님을 기다리고 있는가? 가슴 절절한 그리움으로 그분을 맞아들이려 하는가? 황지우 시인의 〈너를 기다리는 동안〉은 기다리는 이의 마음을 참 절묘하게 드러내고 있다. 그는 세상에서 기다리는 일처럼 가슴 설레는 일이 없다면서 이렇게 노래한다.

"네가 오기로 한 그 자리에
내가 미리 가 너를 기다리는 동안
다가오는 모든 발자국은
내 가슴에 쿵쿵거린다.
바스락거리는 나뭇잎 하나도 다 내게 온다.
기다려 본 적이 있는 사람은 안다."

그러나 아무리 기다려도 온다던 이가 오지 않는다. 문을 열고 들어오는 모든 이들이 행여 그인가 싶어 바라보지만 아니다. 기다림에 지친 시인은 마침내 이렇게 말한다.

"사랑하는 이여,
오지 않는 너를 기다리며
마침내 나는 너에게 간다."

기다린다는 것은 그에게 온 마음을 집중하는 것이고, 그를 향하여 길 떠나는 것이다. 시의 마지막 대목은 비장하기 이를 데 없다.

"내 가슴에 쿵쿵거리는 모든 발자국 따라

너를 기다리는 동안 나는 너에게로 가고 있다."

우리는 오시는 주님을 마음을 다해 기다린다. 모두가 길을 잃고 방황하는 세상에 친히 길이 되어 주실 주님, 사람다운 삶이 무엇인지 잃어버린 채 욕망에 휘둘리며 살아가는 이들에게 하늘빛을 보여주실 주님을 말이다. 하지만 기다림은 멈추어 있음이 아니다. 그를 향해 나아감이다. 가슴에 쿵쿵거리는 발자국을 따라 그분을 향해 나아가는 것이다. 가지 않고 기다리고만 있는 것은 영적 나태함이다. 세례자 요한은 이사야를 인용하여 주님을 기다리는 이들의 삶이 어떠해야 하는지를 일깨워준다.

> 광야에서 외치는 이의 소리가 있다. 너희는 주님의 길을 예비하고, 그 길을 곧게 하여라. 모든 골짜기는 메우고, 모든 산과 언덕은 평평하게 하고, 굽은 것은 곧게 하고, 험한 길은 평탄하게 해야 할 것이니, 모든 사람이 하나님의 구원을 보게 될 것이다(누가복음 3:4-6).

깊은 물속 같은 현실

—

시편 130편은 51편과 더불어 대표적인 참회시다. 시인은 자신의 죄를 낱낱이 적시하고 있지만 않지만, 자기 삶을 송두리째 하나님 앞에 내놓고 용서를 청하고 있다. 이 시는 시편 120편부터 134편에 이르는 〈성전에 올라가는 순례자의 노래〉 가운데 하나이다. '성전', '오름', '순례자', '노래'라는 네 단어가 모두 생각거리를 던져준다. 특히 순례자라는 단어가 각별하게 다가온다. 순례자는 자기 일상을 내려놓고 영혼의 중심을 향해 나아가는 사람이기 때문이다. 순례에 나선 이들의 행장은 단출해야 한다. 내려놓아야 할 것은 짐뿐만이 아니다. 무엇보다도 자아를 내려놓아야 한다. 아니, 어쩌면 자아를 내려놓고 싶어 순례에 나서는 것인지도 모르겠다. 순례자들이 남긴 기록들을 읽다 보면 자주 만나게 되는 단어가 '눈물'이다. 서러워서도, 아파서도 아니다. 하나님의 크심 앞에서 자기의 작음을 절감하기에 울고, 값 없이 주어진 은총이 문득 떠올라 울고, 신적 장엄함과 마주쳐서 울고…. 순례의 모든 과정은 그래서 정화의 시간이다.

시인의 순례가 지향하는 곳은 예루살렘 성전이다. 하지만 순례는 그곳을 향하여 길 떠나는 순간에 시작된다. 시인은 "주님, 내가 깊은 물속에서 주님을 불렀습니다"라는 말로 시를 시작한다. '깊은 물'이라는 표현은 굳이 설명을 필요로 하지 않는다. 깊은 물은 우리가 간혹 직면하는 인생의 심연이다. 전모를 파악할 수도 없고, 벗어날 수도 없는 일종의 한계상황이다. 깊은 물속에 있다는 말은 자기 힘으로는 어떻게 해볼 수 없는 처지에 빠져 있다는 것이다. 우리도 이런 무력감과 공포를 느낄 때가 있다. 예기치 않게 찾아오는 돌발적인 일들, 예컨대 질병이나 천재지변, 실패나 배신의 경험은 우리를 참 무력하게 만든다. 하지만 우리를 더 힘들게 하는 것은 자기 존재의 심연과 마주칠 때이다. 꽤 근사한 사람인 척하고 살았는데, 자기 속에 있는 어두운 욕망과 죄성罪性을 가감 없이 보게 될 때 사람들은 '깊은 물속'에 빠진 듯한 느낌에 사로잡힌다. 그런 상황에서 시인은 주님을 부른다.

주님, 내 소리를 들어주십시오. 나의 애원하는 소리에 귀를 기울여 주십시오(2절).

시인은 그런 영적 곤경을 회피하지 않고 직시하면서 주님께 애원한다. 세상은 그를 경멸할 수도 있고 침을 뱉을 수도 있지만, 하나님은 그의 말을 경청해 주실 것이라고 믿기 때문이다. 이것이 믿음이다. 믿음은 신뢰다. 그는 부끄러움을 무릅쓰고 자기 존재 전체를 하나님께 내놓는다. 무엇 하나 숨기려고 하지 않는다.

주님, 주님께서 죄를 지켜보고 계시면, 주님 앞에 누가 감히 맞설 수 있겠습니까?(3절)

시인은 자기를 지켜보고 계신 주님의 시선을 느낀다. 하나님은 우리를 지켜보시는 분이다. 하지만 그 지켜보심은 잘못을 적발하고 벌을 주기 위해서가 아니다. 우리를 위험에서 구원하고, 잘못된 길로 가지 않도록 인도하시기 위해서다. 그 시선은 엄격하면서도 따뜻하다. 하지만 그 눈길을 외면한 채 제멋대로 살았던 이들은 주님의 시선을 두려움으로 인식한다. 주님이 감시자처럼 느껴질 때도 있다. 시인도 그러한 것 같다. 그래서 그는 간절하게 용서를 청한다.

용서

—

용서를 받는다는 것, 그것은 부자유에서 해방되는 것이다. 죄책감에 사로잡혀 있을 때, 우리 영혼은 위축되게 마련이다. 갈등과 불화는 우리 영혼을 속박하는 사슬이다. 그것은 우리에게서 평화를 빼앗아 간다. 평화란 아름다운 관계에서 비롯되는 것이기 때문이다. 용서를 받기 위해서는 참회해야 한다. 자기가 문제라는 사실을 알아차려야 한다. 집을 떠났던 탕자가 아버지 발 앞에 엎드리기 위해 길을 떠났을 때 그의 구원은 이미 시작되었다. 토머스 키팅Thomas Keating 신부는 회개를 아주 단순한 말로 설명한다.

"네가 행복을 찾고 있는 방향을 바꾸라"(토머스 키팅, 《하느님과의 친밀》, 69쪽).

사람들은 행복의 파랑새를 찾아 온 세상을 헤매고 다닌다. 자기가 누구인지도 잊어버린 채 말이다. 다른 이에게 해를 입히기도 하고, 스스로 상처를 입기도 한다.

세상의 좋은 것들을 채움으로 행복할 수 있다고 믿는 이들은 남들보다 더 많은 것을 누리며 살 수 있을 지는 모르겠다. 하지만 그들은 사람이 경험할 수 있는, 아니 경험해야만 하는 진정한 행복과 평화를 맛보기 어렵다. 진짜 행복은 채움 속에 있지 않다. 필요한 이들에게 주기 위해 자기 것을 비울 때 찾아온다. 회개한다는 것은 그래서 자기중심으로 세상을 그리던 사람이 하나님 중심으로 그리고 이웃 중심으로 세상을 바라본다는 말이다.

오늘의 시인은 용서는 주님만이 하실 수 있는 것이라고 고백한다. 주님은 참회하는 이들을 품어 안으신다. 용서는 받아들여짐의 체험이다. 나의 존재를 하나님께서 전폭적으로 받아들이신다는 사실을 아는 순간 울지 않을 수 없다. 그 울음은 하나님의 형상답게 살지 못한 것에 대한 자책에서 비롯된 것이다. 하나님이 나를 받아들이신다는 사실을 깨닫게 될 때 비로소 자기 자신과의 화해도 일어난다. 용서받은 이들의 표정은 부드러워지고, 다른 이들에게는 관대해진다.

용서함을 경험한 이들이 기다리는 것이 또 있다. 그것은 주님의 말씀이다. 언젠가 기독교환경운동연대 후원의 밤 행사에 오신 조화순 목사님의 말씀이 큰 울림으로 남아 있다. 팔순이 넘으신 목사님의 축하 메시지는 짧고도 강력했다. "어떤 일을 하든 하나님이 나와 함께 계신다는 사실을 잊지 마세요." 그 한 마디는 그날 나누어진 어떤 말보다도 강력했다. 목사님 자신이 걸어온 그 당당한 삶, 고난을 마다하지 않는 삶의 비밀이 거기에 있었던 것이다. 한 말씀이 삶을 바꾸어 놓기도 한다. 우리는 어떤 말씀을 붙들고 살아가고 있는가? 교종 프란시스코Pope Francisco는 교회에 대해 다시 생각해 볼 것을 요구하고 있다. 그는 "안온한 성전에만 머물며 고립된 교회가 아니라 멍들고 상처받고 더러워진 교회를 원한다"고 말했다. 그 말은 죽비가 되어 영적 침체에 빠진 우리를 내려치고 있다.

시인은 주님의 말씀을 기다리는 자신의 간절함을 아침을 기다리는 파수꾼의 마음에 빗대어 말한다.

> 내 영혼이 주님을 기다림이 파수꾼이 아침을 기다림보다 더 간절하다(6절).

하나님의 용서를 구하고, 하나님과의 친밀한 사귐과 '한 말씀'을 사모하던 시인은 사람들에게 인자하신 주님만을 의지하라고 권면한다. 깊은 물을 통과한 이의 말이기에 힘이 있다. 주님을 의지한다는 것은 철저한 수동성 속에 갇힌다는 말이 아니다. 주님께 결과를 맡기기에 두려움 없이 살아가는 것을 뜻한다. 진정한 기다림은 기다림의 대상을 향한 길 떠남을 내포한다. 진정으로 주님을 영접하기 원한다면 주님이 오시는 그 길로 나아가야 한다. 우리는 하나님 나라를 향해 가고 있는 순례자이다.

실천적 무신론자들

> 어리석은 사람은 마음속으로 "하나님이 없다." 하는구나. 그들은 한결같이 썩어서 더러우니, 바른 일을 하는 사람이 아무도 없구나. 주님께서는 하늘에서 사람을 굽어보시면서, 지혜로운 사람이 있는지, 하나님을 찾는 사람이 있는지를, 살펴보신다. 너희 모두는 다른 길로 빗나가서 하나같이 썩었으니, 착한 일을 하는 사람이 하나도 없구나. 죄악을 행하는 자는 다 무지한 자냐? 그들이 밥 먹듯이 내 백성을 먹으면서, 나 주를 부르지 않는구나. 하나님이 의인의 편이시니, 행악자가 크게 두려워한다. 행악자는 가난한 사람의 계획을 늘 좌절시키지만, 주님은 가난한 사람을 보호하신다. 하나님, 시온에서 나오셔서, 이스라엘을 구원하여 주십시오! 주님께서 당신의 백성을 그들의 땅으로 되돌려 보내실 때에, 야곱은 기뻐하고, 이스라엘은 즐거워할 것이다(시편 14:1-7).

윤똑똑이

—

십인십색이라는 말이 있다. 사람들은 저마다 취향과 지향이 다르다는 말이다. 인간이라는 말을 풀어보면 '사람과 사람 사이'가 될 터인데 문제는 '사이'이다. 그 사이가 너무 벌어져도 문제고 틈 없이 달라붙어도 문제다. 사이가 적당한 것을 일러 '사이좋다'고 한다. 우리는 사람 때문에 기뻐하고 사람 때문에 좌절한다. 맥없고 위축된 듯 보이는 사람을 보면 안타깝고,

지나칠 정도로 자신만만한 사람을 보면 슬며시 고개를 돌리게 된다. 자기를 내세우지 않아도 자기 자리에 태산처럼 든든히 서 있는 이들을 보면 안도감이 느껴지고, 어리석은 사람을 만나면 답답해진다. '어리석다'는 말은 '사물에 어둡고 지능이나 사고력이 부족하다'는 뜻이다. 어리석다의 옛말은 '어리다'이다. '어린이'라는 단어는 '어리다'라는 형용사에 다른 말 밑에 붙어서 사람과 사물을 뜻하는 의존명사 '이'가 결합된 말이다. '어린이'라는 말 속에는 어리석다는 뜻이 암암리에 내포되어 있는 셈이다. 어른들은 아이들의 참견이 귀찮을 때면 '어린 게 뭘 안다고!' 하면서 무질러 버리곤 한다.

세상에서 제일 어리석은 사람은 어떤 사람일까? 공부 못하는 사람, 아둔한 사람이 아니라 자기의 유한성을 알지 못하는 사람이라고 생각한다. 오늘의 시인은 마음속으로 '하나님이 없다' 하는 사람이 어리석은 사람이라고 말한다. 여기서 시인이 말하는 어리석은 사람은 '뻔뻔하고 건방진 자'라는 뜻에 가깝다. 그들은 신은 존재하지 않는다고 말하는 이론적인 무신론자들theoretical atheists이 아니라, 유신론자를 자처하면서도 삶으로 하나님을 부인하는 이들, 즉 실천적 무신론자들practical atheists이다. 그들은 자기로 가득 차 있어서 남을 위한 여백 없이 살아간다. 남들이야 고통을 받든 말든 나만 평안하면 그만이다. 자기 이익을 극대화하기 위해서는 다른 이들을 수단으로 삼는 일도 꺼리지 않는다. 윤똑똑이들이 많을수록 세상은 거칠어진다. 윤똑똑이는 '저만 잘나고 영리한 체하는 사람'을 이르는 말이다. 이 단어가 만들어진 것이 언제인지는 모르겠지만 윤똑똑이들의 행태가 마뜩잖아 혀를 차는 사람들이 보이는 듯하다.

과녁을 빗나가다

—

'하나님이 없다'고 말하는 어리석은 자들의 행실을 시인은 이렇게 요약한다.

> 그들은 한결같이 썩어서 더러우니, 바른 일을 하는 사람이 아무도 없구나(1절).

언어에 예민한 분들은 알아차렸겠지만 바로 앞에 나오는 '하나님이 없다 한다'는 구절과 '바른 일을 하는 사람이 아무도 없다'는 구절이 '없다'는 단어를 통해 서로 호응하고 있다. 하나님을 무시하는 이들이 바른 일을 할 수 없다. 속속들이 썩은 사람이 소수에 지나지 않는다면 큰 문제가 될 것도 없다. 하지만 그들이 다수인 세상이라면 이야기가 달라진다.

> 주님께서는 하늘에서 사람을 굽어보시면서, 지혜로운 사람이 있는지, 하나님을 찾는 사람이 있는지를, 살펴보신다. 너희 모두는 다른 길로 빗나가서 하나같이 썩었으니, 착한 일을 하는 사람이 하나도 없구나(2-3절).

땅을 굽어 살피시는 하나님의 모습이 떠오른다. 지혜로운 사람이 '있는지', 하나님을 찾는 사람이 '있는지'라는 구절은 기대감을 부풀게 하지만, 3절은 그런 우리의 기대를 일축하며 착한 일을 하는 사람이 하나도 '없다'고 말한다. 모두가 다른 길로 빗나갔고, 하나같이 썩었기 때문이란다. 히브리 성경에는 죄를 가리키는 여러 가지 용어가 있다. 그 가운데 하나가 하타 chattath이다. 이것은 과녁을 빗나간다는 뜻이다. 어떤 과녁인가? 우리를 이 세상에 보내신 하나님의 뜻이다. 죄란 그러니까 그 과녁을 명중시키지 못하는 것이다. 과녁에서 빗나간다는 것을 다른 말로 하면 하나님을 피하여 달아나는 것, 누군가의 동료가 되기를 거부하는 것이라 할 수 있다. 사실 이 둘은 동전의 양면이다. 하나님 사랑과 이웃 사랑은 구분할 수는 있지만 분리할 수는 없다.

미국의 만화가 찰스 슐츠Charles M. Schulz의 《피너츠Peanuts》에 나오는 한 장면이 떠오른다. 소년 찰리 브라운이 담벼락을 향해 활을 쏜다. 그리고는 담벼락으로 달려가 화살이 맞은 자리를 중심으로 하여 과녁을 그린다. 그의 화살은 빗나가는 법이 없다. 슐츠는 자기를 세상의 중심에 놓고 생각하는 우리의 버릇을 그렇게 표현한 것인지도 모르겠다. 믿음이 깊은 사람들의 특색은 '자기'에 붙들려 살지 않는다는 것이다. 그는 늘 타자의 소리에 귀를 기울이고, 그의 짐을 나눠지기 위해 몸을 낮춘다. 그런 실천을 통해 더 깊은 우주심과 일치를 이루게 된다. 아브람은 하나님의 뜻을 받들기 위해 본토, 친척, 아버지 집을 떠나야 했다. 지금 우리에게 요구되는 것은 자기중심성이라는 굴레에서 벗어나 자꾸만 더 큰 세계를 향해 길 떠나는 것이다.

그러나 현실은 영혼의 확장이 아니라 축소로 나타난다. 신앙의 왜소화이다thinned out faith. 이 시에서 인간의 현실을 드러내기 위해 동원되고 있는 '썩음', '더러움', '빗나감', '죄악'의 뿌리에는 자아 확장의 욕망이 있다. 제 욕심 차리느라 이웃을 괴롭게 하고, 제 욕망을 채우느라 소중한 이웃을 쾌락의 대상으로 삼고, 자기만족을 구하느라 남의 눈에 눈물이 흐르게 만드는 이들이 참 많다.

대들어라, 부닥쳐라

—

시인은 묻는다. "죄악을 행하는 자는 다 무지하냐?" 알지 못하기 때문에 잘못을 저지르는 것이냐는 말이다. 그런가? 우리가 사는 세상이 이 지경이 된 것은 인간이 어떻게 살아야 하는지를 정말 모르기 때문일까? 정직하게 말하자면 몰라서가 아니라 그렇게 할 생각이 없기 때문이다. 아니, 생각은 있어도 그렇게 살 내적 능력이 없기 때문이다. 왜 이 지경이 된 것일까? 세상에 길들여졌기 때문이다. 사탄은 우리에게 '너 혼자 잘난 척 해봐야 너만 손해'라고 말한다. 처음에는 이 말에 저항하려고 애도 써보지만, 거듭되는 좌절은 우리를 자포자기적인 상태로 몰아간다. '어쩔 수 없다'는 말을 하면서 타협이 시작된다. 타협하며 산다는 사실을 은폐하기 위해서 사람들은 완고함과 무감각으로 무장한다. 무감각해지면 타인의 고통이 그렇게 아프게 다가오지 않는다. 그 다음 단계는 무엇일까?

> 그들이 밥 먹듯이 내 백성을 먹으면서, 나 주를 부르지 않는구나(4절).

자기 잇속에만 발밭은 사람들은 의도적으로라도 주님을 멀리한다. 외국 소설이나 영화를 보면 불륜을 저지르려는 이들이 슬그머니 결혼반지를 빼는 경우가 있다. 죄책감을 안겨 줄지도 모르는 것을 제거하는 것이다. 이익 앞에서 십자가를 슬쩍 내려놓는 이들이 있다. 그들의 입술은 주님을 닮은 듯하나 삶으로는 주님을 부인하는 이들이다. 나 또한 여전히 '자기 자신을 부정하고 나를 따르라'는 주님의 말씀에 온전히 순종하지 못하고 있다. 그 때문에 함석헌 선생님의 〈흰 손〉을 읽을 때마다 가슴이 뜨끔해진다. 장시의 일부만 인용해 보겠다.

"이놈들아 갈보리에 흘렸던 피
그 피 네게 무슨 상관이 있느냐?
너 위해 네 몸 위에, 네 혼 위에, 흘려
네 피 된 산 피 말이지.
네 만일 그 피 마셨다면야,
(왜, 내 살 먹어라 내 피 마셔라 않더냐?)
그러면야 지금 그 피 네 속에 있을 것 아니냐?
네 살에, 뼈에, 혼에, 얼에 뱄을 것 아니냐?"

주님의 피가 우리 살과 뼈와 혼과 얼에 배지 않는다면 주님을 믿는다는 고백은 얼마나 허망한 것인가? "그 피 네게 무슨 상관이 있느냐?" 우리는 이 질문 앞에 서 있다. 이 질문은 삶의 자리에서 실천적 무신론자로 살아가는 우리의 무뎌진 양심을 타격한다. 함 선생님은 예수의 피가 묻어 있지 않은 우리의 '흰 손'을 향해 말한다.

"너 살고 싶으냐?
대들어라, 부닥쳐라.
인격의 부닥침 있기 전에
대속이 무슨 대속이냐?
그의 죽음 네 죽음 되고
그의 삶 네 삶 되기 위해

부닥쳐라, 알몸으로 알몸에 대들어라!
벌거벗은 영으로 그 바위에 돌격을 해라!"

정통이니 이단이니 날마다 따지지만 말고 예수의 죽음을 짊어지라는 것이다. 세상에서 그렇게 사는 이들은 낯설기 이를 데 없는 이들이다. '예수 천당, 불신 지옥'을 외치며 다니는 이들, 이슬람권에서 온 아시안 게임 출전 선수들에게 성경책을 건네는 이들, 여성은 안수를 받을 수 없다며 신학대학원의 입학을 거부하는 신학대학교, 엄청난 빚을 지면서 지어진 화려한 예배당을 보며 예수님이 흐뭇해하실까? 나에게는 이 소리가 천둥소리처럼 들린다.

그들이 밥 먹듯이 내 백성을 먹으면서 나 주를 부르지 않는구나(4절).

왜곡된 신앙의 위험을 미로슬라브 볼프Miroslav Volf는 이렇게 말한다.

"신앙은 선한 삶이 번성하도록 돕는 신선한 샘물이 되기보다 독이 든 우물이 되어 그 물을 마시는 사람들에게 어떠한 악덕보다도 더 큰 해를 끼쳤다"(미로슬라브 볼프, 《광장에 선 기독교》, 26쪽).

징표로 서다

—

희망은 없는 걸까? 모두가 다른 길로 빗나간 세상, 속속들이 썩어서 더럽게 된 세상이지만 그런 가운데서도 남은 자들이 있다. 하나님만을 두려워하고, 예수 그리스도의 십자가만을 자랑하고, 성령의 인도하심에 따르는 이들 말이다. 한 때 세월호 유가족들을 위해 광화문 광장에서 세상 사람들의 잠든 양심을 깨우기 위해 40일 넘게 금식하며 기도를 올린 이들이 있었다. 그때를 돌아보면 기본적인 몸의 욕구를 거부하고, 매연과 소음에 시달리고, 밤의 추위에 몸을 웅크리면서도 그들이 그곳을 굳건히 지키고 있었던 것은 일종의 몸부림 아니었겠는가. 하나님께서 개입해 주십사 비는 것이다. 잠들어 있는 사람들의 양심을 깨우려는 것이다. 그들이 몸으로 하는 탄원에 귀를 기울이는 이가 없는 것 같다. 하지만 시인의 말이 큰 위로가 된다.

> 하나님이 의인의 편이시니, 행악자가 크게 두려워한다. 행악자는 가난한 사람의 계획을 늘 좌절시키지만, 주님은 가난한 사람을 보호하신다(5-6절).

이 말을 믿는다. 이 믿음조차 없다면 삶을 지탱할 힘이 없기 때문이다. '행악자'와 '주님', '좌절시킨다'와 '보호하신다'가 마주 서 있다. 하나님은 속속들이 썩어서 가난하고 힘없는 이들을 좌절시키는 세상에서 그들의 보호자를 자처하신다. 사람들이 만들어 내는 현실은 잿빛이지만, 살아계신 하나님께 마음을 집중하는 순간 희망의 빛이 움터 오르기 시작한다. 그래서 탄식에서 시작한 시는 구원에 대한 기대로 나아간다.

> 하나님, 시온에서 나오셔서 이스라엘을 구원하여 주십시오! 주님께서 당신의 백성을 그들의 땅으로 되돌려 보내실 때에, 야곱은 기뻐하고, 이스라엘은 즐거워

할 것입니다(7절).

시온은 하나님의 임재를 상징한다. 우리의 잿빛 가슴에, 그리고 우리를 절망시키는 현실 속에 자꾸만 하나님을 모셔 들여야 한다. 하나님이 계신 곳에는 기쁨이 있고, 즐거움이 있다. 하나님을 믿는 사람들은 악한 세상에 살면서도 생을 축제로 살아낼 수 있어야 한다. 예수님이 머무시는 곳마다 '식탁 공동체'가 형성되었다. 주님은 낯선 사람들이 함께 생을 경축하며 기뻐할 수 있는 마당을 만드신 분이다. 세상이 속속들이 썩었다고 탄식만 해서는 세상이 달라지지 않는다. 거기에 적당히 길들여진 채 사는 것은 믿음의 배신이다. 새로운 공간과 기운을 만들 용기를 내야 한다. 나는 이사야 선지자의 말을 늘 가슴에 새기고 있다.

그날이 오면, 이집트 땅 한가운데 주님을 섬기는 제단 하나가 세워지겠고, 이집트 국경지대에는 주님께 바치는 돌기둥 하나가 세워질 것이다(이사야 19:19).

거대한 이집트 땅에 세워진 주님을 섬기는 제단 하나, 그리고 돌기둥 하나는 보잘 것 없어 보인다. 하지만 그것은 하나님이 살아 계시다는 사실을 일깨우는 징표이다. 하나님이 우리를 택하여 세우신 것은 하나님 나라의 징표가 되라는 것이다. 주님을 믿는다고 고백하는 이들이 허무에 굴복하는 것처럼 슬픈 일이 또 있을까? 이제는 실천적 무신론자의 삶에서 벗어나 하나님을 모신 사람의 당당함으로 살아야 한다. 과녁을 빗나간 화살이 아니라 하나님의 마음을 적중하는 화살이 되어야 한다. 주님의 도우심으로 우리가 도래하고 있는 하나님 나라의 징표가 되기를 기원한다.

영광이 깃든 땅

> 하나님께서 무엇을 말씀하시든지, 내가 듣겠습니다. 주님께서 우리에게 평화를 약속하실 것입니다. 주님께서는, 주님의 백성 주님의 성도들이 망령된 데로 돌아가지 않는다면, 진정으로 평화를 주실 것입니다. 참으로 주님의 구원은 주님을 경외하는 사람에게 가까이 있으니, 주님의 영광이 우리 땅에 깃들 것입니다. 사랑과 진실이 만나고 정의는 평화와 입을 맞춘다. 진실이 땅에서 돋아나고, 정의는 하늘에게 굽어본다. 주님께서 좋은 것을 내려 주시니, 우리의 땅은 열매를 맺는다. 정의가 주님 앞에 앞서 가며, 주님께서 가실 길을 닦을 것이다(시편 85:8-13).

우리 시대의 풍경 둘

—

무성하던 나뭇잎들이 떨어진 거리의 풍경이 쓸쓸하다. 하지만 그보다 더 쓸쓸한 것은 사람들이 빚어내는 풍경이다. 한쪽에는 농민들과 노동자들이 있고, 다른 한쪽에는 전경들이 있다. 서 있는 자리가 다를 뿐 그들은 다 착한 시민들이다. 그런데도 마치 불구대천의 원수인양 서로를 대한다. 한쪽은 물대포를 쏘아대다고 다른 한쪽은 대나무 몽둥이를 휘두르며 전투 아닌 전투를 치르고 있다. 어떤 메시지를 드러내기 위한 몸짓치고는 과격하다.

왜 이 지경이 되었을까? 가슴에 불이 붙었기 때문이다. 절망의 불이 분노의 불길이 되어 그 착한 사람들의 마음을 불사르고 있는 것이다. 나는 그 슬픈 현장을 먼발치에서 지켜보며 "우리의 거리에는 울부짖는 소리가 전혀 없을 것"(시편 144:14)이라고 노래한 히브리 시인을 부러워했다. 우리 사회를 채우고 있는 이 소란이, 이 울부짖음이 언제쯤 멎게 될지 알 수 없다. 삶의 속도를 늦추고 살아온 발자취를 돌아보고, 새로운 삶을 다짐해야 하는 이 시기에 우리 살림살이는 큰바람에 까불리는 배처럼 위태롭기만 하다.

그러나 이런 혼란의 와중에서 우리는 청량한 종소리를 듣는다. 구세군의 자선냄비가 등장해 행인들의 발걸음을 멈추게 하고 있다. 딸랑딸랑 울리는 종소리는 어쩌면 땅에 코를 박고 살아가는 사람들에게 하늘을 보라는 초대인지도 모르겠다. 두 가지의 상반된 풍경을 대하다가 잠시 멈추어 서서 기도를 올렸다. "뜻이 하늘에서 이루어진 것같이 땅에서도 이루어지이다." 예수님이 처음 세상에 오셨을 때 목자들은 천사들의 찬양소리를 들었다.

> 더없이 높은 곳에서는 하나님께 영광이요, 땅에서는 주님께서 좋아하시는 사람들에게 평화로다(누가복음 2:14).

천사들의 찬양은 그리스도의 발길이 닿는 곳 어디에서나 일어날, 또 일어나야 할 현실을 가리키고 있다. 주님의 소명 인정과 소망의 등불이 꺼져가는 세상에서 하나님의 영광을 드러내고 평화를 이루는 일이라는 것이다. 주님이 처음 이 세상에 오셨을 때의 형편도 지금처럼 어려웠다. 주님은 로마 제국의 지배를 받는 식민지 백성들의 가혹한 삶의 자리에 오셔서, 곤고한 사람들의 가슴마다 평화와 사랑의 씨앗을 심으셨다. 주님은 땅의 현실을 외면한 채 하늘만 가리키는 분이 아니었다. 예수님은 우리에게 죽음을 피하는 방법을 가르쳐주러 오신 분이 아니라, 어떻게 삶을 성화聖化시킬지를 가르치러 오신 분이시다. 땅이 없는 하늘은 없다. 나는 예수님을 누군가의 '설 땅'이 되어준 분이라고 생각한다.

새들에게 가장 황당한 일이 뭔지 아는가? 시인 반칠환은 "새들에게 가장 충격인 것은//날아오를 하늘이 없는 것보다/내려앉을 대지를 발견하지 못했을 때"라고 노래한다. 곰곰이 생각해해보니 그렇다. 믿음이란 이 땅의 현실에 눈을 감는 것이 아니다. 우리가 살고 있는 땅에 하늘을 끌어들이는 것이다. 메마른 대지에 풀씨를 심고 아침마다 물을 부어주는 이의 손길처럼, 돌짝 밭에서 돌을 골라내는 농부들처럼, 믿음의 사람들은 절망하고 원망하는 사람들이 아니라 지금 해야 할 일을 묵묵히 해내는 사람들이다. 새들에게 내려앉을 대지가 필요하듯이, 세상살이에 지쳐 비틀거리는 누군가의 설 땅이 되어주기 위해 애쓰는 사람들이 필요하다.

고통이 주는 선물

—

시편 85편의 시인도 역사의 어둠을 경험한 사람이다. 현실이 너무 힘들기에 그는 하나님이 그 백성에게 노여움을 품고 계신 것은 아닌지, 그래서 그들의 현실에 눈을 감고 계신 것은 아닌지 의심한다. 그러다가 그는 자기들의 역사를 돌이켜 본다. 하나님과 언약을 맺은 백성이라는 헛된 자부심에 안주했을 뿐, 하나님의 뜻보다는 욕망을 주인으로 삼고 살았던 부끄러운 과거가 떠올랐을 것이다. 그들이 어긋난 길로 갈 때마다 하나님은 그들을 바른 길로 인도하려고 애쓰셨다. 때로는 가시나무로 그들을 막고, 때로는 담을 둘러쳐서 그들의 길을 막으시기도 했다. 인생 채찍을 드실 때도 있었다. 하지만 백성들이 자기들의 잘못을 깨닫고 마음을 돌이키기만 하면, 언제 그랬느냐 싶게 그들을 다시금 받아들여주셨고, 그들의 모든 상처를 어루만져 낫게 해주셨다.

> 주님, 주님께서 주님의 땅에 은혜를 베푸시어, 포로가 된 야곱 자손을 돌아오게 하셨습니다. 주님의 백성들이 지은 죄악을 용서해 주시며, 그 모든 죄를 덮어 주셨습니다. 주님의 노여움을 말끔히 거두어 주시며, 주님의 맹렬한 진노를 거두어 주셨습니다(시편 85:1-3).

고통은 세상에 팔렸던 우리의 정신을 제자리에 돌려놓으라는 하나님의 초대이다. 어려움이 없다면 우리는 자신의 삶에 대해 진지하게 돌아보지 않는다. 고통은 지금까지 살아온 우리의 모습을 비판적으로 돌아보게 한다. 이 비판적 거리 두기를 통해 우리는 더 나은 사람이 되어간다. 영어로 사람을 가리키는 단어는 'human being'이다. 사람됨을 가리키는 단어는 'being human'이다. 이 둘은 서로 연결되어 있다. 사람이 사람이기 위해서는 반드시 사람됨이라는 요소를 안에 갖추어야 한다. 그 연결고리 노릇을 하는 게 고통이다. 고통을 경험하면서 우리는 자기의 약함을 알게 된다. 고통받는 다른 사람의 아픔도 이해하게 된다. 고통을 통해 더욱 폐쇄적이 되는 사람도 있지만, 고통을 통해 더욱 성숙해지는 사람도 있는 법이다.

지금은 선택의 시간

—

시인은 이제 고통의 현실 속에서 하나님께 엎드린다. 마땅히 서야 할 자리를 이제 되찾은 것이다. 그는 주님의 백성이 주님을 기뻐하도록 자기들의 삶을 회복시켜 달라고 간구한다. 시인은 하나님의 말씀에 귀를 기울일 준비가 되어 있다. 또한 그는 백성들이 망령된 데로 돌아가지만 않는다면 하나님께서 그 땅에 평화를 주실 것이고, 하나님의 영광이 깃들 것임을 믿어 의심치 않는다. 평화는 저절로 오지 않는다. 망령된 행실을 버려야 한다. 거짓 신들에게 절하는 일을 그만 두어야 한다. 돈에게 절하고, 권력을 탐하고, 쾌락에 탐닉하는 삶을 그만 둘 때 하나님은 우리에게 평화라는 값진 선물을 주실 것이다.

〈크리스찬 센츄리Christian Century〉라는 잡지는 성탄절을 앞두고 전 세계에 있는 기독교 지도자들에게 도덕 재무장을 위한 기도를 당부하면서 이메일e-mail을 통해 이런 메시지를 보내왔다.

> "어느 시대이든 한 사회가 그 참된 도덕적 원리를 선택해야 하는 순간이 있다. 우리는 지금 역사 속에서 그런 순간을 맞이하고 있다. 입법자들이 이데올로기를 삶의 원칙보다 앞세우려고 하는 바로 지금이야말로 우리가 정의의 나팔을 울리고 진실을 말해야 할 때이다There are moments in every generation when a society must decide on its real moral principles. This is one of those points in history: When our legislators put ideology over principle, it is time to sound the trumpets of justice and tell the truth".

미국의 평화운동가들이 전 세계의 양심적인 기독교인들에게 이런 호소를 하는 것은 미국이 약자들을 돌보라는 성서의 정신을 버리고, 강자의 이익에 봉사하고 있기 때문이다. 성경은 하나님께서 창조하신 세상을 가리켜 "하나님 보시기에 좋았다"(창세기 1:25)고 했다. 이 말은 세상에 대한 감상문이 아니다. 이 말은 오히려 도전이다. 하나님의 관점으로 세상을 보고, 거기에 따라 삶을 선택하라는 도전 말이다. 주님의 은혜를 경험한 사람들은 이렇게 묻는다.

> 주님께서 나에게 베푸신 모든 은혜를, 내가 무엇으로 다 갚을 수 있겠습니까?(시편 116:12)

이 마음으로 사는 사람이 참 사람이다. 그들은 늘 그늘진 땅에 사는 사람들에게 눈길을 돌리게 된다. 그런 마음이 하나 둘 모여 이루어진 세상을 시인은 아름답게 그리고 있다.

> 사랑과 진실이 만나고, 정의는 평화와 서로 입을 맞춘다. 진실이 땅에서 돋아나고, 정의는 하늘에게 굽어본다(10-11절).

'사랑'(헤세드)과 '진실'(에메트), '정의'(쩨데크)와 '평화'(샬롬)는 우리가 갈망하고 있는 구원의 내용이다. 물론 이것은 하나님이 우리에게 선물로 주시는 것이다. 하지만 이 네 가지 속성은 우리가 삶을 통해 구현해야 하는 과제이기도 하다. 하나님은 이미 그런 세상을 시작하셨다. 하지만 그것은 언제나 작은 씨앗의 형태로만 주어진다. 거기에 물을 주고, 가꾸는 책임은 우리에게 있다. 우리 속에 있는 무정함과 무관심을 딛고 누군가를 사랑으로 돌볼 때, 우리 속에서 돋아나는 거짓과 불성실을 도려내면서 진실을 회복할 때, 불의를 향해 '아니오'라고 말하며 위험을 무릅쓰고 정의의 편에 설 때, 나눔과 섬김을 통해 다른 이들의 마음에 깃든 원한 감정을 풀어내 줄 때 우리는 비로소 하나님의 영광이 깃든 땅에서 사는 기쁨을 맛보게 될 것이다. 사실 우리의 현실은 이런 덕목들과는 너무나 먼 거리에 있는 것처럼 보인다. 하지만 희망이 없는 것은 아니다. 자기 삶의 자리에서 희망을 만드는 사람들은 어디에나 있다.

통속通俗을 넘어서

〈한겨레신문〉을 보다가 아주 반가운 얼굴을 만났다. 우리 교회 정원석 성도가 미담의 주인공이 되어 다소 쑥스러운 듯한 미소를 짓고 있었다. 영등포에서 미래흉부외과를 운영하고 있는 정 원장은 서울 시내에 있는 소방관들 중에서 하지정맥류를 앓고 있는 이들에게 무료로 수술을 해주고 있었다. 벌써 12명이나 그 혜택을 입었고, 38명이 수술을 기다리고 있다는 소식이었다. 어린 시절 그는 제재소 가까이에 살았다고 한다. 메마른 계절이면 목재 창고에 불이 나곤 했는데, 그때마다 달려와 불을 꺼주곤 했던 소방관들에 대한 고마움을 정 원장은 마음 깊이 간직하고 있었던 것이다. 고마움을 아는 게 사람일진대 그는 참 멋진 사람이다.

"하나님께 부여받은 능력으로 서로 조금씩 돕고 사는 것이 세상을 밝게 만드는 노력 아닐까요? 고맙다며 음료수 한 병을 수줍게 건네는 소방대원들의 손에서 삶의 보람을 느낍니다." 정 원장은 사람답게 산다는 것이 무엇인지를 우리에게 가르치고 있다. 통속通俗에 떨어지기 쉬운 우리 삶을 거룩을 향해 곧추 세우기 위한 방법으로 가장 좋은 것은 사랑의 수고이다. 정 원장의 도움으로 건강을 되찾은 소방관들도 복을 받았지만, 그런 일을 할 수 있는 정 원장은 더욱 복 받은 사람이다.

지금 우리에게 부족한 것은 돈이 아니라, 도덕적 자산이고, 고통받는 이들에 대한 연민이고, 원칙에 대한 충성이다. 하나님의 형상대로 지음 받은 우리가 해야 할 일은 이 세상에 도덕적 자산과 원칙에 대한 충성이라는 하늘의 뜻을 끌어들이는 것이다. 그것은 땅에 산소를 공급하는 일과 같다. 우리가 사랑과 진실과 정의와 평화의 세상을 향해 한 걸음을 내딛을 때, 하나님은 우리를 안아 다섯 걸음, 열 걸음을 걸으실 것이다. 이게 우리의 희망이다. 내려앉을 대지를 발견할 수 없어 낙심한 사람들에게 우리가 설 땅이 되어줄 때 세상은 변화될 것이다.

랍비 아브라함 요수아 헤셸Abraham Joshua Heschel은 "사람은 누군가의 동료가 되고, 남들을 보살핌으로 성숙해진다"고 했다. 우리 눈이 고통받는 이웃들을 향해 크게 열리기를 바란다. 그리고 그들 곁으로 한 걸음 다가설 수 있는 용기를 회복하기 바란다. 내가 변하면 세상이 변한다. 우리 교회가 변하면 이 땅은 하나님의 영광이 깃든 땅이 될 것이다. 이 믿음으로 살아가는 우리가 되기를 기원한다.

악인의 입을 다물게 하시고

주님, 주님의 사랑과 정의를 노래하렵니다. 주님께 노래로 찬양 드리렵니다. 흠 없는 길을 배워 깨달으렵니다. 언제 나에게로 오시렵니까? 나는 내 집에서 흠이 없는 마음으로 살렵니다. 불의한 일은 눈앞에 얼씬도 못하게 하렵니다. 거스르는 행위를 미워하고, 그런 일에는 집착하지 않겠습니다. 구부러진 생각을 멀리하고, 악한 일에는 함께 하지 않겠습니다. 숨어서 이웃을 헐뜯는 자는, 침묵하게 만들고, 눈이 높고 마음이 오만한 자는, 그대로 두지 않으렵니다. 나는 이 땅에서 믿음직한 사람을 눈여겨보았다가, 내 곁에 있게 하고, 흠이 없이 사는 사람을 찾아서 나를 받들게 하렵니다. 속이는 자는 나의 집에서 살지 못하게 하며, 거짓말하는 자는 내 앞에 서지 못하게 하렵니다. 이 땅의 모든 악인들에게 아침마다 입을 다물게 하고, 사악한 자들을 모두 주님의 성에서 끊어버리겠습니다(시편 101:1-8).

교회는 전통적으로 대림절 두 번째 주일에 세례자 요한의 선포를 기억하곤 했다. 그는 요단 강 주변 온 지역을 찾아가서 죄사함을 받게 하는 회개의 세례를 선포하면서 주님 오실 길을 닦으라고 외쳤다.

모든 골짜기는 메우고, 모든 산과 언덕은 평평하게 하고, 굽은 것은 곧게 하고, 험한 길은 평탄하게 해야 할 것이니, 모든 사람이 하나님의 구원을 보게 될 것이다(누가복음 3:5-6).

육사자책六事自責

—

요한은 회개를 마음의 돌이킴으로만 설명하지 않았다. 속옷 두 벌 가진 사람은 없는 사람에게 나누어 주고, 먹을 것을 가진 사람도 그렇게 하는 것, 힘이 있다 하여 다른 사람을 협박하거나 빼앗지 않는 것, 제 사욕을 채우기 위해 자기 직위를 남용하던 짓을 그만두는 것이 바로 회개이다. 세상이 참 어지럽다. 오늘 이 땅에 드리운 혼돈과 어둠은 착하고 순박하게 살던 이들이 만들어낸 것이 아니다. 거리와 광장을 가득 메운 이들은 가리워졌던 불의한 현실의 실상을 보고는 떨쳐 일어나 정의를 요구하고 있다.

나라가 어지러울 때에는 권력의 정점에 있는 이부터 자기 처신을 돌이켜 보아야 한다. 《순자荀子》의 「대략大略」 편에 나오는 고사가 떠오른다. 은나라에 7년 큰 가뭄이 들자 태사太史가 탕왕湯王에게 인신공희를 제안한다. 그때 탕왕은 "백성을 위해 빌려 하는데 어찌 백성을 희생시키겠는가, 내가 희생됨이 마땅하다"고 말하고, 목욕재계를 한 후 흰 띠를 띠고 상림桑林의 들에 나가 하늘에 여섯 가지 일을 자책하며 기도를 올렸다. 이게 소위 말하는 육사자책六事自責이다.

'정치가 알맞게 조절되지 않았습니까?', '백성들이 직업을 잃고 있습니까?', '궁궐이 지나치게 화려하지 않습니까?', '여자들의 치맛바람이 성합니까?', '뇌물이 성행합니까?', '아첨하는 사람이 들끓습니까?' 왕의 기도가 끝나기도 전에 큰 비가 내리기 시작했다고 한다. 오늘의 우리에게 시사해주는 바가 참 많다.

흠 없는 삶을 꿈꾸다

—

시편 101편을 사람들은 흔히 제왕 시로 분류한다. 제왕 시는 주로 세상의 창조자이고 주관자이신 하나님의 통치를 찬양하는 내용을 담고 있지만, 지상 왕의 통치가 지향해야 할 바를 가르치기도 한다. 시인은 "주님의 사랑과 정의를 노래"하는 것으로 찬양을 시작하여 하나님의 지혜를 구한다.

> 흠 없는 길을 배워 깨달으렵니다. 언제 나에게로 오시렵니까? 나는 내 집에서 흠이 없는 마음으로 살렵니다(2절).

왕은 가르치고 지배하는 자이기에 앞서 배우는 자가 되어야 한다. 배우려 한다는 것은 자기의 부족함을 잘 안다는 말이다. 하나님의 지혜가 아니고는 나라를 바로 다스릴 수 없음을 그는 절감하고 있다. 솔로몬이 왕에 등극할 때 하나님께 청한 것은 '지혜로운 마음'이었다(열왕기상 3:9). 지혜로운 마음이라 번역된 단어의 원뜻은 '듣는 마음'이다. 자기로 가득 찬 사람은 누구의 말도 귀담아 들으려 하지 않는다. 그들은 자기 속으로 구부러진 존재인 탓에 타인의 고통에 공감하지 못한다. 자기 슬픔에 도취되어 남들의 아픔은 거들떠보지도 않는다. 역사의 비극은 이렇게 하여 빚어지는 것이다.

시인은 흠 없는 삶을 살고 싶어 한다. 성경에서 흠 없는 삶이란 도덕적으로 깨끗한 삶을 의미한다기보다는 주님의 인자하심과 공의에 일치된 삶을 일컫는 말이다. 이런 꿈을 가진 사람은 늘 자기 삶을 하나님의 뜻에 따라 조율하지 않을 수 없다. 욕망이 아니라 하나님의 뜻이 모든 판단의 기준이다. 그렇기에 그는 이렇게 말한다.

불의한 일은 눈앞에 얼씬도 못하게 하렵니다. 거스르는 행위를 미워하고, 그런 일에는 집착하지 않겠습니다. 구부러진 생각을 멀리하고, 악한 일에는 함께 하지 않겠습니다(3-4절).

시인은 불의한 일을 눈앞에 얼씬도 못하게 하겠다고 말한다. 그는 다른 이들의 처신에 따라 자기 행위를 바꾸는 카멜레온 같은 사람이 아니다. 확고하고 단호하게 중심을 붙잡고 있다. 적당히 좋은 관계를 유지하기 위해 타협하지 않는다. 현실 속에서 그런 이들은 가끔 '동업자의 윤리'를 어겼다고 타박 당하기도 하고, '품위를 지키라'는 비난을 받기도 한다. 하지만 그에게 중요한 것은 사람의 칭찬이 아니라 하나님의 인정이다.

불의한 자를 멀리함

—

백성을 다스리는 사람에게 필요한 것은 자기 자신을 깨끗하게 유지하는 것뿐만이 아니다. 사람들을 잘 살펴 적재적소에 잘 쓸 수 있어야 한다. 그러기 위해 먼저 필요한 것은 악인들을 가려내 멀리하는 것이다. 히브리의 한 시인은 악인들이 득세하는 현실을 가슴 아파하며 이렇게 하소연하고 있다.

주위에는 악인들이 우글거리고, 비열한 자들이 사람들 사이에서 높임을 받습니다(시편 12:8).

기가 막힌 현실이다. 다스리는 이들이 해야 하는 일은 자기 주위에서 그런 이들을 솎아내고 멀리하는 것이다. 아첨꾼들과 모략꾼들, 나라꼴이야 어찌되건 자기 잇속만 차리는 사람들 말이다. 시인은 확고한 의지를 가지고 말한다.

> 숨어서 이웃을 헐뜯는 자는, 침묵하게 만들고, 눈이 높고 마음이 오만한 자는, 그대로 두지 않으렵니다. 속이는 자는 나의 집에서 살지 못하게 하며, 거짓말하는 자는 내 앞에 서지 못하게 하렵니다. 이 땅의 모든 악인들에게 아침마다 입을 다물게 하고, 사악한 자들을 모두 주님의 성에서 끊어버리겠습니다(5, 7-8절).

이웃에 대한 연민이 없는 자, 마음이 오만한 자, 속이는 자들은 한 사회의 기초를 야금야금 갉아내는 자들이다. 어둠 뒤에 숨은 악인이 화살을 당겨 마음이 바른 사람을 쏘는 세상, "기초가 바닥부터 흔들리는"(시편 11:3) 세상에서는 의인조차 할 수 있는 일이 없다.

세월호 유가족들은 2014년 4월 16일, 그 청천벽력 같은 소식이 들려오기 전까지 소박한 행복을 꿈꾸던 사람들이었을 것이다. 세상에서 벌어지는 불의한 일들을 보며 혀를 차기도 했겠지만, 아주 의식적으로 불의에 저항하는 일은 하지 못한 분들이 많았다. 그러나 그날 이후 유가족들은 '요나의 뱃속'에 갇힌 듯한 느낌 속에서 살아가고 있다. 비통함과 절망의 심연에 갇혀 있는 것이다. 나는 세월호 유가족을 볼 때마다 박두진 시인의 〈갈보리의 노래〉가 떠오른다.

"마지막 내려 덮는 바위 같은 어둠을
어떻게 당신은 버틸 수가 있었는가
뜨물같은 치욕을, 불붙는 분노를,
에어내는 비애를, 물새 같은 고독을
어떻게 당신은 견딜 수 있었는가

꽝꽝 쳐 못을 박고,
창끝으로 겨누고, 채찍질해 때리고,
입 맞추어 배반하고, 매어 달아 죽이려는
어떻게 그 원수들을 사랑할 수 있었는가"

이 시를 소리 내 읽을 때마다 전율을 느낀다. 물론 이 시가 가리키는 '당신'은 예수님이다. 하지만 꼭 그래야만 하는 것은 아니다. 주님은 세상의 모든 작은 자들과 당신을 동일시하셨다. 세월호 유가족들이 감내해 온 시간이 바로 갈보리의 시간이 아니었다고 누가 말할 수 있겠는가? 무정한 사람들은 동정 피로를 호소하며 그만하면 되었다고, 이제는 노란 리본을 떼자고 말한다. 그래서는 안 된다. 죽임 당한 이들의 억울함은 신원 되어야 한다. 대림절기를 지날 때마다 이현주 목사님의 시 한 구절을 떠올리곤 한다. "나를 둘러 당신의 옷으로 삼으소서, 벌거숭이로 오시는 주님." 교회가 해야 할 일은 마음이 시린 사람으로, 벌거벗은 이의 모습으로 오시는 주님의 옷이 되는 것이다.

별을 던지는 사람들

—

주님은 지금 그런 마음을 품고 사는 이들을 찾고 계신다. 지도자는 모름지기 눈이 밝아야 한다. 하나님이 사람의 중심을 보시듯이 지도자들도 중심을 볼 수 있는 눈이 있어야 한다.

> 나는 이 땅에서 믿음직한 사람을 눈여겨보았다가, 내 곁에 있게 하고, 흠이 없이 사는 사람을 찾아서 나를 받들게 하렵니다(6절).

여기서 말하는 믿음직한 사람은 왕에게 절대적인 충성을 바칠 사람이 아니라, 하나님의 마음과 잇대 있는 사람을 말한다. 그는 왕이 잘못하는 일에 대해 '아니오'라고 말할 수 있는 사람이어야 한다. 그는 어떤 경우에도 선을 지향할 수 있는 사람이어야 한다.

마음으로 아낄 뿐만 아니라 존경하는 목사님이 한 분 계신다. 깨끗하고 성실하고 진실한 그는 지금 목사직을 내려놓고 목수로 살고 있다. 자기 마음을 잘 지켜내기 위해서이다. 며칠 전 그가 페이스북에 쓴 글을 읽다가 뭉클한 감동을 느꼈다. 그는 어느 백인의 집을 수리하는 일을 맡았다고 한다. 데크를 손보고, 화단을 조성하고, 망가진 창문을 수리했다. 집주인은 백인 중산층 남성 특유의 고압적 태도를 보였다. 미국 사회에서 이민자로, 아시아 사람으로, 남자로, 육체 노동자로 산다는 것이 얼마나 어려운지를 실감했다고 한다. 그러나 그는 짜증을 내지도, 일을 대충대충 하지도 않았다. 그가 쓴 글을 그대로 인용해보겠다.

"묵묵히 최선을 다해 일했습니다. 부탁하지도 않은 물청소와 쓰레기까지 비워주고 끊어진 전기선 배선도 해주고, 망가진 창문틀까지 고쳐주었습니다. 화분도 흙을 돋우고, 꽃들도 바로 세워주고, 죽은 가지들을 정리해 주었습니다"(김성환 목사, 페이스북, 2016년 11월 11일 자).

대체 이 마음이 무엇일까? 나는 속으로 '이게 이분의 목회구나!' 하고 무릎을 쳤다. 비록 더디더라도 이런 성실함과 온유함이 세상을 바꾸는 힘이 아닐까? 하나님은 분명히 이런 이를 눈여겨보실 것이다.

기왕 이런 이야기를 했으니 다른 이야기를 하나 더 들려드리고 싶다. 파커 파머의 책에서 읽은 내용이다. 동식물 연구가인 로렌 아이슬리Loren Eisley는 한동안 해안 도시에서 지낸 적이 있었다고 한다. 불면증에 시달리던 그는 새벽마다 해변을 산책하곤 했는데, 해 뜰 무렵이 되면 해안가로 밀려온 불가사리를 수집해서 팔기 위해 백사장을 뒤지는 사람들을 보았다. 그런데 어느 날 이른 새벽 아직 아무도 나오지 않은 시간에 해안에 홀로 있는 사람을 발견했다. 그는 불가사리를 주워 파도 너머로 던지고 있었다. 그 일은 날마다 계속되었다. 로렌은 그 사람을 '별을 던지는 사람'이라 불렀다. 불가사리의 모양이 별 모양이어서 붙인 별명일 것이다. 파커 파머는 그 이야기 끝에 하나님은 '별을 던지셨고 지금도 던지고 계신 분'이라고 말한다. 맞다. 세상의 작은 신음에도 응답하시는 하나님은 별을 던지시는 분이다. 우리 또한 별을 던지는 사람이 되어야 한다. "역사의 해안가에서 세찬 파도와 조수에 저항하는 모든 사람들, 바보처럼 보일 것을 두려워하지 않은 채 그 모양이 아무리 작고 하찮을지라도 생명을 긍정하기 위해 몸을 굽히는 사람들"(파커 파머, 《역설에서 배우는 삶의 지혜》, 중에서)이야말로 하나님을 참으로 믿는 사람들이다. 밤하늘을 수놓는 저 총총한 별들은 하나님의 뜻을 가슴에 품고 살아간 사람들의 영혼인지도 모르겠다.

동지녘을 향해 나아가면서 어둠이 더욱 짙어지고 있다. 하지만 지극한 어둠 속에서 빛을 준비하는 이들이 있다. 절망을 빚어 희망의 노래를 부르는 사람들, 죽임의 땅에 생명의 기운을 불어넣는 사람들, 불의가 넘치는 세상에서 끝끝내 의를 지향하는 사람들 말이다. 우리가 바로 그런 사람이 되어야 한다. 역사의 새벽은 저절로 밝아오지 않는다. 새벽을 깨우는 사람들이 필요하다. 주님 오실 길을 닦는 사람들, 골짜기는 메우고, 산과 언덕은 평평하게 하고, 굽은 것은 곧게 하는 사람들 말이다. 우리 모두 주님 오실 길을 닦는 그 가슴 벅찬 일에 기쁨으로 동참할 수 있기를 빈다.

영혼의 발돋움

내 님의
사랑은

하나님을 잊은 자들아, 이 모든 것을 깨달아라. 그렇지 않으면, 내가 너희를 찢을 때에 구하여 줄 자가 없을까 두렵구나. 감사하는 마음으로 제물을 바치는 사람이 나에게 영광을 돌리는 사람이니, 올바른 길을 걷는 사람에게, 내가 나의 구원을 보여 주겠다(시편 50:22-23).

두 개의 체를 앞에 두고

—

우리 앞에는 두 개의 체가 있다. 하나는 감사의 체이고, 다른 하나는 피해의식의 체이다. 피해의식의 체를 택한 이들은 자기가 경험하는 모든 일들을 체로 쳐 기쁨과 감사는 말끔히 걷어내고, 불평과 투덜거림만 소중히 갈무리한다. 이들에게 삶은 흥겨운 축제가 아니다. 이런 이들은 주위에 어둠을 뿌리는 사람들이다. 하지만 감사의 체를 택한 사람들은 똑같은 일상을 살면서도 불평과 불만은 걸러내고 감사와 기쁨을 소중하게 갈무리한다. 그들은 표정이 밝다. 다른 이들을 행복하게 만든다. 그는 삶으로 하나님을 예배하는 이들이다. 시인 정현종은 생명은 본질적으로 뭔가를 기대고 살아가는 것이라고 말한다. 그에게 사람은 '비스듬히 다른 비스듬히를 받치고 있는 이'이다. 우리는 홀로 설 수 없다. 그렇기에 하나님은 우리에게 이웃을 주셨다. 감사의 체를 가진 사람의 말은 이렇다.

> 사람이 무엇이기에 주님께서 이렇게까지 생각하여 주시며, 사람의 아들이 무엇이기에 주님께서 이렇게까지 돌보아 주십니까?(시편 8:4)

이 마음을 가지고 살면 좋겠다. 감사할 줄 아는 사람들은 세상을 새로운 눈으로 바라본다. 물론 이들의 눈에도 세상은 어지럽고 암담하다. 희망을 잃은 노동자들이 자살로 생을 마감하고, 쫓겨날 형편에 처한 외국인 이주노동자가 철로 위에 뛰어들고, 수능 성적을 비관한 젊은이들이 죽음을 택하는 세상이다. 하지만 감사의 체를 가진 사람들은 짙은 어둠에 매몰되지 않는다. 울면서라도 일어나 희망의 씨앗을 뿌린다.

상한 갈대도 꺾지 않으시고, 꺼져가는 등불도 끄지 않으시는 하나님이 우리와 함께 계시다는 사실이 그 희망의 근거이다. 믿음의 눈을 뜨고 보면 작지만 소중한 생명의 씨앗들이 보이게 마련이다. 눈 속에 묻혀 있긴 해도 봄이 되면 어김없이 꽃으로 피어날 씨앗들 말이다. 이사야는 "광야와 메마른 땅이 기뻐하며, 사막이 백합화 같이 피어 즐거워하며 무성하게 피어 기쁜 노래로 즐거워하며 레바논의 영광과 갈멜과 사론의 아름다움을 얻을 것이라"(이사야 35:1-2) 했다. 이런 희망이 있기에 히브리인들은 곤고한 삶의 자리에서도 이렇게 노래할 수 있었다.

> 감사하는 마음으로 제물을 바치는 사람이 나에게 영광을 돌리는 사람이니, 올바른 길을 걷는 사람에게, 내가 나의 구원을 보여 주겠다(23절).

감사의 회복을 위해

—

우리가 오늘 감사의 마음을 잃고 살아가는 까닭은 어쩌면 모든 물건이 지천으로 넘쳐나기 때문이 아닐까 생각한다. 풍요로움 속에는 진정한 감사가 깃들 수 없다. 가난해 보아야 살아 있음의 고마움을 안다. 나는 한 교우가 큰 수술을 받은 후 병상에서 보여준 빛나는 미소를 기억한다. 질병의 고통을 통해 살은 빠지고 기운은 줄었지만 놀랍게도 감사는 늘어났다. 위기의 순간에 함께하신 하나님을 경험했기 때문이다. 전 독일 그린피스 의장인 볼프강 작스Wolfgang Sachs는 적게 벌어서 적게 쓰는 것이야말로 정말 잘 사는 것이라 했다. 일리가 있는 말이다.

인생을 속도전으로 여기며 사는 사람들도 진정한 감사를 드릴 수 없다. 그들은 늘 앞만 내다볼 뿐 '지금'을 즐길 여유가 없기 때문이다. 언젠가 교회 대청소를 했다. 봉사의 마당을 열어놓으면 늘 의외의 분들이 오셔서 우리를 놀라게 한다. 이번에는 젊은이들의 모습은 별로 보이지 않고, 연세 지긋하신 분들이 주로 동참해 주셨다. 어떤 교우는 양평에서부터 기차를 타고 오셔서 젊은이 이상의 수고를 하고 가셨다. 바닥에 무릎을 꿇고 엎드려 물기를 닦아내시던 모습이 눈에 선하다. 주님의 교회를 위해 그런 일이라도 할 수 있으니 고맙다고 하신 말씀이 얼마나 좋은지 모르겠다. 속도의 나락에서 헤어나지 못하는 사람은, 자기 자신이 없는 사람이다. 세상의 가치들에게 먹혔기 때문이다. 우리가 만일 감사를 잃고 있다면 삶의 속도를 조정해서라도 '지금'을 살아야 한다.

철 따라 풍성한 은혜

—

영혼의 허기증에 시달리는 이들이 많다. 배고프면 밥을 찾듯이 영혼의 허기를 달래기 위해서는 '감사'를 양식으로 삼아야 한다. 삶이 힘겨울 때마다 들끓고 있는 내면의 소란을 잠시 그치게 하고, 눈앞에 있는 것이 어디에서부터 왔는지를 깊이 생각해 보라. 시간을 거슬러 오르다 보면 그 모든 것이 하나님께로부터 온 것임을 알게 될 것이다. 세상의 모든 것은 하나님의 편지이다. 눈을 뜨고 보면 하나님의 사랑은 철을 따라 풍성하다.

'봄바람에 아롱대는 언덕 저편 아지랑이', '가을 바람에 떨어진 비에 젖은 작은 낙엽', '푸른 물결 흰 파도 곱게 물든 저녁노을', '새하얀 눈길 위로 남겨지는 발자국들' 어느 것 하나 말씀 아닌 것이 없다.

세상은 여전히 어지럽다. 눈물과 한숨이 그칠 새 없다. 피해자의 눈길로 세상과 이웃을 보면 삶에 희망은 없다. 하지만 치유자의 눈길로, 씨앗을 뿌리는 자의 눈길로 세상을 보면 우리는 작은 일에도 기뻐하고 감사할 수 있다. 하나님은 우리에게 언제나 완제품을 주시지 않으신다. 씨앗을 주신다. 우리가 희망을 뿌리는 자로 부름 받았다는 사실이 얼마나 좋은지 모르겠다. 애니 딜러드Annie Diallard의 말이 마음의 들머리를 채운다.

"나는 죽는 순간 드리는 기도가 '제발'이 아니라 '감사합니다'가 되어야 한다고 생각한다. 떠날 때 문간에서 손님이 주인에게 감사의 뜻을 표하듯이 말이다."

《팅커 크리크에서의 순례》 중에서

하늘에 닿은 사랑

> 주님, 주님의 한결같은 사랑은 하늘에 가득 차 있고, 주님의 미쁘심은 궁창에 사무쳐 있습니다. 주님의 의로우심은 우람한 산줄기와 같고, 주님의 공평하심은 깊고 깊은 심연과도 같습니다. 주님, 주님은 사람과 짐승을 똑같이 돌보십니다. 하나님, 주님의 한결같은 사랑이 어찌 그리 값집니까? 사람들이 주님의 날개 그늘 아래로 피하여 숨습니다. 주님의 집에 있는 기름진 것으로 그들이 배불리 먹고, 주님이 그들에게 주님의 시내에서 단물을 마시게 합니다. 생명의 샘이 주님께 있습니다. 우리는 주님의 빛을 받아 환히 열린 미래를 봅니다(시편 36:5-9).

하늘을 가린 콘크리트 건물, 검은 아스팔트, 질주하는 차량의 물결, 희뿌연 하늘과 탁한 공기, 거리를 지나는 사람들의 굳은 표정, 매스컴을 통해 듣는 우울한 세상일들, 변덕스러운 날씨보다 더 변덕스러운 인심… 우울하다. '굿 모닝'이라는 아침 인사말도 '씨티'라는 말과 함께 사용되면서 악취가 배어들었다. 시편 36편의 시인도 악인이 활개를 치는 세상을 보면서 속상해 한다. 그는 탄식하듯 말한다.

> 악인의 마음 깊은 곳에는 반역의 충동만 있어, 그의 눈에는 하나님을 두려워하는 기색이 조금도 없습니다(1절).

게다가 그들의 눈빛은 또 어떤가?

그의 눈빛은 지나치게 의기양양하고, 제 잘못을 찾아내 버릴 생각은 전혀 없습니다(2절).

번들거리는 그의 눈은 항상 타인을 향할 뿐 자기를 돌아보지는 않는다. 그의 말은 또 어떠한가?

그의 입에서 나오는 말이란 사기와 속임수뿐이니, 슬기를 짜내어서 좋은 일을 하기는 이미 틀렸습니다(3절).

입에서 기름이라도 흐르듯이 매끄러운 말을 쏟아내지만 실은 그 속에 칼이 숨겨져 있다는 것이다. 이쯤 되면 정말 우울해진다.

오늘은 바다로 가자

—

개인적으로 좋아하는 시인 가운데 정진규라는 분이 있다. 이미 70이 넘으신 분인데, 세상을 바라보는 시선이 자못 그윽하다. 젊은 사람들과도 잘 어울리는데, 어느 날 한 젊은이가 찾아와 세상 참 더러워서 못 살겠다고 푸념을 했나 보다. 나이 드신 분으로서 한두 마디 했을 것이다. 아니 어쩌면 한 마디도 못했는지도 모른다. 시인은 집에 돌아가서 곰곰이 생각해 보았을 것이다. 인생은 살 만한가? 그렇다면 어디에 희망을 두고 살아야 하나?

그러다가 문답식으로 된 산문시 하나를 얻었다.

"그러면 무엇해, 무엇해, 너는 말한다 나쁜 사람이 더 잘사는 세상이야 너는 말한다 사랑으로 사는 사람들은 아무것도 못해 착하게 사는 사람들은 끼니가 고작이야 지워지고 지워진 게 도대체 몇 천 년이야 너는 말한다 지워지는 일은 아무나 못하는 일 그토록 어렵기에 하느님께서 네게만 맡기신 일 소용없어, 소용없어, 너는 말한다 모두 잊고 오늘은 바다로 가자 바다로 가면 된다 알 수가 있다 바다도 몇 천 년을 그렇게 지워지고 있을 것이다 앞 물결을 뒷 물결이 싸악 지워내고 또다시 뒷 물결이 앞 물결을 싸악 지워내고 있을 것이다 그래서 바다는 언제나 싱싱하게 싱싱하게 다시 채워지고 있을 것이다 지워지는 것은 이토록 아름답다 분명하게 지울 줄 아는 사람만이 가장 분명하게 다시 태어난다 사람아, 사람아, 더욱 온전히 사랑하거라 더욱 온전히 착해지거라 누리려 하지 말라 너는 분명히 어디에고 다시 태어나고 있다 사람아, 사람아, 누리려 하지 말라 몇 천 년을 또다시 지워지는 사람되자, 지워지는 사람되자 싱싱한 바다를 만들자 세상의 밥이 되자"

〈밥詩 · 4〉에서

시인은 세상살이에 지친 영혼을 바다로 이끌고 있다. 그리고 말없이 출렁이는 바다로부터 한 말씀을 듣는다. 바다가 언제 보아도 당당하고, 싱싱하게 유지되는 것은 앞 물결이 뒷 물결에게 자리를 내주기 때문이라는 것이다. 자기를 지울 줄 아는 사람이라야 바다를 만드는 사람이고, 세상을 먹여 살리는 밥이 된다는 것이다. 예수님이 당신을 따르려는 사람들에게 가장 먼저 요구한 것이 '자기 부정'이다. 나의 '에고'가 시퍼렇게 살아 있는 한 예수라는 큰 생명과 연대할 수 없다는 것이다.

시편 36편 시인도 그 답답한 현실에 주눅들어 있다가 문득 하늘을 바라보았나 보다. 한없이 푸른 하늘 앞에 서면 우리는 말을 잊고 생각을 놓게 된다. 다만 가슴 한 켠이 시원해지고, 답답하게 막혔던 울혈鬱血 같은 것이 스러지는 것을 느낀다. 어느 선배 목사님은 산을 오르다가 '하나님의 얼굴을 보았다'고 한다. 나는 그 느낌을 안다. 허위허위 산을 오르다가 문득 눈을 들었을 때 산마루 저편에 아득히 펼쳐진 푸른 하늘을 보면 누구라도 '아!' 하고 감탄하지 않을 수 없다. 그 깊은 깨끗함을 보고 하나님을 떠올리는 것은 어쩌면 자연스러운 일이 아닌가 싶다. 세상일에 지치고 낙심했던 시인이지만, 눈을 들어 하늘과 산과 바다를 바라보다가 문득 이 세상이 하나님의 가없는 사랑 안에 있는 것임을 깨달았던 것이다. 그래서 그는 노래한다.

하나님의 다양한 얼굴

—

주님의 한결같은 사랑은 하늘에 가득 차 있고, 주님의 미쁘심은 궁창에 사무쳐 있습니다. 주님의 의로우심은 우람한 산줄기와 같고, 주님의 공평하심은 깊고 깊은 심연과도 같습니다(5-6절).

그는 이제 더 이상 세상일에 대해 투덜거리는 사람이 아니다. 물론 세상은 아직 달라지지 않았다. 여전히 악인들은 하나님을 두려워하지 않고, 그들의 눈은 다른 이의 허물과 자기 이익을 찾기에 혈안이다. 그래도 시인의 마음은 화창하다. 주의 한결같은 사랑이 하늘에 가득 차 있음을 머리로가 아니라 가슴으로 깨달았기 때문이다. 세상은 네 편 내 편을 가르고, 부자와 빈자를 가르고, 배운 자와 못 배운 자를 가르지만, 하나님은 모든 차이를 사랑으로 감싸 안고 계신다. 시인은 우주의 뿌리가 '하나님의 사랑'임을 확연히 알았다. 투쟁이 아니다. 욕망이 아니다. 사랑이다. 헨리 나우웬Henri Nouwen 신부는 "우리의 사랑이 하나님의 사랑 안에 뿌리박을 때, 우리는 인생의 무거운 짐을 지고서도 가볍게 느낄 수 있다"고 했다. 사랑을 위해 사는 사람, 사랑의 기초 위에서 사는 사람은 어떤 짐도 가볍게 질 수 있다.

시인은 주의 미쁘심이 궁창에 사무쳐 있다고 고백한다. 세상 속속들이 하나님의 성실하심이 미치지 않는 곳이 없다는 것이다. 세상이 간과하는 보잘것없는 것 하나하나에도 하나님의 사랑이 깃들어 있다. 하나님은 변덕스럽지 않으시다. 한결같으시다. 낳고 기르고 품어주신다. 때때로 생의 어려움이 짙은 구름이 되어 하나님을 가리기도 하지만, 우리의 눈이 하나님을 향하지 않을 때에도 하나님의 눈은 우리를 향하신다.

시인은 주님의 의로우심은 우람한 산줄기와도 같다고 말한다. 사람은 이 세상에 잠시 동안 머물다 떠나지만 산들은 말없이 그 자리에 서 있다. 우리가 보기에는 세상에 의가 없는 것처럼 보일지 몰라도, 세상 모든 일은 결국 하나님의 의로 귀착되게 마련이다. 세상이 암울해 보여도 낙심하지 말아야 한다. 작은 성공에 기뻐할 것도 없고, 작은 실패에 낙심할 것도 없다. 결국은 하나님의 뜻이 승리한다. '사필귀정事必歸正'이다. 모든 일은 결국 '바름'을 향해 나아가게 된다. 이 믿음에 깊이 뿌리를 내리고 살아야 한다. 악인이 성공하는 것처럼 보여도 속상해하지 말자. 그들은 반드시 값을 치러야 한다.

악인들이 풀처럼 돋아나고, 사악한 자들이 꽃처럼 피어나더라도, 그들은 영원히 멸망하고 말 것입니다(시편 92:7).

시인은 주님의 공평하심이 깊고 깊은 바다와 같다고 말한다. 바람에 따라 출렁임이 더할 때도 있고 덜할 때도 있지만 언제나 수평을 유지하는 바다처럼, 하나님은 높은 것은 낮추시고 낮은 것은 높여주신다. 예수님의 어머니 마리아의 노래가 바로 그것을 보여준다.

그는 그 팔로 권능을 행하시고 마음이 교만한 사람들을 흩으셨으니, 제왕들을 왕좌에서 끌어내리시고 비천한 사람들을 높이셨습니다. 주린 사람들을 좋은 것으로 배부르게 하시고, 부한 사람들을 빈손으로 떠나보내셨습니다(누가복음 1:51-53).

인생은 축제

—

이런 확신이 있다면 인생은 축제가 된다. 도무지 두려울 게 없다. 시인은 이제 행복하다. 그는 자기 삶을 주님의 집에 있는 것으로 배불리 먹고, 주님의 시내에서 단물을 마시는 것으로 표현하고 있다. 어둡게만 보이던 세상도 돌연 주님의 빛으로 환해진다. 너무 낙관적인 것처럼 보이는가? 하지만 하나님의 은혜를 사무치게 경험한 사람은 낙관적일 수밖에 없다. 지금 당장 힘겨운 일이 닥쳐온다 해도 하나님의 사랑이 우리를 감싸 안고 있고, 세상일은 결국 하나님의 의로 돌아가게 되어 있음을 안다면 낙심할 수 없다. 성도는 작은 물결에도 이리저리 떠밀리며 요동치는 사람들이 아니다.

코미디 프로에 나오는 장면이 떠오른다. 한 사람이 고무줄에 매인 채 끌려간다. 사람들은 그 광경을 보면서 긴장한다. 고무줄을 놓아버리면 끌려가던 사람 얼굴에 맞게 생겼기 때문이다. 그런데 놀라운 반전이 일어난다. 끌려가던 사람이 가위를 꺼내서 그 줄을 잘라버리는 것이다. 고무줄을 잡고 있던 사람은 갑자기 얼굴에 고무줄을 맞고는 머쓱한 표정이 된다. 우리 삶에도 이러한 반전이 일어날 수 있다. 시련이, 실패가, 고통이 '너 딱 걸렸어' 하면서 우리를 끌고 갈 때, 한두 걸음쯤은 끌려갈 수도 있겠지만 다음 순간 그 줄을 딱 끊어버린다면 인생은 가벼워질 것이다. 어떤 상황에 처해도 그 상황에 시들시들 따라다니지 말아야 한다不隨萎萎地 불수위위지.

코브린의 랍비는 이렇게 가르쳤다.

"그대가 어떤 일로 해서 고통 받을 때 그것을 나쁜 것이라고 말해서는 안 된다. 신이 인간에게 주는 것에 나쁜 것이란 없다. 그 대신 '이것은 약간 쓰군'이라고 말하라. 왜냐하면 약 중에는 쓴 약초로 만든 것들이 있기 때문이다."

우리가 있는 곳이 어디이든 하나님의 사랑과 미쁘심, 의로우심과 공평함 밖에 머물 수는 없다. 이 확신을 가슴에 새기고 산다면 우리는 세상에 활력을 주는 사람이 될 것이다. 많은 사람들이 피로에 지친 몸과 마음을 쉬기 위해 휴가지를 찾는다. 날이 더워지면 하늘과 바다와 산의 얼굴로 우리에게 다가오시는 주님을 가슴에 모시고 '쿨'한 시간 보내면 어떨까.

아침을
기다리며

주님을 믿는 성도들아, 주님을 찬양하여라. 그 거룩한 이름을 찬양하여라. 주님의 진노는 잠깐이요, 그의 은총은 영원하니, 밤새도록 눈물을 흘려도, 새벽이 오면 기쁨이 넘친다. 내가 편히 지낼 때에는 "이제는 영원히 흔들리지 않겠지." 하였지만, 아, 태산보다 더 든든하게 은총으로 나를 지켜 주시던 주님께서 나를 외면하시자마자 나는 그만 두려움에 사로잡히고 말았습니다. 주님, 내가 주님께 부르짖었고, 주님께 은혜를 간구하였습니다. 내가 죽은들 주님께 무슨 유익이 되겠습니까? 내가 죽어 구덩이에 던져지는 것이 주님께 무슨 유익이 되겠습니까? 한 줌의 티끌이 주님을 찬양할 수 있습니까? 한 줌의 흙이 주님의 진리를 전파할 수 있습니까? 주님, 귀를 기울이시고 들어 주십시오. 나에게 은혜를 베풀어 주십시오. 주님, 주님께서 나를 돕는 분이 되어 주십시오. 주님께서는 내 통곡을 기쁨의 춤으로 바꾸어 주셨습니다. 나에게서 슬픔의 상복을 벗기시고, 기쁨의 나들이옷을 갈아입히셨기에 내 영혼이 잠잠할 수 없어서, 주님을 찬양하렵니다. 주, 나의 하나님, 내가 영원토록 주님께 감사를 드리렵니다(시편 30:4-12).

살다 보면 몸이 불편할 때도 있고, 마음이 불편할 때도 있다. 몸과 마음이 불편해지면 만사가 귀찮아진다. 고통이 지속되면 죽음을 생각하게 된다. 이게 어쩔 수 없는 사람의 한계인가 보다. 구름 한 점 없이 맑은 하늘처럼 개운한 몸을 가져보았으면 좋겠다. 하지만 그것은 욕심일 뿐이다. 몸이 개운하지 않으면 마음도 덩달아 어두워진다. 그럴 때면 세상을 너그럽게 보지 못한다. 화를 잘 내는 사람은 그러니까 마음이 어두운 사람이다. 살다 보면 누구나 생의 위기를 경험한다. 그 위기가 근본적일 때 우리는 '하늘이 무너지는 것 같다'고 말한다. 그런 체험 앞에서 사람은 땅이 꺼져라 한숨을 내쉰다. 눈앞이 캄캄하고, 살아갈 희망조차 스러져갈 때 우리는 본능적으로 하나님을 찾는다. '아이고, 하늘도 무심하시지!' 이런 탄식에는 땅에는 공평함이 없어도 하늘은 공평해야 한다는 무의식적인 소망이 담겨 있다. 어쩌면 이것은 우리가 땅을 딛고 살고는 있지만, 실상 우리 삶의 토대는 하늘, 곧 하나님이심을 가리키는 것인지도 모른다.

노염과 울음의 현실

—

시편 30편의 시는 죽음의 문턱에서 구원받은 사람의 감사 찬양이다. 그는 생명을 위협하는 병에 걸렸다가 고침을 받았다. 그는 산 자의 땅에 있다는 사실이 그렇게 기쁠 수가 없다. 사소한 물건을 잃어버렸다가 되찾아도 기쁜데, 생명을 되찾은 감격이 얼마나 크겠는가. 사람은 대개 자기가 일상적으로 누리고 사는 것들에 대해서 고마운 생각을 갖지 않는다. 그것은 늘 그곳에 당연히 있어야 하는 것으로 여기기 때문이다. 우리는 숨을 쉬면서 공기에 대해서 감사하지 않고, 수도꼭지를 돌리면 쏟아지는 물에 대해서 감사하지 않는다. 하지만 죽음의 문턱에 섰던 사람에게는 아무것도 당연하지 않다. 모든 게 은총이고 선물이다. 시인의 고백은 그래서 더욱 절실하다.

내가 편히 지낼 때에는 "이제는 영원히 흔들리지 않겠지." 하였지만, 아, 태산보다 더 든든하게 은총으로 나를 지켜 주시던 주님께서 나를 외면하시자마자 나는 그만 두려움에 사로잡히고 말았습니다(6-7절).

가만히 우리 삶을 돌아보자. 우리는 저마다 제 잘난 맛에 살지만 사실 '나'라고 하는 존재는 '너' 없이는 있을 수 없다. 하늘과 땅과 대기와 이웃들이 없는 '나'는 생각할 수조차 없다. 생명은 서로를 기대고 있는 것이다. 그런데 그런 기댐의 궁극적인 근거가 되는 분이 하나님이시다. 시인은 하나님을 '태산보다 더 든든하게 은총으로 나를 지켜 주시던 주님'이라고 고백한다. 하지만 그가 하나님을 그렇게 인식한 것은 하나님의 외면하심을 겪은 후의 일이다. 그는 언제까지라도 평안하리라 생각하던 자기 삶이 토대로부터 무너지는 것을 경험하였을 때, 비로소 자기의 평안한 삶이 하나님의 돌보심 때문임을 알았다.

오늘의 현실을 돌아볼 때마다 하나님이 우리에게 등을 돌리고 계신 것은 아닌가 하는 생각이 든다. 함께 기대고 살아가야 할 사람들이 서로를 마치 원수인 양 대하는 모습을 보면 마음이 착잡하다. 해마다 추곡수매가에 실의에 빠진 농민들의 시위는 '농자천하지대본農者天下之大本'이라는 말이 무색할 정도다. 핵폐기장 건설을 둘러싼 시민들과 경찰의 충돌을 보면 가슴이 내려앉는 것 같다. 이주 노동자 추방 정책 때문에 하늘이 꺼져라 한숨을 내쉬는 가난한 나라 출신의 젊은이들을 보면 마음이 답답해진다. 지금 우리는 신뢰의 위기를 경험하고 있다. 누가 무슨 말을 해도 믿지 못하게 된 것이다. 이것은 아주 근본적인 위기다. 구석구석에 울음이 깃든 땅에 살기에 우리 삶에는 평안함이 없다.

희망은 하나님께 있다

—

희망은 어디에 있을까? 도무지 길이 보이지 않는다. 하지만 우리 모두 흥분을 가라앉히고 자신을 돌아보아야 한다. 하나님은 아담에게 '네가 어디에 있느냐?'고 물으셨다. 이 물음은 우리를 향한 것이기도 하다. 우리는 거울 앞에 서서 옷매무새를 고치는 것처럼, 극지를 탐험하는 탐험가들이 때때로 멈추어 서서 지리측정시스템GPS을 통해 자기 위치를 확인하곤 하는 것처럼 하나님의 뜻 앞에서 우리 삶을 돌아보아야 한다.

엘살바도르의 순교자 오스카 로메로Oscar Romero 대주교는 '초월이란 사방이 막혀 있을 때 하늘을 보는 것'이라 했다. 신뢰 상실과 사회적 갈등이 노골적인 폭력으로 드러나고 있는 지금 우리는 소란을 그치고 조용히 하나님의 뜻에 귀를 기울여야 한다. 그것만이 갈등을 치유할 수 있는 길이다. 서로가 마음을 열고 역지사지易地思之의 심정으로 대화를 할 때 하나님이 우리를 인도하실 것이다. 그때 우리는 오늘의 시인처럼 고백하게 될 것이다.

> 주님의 진노는 잠깐이요, 그의 은총은 영원하니, 밤새도록 눈물을 흘려도, 새벽이 오면 기쁨이 넘친다(5절).

우리가 어둠 가운데서도 낙심하지 않는 것은 우리를 향하신 하나님의 은총을 믿기 때문이다. '노하기를 더디 하시고, 사랑과 진실이 그지없으신 하나님'(시편 86:15)이 우리 희망의 근거이다. 세례 요한의 아버지 사가랴는 오실 메시아가 하실 일을 이렇게 노래한다.

그는 해를 하늘 높이 뜨게 하셔서 어둠 속과 죽음의 그늘 아래에 앉아 있는 사람들에게 빛을 비추게 하시고, 우리의 발을 평화의 길로 인도하실 것이다(누가복음 1:78-79).

지금은 어둠이 지극한 것처럼 보여도 새벽이 밝아올 것이다. 우리는 어둠 속에서 아침을 내다보는 사람들이다. 그런데 시간으로서의 아침은 우리가 애쓰지 않아도 밝아오지만, 역사로서의 아침은 우리의 노력을 요구한다. 아무 일도 하지 않으면서 새 날을 기다릴 수는 없다. 〈지리산생명평화결사〉가 조직되었을 때, 그 결사에 동참하는 이들은 생활 속에서 일곱 가지를 실천하겠다고 다짐했다. 이것을 분열과 갈등의 땅에 심는 하늘의 씨앗이라고 생각하여 소개한다.

첫째, 모든 생명을 소중히 여기고 존중하겠습니다.
둘째, 모든 생명을 우애로 감싸겠습니다.
셋째, 대화와 경청의 자세를 갖겠습니다.
넷째, 나눔을 적극적으로 실천하고 청빈하게 살겠습니다.
다섯째, 모든 생명의 터전을 보존하겠습니다.
여섯째, 한반도의 평화를 지키고 실현하기 위한 길에 앞서겠습니다.
일곱째, 끊임없이 깨어 공부하겠습니다.

이것이 우리가 잃어버린 삶의 근본이라고 생각한다. 이런 노력 없이 역사의 아침은 오지 않는다. 평화에 이르는 길은 없다. 평화가 곧 길이다There is no way to peace. Peace is the way.

슬픔의 상복을 벗기시고

—

죽음의 위기를 벗어난 시인은 이제 자기가 살아 있는 한 하나님의 구원과 진리를 세상에 널리 알리며 살겠다고 다짐한다. 그가 하나님을 찬양하는 까닭은 하나님이 인생행로를 편안하게 해주시기 때문이 아니라, 어떤 험한 일이 다가와도 포기하지 않고 걸을 수 있는 힘과 은혜를 주시기 때문이다. 그는 이제 자기의 능력과 의지에 기대어 사는 사람이 아니라, 순간마다 다가오는 하나님의 은총에 기대어 살아가는 사람이다.

정현종은 그의 시 〈사람은 언제 아름다운가〉에서 “자기를 벗어날 때처럼/사람이 아름다운 때는 없다”고 노래한다. 자기로부터 벗어난 사람이라야 하나님의 은혜를 찬양할 수 있다. 자기의 질긴 욕망에 사로잡혀 있는 한 사람은 햇빛과 바람, 건강과 음식, 이웃과 친구에 대해 감사할 수 없다. 자기로부터 벗어난 사람이라야 이웃을 진심으로 사랑할 수 있고, 역사의 아침을 앞당길 수 있다. 예수님이 아름다운 까닭은 그가 자기를 철저히 비워 하나님의 뜻을 따랐기 때문이다.

우리는 모두 역사의 아침을 기다린다. 지금 우리는 혼란 가운데 있지만 어둠을 향해 ‘빛이 생겨라’ 하심으로 빛을 만드신 하나님을 믿는다. 우리 가운데 하나님을 모실 때 우리는 돋는 해 아침 빛 같은 주님의 은총을 맛보게 될 것이다. ‘통곡을 기쁨의 춤으로 바꿔 주시고, 슬픔의 상복을 벗기시고 기쁨의 나들이옷으로 갈아 입히시는’ 하나님이 우리와 함께 계신다. 이 믿음이 우리를 살게 한다. 불신과 폭력이 난무하는 세상에서도 이 믿음을 붙잡고 있는 사람들은 희망의 불꽃을 꺼뜨리지 않는다. 인도에는 “어둠을 욕하기보다는 촛불 한 자루를 켜는 게 더 낫다”는 격언이 있다. 우리에게 필요한 것은 이런 소박한 실천이다.

지금 갈등 속에 있는 우리의 모습을 보시면서 하나님도 아파하실 것이다. 그 아픔을 덜어드리기 위해서라도 우리는 사랑의 사람들이 되어야 한다. 모든 생명을 우애로 감싸 안으려는 마음이 점점 커질 때 역사의 아침은 다가올 것이다. 우리가 하나님의 뜻을 이루기 위해 애쓸 때 하나님은 우리를 도와주신다. 필요한 때에 필요한 만큼 말이다. 이런 도우심을 알아차리는 사람들은 슬픔의 상복을 벗기시고 기쁨의 나들이옷으로 갈아 입혀주시는 하나님을 찬양하지 않을 수 없다. 우리 모두 아침을 기다리며, 아침을 살아가는 생명의 사람들이 되기를….

무엇으로 감사할까

주님, 주님께서 나의 간구를 들어주시기에, 내가 주님을 사랑합니다. 나에게 귀를 기울여 주시니, 내가 평생토록 기도하겠습니다. 죽음의 올가미가 나를 얽어매고, 스올의 고통이 나를 엄습하여서, 고난과 고통이 나를 덮쳐 올 때에, 나는 주님의 이름을 부르며 "주님, 간구합니다. 이 목숨을 구하여 주십시오" 하였습니다. 주님은 은혜로우시고 의로우시며, 우리의 하나님은 긍휼이 많으신 분이시다. 주님은 순박한 사람을 지켜 주신다. 내가 가련하게 되었을 때에, 나를 구원하여 주셨다. 내 영혼아, 주님이 너를 너그럽게 대해 주셨으니 너는 마음을 편히 가져라. 주님, 주님께서 내 영혼을 죽음에서 건져 주시고, 내 눈에서 눈물을 거두어 주시고, 내 발이 비틀거리지 않게 하여 주셨으니, 내가 살아 있는 동안 주님 보시는 앞에서 살렵니다. "내 인생이 왜 이렇게 고통스러우냐?" 하고 생각할 때에도, 나의 믿음은 흔들리지 않았습니다. 나는 한 때, 몹시 두려워, "믿을 사람 아무도 없다." 하고 말하곤 하였습니다. 주님께서 나에게 베푸신 모든 은혜를, 내가 무엇으로 다 갚을 수 있겠습니까? 내가 구원의 잔을 들고, 주님의 이름을 부르겠습니다. 주님께 서원한 것은 모든 백성이 보는 앞에서 다 이루겠습니다. 성도들의 죽음조차도 주님께서는 소중히 여기신다. 주님, 진실로, 나는 주님의 종입니다. 나는 주님의 종, 주님의 여종의 아들입니다. 주님께서 나의 결박을 풀어 주셨습니다. 내가 주님께 감사제사를 드리고, 주님의 이름을 부르겠습니다. 주님께 서원한 것은 모든 백성이 보는 앞에서 다 이루겠습니다. 예루살렘아, 네 한가운데서 주님의 성전 뜰 안에서, 주님께 서원한 것들을 모두 이루겠다(시편 116:1-14).

복사판이 아니라 원판

—

세상에는 자기 자신에 대해서 실망한 채 살아가는 이들이 많이 있다. 자기 삶에 대해서 완전히 만족하는 사람은 없을 것이다. 있다면 광인狂人이거나 성인聖人일 것이다. 인생은 행복하기도 하고, 불행하기도 하다. 만약 불행을 느끼지 못한다면 우리는 행복도 느낄 수 없을 것이다. 그림자 없는 몸이 없는 것처럼, 불행이 없는 삶이란 불가능하다. 문제는 그 불행을 어떤 시각으로 바라볼 것이냐 하는 것이다. 많은 사람들이 자기들에 대해, 혹은 자기들의 삶의 조건에 대해 실망감을 나타내곤 한다. 키가 작아서 속상하고, 배우지 못해서 한스럽고, 건강이 여의치를 못해서 안타깝고, 원만하지 못한 성격 때문에 고립되고, 외모에 자신이 없어서 열등감을 느끼고….

그러다 보니 사람들은 현실을 있는 그대로 직면하기보다는 '만약의 집'에 머물기를 좋아한다. '만약 내가 키가 크다면', '만약 내가 부잣집에 태어났다면', '만약 내 피부가 지금보다 희다면', '만약 내가 미국에 태어났다면'…. 한두 번 그런 생각하는 거야 문제될 게 없다. 하지만 그게 병이 된다면 심각해진다. 그 병의 초기 증상은 불만족과 원망이고, 더 심해지면 남에 대한 시기심과 자기 비하로 나타난다. 그런데 이런 병을 이길 수 있는 길은 내게 없는 것 때문에 탄식하기보다는 내게 있는 것이 무엇인지를 자세히 살피는 데 있다. 나는 라인홀드 니버Reinhold Niebuhr의 이 기도문을 좋아한다.

"하나님, 내가 변화시킬 수 없는 일은 받아들일 수 있는 평정을 주시고
변화시킬 수 있는 일은 변화시킬 수 있는 용기를 주시고
이 둘 사이의 차이를 알아차릴 수 있는 지혜를 주소서."

변화시킬 수 없다면 받아들여야 한다. 이게 내 몫의 생이구나 하고 말이다. 바울도 로마서에서 이렇게 말한다.

오, 사람아, 그대가 무엇이기에 하나님께 감히 말대답을 합니까? 만들어진 것이 만드신 분에게 "어찌하여 나를 이렇게 만들었습니까?" 하고 말할 수 있습니까? 토기장이에게, 흙 한 덩이를 둘로 나누어서, 하나는 귀한 데 쓸 그릇을 만들고, 하나는 천한 데 쓸 그릇을 만들 권리가 없겠습니까?(로마서 9:20-21).

남과 같지 못한 것을 원망할 것이 아니라, 내가 나답게 살지 못하는 것을 안타까워해야 한다. 아브라함 요수아 헤셸Abraham Joshua Heschel의 말은 우리의 정수리를 치는頂門一鍼정문일침 가르침이 아닐 수 없다.

"한 사건으로서의 나의 실존은 복사판이 아니라 원판이다."

누군가를 추종하며 살기에는 우리 삶이 너무도 소중하다. '나는 원판이다', '나는 세상에 있는 어떤 사람과도 동일하지 않다.' 이렇게 외치고 보면 잘 살아야겠다는 생각이 차오른다. 하지만 우리는 살아가면서 조금씩 조금씩 다른 사람들의 삶에 동화되어 간다. 물론 그것도 필요하다. 너무 중뿔나게 튀는 것은 바람직하지 않다. 하지만 지나치게 동화되어 가다가 자기의 고유한 모습을 잃어버리면 안 된다. '모난 돌이 정을 맞는다'는 말처럼 우리의 개성을 억압하는 말이 없다. 사람들은 다른 이들처럼 생각하고 행동해야 편하다는 것을 잘 안다. 그래서 남의 눈을 통해 세상을 보고, 남의 가슴으로 느끼고, 남의 언어로 말을 한다. 복제인간 클론은 이렇게 태어나는 것이다. 사람들은 원판으로 사는 불편함 대신 복사판으로 살아가는 편안함을 즐긴다. 이것이 바로 타락이다.

홀로 그리고 더불어

—

때때로 우리 삶에 고독이 필요한 것은 고독 속에서만 나 자신을 깊이 바라볼 수 있기 때문이다. 고독과 침묵은 사람이 하나님과 만나는 소중한 시간이다. 예수님은 분주한 일정 가운데서도 항상 고요한 곳을 찾아가셨다. 우리는 기도하지 못하는 이유를 '너무 바빠서'라고 말할 때가 많다. 하지만 예수님이 열심히 기도하는 이유도 '너무 바빠서'임을 잊지 말아야 한다. 기도하지 않고는, 하나님 앞에서 보내는 시간이 없이는 자기가 될 수 없다. 그런데 놀라운 진실이 있다. 고독 속에서 하나님과 만난 사람은 자기가 홀로 살 수 없는 존재임을 절감한다. 다른 이들과 더불어 살 수밖에 없고, 다른 이들 덕분에 살아간다는 사실을 알아차리는 것이다. 그것을 깊이 인식하는 사람은 받은 것을 누군가에게 되돌려주고 싶어한다. 그것이 사랑이고 감사다. 사람이 사람다워지는 것은 받은 것을 되돌려줄 때이다.

우리가 누리고 살아가는 것 가운데 나로부터 나온 것이 무엇이 있는가? 다 누군가의 덕분에 내게 온 것 아닌가? 생명조차도 그러하다. 하나님의 사랑이 아니라면 우리는 이 자리에 없다. 하나님의 사랑이 우리를 붙잡고 계신다. 이것을 깊이 깨닫는다면 우리 삶은 달라진다. 오늘의 시편에서 우리는 시인의 마음을 짐작할 수 있는 한 구절을 만난다.

주님께서 나에게 베푸신 모든 은혜를, 내가 무엇으로 다 갚을 수 있겠습니까?(시편 116:12).

이것이야말로 우리가 물어야 할 참된 물음이다. 이 물음을 제대로 던지며 살면 우리 삶이 새로워진다. 사람이 된다는 것은 하나님의 은혜를 감사히 여기고 보답할 줄 안다는 것이다. 사람의 마음이 언제 자라는가? 누군가를 도와주려고 불편을 감수할 때이다. 신비가들이 세상에 있는 어려운 사람들은 우리의 스승이라고 말하는 것은 그 때문이다. 우리가 그들을 돕기 위해 몸을 낮출 때 우리는 성장하는 것이다. 놀랍지 않은가? 믿음이란 이런 것이다. 신앙은 밑도 끝도 없는 욕망을 채우기 위한 방편이 아니다.

무엇을 감사할까?

—

그렇다면 히브리의 시인은 무엇 때문에 하나님께 감사하고 있나? 첫 번째로 그가 꼽고 있는 것은 하나님이 자기의 사정을 들어주셨다는 것이다. 살다 보면 마음에 쌓인 무거움을 누군가에게 털어놓고 싶은 생각이 들 때가 많다. 마음이 답답할 때면 여러분은 누구를 찾는가? 대개 친구들과 만나 이야기를 할 것이다. 프랑스 사람들은 포도주나 맥주를 찾아간다고 한다. 그런데 우리 사정을 자기 일인 듯 공감하면서 들어 주는 사람을 만난다는 것은 그리 쉬운 일이 아니다. 할 수 없어서 앞에 앉아 있기는 하지만, 흘낏흘낏 시계를 보거나, 하품을 하는 친구를 보면 마음이 더 어두워진다. 그러나 하나님은 다르시다. 우리가 당신께 나와 있는 그대로의 내 마음을 드러내는 것을 대견하게 여기신다. 사람과 사람 사이의 관계는 나의 짐을 상대에게 맡기려는 순간 틀어지게 마련이다. 하지만 하나님과의 관계는 다르다. 우리의 짐을 주님 앞에 맡기려고 하는 순간 관계가 형성된다.

시인은 지금 사망의 줄이 자기를 두르고 음부의 고통이 닥쳐와 어찌할 바를 모를 때 여호와께 기도했더니 하나님이 그를 구원하셨다고 고백한다. 이런 근원적인 은총을 경험했기에 그는 이렇게 고백한다.

> 주님, 주님께서 내 영혼을 죽음에서 건져 주시고, 내 눈에서 눈물을 거두어 주시고, 내 발이 비틀거리지 않게 하여 주셨으니(8절).

시인은 너무나 큰 시련을 겪었다. 그래서 세상이 두렵다. 믿을 수 있는 사람은 아무도 없다. 함께 살아가는 사람들을 믿을 수 없다는 사실처럼 큰 비극이 어디에 있겠는가. 그래서 탄식한다.

> "내 인생이 왜 이렇게 고통스러우냐?" 하고 생각할 때에도, 나의 믿음은 흔들리지 않았습니다(10절).

하지만 그는 문득 마음이 밝아진다. 환난과 고통으로부터 건져 주신 하나님이 살아 계시다는 사실을 새삼스럽게 자각했기 때문이다. 이것이 초월이다. 마음의 감옥에서 벗어나는 것이다. 하나님을 가리켜 어느 신학자는 '존재의 기반'이라 했다. 이 세상에 있는 모든 것들이 그분 없이는 존재할 수 없다는 말이다. 우리 마음이 속절없이 흔들릴 때에도 주님은 우리의 반석이 되신다. 바울은 하나님을 모신 이들의 든든함을 고린도후서에서 이렇게 표현했다.

우리는 사방으로 죄어들어도 움츠러들지 않으며, 답답한 일을 당해도 낙심하지 않으며, 박해를 당해도 버림받지 않으며, 거꾸러뜨림을 당해도 망하지 않습니다 (고린도후서 4:8-9).

고통의 용광로 속에서 오히려 사도는 자기 속에 예수의 생명이 자라나는 것을 감사히 여기고 있다. '체로금풍體露金風'이라는 말이 있다. 잎이 진 나무에 부는 바람이 오히려 나무의 존재를 더욱 옹골차게 드러낸다는 뜻이다. 바울은 온갖 시련을 겪으면서, 그 시련이 오히려 자신을 그리스도에게 더욱 확고하게 비끄러맨 사실을 기뻐하고 있다. 이것은 오늘의 시인의 경험과 유사하다.

무엇으로 보답할꼬

—

고통이 없기 때문이 아니라, 고통 속에서도 그것을 이길 힘을 주시는 하나님을, 아니 고통 때문에 더욱 하나님의 사랑의 깊이를 맛볼 수 있음을 기뻐하면서 시인은 스스로에게 묻는다.

주님께서 나에게 베푸신 모든 은혜를, 내가 무엇으로 다 갚을 수 있겠습니까? (12절)

정말 멋진 질문 아닌가! 그는 일단 두 가지를 결단한다. 첫째는 구원의 잔을 높이 들고 여호와의 이름을 부르겠다는 것이고, 둘째는 자기가 한 서원을 주님께 갚겠다는 것이다.

지금 손에 무슨 잔을 들고 있는가? 절망의 잔인가? 쓰디쓴 고통의 잔인가? 아니면 쾌락의 잔인가? 그 잔을 치우자. 그리고 구원의 잔을 들자. 주님은 이미 우리를 구원해 주셨다. 구원의 잔을 들고 하나님의 이름 앞에 영광을 돌리자. 나를 나 되게 하시는 주님의 사랑을 마음껏 찬양하자. 누가 뭐라 해도 나는 복사판이 아니라 원판이라 생각하면서 주님이 우리 각자에게 품부稟賦하신 삶을 사랑하라. 그리고 날마다 '주께서 내게 주신 모든 은혜를 무엇으로 보답할까?'를 생각하면서 살자. 그 속에 무엇으로도 가릴 수 없는 생의 기쁨이 있다.

늘 푸른 나무처럼

가장 높으신 하나님, 주님께 감사를 드리며, 주님 이름을 노래하는 것이 좋습니다. 아침에 주님의 사랑을 알리며, 밤마다 주님의 성실하심을 알리는 일이 좋습니다. 열 줄 현악기와 거문고를 타며 수금 가락에 맞추어서 노래하는 것이 좋습니다. 주님, 주님께서 하신 일을 생각하면 기쁩니다. 손수 이루신 업적을 기억하면서, 환성을 올립니다. 주님, 주님께서 하신 일이 어찌 이렇게도 큽니까? 주님의 생각이 어찌 이다지도 깊습니까? 우둔한 자가 이것을 알지 못하고, 미련한 자가 이것을 깨닫지 못합니다. 악인들이 풀처럼 돋아나고, 사악한 자들이 꽃처럼 피어나더라도, 그들은 영원히 멸망하고 말 것입니다. 그러나 주님은 영원히 높임을 받으실 것입니다. 주님, 주님의 저 원수들, 주님의 저 원수들은 기필코 멸망하고 말 것입니다. 사악한 자들은 모두 흩어지고 말 것입니다. 그러나 주님은 나를 들소처럼 강하게 만드시고 신선한 기름을 부어 새롭게 하셨습니다. 나를 엿보던 자들이 멸망하는 것을 내가 눈으로 똑똑히 보며, 나를 거슬러서 일어서는 자들이 넘어지는 소리를 이 귀로 똑똑히 들었습니다. 의인은 종려나무처럼 우거지고, 레바논의 백향목처럼 높이 치솟을 것이다. 주님의 집에 뿌리를 내렸으니, 우리 하나님의 뜰에서 크게 번성할 것이다. 늙어서도 여전히 열매를 맺으며, 진액이 넘치고, 항상 푸르를 것이다. 그리하여 주님의 올곧으심을 나타낼 것이다. 주님은 나의 반석이시오, 그에게는 불의가 없으시다(시편 92:1-15).

시편 92편 1-3절에 등장하고 있는 형용사들이 참 싱싱하다. '좋습니다'라는 단어가 세 번이나 반복되고 '기쁩니다'와 '환성을 올립니다'라는 단어가

연이어 등장한다. 문득 우리가 일상생활 가운데 사용하는 언어를 분석해 보고 싶어졌다. 우리가 자주 사용하는 단어가 곧 우리 인생 풍경이라는 생각이 들었기 때문이다.

좋습니다

—

'좋음'과 '기쁨'의 내용은 경우에 따라 또 사람마다 다르다. 일차원적인 욕구가 충족될 때 만족감을 느끼고 기뻐하는 사람이 있는가 하면, 자기 욕구를 제어할 수 있을 때 기뻐하는 사람도 있다. 자기 존중의 욕구가 채워졌을 때 기뻐하는 사람도 있고 자기 부정에 이른 것을 기뻐하는 사람도 있다. 어떤 경우에는 나의 '좋음' 혹은 '기쁨'이 다른 사람의 '고통'과 '슬픔'에 잇닿아 있는 경우도 있다. 그렇다면 오늘의 시인은 무엇 때문에 그리도 행복해하는 것일까? 설명보다는 그의 음성을 그저 듣는 것이 더 좋을 것 같다.

주님께 감사를 드리며, 주님 이름을 노래하는 것이 좋습니다. 아침에 주님의 사랑을 알리며, 밤마다 주님의 성실하심을 알리는 일이 좋습니다. 열 줄 현악기와 거문고를 타며 수금 가락에 맞추어서 노래하는 것이 좋습니다. 주님, 주님께서 하신 일을 생각하면 기쁩니다. 손수 이루신 업적을 기억하면서, 환성을 올립니다(1-4절).

이 시인이 누리는 즐거움의 뿌리는 세 가지로 요약할 수 있다. 주님의 이름을 높이며 감사 찬양을 드리는 것이 첫째이고, 날마다 변함없으신 하나님의 사랑과 성실하심을 증언하는 것이 그 둘째이고, 주님이 하시는 일을 기억하는 것이 그 셋째이다. 우리는 지금 어디서 기쁨과 즐거움을 찾고 있는가?

오묘하신 섭리

—

시인은 하나님이 하시는 일이 놀랍고, 주님의 생각이 깊다고 탄복한다. 우리는 어떤가? 하나님은 언제나 무뚝뚝하고, 동작이 굼뜨고, 귀가 어두우신 것 같이 느껴지지 않는가? 죽겠다고 부르짖어도 주님은 급할 것 하나 없다는 듯 딴청만 피우시는 것 같다. 하지만 하나님은 무기력하게 손 놓고 계신 분이 아니다. 성경의 하나님은 역사의 흐름에 간섭하시는 분이시다. 하나님은 아무 일도 하시지 않는 것 같으면서도 모든 일을 다 하고 계신다. 그것을 '함 없는 함無爲之爲무위지위'이라 할 수 있다. 지구는 빠른 속도로 자전과 공전을 계속하고 있지만 우리는 전혀 그런 느낌을 받지 못한다. 아침에 떠서 저녁에 지는 해도 스스로 아무 일도 하지 않는 것 같지만 이 초록별 지구를 풍요롭게 만들고 있다. 하나님도 그러하시다. 그렇기에 눈을 뜬 사람들은 하나님의 어리석음이 인간의 지혜보다 낫다는 사실을 알아차린다.

하늘이 땅보다 높듯이, 나의 길은 너희의 길보다 높으며, 나의 생각은 너희의 생각보다 높다(이사야 55:9).

사람의 마음에 많은 계획이 있어도, 성취되는 것은 오직 주님의 뜻뿐이다(잠언 19:21).

바울 사도는 이스라엘 사람의 불순종 때문에 이방 사람들이 자비를 입게 되었고, 이방 사람들이 주님의 자비를 입는 것을 보고 이스라엘 사람들도 회개하여 자비하심을 얻게 하셨다면서 하나님의 놀라우신 섭리를 이렇게 노래한다.

하나님의 부유하심은 어찌 그리 크십니까? 하나님의 지혜와 지식은 어찌 그리 깊고 깊으십니까? 그 어느 누가 하나님의 판단을 헤아려 알 수 있으며, 그 어느 누가 하나님의 길을 더듬어 찾아낼 수 있겠습니까?(로마서 11:33)

예수님도 하나님의 구원의 신비를 집 짓는 이들에 견주어 설명하셨다. 하나님은 집 짓는 자들이 버린 돌을 들어 새로운 역사의 모퉁이 돌로 삼으신다는 것이다. 하나님의 구원 역사의 가장 큰 신비는 십자가이다. 삶의 실패를 상징하는 것처럼 보이는 십자가가 영생의 문일 줄이야 누가 알았겠는가? 우둔한 자는 알지 못하고, 미련한 자는 깨닫지 못한다. 하나님의 마음과 섭리에 접속된 오늘의 시인은 확신을 가지고 말한다.

악인들이 풀처럼 돋아나고, 사악한 자들이 꽃처럼 피어나더라도, 그들은 영원히 멸망하고 말 것입니다(7절).

우리도 시인의 노래에 동참하고 싶다. 하지만 우리 현실은 자꾸 이런 고백을 무색하게 만든다. 착한 사람은 언제나 이용만 당하는 것처럼 보이고, 악인들은 늘 약삭빠른 것 같고, 하나님의 공의는 시행되지 않는 것 같다. '악인들은 영원히 멸망하고 말 것'이라는 말에 고개를 끄덕여 보지만 마음이 시원하지는 않다. 대체 언제 그런 일이 일어난다는 것인가? 하나님의 공정한 심판의 날은 언제나 너무나 멀게만 느껴진다. 그런데 바울 사도의 말은 우리에게 시사하는 바가 많다. 잘못을 저지르는 사람들은 이미 심판을 받은 사람들이다.

> 사람들이 하나님을 인정하기를 싫어하므로, 하나님께서는 사람들을 타락한 마음자리에 내버려두셔서, 해서는 안 될 일을 하도록 놓아두셨습니다(로마서 1:28).

어쩌면 세상에서 제일 불쌍한 사람은 해서는 안 될 일을 하는 사람들, 해야 할 일을 하지 않는 사람들이 아닌가 싶다. 제멋대로 하도록 '버려둔다는 것'보다 더 큰 벌이 어디 있겠는가? 교종 요한 바오로 2세John Paul II는 1999년에 지옥은 특정한 장소가 아니라 우리의 영적인 상태라면서, 하나님으로부터 멀어지고 동료 인간으로부터 멀어진 상태라고 설명했다. 러시아의 사상가인 니콜라스 베르자예프Nicolas Berdyaev는 지옥은 '절대적인 자기중심주의', 즉 '사랑에 무능한 것'이라고 말했다. 세상에는 스스로 지옥을 만들고 그 속에 유폐된 채 살아가는 이들이 참 많다.

상록수

—

현상 세계 너머에 있는 또 다른 세계를 믿음의 눈으로 바라보는 사람은 척박한 땅에서도 깊이 뿌리를 내려 물을 찾아내는 종려나무처럼 우거지고, 레바논의 백향목처럼 높이 치솟을 것이다. 의인에게도 어려움은 찾아온다.

아니, 하나님의 뜻대로 사는 사람은 손해를 감수해야 할 때가 많고, 때로는 박해도 각오해야 한다. 그렇지만 그는 그런 어려움 때문에 좌절하지 않는다. 추사 김정희 선생의 〈세한도〉를 통해 우리에게 잘 알려진 《논어》의 한 대목이 있다. '세한연후지송백지후조歲寒然後知松栢之後凋', 힘겹고 시린 세월을 지내보아야 비로소 소나무와 잣나무가 늦게 시듦을 알 수 있다는 말이다. 믿음의 사람도 가끔은 비틀거린다. 넘어질 때도 있다. 너무 힘겨워 적당히 세상에 적응하며 살고 싶을 때도 있다. 하지만 믿음의 사람은 다시금 몸과 마음을 추슬러 마땅히 가야 할 길을 걸어간다.

80년대 초에 내가 섬기던 교회 교인 가운데는 민주화운동을 하다가 감옥에 갇힌 이들이 많았다. 추운 겨울이면 불기 없는 차가운 감방에서 몸을 움츠리고 있을 남편 혹은 아들 생각에 차마 따뜻한 방에서 잘 수 없어 냉골에서 잠을 청하던 이들도 있었다. 감옥에 갇힌 어느 교우의 생일날 교우들 몇이 위로차 그의 어머니를 찾아갔다. 얼마나 가슴이 시릴까 생각하니 할 말이 없었다. 그런데 그 어머니는 아주 담담하게 찾아간 이들을 위해 밥상을 차렸다. 식사 후 다과를 나누다가 어머니는 아들을 생각하며 노래 한 곡(상록수)을 불렀다. 나직한 음성으로 부르던 그 노랫소리를 나는 잊을 수 없다.

1. 저들에 푸르른 솔잎을 보라/돌보는 사람도 하나 없는데/비바람 맞고 눈보라 쳐도/온누리 끝까지 맘껏 푸르다
2. 서럽고 쓰리던 지난 날들도/다시는 다시는 오지 말라고/땀 흘리리라 깨우치리라/거치른 들판에 솔잎 되리라
3. 우리 가진 것 비록 적어도/손에 손 맞잡고 눈물 흘리니/우리 나갈 길 멀고 험해도/깨치고 나아가 끝내 이기리라/깨치고 나아가 끝내 이기리라

말은 하지 않았지만 뭔가 뜨거운 것이 솟아올라 우리를 하나로 묶는 것을 느낄 수 있었다. 비바람 맞고 눈보라 쳐도, 거치른 들판에 솔잎이 되려는 사람들, 가야 할 길 멀고 험해도 손을 맞잡고 걷는 사람들이 바로 옆에 있었던 것이다. 그 어머니의 노래는 금방 합창이 되었고, 적당히 지쳐 있던 우리 마음에 새로운 불을 지펴주었다. 그 어머니는 어떻게 그렇게 담담하게 그 어려운 시절을 견딜 수 있었을까? 그것은 아들이 하나님의 뜻을 따라 살고 있다는 확신이 있었기 때문이다. 그 떳떳함이, 그 든든함이 연로한 어머니를 지켜 주고 있었다.

교회의 미래

—

우리는 지금 아름답고 탐스러운 나무 한 그루를 본다. 땅에 심겨진지 오래되어 둥치가 크다. 견뎌온 풍상의 세월을 보여주듯 부러진 가지도 보이고 옹이도 굵직하다. 하지만 봄이면 어김없이 연둣빛 새 잎을 밀어올리고, 새들의 보금자리가 되어준다. 가물어도 진액이 넘치고, 가을이면 꽃이 진 자리마다 탐스런 열매를 맺는다. 참 멋진 나무다. 시인은 바로 이것이 믿음으로 사는 의인의 모습이라고 말한다. 연륜이 쌓여도 신선한 맛이 있다. 얼마 전 신학교 시절 은사님 내외분을 뵈었다. 사모님의 이야기를 듣다가 한참 웃었다. 몇 번 가본 길도 찾지 못하는 남편의 어두운 길눈을 탓했더니 그러더란다. “당신이 내게 늘 새롭듯, 모든 길이 새로워.” 나이 70이 넘어서도 아내를 늘 새롭게 만나니 선생님은 신혼이었다.

“나는 늙어서도 여전히 열매를 맺으며, 진액이 넘치고, 항상 푸르를 것이다"라는 시인의 노래를 들으며 우리 교회를 생각했다. 지금 우리 교회가 그렇다는 말이 아니라 그래야 한다는 생각이 들었기 때문이다. 긴 역사는 자칫하면 침체로 이어질 수 있다. 다행히 우리 교회에는 새로운 기운이 넘실거리고 있다. 참 고마운 일이다. 하지만 우리끼리 만족하고 행복하면 안 된다. 주님께서 우리에게 맡기신 일들을 성심으로 수행하지 않는다면 우리는 허깨비이기 때문이다. 교회에는 그래서 활기를 불어넣는 사람들이 필요하다. 긍정의 말을 하고, 늘 밝은 표정으로 주변을 환하게 만드는 사람, 인생이 고달파도 감사의 마음을 잃지 않는 사람, 받을 사랑만 헤아리지 않고 먼저 사랑을 실천하는 사람, 남의 허물을 지적하기보다는 그의 허물을 사랑으로 덮어주려는 사람이 많을 때 교회라는 나무는 진액이 넘친다.

교회 안에 머물기보다는 우리보다 먼저 갈릴리로 가신 주님을 뵙기 위해 아픔의 현장으로 나아가는 사람들, 사람을 귀히 여기지 않는 문화에 저항하는 사람들, 예수정신에 사로잡혀 좁은 길을 걸으면서도 스스로 황폐해지지 않는 사람들, 세상의 어둠과 부딪쳐 파란 불꽃을 일으키는 사람들, 생기 충만하여 하나님의 꿈을 이루기 위해 헌신하는 사람들, 그러면서도 누군가의 설 자리가 되어주고 비빌 언덕이 되어주는 사람들, 자신의 연약함을 부끄러워하기보다는 오히려 하나님의 은총의 통로로 삼는 사람이 많아질 때 항상 푸르른 교회가 될 것이다. 교회는 부활을 살아낼 때 교회다. 세상을 이기고, 죽음을 이기신 주님이 늘 우리 곁에 계신다. "우리 나갈 길 멀고 험해도 깨치고 나아가 끝내 이기리라." 이것이 우리가 부를 새 노래다. 이 노래를 부르며 세상에 생기와 희망을 불어넣는 평화의 일꾼들이 되자.

주님의 길을 가르쳐 주십시오

주님, 신들 가운데 주님과 같은 신이 어디에 또 있습니까? 주님이 하신 일을 어느 신이 하겠습니까? 주님께서 지으신 뭇 나라가 모두 와서, 주님께 경배하며 주님의 이름에 영광을 돌립니다. 주님은 위대하셔서 놀라운 일을 하시니, 주님만이 홀로 하나님이십니다. 주님, 주님의 길을 가르쳐 주십시오. 내가 진심으로 따르겠습니다. 내가 마음을 모아, 주님의 이름을 경외하겠습니다. 주 하나님, 내 마음을 다하여 주님께 감사드리며, 영원토록 주님의 이름에 영광을 돌리렵니다. 나에게 베푸시는 주님의 사랑이 크시니, 스올의 깊은 곳에서, 주님께서 내 목숨을 건져내셨습니다. 하나님, 오만한 자들이 나를 치려고 일어나며, 난폭한 무리가 나의 목숨을 노립니다. 그들은 주님을 안중에도 두지 않습니다. 그러나 주님, 주님은 자비롭고 은혜로우신 하나님이시요, 노하기를 더디 하시며, 사랑과 진실이 그지없으신 분이십니다. 내게로 얼굴을 돌려주시고, 내게 은혜를 베풀어 주십시오. 주님의 종에게 힘을 주시고, 주님께서 거느리신 여종의 아들에게 구원을 베풀어 주십시오. 은총을 베풀어 주실 징표를 보여 주십시오. 나를 미워하는 자들이 보고, 부끄러워할 것입니다. 주님, 주님께서 친히 나를 돕고 위로하셨습니다(시편 86:8-17).

후회 대신 칭찬을

—

살아가면서 후회는 부끄러운 일이지만, 그 속에 긍정적인 의미가 없는 것은 아니다. 그래도 가야 할 길은 알고 있는 셈이니 말이다. 부끄러움으로 한 해를 반추하다가 박어진 님의 컬럼 〈나를 칭찬한다〉를 읽고 마음이 유쾌해졌다. 그는 지난 한 해 동안의 자기가 살아온 모습을 긍정적으로 요약했다. 그가 스스로를 칭찬하는 것은 뭐 대단한 일이 아니다. 그는 먼저 건강하게 지낸 것을 칭찬하고 있다. 아프지 않았기에 웃는 얼굴로 사람을 대할 수 있었기 때문이다. 또 그는 하루하루 재밌게 지낸 것을 칭찬했다. 저렴하게 행복해지는 능력을 터득했기에 가능한 일이었다. 흥분할 정도로 짜릿한 일은 없었지만 일상의 웬만한 일은 즐겁게 받아들일 수 있었다. 시디 카세트 플레이어를 생일선물로 받고 싶다고 말하는 어머니가 있어 즐겁고, 얼큰한 짬뽕 국물을 사이에 두고 친구랑 먹는 겨울 점심이 즐겁고, 통영으로 2박 3일 겨울 여행을 가자고 꼬드기는 친구가 있어 즐겁다. 게다가 그는 남을 칭찬하는 능력을 가진 것을 칭찬하고 있다. 모든 인간은 자신의 결점을 다 덮고도 남을 만큼의 훌륭한 점을 한 가지 이상 가지고 있다는 것이다. 그것을 칭찬할 때 그도 변하고 나도 변하더라는 것이다. 그는 또 일 년 내내 남을 축복하며 살았던 것을 칭찬했다. 만나는 사람, 고양이, 참새, 벚나무, 개망초에게까지도 사랑과 축복을 보내며 살았다. 어찌 보면 사소하지만 정말 잘 살았구나 하는 생각이 든다.

지난 시간을 후회와 아쉬움만이 아니라 감사로 돌아보아야 하는 것은 주님이 우리와 동행하셨기 때문이다. 우리가 물 가운데를 지날 때도 주께서 우리와 함께 계셨고, 우리가 불 가운데를 지날 때도 주께서 함께 계셨다, 우리가 지쳐 넘어진 그 자리에서 주님은 새로운 길을 예비하고 계셨다.

내가 주인 삼은

—

하지만 정직하게 돌아보면 우리가 삶을 즐겼다고 말하기는 좀 어렵다. 인생이 본래 그런 건가? 산 넘어 산, 엎친 데 덮친다는 말이 무색하지 않다. 간신히 숨을 돌렸다 싶은 순간 또 다른 문제가 우리를 괴롭힌다. 징검다리 건너듯 문제에서 문제로 건너뛰느라 우리는 시간의 주인이 되어 살기보다는 시간에 등 떠밀리며 산다. 발이 몇 센티미터쯤 땅에서 떨어진 것 같아 허둥거린다. 일이 많아서이기도 하지만 꼭 그런 것만은 아니다. 우리는 아무것도 할 일이 없는 빈 시간을 견디지 못한다. 빈 시간의 공포를 견딜 수 없어 사람들은 뭔가로 그 시간을 채운다. 우리는 '있음'보다는 '함'을 통해 자신을 입증하려 한다. 우리는 어떤 사람을 있는 그대로의 모습으로 대하기보다는 그가 하고 있는 일과 그를 동일시할 때가 많다. 처음 만난 사람이 법조인, 고위 공무원, 교수, 대기업 사원이라 하면 우리는 꽤 괜찮은 사람을 만났다고 생각한다. 하지만 보잘것없는 지위에 있는 사람을 보면 그 사람의 값조차 함부로 매기곤 한다.

그것을 너무 잘 알기에 사람들은 자기가 어떤 사람이 될 것인지에 대한 관심보다는 어떤 일을 하는 사람이 될 것인지에 더 큰 관심을 갖는다. 그들은 삶을 투쟁으로 이해한다. 살아남기 위해서는 스펙을 쌓고, 남과 싸워 이겨야 한다고 생각한다. 문제는 늘 이길 수 없다는 것이고, 설사 이긴다 해도 마음이 찹찹하지 않다는 사실이다. 전도서 기자는 뱀을 부리지도 못하고 뱀에게 물리는 사람(전도서 10:11)의 어리석음을 지적하고 있는데, 우리가 그런 꼴이 아닌지 모르겠다. 삶을 경쟁으로 인식하는 순간 반갑지 않은 손님이 찾아온다. 외로움과 쓸쓸함이다. 다른 이들과의 사귐과 소통이 단절될 때 사람들은 그 헛헛한 마음을 채워줄 대체물을 찾는다. 그리고 그 대체물에 집착한다. 명품을 사 모으는 데 온 힘을 집중하는 이들이 있다. 돈 되는 일 혹은 출세를 위해서라면 물불을 가리지 않는 이들도 있다. 알코올이나 마약이나 성에 탐닉하는 이들도 있다. 어떤 대의나 명분에 목숨을 걸거나, 어떤 사람을 위해 자기 삶을 바치는 이들도 있다. 하지만 문제는 대체물로 여겼던 것들이 우리 삶의 주인 노릇을 한다는 데 있다. 돈이나 출세 혹은 쾌락의 욕망이 삶을 지배하는 순간 우리는 점점 피곤하고 각박해진다. 한 번 주어진 생을 잘 살기 위해서는 주인을 잘 모셔야 한다.

시편 86편의 시인은 자신을 '가난하고 궁핍한 사람'(1절)이라고 소개한다. 그는 "오만한 자들이 나를 치려고 일어나며, 난폭한 무리가 나의 목숨을 노린다"(14절)며, 하나님께 생명을 지켜 달라고 애원한다. 생의 어려움 앞에서 비명을 지르는 것은 우리와 별반 다를 바 없다. 그런데 시를 읽다 보면 그가 외로움에 찌들거나 고통에 짓눌리지 않았음을 알 수 있다. 오히려 그는 산다는 게 으레 그런 것 아니겠느냐는 투로 자기 생을 씩씩하고 명랑하게 살아내는 것처럼 보인다. 그 비결이 무엇일까? 다른 것 없다. 하나님에 대한 신뢰다. 신뢰를 뜻하는 'trust'라는 단어에는 '맡김'이라는 뜻도 있다. 하나님을 믿는다는 것은 우리가 할 수 있는 모든 노력을 다 하되 그 결과는 하나님께 맡기는 것이다. 결과가 좋을 수도 있고 나쁠 수도 있다. 중요한 것은 그 결과에 매이지 않는 것이다. 하나님은 우리보다 우리를 더 잘 아신다. 우리보다 우리를 더 사랑하신다. 이 믿음이 우리에게 있다면 우리는 인생을 당당하게 살아갈 수 있다.

주님의 길을 가르치소서

—

우리가 시인에게서 배워야 할 인생의 지혜가 있다면 그것은 하나님께 여쭈며 사는 것이다. 그는 "주님의 길을 가르쳐 주십시오"(11절)라고 기도한다. 평범한 기도처럼 보이지만 사실은 평범하지 않다. 우리는 앞이 보이지 않을 때 주님께 길을 묻기보다는 자기의 경험을 의지하거나, 내게 도움이 될 만한 사람들을 찾아가 조언을 구할 때가 많다. 그것이 잘못됐다는 말이 아니다. 문제는 하나님을 믿는다 하면서도 주님의 뜻에 조회하지 않는다는 사실이다. 하나님의 뜻은 나의 이익에 도움이 되지 않을 수도 있기 때문이다. 우리는 '주님의 뜻을 이루소서'라고 찬송하지만, 주님의 뜻이 정말 이루어질까봐 걱정이다.

그러나 주님의 길을 가르쳐 달라는 시인의 요구는 빈말이 아니다. 그는 주님의 가르침을 진심으로 따르겠다고 말한다. 주라고 하시면 주고, 섬기라 하시면 섬기겠다는 것이다. 용서하라 하시면 용서하고, 저항하라 하시면 저항하겠다는 것이다. 마음을 모아 주님의 이름을 경외하겠다는 시인의 다짐은 이런 실천을 통해서만 입증된다.

복잡한 현실 속에서 하나님의 가르침을 분별하는 것은 쉽지 않지만, 그래도 우리는 말씀을 통하여 하나님의 가르침의 핵심을 알아차릴 수 있다. 그것은 남을 배려하는 삶, 다른 사람을 위하여 좋은 몫을 남겨둘 줄 아는 마음, 사람들을 얽어매고 있는 모든 압제의 사슬을 풀어주는 일, 모든 사람이 저마다에게 품부된 삶을 한껏 누리며 살 수 있는 세상을 이루는 일이다. 믿음이 깊어진다는 것은 자아라는 알을 깨고 나와 더 큰 세계를 바라보며 살아가는 것이다. 이웃들의 아픔을 덜어주기 위해 수고할 때 우리는 자기로부터 해방된 기쁨을 맛보게 되고, 하나님은 영광을 받으신다.

주님께 가르침을 청하고, 또 그 가르침대로 살아갈 때 우리는 세상이 주는 것과 같지 않은 평안을 누리게 된다. 우리 모두 이런 생의 비의秘義를 실감하며 살았으면 좋겠다. 하나님의 뜻을 따를 때 우리는 조급증으로부터 벗어날 수 있다. 뜻한 바가 잘 이루어진다 하여 너무 기뻐할 것도 없고, 뜻한 바가 이루어지지 않는다고 하여 안달하지 않아도 된다. 모든 일에는 하나님이 정해놓으신 때가 있다. 때를 앞당기려는 것은 사람의 욕심이다.

니코스 카잔차키스Nikos Kazantzakis가 《영혼의 자서전》과 《그리스인 조르바》에서 들려주는 한 이야기를 잊을 수 없다. 어느 날 그는 산길을 걷다가 올리브나무에 매달린 유충을 발견했다. 그는 유충을 떼어 손바닥에 올려놓고는 가만히 들여다보았다. 투명한 꺼풀 속에 생명이 꿈틀거리고 있었다. 생명이 깨어나는 비밀의 과정이 거의 막바지에 이른 것 같았다. 그는 아직 고치 속에 갇혀 있는 미래의 나비가 햇빛으로 뚫고 나올 성스러운 시간을 기다렸다. 눈앞에서 일어나는 기적을 보기 원했지만 그 깨어남의 시간은 너무 더뎠다. 그래서 그는 자리에 웅크리고 앉아 유충에 따뜻한 입김을 불어넣기 시작했다. 어느 순간 유충의 등이 찢어지더니 연둣빛 나비가 나왔다. 나비는 힘겹게 날개를 펴려고 애썼지만 날개는 겨우 반쯤 펴지다가 멈췄다. 조바심이 났지만 나비는 영영 날개를 펴지 못했다. 영원한 법칙을 어기고 서둘렀기에 나비를 죽이고 말았다는 자책감이 아주 오래도록 카잔차키스의 영혼을 사로잡았다. 이 이야기 끝에 카잔차키스는 이런 말을 덧붙인다.

“인간은 서두르지만 신은 그렇지 않다. 그렇기 때문에 인간의 작품은 불확실하고 불완전하지만, 신의 작품은 결점이 없고 확실하다. 눈물을 글썽이며 나는 영원한 법칙을 다시는 어기지 않으리라 맹세했다. 나무처럼 나는 바람에 시달리고, 태양과 비를 맞으며 마음 놓고 기다릴지니. 오랫동안 기다리던 꽃과 열매의 시간이 오리라.” 《영혼의 자서전》 중에서

‘인간은 서두르지만 신은 그렇지 않다.’ 나는 이 말을 태산처럼 무겁게 받아들인다. 앞으로 나가야 할 때도 있지만 물러서야 할 때도 있다. 세워야 할 때가 있지만 허물어야 할 때도 있다. 그때를 분별할 줄 아는 지혜를 주님께 청해야 한다.

감사와 영광

—

하나님의 시간과 리듬에 맞추어 살아가는 이들의 마음에 차오르는 것은 감사다. 앞으로 살아가면서 예기치 않은 어려운 일들을 만날 것이다. 하지만 우리는 두려워하지 않는다. 난폭한 자들의 손에서, 스올 깊은 곳에서 우리를 구원하실 주님을 믿기 때문이다. 이런 믿음이 있기에 우리는 눈물의 골짜기를 지나면서도 웃을 수 있다. 미국의 사회학자 피터 버거Peter Berger는 유머를 ‘초월의 신호’라고 했다. 웃음은 비극을 극복하고 절망을 물리치는 인간 영혼의 위대한 표지이다. 우리가 더 많이 웃고, 더 많이 위로하며 살 수 있기를 바란다. 그러기 위해서는 한 가지가 선행되어야 한다. 그것은 감사하며 살겠다는 각오다. 오늘의 시인은 자기의 각오를 이렇게 드

러낸다.

주 하나님, 내 마음을 다하여 주님께 감사드리며, 영원토록 주님의 이름에 영광을 돌리렵니다(12절).

맑고 화창한 날에만 감사할 수 있는 것은 아니다. 모든 일이 뜻대로 이루어져야만 감사할 수 있는 것이 아니다. 물론 공들여 기획했던 일이 실패로 돌아가면 누군들 마음이 유쾌하겠는가? 한동안은 후유증에 시달릴 수밖에 없다. 하지만 실패를 고통으로만 기억한다면, 우리는 인생의 한때를 허비한 것이나 마찬가지다. 우리가 정신을 차린다면 실패는 그저 실패가 아니다. 우리는 실패를 통해서 더 귀한 것을 배우기 때문이다. 신앙은 일종의 연금술이라고 생각한다. 연금술이란 보잘것없는 금속이나 화학물질을 이용하여 금을 만드는 방법이다. 정말로 금을 만들 수 있는지는 모르겠지만, 정신의 세계에서는 충분히 가능한 일이다. 자신이 연약함에 휩싸여 본 적이 있는 사람이라야 연약한 이들의 아픔에 공감할 수 있다. 자신이 실패를 경험해본 사람이라야 실패한 사람의 고통을 이해할 수 있다. 우리가 만나고 싶지 않은 생의 현실은 우리 생을 더 깊은 곳으로 인도하는 안내자가 될 수 있다. 이것이 바로 신앙의 연금술이다.

우리 모두 멋진 연금술사들이 되었으면 좋겠다. 그 연금술사의 비법은 '감사'와 '하나님의 영광'에 대한 갈망이다. 사용하는 말이 바뀌면 인생이 바뀐다. 우리가 내일 살게 될 세상은 오늘 우리가 사용하는 말과 주님께 바치는 기도 속에서 태어난다. 세상은 여전히 위험하고 전망 또한 불확실하지만 주님 안에 있기에 우리는 생을 경축하며 살 수 있다. 앞에서 언급했던 박어진 씨는 우리가 반성과 후회에 몰두하다 보면 남을 사랑하고 축복할 시간과 에너지가 줄어든다고 말한다. 남은 생애 후회보다는 감사가 많아지기를 바란다. 원망보다는 축복을 즐기며 살기를…, 미워하기보다는 사랑하며 살기를…. 이런 희망과 다짐으로 일 년 삼백 육십 오일을 살아가기 바란다.

행복하십니까?
아니오, 감사합니다

> 주님께 감사하여라. 그는 선하시며 그 인자하심이 영원하다. 모든 신들 가운데 가장 크신 하나님께 감사하여라. 그 인자하심이 영원하다. 모든 주 가운데 가장 크신 주님께 감사하여라. 그 인자하심이 영원하다… 우리가 낮아졌을 때에, 우리를 기억하여 주신 분께 감사하여라. 그 인자하심이 영원하다. 우리를 우리의 원수들에게서 건져 주신 분께 감사하여라. 그 인자하심이 영원하다. 육신을 가진 모든 사람에게 먹거리를 주시는 분께 감사하여라. 그 인자하심이 영원하다. 하늘에 계시는 하나님께 감사하여라. 그 인자하심이 영원하다(시편 136:1-3, 23-26).

시편 136편을 읽을 때마다 거의 즉각적으로 '강강술래'나 '쾌지나칭칭나네'를 떠올리게 된다. 이 시는 선창자가 두 장단 길이의 앞소리를 메기면 회중들이 뒷소리로 받아주는 전형적인 선후창 양식을 취하고 있다. 선창자가 "모든 신들 가운데 가장 크신 하나님께 감사하여라" 하면 회중들은 "그 인자하심이 영원하다" 하고 받는 것이다. 여기서 말하는 영원한 인자하심은 '언약에 바탕을 둔 사랑'이다. 하루에도 수십 번씩 바뀌는 우리 마음과는 달리 하나님의 사랑은 변함이 없다는 고백을 반복하는 것이다. 성경 번역자들이 시의 압운rhyme을 살려 리듬감을 부여했더라면 더 신명나게 읽을 수 있었을 텐데 미처 거기까지는 신경을 쓰지 못한 것 같다. 이 시는 26절로 구성되어 있지만 그 뒤는 우리가 얼마든지 이어갈 수 있다. 이 단순한 리듬을 반복하는 동안 사람들은 일상의 속박에서 풀려나 하나님의 은총을 깊이 새기게 되고, 함께 부르는 노래를 통해 깊은 일치를 경험하게 된다.

으뜸이신 분

—

혹시 '맛다니야'라는 이름을 들어보았는가? '하나님의 선물'을 뜻하는 멋진 이름의 이 사람은 아삽의 증손으로 스룹바벨이 세운 제2성전에서 예배를 돕는 사람이었다. 그의 직책은 "감사의 찬송과 기도를 인도하는 지휘자"(느헤미야 11:17)였다. 회중들이 기도하고 찬송할 때 감사의 말씀을 인도하는 사람이라는 말이다. 일상의 여러 가지 일들에 치여 살고 있는 이들은 자칫하면 원망과 슬픔에 잠겨버릴 수 있다. 그런데 하나님의 성전에 나와 감사를 이끄는 이들의 고백을 통해 그들은 하나님의 은총과 섭리에 대해 새삼스럽게 눈 뜨게 되었을 것이다. 자칫하면 타성에 빠질 수도 있는 직책이지만, 사람들을 감사의 문을 통해 하나님의 현존 앞에 서게 하는 일은 얼마나 아름다운 일인가. 교회에도 이런 이들이 많아져야 한다. 그래야 교회가 건강해진다.

선창자는 먼저 모든 신들 가운데 가장 크신 하나님을 찬양한다. 모든 신들이라는 말이 낯설게 들릴 수도 있다. 고대인들은 신이 여럿이라고 생각했다. 나라마다 섬기는 신이 달랐다. 그 신들은 최고신이 부여한 역할을 감당했다. 저마다 주특기가 있었다는 말이다. 전쟁의 신, 다산의 신, 비바람을 관장하는 신, 지혜의 신…. 이스라엘 사람들은 야훼 하나님이야말로 그련 모든 신들보다 능력이 있으신 분이라고 고백했다. 오늘의 시인은 가장 크신 하나님의 엄위하심과 사랑을 우선 노래하고 있다.

시인은 또한 혼돈을 극복하고 세상에 질서를 부여하신 하나님을 찬양한다. 지혜로 하늘을 만드시고, 물 위에 땅을 펴 놓으시고, 큰 빛들을 지으시고, 낮을 다스릴 해와 밤을 다스릴 달과 별을 지으신 하나님을 찬양한다. 이 시인은 지금 경외심에 사로잡혀 있다. 온 세계를 이불처럼 덮고 있는 하늘도, 온갖 생물들이 깃들여 사는 물과 땅도, 온 세상을 환히 비추는 해와 달과 별도 우연히 그렇게 있는 것이 아니다. 하나님이 있게 하셨기에 있는 것이다. 우리가 태어난 것도 우리의 선택이 아니라, 하나님의 뜻이다. 우리 삶이 거룩한 것은 그 때문이다. 요한복음은 예수님을 '보냄을 받은 분'으로 소개하고 있다. 그렇기에 주님은 보내신 분의 뜻을 행하는 것이 당신의 사명이라고 확신했다. 닥쳐오는 죽음조차도 보내신 분에게로 돌아가는 과정으로 이해했다. 세상의 모든 것들은 이처럼 거대한 생명의 그물망 속에 있다. 쌀 한 톨 속에서 우주의 무게를 보는 것은 시인의 과장만은 아니다. 그게 생명의 실상이다. 김완하 시인의 〈엄마〉라는 시를 들어보라.

"첫돌 지난 아들 말문 트일 때
입만 떼면 엄마, 엄마
아빠 보고 엄마, 길 보고도 엄마
산 보고 엄마, 들 보고 엄마

길 옆에 선 소나무 보고 엄마
그 나무 사이 스치는 바람결에도

엄마, 엄마
바위에 올라앉아 엄마
길 옆으로 흐르는 도랑물 보고도 엄마

첫돌 겨우 지난 아들 녀석
지나가는 황소 보고 엄마
흘러가는 도랑물 보고도 엄마, 엄마
구름 보고 엄마, 마을 보고 엄마, 엄마

아이를 키우는 것이 어찌 사람뿐이랴
저 너른 들판, 산 그리고 나무
패랭이풀, 돌, 모두가 아이를 키운다"

'아이를 키우는 것이 어찌 사람뿐'이겠는가? 저 하늘의 해와 달과 구름, 바다와 들판, 산과 나무, 심지어는 패랭이풀과 돌까지도 아이를 키우는 데 일조한다. 세상 만물을 '엄마'로 호명하는 첫돌 지난 아이는 너와 내가 나뉘지 않은 성스러운 세계를 우리에게 계시한다. 이 마음이면 우리가 어찌 이웃을 함부로 대할 수 있을 것이며, 자연세계를 이다지도 황폐하게 만들 수 있겠는가? 하나님은 이스라엘 백성을 향해 "너희가 사는 땅, 곧 내가 머물러 있는 이 땅을 더럽히지 말아라"(민수기 35:34) 하고 명령하신다. 우리가 사는 땅이야말로 하나님이 머무시는 하늘이라는 말씀이다.

역사의 주관자

—

시인은 또한 인간의 역사에 개입하시는 하나님의 사랑에 대해 말한다. 애굽의 맏아들을 치시고, 이스라엘을 그들 가운데서 이끌어내시고, 홍해를 가르시고 그 백성으로 하여금 건너가게 하신 분께 감사하라는 것이다. 그가 경험하고 또 이해하고 있는 하나님은 사람들의 신음 소리를 기도로 들으시는 분이시다. 하나님은 모든 사람이 각자에게 품부된 저마다의 삶을 온전히 누리기를 원하신다. 누군가 돈이 없어서, 힘이 없어서, 배우지 못해서, 건강이 여의치 못해서 인간적 대접을 받지 못하는 세상은 하나님 보시기에 악한 세상이다.

이현주 목사님은 70년대에 경북 울진의 죽변이라는 마을에서 목회를 하고 있었다. 목사님은 초등학교 1학년이던 딸의 가을운동회에 초대 받았던 이야기를 들려주었다. 1학년 아이들이 다섯 명씩 달리기를 했는데, 1등부터 3등까지 상을 주었다. 무심코 구경을 하는데 유별나게 잘 뛰는 아이가 있었다. 그런데 중간에 뒤따라가던 여자 아이가 그만 발에 걸려 넘어졌다. 그 아이는 울었고, 다른 아이들은 내처 달려갔다. 그런데 맨 앞에 가던 남자 아이가 뒤를 돌아 울고 있던 아이를 보며 멈칫했다. 그러더니 넘어진 아이한테 달려가서 일으켜 세우더니 같이 절뚝거리며 결승선을 향해 걸어갔다. 둘은 꼴찌를 했다. 목사님은 30년도 더 된 그 광경이 지금도 머리에 남아 있다면서, 만일 자신이 그 학교 교장이었다면 그 녀석에게 최고상을 주었을 거라고 했다. 어쩌면 아이는 집에 가서 제 밥그릇도 챙기지 못하니 이 험한 세상을 어떻게 살아갈 거냐는 핀잔을 들었을지도 모르겠다. 이 이야기 끝에 목사님은 "친구가 넘어졌는데 보고도 모른 척하고 달려가서 1등 하는 것보다 뒤돌아가서 같이 꼴찌로 들어가는 게 아름답지 않나?"라고 물었다. 이 질문에 대한 답을 스스로에게 해보라.

상황을 운동회가 아니라 우리의 삶의 자리로 바꿔보자. 우리는 그동안 누가 넘어지든 말든 앞으로 내처 달려가는 일에 바빴다. 넘어진 것은 '그'의 문제라고 생각하기 때문이다. 어쩌면 그가 넘어진 것을 다행으로 여겼을지도 모르겠다. 제사장과 레위인은 여리고로 내려가는 길에서 강도 만난 사람을 보고도 모른 척하고 지나갔다. 성경을 읽으면서 우리는 그들의 무심함에 화를 낸다. 하지만 성경에서 눈을 돌려 우리 현실을 바라보는 순간 상황은 달라진다. 우리는 어려운 이들 곁에 다가서는 것을 좋아하지 않는다. 그들의 삶에 연루되는 것이 싫기 때문이다. 그랬다가 어떤 손해를 입게 될지도 모르기 때문이다.

그런데 잊지 말아야 할 것이 있다. 하나님은 그렇게 넘어진 사람들, 고통을 겪고 있는 사람들에게 각별한 관심을 보이신다. 오죽하면 당신을 '히브리인들의 하나님'이라고 소개하셨겠는가? 예수님은 지금 가난한 사람들, 지금 굶주리는 사람들, 지금 슬피 우는 사람들에게 복이 있다 하셨다(누가복음 6:20-21). 그들은 하나님의 특별한 관심의 대상이기 때문이다. 하나님은 그들의 복지와 구원에 관심이 많으시다. 광야 길을 가는 이스라엘을 인도하시고, 그들을 홀대하는 이들을 치시고, 그들이 터 잡고 살아갈 땅을 마련해 주셨다.

감사에 눈을 뜬 삶

—

우리는 하나님이 역사의 주관자이심을 믿는다. 이것이 낙심되는 현실 가운데서도 우리가 감사의 노래를 부를 수 있는 근거이다. 시인은 "우리가 낮아졌을 때에, 우리를 기억하여 주신 분께 감사하자"고 노래한다. 현실의 여건이 사무치도록 어려울 때 이스라엘 백성들은 "주님께서 나를 버리셨고, 주님께서 나를 잊으셨다"고 탄식했다. 하지만 하나님은 말씀하신다.

> 어머니가 어찌 제 젖먹이를 잊겠으며, 제 태에서 낳은 아들을 어찌 긍휼히 여기지 않겠느냐! 비록 어머니가 자식을 잊는다 하여도, 나는 절대로 너를 잊지 않겠다(이사야 49:15).

주님은 당신의 백성을 향해 "내가 네 이름을 내 손바닥에 새겼다."고 말씀하신다. 이 사랑이 우리를 살게 한다. 주님은 원수들의 손아귀에서 그 백성들을 건져 주시고, 필요한 것들을 공급하시는 분이시다. 하나님은 낙심한 이들 속에 생기를 불어넣어 주신다. 그 생기는 절망의 자리를 박차고 일어서게 하는 힘이다. 저 먹장구름 너머에 태양이 여전히 빛나고 있는 것처럼 비록 암담하고 절망스런 일들이 많은 세상이지만, 그래도 우리는 다시금 벌떡 일어나 우리에게 주어진 인생의 경주를 계속할 수 있다. 하나님의 생기가 우리 속에 유입되는 순간 우리는 지긋지긋한 자아로부터 해방되어 다른 이들을 진심으로 사랑하는 사람으로 거듭나게 된다. 오늘 우리가 하나님께 바쳐야 하는 감사는 바로 이런 것이어야 한다. 내가 산 주식이 오르고, 집값이 오르고, 땅값이 오르는 것이 감사한 것이 아니라, 그런 욕심으로부터 해방되어 하루하루 삶의 신비를 맛보고, 누군가의 설 땅이 되어주기 위해 마음 쓰는 사람으로 바뀐 것에 대해 감사해야 할 것이다.

가나안 농군학교를 세운 김용기 장로님에게 누군가가 물었다. "장로님, 행복하십니까?" 논두렁을 물끄러미 바라보고 있던 장로님이 문득 대답했다. "아니오, 감사합니다." 행복을 추구하는 순간 우리는 불행에 사로잡히기 쉽다. 하지만 인생이 은총이고 선물임을 자각하는 사람은 늘 감사하며 살아가게 된다. 흐린 날도 있고 맑은 날도 있다. 행복한 날도 있고 슬픈 날도 있다. 하지만 내가 해줄 수 있는 말은 이것이다.

> 하나님을 사랑하는 사람들, 곧 하나님의 뜻대로 부르심을 받은 사람들에게는, 모든 일이 서로 협력해서 선을 이룬다는 것을 우리는 압니다(로마서 8:28).

시편 136편은 26절에서 끝나지만, 그것은 열려진 끝일 뿐이다. 우리의 고백이 그 시에 덧붙여지면 좋겠다.

우리의 노래

주님의 종에게 하신 말씀을 기억해 주십시오. 주님께서는 말씀으로 내게 희망을 주셨습니다. 주님의 말씀이 나를 살려 주었으니, 내가 고난을 받을 때에, 그 말씀이 나에게 큰 위로가 되었습니다. 교만한 자들이 언제나 나를 혹독하게 조롱하여도, 나는 그 법을 떠나지 않았습니다. 주님, 옛부터 내려온 주님의 규례들을 기억합니다. 그 규례가 나에게 큰 위로가 됩니다. 악인들이 주님의 율법을 무시하는 것을 볼 때마다, 내 마음 속에서 분노가 끓어오릅니다. 덧없는 세상살이에서 나그네처럼 사는 동안, 주님의 율례가 나의 노래입니다. 주님, 내가 밤에도 주님의 이름을 기억하고, 주님의 법을 지킵니다. 주님의 법도를 따라서 사는 삶에서 내 행복을 찾습니다(시편 119:49-56).

땅에서 얻은 온갖 열매들을 쌓아놓고 보니 마음이 절로 풍성해지는 느낌이다. 우리는 지금까지 베풀어주신 하나님의 은총을 기억하며 감사의 노래를 부르기 위해 이 자리에 모였다. 어린이로부터 노인까지 모든 세대가 함께 모여 좋으신 하나님을 찬양하는 이 시간이 참 좋다. 힘겹고 낙심되는 일이 없던 것은 아니지만, 그래도 우리는 지금 산 자의 땅에 있다. 그렇다면 가급적이면 즐겁게 살아야 한다. 공자는 인생에 세 가지 즐거움이 있다고 했다.

배우고 때로 익히면 즐겁지 아니한가

學而時習之, 不亦說乎학이시습지 불역열호

벗이 있어 먼 곳에서 찾아오면 즐겁지 아니한가

有朋自遠方來, 不亦樂乎유붕자원방래 불역락호

알아주지 않는다고 하여 성내지 않으면 군자라 할 만하지 않은가

人不知而不慍, 不亦君子乎인부지이불온 불역군자호

감사를 더하면

—

때에 맞게 사는 것이 지혜이다. 과거의 경험이나 생각에 매이지 않고 늘 새로운 상황으로부터 뭔가를 배우려는 열린 마음을 가지고 사는 사람은 늘 즐겁게 살아간다. 자기 마음을 알아주는 벗이 있고, 또 그 벗이 먼 거리를 마다하지 않고 찾아준다면 그 사람은 잘 살고 있다고 보아도 좋을 것이다. 남이 나를 알아주지 않는다고 하여 속상해하거나 성을 내지 않는 사람은 정신의 독립을 이룬 사람, 곧 성인이라 할 만하다. 배우려는 열린 마음, 남들과 더불어 살아가는 푼푼한 마음, 누구에게도 매이지 않는 정신적 자유 바로 이것이 즐거운 삶의 비결이라는 것이다.

하지만 성경은 더 깊은 곳을 가리켜 보인다. 그건 '감사'다. 감사할 줄 모르는 생은 즐거울 수 없다. 저금통장의 잔고가 늘어도 감사의 창고가 비게 되면 인생은 쓸쓸해지고, 피해의식에 사로잡히게 된다. 원망의 말이 많아지고, 얼굴은 점점 굳어진다. 삶의 명인들은 감사의 창고를 채울 줄 아는 사람들이다. 방법은 간단하다. 누구를 대하든 뺄셈 부호보다는 덧셈 부호

를 즐겨 사용하면 된다. 상대방의 부족한 부분을 귀신같이 알아차리는 사람들은 많다. 하지만 잘 드러나지 않는 좋은 점을 보아내는 사람들은 많지 않다. 예수님과 만난 사람들은 대개 삶에 지친 사람들이었지만, 예수님과의 만남을 통해 자기가 얼마나 귀한 존재인지, 그리고 얼마나 아름다운 존재일 수 있는지를 깨달았다. 그런 의미에서 예수님은 삶의 명인이시다. 시인은 자기가 경험한 하나님의 은혜를 돌아보면서 감사의 노래를 부르고 있다.

말씀으로 살리신 은혜

그는 먼저 말씀을 통해 자기를 살려주신 하나님의 은혜에 대해 감사하고 있다. 그는 교만한 사람들의 조롱과 모욕을 당했다. 더 이상 어찌 해볼 수 없는 좌절의 순간도 겪었다. 인생을 포기해버릴까 하는 생각도 들었을 것이다. 하지만 언제나 하나님의 말씀이 지팡이와 막대기가 되어 그를 지켜주셨다. 하나님의 말씀은 우리의 발 앞을 비추는 등불이다. 말씀과 함께 걷는 사람은 비틀거리지 않는다.

> 주님의 말씀은 순결한 말씀, 도가니에서 단련한 은이요, 일곱 번 걸러 낸 순은이다(시편 12:6).

말씀을 품고 사는 사람은 마음에 태산을 품고 사는 것과 같다. 우리도 살아가면서 하나님의 말씀을 듣는다. '너는 내 것이다', '세상 끝날까지 내가 너와 함께하겠다', '시련의 때는 지나가게 마련이다', '악에게 지지 말고 선으로 악을 이기라'. 절망의 늪에 빠져 들어갈 때 들려오는 이런 말 한 마디는 얼마나 큰 힘이 되는지 알 수 없다. 갑작스레 불어난 물로 인해 고립된 사람들을 구하기 위해 소방관들이 강물 위에 '밧줄'을 걸고 그들을 구조하는 광경을 본 적이 있을 것이다. 하나님의 말씀은 범람하는 강물 위에 걸린 '밧줄'과 같다. 하나님의 말씀을 들으며 사는 사람이라야 이 거친 욕망의 물살에 떠내려가지 않을 수 있다.

주의 법을 떠나지 않음

—

시인은 밤에도 주의 이름을 기억하고 주의 법을 지킬 수 있었음을 기억하고 하나님께 감사하고 있다. 우리는 인생의 어둔 밤을 만날 때가 많다. 살아갈 용기가 사라지고, 인생이 온통 허무한 것만 같고, 소중하게 생각했던 모든 일들이 시들해지는 때가 있다. 그럴 때 사람들은 자기를 내던지듯 처신한다. 다른 사람에 대해 공격적이 되기도 한다. 하지만 시인은 그런 생의 위기 속에서도 하나님을 잊지 않는다. 주님의 법도를 떠나지 않는다.

영혼의 어둔 밤이 지나고 어슴푸레 새벽빛이 비칠 무렵 그는 하나님의 말씀 덕분에 그 어려운 시간을 벗어날 수 있었음을 깨닫는다. 그래서 그는 '주의 율례가 나의 노래'라고 고백한다. 나는 우리가 부르는 노래가 운명이 된다고 믿는다. 슬프고 애상에 찬 노래를 부르는 사람의 삶의 정조情調는 슬픔이 될 것이다. 하지만 밝고 긍정적인 노래를 즐기는 사람의 삶의 정조는 기쁨과 감사가 될 것이다.

찬송 시인인 송명희 씨는 〈나의 노래가 되시는 하나님〉이라는 곡에서 이렇게 노래하고 있다.

"나의 노래가 되시는 하나님을 내가 종일토록 찬양함은
그가 나를 사랑하시기 때문에 나를 사랑하시기 때문에
내가 그를 먼저 사랑한 것 아니요 나를 그가 먼저 사랑하시고
그의 사랑은 영원토록 변치 않아서 나를 사랑하시니
내가 가장 좋은 것으로 그에게 드리고 싶어라."

뇌성마비 환자인 송명희 시인의 마음은 이처럼 깨끗하다. 삶의 악조건 속에서도 밝음을 잃지 않는 것은 하나님의 사랑을 알고, 그 사랑을 노래하는 기쁨을 알기 때문이다. 그는 가장 좋은 것을 하나님께 드리고픈 열망으로 살아간다. 하나님께 요청할 것만 있는 사람과 어떻게 하든 하나님께 뭔가를 드리고픈 마음으로 살아가는 사람의 삶은 같을 수가 없다. 누가 행복한가? 삶이 고마움임을 알고, 사랑의 빚을 갚는 마음으로 살아가는 사람이다.

무엇 무엇을 소유했기에, 누렸기에 감사하는 것도 중요하다. 하지만 우리가 정말로 감사해야 할 것은 하나님의 말씀을 간직한 채 살고 있다는 것, 하나님의 법도를 우리의 노래로 삼아 살아간다는 사실, 당신의 일을 함께 하자는 주님의 초대장을 받았다는 사실이다. 주님의 뜻을 행하기 위해 애쓰는 사람은 결코 실패하지 않는다. 설사 우리가 지쳐 쓰러진다 해도 우리가 쓰러진 자리에서 희망의 나무가 자란다는 사실을 믿기 때문이다. 우리가 부르는 감사의 노래, 희망의 노래가 이 어둔 세상을 밝히는 등불로 타오르기를 기원한다.

소원의 항구

배를 타고 바다로 내려가서 큰 물을 헤쳐 가면서 장사하는 사람들은, 주님께서 하신 행사를 보고, 깊은 바다에서 일으키신 놀라운 기적을 본다. 그는 말씀으로 큰 폭풍을 일으키시고, 물결을 산더미처럼 쌓으신다. 배들은 하늘 높이 떠올랐다가 깊은 바다로 떨어진다. 그런 위기에서 그들은 얼이 빠지고 간담이 녹는다. 그들은 모두 술 취한 사람처럼 비틀거리며 흔들리니, 그들의 지혜가 모두 쓸모 없이 된다. 그러나 그들이 고난 가운데서 주님께 부르짖을 때에, 그들을 곤경에서 벗어나게 해주신다. 폭풍이 잠잠해지고, 물결도 잔잔해진다. 사방이 조용해지니 모두들 기뻐하고, 주님은 그들이 바라는 항구로 그들을 인도하여 주신다. 주님의 인자하심을 감사하여라. 사람에게 베푸신 주님의 놀라운 구원을 감사하여라. 백성이 모인 가운데서 그분을 기려라. 장로들이 모인 곳에서 그분을 찬양하여라(시편 107:23-32).

인샬라

—

중동에 가면 가장 많이 듣는 아랍말은 '인샬라'이다. 그 뜻은 '신의 뜻이라면'이다. 기쁠 때도, 슬플 때도 아랍인들은 '인샬라'라고 말한다. 한때 대지진으로 파키스탄과 인도가 입은 피해는 상상을 초월한 적이 있었다. 그 재난은 모든 차이를 일시에 무너뜨렸다. 그 재난 앞에서 선악의 구분이나, 종교 간의 차이도 의미를 잃고 만다. 애써 일구어 놓은 삶의 터전 전체가 폐허로 변하는 데는 불과 5분도 걸리지 않았다. 신음 소리와 울음 소리가 가득했던 그 재난의 현장을 보며 "하나님은 어디에 계신가?"라고 묻지 않을 수 없었다. 비극의 현장을 찾아간 기자는 해는 여전히 밝게 빛나고, 새벽 공기는 여전히 신선하다고 전해 준다. 사람은 하늘이 무너지고 땅이 꺼지는 비극을 겪고 있건만 하늘은 여전히 무심하게 세상을 내려다보고 있다. 옛 사람들이 '하늘과 땅은 어질지 않다天地不仁 천지불인'고 말한 것은 이 때문인지도 모르겠다.

하지만 놀라운 것은 재난을 겪은 사람들의 모습이다. 때에 절은 얼굴, 누추한 옷차림, 얼기설기 실로 상처를 꿰맨 이마 등 볼품없는 몰골들이었지만 눈동자 만큼은 카슈미르 밤하늘에 빛나는 별처럼 총총했다고 기자는 말한다. "신의 뜻이라면 받아들여야 한다. 아직 살아남은 가족이 많다. 그들을 먹이고 재우는 일이 더 중요하다." 가족을 잃은 어느 청년의 말이다. 삶은 참 모진 것이라는 생각이 든다. 모질지만 거룩하고 엄숙한 과제이기도 하다. 살아 있는 한 살아야 한다. 그게 생명이다. 그들은 신을 원망하지 않는다. 이해할 수 없지만 그게 신의 뜻이라면 받아들여야 한다는 것이 그들의 믿음이다. 이 믿음이 있기에 그들은 일어선 것이다. 이제 그 비극의 땅에도 사라졌던 아이들의 웃음소리가 돌아오고 있다. 그들이 희망의 노래를 부를 수 있도록 해주고, 다시 일어설 수 있도록 해주는 것은 인간 가족들의 마땅한 의무이다.

고통과 긍휼

—

경동교회에는 '여해문화관'이라는 공간이 있다. 그곳에서 故 윤이상 선생님의 10주기 추모 음악제가 있었다. 조국 통일을 위해 평생을 바쳤던 한 음악인의 열정을 기리는 뜻 깊은 모임이었다. 그곳에서 이화여대 교수였던 황병기 선생이 작곡한 노래 '우리는 하나'라는 곡을 들었다. 가사는 처음부터 끝까지 '우리는 하나'라는 구절의 반복이었다. 그 곡은 해안으로 서서히 밀려오는 밀물처럼 가슴에 파고들었다. 그 곡은 물론 통일을 그리는 노래이지만 거기에 그치는 것이 아니었다. 에덴의 동쪽에서 살면서 우리가 잃어버렸던 어떤 근원적인 세계로 우리를 이끌었다. 그 곡을 듣는 동안 가슴 깊은 곳에서 인간에 대한 연민의 감정이 솟아올랐다. 그것은 고통 받는 형제자매들에 대한 아픔이었다.

이념이나 종교나 국가를 떠나 몸을 받아 살아가는 인간의 공통점은 '고통'이다. 이웃이 겪는 고통에 대한 연민이야말로 우리를 본래적인 인간의 자리에 되돌려 놓는 통로이다. 성경은 인간을 향한 하나님의 사랑을 '긍휼'이라는 말로 표현한다. 긍휼은 자기가 낳은 자식을 바라보는 어머니의 마음과 같다. 그래서 어떤 이는 그것을 '통애痛愛', 즉 아파하는 사랑이라고 번역하기도 했다. 히브리서는 대제사장이신 그리스도를 이렇게 표현하고 있다.

> 우리의 대제사장은 우리의 연약함을 동정하지 못하시는 분이 아닙니다(히브리서 4:15).

'체휼體恤'이란 '몸으로 아파한다'는 말이다. 우리의 연약함을 마음으로만이 아니라 구체적인 아픔으로 경험하는 분이 주님이시다. 이것을 예루살렘 성경은 그분은 '우리의 연약함을 우리와 더불어 느끼지 않을 수 없는 분who was incapable of feeling our weakness with us'이라고 번역하고 있다.

하나님의 헤세드

—

시편 107편에서 우리는 인생의 막장에서 구원을 경험한 이들의 감사 찬양을 듣는다. 이 시편은 광야 길을 지나면서 주리고 목마른 이들, 이방 나라에 포로가 되어 잡혀간 이들, 그리고 질병의 고통에 시달리던 이들, 그리고 고통의 바다에서 풍랑을 만났던 이들의 경험을 들려주고 있다. 그것이 어떤 경우이든 모두 절박한 처지이다. 내 힘으로는 도저히 어떻게 해볼 도리가 없는 순간들이다. 그 순간 그들에게 남는 것은 무엇일까? 부르짖음이다. 그것은 울음일 수도 있고, 넋을 잃고 하늘을 바라보는 것일 수도 있다. 하나님은 하갈과 이스마엘의 비통한 울음 소리를 기도로 들으시어, 그들 곁에 다가오셨다. 그리고 이스마엘이 큰 나라를 이루게 되리라고 약속해 주셨다. 하나님은 강제노역에 시달려 밤마다 신음을 내뱉던 히브리인들의 신음 소리를 기도로 들으시고 그들에게 약속의 새 땅을 허락해 주셨다. 넘실거리는 홍해 바다를 앞에 둔 이스라엘 백성들과 모세는 하나님께 부르짖었다. 그리고 그들은 홍해가 열리는 것을 보았다. 민심이 천심이라는 말은 어쩌면 바로 이것을 가리키는 말인지도 모른다. 구원은 언제나 위로부터 온다.

신음 소리를 그리고 울음 소리를 기도로 들으시는 하나님이시다. 그런 하나님이 당신의 백성이 드리는 절박한 기도를 외면하시겠는가? 그렇지 않다. 우리가 마땅히 기도할 바를 알지 못할 때에도 성령은 우리의 연약함을 헤아리시고 우리를 위해 친히 간구하고(로마서 8:26) 계시다. 하나님의 인자하심 헤세드, hesed을 이미 맛본 사람들은 어려움에 처할 때마다 하나님께 간구하지 않을 수 없다. 어거스틴은 인생을 바다를 항해하는 배에 비유했다. 햇빛 좋고 바람 잔잔한 날도 있지만, 풍랑을 만날 때도 있는 것이 인생이다.

그는 말씀으로 큰 폭풍을 일으키시고, 물결을 산더미처럼 쌓으신다. 배들은 하늘 높이 떠올랐다가 깊은 바다로 떨어진다. 그런 위기에서 그들은 얼이 빠지고 간담이 녹는다. 그들이 모두 술 취한 사람처럼 비틀거리며 흔들리니, 그들의 지혜가 모두 쓸모없이 된다(25-27절).

얼이 빠지고 간담이 녹는 것 같은 상황, 지금까지의 경험과 지혜가 모두 쓸모없게 되는 상황을 만날 때 우리가 할 수 있는 일은 무엇인가? 어떤 이는 자포자기의 심정이 되어 버린다. 어떤 이는 생을 저주한다. 어떤 이는 파괴적인 태도를 보이기도 한다. 하지만 그때야말로 인간의 본연의 자리로 돌아가야 할 때이다. 믿음이란 다른 것이 아니다. 본래의 자리로 돌아가는 것이다. 나의 어머니는 신장병으로 2개월의 시한부 인생을 선고 받았을 때 하나님과 만났다. 어머니의 질병이 하나님의 초대장이었던 셈이다. 하나님은 어머니의 생명을 25년간 연장해 주셨고, 그 기간 동안 우리 가족은 다 복음을 영접하게 되었다. 하나님 안에서는 질병조차 '복된' 질병으로 바뀔 수 있다. 실패조차 '복된' 실패가 될 수 있다. 인생의 승리자는 남에게 지지 않는 사람이 아니라, 자기 자신의 절망과 싸워 이기는 사람이다. 그럴 수 있는 힘은 하나님께로부터 온다.

하나님께서 주시는 고마운 선물과 부르심은 철회되지 않습니다(로마서 11:29).

이런 희망이 있는 한 우리는 패배자가 될 수 없다.

먹감나무 무늬처럼

—

이제 구원을 체험한 이들에게 요구되는 일은 무엇인가? 하나님의 인자하심과 구원하심을 찬양하는 것이다. 한 번은 창동에서 목회를 하는 친구의 부탁을 받고 그 교회의 '나눔 콘서트'에 가서 설교를 했다. 내 곁에는 초대 손님 한 분이 앉아 있었는데, 그는 장애를 안고 살아가는 목회자의 아내였다. 그분의 노래와 간증을 들으면서 나는 참 깊은 감동을 느꼈다. 육체적으로 건강한 처녀가 몸의 한쪽을 쓰지 못하는 가난한 신학생과 결혼하겠다고 했을 때 그 가족들의 반대가 심했을 것은 뻔한 일이다. 하지만 그는 끝내 그 전도사를 택했고, 고등학교에서 음악을 가르치면서 남편과 태어난 아기를 돌보았다. 남편이 40대의 늦은 나이에 목회를 시작할 때 그 사모는 굳은 결단을 하고 학교를 그만두었다. 살아갈 대책이 없었지만 불안하지는 않았다. '먹을 게 없으면 굶지 뭐', 이런 '배 째라 정신'으로 나간 것이다. 정말 가난한 시골 동네에서 그들 내외는 장애인들을 돌보며 아름다운 목회를 하고 있다. 저마다 높은 봉우리에 오르려 애쓰는 세상이지만, 그들은 계곡을 통해 흐르는 물이 바다에 이름을 알기에 높아지기보다는 낮은 곳으로 흐르려고 애쓰고 있다. 그런 절실함이 있기에 그가 부르는 노래('꿈이 있는 자유'가 부른 〈소원〉)는 감동적이었다.

"삶의 작은 일에도 그 맘을 알기 원하네
그 길 그 좁은 길로 가길 원해
나의 작음을 알고 그분의 크심을 알며
소망 그 깊은 길로 가길 원하네

저 높이 솟은 산이 되기보다
여기 오름직한 동산이 되길
내 가는 길만 비추기보다는
누군가의 길을 비춰준다면
내가 노래하듯이 또 내가 얘기하듯이
살길 난 그렇게 죽기 원하네
삶의 한 절이라도 그분을 닮기 원하네
사랑 그 높은 길로 가기 원하네

저 높이 솟은 산이 되기보다
여기 오름직한 동산이 되길
내 가는 길만 비추기보다는
누군가의 길을 비춰준다면

내가 노래하듯이 또 내가 얘기하듯이
살길 난 그렇게 죽기 원하네
삶의 한 절이라도 그분을 닮기 원하네
사랑 그 좁은 길로 가기 원하네
그 깊은 길로 가기 원하네
그 높은 길로 가기 원하네"

먹감나무를 아는가? 감나무 가지는 유난히 잘 부러진다. 감을 딸 때 가지를 꺾게 되는데, 가지마다 입은 상처로 빗물 같은 것이 스며들어 가면 검게 뭉쳐진 듯한 무늬가 만들어진다. 그게 사람들이 말하는 먹감나무 무늬이다. 사람들은 그걸 귀하게 여겨 목공예 재료로 쓰기도 하고 고급 가구를 만들기도 한다. 전우익 선생님의 말씀이 기억난다.

"소나무는 상처를 관솔로 만들고 감나무는 아름다운 무늬로 만드는데 우리도 상처로 좌절하지 말고 상처를 딛고 보다 나은 사람, 보다 나은 민족이 되어야겠다고 여겨요."

그렇다. 삶이 힘겨워도 그것 때문에 우리 심정이 모질어지면 사람으로 태어난 보람이 없다. 고통을 아름다운 노래로 바꿀 줄 알아야 한다. 고통 가운데서도 우리를 보살피시고, 소원의 항구로 이끄시는 하나님이 살아 계시기 때문이다. 절박한 고통을 체험한 이가 부르는 구원의 노래는 상처 입은 많은 이들의 영혼에 빛을 가져다줄 것이다. 어떠한 어려움이 닥쳐와도 절망하지 말자. 흙을 빚어 아름다운 도자기를 빚는 도공처럼 고통과 슬픔을 빛어 아름다운 노래로 바꿀 줄 아는 사람, 우리는 바로 그런 사람으로 부름 받았다. 이 소망과 기쁨으로 오늘을 살아가는 빛나는 삶을 보고 싶다.

주님을
찬양하여라

할렐루야. 내 영혼아, 주님을 찬양하여라. 내가 평생토록 주님을 찬양하며 내가 살아 있는 한, 내 하나님을 찬양하겠다. 너희는 힘있는 고관을 의지하지 말며, 구원할 능력이 없는 사람을 의지하지 말아라. 사람은 숨 한 번 끊어지면 흙으로 돌아가니, 그가 세운 모든 계획이 바로 그 날로 다 사라지고 만다. 야곱의 하나님을 자기의 도움으로 삼고 자기의 하나님이신 주님께 희망을 거는 사람은, 복이 있다. 주님은, 하늘과 땅과 바다 속에 있는 모든 것을 지으시며, 영원히 신의를 지키시며, 억눌린 사람을 위해 공의로 재판하시며, 굶주린 사람에게 먹을 것을 주시며, 감옥에 갇힌 죄수를 석방시켜 주시며 눈먼 사람에게 눈을 뜨게 해주시고, 낮은 곳에 있는 사람을 일으켜 세우시는 분이시다. 주님은 의인을 사랑하시고, 나그네를 지켜 주시고, 고아와 과부를 도와주시지만 악인의 길은 멸망으로 이끄신다. 시온아, 주님께서 영원히 다스리신다! 나의 하나님께서 대대로 다스리신다! 할렐루야(시편 146:1-10).

생의 다짐

—

우리교회는 매년 11월 첫 주를 추수감사주일로 지키고 있다. 직접 땅에 파종을 하고, 또 추수를 한다면 오늘의 감격이 더 클 텐데, 도시에서 허겁지겁 살고 있는 우리에게 이 날은 좀 생뚱맞게 느껴지는 게 사실이다. 하지만 모든 것이 있어야 할 자리로 돌아가는 이 계절에 문득 발걸음을 멈추고, 살아온 날을 감사함으로 돌아보는 일은 꼭 필요한 일이기도 하다. 사실 나는 올해 우리 곁에 다가온 가을을 살갑게 맞이하지 못했다. 가을 숲에 들어가 머물지도 못했고, 억새 바다 속을 산책하지도 못했다. 그럴 마음의 여유도, 시간의 여유도 없었다. 일찌감치 고뿔에 시달린 것도 그 이유 가운데 하나다. 어느 순간 나도 모르게 '아, 참 고단하다' 하고 중얼거릴 때도 있었다. 그럴 때면 나를 아는 사람이 하나도 없는 어딘가로 떠나 하염없이 앉아 있고 싶어진다.

그러다가도 인간의 인간됨은 누군가의 요청에 응답할 줄 아는 능력과 무관하지 않다는 생각을 하며 정신을 차리기도 한다. 바울 사도는 '나의 약할 그때가 오히려 강할 때'라고 말했다. 그것은 그가 머릿속에서 만들어낸 문장이 아니라, 그의 삶에서 자연스럽게 빚어진 문장이다. 고통을 겪어본 이들은 안다. 스스로의 연약함에 놀라 낙심될 때 하나님의 은혜가 다가왔다는 사실을 말이다. 물론 하나님의 은혜는 직접적으로 다가오기도 하지만, 이웃들을 통해 전달되기도 한다. 세상에는 즐겨 은혜의 통로가 되는 이들이 있다.

경북대 법학전문대학원의 김두식 교수의 인터뷰 모음집 《다른 길이 있다》에 나오는 성공회대학교 김창남 교수의 사연은 참 감동적이다. 그는 1970년대 말부터 1980년대 초까지 노래운동을 벌이다가 쫓기는 신세가 되었다. 그는 2만 원짜리 월세를 구해 숨어들어갔다. 그런데 그가 밥 해먹는 기색이 없자 주인아주머니는 그 고학생에게 밥을 차려주기 시작했다. 월 2만 원짜리 하숙생이 된 셈이었다. 그냥 식구처럼 지내자는 아주머니의 호의를 그는 감사하게 받아들였다. 아주머니는 호구지책으로 요구르트 배달을 하며 근근이 살던 분이었다. 쫓기는 신세가 된 학생을 위해 아주머니는 밥을 지어주고, 청소를 해주고, 숨겨놓은 빨랫감까지 찾아 세탁해 주었다. 겨울에 연탄불이 꺼지면 자기들은 네 식구가 함께 지내니 괜찮지만 혼자 지내는 이가 더 어려운 법이라며 세심하게 배려해 주었다. 그런 아름다운 기억을 간직하고 있는 사람은 생이 제 아무리 가혹하다 해도 어떻게든 살아갈 용기를 잃지 않는 법이다. 곰곰이 생각해 보면 삶이란 고마움의 연속이다. 은중태산恩重泰山이란 말이 있다. 은혜가 태산처럼 크다는 뜻이다. 어려운 일이 없어서가 아니다. 삶은 여전히 힘들어도 우리 가슴에 봄기운을 안겨 주는 이들이 있고, 또 언제든 우리와 동행하시는 하나님이 계시기에 하는 말이다.

할렐루야

—

시편 146편은 '할렐루야'라는 단어로 시작하고 있다. 그 뜻은 다 아는 바와 같이 '하나님을 찬양하라'이다. 가끔 이 단어가 오·남용되는 일이 있어 불편하기는 하지만 성도들의 인사말로 이처럼 좋은 말은 또 없을 것이다. 이 단어는 늘 명령형으로 표현된다. 하나님을 찬양하는 것은 믿는 이들의 마땅한 의무라는 뜻일 것이다. 이 단어가 발설되는 순간 우리는 하나님의 현존 앞에 세워진다. 이 단어는 답답한 우리 삶에 틈을 만들어 하늘의 바람이 불어오게 만든다.

그런데 하나님을 찬양한다는 말에 담긴 속뜻은 무엇일까? 우리가 의지해야 할 대상이 누구인지를 제대로 안다는 뜻이다. 사람들은 흔히 세상의 유력한 사람들을 의지한다. 병원에 가려 해도, 법률적 도움을 얻으려 해도,

사람들은 나를 도와줄 사람이 없나 두리번거린다. 이게 적나라한 우리 현실이다. 하지만 하나님을 찬양하는 이들은 정말 의지해야 할 분이 누구인지를 안다. 그가 충성을 바치고 신뢰해야 하는 분이 누구인지를 안다는 말이다. 시인 김현승 선생님은 〈감사하는 마음〉이라는 시의 마지막 연에서 이렇게 노래하고 있다.

> "감사하는 마음—그것은 곧 아는 마음이다.
> 내가 누구인가를 그리고
> 주인이 누구인가를 깊이 아는 마음이다."

찬양함이 곧 감사함이고 감사함이 곧 찬양함이 아니겠는가. 내 삶의 주인이 누구인지를 알 때 우리는 진정한 감사를 드릴 수 있다. 지금 여러분은 누구를 주인으로 섬기며 살고 있는가? '나는 누구에게도 매이지 않은 자유인'이라고 말하고 싶지만 우리는 사실 거미줄에 걸린 잠자리처럼 세상적인 것들에 포획당한 채 버둥거리고 있다. 그래서 염려와 근심이 그치지 않는다. 벗어나려면 누군가의 도움이 필요하다. 야곱의 하나님, 하늘과 땅을 만드신 주님의 도우심을 받아야 한다.

'야곱의 하나님'이라는 표현은 참 많은 것을 말해준다. 야곱은 물론 이스라엘 12지파의 기력의 시작인 인물이다. 성경의 하나님은 추상적 관념이 아니다. 구체적인 인물과 사건 속에서 스스로를 드러내시는 분이시다. 야곱은 형을 속이고 장자권을 빼앗고, 아버지를 속여 축복을 가로챈 후 두려워서 고향을 등졌던 사람이다. 나중에는 외삼촌 라반과 대결하면서 애바르게 자기 재산을 증식시켰던 자기 주도적인 인물이었다. 하나님은 그가 돌베개를 베고 잠을 청할 때에 그의 곁에 다가오셨고, 머슴살이나 진배없는 세월을 보낼 때에도 그와 동행하셨다. 그리고 마침내 얍복 강에서 그의 환도뼈를 치심으로써 그를 새로운 사람으로 빚어주셨다. 야곱은 그 이후 다리를 절며 느릿느릿 걷는 사람으로 살았지만 그 덕분에 하나님의 인도하심을 더욱 신뢰하는 사람이 되었다. 하나님은 문제투성이 인물인 야곱을 다듬어 이스라엘의 밑돌로 삼으셨다. 가끔 우리 자신에 대해 실망할 때도 많지만, 연단하고 또 다듬어 주시는 하나님을 신뢰하기에 우리는 낙심하지 않는다.

하나님은 또한 하늘과 땅의 모든 것을 만드시고 질서 있게 운행하시는 분이다. 우리가 사는 세상에는 공평함이 없지만 하나님은 공정하신 분이다. 우리는 잠시 이 세상에 머물다 가지만 하나님은 어제나 오늘이나 내일이나 변함이 없으신 분이다. 오늘 세상에서 불의를 저지르는 이들이 승리하는 것처럼 보이지만 그들의 승리는 지속되지 않는다. 하나님의 진실하심이 승리하실 것이기 때문이다. 이것이 우리의 희망이다. 사람들은 억울한 일을 겪는 이들을 위로하기 위해 '다 잘 될 거야'라고 말하곤 한다. 하나님을 믿는 사람들도 같은 말을 한다. 하지만 그것은 근거 없는 낙관론이 아니라 철저한 낙관론이다. 오늘 우리는 패배할 수도 있고, 넘어질 수도 있다. 하지만 우리가 하나님의 마음과 잇대어 있기만 하다면 우리는 결국 승리한 것이다.

패배한 것처럼 보이는 승리, 이것은 중국의 문학가 루쉰의 작중인물인 '아Q' 식의 정신 승리법이 아니다. 아Q는 나약한 사람이다. 아들 뻘인 동네 건달에게 매를 맞고 돌아서면서 '아들놈한테 맞은 셈 치지 뭐. 요즘 세상은 참 막돼먹었어!'라고 혼잣말하며 스스로를 위로한다. 조금 슬프지 않은가? 하지만 우리는 하늘과 땅을 창조하신 하나님의 질서를 믿기에 패배해도 패배한 게 아니다. 믿는 이들은 그렇기에 세상이 감당할 수 없는 사람들이다.

하나님의 마음을 품고 살다

—

하나님을 믿는 사람들, 하나님을 찬양하며 사는 사람들은 하나님이 이 땅에서 하시는 일을 자신의 일로 삼고 살아간다. 성서신학에서 하늘은 저 위에 있는 것이 아니라, 저 아래에 있다. 우리의 몸과 마음이 낮은 곳으로 향할수록 우리는 하늘에 가까워진다. 깊이를 뒤집으면 높이가 되는 법이다. 오늘 우리가 사는 세상에서 참으로 하나님을 찬양한다는 것은 어떤 것일까? 하나님이 마음 두신 곳에 우리 마음을 두는 것이다. 하나님의 발길이 닿는 곳에 우리도 머무는 것이다. 그곳은 어디일까? 시인은 그것을 명료한 언어로 설명해 주고 있다.

하나님은 억눌린 사람을 위해 공의로 재판하시는 분이다. 소피스트인 트라시마코스Thrasymachus는 '정의는 강자의 편익'이라고 말했다. 어쩌면 그게 세상의 현실인지도 모른다. 하지만 하나님은 그렇지 않으시다. 하나님은 자기 목소리를 갖지 못한 사람들, 짓밟히고 조롱당하고 무시당하는 사람들의 살 권리를 되찾아 주기 위해 역사에 개입하시는 분이다. 하나님은 또한 굶주린 사람에게 먹을 것을 주고, 갇힌 자를 풀어 주고, 앞 못 보는 사람의 눈을 열어 주시고, 넘어진 사람을 일으켜 세우시는 분이다. 하나님을 믿는다는 것은 바로 그 마음으로 사는 것이다. 그런 삶을 한사코 외면하면서 하나님을 믿는다고 말하는 것은 어불성설이다. 안일한 신앙생활에 빠진 우리에게 아모스의 말은 철퇴처럼 묵직하게 다가온다.

> 나는, 너희가 벌이는 절기 행사들이 싫다. 역겹다. 너희가 성회로 모여도 도무지 기쁘지 않다. 너희가 나에게 번제물이나 곡식제물을 바친다 해도, 내가 그 제물을 받지 않겠다. 너희가 화목제로 바치는 살진 짐승도 거들떠보지 않겠다. 시끄러운 너의 노랫소리를 나의 앞에서 집어치워라! 너의 거문고 소리도 나는 듣지 않겠다. 너희는, 다만 공의가 물처럼 흐르게 하고, 정의가 마르지 않는 강처럼 흐르게 하여라(아모스 5:21-24).

성도는 이 땅에서 하나님 나라의 순례자로 살아가는 사람이다. 순례길에 나선 이들은 안다. 아직 목적지에 당도하지 못했다 해도 그 목적지를 향해 내딛는 한 걸음 한 걸음이 그곳과 연결되어 있음을 말이다. 하나님의 나라는 우리가 이르러야 할 최종적인 목적지이지만, 지금 여기서 맛보아야 하는 현실이기도 하다. 하나님 나라를 소망하는 사람은 지금 하나님 나라를 살기 시작해야 한다는 말이다.

하나님을 찬양하며 살겠다고 다짐했던 시인의 노래는 "시온아, 주님께서 영원히 다스리신다. 나의 하나님께서 대대로 다스리신다! 할렐루야!"라는 구절로 끝이 난다. '주님께서 영원히 다스리신다.' 담담한 서술법이지만, 이 고백 속에는 천금의 무게가 걸려 있다. 세상의 어떤 유력자도 이 엄연한 사실을 부정할 수 없다.

오늘 우리가 추수감사예배를 드리는 까닭은 모든 일이 잘 되어서가 아니라, 하나님의 섭리에 눈 뜬 사람이 된 기쁨 때문이다. 그분의 거룩하신 일에 초대받은 기쁨을 나누기 위해서다. 우리 시대는 하나님의 형상대로 지음 받은 인간의 존엄을 무너뜨리는 일들이 너무도 많다. 하나님의 숨결이 잦아들면서 사람들은 육체로 변했다. 정신적 왜소증이 돌림병처럼 번지고 있다. 가진 것 없어도 자기 삶의 주인이 되어 당당하게 살아가는 사람을 만나기 어렵다. 예수를 믿는다는 이들 가운데도 정신적 왜소증에 시달리는 이들이 많다. 예수님은 온 세상의 모순과 아픔을 품으셨으면서도 스스로 비천해지지 않으셨다. 우리도 그러해야 한다. 지금 여러분은 누구를 의지하며 살고 있는가? 주님을 의지하는 사람은 세상을 탓하며 살지도 않고, 뭔가에 중독된 채 살지도 않는다. 어려움 속에서도 하나님이 주신 천품을 지켜가며 세상의 유익이 되기를 소망한다. 그런 삶의 길로 인도해 주신 하나님의 마음과 자꾸만 접속할 때 우리 속에는 감사의 샘물이 솟아나오게 된다.

네겝 땅 시냇물처럼

주님께서 시온에서 잡혀간 포로를 시온으로 돌려보내실 때에, 우리는 꿈을 꾸는 사람들 같았다. 그때에 우리의 입은 웃음으로 가득 찼고, 우리의 혀는 찬양의 함성으로 가득 찼다. 그때에 다른 나라 백성들도 말하였다. "주님께서 그들의 편이 되셔서 큰 일을 하셨다." 주님께서 우리 편이 되시어 큰 일을 하셨을 때에, 우리는 얼마나 기뻤던가! 주님, 네겝의 시내들에 다시 물이 흐르듯이 포로로 잡혀간 자들을 돌려보내 주십시오. 눈물을 흘리며 씨를 뿌리는 사람은 기쁨으로 거둔다. 울며 씨를 뿌리러 나가는 사람은 기쁨으로 단을 가지고 돌아온다(시편 126:1-6).

크신 님 나를 안으소서

—

오늘도 우리는 산 자의 땅에 있다. 특별할 것도 없고 놀랄 것도 없는 인생이기에 그 사실이 그렇게 감격적이지는 않다. 하지만 오늘 우리가 대지를 딛고 서 있다는 사실은 기적이다. 엊그제 한 젊은 목사의 장례식에 참석하여 예배를 인도했다. 그와의 인연이 깊다고는 할 수 없다. 그는 새로운 목회를 막 시작하려던 15년 전 쯤 교회에서 인도하던 성경공부 모임에 1년쯤 참석한 적이 있다. 그는 시종일관 진지했고, 한 마디 말도 놓치지 않으려는 듯 집중하는 모습은 경이로울 정도였다. 그뿐이었다. 그런 후 우리는 한 번도 만나지 못했다.

나의 기억 속에 그는 거의 들어 있지 않았다. 그런데 느닷없는 그의 부음이 들려왔다. 갑작스러운 심장마비로 그는 세상을 등졌다. 그런 사실보다 더욱 놀랐던 것은 그의 가족들이 내가 그 장례를 집전해 주기를 바란다는 사실이었다. 그는 자기가 속한 교단의 유력한 교회의 담임목사였다. 그렇다면 그의 장례는 그 교단의 교역자들이 주관하는 것이 옳겠다 싶어 그 청을 완곡하게 거절했다. 하지만 나를 호명한 그 가족들의 마음을 외면할 수 없어서 빈소를 찾아가 가족들과 그의 벗들과 함께 예배를 올렸다. 그 자리에서 나는 함석헌 선생님의 시 〈님이여 나는 작은 등불이외다〉의 한 부분을 읽었다.

"크신 님 나를 안으소서!
나는 인제 당신이
나 안으려 오신 줄 압니다
이때껏 뵈온 일 없어도 어쩐지
나 안고서 당신이 오신 줄 나는 믿어집니다.

뜨거운 님 나를 품으소서!
삼키소서, 맘대로 하소서!
당신 가슴에 이 몸 바치오리다.
나는 그것 즐겁습니다.
한없이, 한없이, 그저 한없이."

오직 하나님의 꿈에 붙들려 살아온 한 평생이니 하나님께서 그를 안으셨으리라 믿는다. 시인은 하나님께 안기는 것을 넘어 삼키워지기를 소망한다. 그것은 작은 나를 버리고 더 큰 몸을 입는 일일 것이다. 그 젊은 벗을 하나님의 품으로 돌려보낸 후 순례로서의 인생에 대해 생각하지 않을 수 없었다.

회복에 대한 회상

—

시편 126편은 시편 120편에서부터 134편에 이르는 〈성전에 올라가는 순례자의 노래〉 가운데 하나이다. 순례자는 특정한 장소를 향해 끊임없이 움직이는 사람이다. 옛날에 세계 각지에 흩어져 살고 있는 유대인들은 예루살렘 성전을 목표점으로 삼아 순례를 하곤 했다. 무슬림들은 사우디아라비아에 있는 '메카'를 향한 순례를 죽기 전에 해야 할 종교적 의무로 받아들이고 있다. 순례를 하지Hajj라 하는 데 무슬림들은 메카 순례를 마친 이들의 이름 앞에 핫즈라는 경칭을 붙이고, 그가 사는 집은 흰색 칠을 하여 구별한다. 티벳 사람들은 라싸에 있는 조캉사원을 순례하는 것을 일생의 소원으로 여긴다. 어떤 이들은 오체투지로 그곳을 향해 나아간다. 가장 낮은 자세로 땅바닥에 엎드리며 나아가는 그들의 모습은 장엄하기까지 하다. 각 종교의 순례자들이 향하는 장소는 다를지 몰라도, 결국 그들이 무의식 중에라도 바라는 것은 우주의 중심에 가닿고자 하는 마음일 것이다.

예루살렘 성전을 향해 나아가는 이들은 걷고 또 걸으며 자기들의 기억을 반추하곤 했을 것이다. 허위단심으로 살아온 나날을 떠올리고, 슬픔과 기쁨, 희망과 좌절의 순간을 떠올렸을 것이다. 순례의 시간은 그 모든 삶의 시간을 하나님께 바치는 시간이다. 시편 126편의 시인이 어떤 삶을 살아왔는지는 알 수 없다. 그런데 그는 하나님께서 시온의 포로를 되돌리실 때를 떠올리고 있다. 시인은 조상들이 겪은 해방의 경험에 자기 삶의 경험을 비끄러매고 있다. 시온의 포로들이 다시 자기 삶의 자리로 돌아오게 된 것은 전적으로 하나님의 뜻이었던 것처럼 그는 자기 삶이 하나님의 은총 속에 있다고 고백한다. 이 시의 핵심어는 '돌려보내다'라는 단어이다. 히브리 성경에서 이 단어는 주님의 진노로 인해 초래된 고통의 상황이 주님의 은총이 넘치는 상황으로 회복될 때 주로 사용된다.

시인은 전혀 예기치 않은 순간에, 예기치 않은 방식으로 찾아온 그 회복의 경험을 표현할 적절한 말이 없었기에 '마치 꿈꾸는 것 같았다'고 말한다. 현실이기엔 너무나 놀라운 경험이었던 것이다. 해방의 날 그들의 입은 기쁨으로 가득 차고, 그들의 혀는 찬양으로 가득 찼다. 그런 그들을 보고 다른 나라 사람들조차 "주님께서 그들의 편이 되셔서 큰 일을 하셨다"(2절)고 수군거렸다.

대학원 시절 아르헨티나의 신학자인 호세 미구에즈 보니노Jose Miguez Bonino의 책을 읽다가 한 대목에서 멈칫 한 적이 있다. 'God, who takes side'라는 말이었다. 해석하자면 '편드는 하나님'이 될 것이다. 우리는 흔히 하나님이 불편부당한 분이라고 생각한다. 그것이 하나님다움이라고 생각한다. 그런데 성경이 증언하는 하나님은 편을 드신다. 하나님은 약자들의 보호자를 자처하신다. 억압과 착취에 시달리는 이들의 인권을 보장하고, 그들이 인간다운 삶을 누리도록 도우신다. 그렇기에 하나님은 세상의 압제자들이나 제 욕심을 채우기 위해 다른 이들을 학대하는 이들을 상대로 싸움을 벌이신다. 히브리들을 자유의 새 땅으로 인도하기 위해 하나님은 바로의 체제와 싸우셨다. 예언자들은 백성들을 지푸라기 강아지芻狗처럼 여기는 왕과 관료들, 그리고 그런 불의한 체제를 뒷받침해 주고 있던 사제 계급을 맹렬하게 성토했다. 예수님도 폭력으로 유지되는 로마 제국에 맞서 하나님의 나라를 선포하셨다.

이스라엘 사람들의 해방 혹은 구원은 다른 나라 사람들에게 하나님이 어떤 분인지를 알리는 계기가 되었다. 오늘 우리는 어떠한가? 우리가 만일 자본주의 경제질서가 만들어 놓은 행복의 주술 혹은 욕망의 굴레에서 벗어나 사람다운 사람으로 살아간다면, 하나님을 진심으로 사랑하고 이웃들을 마치 내 몸인 양 사랑한다면, 우리를 통해 하나님의 영광이 드러날 것이다.

씨 뿌림과 거둠

—

순례자는 시온의 회복을 회상함으로써 새로운 용기를 얻는다. 살아가는 동안 고통이 없을 수는 없지만, 그 고통이 그를 끝내 좌절시킬 수 없다는 사실을 그는 마음 깊이 새길 것이다. 순례가 주는 복이다. 순례의 길은 헛된 욕망에 사로잡혔던 자아를 해방하는 길이다. 우리 삶이 지지부진을 면치 못하는 것은 순례를 잃어버렸기 때문이다. 유명한 유적지를 휙 둘러보고 사진 한 장 찍고 돌아서는 것은 진짜 순례가 아니다.

하나의 중심을 향해 나아가는 사람은 저절로 기도의 사람이 된다. 16세기에 팔레스타인에 살았던 교부 도로테우스Dorotheus는 세계를 원이라고 상상해 볼 것을 제안한다. 그 중심은 하나님이고 그분의 광채는 인간들의 각기 다른 삶의 모습이다.

"하나님께 가까이 가고자 하는 모든 이가 하나님이 계신 원의 중심으로 다가간다면, 그들은 서로에게 다가가는 동시에 하나님께 다가가는 것이다."

하나님께 다가가기 위해서는 이웃에게 다가서야 하고, 이웃에게 참으로 다가서기 위해서는 하나님께 다가서야 하는 이 되먹임의 관계가 참 신비하다.

함께 살아야 할 이들은 때로는 더할 나위 없이 소중한 존재로 여겨지지만 때로는 걸림돌처럼 느껴지기도 한다. 우리 마음은 늘 '충만'과 '텅 빔' 사이를 오간다. 시인의 기도는 그래서 소중하다.

> 주님, 네겝의 시내들에 다시 물이 흐르듯이 포로로 잡혀간 자들을 돌려보내 주십시오(4절).

네겝은 비가 올 때는 물이 흐르지만 비가 그치면 바짝 말라버리는 와디이다. 바로 우리 마음의 풍경과 같다. 도시에 사는 우리 마음은 네겝의 와디처럼 모래만 버석이는 불모지이다. 그곳에 물이 흐르게 하시고, 세상에 사로잡혔던 우리를 해방하여 자유인으로 살게 하실 분은 하나님뿐이시다.

네겝 시내에 물이 흐르기를 소망한 시인의 마음이 자연스럽게 흘러간 것은 농부들이 씨를 뿌리는 광경이다. 척박한 땅에 물이 흐르면 죽은 것 같았던 대지가 깨어나기 시작한다. 그때야말로 파종의 때이다. 순례자는 파종자여야 한다. 파종은 고된 노동이다. 하지만 파종이라는 노고가 없다면 수확도 없다.

눈물을 흘리며 씨를 뿌리는 사람은 기쁨으로 거둔다. 울며 씨를 뿌리러 나가는 사람은 기쁨으로 단을 가지고 돌아온다(5-6절).

'눈물을 흘리며 씨를 뿌린다'는 표현은 우리에게 좀 낯설게 들리는 게 사실이다. 노동이 고되기 때문에 눈물을 흘린다는 말일까? 그렇다면 너무 유약해 보이지 않은가? 사실 이 말은 애굽이나 우가릿 신화를 염두에 둔 것이다. 그들은 겨우내 죽음의 세계에 끌려간 곡물의 여신을 깨우기 위해서는 들판에서 울어야 한다고 믿었다. 운다는 말은 그러니까 신을 깨우는 일이다. 히브리의 시인은 그런 풍습을 그리되, 그 의미를 바꾸어 놓고 있다.

믿음으로 사는 것은 어쩌면 자기 욕망을 거스르는 일일 수 있다. 섬김, 돌봄, 나눔, 권리의 자발적 포기, 타자를 유익하게 하는 삶이 쉽지는 않다. 우리는 예수와 함께 혈과 육을 십자가에 못 박은 사람들이지만, 옛 삶의 인력으로부터 자유롭지는 못하다. 그렇기에 하나님의 뜻을 따르기 위해서는 자기의 욕망과 치열하게 싸워야 한다.

"남과 싸워 이기는 사람은 힘이 있다 하고 자기와 싸워 이기는 사람은 강하다 한다勝人者有力 自勝者强 승인자유력 자승자강"(《노자》 33장).

하나님의 사람들은 강해져야 한다. 그러기 위해서는 자기를 극복하는 훈련이 필요하다. 조금 자의적으로 들릴 수도 있겠지만 울면서라도 씨를 뿌린다는 말을 그렇게 받아들이고 싶다. 하나님은 호세아를 통해 이렇게 말씀하셨다.

정의를 뿌리고 사랑의 열매를 거두어라. 지금은 너희가 주를 찾을 때이다. 묵은 땅을 갈아엎어라. 나 주가 너희에게 가서 정의를 비처럼 내려주겠다(호세아

10:12).

정의의 씨를 뿌리고 사랑의 열매를 거두는 것, 이것이야말로 위대한 영혼의 길이다.

다시 길을 떠날 용기

—

고인이 되신 신영복 선생님을 통해 석과불식碩果不食이라는 단어와 만났다. 석과란 '씨과실'을 뜻하는데, 선생님은 그것을 나뭇잎이 다 떨어지고 나목의 가지 끝에 달린 과실, 삭풍 속에 남아 있는 마지막 과실이라고 설명했다. 석과불식이라 함은 그런 과일은 먹지 않고 땅에 심어서 새봄의 싹으로 돋아나게 하는 것을 일컫는 말이다. 무릇 믿는 이들이 해야 할 일이 바로 이런 것 아닐까? '석과'를 '예수의 마음'이라 하고 싶다. 그 마음을 지켜내지 못하면 우리 시대에는 희망이 없다. 남들이 뭐라 하든 예수의 마음 하나 지키기 위해 고투하는 사람이 남아 있는 한 세상은 무너지지 않을 것이다. 어느 시대이든 그런 이들이 있었다. 바울 사도는 "선한 일을 하다가 낙심하지 맙시다. 지쳐서 넘어지지 아니하면, 때가 이를 때에 거두게 될 것입니다"(갈라디아서 6:9) 하고 성도들을 격려했다.

"어느 목사가 아이에게 세례를 베풀었다. 세례식이 끝난 후 그는 모두가 들을 수 있게 큰소리로 아기에게 말했다. "사랑하는 아가야, 이 세례를 행함으로써 우리는 너를 앞으로 평생 동안 걸어갈 여행길로 맞아들인다. 이것은 끝이 아니다. 이것은 하나님께서 너의 삶을 통해 이루실 일의 시작이란다. 하나님께서 너를 어떻게 만들어 가실지 우리는 알지 못한다. 하나님께서 너를 어디로 이끄실지, 그래서 어떻게 우리를 놀라게 하실지 우리는 모른다. 우리가 아는 것, 다만 말해 줄 수 있는 것은 하나님께서 너와 함께하신다는 것뿐이란다"(스탠리 하우어워스 · 윌리엄 윌리몬, 《하나님의 나그네 된 백성》, 76-77쪽).

하나님께서 우리와 함께하신다. 이것이 인생을 순례로 살려는 이들이 잊지 말아야 할 사실이다. 부디 하나님께서 우리를 통해 당신의 꿈을 이 땅에서 아름답게 펼쳐나가시기를 바란다. 하나님을 신뢰하는 사람은 당장의 결실이 보이지 않아도 낙심하지 않는다. 우리가 뿌린 씨가 썩지만 않았다면 어느 때든 싹이 움터 나올 터이니 말이다. 우리는 순례자인가? 여행자인가? 종작없는 방황을 그치고 이제 하나님의 마음을 향한 순례를 시작하자. 울며 씨를 뿌리는 사람이라야 기쁨으로 단을 거두어들이게 될 것이다. 불의한 세상에 정의를 심어야 한다. 어둠의 세상에 빛을 심어야 한다. 갈등의 세상에 평화를 심자. 죽임의 문화가 지배하는 세상에 생명을 심자. 냉랭한 세상에 포근한 정을 심자. 경쟁과 독점을 삶의 원리로 삼는 세상에 협동과 나눔의 씨를 심자. 네겝 땅에 물이 돌아오게 하자. 우리를 이 거룩한 일에 초대해 주신 하나님께 감사하자.

의인들아,
주님을 기뻐하여라

주님께서 다스리시니, 온 땅아, 뛸 듯이 기뻐하여라. 많은 섬들아, 즐거워하여라. 구름과 흑암이 그를 둘러쌌다. 정의와 공평이 그 왕좌의 기초다. 불이 그 앞에서 나와서 에워싼 대적을 불사른다. 그의 번개가 세상을 번쩍번쩍 비추면, 땅이 보고서 두려워 떤다. 산들은 주님 앞에서, 온 땅의 주님 앞에서, 초처럼 녹아버린다. 하늘은 그의 의로우심을 선포하고, 만백성은 그의 영광을 본다. 조각된 신상을 섬기는 자는 누구나 수치를 당할 것이며, 헛된 우상을 자랑하는 자들도 부끄러움을 당할 것이다. 모든 신들아, 주님 앞에 엎드려라. 주님, 주님이 공의로우심을 시온이 듣고 즐거워하며, 유다의 딸들이 기뻐 외칩니다. 주님, 주님은 온 땅을 다스리는 가장 높으신 분이시고, 어느 신들보다 더 높으신 분이십니다. 주님을 사랑하는 사람들아, 너희는 악을 미워하여라. 주님은 그의 성도를 지켜 주시며, 악인들의 손에서 건져주신다. 빛은 의인에게 비치며, 마음이 정직한 사람에게는 즐거움이 샘처럼 솟을 것이다. 의인들아, 주님을 기뻐하여라. 주님의 거룩하신 이름에 감사를 드려라(시편 97:1-12).

암담한 현실 속에서도

—

오늘 우리는 "주님께서 다스리시니, 온 땅아, 뛸 듯이 기뻐하여라. 많은 섬들아, 즐거워하여라"(1절)라는 부름 앞에 서 있다. 우리 현실을 돌아보면 도무지 기뻐할 일, 즐거워할 일이 없는 것 같은데 이 말씀을 어떻게 받아들여야 할런지 모르겠다. 수능 시험을 앞두고 압박감을 못 견딘 한 학생이 목숨을 버렸다는 소식을 들었다. 삶의 벼랑 끝에 내몰린 이들은 다가오는 겨울이 암담하기만 하다. 전월세 부담이 커져서 도무지 미래를 기약하기 어려운 이들이 많다. 거리로 내몰린 이들의 시름이 더욱 깊어가고 있다. 시간이 지나면 좋아질 거라는 낙관적 전망이라도 있어야 힘차게 살아갈 텐데, 삶이 갈수록 척박해질 거라는 데 사람들이 대체적으로 동의하고 있다. 욕망은 커지고 있는데, 그것을 실현할 방도는 보이질 않는 형국이다.

이렇게 암담할 때일수록 다른 삶을 상상하는 능력을 키워야 한다. 소설가 임레 케르테스Imre Kertesz는 아우슈비츠 수용소에서의 체험을 담은 소설《운명》에서 강제 수용소에서 벗어나기 위해 수감자들이 선택할 수 있는 세 가지 길이 있다고 말한다.

첫째는 영원히 잠을 잘 수 있게 해주는 자살이다. 작가는 최소한 단 한 번이라도 그런 유혹에 빠지지 않는 사람은 하나도 없을 거라고 말한다.

둘째는 탈출이다. 하지만 탈출에 성공한 사람은 거의 없었다고 한다. 다시 잡혀온 사람들은 '만세! 내가 다시 왔다'라고 쓴 표지판을 목에 건 채 사람들 앞에서 조리돌림을 당하다가 교수형에 처해지곤 했다.

셋째는 가능성이 가장 적은 방법이었는데 작가는 이것을 자기에게 적용했다고 한다. 그것은 인간의 본성 가운데 있는 상상력을 활용하는 것이었다.

죄수 생활을 하면서도 상상은 자유였던 것이다. 삽질과 곡괭이질을 바삐 하면서도 상상의 나래를 펼쳐 그 현장에 없는 것처럼 될 수 있었다고 한다. 그는 대개 집에 있는 자신의 모습을 상상하곤 했다. 아침부터 저녁까지 하루 종일 빈둥거리며 지내는 날을 상상하면 마음에 느긋함이 찾아왔다. 이른 기상, 학교, 불쾌감, 맛없는 점심식사 등 좋지 않은 날도 상상해 보았다. 그 상상의 힘이 고단한 강제 수용소의 삶을 버티게 해주었다.

로마 제국의 폭압에 시달리던 사람들에게 예수님은 '하나님의 나라'의 복음을 전하셨다. 주님은 제국이 만들어 사람들에게 주입한 세계관, 즉 강자가 세상을 지배하는 게 마땅하다는 생각을 뒤집으셨다. 약한 자들이 서로를 긍휼히 여기고, 강한 자가 약한 자들을 기쁨으로 섬기는 세상의 꿈을 이 세상에 가져오셨다는 말이다. 그 꿈은 약한 듯 보여도 약하지 않다. 옛 사람도 '부드럽고 약한 것이 딱딱하고 강한 것을 이기게 마련이다'(柔弱勝剛强유약승강강, 《노자》 36장), '하늘 아래 가장 여린 것이 하늘 아래 가장 단단한 것을 부린다'(天下之至柔 馳騁天下之至堅천하지지유 치빙천하지지견, 《노자》 43장)고 말했다. 무기나 힘으로 사람을 억압하거나 형벌로 다스리려고 하면 반드시 문제가 생긴다. 사랑과 온유함으로 사람을 보살피는 이들은 임의로 부는 성령을 닮은 사람이다. 새로운 세상은 그런 이들을 통해 열린다.

지금 우리 현실은 홍수 이전의 세계를 닮았다 해도 우리는 '주님께서 다스리신다'는 사실을 잊지 말아야 한다. 시인은 온 땅과 섬들을 향해 '뛸듯이 기뻐하라'고, '즐거워하라'고 말한다. 눈에 보이지는 않아도 이 땅을 다스리시는 분은 하나님이시다. 히브리서 기자는 "믿음은 바라는 것들의 확신이요, 보이지 않는 것들의 증거"(히브리서 11:1)라고 말했다. 주님의 다스리심을 확고히 믿고 기뻐할 때 살아갈 힘이 생긴다.

정의와 공평

—

시인은 하나님의 위엄을 시각적으로 묘사한다. "구름과 흑암이 그를 둘러쌌다." 이것은 하나님의 실체 혹은 모습은 인간의 오성으로 파악될 수 없다는 사실을 가리킨다. 그러나 주님의 뜻은 명백하다. 시인은 은유적인 언어를 통해 주님의 다스리심의 요체를 드러낸다. "정의와 공평이 그 왕좌의 기초다." '구름과 흑암' 그리고 '정의와 공평'이 대구를 이루고 있다. 정의라는 말은 인간의 허물을 용서하시는 하나님의 옳으심을 말하고, 공평은 엄중한 심판을 이르는 말이다. 하나님은 참회하는 이들을 따뜻하게 감싸고 용서하시는 분이시지만, 잘못은 준엄하게 꾸짖으시는 분이시다. 이 두 가지는 모두 우리에게 살아갈 힘이 된다. 선하게 살다가 어려움을 겪는 이들을 감싸주시는 주님의 사랑을 기대해도 괜찮다. 하지만 하나님의 뜻을 거역하는 이들에게는 분명한 심판이 있다. 눈앞의 현실이 암담하다 해도 낙심할 이유가 없다. 시인은 하나님의 위엄 있는 모습을 이렇게 표현한다.

> 불이 그 앞에서 나와서 에워싼 대적을 불사른다. 그의 번개가 세상을 번쩍번쩍 비추면, 땅이 보고서 두려워 떤다(3-4절).

3절에서는 '불'과 '번개'가 대구를 이루고 있다. 시인은 고대 가나안과 메소포타미아 종교에서 사용되던 신에 대한 표상을 그대로 끌어다 쓰고 있다. 대적을 무찌르고 여러 신들과 우주의 왕으로 등극하는 신의 모습은 일쑤 불과 번개를 동반하곤 했다. 그리스 신화에 나오는 제우스는 '구름을 모으는 자' 혹은 '손에 번개를 들고 있는 자'이다. 번개처럼 강력한 무기가 없다. 히브리 시인도 번개를 하나님의 도구로 여기고 있음을 알 수 있다. 이 시에서 '불'과 '번개'는 하나님의 절대적 주권을 나타내는 말이다. 시인은 주님 앞에서 산과 온 땅이 초처럼 녹아버린다고 노래한다. 우리는 대기 중에 있는 음전하가 지상에 있는 양전하를 향해 떨어져 내릴 때 번개가 친다는 사실을 잘 알고 있다. 그럼에도 불구하고 번개가 치는 날이면 괜히 두려워진다. 고대인들이 느낀 공포는 이보다 훨씬 더 컸을 것이다.

5절에서는 '산들'과 '온 땅'이 나란히 배치되어 있다. 단순한 자연물을 가리킨다고 볼 수도 있지만 산들은 인간 세상에서 우뚝한 사람들을 일컫는 말로 받아들여도 무방할 것이다. 하나님 앞에서는 지위고하가 문제 되지 않는다. 제 아무리 높은 산이라 해도 하나님이 진노하시면 초처럼 녹아내릴 수밖에 없다. 지금 사람들을 깔보고, 함부로 대하고, 자기 이익을 위해 다른 이들을 수단으로 삼는 이들은 하나님의 화난 얼굴 앞에 서야 한다. 선거 때면 납작 엎드렸다가 선거가 끝나면 노골적으로 국민들을 무시하면서도, 필요하면 언제나 국민의 뜻이라는 말장난 뒤로 숨어버리는 정치인들, 섬기는 이의 본분을 저버리고 특권을 누리는 데만 발밭은 종교인들은 특히 엄중한 처벌을 받을 것이다.

기쁨과 즐거움

—

6절은 4절의 변주이다. "하늘은 그의 의로우심을 선포하고, 만백성은 그의 영광을 본다." 장엄한 세계가 우리 앞에 펼쳐지고 있다. '하나님이 다스리신다'는 사실을 관념이나 추상이 아닌 현실로 체험할 때, 하나님의 위엄 앞에 엎드리지 않을 수 없다. 사탄 앞에 절을 하고 얻은 권세를 가지고 사람들을 억압하는 사람들은 어느 날 아침 안개처럼 사라지고 말 것이다. 고통 받고 있는 이웃들은 아랑곳없이 홀로 자족하며 만족하는 사람들, 욕망의 바벨탑을 쌓고 있는 이들은 어느 날 자기들이 신기루를 좇고 있었음을 깨닫게 될 것이다.

분주함 속에서는 볼 수 없는 생의 진실이 있다. 세상은 끊임없이 우리 속에 불안을 주입하려고 한다. 모든 것을 돈으로 환산하는 시대이기에 '돈'이 아주 오만한 자세로 세계의 중심에 우뚝 서 있다. 돈을 따라다니다 보면 우리 마음은 황폐해지게 마련이다. 예수님은 일찍이 "공중의 새를 보아라." "들의 백합화가 어떻게 자라는가 살펴보아라"(마태복음 6:26, 28) 하고 권고하셨다. '보아라' 혹은 '살펴보아라'는 깊이 묵상하고 성찰해 보라는 말이다. 당장의 필요를 채우기 위해 동분서주하던 발걸음을 조금 늦추고 그동안 눈길조차 주지 않던 것을 좀 자세히 바라보라. 숲을 찾아도 좋겠고, 가까운 공원을 걸어도 좋다. 그도 어려우면 자연 다큐멘터리나 우주의 신비에 대한 영상이라도 보라. 먹고 사는 일과 무관한 일을 위해 시간을 내보자. 세계의 아름다움에 집중할 수 있을 때 우리 속에 있는 불안의 인력은 줄어든다.

이어령 선생님의 책을 읽다가 참 공감이 되는 말씀과 만났다. 떨어지는 사과를 보고 만유인력의 법칙을 발견했던 뉴턴을 두고 이어령 선생은 이렇게 말한다.

> "뉴턴은 떨어지는 사과만 봤지, 사과가 무슨 힘이 있어서 거기까지 올라갔는지를 설명하지 못했습니다"(이어령, 《소설로 떠나는 영성순례》, 26쪽).

세상에는 높이 있는 사과를 떨어지게 만드는 힘만 있는 것이 아니라는 것이다. "그 작은 씨앗이 싹을 틔우고 햇빛을 받아 광합성을 하면서 하늘 높이 자라 열매를 맺게 하는 생명력은 중력보다도 큽니다." 바로 그것이 은총이 아니고 무엇이겠는가? 일상의 번잡함에서 잠시 물러나 하나님께 마음을 집중하고, 또 하나님이 창조하신 것들을 마음을 다해 바라볼 때 우리를 바닥으로 끌어내리던 중력은 줄어들고 은총의 가벼움이 우리를 찾아온다. 그런 은총을 경험한 사람들은 하나님의 통치를 기꺼이 받아들일 수 있다.

우리를 밑바닥으로 자꾸만 끌어내리는 것들을 시인은 '조각된 신상' 혹은 '헛된 우상'(7절)이라고 말한다. 우상을 섬기는 자는 수치를 당할 것이고, 그것을 자랑하는 자는 부끄러움을 당할 것이다. 성경에서 우상은 '있는 듯 보이지만 실체가 없는 것', 곧 '헛것'을 이르는 말이다. 돈도 명예도 권세도 이데올로기도 출세도 우상이 될 수 있다. 젊은이들은 대중 문화계의 스타들을 우상으로 섬긴다. 또 어떤 이들은 자기들이 줄을 대고 있는 권력자를 우상으로 섬긴다. 좋아하고 즐기는 것은 괜찮지만 누군가를 숭배하는 것은 어리석은 일이다. 그것은 우리를 부자유하게 만들기 때문이다.

독일의 순교자인 디트리히 본회퍼Dietrich Bonhoeffer 목사는 1933년 베를린의 라디오 방송 설교에서 추종자들의 우상이나 거짓 신이 되기를 거부하고 단호히 선을 긋지 않는 자는 분명 잘못된 길로 이끄는 지도자이며 그런 지도자를 동경하는 것은 잘못된 것이라고 강하게 비판했다. 물론 그가 염두하고 있었던 것은 히틀러였다. 자신을 과도하게 섬기도록 하는 이들도 우상이 되기 쉽다. 오직 주님만이 우리를 다스리신다. 이 사실을 명심해야 지치지 않고 고통 속에서도 생을 경축할 수 있다.

빛의 파종

—

주님이 다스리시는 세계에 대해 말한 시인은 이제 주님을 사랑하는 사람들에게 권고한다.

> 너희는 악을 미워하여라. 주님은 그의 성도를 지켜 주시며, 악인들의 손에서 건져 주신다(10절).

악을 미워하라는 말이 매우 강력하다. '악인을 미워하라'는 말이 아니다. 물론 악과 악인을 구별하기 어려울 때가 많다. 한 지인이 아주 진지하게 세상에는 정말 '악인'이 존재하는 것 같다면서 기독교 신앙은 그들을 어떻게 대해야 하냐고 물었다. 고통에 대해 공감할 줄도 모르고, 생명에 대해 냉소하는 사람들, 자기와 생각이나 지향이 다른 이들을 마구 모욕하고 공격하는 이들 때문에 적잖게 속이 상한 듯했다. 그들이 처음부터 악인이었다고는 생각하지 않는다. 어느 시점부터 어긋난 길로 접어들었고, 그 어긋남이 습성이 되고 만 것일 뿐이다.

악인은 누구인가? 하나님이 만드신 생명을 존중하지 않을 뿐만 아니라 파괴하려는 이들이다. 평화로운 삶이 불가능하도록 세상을 자꾸만 조각내는 사람들이다. 그것은 개인일 수도 있고, 조직일 수도 있고, 국가일 수도 있다. 그들까지도 사랑하라고 말할 수 없다. 나는 아직 그럴 정도로 품이 넓지 못하다. 그런 이들을 보면 속상하다. 그러기에 그들의 잘못을 잘못으로 드러내야 한다. 하지만 그들과의 싸움에만 골몰해도 안 된다. 하나님을 경외하는 이들의 따뜻한 연대를 만들어가는 일이 더 중요하다. 그래야 탈진하지 않을 수 있다. 탐욕과 폭력의 난바다 한 복판에 나눔과 돌봄과 평화의 섬, 우정의 공동체를 만들어가자는 말이다.

악과 적당히 타협하지 않고 악을 미워할 때 어려움을 겪을 수도 있다. 하지만 시인은 말한다. 주님께서 성도들을 지켜 주신다고. 악인들의 손에서 건져 주신다고. 이 말씀에 희망을 두어야 한다. '정말 그럴까?' 자꾸만 복잡하게 계산하지 말고 단순하게 믿을 때 우리 속에 힘이 생긴다. 우리보다 우리를 더 사랑하시고, 우리보다 우리를 더 잘 아시는 주님이 우리를 선한 길로 인도하신다. 이것을 마음 깊이 체험했기에 시인은 이렇게 단호하고도 확고하게 권고한다.

> 빛은 의인에게 비치며, 마음이 정직한 사람에게는 즐거움이 샘처럼 솟을 것이다. 의인들아, 주님을 기뻐하여라. 주님의 거룩하신 이름에 감사를 드려라(11-12절).

'빛은 의인에게 비친다'는 말은 '의인에게 빛이 심겨진다'는 뜻으로도 새길 수 있다. 하나님을 신뢰하며 살 때 우리 속에 빛이 파종된다. 멋지지 않은가? 그 빛은 기쁨이고 즐거움이다. 이웃을 사랑할 수 있는 능력이다. 시인은 하나님의 뜻대로 살기로 작정한 이들을 기쁨과 감사의 세계로 초대하고 있다. 삶은 여전히 힘겹다. 그렇다고 하여 날마다 한숨만 쉬고 있을 수는 없다. 두 발로 대지를 딛고 일어나 뚜벅뚜벅 길을 떠나야 한다. 우리는 하나님 나라를 향해 나아가는 순례자들이다. 그렇기에 우리가 걸어가는 발자국마다 정의와 공평이 깃들어야 한다. 기쁨과 즐거움과 감사함으로 우정과 사랑의 공동체를 만들어갈 용기를 내야 한다. 주님이 우리와 함께 하신다.

용기를
내라

주님을 경외하는 사람에게 주시려고 주님께서 마련해 두신 복이 어찌 그리도 큰지요? 주님께서는 주님께로 피하는 사람들에게 복을 베푸십니다. 사람들이 보는 앞에서 복을 베푸십니다. 주님은 그들을 주님의 날개 그늘에 숨기시어 거짓말을 지어 헐뜯는 무리에게서 그들을 지켜 주시고, 그들을 안전한 곳에 감추시어 말다툼하는 자들에게서 건져 주셨습니다. 주님, 내가 주님을 찬양합니다. 내가 포위당했을 때에, 주님께서 나에게 놀라운 은총을 베푸셨기에, 내가 주님을 찬양합니다. 내가 포위되었을 그때, 나는 놀란 나머지 "내가 이제 주님의 눈 밖에 났구나." 생각하며 좌절도 했지만, 주님께서는 내가 주님께 부르짖을 때에는, 내 간구를 들어주셨습니다. 주님을 믿는 성도들아, 너희 모두 주님을 사랑하여라. 주님께서 신실한 사람은 지켜 주시나, 거만한 사람은 가차없이 벌하신다. 주님을 기다리는 사람들아, 힘을 내어라. 용기를 내어라(시편 31:19-24).

인생은 기다림

—

한 주간 동안의 미국 보스턴에서 열렸던 리뉴 집회에 잘 다녀왔다. 젊은이들의 뜨겁고 진지한 모습에 많은 감동을 받았다. 세상이 점점 살벌한 곳으로 변해가고 있지만 그리스도의 꿈을 가슴에 품고 살아가는 이들이 도처에 있다는 사실이 얼마나 고마운지 모르겠다. 산에서 길을 잃은 사람이 저 멀리 보이는 불빛 하나에 희망을 품듯, 어둠이 지극한 세상에서 자기를 바쳐 빛을 발하는 이들이 있다는 사실을 확인하는 것은 참 고맙고 든든한 일이 아닐 수 없었다. 그 빛이 비록 미약해 보일지 몰라도 어둠은 빛을 이길 수 없음을 믿기에 더욱 그러하다.

기다림의 절기이다. 지금 여러분은 무엇을 기다리고 있는가? 따지고 보면 삶이란 기다림의 연속이다. 어쩌면 삶 자체가 기다림인지도 모르겠다. 기다림의 표정은 절박함, 두려움, 설렘, 권태… 등 실로 다양하다. 대홍수가 끝나고 물이 빠졌는지를 알아보려고 비둘기를 방주 밖으로 날려보내놓고 기다리는 노아의 마음은 어땠을까? 우여곡절 끝에 베냐민을 데리고 식량을 구하러 애굽에 내려간 형들이 아직 정체를 드러내지 않은 요셉을 기다릴 때의 심정은 초조함 혹은 불안함이었을 것이다(창세기 43:25). 하나님을 만나기 위해 시내 산에 올라간 모세를 기다리는 백성들은 설렘과 두려움을 동시에 느꼈을 것이다(출애굽기 24:14). 욥은 지속적인 고난 속에 있는 사람들의 상황을 '저물기를 기다리는 종'(욥기 7:2)의 심정에 빗대어 말했다. 부정의한 현실에 질렸던 하박국은 망대 위에 올라가서 주님께서 뭐라 답하실지 기다리겠다고 말했다(하박국 2:1). 유한한 인생의 슬픔과 답답함이 고스란히 느껴진다. 백부장 고넬료는 온 집안 식구들을 모아놓고 하나님의 말씀을 전할 사도 베드로를 기다렸다(사도행전 10:24).

기다림의 얼굴은 이렇듯 다양하다. 우리는 주님 오심을 기다린다. 대림절기는 가장 연약한 인간의 몸을 입고 오시는 주님을 기억하는 절기이지만, 동시에 다시 오실 주님을 기다리는 절기이기도 하다. 주님은 이천 년 전에 이미 오셨다. 그럼에도 불구하고 우리는 주님께 '오소서'라고 기도한다. 오신 주님은 다시 오실 주님이기도 하다. 다시 오실 주님을 기다리는 것은 그 주님이 우리 삶을 완성으로 이끄신다는 것을 믿기 때문이다. 20세기의 위대한 신학자 칼 라너Karl Rahner는 주님을 기다린다는 말의 의미를 이렇게 설명한다.

> "우리는 스스로를 도울 수 없으며, 우리 자신에게서 벗어날 수 없습니다. 그러므로 우리는 당신의 임재, 당신의 진리, 당신이 가지신 생명의 풍성함이 우리에게 내려오기를 간구합니다. 우리는 당신의 지혜, 당신의 정의, 당신의 선, 당신의 자비에 호소하며, 당신이 직접 오셔서 우리의 유한성의 장벽을 무너뜨리시고 우리의 가난을 부요함으로, 우리의 시간을 영원으로 바꿔 주시기를 간구합니다"(《칼 라너의 기도》, 칼 라너 지음, 손성현 옮김)

우리는 자기 자신에게서 벗어나지 못하는 존재이다. 오직 주님의 은총만이 유한성의 장벽에 갇힌 우리를 구할 수 있다. 주님의 생명의 풍성함이 우리 속에 흘러들 때, 비로소 우리는 영원에 잇댄 삶을 살 수 있다. 대림절은 바로 그런 소망을 가슴에 새기는 기간이어야 한다.

무정세월

—

오늘 우리를 하나님의 은총의 세계로 인도하는 시인은 인생살이 가운데 우리가 경험할 수 있는 거의 모든 어려움을 겪어낸 사람이다. 시편 31편에서 시인은 하나님을 다양한 은유로 표현하고 있다. '피하여 숨을 수 있는 바위', '견고한 요새', '나의 피난처.' 우리는 하나님의 존재 자체를 알 수 없기에 우리의 경험을 이런 은유 속에 담을 수밖에 없다. 하나님을 바위, 요새, 피난처라고 고백하는 이들의 삶이 평탄했다고 말할 수 없다. 쓸쓸함과 불안함 그리고 두려움이 일상이었을 것이다.

시인은 자기의 기가 막힌 상황을 가감 없이 드러낸다. 원수들이 몰래 쳐 놓은 그물이 그를 위험에 빠뜨리고, 친구들조차 그를 비난하고 마치 더러운 것을 만난 것처럼 혐오스러워 한다. 친밀하게 지내던 사람조차 그를 깨진 그릇 취급한다. 사회적 연결망이 다 끊어지고 그는 고독한 새처럼 외롭다. 시인은 울다 지쳐서 시력조차 잃고 몸과 마음의 활력을 잃었다고 고백한다. 참담한 상황이다.

언젠가 신문에서 본 사진이 떠오른다. 학교 앞에서 일어난 교통사고로 어린 아들을 잃어버린 엄마가 눈물을 흘리고 있는 장면이었다. 그는 아들의 죽음을 헛되이 하지 않기 위해 어린이 보호구역 교통사고 예방을 위한 관련법, 소위 말하는 '민식이법' 제정을 정쟁의 도구로 삼지 말아 달라며 눈물을 흘리고 있었다. 그런데 무정한 사회는 피해를 당한 이들의 아픔을 보듬어 안기보다는 그들의 존재를 불편해하고, 그들이 시야에서 사라지기를 기다린다. 피해자가 2차 피해를 당하는 일들이 도처에서 벌어진다.

시인의 상황도 이와 다를 바 없어 보인다. 그래서 시인은 "오만한 자세로, 경멸하는 태도로, 의로운 사람을 거슬러서 함부로 말하는 거짓말쟁이들의 입을 막아 주십시오"(시편 31:18)라고 기도한다. 그 마음이 절절하게 느껴진다.

세상이 으레 그러려니 하고 사는 사람들도 있다. '노들강변'이라는 노래가 있다. 노들강변은 버드나무가 늘어진 강변을 연상시키지만 실은 노량나루터를 일컫는 말이라 한다. 나루터는 온갖 인생사가 뒤섞이는 곳이니 애환이 많은 곳이라 할 수 있겠다.

"노들강변 봄버들 휘휘 늘어진 가지마다/무정세월 한 허리를 칭칭 동여 매어볼까/에헤요 봄버들도 못 믿을 이로다/흐르는 저기 저 물만 흘러 흘러가노라."

휘휘 늘어진 가지마다 무정세월 한 허리를 동여 매볼까 한다는 노랫말이 참 처연하다. 달관인가, 체념인가? 그리스 사람들은 운명은 바꿀 수 없다며 받아들여야 한다고 말한다. 그러나 믿음의 사람들은 잘못된 현실은 받아들일 게 아니라 고쳐야 한다고 생각하는 이들이다. 그들은 아닌 것을 아니라고 말하기에 기존 질서에 의해 불온의 낙인이 찍히곤 한다. 그 낙인은 어쩌면 훈장인지도 모르겠다. 예수님은 "너희가 나 때문에 모욕을 당하고, 박해를 받고, 터무니없는 말로 온갖 비난을 받으면 복이 있다"(마태복음 5:11)면서 기뻐하고 즐거워하라고 말씀하셨다. 하늘에서 받을 상이 크기 때문이다.

하지만 고난 받는 것을 좋아할 사람이 어디 있겠는가? 아픔은 아픔이고, 두려움은 두려움이다. 그럼에도 불구하고 하나님을 믿는 이들은 아픔과 두려움을 회피하기 위해 '좋은 게 좋은 거지' 하고 현실에 굴종하지 않는다. 두렵고 떨리지만 바름을 지향한다. 고정희 시인의 〈상한 영혼을 위하여〉에 나오는 한 구절이 떠오른다. "외롭기로 작정하면 어딘들 못 가랴/가기로 목숨 걸면 지는 해가 문제랴." 비장하다. 손에 물을 묻히지 않으려는 게 문제이다. 믿음의 길은 외로움 속에서도 걸어야 할 길이고, 해가 저무는 것처럼 보여도 걸어야 할 길이다. 그렇게 걸을 수 있는 힘은 어디에서 오는 것일까? 시인은 "캄캄한 밤이라도 하늘 아래선/마주 잡을 손 하나 오고 있거니"라고 노래한다. 우리의 시린 손을 잡아줄 손이 다가오고 있다는 것이다.

우리가 믿는 하나님

—

오늘의 시인에게 마주 잡을 손은 하나님이시다. 그를 바위처럼 든든히 지켜 주시는 하나님, 언제라도 피난처가 되어 주시는 하나님을 믿기에 그는 흔들림 속에서도 망설임 없이 의의 길을 걸어간다. 일반적으로 '고난'과 '고통'은 우리 시야를 좁아지게 만든다. 당면한 문제에 사로잡혀 도무지 다른 생각을 할 수 없게 만든다는 말이다. 고난 혹은 고통 속에서도 하나님께 시선을 들어 올려야 하는 것은 그 때문이다. 그때 고난은 더 큰 세계를 향해 열린 창문이 된다. 시인은 하나님의 한결같은 사랑(7, 16절)을 깊이 신뢰한다. 하나님은 우리가 겪는 영혼의 아픔을 잘 아신다. 세상 누구보다도 더 가까운 곳에서 우리를 지키신다. 그것을 깨달았기에 시인은 "주님의 손에 나의 생명을 맡깁니다"(5절), "나는 오직 주님만 의지합니다"(6절)라고 고백한다. 그것을 알기에 시인은 결연한 의지를 담아 고백한다.

> 누가 뭐라고 해도 나는 주님만 의지하며, 주님이 나의 하나님이라고 말할 것입니다(14절).

신앙은 이처럼 보이지 않는 하나님을 깊이 신뢰하는 것이다. 이해할 수 없다 해도 신뢰하는 것이 신앙이고 사랑이다. 십자가에 달리신 주님은 하나님의 침묵을 이해할 수 없었지만 하나님께 당신의 영혼을 맡기셨다. 이해할 수 있기에 믿는 것이 아니라, 하나님의 크심 앞에 그저 엎드린 것이다. 하나님은 당신을 경외하는 사람에게 복을 베푸시고 크신 날개 그늘 아래 숨겨 주신다. '주님의 날개 그늘'이라는 표현은 우리에게 새끼들을 품에 안는 어미 닭의 모습을 연상시킨다. 이것은 '하나님 현존의 비밀스런 장소'에 숨기신다는 뜻을 이미지로 나타낸 것이다. '장소'라는 말이 또 문제이지만, 그것은 하나님이 역사 속에 현존하시고 우리를 지키신다는 확신을 구상적으로 나타낸 말이다.

주님을 거처로 삼는 사람이 바로 믿음의 사람이다. 감리교회의 '아침을 여는 기도'에는 '우리를 주님의 거처로 삼으소서'라는 간구가 나온다. 우리를 통해 주님의 현존이 세상에 드러나기를 바란다는 뜻이다. 그런데 그럴 수 있기 위해서는 먼저 우리가 주님을 거처로 삼아야 한다. 그 안에서 보호 받고 있다는 확신이 들 때 우리는 비로소 무기력과 우울을 떨쳐버리고 일어나 하나님의 일을 할 수 있다.

빛을 뿌리는 사람들

—

하나님은 거짓말을 지어 헐뜯는 무리들로부터 주님을 경외하는 사람들을 지켜주신다. 헐뜯는 사람은 여전히 헐뜯겠지만 경외하는 이들은 그 말에 영향을 받지 않는다. 악플에 시달리는 이들을 보면 안타깝다. 물론 사람들의 평가를 덤덤하게 받아들이는 것이 쉽지는 않다. 부정적인 평가일수록 우리 삶에 큰 영향을 끼친다. 하지만 우리 영혼이 떳떳하다면, 우리가 하나님의 마음에 잇댄 채 살고 있다면 그런 평가에 연연할 필요 없다.

바울 사도는 그리스도를 전하면서 겪은 온갖 시련 이야기 끝에 이렇게 말한다.

> 우리는 우리 손으로 일을 하면서, 고된 노동을 합니다. 우리는 욕을 먹으면 도리어 축복하여 주고, 박해를 받으면 참고, 비방을 받으면 좋은 말로 응답합니다. 우리는 이 세상의 쓰레기처럼 되고, 이제까지 만물의 찌꺼기처럼 되었습니다(고린도전서 4:12-13).

세상은 욕을 먹으면 도리어 축복하고, 비방을 받으면 좋은 말로 응답하는 사람, 세상의 쓰레기 취급을 받으면서도 당당한 사람을 당해 낼 수 없다. 우리 믿음도 그런 자리에까지 이르러야 한다. 갈 길이 멀지만 지레 포기하지 말아야 한다. 온갖 비방과 혐오와 협잡에 시달리면서도 시인이 끝내 자기를 지킬 수 있었던 것은 쩨다카(의로우신)의 하나님, 헤세드(자비로우신)의 하나님을 믿었기 때문이다. 시인은 그런 확신 끝에 사람들에게 주님을 사랑하라고 권한다. 맡기신 일을 이룰 때까지 우리를 지키시는 하나님을 깊이 신뢰하고 사랑할 때, 우리를 에워싸고 있던 음습한 어둠과 절망은 스러질 것이다.

> 주님을 기다리는 사람들아, 힘을 내어라. 용기를 내어라(24절).

주님의 임재, 주님의 진리, 주님이 주시는 생명의 풍성함을 기다린다면 현실이 어떠하든지 낙심하지 말아야 한다. 용기를 내 우리에게 주어진 길을 걸어야 한다. 윤동주의 시 〈눈 감고 간다〉는 '태양을 사모하는 아이', '별을 사랑하는 아이'들에게 어둔 밤이지만 눈을 감고 가진 바 씨앗을 뿌리면서 가라고 말한다. 그러다가 "발뿌리에 돌이 채이거든/감았던 눈을 와짝 떠라"고 권고한다. 주님을 기다리는 이들은 주변에 빛을 뿌리며 살아야 한다. 주위 사람들에게 따뜻한 미소와 다정한 말, 친절한 손길을 건네며 살아가자. 특히 홀로 버려진 듯 외롭고 쓸쓸한 사람들에게 한 걸음이라도 다가서 보자. 지금 울고 있는 이들 곁에 다가가 그들의 설 땅이 되어 주어야 한다. 그것이 바로 주님을 기다리는 이들의 바른 자세이다. 기다림의 시간을 보내면서 우리 모두 주님의 마음과 더 깊이 접속될 수 있기를 빈다.

주님은 거룩하시다

주님께서 다스리시니, 뭇 백성아, 떨어라. 주님께서 그룹 위에 앉으시니, 온 땅아, 흔들려라. 시온에 계시는 주님은 위대하시다. 만백성 위에 우뚝 솟은 분이시다. 만백성아, 그 크고 두려운 주님의 이름을 찬양하여라. 주님은 거룩하시다! 주님의 능력은 정의를 사랑하심에 있습니다. 주님께서 공평의 기초를 놓으시고, 야곱에게 공의와 정의를 행하셨습니다. 우리의 주 하나님을 찬양하여라. 그분의 발등상 아래 엎드려 절하라. 주님은 거룩하시다! 그의 제사장 가운데는 모세와 아론이 있으며, 그 이름을 부르는 사람 가운데는 사무엘이 있으니, 그들이 주님께 부르짖을 때마다, 그분은 응답하여 주셨다. 주님께서 구름 기둥 속에서 그들에게 말씀하시니, 그들이 그분에게서 받은 계명과 율례를 모두 지켰다. 주 우리 하나님, 주님께서 그들에게 응답해 주셨습니다. 그들이 한 대로 갚기는 하셨지만, 주님은 또한, 그들을 용서해 주신 하나님이십니다. 주 우리 하나님을 높이 찬양하여라. 그 거룩한 산에서 그분을 경배하여라. 주 우리 하나님은 거룩하시다(시편 99:1-9).

유동하는 공포

—

코비드19가 전국적으로 확산되면서 불안감이 한층 고조된 적이 있었다. 오랫동안 한국교회를 뒤흔들던 신천지로부터 시작된 집단 감염이 심각한 지경에 이르렀던 것이다. 자신이 신천지에 속한 신자라는 사실을 드러내지 않으려 하는 이들 때문에 방역에 더 어려움을 겪기도 했다. 미혹된 영혼들은 반사회적 태도를 드러내면서 그것을 믿음으로 치장하는 일이 많다. 그들이 현실을 직시할 수 있기를 바란다. 지금도 그런 이들이 있지만 당시, 위기 상황을 벗어나기 위해 국가적인 모든 역량을 동원해도 부족한 때인데, 정략적으로 접근하며 정부 비판에만 열을 올리는 이들이 있었다.

일부 종교인들은 코비드19가 교회를 박해한 우한 시에 대한 하나님의 징벌이라는 말을 유포하면서 그것은 인과응보라고 했다. 이런 말에 넘어가지 말아야 한다. 신령한 지혜처럼 보일지 모르겠으나 사실은 이치를 가리는 무지한 말일 뿐이다. 사람들의 불안 심리를 이용하여 그들을 정신적으로 지배하려는 이들, 마음이 온통 자기 이익에 쏠려 있으면서 입만 열면 거룩을 가장한 말들을 쏟아내는 이들을 경계해야 한다. 특별한 깨달음을 얻었다고 말하거나, 특별한 계시를 받았다고 말하는 이들은 우리 영혼을 도둑질하려는 사람들이 대부분이다. 그들은 '영적'이라는 말로 사람들을 옭아맨다. 그들은 사람들의 마음에 두려움이라는 독을 주입하여 마비시킨다. 예수님은 "양 우리에 들어갈 때에 문으로 들어가지 아니하고 다른 데로 들어가는 사람은 도둑이요 강도"(요한복음 10:1)라고 말씀하셨다. 신앙은 인간의 이성으로 미처 다 파악할 수 없는 측면을 내포하지만, 몰상식을 신앙으로 포장하면 안 된다. 하나님이 우리에게 주신 건전한 이성을 활용하는 것이 책임 있는 신앙인들의 태도이다.

오늘은 주현절기의 마지막 주일로 주님의 산상변화주일이다. 주님께서 수난의 골짜기로 들어가시기 전에 높은 산에 올라 눈부시게 변화되셨던 사건을 기억하는 주일이라는 말이다. 오늘 본문은 그 사건을 직접적으로 다루지는 않지만 주님의 거룩하심에 대해 생각해 보는 단초가 될 수는 있다.

시온 산과 시내 산

시편 99편은 세 부분으로 나눌 수 있는 데, 각 부분은 "주님은 거룩하시다!"(3, 5, 9절)라는 구절로 끝난다. 이 시 전체가 주님의 거룩하심을 드러내기 위한 것임을 미루어 짐작할 수 있다. 이 시는 매우 독특하다. 두 가지 전승이 결합되어 있기 때문이다. 구약 성경은 시온 산 전승과 시내 산 전승이 뒤섞여 있다. 시내 산과 시온 산은 그러니까 성서신학의 두 기둥이다. 시온 산 전승은 남왕국 예루살렘을 중심으로 삼고 있기 때문에 성전, 법궤, 그룹 등이 자주 등장한다. 하나님은 다윗과 맺은 언약을 이루어 가시는 분으로 자주 소개된다. 시내 산 전승은 북이스라엘의 관점을 반영하고 있고, 출애굽 정신을 기반으로 하고 있다. 시내 산 전승은 주님의 보좌를 지탱하는 두 기둥이 공의mishpat미쉬파트와 정의tsedaqah체데크라고 말한다(시편 97:2). 시온 산 전승은 체제 내적인 사고를 하기에 다소 보수적으로 보인다. 반면 시내 산 전승은 변혁을 지향할 때가 많아 진보적으로 보인다. 이 두 전통은 경쟁적이라 할 수 있다.

그런데 시편 99편에서는 이 두 전통이 무리 없이 결합되고 있다. 그 두 전통을 이어주는 접착제가 있다면 그것은 '주님의 다스리심'에 대한 경외심이다. 시인은 뭇 백성과 온 땅을 향해 말한다.

> 주님께서 다스리시니, 뭇 백성아, 떨어라. 주님께서 그룹 위에 앉으시니, 온 땅아, 흔들려라(1절).

그룹cherubims케루빔은 커다란 날개를 펼쳐 법궤의 덮개인 속죄소를 가리는 천사이다. 하나님은 그룹 위에 앉으셔서 온 땅을 다스리신다. 하나님 앞에서 뭇 백성은 떨고, 온 땅은 흔들린다.

거룩 앞에 설 때 사람은 두려움을 느낀다. 자기가 어둠임을 인정하지 않을 수 없기 때문이다. 게네사렛 호수에서 물고기잡이 기적을 체험한 베드로는 주님 발 앞에 엎드려 "주님, 나에게서 떠나 주십시오. 나는 죄인입니다"(누가복음 5:8)라고 고백한다. 거룩을 경험한 사람의 당연한 반응이다. 우리는 대개 거짓된 안정 속에 머물며 살아간다. 내가 그런대로 괜찮은 사람이라고 여기며 사는 것이다. 그러나 하나님의 거룩하심 앞에 설 때 우리는 자신의 허물과 죄 그리고 연약함과 유한함을 자각할 수밖에 없다. 그때 사람이 보이는 반응이 바로 '떨림'과 '흔들림'이다.

'떨어라'와 '흔들려라'라는 명령은 법궤가 출현할 때 사람들이 보인 반응을 전용한 것이다. 고대의 전쟁은 신들의 전쟁이었다. 그래서 자기들이 믿는 신들을 전장에 모셔오곤 했다. 이스라엘도 전황이 불리할 때면 법궤를 전장으로 이끌어냈다. 시편에 반복적으로 등장하는 "주님, 일어나십시오"라는 기원은 법궤를 멘 제사장들이 외치는 말이었다. 일어나시는 주님은 불의를 징치하시는 용사이시다.

그런데 시인은 "주님의 능력은 정의를 사랑하심에 있습니다"(99:4)라고 고백한다. 주님의 힘은 정의를 사랑하시는 데서 극명하게 드러난다는 말이다. 정의를 무너뜨리는 이들에 대해 하나님은 분노하신다. 정의를 무너뜨리는 이들은 대개 강자들이다. 이사야는 주님이 하시는 일에는 관심이 없고, 자기 살 궁리만 하는 악인들을 보며 이렇게 선언한다.

악한 것을 선하다고 하고 선한 것을 악하다고 하는 자들, 어둠을 빛이라고 하고 빛을 어둠이라고 하며, 쓴 것을 달다고 하고 단 것을 쓰다고 하는 자들에게, 재앙이 닥친다!(이사야 5:20)

정의와 공의, 곧 사법적 정의와 불쌍하고 가련한 사람에게 다시 설 기회를 부여하는 회복적 정의는 하나님이 세우신 세계 질서의 기본이다. 정의와 공의라는 토대가 흔들릴 때 삶은 불안정해지고, 신뢰가 무너져 세상은 혼돈에 빠지게 마련이다.

응답하시는 왕

—

우리가 거룩하신 왕을 찬양해야 할 이유는 무엇일까? 주님은 부르짖는 이들에게 응답하시는 분이기 때문이다. 6절에는 세 사람의 이름이 등장한다. 모세와 아론 그리고 사무엘이다. 조금 낯선 조합이다. 그들은 기도의 사람으로 그려지고 있다. 시인은 "그들이 주님께 부르짖을 때마다, 그분은 응답하여 주셨다"고 말한다. 그들은 어떤 기도를 드렸기에 하나님의 응답을 받았을까?

그들에게는 한 가지 공통점이 있다. 그들은 동족들이 위기에 빠질 때마다 하나님의 노여움을 살 위험이 있음에도 불구하고 중보의 기도를 드렸다. 모세는 금송아지 사건 이후에 하나님이 그 백성을 버리시려고 할 때 "그러나 이제 주님께서 그들의 죄를 용서하여 주십시오. 그렇게 하지 않으시려면, 주님께서 기록하신 책에서 저의 이름을 지워 주십시오"(출애굽기 32:32) 하고 기도했다. 고라의 반역으로 하나님이 진노하셔서 이스라엘 백성들을 치려 하실 때 모세와 아론은 땅에 엎드린 채 "하나님, 모든 육체에 숨을 불어넣어 주시는 하나님, 죄는 한 사람이 지었는데, 어찌 온 회중에게 진노하십니까?"(민수기 16:22) 하고 항의했다. 사무엘은 하나님의 진노 가운데 있던 백성들을 미스바로 모이게 한 후에 백성들에게서 "우리가 주님을 거역하여 죄를 지었습니다"(사무엘상 7:6)라는 고백을 이끌어냈다. 하나님은 그 기도에 응답하셨고 결국 오래 참으시는 사랑을 보여주셨다. 그리고 예언자들을 보내 하나님의 뜻을 전하심으로 그들이 참된 길에서 벗어나지 않게 하셨다. 지금 우리 현실도 이런 기도의 사람들을 부르고 있다.

하나님 통치의 양면성

—

그러나 우리가 잊지 말아야 할 것이 있다. 하나님은 용서하시는 분이시지만 불순종의 책임까지 면하여 주시지는 않는다는 사실이다. 용서는 참회를 전제한다. 참회 없는 용서는 가짜이다. 디트리히 본회퍼Dietrich Bonhoeffer 목사는 값싼 은혜는 교회의 숙적이라면서 이렇게 말한다.

"값싼 은혜란 투매投賣 상품인 은혜, 헐값에 팔리는 은혜, 헐값에 팔리는 위로, 헐값에 팔리는 성찬, 교회의 무진장한 저장고에서 무분별한 손으로 거침없이 무한정 쏟아내는 은혜, 대가나 희생을 전혀 요구하지 않는 은혜를 의미한다"(디트리히 본회퍼, 《나를 따르라》, 김순현 옮김, 29쪽).

교회는 죄를 은폐해 주는 덮개가 되지 말아야 한다. 많은 이들이 인간의 행위로는 구원받을 수 없다고 말하며, 은혜가 모든 것을 처리해 준다고 믿는다. 그러나 이것은 믿음이 아니다. 이런 싸구려 은혜가 기독교 신앙을 천박하게 만든다. 본회퍼는 '개인의 참회가 없는 죄 사함', '본받음이 없는 은혜', '십자가 없는 은혜', '사람이 되신 예수 그리스도가 없는 은혜'를 경계해야 한다고 말하면서 값비싼 은혜를 추구하라고 말한다. 값비싼 은혜는 밭에 숨겨진 보화와 같아서 그것을 얻으려는 자는 자기가 가진 모든 것을 팔아서 그 밭을 사야 한다.

하나님은 용서하시는 분이시지만, 더러워진 옷을 던져 넣기만 하면 깨끗하게 빨아주는 자동세탁기가 아니다. 자비롭고 은혜로우며 노하기를 더디하고, 한결같은 사랑과 진실이 풍성한 하나님은 악과 허물과 죄를 용서하시는 분이시지만 "죄를 벌하지 않은 채 그냥 넘기지는 않는"(출애굽기 34:7) 분이시다. 이것이 하나님의 엄위하심이다. 하나님의 거룩함은 온 땅을 다스리는 주님의 위엄과, 공평의 기초를 놓으신 주님의 사랑, 그리고 부르짖는 이들에게 응답하시는 주님의 사랑을 통해 드러난다.

온 세상이 자기 이익을 추구하느라 정신이 없다. 정의와 공의의 토대를 허무는 여우들이 많다. 그러나 세상을 다스리시는 분은 하나님이시다. 우리가 진정 그런 믿음을 가지고 있다면 세상이 어떠하든지 흔들리지 않는 토대 위에 우리 인생의 집을 지어야 한다. 하나님의 아들이신 예수님은 죽음이 예기되는 상황에서도 사랑과 정의의 길을 포기하지 않으셨다. 그 사랑이 우리를 살게 한다. 뒤숭숭한 시절이지만 거룩하신 하나님을 바라보며 우리 삶을 가지런히 해야 할 때이다. 혐오와 배제의 언어를 버려야 한다. 두려워하지 말고 주님이 우리의 방패가 되어 주심을 잊지 말자. 주님의 손과 발이 되어 두려움에 떨고 있는 이들의 위로자가 되자. 어려운 때일수록 빛이신 주님을 우리 마음에 모셔야 한다. 살아가는 동안 거룩하신 주님께서 우리의 빛과 그늘, 인도자와 보호자가 되어 주시기를 기원한다.

내 마음을 정했습니다

참으로 하나님, 나를 불쌍히 여겨 주십시오. 불쌍히 여겨 주십시오. 내 영혼이 주님께로 피합니다. 이 재난이 지나가기까지, 내가 주님의 날개 그늘 아래로 피합니다. 가장 높으신 하나님께 내가 부르짖습니다. 나를 위하여 복수해 주시는 하나님께 내가 부르짖습니다. 하늘에서 주님의 사랑과 진실을 보내시어, 나를 구원하여 주십시오. 나를 괴롭히는 자들을 꾸짖어 주십시오. (셀라) 오, 하나님, 주님의 사랑과 진실을 보내어 주십시오. 내가 사람을 잡아먹는 사자들 한가운데 누워 있어 보니, 그들의 이는 창끝과 같고, 화살촉과도 같고, 그들의 혀는 날카로운 칼과도 같았습니다. 하나님, 하늘 높이 높임을 받으시고, 주님의 영광을 온 땅 위에 떨치십시오. 그들은 내 목숨을 노리고, 내 발 앞에 그물을 쳐 놓아 내 기가 꺾였습니다. 그들이 내 앞에 함정을 파 놓았지만, 오히려 그들이 그 함정에 빠져들고 말았습니다. (셀라) 하나님, 나는 내 마음을 정했습니다. 나는 내 마음을 확실히 정했습니다. 내가 가락에 맞추어 노래를 부르겠습니다. 내 영혼아, 깨어나라. 거문고야, 수금아, 깨어나라. 내가 새벽을 깨우련다. 주님, 내가 만민 가운데서 주님께 감사를 드리며, 뭇 나라 가운데서 노래를 불러, 주님을 찬양하렵니다. 주님의 한결같은 그 사랑, 너무 높아서 하늘에 이르고, 주님의 진실하심, 구름에까지 닿습니다. 하나님, 주님은 하늘 높이 높임을 받으시고, 주님의 영광 온 땅 위에 떨치십시오(시편 57:1-11).

풀이 눕는다

—

대림절 첫 주일인 오늘 촛불 하나를 밝혔다. 우리 마음에 깃든 어둠, 우리 사회에 깃든 어둠이 조금쯤 물러가기를 소망한다. 등불 하나를 밝히면 천 년의 어둠이 스러진다는 말을 믿고 싶다. 어둠은 빛을 이기지 못한다. 힘들고 난감한 세월이지만 우리가 빛의 노래를 그칠 수 없는 것은 그 때문이다.

태어나서 죽을 때까지 인생은 기다림의 연속이다. 설렘으로 기다리는 이들이 있고, 두려워 떨며 기다리는 이들도 있다. 뭔가를 혹은 누군가를 기다리는 사람은 아직 오지 않은 미래를 앞당겨서 살아간다. 아무것도 기다리지 않는 사람은 목석과 다를 바 없다. 자기 마음을 '무'로 만든 이들은 기다림이 부질없다고 말할지도 모르겠다. 그러나 우리는 유정한 사람인지라 좋은 날이 속히 다가오기를 기다린다. 코비드19 시대를 사는 우리는 백신과 치료제가 속히 나오기를 고대하고 있다. 그때 비로소 일상이 회복될 수 있다고 생각하기 때문이다. 전 세계인들이 백신과 치료제에 대해 이렇듯 깊은 관심을 가진 적이 있을까 싶다. 그만큼 상황이 어렵다는 증거다.

지금은 가장 엄중한 시기이지만 이 고통의 시간을 잘 견뎌야 한다. 시인 김수영은 〈풀〉이라는 시에서 '비를 몰아오는 동풍에 나부껴' 눕는 풀을 노래한다. "풀이 눕는다/바람보다도 더 빨리 눕는다/바람보다도 더 빨리 울고/바람보다 먼저 일어난다." 버티는 것만이 능사가 아니다. 바람이 불면 누워 바람을 피해야 하고, 힘들어 울기도 하지만, 바람이 잦아들면 툭툭 털고 일어나 허리를 세우면 된다. 우리가 이 중요한 기다림의 절기에 예배를 비대면으로 전환한 것도 같은 이유이다. 바벨론에 포로로 잡혀갔던 다니엘이 예루살렘을 향해 난 창문 앞에 엎드려 하루에 세 번씩 기도했던 것처럼, 오늘 우리가 드리는 예배가 더욱 경건하고 정성스럽기를 바란다.

날씨가 추워진 뒤에야

—

시편 57편을 편집한 사람은 이 노래를 '지휘자를 따라 알다스헷에 맞추어 부르는 노래'라고 소개하고 있다. '알다스헷'은 '파괴하지 말아라'라는 뜻이다. 그 음조가 어떤 것인지 짐작하기 어렵지만 절박하고 진실하게 부르라는 뜻임은 헤아릴 수 있다. 이 시는 5절과 11절에 나오는 동일한 후렴구, 즉 주님의 영광을 기원하는 내용으로 마치는 두 시가 결합된 것으로 보인다. 1절부터 4절까지는 도움을 청하는 절박한 기도이고, 6절은 원수의 멸망에 대한 확신이다. 7절부터 10절까지는 믿음 안에서 승리한 사람의 찬양이다. 시는 절박한 청원으로 시작된다.

> 참으로 하나님, 나를 불쌍히 여겨 주십시오. 불쌍히 여겨 주십시오. 내 영혼이 주님께로 피합니다. 이 재난이 지나가기까지, 내가 주님의 날개 그늘 아래로 피합니다(1절).

'불쌍히 여겨 주십시오'라는 구절과 '피합니다'라는 구절이 반복되고 있다. 그만큼 절박함을 알 수 있다. 하나님께 부르짖는 사람은 그것 외에는 할 수 있는 일이 없기에 부르짖는다. 다른 가능성이 다 막힌 상태에서 터져 나오는 외침이다. 여기서 하나님은 '엘로힘'의 번역어다. 엘로힘이라는 하나님 이름은 대개 인간의 현실을 무한히 뛰어넘는 초월적인 하나님을 나타낼 때 사용한다. 2절에 나오는 '가장 높으신 하나님'(엘룐 엘로힘)도 마찬가지다. 시인은 하나님께서 개입하셔야만 곤경에서 벗어날 수 있음을 고백하고 있다.

'재난이 지나가기까지'라는 구절은 출애굽 전야를 떠올리게 한다. 죽음의 천사가 애굽 온 땅을 휩쓸 때 이스라엘 백성들은 오히려 보호를 받았다. 주님의 날개가 그들을 감싸 주었기 때문이다. 시인은 그 광경을 머리에 그리며 주의 날개 그늘 아래로 피하고 있다. 시인은 지금 어떤 상황에 처한 것일까?

> 내가 사람을 잡아먹는 사자들 한가운데 누워 있어 보니, 그들의 이는 창끝과 같고, 화살촉과도 같고, 그들의 혀는 날카로운 칼과도 같았습니다(4절).

비방하고 헐뜯는 이들로 인해 그는 큰 상처를 입었다. 그들은 마치 패거리를 지어 사냥감을 공격하는 사자들 같다. 무리를 움직이는 것은 맹목적인 증오일 때가 많다. 표적이 정해지면 사정없이 물어뜯는다. 그들은 세상에 길들여지지 않는 사람들을 유독 미워한다. 곧은 사람, 맑은 사람은 자기들의 부끄러움을 비추는 거울이기에 싫어한다.

국립중앙박물관에서 〈한겨울 지나 봄 오듯이-세한歲寒·평안平安〉이라는 전시회가 있다. 세한도는 추사 김정희 선생이 제주도에 유배되었을 때, 통역관으로 일하느라 북경을 오가면서 귀한 책을 구해다 주곤 하던 제자 이상적을 위해 그려준 그림이다. '세한도'라는 화제畫題는 《논어》 자한 편에 나오는 '세한연후지송백후조야歲寒然後知松栢後凋也'라는 구절에서 따온 것이다. 날씨가 추워진 뒤에야 소나무와 잣나무가 늦게 시듦을 알 수 있다는 뜻이다. 나랏님에게 죄를 짓고 유배되었다 하여 사람들이 한결같이 외면하는 세태 가운데 이상적은 위험을 무릅쓰고, 세간의 소문에 아랑곳없이 스승의 처지를 살뜰하게 챙겼다. 추사는 고마운 마음을 그 조촐한 그림 속에 담아 변함없는 제자의 마음을 기렸다. 이상적은 그 그림을 가지고 북경으로 가서 내로라하는 문인들에게 보이고 감상을 써 달라고 부탁했다. 그 가운데 반증위潘曾瑋의 글귀가 마음을 울린다.

> "김군金君은 해외의 영재, 일찍이 훌륭한 명성을 들었네. 명성은 결국 손상을 입고 문득 세태의 그물에 걸리었네. 도도한 세태의 흐름 속에서 누가 선비의 청빈을 알겠는가."

그의 글 일부이지만 추사에 대한 안타까움이 짙게 배어 있는 글이다. 남들보다 뛰어난 이들은 늘 세태의 그물에 걸리게 마련이다. 이익에 따라 이리저리 휘둘리는 세태 가운데서 자기 지조를 지키며 살기란 여간 어려운 게 아니다. 시인도 같은 처지였던 것 같다.

새벽을 깨우는 사람들

—

아무리 당당한 사람이라 하여도 사방을 포위하듯 죄어오는 세태 앞에서 흔들리지 않을 도리가 없다. 시인은 증오심에 사로잡힌 이들의 '창끝과도 같고, 화살촉과도 같고 날카로운 칼과도 같은 혀'로부터 자기를 지켜 줄 방패를 하나님께 청한다. 그것은 맞서 싸울 날카로운 무기가 아니다.

하늘에서 주님의 사랑과 진실을 보내시어, 나를 구원하여 주십시오"(3절).

'사랑hesed헤세드'은 언약에 바탕을 둔 사랑이다. 결혼 서약문 가운데 '슬플 때나 기쁠 때나, 죽음이 그대들을 갈라놓을 때까지 사랑하겠습니까?'라고 묻는 경우가 있다. '예'라고 대답하면 그 약속을 지키며 살아야 한다. 하지만 우리는 그러지 못한다. 하나님과 맺은 언약 역시 마찬가지다. 우리는 하나님과 맺은 언약에 충실하게 살지 못하지만, 하나님은 그 언약에 충실하시다. 그 사랑이 우리 삶의 주춧돌이다. '진실emeth에메트'은 확고함, 신실함, 안정감, 지속성 등의 뜻을 내포한다. 시인은 자칫하면 똑같은 증오의 늪에 빠져들 수 있는 자기 마음을 하나님의 사랑과 든든함에 붙들어 매려 한다.

시인이 이처럼 자기 영혼을 사로잡았던 두려움과 절망감, 분노와 어둠에서 눈을 들어 하늘을 바라보자 돌연 그의 속에 빛이 스며들었다. 결국 함정을 파는 자들은 스스로 판 함정에 빠져들게 마련이라는 자각이 찾아온 것이다. 악인들은 결국 아침 햇살에 스러지는 안개와 같은 존재에 불과함을 깨닫자 그의 내면에 든든함이 찾아왔다. 그래서 그는 당당하게 말한다.

하나님, 나는 내 마음을 정했습니다. 나는 내 마음을 확실히 정했습니다. 내가 가락에 맞추어 노래를 부르겠습니다. 내 영혼아, 깨어나라. 거문고야, 수금아 깨어나라. 내가 새벽을 깨우련다(7-8절).

그는 마음을 확실히 정했다고 고백한다. 마치 다니엘과 세 친구가 뜻을 정하고 살았듯이 그는 죽으나 사나 주님만 의지하고 살기로 작정한다. 바울 사도도 같은 고백을 했다.

나에게는, 사는 것이 그리스도이시니, 죽는 것도 유익합니다(빌립보서 1:21).

포구에 들어와 닻을 내린 배처럼 시인의 마음은 이제 흔들리지 않는다. 하나님의 마음으로 조율되었기 때문이다. 그는 이제 무기력하게 부르짖는 사람이 아니라 노래하는 사람이다. 그는 자기 영혼을 깨운다. 악기를 연주하며 노래를 부른다. 여전히 어둠이 그를 괴롭히지만 그는 더 이상 어둠에 매몰된 사람이 아니라 새벽을 흔들어 깨우는 새벽의 사람이다. 새벽은 어둠과 밝음 사이 시간이다. 새벽은 하나님의 은총이 도래하는 시간이다.

주님의 진노는 잠깐이요, 그의 은총은 영원하니, 밤새도록 눈물을 흘려도, 새벽이 오면 기쁨이 넘친다(시편 30:5).

그리하면 네 빛이 새벽 햇살처럼 비칠 것이며, 네 상처가 빨리 나을 것이다. 네 의를 드러내실 분이 네 앞에 가실 것이며, 주님의 영광이 네 뒤에서 호위할 것이다(이사야 58:8).

믿음의 사람은 막연히 좋은 날을 기다리는 사람이 아니라 새벽을 깨우는 사람이어야 한다. 세상이 어두우면 등불 하나 밝혀 어둠을 조금 내몰고, 세상이 혼탁하면 맑은 정신으로 세상을 정화해야 한다. 혐오의 말들이 오가는 세상이지만 따뜻한 말, 살리는 말, 북돋는 말을 해야 한다. 우리의 무기는 '사랑'과 '진실'이기 때문이다. 레오나드 코헨Leonard Cohen이 부른 '앤썸Anthem'에 나오는 가사가 떠오른다.

"상처가 없는 것은 아무것도 없다. 그 상처를 통해 빛이 스며든다"There is a crack in everything/That's how the light gets in. 상처를 빛의 계기로 삼는 것이 믿음이다.

햇살 같은 사람

—

시인이 처한 상황은 별로 달라진 것이 없다. 그러나 그의 마음은 달라졌다. 두려움과 우울은 더이상 지배권을 행사할 수 없다. 그는 부르짖는 사람이 아니라 노래를 부르는 사람이고, 어둠에 매몰된 사람이 아니라 새벽을 깨우는 사람이다. 마침내 그의 입에서 놀라운 고백이 나온다.

> 주님, 내가 만민 가운데서 주님께 감사를 드리며, 뭇 나라 가운데서 노래를 불러, 주님을 찬양하렵니다. 주님의 한결같은 그 사랑, 너무 높아서 하늘에 이르고, 주님의 진실하심, 구름에까지 닿습니다(9-10절).

시인의 이런 고백이 우리의 고백이 되면 좋겠다. 어둡고 암혹했던 시절, 세상의 무게가 온통 우리를 짓누를 때 우리는 신경림 선생님의 시에 기대어 만든 노래를 부르며 그 무거움을 털어내곤 했다.

"너는 햇살 햇살이었다/산다는 일 고달프고 답답해도/네가 있는 곳 찬란하게 빛나고/네가 가는 길 환하게 밝았다."

이 노래에서 '햇살처럼 사람들의 마음을 밝혀 주는 '너'가 누구인지 모르겠지만, 믿음의 사람은 바로 이런 사람이 되어야 한다. 그때 비로소 하나님의 영광이 드러날 것이다.

우리는 잠시 떨어져 있지만 마음은 더욱 가까워져야 한다. 누군가 '어이' 하고 발신음을 내면 저곳에서 '어이' 하고 응답하면 된다. 내가 홀로가 아니라는 사실을 알면, 저편 어딘가에서 아름다운 세상을 만들기 위해 분투하는 동료가 있다는 사실을 알면 우리는 두려움과 외로움에서 벗어날 수 있다. 차가워지는 날씨 가운데 더욱 마음이 스산해지는 이들이 홀로가 아님을 느낄 수 있도록 세심하게 마음을 쓰면 좋겠다. 짙은 어둠의 세월이지만 새벽을 깨우는 용기를 내야 한다. 우리를 통해 이 땅에 오시려는 주님께 기꺼이 몸과 마음을 드리자. 주님이 우리 속에 오시는 순간 마치 보잘 것 없는 떨기나무가 빛나는 떨기나무로 변한 것처럼 우리도 그렇게 변할 것이다. 주님의 은총이 우리를 이끄시기를 빈다.

영혼의

디딤돌

젖 뗀
아이처럼

주님, 이제 내가 교만한 마음을 버렸습니다. 오만한 길에서 돌아섰습니다. 너무 큰 것을 가지려고 나서지 않으며, 분에 넘치는 놀라운 일을 이루려고도 하지 않습니다. 오히려, 내 마음은 고요하고 평온합니다. 젖 뗀 아이가 어머니 품에 안겨 있듯이, 내 영혼도 젖뗀 아이와 같습니다. 이스라엘아, 이제부터 영원히 오직 주님만을 의지하여라(시편 131:1-3).

낙타, 사자, 어린이

—

니체의 《짜라투스트라는 이렇게 말했다》에서 짜라투스트라는 살아 있는 정신은 세 가지 변화 과정을 겪는다고 말한다. 첫째는 정신이 낙타가 되는 과정이다. 살아 있는 정신은 묻는다. "무엇이 무거운가?" 그는 자기의 삶에 가장 무거운 것이 실리기를 기다리면서 낙타처럼 무릎을 꿇는다. 그런데 짜라투스트라가 말하는 가장 무거운 짐은 우리가 생각하는 인생의 짐과는 다르다. 그에게 가장 무거운 짐은 자기 스스로를 낮추는 것이고, 자기가 얼마나 어리석은 자인지를 아는 것이다.

살아 있는 정신은 그런 무거운 짐을 지고 자기의 사막으로 간다. 그곳에서 두 번째의 변화가 나타난다. 여기서 정신은 사자가 된다. 사자는 백수의 왕이다. 사자는 스스로 주인이 되려는 정신이다. 남의 눈치를 보거나, 남을 추종하지 않고 자기의 원리에 입각해 살아가는 자유한 정신이다. 그는 새로운 삶을 위해 스스로 자유를 창조한다. 그 후에 마지막 변화가 나타난다. 정신이 어린아이가 되는 것이다. 어린아이는 부드럽다. 부드럽기에 어디에든 적응할 수 있다. 그는 순수하다. 그래서 신성하다. 인류의 이상은 어린아이가 되는 것이다. 물론 혼이 죽어 있는 사람이라면 이런 변화도 없을 것이다.

한 번은 예수님이 어린아이를 제자들 가운데 세우시고 말씀하셨다. "누구든지 어린아이 같이 되지 않으면 천국에 들어갈 수 없다." 이 말씀도 아마 같은 맥락일 것이다. 이때의 어린아이는 육체적 연령을 말하는 것이 아니라, 정신을 말하는 것이다. 예수님이 니고데모에게 거듭나야 하나님 나라를 볼 수 있다고 하셨을 때 니고데모는 그 말씀을 오해했다. 그러니 이런 반문을 하는 것이다. "늙은 사람이 어떻게 다시 태어날 수 있습니까? 어머니 뱃속에 들어갔다 나오란 말씀입니까?" 그러나 예수님이 말씀하신 것은 정신의 거듭남이었다. 혼의 거듭남 말이다.

믿음에 들어간 이의 노래

—

거듭났는가? 거듭난 존재의 특징은 평안이다. 그 평안은 하나님의 품에 안긴 이가 맛보는 평안이다. 교회 청년이 군대에 갔다가 100일 휴가를 받아 나왔다. 나를 보자마자 '선봉!'이라는 우렁찬 구호와 함께 군인답게 인사를 했다. 나는 대견하게 변한 청년의 어깨를 두드려 주다가 어머니에게도 그렇게 인사를 했냐고 물었다. 그랬더니 어머니를 보면 그렇게 인사해야지, 하고 굳게 마음먹었는데 어머니를 보는 순간 구호는 어디로 가고 '엄마' 하고 부르게 되더란다. 그렇다. 그게 정상이다. 어머니 앞에 서면 군인은 사라지고 아들만 남는다. 어머니이신 하나님의 품에 안기면 평안할 수밖에 없다. 세상에서 겪었던 풍랑이 어떠하든 말이다. 요즘 우리가 가끔 부르는 노래 가운데 '믿음에 들어간 이의 노래'가 있다.

"나는 시름없고나 이제부터 시름없다
님이 나를 차지하사 나를 맞으셨네
님이 나를 가지셨네 몸도 낯도 다 버리네
내거라곤 다 버렸네 어음"

진실한 믿음은 안식의 세계이다. 진실한 믿음은 하나님이 나를 차지하시도록 하는 것이다. 내 거라고 생각하던 것을 버리는 것이다. 바울은 나는 내게 이로웠던 것은 무엇이든지 그리스도 때문에 해로운 것으로 여기게 되었다(빌립보서 3:7)고 했다. 시편 131편의 시인은 하나님께로 돌아간 영혼의 평안함을 "젖 뗀 아이가 어머니 품에 안겨 있듯이 내 영혼도 젖 뗀 아이와 같습니다"(2절) 하고 노래한다. 어머니의 심장 박동 소리를 들으며 젖을 먹는 아기를 생각해 보라. 아기의 눈은 엄마의 눈을 응시한다. 엄마도 호수 같이 맑은 아기의 눈을 사랑스레 바라본다. 젖을 먹이면서도 텔레비전만 바라보는 철없는 엄마가 없지는 않지만 말이다. 아기와 엄마 사이에 무언의 교감이 일어난다. 아기는 한없이 자기를 사랑하는 엄마의 사랑을 온 몸으로 느낀다. 그리고 어느 결에 살포시 잠에 빠진다. 염려도 근심도 시름도 없다. 참 맛있는 잠일 것이다.

아기는 있는 힘을 다하여 잔다

—

시인 김기택은 그런 아기의 잠을 이렇게 표현한다.

"아기는 있는 힘을 다하여 잔다.
부드럽고 기름진 잠을 한순간도 흘리지 않는다.
젖처럼 깊이 빨아들인다."

참 부러운 모습이다. 또 이런 대목이 나온다.

"남김없이 잠을 비운 아기가 아침 햇빛을 받아 환하게 깨어난다.
밤사이 훌쩍 자란 풀잎같이 이불을 차고 일어난다.
밤새도록 잠에 씻기어 맑은 얼굴, 웃음말고는 다 잊어버린 얼굴이 한들거린다."

푹 자고 일어난 아기의 청신淸新한 얼굴은 생명이 무엇인지를 우리에게 가르쳐주는 것 같다.

그런데 무엄하게도(?) 시편의 시인은 아기들의 그 거룩한 평안함을 자기가 누리고 있다고 말한다. 하나님 어머니의 품 안에서 말이다. 그 비결은 무엇일까? 잠을 못 이뤄 이리 뒤척 저리 뒤척 하거나, 얕은 잠 속에서 허우적대다가 미열 속에서 깨어나곤 하는 우리들로서는 그의 비결이 무척이나 궁금하다. 시인에게 한 번 배워 볼까?

교만을 버리라

—

첫 번째 비결은 교만한 마음을 버리는 것이다. 그리고 오만한 길에서 돌아서는 것이다. 우리를 괴롭히는 것이 안팎에 많이 있지만 무엇보다도 심각한 것은 교만과 오만이다. 교만은 "잘난 체하여 뽐내고 버릇이 없음"을 뜻한다. 오만은 "젠 체하며 남을 업신여기는 태도가 있음"을 뜻한다. 이것보다 더 큰 영혼의 질병이 없다. 문제는 자기가 잘난 줄 안다는 것이다. 여기에서 다른 이를 업신여기는 마음이 나온다. 이런 마음에서는 생명의 물이 조금도 흘러나오지 않는다. 이사야에 나오는 한 구절을 읽으면서 깊은 충격을 받는다.

> 큰 살육이 일어나고 성의 탑들이 무너지는 날에, 높은 산과 솟은 언덕마다 개울과 시냇물이 흐를 것이다(이사야 30:25).

그 속에 담겨 있는 정치적·역사적인 의미는 여기서 이야기하지 않겠다. 다만 이 말 속에 담겨 있는 속뜻을 나는 헤아려 보려는 것이다. 이 말씀을 대하면서 가슴을 쳤다. '오늘 내 속이 이처럼 메마른 것은 내 마음에 높이 솟은 망대가 무너지지 않아서구나. 내 속에 있는 교만이, 그리고 오만이 무너지지 않아서 그렇구나.' 그러나 교만을 버리기란, 오만을 버리기란 얼마나 어려운 일인가. 때때로 우리는 교만의 독소를 깨닫고, 교만을 버리려고 한다. 그러나 교만은 아무리 떨쳐버리려 해도 떨쳐지지 않는 그림자와 같다. 이것은 죄의 문제와 싸웠던 바울의 경험과 일맥상통한다. 바울은 자기를 깊이 돌아보았다. 그리고 탄식한다.

> 나는 속사람으로는 하나님의 법을 즐거워하나, 내 지체에는 다른 법이 있어서 내 마음의 법과 맞서서 싸우며, 내 지체에 있는 죄의 법에 나를 포로로 만드는 것을 봅니다(로마서 7:22-23).

이것이야말로 요즘 아이들 말로 '엽기'이다. 나를 붙잡아 죄의 법 아래 내동댕이치고 거기에 복종하게 하는 그 은밀하고도 끈덕진 죄에 지쳐서 그는 절규한다.

> 아, 나는 비참한 사람입니다. 누가 이 죽음의 몸에서 나를 건져 주겠습니까?(로마서 7:24).

내 힘으로는 할 수 없다. 죄와의 싸움에서 한두 번은 이길 수 있을 지 모른다. 하지만 루터의 노래처럼 "내 힘만 의지하면 패할 수밖에 없다." 그리스도께서 우리 마음에 오셔야 한다. '믿음에 들어간 이의 노래'에서처럼 '님이 나를 차지하셔야' 한다. 그러면 우리는 우리를 대신해서 싸우시는 전능하신 주님의 손길을 경험할 수 있다. 망루가 무너져야 물이 흐른다. 지금 우리 마음이 피폐하다면 혹시 높이 세워진 망루가 없는지 돌아볼 일이다.

과도한 욕심을 버리라

—

시인은 두 번째 비결을 가르쳐 준다. 그는 자신은 "너무 큰 것을 가지려고 나서지 않으며, 분에 넘치는 놀라운 일을 이루려고 하지 않는다"고 말한다. 어떻게 보면 너무 소극적인 삶처럼 보인다. 우리는 큰 소리에 익숙하다. 꿈을 크게 가져야 한다고 말한다. 일리가 있는 말이다. 지레 자기에 대해서 절망하고 풀이 죽은 채 지내서야 말이 되겠는가? 하지만 그 큰 꿈이라는 것이 문제다. 남보다 앞서고, 성공의 사다리 꼭대기에 남보다 먼저 오르기 위해 자기 발 밑에 누가 밟히고 있는지도 돌아보지 않는다면 문제다. 그는 이긴 것처럼 보이지만 진 것이다. 그는 우리 모두 하나님 앞에 서야 할 존재임을 잊고 있다. 하나님 앞에 설 때 우리는 세상에서 이룬 업적을 가지고 나갈 수 없다. 다만 우리가 하나님의 나라를 위해 예수 그리스도와 더불어 무엇을 했는지가 중요하다.

정말로 소중한 것을 위해서는 불굴의 용기를 가지고 나아가야 한다. 불의에 저항하고, 시정을 요구하고, 모두가 함께 잘 살 수 있는 아름다운 세상을 만들기 위해서 부름 받은 우리들이 쭈뼛거리기만 해서야 되겠는가? 그러나 남과의 싸움에서 이기는 사람이 되기 전에, 먼저 자기와의 싸움에서 이겨야 한다. 그게 기본이다. 너무 큰 것을 가지려고 나서지 않고, 분에 넘치는 놀라운 일을 이루려고 하지 않는다는 말은 자기와의 싸움에서 이긴 사람의 말이다. 포기할 것을 포기할 때 우리 삶은 단순해진다. 그리고 단순해져야 힘이 생긴다. 심원한 것으로 인생의 근본을 삼고 간소함을 생활의 법도로 삼아야 한다. 레기네 슈나이더가 쓴 《새로운 소박함에 대하여》라는 책에는 이런 대목이 나온다.

"소비는 인격의 표현이다… 포기할 줄 아는 사람은 그 자신에 좀 더 가까워진다. 보다 본질적인 것의 의미를 음미할 수 있게 된다. 정말 중요한 것이 무엇인가를 발견하게 되는 것이다… 소박함이란, 아니라고 말할 수 있도록 스스로 선을 긋는 능력이다."

포기할 줄 아는 사람이 그 자신에 가까워진다. 인생의 근본을 잃게 만드는 과도한 욕망에 대해 '아니'라고 말할 때 힘이 생긴다. 생수가 흐른다. 감사가 넘친다. 그리고 예수 그리스도와 함께 그분의 길을 걷는 것이 얼마나 좋은 지 알게 된다. 물론 지금 당장 말할 수 없이 큰 괴로움 속에 있는 이들에게 이 말은 공허하게 들릴 수도 있다. 하지만 마음을 비우면 하나님이 우리 속에서 일을 시작하신다. 망루가 무너져야 한다. 내가 문제임을 인정하자. 그리고 도전하고 나를 새롭게 하기 위해 애써야 한다. 그러면 영적인 도움을 얻게 된다. 주님만이 우리를 고치실 수 있다. 돌이키면 주님은 우리 속에 힘이 되는 생각을 심어 주신다. 우리를 북돋워 주는 일을 시작하신다. 그것을 맛볼 때 우리는 비로소 엄마의 품에 안겨 있는 젖 뗀 아기들처럼 주님 안에서 참 평안을 맛볼 수 있다.

평화가 깃들기를!

> 주님을 경외하며, 주님의 명에 따라 사는 사람은, 그 어느 누구나 복을 받는다. 네 손으로 일한 만큼 네가 먹으니, 이것이 복이요, 은혜이다. 네 집 안방에 있는 네 아내는 열매를 많이 맺는 포도나무와 같고, 네 상에 둘러앉은 네 아이들은 올리브 나무의 묘목과도 같다. 주님을 경외하는 사람은 이와 같이 복을 받는다. 주님께서 시온에서 너에게 복을 내리시기를 빈다. 평생토록 너는, 예루살렘이 받은 은총을 보면서 살게 될 것이다. 아들딸 손자손녀 보면서 오래오래 살 것이다. 이스라엘에 평화가 깃들기를!(시편 128:1-6)

묵은해와 작별하기 전에 가만히 우리가 걸어온 시간의 흔적을 가늠해 본다. 어떤 삶을 살았는가? 순례자로서의 삶이 행복했는가? 얼마나 깊어졌는가? 얼마나 자유로운 삶을 살았는가? 얼마나 맑아졌는가? 얼마나 따뜻해졌는가? 삶이 너무 힘겨워 자기 존재에 대해 생각할 여유조차 없이 살지는 않았는가?

돌이켜 감사

—

어떤 이들은 지난 1년을 '수무분전手無分錢', 즉 손에 돈 한 푼 남지 않았다는 말로 요약했다. 참 안쓰러운 현실이다. 국민의 거의 절반에 가까운 사람들의 소득이 줄어든 반면 1억 이상의 고소득자가 급격히 늘어났다고 한다. 소득 불균형이 심화되었음을 보여주는 지표다. 소득뿐 아니다. 사회적 갈등도 좀처럼 줄어들지 않고 있다. 세상은 이전보다 더 위험한 곳이 된 것 같다.

참 어려운 시절이다. 우리는 예전에 일본의 동북부 지역을 덮친 쓰나미로 인해 수많은 사람들이 속절없이 죽어간 현실을 목도했다. 압도적인 힘으로 밀려와 인간의 모든 흔적을 지워버린 그 검은 물을 잊을 수 없다. 그 큰 재앙은 우리가 한낱 인간에 지나지 않는다는 사실을 처절하게 상기시켜 주었다. 이어진 후쿠시마 원전 사고는 핵에 의존하는 에너지 정책에 경종을 울려주었다. 여름철의 긴 장마와 산사태 그리고 사상 초유의 정전 사태를 겪으며 우리는 인간의 문명이라는 게 얼마나 허약한 토대 위에 세워진 것인지를 절감했다. 아랍에서 일어난 민주화의 불길과 1퍼센트에 속한 이들의 탐욕을 폭로한 월가 점령 시위 등 마치 지뢰밭을 걸어온 느낌이다.

그럼에도 불구하고 우리는 오늘 산 자의 땅에서 주님을 바라보고 있다. 어려운 시절을 보냈지만 하나님은 언제나 우리의 동행이 되어주셨다. 에벤에셀, "우리가 여기에 이르기까지 주님께서 우리를 도와주셨다"는 고백이 절로 나온다.

내가 고난의 길 한복판을 걷는다고 하여도, 주님께서 나에게 새 힘 주시고, 손을 내미셔서, 내 원수들의 분노를 가라앉혀 주시며, 주님의 오른손으로 나를 구원하여 주십니다(시편 138:7).

주님께서 나의 앞뒤를 두루 감싸 주시고, 내게 주님의 손을 얹어 주셨습니다(시편 139:5).

우리 발이 수렁에 빠져들어갈 때 주님은 우리를 건져 반석 위에 세우셨다. 메마른 땅을 걸어갈 때도 주님은 친히 그늘이 되어 주셨다. 위험한 일을 만날 때는 방패가 되어 우리를 지켜 주셨다. 삶에 지쳐 절망의 심연으로 빠져들 때면 당신의 숨결을 불어넣으시어 일어서도록 해 주셨다. 감사의 기도를 올리지 않을 수 없는 것은 그 때문이다.

주님을 경외하는 자의 복

—

새로운 시간이 우리 앞에 있다. 주어진 시간을 복되게 살아내는 일이야말로 생명을 주신 분의 은혜에 보답하는 것이다. 시편 128편은 아름다운 삶, 복 받는 삶이 무엇인가를 가르쳐 준다. 시인이 말하는 복 받는 사람은 주님을 경외하는 사람, 주님의 명령에 따라 사는 사람이다. 너무 자주 들어서 식상한 말로 들릴 수도 있다. 하지만 그것 말고 다른 비결이 없다. '경외敬畏'라는 단어의 일차적 의미는 '공경하고 두려워한다'는 뜻이지만, 그 심층적 의미는 우리 마음의 주인이 누구인지를 알고 그분의 뜻에 귀를 기울인다는 뜻이다. 하나님은 당신을 경외하는 사람을 친근히 대하시면서 우리가 선택해야 할 길을 늘 일러주신다. 그래서 시편 기자는 "주님께서는, 주님을 경외하는 사람과 의논하시며, 그들에게서 주님의 언약이 진실함을 확인해 주신다"(25:14)고 말한다.

하나님을 경외하는 사람은 자기 삶을 소명으로 이해하기에 매 순간 하나님이 자기를 통해 하시려는 일을 여쭙고, 그 뜻을 수행하는 것을 기쁨으로 여긴다. 하나님은 우리가 복의 매개 혹은 통로가 되기 원하신다. 하나님의 풍성한 은총과 생명이 우리를 통해 세상과 우리 이웃들의 삶에 흘러간다면 그보다 멋진 일이 어디 있겠는가. 하지만 우리는 하나님의 뜻을 짐짓 외면하며 살아간다. 우리 관심의 화살표가 여전히 우리를 향하고 있기 때문이다. 돌보라, 섬기라, 주라는 주님의 부탁은 거절되기 일쑤다. 내 코가 석 자라는 생각이 들기 때문이다. 하지만 주님이 그런 부탁을 하시는 것은 우리에게 더 좋은 것을 주시기 위해서다. 여기에 신앙의 역설이 있다.

시인은 주님을 경외하고 주님의 뜻을 따라 사는 사람은 복을 받는다고 말한다. 그런데 그 복이란 것이 참 맹랑하다.

네 손으로 일한 만큼 네가 먹으니, 이것이 복이요 은혜이다(2절).

조금 실망스러운가? 하지만 기독교인들은 이 구절에 밑줄을 그어야 한다. 우리는 하나님의 복이 차고 넘치기를 바란다. 욕망의 그릇이 크다. 그러니까 늘 부족하다고 느낀다. 당연히 감사할 줄도 모른다. 하지만 시인은 우리가 일한 만큼 먹는 것이 복과 은혜라고 말한다. 참 조촐하고 담백하고 깨끗한 복이요 은혜다.

하지만 현실에서는 그런 복을 누리지 못하는 이들이 많다. 아무리 일해도 행복은 여전히 저만치에 있다. 많이 가진 사람들은 더 많이 갖고, 없는 사람은 더욱 가난해지는 세상이기 때문이다. 월가 점령 시위는 바로 그런 세상을 바로잡자는 것이었다. 가난도 문제이지만 과잉 혹은 잉여도 문제다. 풍요로움은 사람들을 믿음의 길에서 벗어나게 하고, 인간관계를 어긋나게 만들 때가 많다.

시인은 하나님을 경외하는 이의 또 다른 복을 보여 주고 있다.

> 네 집 안방에 있는 네 아내는 열매를 많이 맺는 포도나무와 같고, 네 상에 둘러앉은 네 아이들은 올리브 나무의 묘목과도 같다(3절).

아내와 아이들을 포도나무와 올리브 나무에 빗대는 이런 식물적 상상력이 얼마나 좋은가. 포도나무는 평화와 풍요로움의 상징이다. 아내의 존재 자체가 가족 구성원들에게 평화로움과 넉넉함을 전해준다면 그 가정은 분명 행복할 것이다. 올리브 나무는 지금도 지중해 세계에 살고 있는 사람들이 가장 귀히 여기는 나무 가운데 하나다. 사람들은 '올리브olive'를 '올-리브all live'라고 말하기도 한다. 모두를 살린다는 뜻이다. 아이들이 올리브 묘목처럼 자라는 것을 본다면 그보다 좋은 일이 어디에 있겠는가.

시온에 내리시는 복

—

주님을 경외하는 사람의 복은 개인적인 차원에만 국한되지 않는다. 세상이 어떠하든 나만 홀로 누리는 행복이란 애초에 불가능하다. 진정한 행복을 누리기 위해서는 나만의 행복이 아니라 서로 함께 누리는 행복을 추구해야 한다. 굶주린 사람이 문밖에 있는데 홀로 잔치를 벌일 수는 없는 노릇이다. 불의에 희생된 사람의 피울음 소리가 들려오는데, 홀로 콧노래를 부를 수는 없다. 우리 삶은 관계 속에서 이루어진다. 식구, 친구, 동료, 교우 등은 우리 삶에 직간접적인 영향을 미치는 소중한 타자들이다. 그들 중 누가 아프면 우리 마음도 저려온다. 그들 중 누가 곤경에 처하면 우리 또한 편하지 않다. 예수님은 곤경에 처한 모든 사람을 마치 자신의 골육지친인 양 대하셨다. 주님이 온 세상의 구원자인 것은 바로 그 마음 때문이다.

시인은 주님께서 시온에서 복을 내리시기를 빈다면서 주님을 경외하는 사람은 "평생토록 예루살렘이 받은 은총을 보면서 살게 될 것"(5절)이라고 말한다. 이런 평화의 비전은 저절로 실현되는 게 아니라, 우리가 하나님을 경외하는 자답게 살 때 주어지는 선물이다. 우리 사회가 좀 더 따뜻해졌으면 좋겠다. 강자 독식 사회가 아니라 약자들을 배려하는 사회, 이익이 중심이 되는 사회가 아니라 따뜻한 공의가 실현되는 사회가 되었으면 좋겠다. 좌파니 우파니 하며 서로를 도외시하거나 세대 간의 단절을 당연하게 여기지 말아야 한다. 그러기 위해서는 매 순간 우리 마음을 하나님의 마음에 비끄러매야 한다. 박노해 시인은 그런 평화의 비전을 〈인다라의 구슬〉이라는 시에서 이렇게 노래했다.

"지구 마을 저편에서 그대가 울면 내가 웁니다
누군가 등불 켜면 내 앞길도 환해집니다
내가 많이 갖고 쓰면 저리 굶주려 쓰러지고
나 하나 바로 살면 시든 희망이 살아납니다"

어두운 세월 이웃이 켜든 등불에 의지해 걷듯, 우리 또한 이웃들의 빛이 되어야 한다. 나 하나 바로 살면 희망이 살아난다. 다른 이를 행복하게 하는 일이야말로 참된 행복의 문을 여는 열쇠다. 다른 이들의 아픔과 슬픔과 짐을 나누기 위해 시간과 물질을 써본 사람들은 그들과의 접촉을 통해 오히려 우리 속에 있던 내밀한 상처가 치유됨을 알 수 있다. 박노해 시인은 앞서 말한 시에서 새벽 찬물로 얼굴 씻고 서툰 붓글씨로 자기 마음에 "오늘부터 내가 먼저!"라고 쓰고는 이렇게 다짐한다.

"내가 먼저 인사하기
내가 먼저 달라지기
내가 먼저 정직하기
내가 먼저 실행하기
내가 먼저 벽 허물기
내가 먼저 돕고 살기
내가 먼저 손 내밀기
내가 먼저 연대하기
무조건 내가 먼저
속아도 내가 먼저
말없이 내가 먼저
끝까지 내가 먼저"

이 마음이면 된다. 이 마음이 평화를 만드는 마음이고 천국을 빚는 마음이다.

우리를
회복시켜 주소서

만군의 하나님, 우리에게 돌아오십시오. 하늘에서 내려다보시고, 이 포도나무를 보살펴 주십시오. 주님의 오른손으로 심으신 이 줄기와 주님께서 몸소 굳세게 키우신 햇가지를 보살펴 주십시오. 주님의 포도나무는 불타고 꺾이고 있습니다. 주님의 분노로 그들은 멸망해갑니다. 주님의 오른쪽에 있는 사람, 주님께서 몸소 굳게 잡아 주신 인자 위에, 주님의 손을 얹어 주십시오. 그리하면 우리가 주님을 떠나지 않을 것이니, 주님의 이름을 부를 수 있도록 우리에게 새 힘을 주십시오. 만군의 하나님, 우리를 회복시켜 주십시오. 우리가 구원을 받도록, 주님의 빛나는 얼굴을 나타내어 주십시오(시편 80:14-19).

라멕의 노래

—

성경은 에덴 이후 인간의 역사가 형제간의 갈등과 반목의 역사임을 보여준다. 가인은 아벨을 죽였다. 이스마엘과 이삭은 서로 떨어져 살 수밖에 없었다. 에서와 야곱은 뱃속에서부터 다퉜다. 요셉과 형제들은 서로 반목했다. 성경은 인간의 모듬살이가 빚어내는 갈등을 예민하게 포착하고 있다. 성경은 가인의 5대손인 라멕의 노래를 우리에게 들려준다.

> 아다와 씰라는 내 말을 들어라. 라멕의 아내들은, 내가 말할 때에 귀를 기울여라. 나에게 상처를 입힌 남자를 내가 죽였다. 나를 상하게 한 젊은 남자를 내가 죽였다. 가인을 해친 벌이 일곱 갑절이면, 라멕을 해치는 벌은 일흔일곱 갑절이다(창세기 4:23-24).

이 노래는 지금도 도처에서 들려온다. 하지만 인간이 인간인 것은 갈등을 폭력으로 푸는 데 있지 않다. 갈등의 상황 속에서도 공존을 모색하는 지혜를 발휘해야 한다. 그러기 위해 필요한 것은 우리 속에 하나님을 모시는 것이다. 바울은 에베소서에서 그리스도는 유대 사람과 이방 사람 사이를 가르는 담을 자기 몸으로 허무셔서 원수된 것을 없애셨다고 말한다. 그분 안에서 새사람이 될 때 우리는 평화를 누릴 수 있다. 이 분단의 땅, 인류의 모순이 집적된 땅 한반도의 운명을 슬퍼하다가 만난 것이 오늘의 시다.

절망의 나락에서

—

이 시가 어떤 상황에서 나온 것인지는 정확히 알 수 없지만, 시인과 그가 속한 공동체는 지금 상당히 큰 위험에 처해 있다. 2절에서 '에브라임과 베냐민과 므낫세'를 언급한 것으로 보아 시인은 북 왕국 이스라엘에 속한 사람처럼 보인다. 그렇게 보면 이 시는 앗시리아에 의해 북이스라엘이 멸망당하던 주전 8세기 전후의 시기를 배경으로 하고 있는 것 같다. 물론 이 시를 바벨론에 의해 남왕국이 멸망한 이후의 상황을 반영한다고 말하는 분들도 있다. 시기야 어떻든 지금 시인과 그의 동족들이 처한 상황은 절박하다.

전쟁으로 인해 삶의 터전은 무너졌고, 인심도 흉흉하다. 아무리 소리쳐도 도와줄 사람이 아무도 없다. 그 절박함은 이 시에 사용된 동사들만 살펴보아도 알 수 있다.

"귀를 기울여 주십시오."
"주님의 능력을 떨쳐 주십시오."
"우리를 도우러 와 주십시오."
"우리를 회복시켜 주십시오."
"우리에게 돌아오십시오."
"보살펴 주십시오."
"주님의 손을 얹어 주십시오."
"우리에게 새 힘을 주십시오."

폭격을 받았던 연평도 주민들의 마음이 이러할 것 같다. 돌아가 불에 타고 무너진 집을 다시 일으켜 세울 엄두는 나질 않고, 앞으로 살아갈 방도는 더욱 막연하다. 두고 온 집짐승들이 눈에 밟히지만 어쩔 수 없다. 이 추운 겨울을 어찌 나야 할까? 형편이 이런 데도 하늘은 여전히 청명하고, 새들도 무심하게 하늘을 날고 있다. 잠시 놀랐던 사람들은 별일이 아니라는 듯이 재빨리 이전의 삶으로 돌아간다. 사람들의 신음 소리를 기도로 들으시는 하나님도 그들을 외면하시는 걸까?

이스라엘 백성들은 하나님이 자기들의 기도를 노엽게 여기시는 것 같다고 느낀다. 그렇지 않다면 어찌 그 백성이 눈물의 빵을 먹고 눈물을 물리도록 마시기까지 버려두시고, 이웃의 시빗거리가 되게 하신단 말씀인가. 하나님에 대한 이 깊은 회의는 나쁜 것이 아니다. 희망은 절망을 통하지 않고는 오는 법이 없다. 시원한 샘물은 땅을 파야 얻을 수 있다. 하나님이 가장 멀리 계신 것처럼 느껴지는 그 순간이야말로 하나님께 가장 가까이 다가선 순간이다. 나치가 지배하고 있던 폴란드 바르샤바 게토에서 유대인 고아들을 돌봤던 야누스 코르착Janusz Korczak은 마침내 아이들을 떠나보낼 시간이 다가오자 아이들에게 말한다.

> "나는 너희들에게 하나님을 줄 수 없다. 너희는 영혼의 고요함 속에서 그분을 찾아야 한다. 나는 너희들에게 인간의 사랑을 줄 수 없다. 용서 없이는 사랑도 없기 때문이다. 그리고 용서는 모든 사람이 스스로 배워야 하는 것이다. 내가 너희에게 줄 수 있는 것은 오직 하나뿐이다. 더 나은 삶에 대한 갈망, 진리와 정의의 삶에 대한 갈망이 그것이다. 그것은 지금 당장은 보이지 않아도 너희가 끈질기게 갈망한다면 결국 보게 될 것이다"(Jonathan Sacks, *To Heal A Fractured World*, p.69).

그는 결국 200여 명의 고아들과 함께 기차에 실려가 죽음을 맞이했다. 아이들은 어쩌면 야누스 코르착의 얼굴에서 하나님의 모습을 보았을지도 모른다.

하나님의 세 얼굴

—

이 시에서 하나님은 세 가지의 얼굴을 가지고 나타난다. 첫째 얼굴은 '목자'이다. 시인은 하나님을 '이스라엘의 목자'(1절)라고 부른다. 여전히 앞길은 캄캄하고 희망의 불빛은 가물거려도, 하나님이 그들을 보호하시고 인도하시리라는 확신을 버릴 수 없었던 것이다. 이스라엘 백성들의 무의식 속에는 출애굽사건에 대한 기억이 새겨져 있다. 그들은 하나님이 애굽에 내리신 열 가지 재앙도 잘 알고 있었고, 넘실대는 홍해가 어떻게 갈라져 길을 냈는지도 알고 있었다. 하늘에서 내린 만나도, 반석에서 솟은 물도 알고 있었다. 그렇다면 지금도 한결같은 사랑으로 그들을 인도하실 것이다. 이 확신이 있기에 시인은 하나님을 목자라고 부른다.

이 시에 나타난 하나님의 두 번째 얼굴은 '전사warrior'이다. 시인은 하나님을 네 번이나 '만군의 하나님(Yahweh Sabaoth 4, 7, 14, 19절)'이라고 부른다. 하나님은 자유를 찾아가는 그들의 고달픈 여정에 동행하시면서 그 백성의 편에 서서 싸우시는 분이시다. 지난날의 죄 때문에 하나님은 잠시 그들을 외면하고 계시지만, 어린아이의 울음소리를 듣고 달려오는 어머니처럼 전사이신 하나님은 결국엔 그 백성을 구하기 위해 달려올 것이라고 시인은 믿고 있다. 불의한 자들과 싸우시는 하나님을 믿는 이들은 스스로 하나님의 군사가 되어야 한다. 싸우라고 하면 사람들은 늘 먼저 바깥의 적부터 살핀다. 하지만 진짜 전사는 자기 속에 있는 적과 먼저 싸워 이겨야 한다. 우리들 속에 있는 두려움, 편협함, 증오, 차별의식 등과 먼저 치열하게 싸울 때, 비로소 우리는 하나님의 군사로 거듭날 수 있다.

하나님의 세 번째 얼굴은 '농부'이시다. 시인은 농부이신 하나님이 애굽 땅에 있던 포도나무를 뽑아다가 약속의 땅에 심으셨다고 말한다. 정성을 다해 심고 가꾸신 덕분에 누가 보아도 멋진 포도원을 이루게 되었다는 것이다. 산들이 포도나무 그늘에 덮이고, 울창한 백향목도 포도나무 가지로 덮일 정도였다. 다윗과 솔로몬 시대를 생각하면 된다. 그때는 이스라엘의 전성기였다. 국경도 확장되고 물질적인 풍요로움도 누렸다.

문제는 바로 거기에 있었다. 스스로의 힘과 아름다움에 도취되면서 그 포도원은 주인이 누구인지를 잊고 말았던 것이다. '망자존대妄自尊大'란 바로 이런 경우를 두고 하는 말이다. 하지만 하나님이 손을 거두자 포도원의 울타리는 무너졌고, 포도나무 가지는 잘려 나갔고, 포도원에는 불이 났다. 결국 지나가는 사람마다 들어와 열매를 따먹는 지경이 되었다. 그제야 그들은 자기들이 유한한 존재임을 자각하게 되었다. 우리 삶에서 가장 위험한 순간은 모든 일이 순조롭게 잘 되는 때이다. 내 힘으로 못할 일이 없다고 생각하는 그 순간 파멸의 씨가 파종된다.

회복의 꿈

—

이런 현실을 목도한 시인은 하나님의 자비를 구한다. 시인은 자신의 동족을 새로운 공동체로 회복시켜 달라고 간구하고 있다. 히브리어에서는 집단 혹은 공동체를 뜻하는 단어가 여러 가지다. '암am'은 일종의 운명 공동체라고 할 수 있다. 그것은 과거에 뿌리를 내리고 있다. 반 만 년의 역사를 자랑하는 우리 민족 공동체도 어떻게 보면 '암am'이라 할 수 있다. '케힐라kehilla'는 다양한 집단들의 모임을 일컫는 말이다. 그들은 어떤 일을 집단적으로 수행하기 위해 모인 임의의 사람들이다. 그들은 공동의 이해를 관철시키기 위해 협력한다. 뜻만 맞으면 아주 신명나게 일을 한다. 문제는 그들이 어중이떠중이가 될 수 있다는 것이다. 모세를 기다리다 못해 금송아지를 만든 사람들이 그 예이다. '에다edah'는 공동의 목적을 향해 함께 나아가는 사람들을 일컫는 말이다. 에다라는 말은 '증언'을 뜻하는 '에드ed'에서 유래된 말인데, 공통의 신앙을 가진 사람들, 즉 언약백성들을 일컫는 말이다. 그러니까 신앙이란 암am 혹은 케힐라kehilla에서 에다edah로 가는 여정이라 할 수 있다.

예수님은 당신의 제자들을 '새로운 이스라엘'로 세우셨다. 그들은 모두 아버지이고 어머니이신 하나님 안에서 형제자매의 사랑을 나누며 사는 새로운 세상의 모델이었다. 교회도 그렇다. 모두가 자기 이해에 따라 재바르게 살아가는 사람들 속에서, 하나님을 가장으로 모신 새로운 세상을 꿈꾸는 사람들이 바로 성도다. 오늘의 시인은 하나님이 다시 한 번 기회를 주신다면 "주님을 떠나지 않겠다"고 다짐한다. 주님을 떠나지 않겠다는 것은 망자존대하는 삶에서 벗어나 하나님 앞에서 살아가겠다는 다짐이다.

여기서 우리가 주목할 것이 있다. 시인의 간절한 소원은 주님의 이름을 부르며 사는 것이다. 이것은 물론 죽으면 주님의 이름을 부를 수 없으니 살고 싶다는 바람일 수도 있지만 그보다는 주님의 이름이 거룩히 여김을 받도록 살고 싶다는 뜻이 아니겠는가. 어떻게 해야 할까? 우리는 이 세상이 하나님의 집이라고 말한다. 집은 살림의 현장이다. 우리가 어떤 집에 들어가 보면 즉시 그 집안의 살림살이가 규모가 있는지 없는지를 가늠할 수 있다. 집 안이 깨끗하게 정돈되어 있고, 식구들이 두루두루 평안하고 표정이 밝으면 그 집 살림이 튼실하다고 말할 수 있을 것이다. 그런데 풍족한 집이긴 한데 뭔가 어수선하고 집에서 이상한 냉기가 흐른다면 그 집 주인의 살림살이는 그다지 맵짜다고 말할 수 없을 것이다.

온 세상은 하나님의 집이다. 하나님의 이름이 거룩히 여김을 받으시기 바라는 사람이라면 누구나 주님의 집을 잘 가꾸고, 주님의 식구들을 돌보고 보살펴야 한다. 경쟁이 일상화된 세상에서 모두가 이기적이고 야수적으로 변해갈 때도, 우리가 하나님의 형상대로 지음 받은 인간이라는 사실을 상기시켜 주는 이들이 있다. 정확히 말하기는 어렵지만 세상은 여전히 살만한 곳임을 일깨우는 사람들, 선善의 희미한 가능성을 삶으로 보여 주는 사람들, 성도들은 그런 사람이어야 한다. 이런 사람들이 많아질 때 우리 교회는 그리고 우리 사회는 건강해질 수 있다.

곳곳에서 분쟁의 소식이 들려오고, 한반도에도 긴장의 먹구름이 자욱하지만, 우리가 하나님의 꿈을 가슴에 품고 살아간다면, 목자이신 주님이 우리를 지키실 것이다. 전사이신 주님이 우리와 함께 계시다면 우리가 무엇을 두려워하겠는가. 농부이신 주님이 오늘도 우리 가슴에 선의 씨앗을 심어 주신다. 평화의 세계에 한달음에 도달할 수는 없지만, 지금 울면서라도 평화를 선택하는 사람들을 통해 세상은 밝아질 것이다. 주님과 더불어 우리는 세상의 빛이 될 것이다. 이 희망으로 이 냉랭한 세상에 온기를 가져가는 우리가 되기를 기원한다.

기름과 이슬

그 얼마나 아름답고 즐거운가! 형제자매가 어울려서 함께 사는 모습! 머리 위에 부은 보배로운 기름이 수염 곧 아론의 수염을 타고 흘러서 그 옷깃까지 흘러내림 같고, 헤르몬의 이슬이 시온 산에 내림과 같구나. 주님께서 그곳에서 복을 약속하셨으니, 그 복은 곧 영생이다(시편 133:1-3).

조화의 아름다움

—

저마다 개성이 다른 사람들이 함께 모여 산다는 것은 결코 쉬운 일이 아니다. 백인백색이라고 사람들은 저마다 추구하는 바가 다르기에, 갈등을 피하기는 어려울 것 같다. 그렇지만 '인간人間'이라는 단어를 생각해 보자. 사람은 다른 이들과의 관계關係 속에 있는 존재이다. 나와 생각도 다르고 살아가는 방식도 다른 이들과 함께 살아가는 것을 배우고 익힐 때 우리는 성숙한 사람이 될 수 있다. 다른 것은 틀린 것이 아니다. 나와 다른 생각을 가진 이들을 용납해야 한다. 아니 존중해야 한다. 나와 다르다고 해서, 틀렸다고 말하거나 눈을 하얗게 치켜뜨지 말아야 한다.

한 번 생각해 보자. 나와 똑같은 사람들만 이 세상에 산다면 좋을까? 못 견딜 것 같다. 참 재미없는 세상이 될 것 같다. 하지만 나와 다른 이들이 있어 행복하다. 오늘의 시편은 "형제가 연합하여 동거함이 얼마나 아름다운가!" 노래하고 있다. 이때 '연합'한다는 말은 '조화'를 이룬다는 말이다. 한 사람이 얼마나 성숙한 사람인가는 그가 얼마나 다른 이들과 조화를 이룰 줄 아는가를 보면 된다. 이것을 예수님은 "평화를 이루는 사람이 복이 있다"(마태복음 5:9)고 했다. 그런 이가 곧 하나님의 자녀라 하셨다. 물론 조화를 이룬다고 해서 '자기self'의 정체성을 잃어버리면 곤란하지 않겠는가?

미술 시간에 배운 게 생각난다. '색상대비'라는 것이 있다. 채도가 반대인 색, 예컨대 빨간색과 녹색을 동시에 보면 그 색들이 본연의 색보다 훨씬 선명하게 보이는 현상을 일컫는 말이다. 서로 어울릴 것 같지 않은 색이기에 서로를 더 도드라지게 만드는 것이다. 그 색들을 잘 조화시킨 그림들은 우리 마음속에 아주 강렬한 정서적 감동을 불러일으킨다. 어느 색도 자기 본래의 색을 잃지 않았지만, 다른 색과의 조화를 이룸으로써 혼자는 일으킬 수 없는 감동을 일으킨다.

성가대의 합창을 예로 들어보자. 각각의 파트가 자기의 성부를 잘 부를 때, 또 그것이 지휘자의 조율에 따라 조화를 이룰 때 우리의 가슴 깊은 곳에 있는 심금(心琴: 마음의 거문고)을 울린다. 높고 낮은 음색들이 어울려서 하나의 전체를 이룰 때 우리는 아름다움과 만나게 된다. 그런데 베이스 파트를 맡은 이가 느닷없이 "왜 소프라노는 주선율을 노래하는데 나는 늘 뒤만 받쳐주어야 하나" 하고 소프라노 파트를 부른다면 합창은 망치는 것이다. 오케스트라에서 심벌즈를 맡고 있는 이가 자기 역할의 미미함에 화가 나서 아무 때나 심벌즈를 울려댄다면 연주는 망치게 마련이다. 내 역할을 제대로 알고, 적절한 시간에 그 역할을 감당할 때 우리는 전체를 위해 의미 있는 기여를 하는 것이다.

조화의 중심

—

그러면 그런 조화는 어떻게 이루어지는가? 캔버스에 사용되는 여러 가지 색깔들을 조화시키는 것은 화가의 솜씨이다. 합창의 다양한 소리들을 아우르는 것은 지휘자의 솜씨이다. 그런데 주님의 이름으로 모인 공동체를 조율하는 이는 누구인가? 물론 목회자들이 중요하다. 나는 이것을 아주 두려운 마음으로 자각하고 있다. 하지만 교회의 중심은 목회자도, 장로도, 어떤 프로그램도 아니다. 오직 주님께서만 우리의 중심이 되셔야 한다. 우리는 다만 맡겨주신 일에 최선을 다할 뿐이다. 우리는 저마다 다른 색깔들을 가지고 있다. 이것을 조화시키시는 분은 성령이시다.

이 시편에서 아름답고 조화로운 공동체의 아름다움을 시인은 "머리에 있는 보배로운 기름이 수염 곧 아론의 수염에 흘러서 그 옷깃까지 내림 같다"고 묘사하고 있다. 머리에 있는 보배로운 기름은 제사장을 성별할 때 사용하는 기름을 뜻한다. 그 기름이 흘러넘친다는 말은 무엇일까? 하나님의 일을 위해 성별된 사람들, 즉 자기의 소명이 무엇인지를 자각하는 사람들이 많이 있을 때 신앙공동체는 아름답다는 말이다. 그러면 우리의 소명은 무엇일까? 저마다 다 다를 것이다. 하나님이 주신 은사가 다 다르기 때문이다. 찬양하는 이, 가르치는 이, 봉사하는 이, 섬기는 이, 말씀 선포하는 이… 그런데 하나님이 우리에게 은사를 주신 까닭은 공동체를 위해 아름답게 사용하라는 것이다. 바울은 말한다.

그것은 성도들을 준비시켜서, 봉사의 일을 하게 하고, 그리스도의 몸을 세우게 하려고 하는 것입니다(에베소서 4:12).

결국 은사는 성도들의 부족한 부분을 채워 주시는 하나님의 능력이고, 그 능력을 주심은 봉사하도록 하기 위함이고, 봉사를 통해서 결국 그리스도의 몸이 서도록 하는 것이 주님의 뜻이라는 말이다. 바로 이것이 아론의 수염을 타고 흘러 옷깃까지 적시는 보배로운 기름인 셈이다.

조화로운 삶

—

소명을 자각하고, 하나님이 맡기신 은사를 가지고 공동체를 섬기려는 이들이 모인 공동체는 어떠한가? 그것을 시인은 "헐몬의 이슬이 시온의 산들에 내림 같도다" 하고 노래한다. 이슬은 신선함이다. 누군가가 우리를 보고 이슬 같은 사람이라고 하면 그건 칭찬이다. 하지만 스모그 같다거나, 폐수 같다는 말을 들으면 곤란하다. 성경에서 이슬은 항상 하나님의 은총과 연결되어 나온다.

밤이 되어 진에 이슬이 내릴 때면, 만나도 그 위에 내리곤 하였다(민수기 11:9).

나의 교훈은 내리는 비요, 풀밭을 적시는 소나기다. 나의 말은 맺히는 이슬이요, 채소 위에 내리는 가랑비다(신명기 32:2).

임금님께서 거룩한 산에서 군대를 이끌고 전쟁터로 나가시는 날에, 임금님의 백성이 즐거이 헌신하고, 아침 동이 틀 때에 새벽 이슬이 맺히듯이, 젊은이들이 임금님께로 모여들 것입니다(시편 110:3).
내가 이스라엘 위에 이슬처럼 내릴 것이니, 이스라엘이 나리꽃처럼 피고, 레바논의 백향목처럼 뿌리를 내릴 것이다(호세아 14:5).

주님 안에서 조화를 이룬 공동체는 이슬 같은 신선함을 세상에 전한다.

조화의 결과, 영생eternal life

—

조화의 결과는 무엇인가? 그것은 영생이다. 영생이란 '오래 사는 것'과는 상관이 없다. 성경이 말하는 영생은 '하나님께 받아들여진 삶'을 말한다. 구원은 하나님께 받아들여짐의 체험이다. 구원받은 사람은 이미 영생을 얻은 사람이다. 우리가 하나님께 받아들여졌음을 진심으로 믿는다면 우리는 죄와 죽음의 악순환에서 벗어나게 된다. 내 삶이 이미 용납되었음을 알 때 우리는 다른 이들을 용납하고 사랑할 수 있게 된다.

우리가 이미 죽음에서 생명으로 옮겨갔다는 것을 우리는 압니다. 이것을 아는 것은 우리가 형제자매를 사랑하기 때문입니다. 사랑하지 않는 사람은 죽음에 머물러 있습니다(요한일서 3:14).
그 얼마나 아름답고 즐거운가! 형제자매가 어울려서 함께 사는 모습!(1절)

가슴 깊이 아로새길 말씀 아닌가!

괜찮습니다

누가 나를 위하여 일어나서 악인을 치며, 누가 나를 위하여 일어나서 행악자들을 대항할까? 주님께서 나를 돕지 아니하셨다면, 내 목숨은 벌써 적막한 곳으로 가 버렸을 것이다. 주님, 내가 미끄러진다고 생각할 때에는, 주님의 사랑이 나를 붙듭니다. 내 마음이 번거로울 때에는, 주님의 위로가 나를 달래 줍니다(시편 94:16-19).

생은 계속되어야 한다

—

살다 보면 기쁘고 신명난 일보다는 우울하고 맥 빠지는 일들이 많다. 비정규직 노동자가 늘어가고, 신용불량자도 늘어났다. 이구동성으로 '살기 힘들다'고들 말한다. 또 실제로 그런 것 같다. 하지만 실물경제의 어려움보다 더 심각한 것은 우리들 마음에 패배주의 혹은 무력감의 망령이 깃들어 있다는 사실이다. 그 때문인가? 광고에 등장하는 몇 가지 노래가 사람들의 마음을 파고든다. 낙심하여 어깨를 늘어뜨린 채 걷고 있는 벗을 안쓰러운 눈빛으로 바라보다가 그 앞에 썩 나서서 최민식이 부른 노래 기억하는가? "거치른 벌판으로 달려가자, 희망의 태양을 마시자." 그러고는 친구의 어깨를 감싸 안는다. 이 장면은 내가 본 영상 중 가장 진한 페이소스를 남긴 장면이다.

어린아이들이 송혜교와 함께 부르는 응원가도 있다. "아빠 힘내세요, 우리가 있잖아요~." 또 기운이 빠져 터덜터덜 걸어가는 남편 옆에서 짐짓 씩씩하게 걸어가면서 아내는 만화영화 〈캔디〉의 주제가를 부른다. "외로워도 슬퍼도~나는 안 울어~♬ 참고 참고 또 참지 울긴 왜 울어~♬." 홍승우 화백은 이 노래를 패러디해서 이 시대를 살아가는 어른들의 울고 싶은 심정을 표현했다. "외롭고~ 슬프면~나는 막 울어~♬ 참는 데도 한계가 있지 뭘 더 또 참아~♬." 울 땐 울더라도 눈물을 닦고 일어서서 우리는 걸어가야 한다. 어쨌든 생은 계속되어야 하니 말이다.

지관순이라는 이름을 기억하는가? 파주 문산여고 3학년에 재학중인 학생이었다. 이 학생은 어느 해인가 한국방송의 〈도전 골든벨〉에서 골든벨을 울렸다. 지관순 학생은 가정형편이 어려워 초등학교도 다니지 못했지만 결코 낙심하지 않았다. 검정고시로 중학교에 입학하고, 아르바이트를 하며 중고등학교를 다니면서 저녁이면 지병과 장애를 지닌 부모님과 함께 군부대 자투리땅을 빌려 오리를 키웠다. 그런 사연이 알려지자 많은 이들이 그를 역경을 극복한 소녀라고 추켜세웠다. 거기에 대해서 지관순 양은 "나는 가엽지도 대견하지도 않은 평범한 학생"이라며 "아직 역경을 경험한 적이 없고, 앞으로 극복해야 할 일이 더 많이 남았다"고 말했다. 지관순 양의 말은 작은 어려움 앞에서도 비명을 지르는 어른들을 부끄럽게 만든다.

"저는 지금까지 단 한 번도 제가 힘들게 살아왔다고 생각하지 않았어요. 그래서 지금까지 꿋꿋하게 살 수 있었고요. 하지만 사람들이 모두 저를 '힘들게 살아온 소녀'라고 말하면 저 자신마저 그 말을 믿어버릴 것 같아요. 그렇게 되면 지금껏 살아온 것처럼 씩씩하게 살지 못할 것 같아서, 그래서 두려워요."

'괜찮다'고 말하는 사람

—

지관순 학생은 아무리 어려운 일이 닥쳐와도 그것을 자기 인생의 최악의 순간이라고 생각하지 않았다. 어지간한 사람들 같으면 엄살을 떨만도 한 상황이지만 그는 씩씩하게 자기의 현실을 현실로 받아들인다. 울고 짠다고 형편이 달라질 것이 아니라면, 주어진 여건 속에서 최선을 다하려는 것이다. 그는 정신적으로 건강하기에 남과 비교하면서 자기 처지를 비관하지 않는다. 우리가 어려운 역경을 극복하기 위해서는 먼저 무너진 자기의 정신을 곧추세워야 한다. 인도의 성자 썬다 싱Sundar Singh은 여러 번 히말라야를 넘나들면서 복음을 전했다. 몸도 약한 그가 어떻게 그런 일을 할 수 있었는지를 물었을 때 그는 이렇게 대답했다.

"정신의 키를 산보다 높이면 어떤 산도 넘을 수 있습니다."

믿음이란 다른 것이 아니다. 저력底力이다. 남들이 다 포기하는 때에도 끝끝내 포기하지 않는 힘이다. 믿음의 사람들은 정신적으로 물러터질 수 없다. 그들은 남들보다 먼저 비명을 지르지 않는다. 그들은 모두가 큰일났다고 말할 때에도 '괜찮다'고 말하는 사람이다. 믿음이란 존재에의 용기courage to be다. 남과 비교하면서 괜히 우쭐거리거나 주눅들지 않고, 자기의 현실을 현실로 받아들이면서 자기가 할 수 있는 가장 아름다운 일을 해나가는 것이 믿음이다. 현실이 어둡다고 탓만 하기보다는 자기 스스로 작은 등불이라도 내거는 것이 믿음이다. 물론 현실을 보면 실망스러울 때가 많다. 시편의 시인도 무도한 이들이 하나님의 백성을 억압하는 현실을 보면서 이렇게 탄식한다.

> 누가 나를 위하여 일어나서 악인을 치며, 누가 나를 위하여 일어나서 행악자들을 대항할까?(16절)

하나님의 뜻을 시행하도록 힘을 위임 받은 이들이, 받은 권력으로서 자기 잇속이나 차리고 힘없는 사람들을 함부로 대하는 현실 속에서 경건한 사람은 누구나 탄식할 수밖에 없다. 하지만 그의 탄식은 절망으로 이어지지 않는다. 그는 절망할 수 없는 사람이다. 악인의 결말이 어떠할지가 그의 눈에 훤히 보이기 때문이다. 하나님을 믿는 사람은 눈에 보이는 대로 보지 않는다. 주님의 눈으로 세상을 본다. 그렇기에 외적인 현실에 매여 전전긍긍하지 않는다. 현실이 아무리 어려워도 낙심하지 않는다. 주님의 도우심을 확신하기 때문이다.

> 주님께서 나를 돕지 아니하셨다면, 내 목숨은 벌써 적막한 곳으로 가 버렸을 것이다(17절).

때때로 우리는 많은 어려움에 직면할 수 있다. 위험이 두려워 길을 떠나지 않는 사람은 이미 죽은 사람이다. 넘어지기를 두려워하면 자전거 타기를 배울 수 없다. 넘어지면 일어나면 되지 하는 마음을 가져야 한다. 어려움은 우리를 불편하게 만든다. 하지만 어려움이 없다면 삶의 비약은 일어나지 않는다. 개에게 쫓기는 닭을 본 적이 있는가? 짤막한 두 다리로 죽자 하고 달아나다가 거의 잡힐 지경이 되면 혼신의 힘을 다해 지붕 위로 날아오른다. 위기가 없다면 닭이 지붕에 오를 생각을 하겠는가? 우리가 어려움이 예기되는 미래 앞에서 주눅들지 않는 것은 하나님이 함께하심을 믿기 때문이다.

주님, 내가 미끄러진다고 생각할 때에는, 주님의 사랑이 나를 붙듭니다. 내 마음이 번거로울 때에는, 주님의 위로가 나를 달래 줍니다(18-19절).

기독교인들은 속에 든든한 반석을 마련하고 사는 사람들이다. 사람은 누군가의 사랑을 받고 있다는 사실을 아는 한 절망하지 않는다. 하물며 하나님의 인자하심이 우리를 붙들고 계심을 아는 사람이 어떻게 절망할 수 있겠는가?

우리 삶을 이끌어 가는 동력

—

모든 것이 잘 될 것이라는 헛된 말로 속이고 싶지 않다. 오히려 현실을 현실로 직면하자고 말하고 싶다. 하지만 우리가 하나님의 뜻대로 살려고 애쓰는 한 하나님은 결코 우리를 버리지 않으실 것이다. 이게 우리의 희망이다. 김달진 선생의 《山居日記》라는 책에서 본 구절이 생각난다. 대체로 이런 내용이다.

“비가 온다고 하여 뛰지 말아라. 뛰거나 걷거나 젖기는 마찬가지일 것이다. 천천히 걷다 보면 비애는 적을 것이다.”

공감이 일어나지 않는가? 이게 생의 지혜일 것이다. ‘힘들다’, ‘미치겠다’ 이런 말은 버리자. 오히려 ‘괜찮다’, ‘재미있다’, ‘신난다’ 이런 말을 즐겨 사용하라. 말은 어떤 의미에서 운명이다. 우리가 사용하는 말이 우리 삶을 결정한다. 힘들 때마다 지금까지 함께해 주신 주님의 인자하심을 기억하자. 그리고 무엇보다도 누군가의 이웃이 되어 주기 위해 최선을 다하자. 그의 부족한 부분은 말없이 채워 주고, 그가 잘한 것은 진심으로 기뻐하며 기려주자. 누군가를 위해 바친 물질과 시간 그리고 그 일을 위해 흘린 땀과 눈물을 하나님은 가장 귀한 예물로 받으실 것이다. 나눔과 섬김의 일에 동참하는 기쁨이 우리 삶을 이끌어 가는 동력이 되기를 바란다.

평화의 집에 머물라

내가 고난을 받을 때에 주님께 부르짖었더니, 주님께서 나에게 응답하여 주셨다. 주님, 사기꾼들과 기만자들에게서 내 생명을 구하여 주십시오. 너희, 사기꾼들아, 하나님이 너희에게 어떻게 하시겠느냐? 주님이 너희를 어떻게 벌하시겠느냐? 용사의 날카로운 화살과 싸리나무 숯불로 벌하실 것이다! 괴롭구나! 너희와 함께 사는 것이 메섹 사람의 손에서 나그네로 사는 것이나 다름없구나. 게달 사람의 천막에서 더부살이 하는 것이나 다름없구나. 내가 지금까지 너무나도 오랫동안, 평화를 싫어하는 사람들과 더불어 살아왔구나. 나는 평화를 사랑하는 사람이다. 그러나 내가 평화를 말할 때에, 그들은 전쟁을 생각한다(시편 120:1-7).

난폭한 세상

—

세상이 참 시끄럽다. 사람살이의 마당에서 고요함을 찾기란 여간 어려운 일이 아니다. 신문을 보고, 방송을 보면 내적인 에너지가 슬그머니 사그러드는 것을 느낀다. 세상이 온통 어둠 속으로 빨려 들어가고 있는 것 같다. 아름답고 멋진 일들은 보이지 않고, 추하고 험한 일들만 도드라진다. 9시 종합 뉴스를 볼 때마다 나는 성경이 말하는 말세의 징조 종합판을 보는 듯한 느낌을 받는다.

> 사람들은 자기를 사랑하고, 돈을 사랑하며, 뽐내며, 교만하며, 하나님을 모독하며, 부모에게 순종하지 아니하며, 감사할 줄 모르며, 불경스러우며, 무정하며, 원한을 풀지 아니하며, 비방하며, 절제가 없으며, 난폭하며, 선을 좋아하지 아니하며, 배신하며, 무모하며, 자만하며, 하나님보다 쾌락을 더 사랑하며, 겉으로는 경건하게 보이나, 경건함의 능력은 부인할 것입니다(디모데후서 3:2-5).

바울 사도는 디모데에게 "이런 사람들을 멀리하라"고 권한다. 내 마음에 방점을 친 것처럼 다가오는 것은 '난폭하며'라는 단어이다. 참 세상이 난폭해졌다. 하루하루 무고하게 살아가는 게 기적처럼 여겨질 정도이다. 우리는 서로에게 선물이 되도록 부름 받은 존재들이다. 그런데 우리는 함께 살아가야 할 사람들의 허물을 들추어 내고, 상처를 덧내고, 인간적인 모멸감을 안겨 주는 일이 많다. 성경이 말하는 타락이 바로 이런 게 아니겠는가? 도덕적인 지탄의 대상이 되는 것도 타락이지만, 사랑의 능력을 잃어버린 것이야말로 더 근본적인 타락일 것이다.

전도자는 "만물이 다 지쳐 있음을 사람이 말로 다 나타낼 수 없도다. 눈은 보아도 만족하지 않으며 귀는 들어도 차지 않는다"(전도서 1:8)고 했다. 이 심정이 이해가 된다. 왜 이 지경이 되었을까? 삶이 선물임을 잊어버렸기 때문이다. 현대인들은 삶을 전쟁으로 인식한다. 이러니 마음은 늘 바쁘고, 숨은 가빠지고, 얼굴은 점점 굳어진다. 삶이 전쟁이 되는 순간 패배에 대한 두려움이 우리 의식을 억누르기 시작한다. '두려움', 이것은 사탄이 제일 좋아하는 것이다. 두려움은 우리가 다른 이들과 내남없이 소통하는 것을 불가능하게 한다. 이렇게 되면 우리 삶은 이런 말로 요약될 수 있을 것이다. 안절부절, 까다로움, 불안과 공포, 조급함, 시기… 이렇게 되면 인생 그 자체가 비극이다. 밤낮으로 바빠서 쉴 틈조차 없지만, 마음은 절대로 '이제 됐다'고 말하지 않는다.

시편의 시인도 우리가 사는 것과 비슷한 생의 조건 가운데 살고 있다. 거짓말과 속임수가 넘치는 세상에서 그는 지쳤다. 그래서 그는 그런 이들 틈에서 사는 것이 마치 '메섹 사람의 손에서 나그네로 사는 것이나 다름없고', '게달 사람의 천막에서 더부살이하는 것이나 다름없다'고 탄식한다. '메섹 사람'과 '게달 사람'은 전쟁을 상징하는 민족들의 이름이다. 시인은 내가 너무 오랫동안, 평화를 싫어하는 사람들과 더불어 살아왔다고 반성하고 있다. 우리도 이런 형편이 아닌가? 그렇다면 이제 평화를 사랑하는 이들의 집으로 들어가야 한다. 우리는 이 시를 통해 평화를 추구하는 우리에게 주어진 몇 가지 희망의 단초를 발견할 수 있다.

평화 운동의 기초: 기도

—

첫째, 기도할 수 있음이 희망이다. 평화를 위해 일하는 사람들에게 가장 중요한 것은 기도하는 것이다. 기도는 모든 평화 만들기의 시작이자 핵심이다. 기도를 드린다는 것은 평화를 싫어하는 이들의 집에서 빠져나와 평화를 사랑하는 분의 집으로 들어감을 의미한다. 예수님은 분주한 삶을 사셨음에도 불구하고, 한적한 곳을 찾아가 하나님 앞에 엎드리는 일을 게을리 하지 않았다. 종교적인 의무이기 때문이 아니다. 기도하지 않으면 영혼이 길을 잃을 수도 있음을 아셨기 때문이다. 하늘로부터 오는 능력을 공급받지 않고는 사랑의 사역을 감당할 수 없음을 아셨기 때문이다. 무릎 꿇음이 없이는 평화의 일꾼이 될 수 없다. 제아무리 선한 뜻을 가지고 있다 해도 우리는 세상에서 상처받고, 모욕을 당할 때가 있다. 그러면 우리 마음에 원망이 생기고, 그 원망은 내적인 에너지를 고갈시킨다. 그럴 때일수록 하나님 앞에 엎드려야 한다. 엎드릴 때 우리는 내가 누구인지를 확인하게 되고, 세상이 뭐라 해도 내가 하나님의 사랑 가운데 있음을 절감하게 된다.

우리가 기도해야 하는 까닭은 또 있다. 그것은 나 자신으로부터 해방되기 위해서다. 우리는 작은 선행에 도취될 때가 많다. 우리는 누군가를 위로하기 위해 시간을 내고, 어려운 사람을 돕기 위해 돈을 내고, 이웃을 돕기 위해 땀을 흘리기도 한다. 참 귀한 일이다. 그런데 문제가 있다. 우리는 인정과 칭찬을 기대한다. 그게 사람이다. 아니, 이렇게 객관적으로 말할 게 아니다. 그게 바로 우리이고, 나이다. 우리에게는 또 중심이 되려는 욕망이 있다. 어떤 이들의 아름다운 실천에 동참하고 연대하는 것으로는 성이 차지 않아서 기어코 자기가 중심이 되려는 사람들이 꼭 있다. 이런 마음을 극복하기 위해서라도 우리는 기도해야 한다.

우리가 갈등과 미움이 끊이지 않는 세상의 문제를 붙들고 하나님 앞에 엎드려 기도할 때, 우리는 평화를 위한 투신이 나의 싸움이 아니라 그리스도의 싸움임을 알게 된다. 이 사실을 알고 나면 눈에 보이는 결과가 없다고 하여 절망하지 않게 된다. 내가 지쳐 쓰러져도 하나님의 희망은 사라질 수 없음을 믿기 때문이다. 예수님은 두려워하는 제자들에게 말씀하셨다.

아버지께서 나와 함께 계시니, 나는 혼자 있는 것이 아니다. 내가 이것을 너희에게 말한 것은, 너희가 내 안에서 평화를 얻게 하려는 것이다. 너희는 세상에서 환난을 당할 것이다. 그러나 용기를 내어라. 내가 세상을 이겼다(요한복음 16:32-33).

평화를 사랑하는 자들의 저항

—

둘째, 평화의 일꾼들은 그릇된 세상에 저항해야 한다. 모세는 두려웠지만 바로 앞에 서서 "내 백성 이스라엘을 해방하라"는 하나님의 요구를 전했다. 초기의 복음 전파자들은 "세상을 소란하게 한 그 사람들"(사도행전 17:6)이라는 비판을 받았다. 우리는 기존 질서에 대해서 침묵의 동조자로 부름받은 것이 아니라, 하나님의 뜻을 따라 세상을 변혁하는 변혁의 누룩으로 부름받았다. 인류를 멸절시킬 수 있는 핵무기의 확산에 대해 '아니오'라고 말해야 한다. 전쟁과 공포를 가지고 세계를 지배하려는 이들의 음모에 대해서 '아니오'라고 말해야 한다. 생명의 존엄성을 인정하지 않는 발전 이데올로기에 대해서 '아니오'라고 말해야 한다. 그러나 두려워하는 사람들은 '아니오'라고 말할 수 없다. 자기를 지키려는 이들, 편안함을 구하는 이들은 이 소명을 받아들이지 못한다. 주님은 당신을 따르려는 사람들에게 "자기를 부인하고 자기 십자가를 지고 나를 따르라"(마태복음 16:24)고 하셨다. 세상에 대해 죽은 사람만이 평화를 만들 수 있다.

평화를 위해 일하는 사람들은 부드러운 사람이어야 한다. 평화를 추구하는 이의 마음이 굳어 있고, 말이 거칠고, 표정이 험악할 수는 없는 노릇이다. 마하트마 간디는 인도의 독립을 위해 영국에 맞서 싸우면서도 저녁이면 물레를 돌렸다. 예수님은 풍랑이 이는 바다 위에서 고요히 잠들어 계셨다. 이런 부드러움과 고요함이 사람의 마음을 움직인다. 80년대에 필리핀 민주화 운동이 벌어졌을 때 사람들은 군인들의 총구에다가 장미꽃을 꽂아주었다. 우리는 너무 대결하는 일에 익숙하다. 바울 사도는 성도들끼리 사회 법정에 세우는 현실을 보면서 이렇게 탄식한다.

왜 차라리 불의를 당해 주지 못합니까? 왜 차라리 속아 주지 못합니까?(고린도전서 6:7)

이 말씀을 어떻게 적용해야 할 지 모르겠지만, 이 마음으로 사는 사람이야말로 평화를 만드는 사람일 것이다. 시편의 시인은 다소 격앙되어 있다.

너희, 사기꾼들아, 하나님이 너희에게 어떻게 하시겠느냐? 주님이 너희를 어떻게 벌하시겠느냐? 용사의 날카로운 화살과 싸리나무 숯불로 벌하실 것이다!(3-4절)

저주처럼 들리는 이 말은 사납고 거친 현실에 대한 시인의 절절한 아픔을 드러내고 있다. 하지만 우리는 여기서 한 걸음 더 나아가야 한다.

아버지, 저 사람들을 용서하여 주십시오. 저 사람들은 자기네가 무슨 일을 하는지를 알지 못합니다(누가복음 23:34).

미워하고 탄식하는 것은 누구나 할 수 있다. 하지만 용서하고, 일으켜 세우는 것은 영적으로 해방된 사람만이 할 수 있다. 평화의 일꾼들은 '아니오'라고만 말하는 사람이 아니다. 세상을 새롭게 하시려는 하나님의 꿈에 대해 '예'라고 말해야 한다. 우리 눈에 잘 보이지는 않아도 세상에는 참 좋은 사람들이 많다. 어려운 사람들에게 다가가 그들을 일으켜 세우고, 지지하고, 북돋고, 벗이 되어 주는 사람들이 많다. 그들이 있어 세상은 여전히 살 만하다. 우리는 모두 그런 아름다운 생명의 축제에 초대 받은 사람들이다.

평화 공동체 만들기

—

셋째, 평화의 일꾼은 평화 공동체를 만들고 그 속에 머물러야 한다. 그리스도의 평화라는 꿈을 공유하면서, 그 꿈을 이루기 위해 노력하는 이들의 공동체 속에 머물 때 우리는 평화의 일꾼이 될 수 있다. 시인은 평화를 싫어하는 사람들과 너무 오랫동안 더불어 살아왔다고 탄식한다. 그것은 우리도 마찬가지다. 경쟁의 논리가 지배하는 세상에 살면서 우리 마음은 거칠대로 거칠어졌다. 너무 늦기 전에 우리 영혼을 고쳐 주실 이에게 돌아가야 한다.

그리고 평화로운 세상에 대한 희망을 공유하면서 하나님의 꿈을 이루기 위해 애쓰는 이들과 연대해야 한다. 홀로는 할 수 없는 일도 함께라면 할 수 있다. 물방울 하나하나는 약하지만 함께 만나면 폭포가 될 수 있다. 누구와 많은 시간을 보내느냐가 우리 생의 방향을 결정한다. 돈만 따라다니는 이와 자주 만나면 얼마 지나지 않아 스스로 가난하다는 생각이 들어 비참해진다. 아이들 과외 공부에 열을 올리는 엄마를 자주 만나다 보면 내 아이만 뒤떨어지는 것 같아 불안해진다. 평화의 새 세상을 열기 위해 노력하는 이들과 함께 지내야 한다. 히브리의 시인은 이렇게 노래한다.

> 나더러 주님에 대해 말하라면 '하나님은 나의 주님, 주님을 떠나서는 내게 행복이 없다' 하겠습니다. 땅에 사는 성도들에 관해 말하라면 '성도들은 존귀한 사람들이요, 나의 기쁨이다' 하겠습니다(시편 16:2-3).

평화를 사랑하는 이들과 더불어 살아가는 것이 우리의 기쁨이다. 분명히 알아둘 것은 평화를 위해 일하지 않고 그리스도인이 될 수 있는 길은 없다는 것이다. 생명이 넘실대는 평화의 새 세상을 열기 위해 헌신할 때 우리는 살아 있음의 기쁨을 맛보게 될 것이다. 욕망과 욕망이 충돌하면서 빚어내는 굉음으로 우리 영혼이 소란스럽지만, 우리는 그 너머로 들려오는 하늘의 노랫소리를 듣는다. "땅에서는 주님께서 좋아하시는 사람들에게 평화로다."

순례길에 오른 사람들

만군의 주님, 주님이 계신 곳이 얼마나 사랑스러운지요. 내 영혼이 주님의 궁전 뜰을 그리워하고 사모합니다. 내 마음도 이 몸도, 살아계신 하나님께 기쁨의 노래 부릅니다. 만군의 주님, 나의 왕, 나의 하나님, 참새도 주님의 제단 곁에서 제 집을 짓고, 제비도 새끼 칠 보금자리를 얻습니다. 주님의 집에 사는 사람들은 복됩니다. 그들은 영원토록 주님을 찬양합니다. 주님께서 주시는 힘을 얻고, 마음이 이미 시온의 순례길에 오른 사람들은 복이 있습니다. 그들이 '눈물 골짜기'를 지나갈 때에, 샘물이 솟아서 마실 것입니다. 가을비도 샘물을 가득 채울 것입니다. 그들은 힘을 얻고 더 얻으며 올라가서, 시온에서 하나님을 우러러뵐 것입니다. 주 만군의 하나님, 나의 기도를 들어 주십시오. 야곱의 하나님, 귀를 기울여 주십시오. 우리의 방패이신 하나님, 주님께서 기름을 부어 주신 사람을 돌보아 주십시오. 주님의 집 뜰 안에서 지내는 하루가 다른 곳에서 지내는 천 날보다 낫기에, 악인의 장막에서 살기보다는, 하나님의 집 문지기로 있는 것이 더 좋습니다. 주 하나님은 태양과 방패이시기에, 주님께서는 은혜와 영예를 내려 주시며, 정직한 사람에게 좋은 것을 아낌없이 내려 주십니다. 만군의 주님, 주님을 신뢰하는 사람에게 복이 있습니다(시편 84:1-12).

삶은 순례이다. 순례의 사전적 정의는 '교상의 성지나 의미 있는 곳을 찾아다니며 참배함'이다. 하지만 참된 의미의 순례는 특정한 장소를 찾는 것만이 아니라 우리 마음의 중심을 찾아가는 일체의 행위라고 말할 수 있다. 비틀거리던 팽이도 중심을 찾는 순간 마치 정지한 듯 고요하게 보인다. 우리 삶이 말할 수 없이 곤고한 것은 그 하나의 중심을 얻지 못했기 때문이다. 마음의 초점을 바로 하기 위해 우리 마음을 자꾸만 하나님께 비끄러매는 것이 신앙생활이다. 우리의 삶이 그 중심을 향한 나아감이 되었으면 좋겠다.

하나님에 대한 그리움이야말로 믿음의 뿌리

—

젊은 시절 교회에 나간 지 얼마 되지 않았을 때 두 개의 찬양이 내 마음을 사로잡았다. 하나는 '어지신 목자'이고, 다른 하나는 '순례자의 노래'였다.

> "저 멀리 뵈는 나의 시온성 오 거룩한 곳 아버지 집/내 사모하는 집에 가고자 한 밤을 새웠네/저 망망한 바다 위에 이 몸이 상할지라도/오늘은 이곳 내일은 저곳 주 복음 전하리."

이 노래는 세상 어디든 가서 복음을 전하겠다는 다짐이지만 가사 내용보다는 '순례자의 노래'라는 제목과 아득하게 전개되는 멜로디에 더 사로잡혔던 것 같다. 생각해 보면 삶이 아득하고 막막하다고 느꼈던 20대 중반의 도저한 허무주의도 한 몫 한 것 같다.

고향을 찾아가는 이들의 발걸음이 그러한 것처럼 가야 할 곳을 알고 가는 사람의 발걸음은 가든한 법이다. 시편 84편은 대표적인 순례자의 시편이다. 지금 시인은 하나님의 집을 향해 나아가고 있다. 그는 들떠 있다. 가슴에 차오르는 감흥을 주체할 수 없어 노래한다.

만군의 주님, 주님이 계신 곳이 얼마나 사랑스러운지요(1절).

'주님이 계신 곳'은 물론 성전을 이르는 말이지만, 그렇다고 해서 주님이 성전에만 머문다는 말로 받아들일 필요는 없다. 하나님은 어디에나 계신다. 안 계신 곳이 없으시다. 우리 이웃의 얼굴에도 계시고, 꽃 한 송이, 나무 한 그루, 흩날리는 눈송이 속에도 계신다. 하지만 우리의 눈과 마음은 그 신비를 알아차리지 못한다. 그래서 가끔은 하나님과의 약속을 상기시키는 장소에 가야 할 때가 있다. 성전은 그런 곳이다. 시인이 어디에 사는 누구인지는 알 수 없다. 그러나 분명한 것은 그가 마음의 중심을 찾는 이라는 사실이다. 그는 하나님께 소망을 두고 사는 사람이다.

내 영혼이 주님의 궁전 뜰을 그리워하고 사모합니다. 내 마음도 이 몸도, 살아계신 하나님께 기쁨의 노래 부릅니다(2절).

하나님에 대한 그리움이야말로 믿음의 뿌리이다. 보고 싶어 그리는 마음은 의도하지 않아도 저절로 일어나는 마음이다. 우리에게 이 마음이 있는가? 시인은 영혼, 마음, 몸 전체가 하나님을 향한 그리움에 타오르고 있다. 정교회의 나라인 조지아Georgia의 사메바 교회에서 만난 한 광경이 떠오른다. 예배당은 거룩한 열기로 가득 차 있었다. 이콘 앞에 촛불을 밝히는 사람들도 있었고, 이콘에 입을 맞추고 십자성호를 긋는 이들도 있었다. 기둥 옆에 붙어 서서 중얼중얼 성경을 읽는 이들도 있었다. 그 공간을 가득 채우고 있던 것은 성경을 낭독하는 사제의 낮은 목소리였다. 그런데 그 낭독대 앞에 한 여인이 서 있었다. 그는 혼신의 힘으로 말씀에 귀를 기울이고 있었다. 온 몸이 귀가 되어 말씀을 듣는 그분의 모습을 보면서 나는 인간의 몸짓이 그리도 간절할 수 있다는 사실에 울컥해졌다. 시편 84편의 시인도 하나님에 대한 그런 그리움에 사무쳐 있다.

복 있는 사람

—

그는 하나님을 가리키는 말을 세 번씩이나 반복한다. '만군의 주님, 나의 왕, 나의 하나님.' 시인은 당신의 백성들을 돌보시고 버리지 않으시는 하나님 생각에 감동하고 있다. 하나님은 사람뿐 아니라 참새나 제비의 생명까지도 품어 안는 따뜻한 품이시다. 하나님에 대한 그리움에 사로잡힌 시인은 누가 복 있는 사람인지 보여준다.

주님의 집에 사는 사람들은 복됩니다(4절).

주님의 집에 사는 사람이 복된 것은 그들이 영원토록 주님을 찬양할 수 있기 때문이다. 하지만 정말 그럴까? 모처럼 산을 찾는 이들은 그 장엄한 경치에 감탄하지만 산 아래 마을에 사는 이들은 산을 잘 바라보지 않는 법이다. 습관이 된 신앙생활에는 감격이 없다. 오스트리아의 심리학자인 빅터 프랭클Viktor Frankl의 《죽음의 수용소에서》에 나오는 한 대목이 떠오른다. 수감자들은 강제노역장으로 가는 트럭 위에서 몰래 목소리를 낮춰 하나님께 예배드릴 때 큰 감동을 느꼈다고 한다. 그리움이 없으면 감동도 없다. 직분을 맡은 이들이 경계해야 하는 것은 타성화된 헌신이다. 맡겨진 일을 처리해야 할 일거리로 받아들이는 한 기쁨은 없다. 맡겨진 일을 하나님께 바치는 예배로 생각해야 한다. 기쁨과 감격이 없으면 당분간은 그 일로부터 벗어나는 게 좋다. 헌신의 자리가 의무의 지옥이 되어서는 안 되니 말이다.

> 주님께서 주시는 힘을 얻고, 마음이 이미 시온의 순례길에 오른 사람들은 복이 있습니다(5절).

이 말을 좀 바꾸어 보면 자기 삶을 하나님을 향한 순례로 이해하고 자꾸만 우리를 붙드는 옛 삶을 청산하고 앞으로 나가는 사람이 복이 있다는 말이다. 우리는 대개 어딘가에 묶인 채 살아간다. 아브라함의 경우 그것은 '본토, 친척, 아버지 집'으로 표상되었다. 요한의 말로 하면 '육체의 욕망, 눈의 욕망, 세상 살림에 대한 자랑'(요한일서 2:16)이다. 우리의 경우 여기에 이 덧거친 세상을 사는 동안 몸과 마음에 밴 버릇 혹은 과도하게 부푼 욕망을 더해야 할 것이다. 성 어거스틴은 우리가 어떻게 죄의 종이 되었는지를 간결한 말로 드러내 보여준다.

> "삿된 마음에서 육욕이 생기고, 육욕을 따르다 보면 버릇이 생기고, 버릇을 끊지 못하면 필연이 생기게 되는 것이옵니다"(《고백록》. 최민순 번역, 제8권 4장).

우리는 자유롭다고 생각하지만 실은 종살이를 하고 있는 것인지도 모른다. 어거스틴은 악의 버릇에서 벗어나려고 발버둥쳐 보았지만 몸에 익지 않는 선보다 버릇이 된 악이 오히려 더 셌다고 말한다.

"내가 사귀어오던 옛날의 헛된 일, 어리석은 일들이 내 육체의 옷자락을 붙들고 소곤대는 것이었습니다. '우릴 버리고 갈텐가?' 또 '이제부터 그대와 있기는 영원히 그만이란 말이지?' '이제부턴 이것도 저것도 영영 그대에겐 당치 않단 말인가?'"(위의 책, 제8권 11장)

자꾸만 옛 삶에 속한 것들과 이별해야 한다. 그래야 시온의 길이 열린다. 우리 마음에 있는 시온의 대로는 오랫동안 걷지 않는 탓에 잡풀이 우거지고, 비바람에 움푹 패인 곳이 많다. 이제 풀은 베어내고 패인 곳은 메워야 한다. 하나님을 향한 그리움이 이 일을 가능하게 한다.

시련을 넘어

—

시온의 대로를 걷는 이라고 해서 시련이 없는 것은 아니다. 하지만 시련은 걸림돌이 아니라 디딤돌이 된다.

그들이 '눈물 골짜기'를 지나갈 때에, 샘물이 솟아서 마실 것입니다. 가을비도 샘물을 가득 채울 것입니다. 그들은 힘을 얻고 더 얻으며 올라가서, 시온에서 하나님을 우러러뵐 것입니다(6-7절).

시인은 우리 삶이 시련과 비애의 현장임을 도외시하지 않는다. 그러나 메마른 골짜기에서도 샘물은 솟아나게 마련이다. 신 광야를 떠나 르비딤에 진을 쳤던 출애굽 공동체는 물이 없어 절망에 빠졌다. 백성들은 모세를 원망했고 원망의 마음이 폭력으로 치달을 절체절명의 순간까지 내몰렸다. 모세가 하나님께 부르짖자 호렙 산 바위에서 물이 솟아나왔다. 메마름의 시간을 잘 견디면 가을비가 내려 마른 대지를 적셔 줄 것이다. 오늘의 삶의 조건이 힘겹다고 낙심하지 말자. 하나님 없이 문제를 해결하려 하지 말자. 이사야 선지자는 하나님의 사랑을 이렇게 확언한다.

> 어머니가 어찌 제 젖먹이를 잊겠으며, 제 태에서 낳은 아들을 어찌 긍휼히 여기지 않겠느냐! 비록 어머니가 자식을 잊는다 하여도, 나는 절대로 너를 잊지 않겠다. 보아라, 예루살렘아, 내가 네 이름을 내 손바닥에 새겼고, 네 성벽을 늘 지켜보고 있다(이사야 49:15-16).

그렇기에 우리는 하나님께 기도할 수 있다. 하나님은 당신을 신뢰하는 이들의 기도를 들으시고 응답하신다. 우리가 기도할 때 주님은 우리가 필요로 하는 것을 주시기도 하시지만 당신 자신을 우리에게 주신다. 그때 우리는 환난과 시련을 넉넉히 이겨 낼 수 있다. 바울 사도는 그래서 믿는 이들은 환난을 자랑한다고 말한다.

> 환난은 인내력을 낳고, 인내력은 단련된 인격을 낳고, 단련된 인격은 희망을 낳는 줄을 알고 있기 때문입니다(로마서 5:3-4).

믿는 이들에게도 환난은 쓰라린 것이지만 그것은 좌절로 귀착되는 것이 아니라 희망을 지향한다. 주님의 영이 우리와 함께 하실 때 가능한 일이다. 이런 경험이 반복되면 우리도 시인처럼 말할 수 있다.

주님의 집 뜰 안에서 지내는 하루가 다른 곳에서 지내는 천 날보다 낫기에, 악인의 장막에서 살기보다는, 하나님의 집 문지기로 있는 것이 더 좋습니다(10절).

주님의 '집 뜰'을 주님의 '현존'으로 이해하면 좋을 것이다. 비록 소박할지라도 주님을 모시고 살아가는 삶이 악인들과 어울려 호의호식하며 사는 것보다 더 낫다. 믿음의 사람들은 이 점에서 좀 단단해져야 한다. 믿음의 사람들은 믿지 않는 이들과는 좀 다른 삶의 문법을 가지고 살아야 한다. 하나님의 마음에 우리 마음을 조율하며 살 때 우리는 세상이 주는 것과 같지 않은 자유와 평화를 누릴 수 있다. 그렇게 살아야 세상을 꾸짖을 수 있는 내적 힘이 생긴다. 오늘의 개신교회가 힘을 잃은 것은 신자들이 하나님의 뜻이 아닌 세상의 기준에 따라 자기 삶을 조율하기 때문이다.

시인 정호승은 〈낙타〉라는 시에서 "먼 산을 바라볼 때가 길 떠날 때"라고 말한다. "낙타도 먼 길을 가기 위해서는/먼저 무릎을 꿇고 사막을 바라본다/낙타도 사막의 길을 가다가/밤이 깊으면/먼저 무릎을 꿇고/찬란한 별들을 바라본다"는 것이다. 우리가 걸어가야 할 세상은 사막과도 같은 현실이다. 주님 앞에 자꾸만 무릎을 꿇지 않을 수 없는 것은 그 때문이다. 무릎을 꿇고 먼 곳을 바라보아야 현실에서 길을 잃지 않을 수 있다. 세상이 어두울수록 별처럼 세상을 밝혔던 믿음의 사람들을 바라보아야 한다. 우리들의 신앙의 여정이 하나님의 마음을 향한 중단 없는 순례가 되기를 원한다. 가다가 넘어질 수도 있지만 다시 일어나면 된다. 우리 곁에서 걷고 있는 이들이 우리 손을 잡아줄 것이다. 주님을 신뢰하는 사람에게 주어지는 복이 우리 가운데 넘치기를 빈다. 또한 우리의 존재가 하나님의 현존의 증거가 되기를 기원한다.

주님께서 다스리신다

새 노래로 주님께 노래하여라. 온 땅아, 주님께 노래하여라. 주님께 노래하며, 그 이름에 영광을 돌려라. 그의 구원을 날마다 전하여라. 그의 영광을 만국에 알리고 그가 일으키신 기적을 만민에게 알려라. 주님은 위대하시니, 그지없이 찬양 받으실 분이시다. 어떤 신들보다 더 두려워해야 할 분이시다. 만방의 모든 백성이 만든 신은 헛된 우상이지만, 주님은 하늘을 지으신 분이시다. 주님 앞에는 위엄과 영광이 있고, 주님의 성소에는 권능과 아름다움이 있다. 만방의 민족들이, 주님을 찬양하여라. 주님의 영광과 권능을 찬양하여라. 주님의 이름에 어울리는 영광을 주님께 돌려라. 예물을 들고, 성전 뜰로 들어가거라. 거룩한 옷을 입고, 주님께 경배하여라. 온 땅아, 그 앞에서 떨어라. 모든 나라에 이르기를 "주님께서 다스리시니, 세계는 굳게 서서, 흔들리지 않는다. 주님이 만민을 공정하게 판결하신다" 하여라. 하늘은 즐거워하고, 땅은 기뻐 외치며, 바다와 거기에 가득 찬 것들도 다 크게 외쳐라. 들과 거기에 있는 모든 것도 다 기뻐하며 뛰어라. 그러면 숲 속의 나무들도 모두 즐거이 노래할 것이다. 주님이 오실 것이니, 주님께서 땅을 심판하러 오실 것이니, 주님은 정의로 세상을 심판하시며, 그의 진실하심으로 뭇 백성을 다스리실 것이다(시편 96:1-13).

깨어나라, 너 잠자는 자여

—

어거스틴Augustine은 우리에게 있는 시간은 오직 '현재' 밖에 없다고 말한다. 그는 과거를 기억으로 존재하는 현재라고 말하고, 미래는 기대로 존재하는 현재라고 말한다. 현재는 기억과 기대를 품은 직관으로 존재한다는 것이다. 말이 어렵지만 그가 하고자 하는 말은 지금을 영원처럼 살아야 한다는 말이리라. 죽음 이후에 이어질 영생이 아니라 지금 여기서 영생을 살라는 말이다. 하루하루 살기도 바쁜 처지에 뜬구름을 잡는 말처럼 들릴 수도 있겠다. 하지만 현대인들의 가장 큰 비애는 영원의 감각을 잊고 산다는 것이다. 사탄은 '다른 세상'을 상상하지 못하도록 우리를 현실 논리에 꼭 붙들어 매두려 한다. 우리에게 필요한 것은 온 우주의 창조주이신 하나님 앞에서 우리 삶의 근본을 살피는 일이다.

시편 96편은 유대인들의 신년 축제인 로쉬 하샤나 때 낭독되는 시 가운데 하나다. 이 날 유대인들은 쇼파(나팔)를 불어 사람들을 하나님의 현존 앞으로 불러 세운다. 나팔 소리가 들려오면 사람들은 하나님과 맺은 언약을 기억하고, 지금도 지속되고 있는 하나님의 주권을 인정하고, 하나님의 약속이 실현되리라는 기대를 드러낸다. 20세기의 유대 철학자 마이마너디는 뿔 나팔 소리가 상기시키는 것을 이렇게 표현했다.

"깨어나라, 너 잠자는 자여, 너의 창조자를 기억하고 회개하라. 그림자를 사냥하는 사람이 되지 말며 공허한 것을 찾느라 인생을 소비하는 자가 되지 말라. 너의 영혼을 들여다보라. 너의 악한 방법과 생각에서 떠나고 하나님께 돌아오라. 그리하면 하나님께서 너를 긍휼히 여기시리라"(변순복, 《변순복과 함께 하는 성경 속의 절기를 찾아 떠나는 여행》, 221쪽).

새 노래

—

허무한 그림자를 사냥하고, 허망한 것을 따르느라 생을 탕진하던 습속의 삶에서 벗어나 창조주 하나님께로 돌아서는 전환점이 되어야 한다. 돌이킴이 없다면 시간은 우리에게 공포심이나 허무의식을 심어줄 뿐이다. 시의 화자는 온 땅을 주님을 찬양하는 자리에 초대하고 있다. 성도들은 새 노래를 부르며 주님 앞에 나아가야 한다. 성경에서 '새 노래'는 새롭게 만들어진 노래가 아니라 하나님의 구원하심에 대한 새로운 자각을 일컫는 말이다. 신앙생활은 어제 먹던 찬밥을 데워 먹는 것이 아니다. 늘 새로운 감격과 감동이 있어야 한다. 감사는 생각에서 나온다. 깊이 생각해 보면 오늘 우리가 누리고 있는 것들 가운데 당연한 것은 아무것도 없다. 우리는 우리가 만들지도 않은 것을 누리고 살고 있고, 누군가의 호의와 돌봄 덕분에 살고 있다. 그런데 그 모든 일들을 거슬러올라가 보면 하나님의 변함없는 사랑이 있다. 우리는 그 사랑 덕분에 살아간다.

눈을 뜨면 보인다. 하지만 너무나 많은 이들이 눈을 감고 살아간다. 눈을 뜬 이들은 그렇기에 새 노래로 주님을 찬양하지 않을 수 없다. 감사와 감격을 가지고 주님 앞에 나아가는 이들에게 요구되는 것은 무엇일까?

1절부터 3절 사이에는 명령형으로 되어 있는 단어가 일곱 번 등장한다. '노래하여라'가 세 번, '영광을 돌려라', '구원을 날마다 전하여라', '영광을 만국에 알려라', '기적을 만민에게 알려라' 등이 각각 한 번이다. 명령형 동사의 반복은 노래를 부르는 이들의 감정을 고양시키는 역할을 하는 동시에, 그들의 영혼을 확고히 하나님께 비끄러매는 역할을 한다.

우리가 부르는 노래가 우리의 삶이 된다. 젊은이들 사이에서 즐겨 소비되는 노래를 보면 그 시대가 보인다. 댄스, 발라드, 힙합, 랩 음악 속에는 그 시대를 바라보는 이들의 시선이 오롯이 담겨 있다. 사랑과 이별을 기반으로 하는 애상의 정서, 기존 질서에 대한 막연한 저항과 분노, 욕망을 서로에게 투사하는 곡들이 차고 넘친다. 대중가요를 전혀 알지 못하는 내가 평가할 일은 아니지만 조금은 더 건강한 노래가 불렸으면 좋겠다. 물론 권위주의 시대에 음반에 한 곡씩 넣어야 했던 소위 건전가요를 말하는 것은 아니다.

시편 96편의 시인은 땅에 살고 있지만 자꾸만 하늘을 바라보자고 말한다. 고대 세계의 뱃사람들이 북극성을 바라보며 자기의 항로를 살폈던 것처럼 하늘을 준거점으로 삼을 때 오늘의 삶을 의미 있게 살아낼 수 있다는 것이다. 시인에게 주님은 어떤 분일까?

> 주님은 위대하시니, 그지없이 찬양 받으실 분이시다. 어떤 신들보다 더 두려워해야 할 분이시다. 만방의 모든 백성이 만든 신은 헛된 우상이지만, 주님은 하늘을 지으신 분이시다. 주님 앞에는 위엄과 영광이 있고, 주님의 성소에는 권능과 아름다움이 있다(4-6절).

주님은 하늘과 땅을 지으신 분이시다. 시인은 '만방의 모든 백성이 만든 신은 헛된 우상'이라고 말한다. 매우 배타적인 인식처럼 보인다. 하지만 참 하나님과 우상의 차이를 생각해 보면 이런 말이 그른 말이 아니라는 사실을 알 수 있다. 하나님은 모든 존재를 있게 하신 분이시다. 우상은 그 존재 가운데 일부일 뿐이다. 하나님은 당신이 만드신 피조물들을 돌보시기 위해 기꺼이 당신을 선물로 내주신다. 우상은 자기 앞에 엎드리는 이들에게 많은 것을 요구한다. 하나님은 가장 낮은 자리에서 살아가는 이들을 돌보고 구원하기 위해 움직이신다. 우상은 이미 많은 것을 누리고 사는 이들을 지키는 일에 동원된다. 오직 하나님께만 위엄과 영광, 권능과 아름다움이 있다. 우리가 그 하나님께 잇대어 살아간다면 우리 삶 또한 그렇게 든든하고 아름다워질 것이다.

찬양으로의 초대

—

시인은 이제 모든 민족들을 찬양의 자리에 초대한다. 그는 편협한 민족주의에 사로잡혀 있지 않다.

> 주님의 이름에 어울리는 영광을 주님께 돌려라. 예물을 들고, 성전 뜰로 들어가거라. 거룩한 옷을 입고, 주님께 경배하여라. 온 땅아, 그 앞에서 떨어라(8-9절).

찬양이란 주님께 돌려드려야 할 것을 주님께 돌려드리는 것이다. 요한계시록이 보여 주는 하늘 예배 광경 가운데 가장 인상적인 것은 스물네 장로가 보좌에 앉아 계신 분 앞에 엎드려서, 주님께 경배를 드리면서 자기들의 면류관을 벗어서 보좌 앞에 내놓는 장면이다.

이 장면을 볼 때마다 대학 졸업식에서 내 늙으신 어머니에게 학사모를 씌워드렸던 기억을 떠올린다. 18살에 시집을 오셔서 갖은 고생을 다 하시며 8남매를 건사하시느라 수고하신 그 어머니의 신산스런 삶을 잘 알기에 저는 그 모자를 어머니께 드릴 수밖에 없었다. 그 모자는 내 것이 아니라 어머니의 것임이 마땅했다. 스물네 장로의 마음이 그러했던 것 같다. 주님 앞에 엎드린 그들은 이렇게 노래한다.

> 우리의 주님이신 하나님, 주님은 영광과 존귀와 권능을 받으시기에 합당하신 분이십니다. 주님께서 만물을 창조하셨으며, 만물은 주님의 뜻을 따라 생겨났고, 또 창조되었기 때문입니다(요한계시록 4:11).

이 사실만 알고 살아도 철부지 신세는 면할 수 있을 텐데 우리는 여전히 자기 중심성의 덫에서 벗어나지 못하고 있다. 만방의 민족들이 온 세계를 향해 외쳐야 할 것은 무엇인가? 그것은 하나님이 통치하신다는 사실이다. 제아무리 발버둥 쳐 보아도 우리는 잠시 이 땅에 머물다 가는 존재일 뿐이다. 세상에는 공평함이 없다. 양지에서 사는 사람도 있고 응달진 곳에 유폐된 채 사는 사람도 있다. 산마루에 서서 오연한 시선으로 세상을 내려다보며 사는 사람도 있고, 수난의 골짜기에서 살아가는 이들도 있다. 이게 현실이다. 하지만 하나님은 우리가 그런 현실을 바루며 살기를 원하신다. 높은 산은 낮추고, 우묵한 골짜기는 메우며 사는 삶 말이다. 강자들은 약자들을 노골적으로 윽박지르거나, 은밀하게 괴롭히기도 한다. 이런 세상에서 우리가 명심해야 하는 것이 있다.

> 주님께서 다스리시니, 세계는 굳게 서서, 흔들리지 않는다. 주님이 만민을 공정하게 판결하신다(10절).

세상을 다스리는 분은 하나님이시다. 한일 위안부 문제의 조속한 합의를 종용한 오바마도 아니고, 위안부 문제는 최종적으로 불가역적으로 해결되었다고 설레발치는 아베도 아니고, 이번 합의를 국민들이 대승적으로 수용해야 한다고 말하는 박근혜 대통령도 아니다. 오직 하나님이 세상을 다스리신다. 믿는 이들은 그런 하나님의 통치에 마음을 열고 살아야 한다. 하나님은 억울한 눈물을 흘리는 이들에게 유난히 관심이 많으신 분이다. 그들의 아픈 눈물을 닦아주는 것이야말로 하나님 앞에 드리는 우리의 예배이다.

하나님의 다스리심을 기쁨으로 받아들이는 이들은 덧없는 욕망이 우리를 이끌고 가도록 허용하지 말아야 한다. 생명을 풍요롭게 하고, 불화를 극복하는 일을 위해 헌신해야 한다. 사람을 사람으로 존중하지 않는 문화에 저항해야 하고, 이웃들의 아픔을 덜어주기 위해 그들 곁으로 다가서야 한다.

우리 가운데서 발생하는 기쁨

—

하나님의 통치가 확립될 때 우리는 기쁨이라는 선물을 받게 된다. 만물이 다 지쳐 있는 것처럼 보인다. 미세먼지에 덮인 하늘이 뿌옇다. 하지만 그 먼지가 걷히면 청명하기 이를 데 없이 푸른 하늘이 있다. 푸른 하늘은 늘 그곳에 있었다. 잠시 가려져 있었을 뿐이다. 먼지를 걷어내고 푸른 하늘을 드러내 보이는 책임이 성도들에게 있다. 그 하늘을 볼 때면 누구라도 기뻐하지 않을 수 없다.

하늘은 즐거워하고, 땅은 기뻐 외치며, 바다와 거기에 가득 찬 것들도 다 크게 외쳐라. 들과 거기에 있는 모든 것도 다 기뻐하며 뛰어라. 그러면 숲 속의 나무들도 모두 즐거이 노래할 것이다(11-12절).

하늘과 땅, 바다와 들, 그리고 산의 나무들까지도 기쁨의 노래를 부르는 세상, 정말 아름답지 않은가? 시인은 우주적 기쁨을 노래하고 있다. 부정의와 불공평으로 얼룩진 세상에서는 피조물들조차 신음하고 있지만 하나님의 통치가 수립되는 순간 신음은 기쁨의 노래로 바뀐다는 것이다. 정말 피조물들의 신음소리가 그칠 수 있으면 좋겠다.

잊지 말자. 주님이 오고 계신다. 오셔서 정의로 세상을 심판하시고, 진실하심으로 뭇 백성을 다스리실 것이다. 신년에 심판을 상기하는 까닭은 삶의 새로움은 자신의 허물을 자각하고 하나님의 주권을 인정하는 데서부터 시작되기 때문이다. 세상이 아무리 혼돈스러워도 하나님이 다스리신다는 사실을 망각하지 말아야 절망하지 않을 수 있다. 우리가 해야 할 일은 사람들의 마음을 뒤덮고 있는 어둠과 절망을 조금씩 몰아내는 일이다. 하루하루 이런 아름다운 소명을 성취하는 기쁨을 한껏 누리시기를 기원한다.

놀라운
그 이름

온 땅아, 하나님께 환호하여라. 그 이름의 영광을 찬양하고 영화롭게 찬송하여라. 하나님께 말씀드려라. "주님께서 하신 일이 얼마나 놀라운지요? 주님의 크신 능력을 보고, 원수들도 주님께 복종합니다. 온 땅이 주님께 경배하며, 주님을 찬양하며, 주님의 이름을 찬양합니다" 하여라. 오너라. 와서, 하나님께서 하신 일을 보아라. 사람들에게 하신 그 일이 놀랍다. 하나님이 바다를 육지로 바꾸셨으므로, 사람들은 걸어서 바다를 건넜다. 거기에서 우리는 주님께서 하신 일을 보고 기뻐하였다. 주님은 영원히, 능력으로 통치하는 분이시다. 두 눈으로 뭇 나라를 살피시니, 반역하는 무리조차 그 앞에서 자만하지 못한다. 백성아, 우리의 하나님을 찬양하여라. 그분을 찬양하는 노랫소리, 크게 울려 퍼지게 하여라. 우리의 생명을 붙들어 주셔서, 우리가 실족하여 넘어지지 않게 살펴 주신다. 하나님, 주님께서 우리를 시험하셔서, 은을 달구어 정련하듯 우리를 연단하셨습니다. 우리를 그물에 걸리게 하시고, 우리의 등에 무거운 짐을 지우시고, 사람들을 시켜서 우리의 머리를 짓밟게 하시니, 우리가 불 속으로, 우리가 물속으로 뛰어들었습니다. 그러나 주님께서 우리를 마침내 건지셔서, 모든 것이 풍족한 곳으로 이끌어 주셨습니다(시편 66:1-12).

부활절 이후

—

부활절이 지났지만 세상은 여전히 그대로이다. 미세 먼지로 덮인 대기는 우리를 우울하게 하고, 세계 도처에서 들려오는 테러 소식이나 정치인들의 이전투구 또한 마찬가지이다. 그나마 다투어 피어나는 꽃들에 눈길을 줄 수 있음이 우리의 행복이다. 교회는 오랫동안 부활절 성야 의식을 거행하곤 했다. 캄캄한 예배당 안으로 그리스도의 빛을 상징하는 부활초가 입장하면 신자들은 그 빛에서 각자의 초에 불을 밝혔다. 성찬식을 거행하면서 사람들은 '마라나타maranatha'라고 외쳤다. '주님께서 와 계신다' 혹은 '주님께서 오신다'는 뜻이다. 세상은 여전히 어둡지만 부활하신 주님은 그 어둠을 밝히는 빛이시다. 믿는 이들에게 부활절 이후의 시간은 세상에 만연한 어둠을 밝히는 한 점 불빛이 되는 과정이라 할 수 있다.

복음서에 나오는 부활절 이야기는 당혹스러워하는 제자들의 모습을 숨김없이 드러내고 있다. 부활은 전대미문의 사건이었기 때문이다. 베드로와 요한은 무덤으로 달려갔지만 얼른 자기들의 골방으로 돌아갔다. 도마는 주님의 손과 옆구리에 손을 넣어보지 않고는 믿을 수 없다고 말했다. 엠마오로 가던 제자들은 길에서 만나 자기들과 동행했던 이가 주님이신 줄 알아보지 못했다. 그러나 우리가 분명히 아는 것은 부활의 경험이 없었다면 그렇게도 역동적인 초대교회는 탄생하지 않았을 거라는 사실이다. 골방에 숨어 있던 제자들은 세상에 나아가 십자가에 못박히셨던 예수께서 다시 살아나셨다고, 세상이 버렸던 그분을 하나님이 다시 살리셨다고 외쳤다. 고난이 두려워 스승을 버렸던 제자들이 오히려 그 이름을 위하여 고난받을 수 있다는 사실 때문에 기뻐했다. 부활을 경험한 사람들은 '일어선 사람'이 되었다. 바울은 로마서에서 믿음 안에서 산다는 것이 얼마나 가슴 벅찬 일인지를 이렇게 밝히고 있다.

나는 확신합니다. 죽음도, 삶도, 천사들도, 권세자들도, 현재 일도, 장래 일도, 능력도, 높음도, 깊음도, 그 밖에 어떤 피조물도 우리를 우리 주 예수 그리스도 안에 있는 하나님의 사랑에서 끊을 수 없습니다(로마서 8:38-39).

이런 확신이 그로 하여금 온갖 시련과 박해 속에서도 굴하지 않고 복음의 증인이 되도록 만들었다. 구원받음에 대한 기쁨, 하나님의 꿈에 동참하는 사람이 되었다는 감격이 고통과 두려움을 능가했기에 할 수 있는 말이다.

찬양해야 할 이유

—

본문에서 시인은 온 세상을 하나님을 찬양하는 자리에 초대하고 있다.

온 땅아, 하나님께 환호하여라. 그 이름의 영광을 찬양하고 영화롭게 찬송하여라(1-2절).

'온 땅'은 물론 '온 세상'을 의미하는 말이겠지만, 이런 표현을 사용한 까닭은 다신론적 상황을 반영하고 있다. 옛 사람들은 신들이 각자에게 주어진 지역을 관장한다고 생각했다. 예컨대 청파동을 다스리는 신이 따로 있고 종로를 다스리는 신이 따로 있었던 셈이다. 눈에 보이지 않는 신의 통치를 공간화하려 했던 것이다. 그렇기에 '온 땅'을 하나님 찬양의 자리에 초대했다는 것은 신들에 대한 그릇된 관념에서 벗어나 한 분 하나님 앞에 나아오라는 초대인 셈이다. 하나님 앞으로 나오는 이들이 해야 할 일은 세 가지 명령형 동사 속에 담겨 있다. '환호하여라', '찬양하라', '찬송하라'가 그것이다. 이렇게 기쁘게 찬양해야 할 이유는 3절에 나온다.

> 주님께서 하신 일이 얼마나 놀라운지요? 주님의 크신 능력을 보고, 원수들도 주님께 복종합니다(3절).

'주님께서 하신 일'은 어떤 일이기에 원수까지도 주님께 복종하는 것일까? 이런 질문을 예상하기라도 했다는 듯이 시인은 '와서 보라'고 말한다. 하나님께서 그 백성을 위해 하신 일을 보라는 것이다.

> 하나님이 바다를 육지로 바꾸셨으므로, 사람들은 걸어서 바다를 건넜다(6절).

이것은 물론 출애굽 사건을 가리키지만 '와서 보라'는 단어가 과거형이 아니라 현재형이라는 사실에 주목해야 한다. 하나님의 구원 이야기는 늘 현재진행형이다.

바다를 육지로 바꾸셨다는 말은 과거 출애굽 때 벌어졌던 유일회적 사건이 아니다. 그것은 현재도 지속되는 또 지속되어야 하는 일이다. 사실 바다를 육지로 바꾸셨다는 말 속에는 상당히 심오한 이야기가 숨어 있다. 고대 가나안 신화에서 바다와 강은 우주적인 권세를 상징했다. 바다 물결이 흉용洶湧하고 강물이 범람할 때 사람들은 공포를 느끼지 않을 수 없었다. 바다와 강을 관장하는 신이 따로 있다고 믿었고 그 신들의 호의가 없이는 사람은 살 수 없다고 여겼다. 그리스 신화에서 포세이돈과 오케아노스는 바다와 강물을 관장하는 신들이다. 가나안 신화는 바알이 바다의 신인 얌yam과 강물의 신인 나하르nahar를 정복하여 질서를 세웠다고 말한다. 그러한 가나안 신화를 잘 알고 있는 시인이 출애굽 사건을 상기시키고 있는 까닭은 야훼 하나님이야말로 혼돈과 무질서를 극복하시는 분임을 드러내려는 것이다.

시간 속에서 살아가는 우리의 삶은 위태롭기 그지 없다. 불확실성이 자꾸 증대하여 내일을 기약하기 어렵다. 애써 일구어 놓은 삶의 터전이 일시에 무너질 수도 있다. 그렇지만 우리는 바다를 육지로, 무질서를 질서로, 죽음의 문을 생명의 문으로, 아골 골짜기를 생명의 샘으로, 십자가의 참혹한 죽음을 부활의 영광으로 바꾸시는 하나님을 믿는다. 하나님은 죽은 자들의 하나님이 아니라 산 자의 하나님이시다. 하나님의 구원 이야기는 지금도 지속되고 있다. 그렇기에 시인은 마치 구원의 현장에 있었던 것처럼 "거기에서 우리는 주님께서 하신 일을 보고 기뻐하였다"고 노래한다. 바다를 육지로 바꾸는 기적은 날마다 일어난다. 그렇기에 우리는 시인을 따라 이렇게 노래하지 않을 수 없다.

> 주님은 영원히, 능력으로 통치하는 분이시다. 두 눈으로 뭇 나라를 살피시니, 반역하는 무리조차 그 앞에서 자만하지 못한다(7절).

'주님이 통치하신다'는 이 한 마디 속에 삶의 든든함이 있다. 하나님의 나라는 하나님의 통치를 이르는 말이다. 악이 제 아무리 기승을 부려도 악은 최후의 말이 아니다. 하나님만이 통치하신다. 하나님의 뜻을 거역하는 무리는 언제든 있게 마련이다. 하나님의 뜻은 온 땅이 평화를 누리는 것이고,

그 땅에 기대어 살아가는 모든 생명이 각자에게 품부된 삶을 충만히 누리는 것이다. 하나님은 그 뜻을 거역하는 이들을 엄한 눈으로 바라보신다.

자비로우신 하나님

—

현실은 여전히 어둡다. 무엇보다 우리 시대의 어둠 때문에 가슴이 아프다. 사람들은 다른 이들을 하나님의 형상으로 대하지 않는다. 마치 서로를 조롱하고 상처를 입히기 위해 태어난 것 같은 태도를 보이는 이들이 점점 늘어나고 있다. 영혼이 쏙 빠져나간 좀비 같은 이들이 거리를 거닐고 있다. 사람들 사이에 마땅히 지켜져야 할 기본적인 룰이 다 무너지고 적나라한 미움과 적대감이 거리를 휩쓸고 있다. 인간성의 심오한 깊이를 드러내는 이들과 접촉할 기회는 점점 줄어들고 있다. 더 나은 존재가 되려는 노력은 줄어들고, 더 많은 것을 소유한 사람이 되기 위해 분투한다. 그런 의미에서 우리 시대는 참 빈곤하다. 그렇기에 지금 우리에게 필요한 것은 하나님에게서 눈을 떼지 않는 것이다. 하나님을 찬양하는 일에서 물러나지 않는 것이다. 그래야 우리는 사람답게 살 수 있다. 믿음은 우리 삶을 하나님의 마음으로 살피는 데서 시작된다. 우리는 배를 신으로 섬기는 사람들이 아니다. 우리는 땅의 것들이 아니라 위의 것들을 추구하는 사람들이다.

백성아, 우리의 하나님을 찬양하여라. 그분을 찬양하는 노랫소리, 크게 울려 퍼지게 하여라. 우리의 생명을 붙들어 주셔서, 우리가 실족하여 넘어지지 않게 살펴 주신다(8-9절).

사탄이 우리를 지배하려 할 때 제일 처음 하는 일은 우리 삶에서 감사를 제거하는 일이다. 우리 마음에 불평과 불만이 많아질 때 사탄은 어둠 속에서 미소를 짓는다. 삶이 아무리 고달파도 하나님의 통치를 신뢰하며 살아가는 이들은 찬양을 그치지 않는다. 얼굴이 웃으면 마음도 따라 웃는다는 말이 있다. 하나님을 찬양하면 하나님의 힘과 위로와 기쁨이 우리 속에 유입된다. 우리 마음을 뒤흔들어 놓던 혼돈의 바람은 잠잠해지고 평화가 찾아온다. 하나님이 우리의 실족함을 허락지 않으신다는 확신이 있다면 우리는 어떠한 시련도 이겨 낼 수 있다. 프란시스코 교종Francisco Pope은 자비가 뭐냐는 질문에 대해 어원으로 보자면 '불행한 사람에게 마음을 여는 것'이라고 대답한 후 즉시 신앙적 의미의 자비를 이렇게 설명한다.

> "자비는 끌어안는 신적인 태도요, 환대하시는 하느님, 용서하시려고 몸을 굽히시는 하느님께서 당신 자신을 내주시는 것입니다"(안드레아 토르니엘리 대담, 프란치스코 교황과의 대화 《신의 이름은 자비입니다》, 국춘심 옮김, 37쪽).

하나님은 끌어안는 분이요, 몸을 굽히시는 분이요, 당신 자신을 내주시는 분이시다. 그 하나님을 믿기에 우리는 시련을 겪어도 낙심하지 않는다. 그렇기에 시인은 지금 겪고 있는 시련조차 무의미한 고통이 아니라고 고백한다.

시련을 넘어

—

하나님, 주님께서 우리를 시험하셔서, 은을 달구어 정련하듯 우리를 연단하셨습니다. 우리를 그물에 걸리게 하시고, 우리의 등에 무거운 짐을 지우시고, 사람들을 시켜서 우리의 머리를 짓밟게 하시니, 우리가 불속으로, 우리가 물속으로 뛰어들었습니다(10-12a).

사람을 황폐하게 만드는 것은 무의미성이다. 자기가 하고 있는 일이 혹은 겪고 있는 일이 아무런 의미도 없다고 생각될 때 우리는 내적으로 무너질 수밖에 없다. 시인은 그 백성이 겪고 있는 현실의 고통을 하나님의 연단으로 이해하고 있다. 모든 고통이 하나님께로부터 온 것이냐 아니냐를 따지는 것은 무의미하다. 그것은 누구도 답할 수 없는 문제이기 때문이다. 세상에는 물론 바람을 심어 광풍을 거두는 일이 있다. 악인들이 더이상 사람을 해치지 못하도록 하는 일은 참 중요하다. 하지만 우리는 합리적으로 이해하기 어려운 시련을 겪기도 한다. 시련을 만날 때마다 그것이 하나님의 징계인지 아닌지를 따지는 일은 우리의 능력을 뛰어넘는 일이다. 다만 우리가 할 수 있는 일은 그 시련을 통해 좀 더 나은 사람이 되는 것이다.

시인은 시련의 시간조차 하나님께 귀속시키고 있다. 하나님은 시련을 통해 우리의 속 마음을 드러내시고, 우리 속에 있는 불순물들을 걸러내신다는 것이다. 때로는 그물에 사로잡힌 물고기나 새처럼 암담한 일을 겪기도 하고, 무거운 짐이 어깨를 짓누르는 것처럼 느껴지기도 하고, 사람들에게 짓밟히는 것 같은 치욕을 감내해야 할 때도 있다. 시인은 그 모든 고통의 시간을 불과 물을 통과하는 것으로 요약하고 있다. 어디에서도 도움을 기대하기 어려운 시간, 위로부터의 도우심이 다가온다.

그러나 주님께서 우리를 마침내 건지셔서, 모든 것이 풍족한 곳으로 이끌어 주셨습니다(12b).

'그러나'라는 부사 속에 희망이 있다. 하나님의 도우심은 언제나 인간의 생각을 뛰어넘어 다가온다. 절망의 심연 속에 빨려 들어가는 것 같은 상황에서도 우리가 생을 포기하지 않는 것은 어떠한 경우에도 하나님이 우리를 포기하지 않으신다는 확신 때문이다. 지금도 우리 곁에는 불과 물의 시간을 지나는 이들이 있다. 하나님은 그들을 홀로 버려두지 않으실 것이다. 하지만 우리가 잊지 말아야 할 것은 하나님께서 우리들을 통해 그들을 돕고 싶어하신다는 사실이다. 아슬아슬한 생존을 이어가고 있는 이들을 넓은 곳으로 인도하는 일은 무엇이나 하나님의 일이다. 지금 울고 있는 이들 곁에 다가가 그들이 혼자가 아님을 알게 해야 한다. 마음이 무너져버린 이들 곁에 다가서시는 자비로우신 하나님의 손과 발이 되기 위해 노력해야 한다. 몸을 굽히고, 자신을 선물로 내주시는 하나님의 사랑의 통로가 되어야 한다. 그렇게 사는 것이 바로 부활을 믿는 자의 삶이다. 주님의 은총을 입은 사람답게 어두운 세상에 희망과 사랑의 불을 가져가는 우리가 되기를 기원한다.

어두운 후에 빛이 오며

주님, 주님의 한결같은 사랑은 하늘에 가득 차 있고, 주님의 미쁘심은 궁창에 사무쳐 있습니다. 주님의 의로우심은 우람한 산줄기와 같고, 주님의 공평하심은 깊고 깊은 심연과도 같습니다. 주님, 주님은 사람과 짐승을 똑같이 돌보십니다. 하나님, 주님의 한결같은 사랑이 어찌 그리 값집니까? 사람들이 주님의 날개 그늘 아래로 피하여 숨습니다. 주님의 집에 있는 기름진 것으로 그들이 배불리 먹고, 주님이 그들에게 주님의 시내에서 단물을 마시게 합니다. 생명의 샘이 주님께 있습니다. 우리는 주님의 빛을 받아 환히 열린 미래를 봅니다. 주님을 사랑하는 사람들에게는, 주님께서 친히 한결같은 사랑을 베풀어 주십시오. 마음이 정직한 사람에게는, 주님의 의를 변함없이 베풀어 주십시오(시편 36:5-10).

돌아봄

—

한 걸음씩 비틀거리며 걸었지만 마침내 우리는 한 해의 마지막 날에 당도했다. 급한 마음에 쫓겨 질주하듯 살았던 사람도, 급할 게 뭐냐는 투로 느긋하게 걸었던 사람도 모두 시간의 주인이신 하나님 앞에 서 있다. 우리들 각자의 삶은 다 달랐다. 하나님께서 나누어 주신 삶의 분량이 저마다 달랐기 때문이다. 빈 손이 부끄러워 얼굴을 들지 못하는 이들도 있고, 나름대로 최선의 노력을 다했다며 잠시 숨을 고르는 이들도 있다.

돌아보면 참 힘겨운 한 해였다. 매해 시간 여행이 쉬웠다고 느낀 때는 없었지만 올해는 모두가 다 낯선 시간을 견디느라 애썼다. 잠시 머물다 떠날 줄 알았던 불편한 손님이 아예 우리 집에 눌러 앉은 것 같은 답답한 나날이었다. 외줄을 타듯 위태로운 시간을 견뎌야 했다. 서울은 좀 덜 했지만 여름철 홍수와 산사태로 최악의 피해를 입은 분들도 계신다. 도처에서 발생한 산불을 비롯한 대형 화재로 삶의 터전을 잃어버린 사람들도 많다. 민생을 살피고 사람들을 희망의 땅으로 이끌어야 하는 정치인들은 당리당략에 따라 처신할 뿐, 밑바닥에서 신음하는 사람들의 소리에 귀를 기울이지 않았다. 사람들의 상처를 어루만지고, 역사를 초월의 방향으로 이끌어야 하는 종교는 특히 개신교회는 오히려 사람들의 지탄거리로 전락했다. 초라한 성적표를 받아든 것처럼 쓸쓸한 저녁이다.

이런 스산한 마음 때문일까. '광야, 광야에 서 있네'라는 노래 가사가 자꾸만 떠오른다. 힘겨웠지만 여전히 걸을 수 있다는 사실이 고맙다. 근근이 버틸 수 있었던 것은 보이지 않는 손으로 우리를 붙들어 주신 하나님의 은총 덕분이었다. 값비싼 대가를 치르긴 했지만 깨달음도 있었다. 우리가 당연한 것으로 여기던 일상이 결코 당연한 것이 아니라는 사실 말이다. 우리는 가끔 관계에 충실하지 않은 이들에게 농담처럼 "있을 때 잘 해"라고 말하곤 했다. 우리가 어떤 사람의 소중함을 알아차리는 것은 늘 그의 부재가 가져온 고통을 겪고 난 후일 때가 많다. '부재'가 오히려 '현존' 하는 것의 소중함을 일깨워 준다는 사실이 우리 삶의 역설이라면 역설일 것이다. 함께 모여 예배 드리고, 사귀고, 일하고, 수다 떨던 시간이 그렇게 그리울 수가 없다. 비대면 상황 속에서 외롭게 세상을 떠난 분들과 그 가족들에게 하나님의 위로가 함께 하시기를 빈다. 그러나 위기 속에서도 우리의 신앙 여정에 동행이 되신 분들도 계신다. 고마운 마음이다. 머지않은 장래에 함께 만나 깊이 사귈 수 있는 날이 오기를 고대한다.

부정적 기억과 결별하자

—

묵은해를 정리해야 하는 이 시간 우리를 사로잡는 죄책감과 자책, 후회와 쓰라림을 어떻게 처리해야 할까? 이미 흘러가버린 시간은 후회한다고 하여 돌아올 수는 없다. 그렇다면 흘러간 시간은 이미 지나가버렸기에 우리와 무관한가? 그렇지 않다. 그 시간은 우리 기억 속에 새겨져 삶에 영향을 미치기 때문이다. 이 한 해는 이미 우리 삶의 책에 기록된 시간이 되었다. 그 시간을 온전히 하나님께 맡겨야 한다.

우리의 시간을 하나님께 맡길 때 하나님은 우리 속에서 새로운 역사를 창조하신다. 후회, 자책, 쓰라림, 근심을 다 하나님의 손에 맡겨야 한다. 하나님은 우리의 과거를 바꾸시지는 않지만, 과거의 의미를 바꾸어 주심으로 우리를 해방하신다. 부끄러운 기억을 한사코 잊으려 하면 할수록 그 기억은 더 큰 힘으로 우리를 사로잡는다. 그러나 그 부끄러움을 하나님 앞에 내놓으면 하나님의 치유가 시작된다. 하나님은 우리의 남루한 시간, 부끄러운 기억을 변화시켜 빛으로 바꾸신다. 우리 마음이 치유될 때 비로소 이웃에 대한 이해와 관용과 사랑이 깃든다. 우리는 망가뜨리지만 하나님은 고치신다. 하나님은 우리가 미처 헤아릴 수 없는 방식으로 우리 삶을 이끌고 계신다.

어둠이 깊어가는 이 시간 가만히 우리 삶을 돌아본다. 날마다 우리 삶 한복판에서 일어나는 기적들을 알아차리지 못한 채 욕망의 벌판을 질주했던 것은 아닌가? 아브라함 요수아 헤셸Abraham Joshua Heschel은 우리 일상이 기적이라고 말한다.

> "우리는 음식을 앞에 놓고 기도를 함으로써 우리의 놀람을 표현하도록 훈련 받았다. 물 한 잔을 마실 때마다 우리는 영원한 창조의 신비를 기억하며 기도한다. '말씀으로 모든 것을 있게 하신… 당신을 기리나이다.' 일상의 사소한 일들이 모두 기적을 나타낸다. 빵이나 열매를 먹고 꽃의 향기나 한 잔의 포도주를 즐기고 계절마다 처음 맺히는 과일을 맛보고 무지개나 큰 바다를 바라보고 꽃을 피우는 나무들을 살펴보고 토라의 스승을 만나고 좋은 소식 나쁜 소식을 듣고— 이 모든 일을 하면서 우리는 그분의 이름을 부르도록 가르침 받았다. 생리 기능을 제대로 발휘하는 것에 대하여도 우리는 말한다. '모든 육신을 고치시고 놀라운 일을 이루시는… 당신을 기리나이다'"(아브라함 요수아 헤셸 선집5, 《사람을 찾는 하나님》, 이현주 옮김, 종로서적, 52쪽).

일상이 기적이다. 우리가 숨을 쉬고 있다는 것도 기적이고, 누군가를 사랑한다는 것도 기적이다. 어려움을 겪으면서도 끝내 포기하지 않고 삶을 이어가는 것도 기적이다. 우리는 이런 기적 속을 걸어가고 있다. 이 모든 일들이 하나님의 섭리와 숨결 안에서 이루어진다.

시야를 넓히자

—

세상은 끊임없이 우리 시야를 가리고, 당면한 문제에만 골몰하게 만든다. 몇 해 전 세상을 떠난 어느 목사님에게 '가시거리'에 대한 인상적인 이야기를 들은 적이 있다. 히말라야에 가 보니 청명한 날이면 수 백 킬로미터 밖까지 훤하게 보이더라는 것이다. 그 가없는 맑음 앞에 서는 순간 그는 우리 삶을 돌아보지 않을 도리가 없었다고 한다.

"히말라야를 바라보며 내가 안타까워하면서 우리 땅을 자꾸 생각하게 되는 것은, 도대체 그대와 나 사이에 그 무엇이 잔뜩 끼어 있기에 이렇게 가시거리가 제로zero에 가까운 세상이 되어버렸느냐는 것이다"(수첩에 적어둔 '민들레교회' 주보글).

우리 시선을 가로막는 것들은 무엇일까? 이해득실에 대한 계산, 정치적 입장, 속한 진영, 종교적 확신 등이 그런 것 아닐까? 눈앞에서 벌어지는 시급한 일들에 정신을 쏟다 보면 우리 시야는 좁아지게 마련이다. 우리의 사랑이 겨우 그런 것들 앞에서 멈추어야 되겠는가? 누군가를 미워하고 혐오하고 배제하는 순간 우리는 하나님께 등을 돌리는 것임을 왜 모르는 것일까? 하나님을 믿는 이들은 자꾸만 더 큰 세계와의 관계 속에서 자기 삶을 살펴야 한다. 하나님은 후손에 대한 약속을 듣고도 기연가미연가 하는 아브라함에게 "하늘을 쳐다보아라. 네가 셀 수 있거든, 저 별들을 세어 보아라"(창세기 15:5)라고 말씀하셨다. 이사야는 바벨론에 포로로 잡혀가 불확실한 미래에 대한 두려움에 사로잡힌 이들을 격려하기 위해 밤 하늘의 별을 바라보라고 말했다.

너희는 고개를 들어서, 저 위를 바라보아라. 누가 이 모든 별을 창조하였느냐? 바로 그분께서 천체의 수효를 세어 불러내신다. 그는 능력이 많으시고 힘이 세셔서, 하나하나, 이름을 불러 나오게 하시니, 하나도 빠지는 일이 없다(이사야 40:26).

하나님의 광대하심 앞에 자꾸 서야 현실에 일희일비하지 않을 수 있다. 시편 36편의 시인도 눈빛이 의기양양하고, 남 속일 궁리나 하고, 범죄의 길을 고집하는 악인들 때문에 몹시 지쳤던 것 같다. 세상에는 정말 그런 이들이 참 많다. 그들로 인해 세상이 어두워 보이는 게 사실이다. 절망의 어둠이 시인을 사로잡을 즈음 그는 문득 고개를 든다. 마치 밤이 지나 아침이 오는 것처럼 그는 새로운 질서, 더 큰 질서의 세계에 눈을 뜬다. 그래서 우리가 한 번 들으면 잊을 수 없는 고백을 한다.

주님, 주님의 한결같은 사랑은 하늘에 가득 차 있고, 주님의 미쁘심은 궁창에 사무쳐 있습니다. 주님의 의로우심은 우람한 산줄기와 같고, 주님의 공평하심은 깊고 깊은 심연과도 같습니다. 주님, 주님은 사람과 짐승을 똑같이 돌보십니다(5-6절).

하늘, 궁창, 우람한 산줄기, 깊고 깊은 심연 말고는 하나님의 성품인 한결같은 사랑, 미쁘심, 의로우심, 공평하심을 표현할 다른 말이 생각나지 않았던 것일까? 이 장대한 표현 앞에 서는 순간 우리 가슴에 시원한 바람이 불어오는 것 같지 않은가? 당장 우리 눈에 보이지 않을 지 몰라도 세상을 다스리시는 분은 하나님이시다. 우리는 선의 궁극적 승리를 믿는다. 거대한 빙하가 바람의 방향을 거슬러오르는 것은 해류가 반대방향을 향하고 있기 때문이라지 않는가? 하나님의 섭리가 그러하다.

환히 열린 미래

—

시인은 하나님의 한결같은 사랑을 믿어 의심치 않는다. 당신의 날개 그늘 아래로 피하는 이들을 보호하시는 하나님을 믿기에 그는 두려움 없이 다가오는 시간을 향하여 나아간다. 때로는 예기치 않은 일들이 큰 파도처럼 다가와 우리를 쓰러뜨릴 수도 있다. 그래도 다시 일어나 옷을 툭툭 털고 다시 길을 떠나면 된다. 믿음의 사람들은 저력底力이 있는 사람이다. 모두가 이제는 더 못 버틸 거라고 생각할 때 다시 일어선다. 죽음의 그늘 골짜기로 다니는 이들 곁에 계시면서 막대기와 지팡이로 보살피시는 주님을 신뢰하기 때문이다. 곤고한 시간을 견뎌야 했던 또 다른 시인도 "주님의 진노는 잠깐이요, 그의 은총은 영원하니, 밤새도록 눈물을 흘려도, 새벽이 오면 기쁨이 넘친다"(시편 30:5)고 고백했다. 이런 확신이 우리를 살게 한다.

> 생명의 샘이 주님께 있습니다. 우리는 주님의 빛을 받아 환히 열린 미래를 봅니다(9절).

모든 것이 다 잘 될 것이라는 말이 아니다. 모든 고통이 더 이상 우리를 괴롭히지 못할 거라는 말도 아니다. 실패의 쓰라림을 겪지 않아도 된다는 말이 아니다. 여전히 우리 삶은 무겁고, 길은 어두울 지도 모른다. 그러나 우리는 명랑하게 그 현실 속을 걸어갈 수 있다. 홀로가 아님을 알기 때문이다. 우리는 실패할 수 있지만 하나님의 사랑은 실패를 모른다. 그 사랑 안에서 걸어가자. 마지막으로 요 며칠 거듭거듭 드리고 있는 칼 라너Karl Rahner의 기도문을 소개하고 싶다.

"주님, 이 고집 세고 게으른 종을 섬김의 자리에서 내치지 말아 주소서. 내 마음의 주인은 당신입니다. 나 홀로 내 영원한 운명과 마주하는 그 심연 속에서도 당신이 나를 다스리십니다. 당신의 은혜는 영원한 전능의 은혜입니다. 지혜로우시고 자비로우신 사랑의 하나님, 나를 당신 앞에서 멀리 내쫓지 말아 주십시오. 내 평생 주님을 섬기는 자리를 지키게 해주십시오. 당신이 원하시는 것을 내게 요구하십시오. 당신이 원하시는 것만 내게 주십시오. 내가 당신을 섬기다 지쳐버려도, 나를 향한 당신의 인내는 지치지 않으십니다. 당신이 오셔서 나를 도우시며, 늘 새롭게 시작할 수 있는 힘을 주십니다. 모든 희망을 거슬러 희망할 수 있는 힘을 주십니다. 나의 모든 실패 가운데도 내 안에서 당신의 승리를 믿을 수 있는 힘을 주십니다"(칼 라너, 《칼 라너의 기도》, 손성현 옮김, 복 있는 사람, 25-26쪽).

늘 새롭게 시작할 수 있는 힘을 주시는 하나님, 모든 희망을 거슬러 희망할 수 있는 힘을 주시는 하나님을 신뢰할 때 우리 삶은 든든해진다. 새해에는 주님의 은총 가운데 살면서 생명과 평화 그리고 기쁨의 열매를 많이 수확할 수 있기를 기원한다.

주님이
놓으신 기초

하늘은 주님의 것, 땅도 주님의 것, 세계와 그 안에 가득한 모든 것이 모두 주님께서 기초를 놓으신 것입니다. 자폰 산과 아마누스 산을 주님이 창조하셨으니, 다볼 산과 헤르몬 산이 주님의 이름을 크게 찬양합니다. 주님의 팔에 능력이 있으며 주님의 손에는 힘이 있으며, 주님의 오른손은 높이 들렸습니다. 정의와 공정이 주님의 보좌를 받들고, 사랑과 신실이 주님을 시중들며 앞장서 갑니다. 축제의 함성을 외칠 줄 아는 백성은 복이 있습니다. 주님, 그들은 주님의 빛나는 얼굴에서 나오는 은총으로 살아갈 것입니다. 그들은 온종일 주님의 이름을 크게 외치며, 주님의 의로우심을 기뻐할 것입니다. 주님께서는 그들의 영광스러운 힘이십니다. 주님의 사랑 덕분에 우리는 승리의 뿔을 높이 쳐들게 됩니다. 주님, 참으로 주님은 우리의 방패이십니다. 이스라엘의 거룩하신 하나님, 참으로 주님은 우리의 왕이십니다(시편 89:11-18).

승천하신 주님

—

며칠 하늘이 청명했다. 먼지가 사라져 가시거리가 멀어지자 마음의 울울함도 함께 스러졌다. 우리 역사에 드리웠던 먹장구름도 그렇게 걷히기를 바란다. 우리나라에서는 승천일을 크게 기념하지 않지만, 서양에서는 이 날을 매우 중요한 축일로 지키고 있다. 휴일로 지정한 나라도 있다고 한다. 스스로 합리적인 사고를 한다고 생각하는 사람들은 승천을 말하는 이들을 보고 광신자라고 할 지도 모르겠다. 승천이란 신화적 사고의 잔재에 불과하다는 것이다.

하지만 성경이 말하는 승천은 땅에 속했던 몸이 중력을 거슬러 하늘로 올라가는 것을 말하는 것이 아니다. 그것은 부활을 통해 죄의 권세를 멸하신 주님이 하나님의 통치권을 넘겨받으셨음을 뜻한다. 루터는 승천을 주님께서 마침내 "생명의 정의, 모든 선한 것과 은총의 주인으로 좌정"(마르틴 루터, 《대교리문답》, 211쪽) 하신 것이라고 설명했다. 유럽에 있는 유서 깊은 예배당에 가면 천정 위 반구형의 돔이나 앱스apse에 그리스도의 모습이 담긴 모자이크화나 프레스코화가 그려져 있는 것을 볼 수 있다. 그런 그리스도의 모습을 판토크라토르Pantokrator라고 한다. '전능의 주'라는 뜻이다. 갈릴리의 민중들과 흉허물 없이 어울리며 함께 울고 웃었던, 인간적인 너무나 인간적인 예수님에게 깊은 매력을 느끼지만, 세상의 주권자이신 주님 앞에서는 깊은 경외감을 느끼곤 한다. 온 우주를 사랑과 정의의 원리로 지배하시는 주님을 믿는다는 것처럼 든든한 일이 또 있을까?

몇 해 전 터키의 이스탄불에 갔을 때의 일이 떠오른다. 토카피Topkapi 궁전 옆에 있는 '이레네Irene 성당'을 찾아갔다. 그 성당은 평화의 왕이신 주님께 봉헌되었던 곳이지만 지금은 공연장으로 사용되는 곳이다. 그곳을 찾아갔던 까닭은 그곳에서 기독교 최초의 공의회가 열렸기 때문이다. 381년 황제 테오도시우스 1세가 소집한 이 회의에서 결정된 것이 바로 기독교 신앙의 요체를 담은 '니케아 신조'와 삼위일체 교리이다. 그 회의의 복잡한 전후 이야기를 다 할 수는 없지만, 내게는 매우 중요한 장소였던 셈이다.

그런데 그곳에서 참 가슴이 아팠다. 그 중요한 기독교 유적이 너무 황폐하게 변해 있었기 때문이다. 전형적인 바실리카 양식의 그 건물은 15세기에 이슬람의 손에 넘어간 후에 병기고로 쓰였고 나중에는 무기 박물관과 군사 박물관으로 사용되었다. 무엇보다 가슴 아팠던 것은 '판토크라토르'가 그려져 있었을 예배당 꼭대기 중앙 천장에 각종 무기 그림이 그려져 있었기 때문이다. 그것은 마치 사랑과 평화가 아니라 힘과 무기가 세계를 지배한다고 말하는 것처럼 보였다. 그 높은 곳에 그런 그림을 그릴 생각을 한 사람이 누구였을까? 힘을 숭상하는 사람일 것이다. 세상은 정말 힘을 가진 이들이 지배하는 것처럼 보인다. 그러나 오늘 우리가 그리스도의 승천에 대해 숙고하고 있는 것은 그런 현실 너머에 있는 다른 현실을 보고 있기 때문이다.

존재의 기반

—

시편 89편은 온 세상을 다스리시는 하나님의 권능을 아름답게 노래하고 있다. 하나님은 세상의 혼돈을 잠잠케 하고 질서를 만드시는 분이다.

> 주님은 소용돌이치는 바다를 다스리시며, 뛰노는 파도도 진정시키십니다. 주님은 라합을 격파하여 죽이시고, 주님의 원수들을 주님의 강한 팔로 흩으셨습니다(9-10절).

'소용돌이치는 바다', '뛰노는 바다'는 단순히 사납게 일렁이는 자연을 가리키는 말은 아닐 것이다. 인생을 항해에 빗대어 설명하는 것은 유구한 전통이다. 사노라면 바람이 잠잠하고 햇살 양양하여 마음 상쾌한 날도 있지만, 예기치 않은 풍랑이 일어 우리를 위험으로 몰아넣는 일도 많다. '라합'은 옛 사람들이 바다 괴물로 여기는 동물이지만 사실 우리 삶을 혼돈에 빠뜨리는 압도적인 힘들을 가리키기도 한다. 가난, 질병, 실패, 고독, 예기치 않은 사건과 사고가 마치 지진처럼, 화산처럼 우리 삶을 덮칠 때 우리는 무기력함을 느끼지 않을 수 없다.

그러나 오늘의 시인은 그런 경험 가운데서 구원을 경험한 사람이다. 혼돈을 극복하고 질서를 창조하시는 하나님, 세상에서 가장 고통 받는 처지에 있는 이들에게 다가오셔서 그들을 포근하게 감싸 안으시는 하나님의 사랑을 경험했기에 시인은 새로운 눈으로 세상을 바라보게 되었다.

> 하늘은 주님의 것, 땅도 주님의 것, 세계와 그 안에 가득한 모든 것이 모두 주님께서 기초를 놓으신 것입니다. 자폰 산과 아마누스 산을 주님이 창조하셨으니, 다볼 산과 헤르몬 산이 주님의 이름을 크게 찬양합니다. 주님의 팔에 능력이 있으며 주님의 손에는 힘이 있으며, 주님의 오른손은 높이 들렸습니다(11-13절).

여기서 언급되고 있는 '자폰 산'과 '아마누스 산', '다볼 산'과 '헤르몬 산'은 중근동의 신화에서 매우 중요한 역할을 차지하고 있는 산의 이름이다. 시인은 이방인들이 신성시하고 있는 그 산들도 다 하나님이 창조하신 것이고, 따라서 하나님의 주권 아래 있다고 말한다. 세상에 존재하는 모든 것들 가운데 주님과 무관한 것은 하나도 없다. 어느 신학자는 하나님을 가리켜 '존재의 기반ground of being'이라 말했다. 하나님은 저 위, 우리의 손이

나 시선이 미치지 못하는 곳에 계신 분이 아니라, 세상에 존재하는 모든 것들을 든든히 떠받들고 계신 분이라는 것이다. 다시 말하면 하나님이 안 계시다면 우리도 세상도 없다는 말이다. 지금 우리가 살고 있는 이 땅은 하나님이 머무시는 곳이다. 어떤 특정한 장소만 거룩한 곳이 아니라, 우리가 발을 딛고 서 있는 모든 곳이 거룩한 곳이다. 그러니 경거망동할 수 없다. 우리가 참으로 하나님을 창조주로 믿는다면 하나님의 얼굴 앞에 선 듯 조심스럽게 살아야 한다.

세상의 기초

—

주님이 지배하시는 세상의 모습은 어떠한가? 그걸 알면 우리가 살아야 할 세상, 우리가 지향해야 할 세상의 모습을 알 수 있다. 세상은 인간의 욕망 위에 건설된 것일까? 미움과 증오 혹은 지배 욕망 위에 세워진 것일까? 히브리의 시인은 그렇지 않다고 말한다.

> 정의와 공정이 주님의 보좌를 받들고, 사랑과 신실이 주님을 시중들며 앞장서 갑니다(14절).

이 구절이 참 장엄하다. 여기 등장하는 '정의', '공정', '사랑', '신실'은 히브리 성경을 이해하기 위한 핵심어들이다. 정의는 '의' 혹은 '옳음'이라고 이해하면 되겠다. 하나님은 무엇을 옳은 것으로 여기실까? 힘 있는 이들이 힘 없는 이들의 사정을 이해하고, 그들이 존엄성을 유지한 채 살아가도록 돕는 것이다. 율법 전체를 한 마디로 요약하자면 '가난한 이들에 대한 우선적 관심'이라 말할 수 있다. 배우지 못했다고 하여 무시당하지 않고, 돈이 없다 하여 굴욕을 당하지 않고, 병약하게 태어났다고 하여 천대 받지 않는 세상이야말로 하나님이 보시기에 옳은 세상이다. 구의역에서 비정규직으로 일하던 20세의 젊은 노동자가 죽은 지 1년이 되었다. 여전히 그런 위험에 처해 있는 이들이 많다. 정의가 위기에 처해 있다. 하나님은 그런 억울한 죽음이 더이상 없는 세상을 이루라고 명령하신다.

공정은 사적인 이해관계나 편견에 따라 사람을 대하지 않는 것이다. 어떤 분은 한국 사람들을 이해하기 위해서는 '기분'이라는 말을 알아야 한다고 말했다. 기분의 사전적 정의는 '주위의 환경이나 처한 상황에 따라서 사람이 마음속에 갖는 즐겁거나 들뜨거나 혹은 울적한 느낌'이다. 하지만 이 말은 불콰하게 술이 취한 아버지가 애교를 부리는 아이들에게 용돈을 주면서 '그래, 기분이다!' 하고 말하는 상황을 떠올려 보면 더 잘 이해할 수 있다. 합리적인 이해나 판단보다 기분이 우리의 행동을 좌우할 때가 많다. 공적인 일을 수행하는 이들이 기분에 휘둘려서는 곤란하다. 공적인 돈을 선심 쓰듯 부하 직원들에게 나눠주면 안 된다. 냉철하게 판단하고 결정해야 한다. 노자는 '천지불인天地不仁'(《노자》 5장)이라 말했다. 천지가 인자하지 않다는 말처럼 들리지만 그런 것은 아니다. 하늘은 사사로운 감정에 따라 휘둘리지 않는다는 말이다. 예언자들도 하나님의 용서하시는 사랑을 말하지만 죄에 대해서 하나님이 얼마나 엄격하신지에 대해서도 말한다.

> 그러나 너만은 내가 멸망시키지 않고, 법에 따라서 징계하겠다. 나는 절대로, 네가 벌을 면하게 하지는 않겠다(예레미야 46:28).

하나님이 지배하시는 세계의 토대가 정의와 공정이라면, 그 세계의 지배 원리는 사랑과 신실함이다. 여기서 말하는 사랑은 언약을 맺은 백성들을 향한 하나님의 인내하시는 사랑을 말한다. 하나님은 죄지은 백성들 때문에 속이 터지지만 그렇다고 하여 쉽게 그들을 버리지 않으신다. 우리는 출애굽기의 한 오점이라 할 수 있는 일화를 알고 있다. 모세가 하나님의 산에서 오랫동안 내려오지 않자 두려움에 사로잡힌 백성들은 아론에게 금송아지를 만들어 달라고 청했다. 그리고는 그 송아지 상 앞에서 먹고 마시고, 흥청거리며 뛰어놀았다. 하나님은 우상 없이는 잠시도 견디지 못하는 그 변덕스러운 백성을 보며 화가 나셨다. 그래서 그 타락한 백성들을 쳐서 없애버리겠다고 말씀하신다. 하지만 모세는 하나님 앞에 엎드려 그 진노의 팔을 붙들었다. 하나님은 뜻을 돌이켜 그들을 가나안으로 인도하셨다. 그들과 맺었던 언약을 기억하셨기 때문이다. 하나님의 그런 사랑이야말로 세상을 지배하는 숨겨진 원리이다.

그리고 '신실'은 '견고함', '충실함'으로도 번역될 수 있는 단어이다. 하나님은 우리처럼 변덕스러운 분이 아니다. 시편의 한 시인은 평안하던 시절에 하나님을 잊고 지냈던 자신의 죄를 회개하면서 이렇게 노래한다.

> 아, 태산보다 더 든든하게 은총으로 나를 지켜 주시던 주님께서 나를 외면하시자마자 나는 그만 두려움에 사로잡히고 말았습니다(시편 30:7).

건강할 때 우리가 몸을 의식하지 않는 것처럼, 삶이 평안하면 하나님을 잊어버린다. 우리가 앉고 일어서고, 걷고 멈추는 모든 것이 하나님의 은혜임을 모르고 산다. 지금도 터전이 흔들리는 것 같은 현실 때문에 힘겨운 시간을 보내고 있는 이들이 있다. 그러나 우리는 안다. 주님께서 그 흔들림 가운데서도 우리 손을 붙잡고 계시다는 사실 말이다.

은총 안에서 살다

—

물론 삶은 여전히 힘겹다. 세상에서 괴로움을 겪지 않는 사람은 아직 태어나지 않는 사람이나 세상을 떠난 사람 밖에는 없을 것이다. 오죽하면 바울 사도가 "내가 원하는 것은, 세상을 떠나서 그리스도와 함께 있는 것"(빌립보서 1:23)이라고 말했을까? 그러나 그는 주님께서 맡겨 주신 거룩한 일, 즉 모든 사람들이 형제애/자매애를 나누며 사는 세상을 이루기 위해 이 땅에서 고난 받는 것을 마다하지 않는다고 고백한다. 믿음이란 이런 것이다. 나의 유익이 아니라 다른 이들의 유익을 구하는 것 말이다. 정의와 공의, 사랑과 신실로 세상을 지탱하고 계신 하나님의 존재가 우리 희망의 든든한 뿌리이다. 세상에 여전히 비참과 눈물이 있지만 우리가 낙심하지 않는 것은 그 때문이다. 시인은 그런 든든함을 맛본 이들의 기쁨을 이렇게 노래한다.

> 축제의 함성을 외칠 줄 아는 백성은 복이 있습니다. 주님, 그들은 주님의 빛나는 얼굴에서 나오는 은총으로 살아갈 것입니다(15절).

누가 축제의 함성을 외칠 수 있는가? 하나님이 통치하신다는 사실을 마음 깊이 신뢰하는 사람들이다. 비록 눈물의 골짜기를 거닌다고 해도 그곳을 은총의 샘물이 넘치는 곳으로 바꿔주실 주님을 믿는 사람들이다. 나는 요즘 만나는 사람들에게 삶에서 일어나는 사소한 일도 함께 경축하며 살자고 말하곤 한다. 세상일에 시달리다 보니 우리는 기뻐할 줄 아는 능력을 잃어버린 것 같다. 그렇기에 의도적으로라도 기쁨을 나누는 연습을 해야 한다. 너무 합리성을 따지다 보면 삶이 무거워진다. 주님은 당신의 발에 향유를 붓고 머리카락으로 닦아드린 여인을 칭찬하셨다. 삶을 경축할 줄 알아야 어려운 사람도 도울 수 있는 법이다. 죄인들은 홀로 즐거워하지만 성도는 함께 기뻐하는 사람이다. 느헤미야는 율법의 말씀을 들으면서 탄식하는 백성들에게 이렇게 말한다.

> 주님 앞에서 기뻐하면 힘이 생기는 법이니, 슬퍼하지들 마십시오(느헤미야 8:10).

주님의 이름을 크게 외치고, 주님의 의로우심을 기뻐할 때 우리 속에는 기쁨과 감사가 깃들게 된다.

맨체스터의 한 공연장에서 폭탄이 터져 수많은 사상자가 났다. 이집트에서도 종파 갈등으로 테러가 발생했다. 세상 도처에 기근과 테러에 시달리는 이들이 많다. 희망보다 절망의 조짐이 더 많아 보인다. 하지만 세상을 지배하는 것은 강대국들이 아니다. 하나님은 그 어떤 권력보다 더 근원적인 힘으로 세상을 다스리신다. 우리는 패배할 수 있다. 그러나 하나님은 패배하지 않으신다. 승천하신 주님이 세상을 다스리신다. 상처 입은 어린 양이 우주의 중심이다. 주님은 지금도 약한 자, 상처 입은 자들 곁에 다가오고 계신다. 주님은 지금 우리의 손과 발을 통해 이 땅을 치유하기 원하신다. 이 거룩한 초대에 기쁨으로 응답하는 우리가 되기를 바란다.

주님께서 나와 함께 계시니

주님은 나의 목자시니, 내게 부족함 없어라. 나를 푸른 풀밭에 누이시며 쉴 만한 물가로 인도하신다. 나에게 다시 새 힘을 주시고, 당신의 이름을 위하여 바른 길로 나를 인도하신다. 내가 비록 죽음의 그늘 골짜기로 다닐지라도, 주님께서 나와 함께 계시고, 주님의 막대기와 지팡이로 나를 보살펴 주시니, 내게는 두려움이 없습니다. 주님께서는, 내 원수들이 보는 앞에서 내게 잔칫상을 차려 주시고, 내 머리에 기름 부으시어 나를 귀한 손님으로 맞아 주시니, 내 잔이 넘칩니다. 진실로 주님의 선하심과 인자하심이 내가 사는 날 동안 나를 따르리니, 나는 주님의 집으로 돌아가 영원히 그 곳에서 살겠습니다(시편 23:1-6).

울리히 백Ulrich Beck이라는 독일의 사회학자는 현대세계를 불안과 위험과 재난과 불확실성이 증대되는 '위험사회'라고 규정했다. 삶의 편의를 위한 도구들은 발전하고 있지만, 함께 살아가는 존재로서의 인간에 대한 존중과 이해는 점점 희박해져 가고 있는 것이 사실이다. 정치인들은 무한경쟁의 살벌한 전쟁터로 사람들을 몰아낸다. 약자들을 보살피고, 그들의 살 권리를 보장해주어야 할 정부는 오히려 공공성의 영역을 축소하는 쪽으로 정책을 만들어내고 있다. 지금 우리가 거리에서 만나는 사람들의 표정과 몸짓과 말투는 우리 사회가 지금 정확히 어디로 가고 있는지를 나타내는 표지이다.

최고의 애송시

—

어느 하나 분명한 것이 없는 세상, 우리는 마치 끈 떨어진 연처럼 세상을 향해 곤두박질치고 있다. 이런 상황 속에서 우리가 시편 23편을 읽는다는 것이 무엇을 의미할까? 이 시는 성경을 읽은 적이 있는 사람이라면 누구나 알고 있고, 또 좋아하는 시이다. 이 시가 사랑받는 이유는 구조적 단순함과 표현의 적확성에 기인하는 것 같다. 복잡하지 않아 기억하기도 어렵지 않다. 누구나 공감할 수 있는 쉬운 언어로 이렇게도 심오한 확신을 표현할 수 있다는 사실에 놀라지 않을 수 없다.

시인은 '목자'라는 은유로서 하나님을 나타낸다. 우리는 길을 잃었던 어린 양을 찾아 목에 메고 돌아오는 목자의 이미지에서 많은 감동을 받는다. 목자로서의 하나님, 이 은유는 이 시인만의 전유물이 아니다. 하나님의 위대한 구원역사를 경험했던 사람들은 하나님을 목자로서 고백하는 데 주저하지 않았다. 이스라엘의 조상인 야곱이 그의 아들 요셉을 축복하는 내용 가운데 하나님을 "목자이신 이스라엘의 반석"(창세기 49:24)이라고 표현하는 대목이 나온다. 목자의 이미지가 함축하고 있는 것은 보호와 인도다. 거친 짐승들로부터 지켜주고, 초장으로 인도하는 것이야말로 목자들의 일이니 말이다.

그런데 이 시에서 우리가 주목해야 할 단어는 유대인들에게 집합적 고백의 대상이었던 목자로서의 하나님 앞에 '나의'라는 1인칭 소유격 명사를 덧붙이고 있다는 사실이다. 어느 철학자는 인간을 가리켜 '신 앞에 선 단독자'라고 말했다. 옳은 말이다. 어느 누구도 나 대신 믿어줄 수도 없고, 나 대신 결단할 수도 없다. 그것은 언제나 두렵고 떨림 가운데서 선택해야 할 나의 몫이다. 하지만 그런 '나'의 체험은 늘 공동체의 자산이 되어야 한다. 개인의 체험이 개인 속에 머물 때 그것은 감상이 되기 쉽지만, 그것이 다른 이들의 공감을 자아낼 때면 공동체의 자산이 된다. '주님은 우리 목자'라는 고백도 필요하지만 그런 고백의 바탕은 '주님은 나의 목자'라는 실존적 확신이어야 한다.

부족함 없어라

—

시인이 주님을 가리켜 '나의 목자'라고 칭하는 까닭은 언제나 부족함 없이 준비해 주시는 하나님을 경험했기 때문이다. 여러분도 이런 내밀한 경험이 있을 것이다. 하지만 여기서 마음에 걸리는 말이 하나 있다. '부족함 없어라'라는 말이다. 우리는 언제나 결핍의 감정에 시달리며 살아간다. 돈은 언제나 부족하고, 건강도 여의치 않고, 시간도 넉넉지 않다. 부족함이 없는 삶은 적어도 현실 세계에서는 불가능하다. 삶의 순간순간 우리는 결핍을 체험한다. 그렇다면 시인의 고백은 괜한 수사인가? 그렇지 않다. 예기치 않은 순간, 예기치 않은 방법으로 우리에게 제공된 도움을 경험한 사람은 누구나 이렇게 고백한다. 그것은 어쩌면 하나님의 손 내미심인지도 모른다. 모세는 요단강 동쪽 광야에서 지나온 날을 돌아보며 백성들에게 이렇게 말한다.

> 주 당신들의 하나님이 당신들이 하는 모든 일에 복을 내려 주시고, 이 넓은 광야를 지나는 길에서, 당신들을 보살펴 주셨으며, 지난 사십 년 동안 주 당신들의

하나님이 당신들과 함께 계셨으므로, 당신들에게는 부족한 것이 아무것도 없었습니다(신명기 2:7).

왜 부족한 것이 없었겠는가? 광야에서의 삶이란 얼마나 눈물겨운 것인가. 그런데도 모세는 부족한 것이 없었다고 말한다. 욕망의 관점에서 세상을 보면 늘 결핍 투성이다. 하지만 감사의 눈으로 세상을 보면 정말 부족한 것은 많지 않다. 먹을 것이 있고, 마실 것이 있고, 정을 나눌 사람들이 있고, 가야 할 생의 목표가 분명하다면, 비록 넉넉지는 않다 해도 불퉁거리며 살 이유는 없다. 물론 그런 기본적인 것조차 누리지 못하는 이들이 세상에 너무 많다는 사실을 잊지 말아야 한다. 하루에 2달러 미만의 돈으로 살아가는 사람들이 지구상에는 아직 많이 있다. 그렇기에 우리 삶은 더욱 조심스러워야 한다.

시인은 목자이신 주님께서 '푸른 풀밭에 누이시며 쉴 만한 물가로 인도하신다'고 고백한다. 시인은 또한 주님께서 새 힘을 주시고 당신의 이름을 위하여 바른 길로 인도하신다고 말한다. 주님은 당신의 백성들이 살아갈 방편을 얻는 일에 무관심하신 분이 아니시다. 주님은 당신의 백성들이 생존의 문제에 짓눌려 사람다운 삶의 길에서 벗어나지 않도록 지켜주신다. 이 사실을 믿어야 한다. 하나님은 우리에게 관심이 많으시다. 이 사실 하나를 분명히 인식할 때 우리는 넘어진 자리를 딛고 일어설 수 있다. 주님은 우리를 일으켜 주시는 분이 아니라, 일어날 힘을 주시는 분이시다. 주님은 우리 문제를 직접 해결해주시는 분이 아니라, 그 문제를 해결할 수 있는 힘을 우리 속에 불어넣어 주신다. 그래서 주님도 병자들을 고쳐주시면서 '내가 고쳤다'고 말하지 않고 '네 믿음이 너를 구했다'고 말씀하셨던 것이다. 보이진 않아도 주님은 지팡이를 들고 우리를 위험으로부터 지켜 주시고, 막대기로 우리를 바른 길로 인도하신다. 호세아는 어긋난 길로 가려는 그의 백성을 가시나무로 길을 막고 담을 둘러쳐서 막으시는 주님의 사랑(호세아 2:6)을 우리에게 일깨워주었다.

임마누엘

—

이 시의 핵심어를 하나 말한다면 무엇이 될까? '주님께서 나와 함께 계시고'가 아닐까? 뮌헨에 있는 프라우엔키어헤Frauenkirche(성모교회)를 둘러보고 나오다가 나는 얼핏 게시판에서 알 듯한 얼굴을 본 것 같아 잠시 멈추어 섰다. 그 얼굴은 18세기의 독일의 철학자 임마누엘 칸트였다. 그는 현대철학의 초석을 놓은 사람인데, 게시판에는 그가 한 말이 적혀 있었다. 번역하면 이렇다.

> "나는 일생 동안 참 훌륭하고 좋은 책을 많이 읽었습니다. 그렇지만 나는 그 속에서 시편 23편에 나오는 네 단어보다 내 마음을 더 고요하고 기쁘게 해준 말을 발견한 적이 없습니다. 그것은 '주님께서 나와 함께 계시다DU BIST BEI MIR'라는 말입니다."

'주님께서 나와 함께 계시다.' 이 한 마디야말로 당대 최고의 지식인의 가슴을 고요하게 하고, 기쁘게 하는 말이었다는 것이다. 그런 고백의 의미를 되새김하다가 문득 그의 이름 '임마누엘'이 바로 '우리와 함께 계신 하나님'을 일컫는 말임을 자각했다. 그의 이름이 그의 운명이었던 것일까? "주님께서 나와 함께 계시다." 이 한 마디야말로 그의 인생의 말이었던 셈이다.

어려움이 없기 때문에 이런 말을 하는 것이 아니다. 시인은 '내가 비록 죽음의 그늘 골짜기로 다닐지라도, 주님께서 나와 함께하신다'고 고백한다. 그에게도 난감한 현실은 있다. 도무지 이해할 수도 없고, 견딜 수도 없는 일도 일어난다. 자기 힘으로 어떻게 해 볼 수 없는 일이 벌어지기도 한다. 그래도 시인은 바로 그 순간에도 자기 곁에 계시면서 그가 길을 찾을 수 있도록 도우시는 주님의 존재를 확신한다. 이 확신이 있는 한 사람은 무너지지 않는다. 장애를 갖고 태어난 자녀를 둔 부모들을 몇 알고 있다. 그들은 그 낯선 현실 앞에서 한동안 어쩔 줄 몰라 한다. 하지만 그들 가운데는 자녀들에 대한 극진한 사랑을 통해 자기 삶이 오히려 치유되고 온전해졌음을 고백하는 이들이 많다. 하나님이 그런 불행을 예비하신 것은 아니지만, 하나님은 그들이 어쩔 줄 몰라 할 때도 그들 곁에 계셨던 것이다.

생을 경축할 수 있는 능력

—

함께하시는 주님에 대한 확신은 시인으로 하여금 미래에 대한 불안에서 해방되도록 해준다. 그는 인생에 대해 낙관적이다. 세상에서 어려움 없기를 기대할 수는 없지만, 주님의 뜻을 따라 걷는 이에게 주님은 마치 보란 듯이 잔칫상을 차려 주시며, 그 머리에 기름을 흠뻑 부으시어, 귀한 손님으로 맞아주신다는 확신처럼 큰 생의 동력은 없다. 우리 앞에는 주님께서 이미 차려놓으신 잔칫상이 있다. 보이는가? 누리고 있는가? 사람들은 잔칫상을 앞에 두고도 다른 곳에 마음이 팔려 있다. 이미 우리 삶이 기적이고 은총인데 말이다. 오늘 우리가 살고 있는 세계는 우울증이 만연하고 있다. 보다 긍정적인 자기 정체성이 필요한 때이다. 누군가가 나를 귀한 존재로 여겨준다는 사실보다 더 가슴 벅찬 일은 없다.

언젠가 유럽 여정을 통해 나는 정말 큰 기쁨을 맛보았다. 가는 곳마다 지극한 정성으로 환대해 주었던 이들을 잊을 수 없다. 뒤셀도르프에서, 두이스부르크에서, 베를린에서, 뮌헨에서, 파리에서 맞아주었던 이들은 모두 나를 귀한 손님으로 맞아주었다. 과분한 사랑을 받았다. 이런 여정을 통해 하나님은 나로 하여금 지극한 환대를 경험케 하셨는데, 나를 환대의 삶으로 부르시기 위해 계획하셨다는 생각이 들 정도였다. 그분들이 보여준 개방성과 존경, 부드러움과 정성은 결코 잊을 수 없을 것이다.

프랑스에 있는 동안 팝의 황제라 불리던 마이클 잭슨Michael Jackson이 세상을 떠났다는 소식을 들었다. 그의 노래를 들은 적이 별로 없지만 그가 만드는 무대가 세계 최고 수준이라는 말은 여러 번 들었다. 가끔 외신을 통해 그의 얼굴이 점점 이상해지는 것을 보며 안타깝게 여기곤 했다. 흑인으로서의 자기 정체성을 인정하고 싶지 않아 계속되는 성형으로 그의 얼굴은 이상하게 변했던 것이다. 인터내셔널 헤럴드 트리뷴International Herald Tribune지에 실린 그에 관한 기사를 보았다. 기자는 그를 가리켜 '인종적 패러독스'라고 말했다. 그는 날이 갈수록 코카서스 사람처럼 변해가더니 급기야는 그의 얼굴이 그의 가면이 되고 말았다는 것이다. 그는 세계적인 슈퍼스타였음에도 불구하고 그의 유전자 속에 깊이 각인된 흑인으로서의 열등감을 극복할 수 없었던 것 같다. 어린 시절 아버지로부터 들은 '너는 추하다'는 말이 어쩌면 그의 일생을 그렇게 만든 것인지도 모른다. 그는 최고의 자리에 올랐지만 불행했다. 자기를 마음으로 인정할 수도, 자기와의 불화를 극복할 수도 없었기 때문이다.

나를 귀한 손님으로 여겨 주시는 주님을 마음 깊이 경험한 사람은 자기 생을 긍정할 수 있다. 자기 생을 경축하며 살 수 있다. 하나님이 우리를 사랑하시는데 두려워해야 할 일이 무엇인가? 이 사실 하나 깨닫지 못해 우리는 지옥의 주민으로 살아간다. 이 사랑받은 사람은 이제 그 사랑을 다른 이들에게도 나누어 주어야 한다. 삶의 희망조차 빼앗겨, 겨울 공화국에서 살아가는 것 같은 우리 이웃들에게 우리는 봄소식이 되어야 한다. 프랑스 시인 이브 본느프와Yves Bonnefoy의 시 〈진정한 장소〉를 들어보자.

> "가까이 다가오는 이에게 자리를 내줄 것/그는 춥고 집이 없는 자이기에.//외딴 집의 불 켜진 문지방에/호롱불 타는 소리에 이끌린 자이기에.//불안과 피로에 그가 지쳐 있다면/그를 위해 회복의 말을 다시 해주기를.//단지 침묵하던 이 마음에 무엇이 필요하리.//성호와 기도의 말이 아니라면/밤중에 느닷없이 만난 작은 불빛 같은 것이 아니라면/가난한 집의 조촐한 식탁을 넘겨보기가 아니라면."

어두운 밤에 느닷없이 만난 작은 불빛은 길을 잃은 이들에게는 기적이다. 우리에게 주님께서 그러셨듯이, 또 주님이 보내신 이들이 그러했듯이 우리도 또한 누군가에게 작은 불빛과도 같은 존재가 되어야 한다. '주님께서 나와 함께 계시다.' 이 네 단어가 칸트에게 그러했듯이, 위험사회 속에서 살아가는 우리들의 가슴에도 깊은 울림으로 다가오기를 바란다.

영혼의

새로봄

봄빛으로 오는 말씀

예루살렘아, 주님께 영광을 돌려라. 시온아, 네 하나님을 찬양하여라. 주님이 네 문빗장을 단단히 잠그시고, 그 안에 있는 네 자녀에게 복을 내리셨다. 네가 사는 땅에 평화를 주시고, 가장 좋은 밀로 만든 음식으로 너를 배불리신다. 주님이 이 땅에 명령만 내리시면, 그 말씀이 순식간에 퍼져 나간다. 양털 같은 눈을 내리시며, 재를 뿌리듯 서리도 내리시며, 빵 부스러기 같이 우박을 쏟으시는데, 누가 감히 그 추위 앞에 버티어 설 수 있겠느냐? 그러나 주님은 말씀을 보내셔서 그것들을 녹이시고, 바람을 불게 하시니, 얼음이 녹아서, 물이 되어 흐른다. 주님은 말씀을 야곱에게 전하시고, 주님의 규례와 법도를 이스라엘에게 알려 주신다. 어느 다른 민족에게도 그와 같이 하신 일이 없으시니, 그들은 아무도 그 법도를 알지 못한다. 할렐루야(시편 147:12-20).

두 개의 세계

—

1년 365일, 똑같은 24시간을 살면서도 우리가 경험하는 하루의 내용은 같지 않다. 겨울날과 봄날이 다르고, 여름날과 가을날이 다르다. 옛사람들은 일 년을 태양의 움직임을 중심으로 24절기로 나누어 놓았다. 절기라 할 때의 '절'은 '마디 절節'이다. 이 글자에는 대나무 죽竹자가 포함되어 있다. 대나무가 높이 자랄 수 있는 것은 마디가 있기 때문이듯이, 우리가 시간의 강물을 지치고 않고 건널 수 있는 것은 시간의 매듭인 절기가 있기 때문이다. 우리는 지금 여전히 겨울을 지나고 있지만 이미 입춘立春이 지나고, 대동강물도 풀린다는 우수雨水를 앞두고 있다. 봄이 어느 골목 어귀를 서성이며 이렇게 지체하고 있는지 모르겠지만 분명한 사실은 지금은 겨울의 끝자락이라는 사실이다.

사순절이 시작되는 이맘때쯤이면 각급 학교 졸업식이 있다. 귀여운 유치부 어린이들로부터, 의젓한 초등학생, 듬직한 중학생, 그리고 조금씩 어른 티가 나는 고등학생, 그리고 취직걱정 때문에 다소 지쳐 보이는 대학생들…. 저들은 저마다의 꿈을 가지고 새로운 시작을 준비하고 있다. 졸업이란 인생에서 하나의 매듭을 짓는 일이다. 매듭은 성장의 멈춤이 아니라 새로운 성장의 출발점이다.

우리는 두 개의 세계에서 살고 있다. 하나는 일상의 세계다. 그것은 먹고 일하고 자고 남들과 경쟁하는 세계이다. 여기서는 유능한 사람이 인정을 받는다. 하지만 이 세계는 승리자가 소수이고 패배자가 다수인 세상이다. 우리가 살아가는 또 다른 세상이 있다. 그것은 신앙의 세계이고 영혼의 세계이다. 이 세계에서는 유능한 사람보다는 친절한 사람이 높임을 받는다. 일상의 세계를 규정하는 하나의 단어는 '경쟁'이지만, 신앙의 세계를 규정하는 단어는 '사랑'이다. 이 세계는 모두가 승리자가 될 수 있는 열린 세계다. 여기 아름다운 동화 한 편을 소개한다.

헨리에타의 첫겨울

—

헨리에타는 아직 아가예요. 헨리에타의 엄마는 봄에 하늘나라로 가셨어요.

헨리에타를 낳느라 너무 힘이 들어서 그랬대요.

숲 속엔 가을이 왔어요. 헨리에타는 나뭇잎들이 노란색, 갈색으로

물들어가는 숲을 바라보았어요.

숲 속 동물들은 딱딱한 열매와 물렁물렁한 열매들을 모으느라 바빴어요.

"헨리에타야, 너도 얼른 겨울 먹을거리를 모아 놓아야지.

겨울이 오면 나무들은 모두 옷을 벗는단다.

그래서 먹을거리가 하나도 남지 않게 돼." 하고 동물들이 말했어요.

그 말을 듣고 헨리에타도 땅을 파서 먹을거리를 넣어 둘 곳간을 만들었지요.

그러고는 밖으로 나가 열매들을 찾아다녔어요.

곳간은 금방 먹을거리로 가득 찼어요.

헨리에타는 의자에 앉아 깊은 잠에 빠졌어요.

'후두둑후두둑' 하는 소리에 헨리에타는 그만 잠에서 깼어요.

밖에 비가 내리고 있었던 거예요. 그런데 이게 웬일일까요?

'후두둑'거리는 소리가 집 안에서도 들리잖아요.

헨리에타는 얼른 곳간 문을 열어 보았어요.

'쏴아' 하는 소리와 함께, 헨리에타의 겨울 먹을거리들이 쏟아져 나오더니,

집 밖으로 흘러나가 땅바닥에 흩어지고 말았어요.

헨리에타는 빗물이 새어 들어온 구멍을 막은 다음,

장화를 꺼내 신고 밖으로 나갔어요.

열매들을 다시 찾아와야 하니까요.

다행히 곳간은 다시 가득 채워졌어요. 헨리에타는 차를 한 잔 따끈하게 데워서 마시고는, 따뜻한 벽난로 옆에 앉아서 눈을 붙였어요.

하지만 헨리에타는 깜짝 놀라 눈을 떴어요. 곳간에서 무언가를 '와작와작' 씹어 먹는 소리가 들려 왔거든요. 헨리에타는 곳간 문을 살며시 열었어요.

곳간 안에는 꿈틀거리며 기어다니는 온갖 벌레들이 모여서 헨리에타가 모아 놓은 열매들을 몽땅 먹어치우고 있었어요. "얌얌, 맛있다!" 하면서요.

헨리에타는 벌레들을 모두 곳간 밖으로 쫓아냈어요.

불쌍한 헨리에타! 이제 남아 있는 거라고는 빈 껍질들뿐이었어요.

헨리에타는 내일 또다시 숲 속을 돌아다니며 열매를 찾아야 했어요.

다음날이 되었어요. 벌써 날씨가 많이 쌀쌀해졌어요.

나뭇잎들도 거의 다 떨어져 버렸고, 열매들도 얼마 남아 있지 않았어요.

헨리에타가 다시 곳간을 가득 채울 만큼 열매들을 모으려면,

시간도 많이 걸리고 몸도 몹시 피곤할 거예요.

숲 속 동물 친구들이 혼자 열매를 찾으러 다니는 헨리에타를 보았어요.

그러고는 모두들 집 밖으로 나왔어요.

동물 친구들은 헨리에타가 곳간을 다시 가득 채우는 걸 도와주었어요.

헨리에타는 너무 기분이 좋아서 동물 친구들을 불러모아 잔치를 열었어요.

정말 멋진 잔치였어요.

친구들은 모두 자기 집으로 돌아갔어요. 그런데 이걸 어쩌죠?

잔치를 하느라 열매들을 모두 먹어 버렸지 뭐예요.

헨리에타는 창 밖을 내다보았어요. 눈이 온 숲 속을

하얗게 뒤덮어 버렸어요. 헨리에타는 이제 어떻게 해야 할까요?

숲 속엔 열매라고는 하나도 남아 있지 않을 텐데 말이죠.

헨리에타는 너무 피곤한 데다가 배가 몹시 불렀어요.

"아흠, 너무 졸려. 먼저 잠을 좀 자야겠어."

헨리에타는 혼자 중얼거렸어요.

"한숨 자고 일어나서 열매를 찾아봐야지.

혹시 눈 밑에 부스러기라도 남아 있을지 모르니까."

하지만 헨리에타가 깊은 잠에서 깨어났을 땐….

숲 속엔 벌써 봄이 왔어요!

(롭 루이스, 《헨리에타의 첫겨울》)

아직 비지 않은 창고

—

헨리에타는 세상일에 미숙하다. 배워야 할 것이 많다. 그래서 주위에 있는 동물들이 헨리에타에게 이런저런 조언을 해준다. 친절한 이웃들이다. 헨리에타는 여러 가지 어려움을 몸으로 겪으면서 조금씩 조금씩 세상일에 익숙해진다. 먹을 양식이 물에 휩쓸려갔을 때에도, 벌레가 양식을 다 먹어치웠을 때에도 헨리에타는 낙심하지 않았다. 다시 시작할 용기가 있었기 때문이다. 그리고 무엇보다도 그에게는 어려움을 함께 나눌 친구들이 있었기 때문이다. 친구들의 도움으로 겨울나기를 위한 양식을 다 모았을 때, 헨리에타는 기쁜 나머지 그 멋진 친구들을 위해 신명난 잔치를 베풀었다. 그 때문에 양식 창고가 텅 비어버렸다. 헨리에타는 아직 살림을 규모 있게 할 줄 몰랐기 때문이다. 하지만 창고는 비었지만 한 가지 비지 않은 것이 있었다. 그것은 생에 대한 낙관론이었다. 헨리에타는 염려로 파리해지기는커녕 잠을 맛있게 잘 수 있었다. 그리고 잠에서 깨어났을 때는 이미 봄이었다. 헨리에타가 두 번째 맞는 겨울에는 삶에 좀 더 익숙해졌을지 모르겠다. 하지만 그 때문에 헨리에타가 나눌 줄 모르는 욕심 많은 다람쥐가 아니었으면 좋겠다.

오늘의 시인도 낙관론자다. 생의 어려움을 몰라서가 아니다. 온갖 어려움 속에서도 그는 흔들리지 않았다. 그의 생을 든든하게 받쳐 주는 것은 하나님이 살아 계시다는 확신이었다. 신학자 폴 틸리히Paul Tillich는 하나님을 가리켜서 '존재의 근거'라 했다. 그러면서 하나님은 피라미드의 맨 꼭대기에 계신 분이 아니라, 그 밑바닥에 있으면서 모든 것들을 있게 해주는 밑바탕이라고 했다. 생각해 보면 그처럼 그럴듯한 말이 없다. 눈이 어두워 그렇지, 신앙의 눈을 뜨고 보면 하나님이 우리 삶의 모든 순간마다 함께하고 계심을 알 수 있다.

시인이 경험한 하나님은 어떤 분인가? '마음이 상한 사람을 고치시고, 그 아픈 곳을 싸매어 주시는 분'(3절)이시다. '불쌍한 사람을 도와주시고, 악인을 땅 바닥까지 낮추시는 분'(6절)이시다. '별들의 수효를 헤아리시고, 그 하나하나에 이름을 붙여 주시는 분'(4절)이시다. '하늘을 구름으로 덮으시고, 땅에 내릴 비를 준비하시어, 산에 풀이 돋게 하시며, 들짐승에게, 우는 까마귀 새끼에게 먹이를 주시는 분'(8-9절)이시다. 당신을 믿고 의지하는 사람을 위해 '문빗장을 단단히 잠그시고, 그 안에 있는 자녀들에게 복을 내리시는 분'(13절)이시다. '양털 같은 눈을 내리시며, 재를 뿌리듯 서리를 내리시며, 빵 부스러기 같이 우박을 쏟으시지만' 때가 되면 말씀을 보내셔서 그것들을 녹이시고, 바람을 불게 하셔서 얼음이 녹아 물이 되어 흐르게 하신다.

복 있도다, 말씀의 전달자들

—

여기에서 우리는 중요한 생의 비밀을 발견한다. 우리 생에 봄을 가져오는 것은 하나님의 말씀이다. 하나님의 말씀이 우리 가슴에 깊이 들어올 때 우리 가슴에 맺혀 있던 미움과 질시의 얼음은 녹고, 사랑과 이해와 존경의 물이 흘러 메말랐던 생명을 되살리게 된다. 교사들은 하나님의 말씀의 전달자들이다. 하지만 하나님의 말씀은 '언어'로만 전해지는 것이 아니다. 하나님의 말씀은 오히려 그 말씀에 사로잡힌 사람들의 삶을 통해 전달된다. 이 거룩한 소명으로 부름을 받은 사람들은 행복하다.

사순절 순례의 길에서 우리가 하나님께 마음을 들어 올리면 하나님은 우리 영혼을 얼어붙게 만들었던 서리도 우박도 얼음도 다 녹여 주실 것이다. 우리 마음에 봄이 와, 우리가 물이 되어 흐른다면 잠들었던 생명들이 깨어날 것이다. 그 생명들의 수런거림을 통해 하나님은 영광을 받으실 것이다. 우리는 이 세상에 봄소식을 전하라고 부름 받은 사람들이다. 생에 대해 미숙하기 이를 데 없었던 헨리에타가 살 수 있었던 것은 마음 따뜻한 이웃들이 있었기 때문이듯이, 우리들도 우리 곁에 머물고 있는 헨리에타들의 좋은 이웃이 되어야 한다. 이것이 진리의 순례자들이 택해야 할 길이다. 신앙인들이 머무는 곳마다 막혔던 물줄기가 이어지고, 인정의 꽃·사랑의 꽃·평화의 꽃이 피어나기를 기원한다.

말씀 등불 밝히고

주님, 주님께서는 신실한 사람에게는 주님의 신실하심으로 대하시고, 흠 없는 사람에게는 주님의 완전하심을 보이시며, 깨끗한 사람에게는 주님의 깨끗하심을 보이시며, 간교한 사람에게는 주님의 절묘하심을 보이십니다. 주님께서는 연약한 백성은 구하여 주시고, 교만한 눈은 낮추십니다. 아, 주님, 진실로 주님은 내 등불을 밝히십니다. 주 나의 하나님은 나의 어둠을 밝히십니다. 참으로 주님께서 나와 함께 계셔서 도와주시면, 나는 날쌔게 내달려서 적군도 뒤쫓을 수 있으며, 높은 성벽이라도 뛰어넘을 수 있습니다. 하나님께서 하시는 일은 흠도 없으십니다. 주님께서 하시는 말씀은 티도 없으십니다. 주님께로 피하여 오는 사람에게 방패가 되어 주십니다(시편 18:25-30).

해마다 12월 셋째 주일은 성서주일로 지킨다. 성경은 세상에서 가장 많은 언어로 번역된 책이다. 그것은 의심의 여지가 없다. 또한 가장 많은 출판부수를 기록한 책이기도 하다. 우리는 성경을 하나님의 말씀이라고 한다. 그래서인가? 사람들은 그 귀한 말씀을 잘 보존하려고 가방 속에 혹은 책꽂이에 잘 꽂아둔다. 해가 지나도 깨끗한 성경은 자랑거리가 될 수 없다. 왜 성경을 읽지 않느냐고 물어보면 읽어도 잘 모르기 때문이라고 대답하는 이들이 많다. 그런 이들을 위해서 이야기를 하나 들려주려고 한다.

재능보다는 꾸준함이 낫다

—

황상은 열다섯 살 나던 해인 1802년 10월에 다산 정약용 선생을 처음으로 만났다. 당시 다산은 천주학쟁이로 몰려 강진으로 귀양 가 있었다. 황상은 서울에서 온 훌륭한 선생님이 아전의 아이들 몇을 가르친다는 말을 듣고 용기를 내어 주막집을 찾아가 발치에 앉아 엉거주춤한 자세로 글을 배웠다. 그때의 만남이 참 아름답다. 이레째 되는 날 다산이 황상에게 문사文史 공부할 것을 권했다.

그는 쭈뼛쭈뼛하더니 부끄러운 빛으로 사양하며 이렇게 말했다.

"선생님! 제게는 세 가지 병통이 있습니다. 첫째는 너무 둔하고, 둘째는 앞뒤가 꽉 막혔으며, 셋째는 답답한 것입니다."

황상이 말했다.

"배우는 사람에게 큰 병통이 세 가지가 있다. 네게는 그것이 없구나. 첫째 외우는 데 민첩한 사람은 소홀한 것이 문제다(한 번만 보면 척척 외우는 사람들은 그 뜻을 깊이 음미할 줄 모르기에 금방 잊어버리고 만다). 둘째로 글 짓는 것이 날래면 글이 들떠 날리는 게 병통이지(제목만 주면 글을 쉽게 지어내는 사람들은 똑똑하다고는 할 수 있지만, 저도 모르게 경박하고 들뜨게 되는 것이 문제다). 셋째 깨달음이 재빠르면 거친 것이 폐단이다(한 마디만 던져주면 금세 말귀를 알아듣는 사람들은 곱씹지 않으므로 깊이가 없다). 대저 둔한데도 계속 천착하는 사람은 구멍이 넓게 되고, 막혔다가 뚫리면 그 흐름이 성대해진단다. 답답한데도 꾸준히 연마하는 사람은 그 빛이 반짝반짝하게 된다(자신이 둔한 줄 알기에 꾸준히 노력하는 사람은, 언젠가는 크게 이루게 마련이다. 끝이 둔한 송곳으로 구멍을 뚫기는 어렵다. 하지만 일단 뚫고 나면 웬만해서는 막히지 않는다). 천착을 어떻게 해야 할까? 부지런히 해야 한다. 뚫는 것은 어찌하나?

부지런히 해야 한다. 연마하는 것은 어떻게 할까? 부지런히 해야 한다. 네가 어떤 자세로 부지런히 해야 할까? 마음을 확고하게 다잡아야 한다"(정민, 《미쳐야 미친다》, 182-183쪽에서).

삶의 날실

—

이게 학문의 길에만 해당하는 이야기이겠는가? 성경을 읽는 것도 마찬가지다. 성경을 하나님의 말씀으로 믿고, 당장에는 깨달음이 없더라도 꾸준히 읽고, 그 말씀에 비추어 자기 삶을 조율해 나가는 사람은 때가 되면 자기 앞에 활짝 열린 길을 보게 될 것이다. 정규교육은 받지 못했지만 삶의 명인처럼 보이는 분들이 있다. 뭉툭하지만 말씀을 붙들고 평생을 살아가는 이들에게서 우리는 태산 같은 든든함을 발견한다. 우리가 성경을 읽는 것은 삶에 지침이 될 만한 경구를 찾기 위해서가 아니다. 그럴 목적이라면 명심보감을 보면 된다. 우리가 성경을 읽는 까닭은 하나님이 바라시는 모든 내용이 거기 담겨 있기 때문이다.

> 모든 성경은 하나님의 영감으로 된 것으로서 교훈과 책망과 바르게 함과 의로 교육하기에 유익합니다. 성경은 하나님의 사람을 유능하게 하고, 그에게 온갖 선한 일을 할 수 있게 하는 것입니다(디모데후서 3:16-17).

성경은 사람을 온전케 한다. 그리고 선한 일을 하도록 준비시킨다. 그렇기에 자기 스스로 만족에 겨워 살아가는 사람들은 성경을 읽지 않는다. 위로부터의 간섭이 싫은 사람도 마찬가지다. 성경을 읽는다는 것은 우리 삶을 어떻게 성화시킬 것인가를 묻는다는 것을 의미한다. 성경에는 하나님의 정의를 요구하는 억울한 이의 비명이 있다. 또 가장 힘겨운 처지에 빠진 사람이 부르는 희망의 노래가 있다. 인간의 비열함과 음모가 빚어낸 악의 현실이 있고, 그것을 선으로 바꾸시는 하나님의 능력이 있다. 성경을 읽으면 우리 속에 용기가 생긴다. 힘이 생긴다.

성경이라 할 때 '경經'은 '도리, 법도, 날실'을 뜻하는 단어다. 날실은 피륙을 짤 때 도리(기둥과 기둥 위에 건너 얹어 그 위에 서까래를 놓는 나무)와 바탕받침에 미리 둘러 친 실을 의미한다. 거기에 실을 끼워 넣은 후 바디로 내리치면 씨줄이 한 줄씩 짜이게 되는 것이다. 언제나 중심은 날실이다. 우리 삶도 그렇다. 날줄이 팽팽해야 그것을 바탕으로 삶이 실하게 구성되는 것이다. 성경은 우리 삶이 욕망을 따라 흘러가지 않도록 지탱해 주는 소중한 버팀목이다.

하나님, 움직이는 거울

—

성경이 증언하고 있는 하나님은 어떤 분이실까?

> 주님, 주님께서는 신실한 사람에게는 주님의 신실하심으로 대하시고, 흠 없는 사람에게는 주님의 완전하심을 보이시며, 깨끗한 사람에게는 주님의 깨끗하심을 보이시며, 간교한 사람에게는 주님의 절묘하심을 보이십니다(25-26절).

한마디로 하나님은 거울과 같으시다. 거울에 비친 상은 정확히 우리 자신의 모습이다. 우리가 하나님 앞에 서는 것은 거울에 비추어 보듯 자기 자신을 비추어 보기 위해서다. 있는 그대로의 자기 모습에 직면할 때 우리는 주님의 자비하심을 구하지 않을 수 없다.

그런데 우리가 믿는 하나님은 거울처럼 우리의 모습을 비춰 주시기만 하는 분이 아니시다. 하나님은 우리 삶에 개입하시는 분이시다. 그렇기에 그 분은 움직이는 거울이라 할 수 있다. 잘못된 것은 꾸짖고, 잘한 일에 대해서는 함께 기뻐해 주신다. 시인은 이것을 간결하게 요약하고 있다.

> 주님께서는 연약한 백성은 구하여 주시고, 교만한 눈은 낮추십니다(27절).

성경 어디를 보아도 우리는 인간이 빚어낸 온갖 모순과 무질서를 바로잡아 가시는 하나님을 만날 수 있다. 힘이 있다고, 돈이 있다고 마음이 교만해진 자는 낮추시고, 스스로 살아갈 힘을 잃은 사람은 붙들어 일으켜 주신다. 지친 사람에게 새 힘을 불어넣어 주신다. 하나님이 가장 미워하시는 것은 교만이다. 7세기에 살았던 시나이의 수도자 요한 클리마쿠스John Climacus는 교만에 대해 이렇게 말하고 있다.

> "교만이란 하나님을 부인하는 것이고 악마의 발명품이며 인간에 대한 경멸이다. 그것은 비난의 어머니이고 칭찬의 자식이며 불모의 상징이다. 하나님의 도우심으로부터 도망치는 것이고 광기의 선구자이며 몰락의 창조자이다. 마귀에 들리는 원인이고 분노의 원천이며 위선으로 가는 통로이다. 그것은 악마의 요새, 죄의 후견인, 냉혹함의 근원이다. 연민의 부정이요, 지독한 위선자요, 무자비한 심판관이다. 교만은 하나님의 원수이다. 신성을 모독하는 뿌리이다."

하나님이 교만을 미워하시는 까닭은 인간을 사랑하시기 때문이다. 그것이 무너져야 인간은 자유롭게 하나님을 경배하는 사람이 될 수 있다. 하지만 어떻게 해야 교만의 늪에서 벗어날 수 있을까?

샛별이 마음에 떠오르기까지

—

하나님이 우리 속에 오셔야 한다. 아니, 이미 우리 속에 계신 주님을 우리가 알아보아야 한다. 눈이 있다고 보는 것이 아니다. 빛이 있어야 볼 수 있다. 그런데 그 빛은 우리가 만들 수 있는 것이 아니다. 그것은 주님의 은총으로부터 오는 것이다. 시인은 고백한다.

> 아, 주님, 진실로 주님은 내 등불을 밝히십니다. 주 나의 하나님은 나의 어둠을 밝히십니다(28절).

하나님이 우리 등불을 켜시는 방법은 여러 가지일 것이다. 하지만 가장 보편적인 것은 말씀에 대한 깨달음을 통해 온다. 읽지 않고 듣지 않는 사람이 깨달을 수는 없다. 운동선수들이 슬럼프에 빠지면 코치들은 그들에게 가장 기본적인 동작을 반복하도록 한다. 그 동작을 반복하면서 그들은 서서히 회복되는 것이다. 요동치는 버릇이 든 물은 바다에 이르러야 고요해지듯이, 우리 삶이 갈피를 잡을 수 없게 되었다면 삶의 기본을 가르쳐 주는 성경으로 거듭해서 돌아가야 한다. 하나님의 말씀을 읽고 깊이 묵상하는 가운데 우리는 이전에는 볼 수 없었던 길을 발견하게 될 것이다.

또 우리에게는 더욱 확실한 예언의 말씀이 있습니다. 여러분의 마음속에서 날이 새고 샛별이 떠오를 때까지, 여러분은 어둠 속에서 비치는 등불을 대하듯이, 이 예언의 말씀에 주의를 기울이는 것이 좋습니다(베드로후서 1:19).

말씀은 어두운 데를 밝히는 등불이다. 말씀을 붙들고 살아가는 사람은 길을 잃지 않는다. 예수님은 말씀이 육신이 되어 우리 가운데 오셨다. 주님은 자신을 가리켜 '나는 길이다' 하고 말씀하셨다. 말씀을 붙들고 사는 사람은 그 길이 되는 사람이다. 하반신 장애자인 유진서 씨는 누구와 대화를 할 때마다 음식을 받아먹듯이 이야기에 집중한다. 그러고는 이렇게 말한다. "오늘 해주신 말씀의 씨앗을 잘 키워서 여물면 다른 사람들에게도 나눠 주겠습니다." 이런 마음으로 말씀과 만나면 그는 새로운 사람이 될 수밖에 없다. 하나님의 말씀을 읽고, 그 말씀 따라 살다가 마침내 "하나님께서 하시는 일은 흠도 없다. 주님께서 하시는 말씀은 티도 없다"(30절)는 시인의 고백이 우리의 고백이 되기를 바란다.

말씀을
길로 삼아

복 있는 사람은 악인의 꾀를 따르지 아니하며, 죄인의 길에 서지 아니하며, 오만한 자의 자리에 앉지 아니하며, 오로지 주님의 율법을 즐거워하며, 밤낮으로 율법을 묵상하는 사람이다. 그는 시냇가에 심은 나무가 철따라 열매를 맺으며 그 잎이 시들지 아니함 같으니, 하는 일마다 잘 될 것이다. 그러나 악인은 그렇지 않으니, 한낱 바람에 흩날리는 쭉정이와 같다. 그러므로 악인은 심판 받을 때에 몸을 가누지 못하며, 죄인은 의인의 모임에 참여하지 못한다. 그렇다. 의인의 길은 주님께서 인정하시지만, 악인의 길은 망할 것이다(시편 1:1-6).

옛날 어느 선생님이 사람 인人자 다섯을 써 놓고는 제자들에게 해석해 보라고 했다. 제자들이 뜻을 헤아리지 못하고 머뭇거리자 스승은 그 뜻을 친절하게 새겨 주었다. '사람이면 다 사람인가 사람이 사람다워야 사람이지.' 옳은 말이다. 그런데 문제가 있다. 사람들에게 사람다운 게 뭐냐고 물으면 선뜻 대답이 떠오르질 않는다. '~답다'는 접미사는 사전을 찾아보니 '일부 체언 밑에 붙어서, 그 체언이 지니는 성질이나 특성을 가지고 있다는 뜻의 형용사를 만드는 말'이라고 되어 있다. '목사답다', '아버지답다', '기독교인답다'는 말은 그래도 대충 느낌이 오는데, '사람답다'는 말은 감을 잡기가 좀 어렵다. 누가 사람다운 사람일까?

이중적인 책임

—

그는 두 가지 차원의 책임을 다하는 사람이 아닐까? 하나는 생명의 주인이신 하나님을 향한 책임이다. 정희수 감독이라는 분은 이것을 간명하게 '거룩성holiness'이라는 한 마디로 요약했다. 사람은 함부로 살면 안 된다. 우리는 자각하고 있든 그렇지 못하든 하나님이 보내신 존재이다. 그리고 언젠가는 보내신 분에게로 돌아가야 한다. 우리는 영화에서 기억 상실증에 걸린 사람들을 종종 본다. 어쩌면 우리야말로 기억 상실증 환자들인지 모른다. 우리가 하나님의 아들딸이라는 사실을 잊어버리고 살아간다. 우리가 예배를 드리는 것은 가물가물해지는 우리의 기억을 회복하기 위해서인지도 모른다. 우리 생명이 얼마나 존엄한 것인지를 모르고, 육체가 하자는 대로 응답하며 살아가는 것은 자기 존재에 대한 배신이고, 어버이이신 하나님에 대한 불효이다. 우리에게 남은 시간은 내 뜻, 내 욕심을 자꾸 덜어 내고 그 자리에 하늘의 뜻을 채우는 과정이어야 한다.

또 다른 책임은 함께 살아가는 이웃들을 향한 것이다. 에덴 이후를 살고 있는 사람은 타인에 대해서 적대적인 태도를 보일 때가 많다. 우리는 동생을 죽인 후 "네 동생이 어디 있느냐?"는 하나님의 물음에 "내가 내 동생을 지키는 자입니까?"라고 항변했던 가인의 후예들이다. 사람답게 산다는 것은 우리 속에 있는 이런 이기적이고 배타적이고 무정한 성정을 극복하면서 누군가의 좋은 이웃이 되는 데 있다. 정희수 감독은 이것을 '환대hospitality'라는 말로 요약했다. 누구라도 와서 마음 편히 쉬어 가고, 살아갈 힘을 회복할 수 있는 환대의 공간을 만드는 것이야말로 부름 받은 우리의 소명이다. 이렇듯 하나님에 대한 책임과 이웃에 대한 이중적 책임을 잘 감당하는 사람을 사람다운 사람이라고 말하고 싶다.

숙제를 마칠 수 있는 기회

—

그런데 그게 말처럼 쉽지 않다. 어느 날 문득 나 자신이 낯설게 느껴질 때가 많다. 면도를 하려고 거울을 들여다보다가 생기를 잃은 나 자신의 모습과 마주칠 때가 있다. 《백설공주》에 나오는 왕비라면 '거울아 거울아 세상에서 누가 제일 예쁘니?' 하고 묻겠지만, 나는 거울 속에 있는 그 사나이의 시선을 자꾸 피하려고 한다. 현대인들이 침묵과 고요를 싫어하는 것은 어쩌면 자기의 실상과 마주하기 싫기 때문인지 모른다. 하지만 어느 순간 자기와 딱 마주치게 되면 절로 이런 노래가 나온다. "어느 날 난 낙엽 지는 소리에 갑자기 텅 빈 내 마음을 보았죠." 뭔가 이게 아닌데 하는 느낌, 길을 잘못 든 듯한 느낌이 드는 것이다. 왜일까? 그것은 세월에 등 떠밀리며 사는 동안 '나' 곧 세상의 어느 누구도 대신해 줄 수 없는 '나'의 존재이유를 묻지 않았던 결과이다. 인생의 의미물음Sinn-frage에 스스로 대답을 준비하지 않은 이들은 언제라도 허무에 직면하지 않을 수 없다. '다 늙어서 무슨 인생의 의미물음? 그냥저냥 살다 가는 거지.' 이런 생각을 하는 이도 있겠지만 살아 있는 한 우리는 끝까지 그 물음 앞에 서야 한다.

시인은 '복 있는 사람'과 '악인'을 대조하고 있다. 시인은 복 있는 사람의 생을 드러내기 위해 일단 악인들을 반면교사反面教師로 내세우고 있다.

복 있는 사람은 악인의 꾀를 따르지 아니하며, 죄인의 길에 서지 아니하며, 오만한 자의 자리에 앉지 아니하며(1절).

복 있는 사람에 대해서 말하고 있지만 사실 이 구절은 누가 복 없는 사람인가를 보여 주고 있다. 그는 악인의 꾀를 따르는 사람이고, 부귀영화를 좇아 죄인의 길을 따라 걷는 사람이고, 스스로의 성취에 도취되어 영혼이 굳어진 사람들이다. '꾀'는 '일을 그럴 듯하게 꾸미는 교묘한 생각이나 수단'을 뜻한다. 우리말에서 '꾀'는 대체로 부정적인 의미를 갖는다. '꾀보', '꾀자기', '꾀병'이라는 단어만 생각해 보아도 알 수 있다. 악인의 꾀는 달콤하다. 달콤하기에 현혹되기 쉽다. 악인이 판치는 세상에서 정도를 묵묵히 걷는 사람들은 어리석거나 융통성 없는 사람이라는 평을 듣게 마련이다. 정말 그들이 어리석은 걸까? 그렇지 않다. 꾀보들은 부자가 될 수 있고, 높은 자리에 앉을 수도 있다. 하지만 그들은 기껏해야 모래 위에 집을 짓는 사람과 같다. 어느 순간 든든하다고 여겼던 그들의 집은 허물어지고 벌거벗은 그들의 모습이 백일하에 드러난다. 이게 역사의 순리다. 시인은 악인을 가리켜 "한낱 바람에 흩날리는 쭉정이와 같다"고 말한다.

그러므로 악인은 심판 받을 때에 몸을 가누지 못하며, 죄인은 의인의 모임에 참여하지 못한다… 악인의 길은 망할 것이다(5-6절).

못을 박듯 들려주는 이스라엘 지혜자의 음성이 강력하다. '악인의 길은 망한다.' 사람이 사람답게 살기 위해서는 삿됨이 드나들 길을 막고, 헛된 유혹이 흘러들 틈을 막아버려야 한다. 그러기 위해서는 우리 속에 든든함이 있어야 한다. 삶의 원칙이 분명해야 한다.

대나무는 마디 있음을 귀히 여긴다竹貴有節죽귀유절

원칙을 세우는 것이 아름다운 삶의 비결이다. '대나무는 마디 있음을 귀히 여긴다'는 말이 있다. 대나무가 매운바람에도 꺾이지 않는 것은 마디가 있기 때문이다. 사람살이에도 마디가 필요하다. 성경은 그 마디가 무엇인지를 가르쳐 주는 책이다. '성경'의 '경經'은 베나 천의 날줄 그러니까 세로줄을 일컫는 말이다. 옛날 어머니들이 베나 가마니를 짜던 모습을 떠올려본다. 날줄을 먼저 틀에 걸어 놓은 후에 북으로 씨줄을 넣고 바디로 내리친다. 중심이 되는 것은 날줄이다. 우리 삶도 그렇다. 세로의 중심, 수직의 중심이 바로 서야 삶도 가지런해지는 법이다. 성경은 우리 인생의 날줄이다. 시편 1편 시인은 복 있는 사람에 대해서 이런저런 잡다한 설명을 다 생략하고 단 한 마디의 말로 핵심에 이르고 있다. 누가 복 있는 사람인가? 그는 "오로지 주님의 율법을 즐거워하며, 밤낮으로 율법을 묵상하는 사람"이다.

하나님의 말씀을 길로 삼은 사람이 복된 사람이다. 어떠한가? 우리는 복된 인생을 살고 있나? 한 해가 다 지나가는 데도 성경 구절 하나가 내 속에 들어와 나의 길이 되지 않았다면 부끄러운 일이 아닐 수 없다. 감리교회의 창시자인 존 웨슬리 목사의 별명은 '한 책의 사람'이다. 물론 여기서 '한 책'이란 성경을 가리킨다. 그렇다고 해서 웨슬리가 다른 책은 거들떠보지도 않았다는 말이 아니다. 그는 정말 많은 책을 읽었다. 그럼에도 불구하고 그의 삶의 척도가 되어준 것은 언제나 성경이었다. 시인은 밤낮으로 율법을 묵상하는 사람이 복 있는 사람이라고 단적으로 말한다. 여기서 '율법'은 '하나님의 말씀'으로 바꿔 읽어도 무방하다. '묵상한다'는 말은 '하가hagah'의 번역어인데 그다지 적절한 번역은 아니다. '묵상한다' 하면 바닥이나 의자에 앉아 눈을 감고 고요히 앉아 있는 광경이 떠오른다. 하지만 이 단어는 마치 사자가 자기 먹이를 움키고는 기쁨에 겨워 으르렁거리는 것처럼, 말씀의 향기를 맡고, 씹고, 맛을 음미하는 과정 전체를 의미한다. 혹시 깨끗이 핥아놓은 개 밥그릇을 본 적이 있는가? 시인 정호승은 밥을 다 먹은 개가 빈 밥그릇 밑바닥을 핥고 또 핥는 광경을 보다가 문득 "나는 언제 저토록 열심히/ 내 밥그릇을 핥아보았나/밥그릇 밑바닥까지 먹어보았나" 생각해 본다. 어떤 일이든지 대충 해치우고 얼른 다른 일로 옮겨다니지 않았는가 돌아보는 것이다. 그러다가 그는 깨달음을 얻은 듯 말한다.

"그릇에도 맛이 있다
햇살과 바람이 깊게 스민
그릇의 밑바닥이 가장 맛있다"
〈밥그릇〉 중에서

불경스럽게 들릴 지 모르지만 하나님의 말씀을 묵상한다는 것은 그런 것이다. 그 밑바닥까지 핥고 또 핥는 것이다. 여러 번 읽는 것만이 능사가 아니라 철저히 읽는 것이 중요하다. 요한계시록에는 사도 요한이 바다와 땅을 밟고 서 있는 천사에게서 작은 두루마리를 받는 장면이 나온다. 그가 천사에게 손을 내밀자 천사가 말한다.

이것을 받아먹어라. 이것은 너의 배에는 쓰겠지만, 너의 입에는 꿀같이 달 것이다(요한계시록 10:9).

이게 무슨 말인가? 두루마리를 받아먹으라니? 하나님의 말씀은 귀로 듣는 것이 아니다. 온 존재로 받아들여야 한다. 우리가 먹는 것이 살과 피로 변하듯이 말씀은 우리의 인격과 삶으로 화육해야 한다. 귀로만 듣는 이들에게 하나님 말씀은 꿀같이 달다. 우리는 성경을 읽으며 감동 되는 구절에 밑줄을 긋는다. 하지만 그 말씀을 삶에 적용하는 일은 여간 어려운 일이 아니다. 하나님의 말씀은 우리 삶의 변화를 요구하기 때문이다. 그래서 많은 사람들이 하나님의 말씀을 읽지 않거나, 설사 읽는다 해도 밑줄만 긋는다. 말씀을 인용할 줄은 알지만 그 말씀을 삶의 척도로 삼아 나를 바꿀 생각은 하지 않는다.

하는 일마다 잘 된다니?

—

하나님의 말씀은 그렇게 읽는 것이 아니다. 존재 전체로 읽어야 한다. 그래서 어떤 이는 우리가 하나님의 말씀을 읽을 것이 아니라 말씀이 나를 읽도록 해야 한다고 말했다. 말씀 한 마디라도 붙잡고 철저히 궁구하다 보면 삶의 중추가 보이게 마련이다. 어떤 경우에도 흔들리지 않는 삶의 입장이 생긴다. 그걸 붙잡아야 삶이 요동치지 않는다. 시인은 그걸 이렇게 표현하고 있다.

그는 시냇가에 심은 나무가 철따라 열매를 맺으며 그 잎이 시들지 아니함 같으니, 하는 일마다 잘 될 것이다(3절).

이 구절을 읽으면서 늘 마음에 걸리는 것은 “하는 일마다 잘 될 것”이라는 대목이다. 이건 우리 현실 경험에 들어맞지 않는 것 같다. 공평함이 없는 세상에서 우리는 악인이 잘 되고, 선인들이 어려움을 겪는 현실을 목도한다. 그러면 시인의 이런 고백은 ‘원망사고願望思考, wishful thinking’에 지나지 않는 것일까? 여기에 우리의 딜레마가 있다. 단적으로 말하겠다. 하나님의 말씀을 따라 사는 사람은 ‘하는 일마다 잘 된다’는 말이 옳다. 하나님은 당신의 종들을 지키시고 보호하신다. 그들에게 복을 내리신다. 그들의 마음이 시들지 않게 생기를 불어넣어 주신다.

하지만 여기서 ‘잘 된다’는 말을 내 욕망이 이루어진다는 뜻으로만 생각하면 안 된다. 하나님 말씀대로 살다 보면 어려움도 겪는다. 예언자들의 운명이 그랬고, 사도들의 운명이 그랬다. 그럼 그들은 불행한 이들인가? 인간적으로 보면 그렇다. 하지만 영원의 관점에서 보면 그들은 승리자들이다. 하나님의 형상대로 지음 받은 나의 나됨을 지킨다는 것보다 소중한 일은 없을 것이다. 줏대가 바로 서면 조금 덜 먹어도, 조금 덜 편안해도 행복을 누릴 수 있다. 무슨 일을 만나든지 우리의 걸음걸이를 주님의 말씀에 굳게 세우려는 마음이 속에서 솟아나오는 순간 우리는 이미 하늘에 속한 사람이 되는 것이다.

세월이 흐를수록 우리 마음이 스산한 까닭은 창고에 많은 것을 거두어들이지 못해서가 아니라, 이루어야 할 존재의 목표로부터 멀어졌기 때문인지도 모른다. 다시 한 번 하나님의 말씀을 날줄로 삼고, 우리의 시간과 삶의 조건들을 씨줄로 삼아 사람다운 사람의 길을 걷는 사람들이 많았으면 좋겠다.

말씀에 맛들이라

주님의 증거가 너무 놀라워서, 내가 그것을 지킵니다. 주님의 말씀을 열면, 거기에서 빛이 비치어 우둔한 사람도 깨닫게 합니다. 내가 주님의 계명을 사모하므로, 입을 벌리고 헐떡입니다. 주님의 이름을 사랑하는 사람에게 하시듯이 주님의 얼굴을 내게로 돌리셔서, 나에게 은혜를 베풀어 주십시오. 내 걸음걸이를 주님의 말씀에 굳게 세우시고, 어떠한 불의도 나를 지배하지 못하게 해주십시오. 사람들의 억압에서 나를 건져 주십시오. 그러시면 내가 주님의 법도를 지키겠습니다. 주님의 종에게 주님의 밝은 얼굴을 보여 주시고, 주님의 율례들을 내게 가르쳐 주십시오. 사람들이 주님의 법을 지키지 않으니, 내 눈에서 눈물이 시냇물처럼 흘러내립니다(시편 119:129-136).

중학교 3학년 학생이 숨진 어머니와 6개월을 동거한 사건이 우리들에게 충격을 준 적이 있다. 그가 경험했을 마음의 쓸쓸함과 황량함이 큰 아픔이 되어 다가온다. 마흔여섯 살 된 중국동포가 서울 거리에서 얼어 죽었다. 공사장의 일용직 노동자로 일하던 그는 불법 체류자로 몰려 숨어 지내던 중, 어느 날 밀린 임금을 받으러 나갔다가 불귀의 객이 되고 말았다. 그는 지난 새벽 1시경부터 4시 25분까지 119와 112에 열두 차례나 구조를 요청하는 전화를 했다고 한다.

"종로 4가에서 창덕궁 쪽으로 가고 있는데 추워 죽겠고 힘이 없어서 못

걷겠습니다. 사는 데가 기독교 100주년기념관 쪽이니 순찰차를 보내주십시오."

그런데 돌아온 대답은 매우 의례적이다.

"집도 가까우니 택시를 타고 집에 가세요."

하루에도 그런 전화를 여러 통 받을 근무자들의 처지를 모르진 않지만 왠지 아쉽다. 이런 일은 우리의 양심에 커다란 경종을 울려 주고 있다. 누군가의 절실한 신음 소리가 우리의 귓바퀴를 맴돌다가 흔적도 없이 사라질 때, 우리는 어쩌면 누군가의 죽음에 공모를 하고 있는 것인지도 모른다. 조난자의 구조요청에 응답하지 않는 도시!! 만삭의 임산부가 머물 곳이 없어서 마구간으로 향했다는 첫 번째 성탄절의 이야기는 관념도 아니고 신화도 아니다. 어쩌면 지금도 계속되고 있는 현실이다.

주파수를 변경하라

—

주전 8세기 이스라엘의 예언자인 아모스는 자기 시대를 가리켜 "여호와의 말씀을 듣지 못해 기근이 들린 시대"(아모스 8:11)라는 말로 요약한다. 여로보암 2세 치하의 이스라엘은 정치적인 안정과 경제적인 풍요를 누리고 있었다. 종교적인 의례도 매우 화려하게 거행되곤 했다. 하지만 아모스는 그 시대가 위기의 시대임을 직감했다. 부자들은 사치와 향락에 빠지고, 가난한 사람들은 무거운 세금을 부담할 길이 없어서 종이 되는 판이었다. 가난하고 힘없는 사람들의 신음 소리는 고관들의 귀에까지 미치지 못했다. 이것은 건강한 사회가 아니다. 아모스는 그 시대를 '하나님의 말씀이 침묵하는 시대'라는 한 말씀으로 규정했다.

어쩌면 지금도 하나님의 말씀이 침묵하는 시대인지도 모른다. 그런데 이 말은 어폐가 있다. 하나님은 언제나 자연을 통해서 혹은 역사의 과정을 통해서, 또 눈 밝고 귀 밝은 당신의 종들을 통해서 우리에게 말을 건네고 계신다. 하지만 그 말씀은 사람들의 영혼에까지 가닿지 못한다. 그것은 우리가 육신의 욕정과 염려에 주파수를 맞추고 있기 때문이다. 이제 주파수를 바꿔야 할 때이다. 그것이 살 길이다. 한때 남극 세종기지에서 실종되었던 대원들이 구조될 수 있었던 것은, 남극에서 연구 활동을 벌이고 있는 모든 나라 기지국들이 공동으로 사용하고 있던 채널 16으로 주파수를 맞추었기 때문이다. 하나님의 뜻을 알기 위해 우리는 하나님의 말씀에 따라 우리 삶을 조율해 나가야 한다.

하나님의 말씀이 하시는 일

—

하나님의 말씀은 창조하고, 치유하고, 북돋고, 깨우치고, 지탱하고, 이끄신다. 창세기 1장은 하나님이 말씀으로 세상을 창조하셨다고 말한다. 하나님의 명령이 떨어지자 빛이 나왔고, 해와 달과 별이 나왔고, 땅에서 움돋는 각종 나무들이 나왔다. 출애굽 사건도 '내 백성 이스라엘을 해방하라'는 하나님의 명령에서 시작되었다. 하나님의 말씀은 사건을 일으킨다. 하나님의 말씀과 만난 사람은 이전의 그 사람일 수 없다. 물론 이때의 만남은 스쳐 지나가는 것이 아니라 가슴에 새겨지는 경우를 가리킨다.

하나님의 말씀과 만난 사람은 생기 있는 삶을 살게 된다. "너는 내 것이라.” 칭찬 한 마디를 들어도 살맛이 나는데, 우리가 하나님의 사랑의 대상이라는 사실을 확신하는 사람은 더 말해 무엇하겠는가. 옥에 갇힌 춘향이를 찾아가는 이몽룡의 몰골은 초라하지만, 그는 당당하다. 자기가 누구인지를 알기 때문이다. 그는 암행어사였다. 우리도 그렇다. 누가 뭐라고 해도 하나님의 사랑이 우리 속에서 계속되고 있는 한 우리는 기쁘게 살 수 있다.

오늘의 시인은, “하나님의 말씀은 우둔한 우리 속에 빛을 가져온다”(130절)고 노래하고 있다. 살다 보면 한 치 앞도 내다볼 수 없는 암흑을 만날 때도 있다. 이때 우리는 어떻게 추스리는가? 길을 잃으면 지도를 참조하듯이, 인생의 길이 보이지 않을 때는 조용히 멈춰 서서 하나님의 말씀에 귀를 기울여야 한다. 문제는 우리 속의 어둠이다. 하나님의 말씀이 우리 속에 들어올 때 우리 생은 밝아진다. 밝음은 배움으로 얻는 것이 아니라, 경외함으로 얻는 것이다. 살아 있음이 그저 고맙고, 함께 지내는 이들이 그저 반갑고, 바라보는 것들 속에서 하나님의 신비를 맛보는 사람들의 마음은 밝다. 그들이야말로 하나님의 말씀과 만난 사람들이다.

며칠 전 근 20년 만에 존경하는 선배님을 만났다. 그는 미국에 머물면서 한반도의 평화와 통일을 위해서 자기의 모든 것을 다 바쳤다. 그러면서도 그는 자기 주변을 돌보는 일에도 최선을 다했다. 버림받은 노인들을 당신 집에 데려와 친부모 이상의 정성으로 돌봐 주었다. 돌아가신 변선환 목사님이 언젠가 미국에 다녀온 후에 “아무개가 사는 모습을 곁에서 지켜보고 나는 정말 그가 예수의 사람임을 알 수 있었다”고 하셨다. 그 말은 빈말이 아니었다. 그의 표정에서 ‘참사람’, ‘산 사람’의 모습을 보았다. 그의 태도는 겸손했고 표정은 매우 부드러웠지만, 그의 모습에서 어떠한 어려움 앞에서도 흔들리지 않는 바위를 보았다.

내 걸음걸이를 주님의 말씀에 굳게 세우시고, 어떠한 불의도 나를 지배하지 못하게 해주십시오(133절).

시인의 기도는 그 선배의 삶 속에서 고스란히 실현되고 있었다.

'부담이 되는 주의 말씀'

—

그런데 우리는 하나님의 말씀을 가까이 하지 않는다. 부담스럽기 때문이다. 그 말씀 앞에 서면 스스로의 초라한 모습이 드러나기 때문이다. 하나님은 예레미야 선지자를 통해 그의 백성에게 준엄한 경고를 보내셨다(예레미야 23:33-40). 하나님은 "부담이 되는 하나님의 말씀 the burden of Yahweh이 있느냐?"는 백성들의 물음을 문제 삼고 계신다. 여기서 '부담'이라고 번역된 히브리어 '맛사'는 '짐'이라는 뜻도 있지만 '말씀'이라는 뜻도 있다. 절묘한 말장난 같지 않은가? 사람들은 하나님의 말씀을 부담스러워한다. 위로의 말씀은 좋아하지만 책망의 말씀은 싫어한다. 말씀을 부담스러워하는 백성들에게 하나님이 뭐라고 하는지 아는가?

나는 너희가 부담스럽다! You are my burden!

한 가지 분명한 사실은 우리가 듣기 좋은 소리에만 귀를 기울이다 보면 영혼이 성장을 멈춘다는 것이다. 성장이라는 게 무엇인가? 옛 상태에서 벗어나는 것이다. 브라질의 대주교였던 돔 헬더 까마라 Dom Helder Camara의 말을 들어보라.

“우리는 환상을 갖지 말아야 합니다. 우리는 바보처럼 순진해서는 안 됩니다. 우리가 하나님의 음성에 귀를 기울인다면, 우리는 자기 자신의 속박에서 벗어나서 선택을 할 수 있을 것이며, 더 나은 세상을 위해서 비폭력적으로 싸울 것입니다. 우리는 그것을 쉽게 찾으리라고 기대해서는 안 됩니다. 우리는 장미꽃잎 위를 걷게 되지 않을 것입니다. 사람들은 우리말을 들으려 하지 않을 것이고, 때로 하나님의 보호하심을 확신하지 못할 때도 있을 것입니다. 만일 우리가 정의와 평화의 순례자가 되려고 한다면 우리는 사막을 기대해야 할 것입니다.”

정의와 평화의 순례자가 되려는 사람은 장미꽃다발이 아니라 사막을 기대해야 한다. 하나님의 말씀과 만나려면 자기가 깨지는 아픔을 감수해야 한다. 자기가 깨져야 큰 사람이 될 수 있다.

말씀의 실현자

—

하나님은 우리에게 다양한 방법으로 말을 건네 오신다. 사계절의 변화를 통해서도 말씀하시고, 우리가 늘 겪고 있는 일상의 사건들을 통해서도 말씀하신다. 문제는 우리 귀가 어두워 잘 듣지 못한다는 것이다. 그래서 자연과 역사를 통해 들려오는 하나님의 말씀을 가려들을 줄 아는 사람을 나는 철든(?) 신앙인이라고 부른다. 그런데 무엇보다도 분명한 하나님의 말씀은 예수 그리스도 자신이시다. 예수님은 우리에게 ‘사람답게 산다’는 것이 무엇인지, 또 '하나님의 형상'을 지닌 존재가 무엇을 의미하는지를 가장 완전하게 보여 주셨다. 예수 그리스도의 말씀과 행적이야말로 우리를 하늘로 이끄는 길이다. 당신의 아들까지 보내주신 하나님의 깊은 사랑을 깨닫고, 하나님의 품에 전폭적으로 우리를 맡길 때 우리는 새로운 존재로 거듭나게 될 것이다.

우리가 건강하게 살려면 하루 세끼 식사를 거르지 않는 것처럼, 우리 인격이 건강해지려면, 하나님의 말씀에 맛들여야 한다. 홍탁이라고 하던가? 홍어 삭힌 것 말이다. 처음 먹어본 사람은 그걸 먹고 기절하지 않으면 다행이다. 하지만 일단 맛을 들인 사람은 홍탁 예찬론자가 된다고 한다. 하나님 말씀도 마찬가지다. 처음 시작하기가 어려워서 그렇지 하나님의 말씀에 맛들인 사람은 자기 내면이 점점 넓어지고, 평화로워지고, 든든해지는 것을 느끼게 마련이다. 홀로 앉아서 하나님의 말씀을 읽다 보면 그 미묘한 말씀이 우리 가슴의 말씀이 되어, 우리 속에서 생동하는 기운이 되는 것을 느끼게 된다. 말씀이 아니라 하나님 자신이 우리 속에서 일하고 계심을 느끼는 것이다. 그런데 말씀 읽기의 완성이 무얼까? 깨달은 만큼 행동으로 옮기는 것이다. 내일로 미루면 그 말씀은 흔적도 없이 스러지고 만다. 사냥꾼이 짐승의 발자국을 따라가는 것은 재미삼아 하는 것도 아니고, 발자국을 연구하기 위한 것도 아니다. 짐승을 잡기 위해서다. 우리가 하나님의 말씀을 읽는 까닭은 그분과 만나 우리 삶이 새로워지기를 원해서다.

겨울은 성경을 읽기에 좋은 계절이기도 하다. 옛사람은 "경서를 읽기는 겨울이 좋다. 그 정신이 전일한 까닭讀經宜冬 其神專也 독경의동 기신전야"이라고 했다. 이공李空이라는 어른은 혼자 성경을 읽다가 은혜를 받았다. 그분이 성경을 읽을 때면 문 밖의 사람들은 안에 다른 누가 있는 줄 알았다고 한다.

"아하, 그렇군요.", "예, 그러셨던 거군요.", "알겠습니다." 이공 선생은 하나님과 마주앉아 그 말씀에 귀를 기울였던 것이다.

사람들의 마음이 분주하다. 친구 따라 강남 가다 보면 마음의 창고는 텅 비게 마련이다. 지금이야말로 하나님의 말씀 앞에 서야 할 때다. 유대인들은 '토라'를 가슴에 안고 있었기에 역사의 격랑을 헤쳐나갈 수 있었다. 하나님의 말씀이 우리 속에서 생동할 때 우리는 인생의 어떤 재료를 가지고도 아름다운 생의 천을 짤 수 있다. 그리고 우리 시대의 강도 만난 이웃들을 찾아 나설 수 있다. 우리 모두 하나님의 말씀에 맛들이고, 그 말씀의 신명에 지펴 세상을 아름답게 만드는 평화의 일꾼이 되기를 기원한다.

땅의 모습을 새롭게 하소서

주님, 주님께서 손수 만드신 것이 어찌 이리도 많습니까? 이 모든 것을 주님께서 지혜로 만드셨으니, 땅에는 주님이 지으신 것으로 가득합니다. 저 크고 넓은 바다에는, 크고 작은 고기들이 헤아릴 수 없이 우글거립니다. 물 위로는 배들도 오가며, 주님이 지으신 리워야단도 그 속에서 놉니다. 이 모든 피조물이 주님만 바라보며, 때를 따라서 먹이 주시기를 기다립니다. 주님께서 그들에게 먹이를 주시면, 그들은 받아 먹고, 주님께서 손을 펴 먹을 것을 주시면 그들은 만족해 합니다. 그러나 주님께서 얼굴을 숨기시면 그들은 떨면서 두려워하고, 주님께서 호흡을 거두어들이시면 그들은 죽어서 본래의 흙으로 돌아갑니다. 주님께서 주님의 영을 불어넣으시면, 그들이 다시 창조됩니다. 주님께서는 땅의 모습을 다시 새롭게 하십니다(시편 104:24-30).

시장 전체주의가 지배하는 세상에서 많은 사람들이 마음의 상처를 입은 채 현재의 기쁨은 물론이고 미래의 소망조차 잃고 살고 있다. 사람들의 마음에는 여백이 사라졌고, 작은 자극에도 감정적으로 찰랑거리기 일쑤다. 가끔 시편 구절이 절로 떠오른다.

내가 지금까지 너무나도 오랫동안, 평화를 싫어하는 사람들과 더불어 살아왔구나(시편 120:6).

기후 변화 시대

—

샬롬의 세상에 살고 싶은 것은 인류의 오랜 꿈이다. 하지만 현실은 그런 바람을 저버리곤 한다. 돈이 주인 노릇하는 세상은 우리를 욕망의 외길로 내몰고 있다. 그 길에는 쉼이 없다. 멈추어 서서 스스로를 성찰할 여유조차 없다. 그러니 평화를 누리지 못하는 것은 당연하다. 욕망의 포로가 된 사람들은 세상을 쓸모의 관점에서 파악한다. 그것이 자연 세계이든 이웃이든 마찬가지다. 쓸모없는 것은 즉시 폐기처분된다. 지속적인 인간관계를 맺기가 어려운 시절이다. 어떤 이는 우리 시대를 이렇게 풍자했다. "믿음 소망 돈 이 세 가지는 항상 있을 것인데 그 가운데서 으뜸은 돈이라." 본말이 뒤집힌 시대, '돈 세상'이 만들어내는 것은 외로움과 안식 없음이다. 인간관계는 파편화되고, 마음은 늘 불안하다. 불안하기에 또 질주한다. 악순환이다.

이런 인간으로 인해 누구보다 큰 고통을 겪고 있는 것은 자연이다. 우리는 지금 극심한 기후 변화를 경험하고 있다. 그것은 전 세계적인 현상이다. 극지방의 빙하가 녹아내림으로 해수면이 상승하고, 빙하에 갇혀 있던 이산화탄소가 공기 중에 방출되고, 수온의 변화에 따라 생태계가 교란되고, 전염병이 국경을 넘나든다. 경작지의 감소로 인해 식량 문제가 심각해지고 있고, 벌들이 떼죽음을 당하면서 먹을거리 생산이 줄어들고 있다. 수많은 희귀생물들이 멸절의 위기 앞에 서 있다. 에너지 고갈 시대가 눈앞에 있다. 눈 밝은 한 저자는 '잔치가 끝나면 무엇을 먹고 살까?' 탄식했다.

지금 우리 사회도 개발과 보존 사이에서 많은 갈등이 벌어지고 있다. 송전탑이 지나가면서 농토를 잃은 밀양 농민들, 골프장 건설 사업으로 인해 마을 공동체가 해체되고 있는 강원도 사람들, 지리산과 설악산에 케이블카

설치하는 문제를 두고 벌어지는 논란, 지리산 댐 문제, 4대강 사업의 폐해 등 모두 심각하다. 우리가 염두에 두어야 할 것은 당장의 편리가 아니라, 먼 후손들의 삶에 미칠 영향이다. 사람들은 인공의 낙원에 열광하지만 그것은 신기루에 지나지 않는다. 어떤 이는 두바이에 세워진 멋진 신세계의 실상을 이렇게 묘사하고 있다.

"바깥은 섭씨 40도가 넘는 데, 실내 스키장에는 영하 5도의 기온에 400미터가 넘는 인공 슬로프가 있고, 매일 30톤의 눈이 뿌려진다. 호텔에서 바다로 나가는 뜨거운 백사장 밑에 에어컨 배관을 해서 시원한 모래를 밟으며 바다에 풍덩 빠져 해수욕을 즐긴다. 그저 교만과 악덕의 덩어리일 뿐인, 허깨비 같은, 무조건 망하게 되어 있는 삶의 방식들(이계삼, 〈그건 신기루였지〉, 한겨레신문 2012년 5월 11일자 칼럼)."

그날이 오면

—

본격적인 무더위가 시작되는 여름, 한파가 매섭게 몰아치는 겨울이 오면 예비 전력 부족을 걱정하는 소리가 들려온다. 기후 재앙 시대가 도래하고 있다는 암울한 소식에 다들 걱정은 하면서도 선뜻 자기 삶의 방식을 바꾸려 하지는 않는다. 일단 불편한 게 싫기 때문이다. 사람들은 석유 시대가 종말을 고한다 해도 결국은 원자력을 통해 문제를 해결할 수 있을 거라고 생각한다. 하지만 일본 후쿠시마 원전 사고는 원자력 신화가 얼마나 위험하고 허구에 찬 것인지를 생생하게 보여 주었다. 흔히 생각하듯이 원자력은 값싼 에너지도 아니고 안전한 에너지도 아니다. 우라늄을 채굴하고 정제하여 플루토늄으로 만드는 비용, 거기에 발전 이후에 나오는 핵 폐기물을 처리하는 비용은 실로 막대하다. 핵 폐기물을 안전하게 처리하는 방법은 없다고 단언할 수 있다. 그냥 땅에 묻어두는 것이다. 그것이 언제 파멸적 재앙을 일으킬 지는 아무도 알 수 없다. 우리 문명은 화산 위에 지은 집과 다를 바 없다.

무섭다. 무엇보다도 후손들에게 면목이 없다. 우리가 놀다 간 자리에 쌓인 쓰레기더미를 치우기 위해 그들은 생 전체를 바쳐야 할 지도 모른다. 박노해 시인의 시 〈그날이 오면〉을 두려움으로 읽었다.

"그날이 오면
젊은 사람들 사이에선
나이 든 사람들을 경멸하리라

그들은 아이들 몫의 자원을 다 써버렸고
자식들을 위해 남겨 놓은 건 병든 대지뿐이니

그날이 오면
젊은 세대는 부모 세대를 증오하리라
그들이 유산으로 남겨준 것은
콘크리트로 막아 죽인 갯벌과 강물과
쓰레기더미로 썩어 가는 바다와 들녘과
노후한 원자력과 핵폐기물 덩어리뿐

그날이 오면
어린이들은 어른들을 저주하리라
농부와 토종 종자와 우애의 공동체를 다 망치고
깨끗한 물과 공기와 토양을 이토록 고갈시키고
막대한 빚더미만 떠넘긴 어른들을

더이상 남겨둔 미래도 없이
삭막한 도시와 번쩍이는 기계더미와
역습하는 기후와 복수하는 대지만을 남겨준
어른들을 증오하며 공격하리라

그날이 오면
그날이 다가오면"

주님의 세상

—

그날은 분명히 오고 있다. 두렵지만 사실이다. 어떻게 해야 할까? 사람들은 대안이 있냐고 묻는다. 우리가 과연 이런 문명의 흐름을 바꾸어 놓을 수 있을지 확신할 수 있는 사람은 없다. 하지만 할 수 있기에 어떤 일을 하는 것이 아니라 해야 할 일이기에 해야 할 때도 있는 법이다. 이탈리아의 혁명가였던 안토니오 그람시Antonio Gramsci의 말이 떠오른다.

“나는 지성으로는 비관주의자이다. 그러나 의지로는 낙관주의자이다.”

아무리 생각해 보아도 길이 뚜렷하게 보이지 않을 때도 있다. 그람시는 그런 순간에도 길을 만들기 위한 노력을 계속하겠다고 스스로 다짐하고 있다. 오연한 의지가 놀랍다. 하지만 믿는 이들의 희망의 뿌리는 자기 의지가 아니라 하나님이시다. 성경의 첫 구절은 숭고하기 이를 데 없는 선언이다.

태초에 하나님이 천지를 창조하셨다(창세기 1:1).

이 위대한 선언이 우리에게 상기시키는 바는 무엇인가? 이 세상에 있는 어떤 것도 우리가 만든 것이 아니라는 사실이다. 하나님은 ‘없음’에서 ‘있음’을 이끌어 내신 분이시다. 하늘과 땅과 물속에 사는 모든 생물이 하나님의 창조물이라는 사실을 머리로 인정하지만, 삶으로는 부인하는 이들이 많다. 하나님이 창조하신 세상에 맨 나중에 초대 받은 손님인 인간은 생명이 흥성대는 그 잔치마당을 난장판으로 만들어 놓았다. 이 일을 어떻게 수습해야 할까? 시편 104편 말씀은 우리에게 아주 중요한 단서를 제공해 주고 있다. 시인은 하나님이 창조하신 세상의 아름다움에 흠뻑 빠져 있다.

주님은 빛을 옷처럼 걸치시고 하늘을 천막처럼 펼치셨다. 구름으로 병거를 삼고, 바람을 심부름꾼으로 삼으시고, 물이 정해진 길로 흐르도록 경계를 정하여 주셨다. 골짜기마다 샘물이 솟아나게 하시어 들짐승과 새들이 마시게 해주셨다. 땅에는 들짐승이 뜯을 풀을 자라게 하시고, 밭에서는 사람들이 먹을 푸성귀가 돋아나게 하셨다. 밤과 낮이 조화롭게 운행되게 하셨다.

세계는 자율적인 공간이 아니다. 하나님께서 지속적으로 돌보시고 지키실 때만 존속할 수 있는 곳이다. 시인은 그 사실을 온몸으로 깨달았기에 기쁨의 탄성을 발한다.

> 주님, 주님께서 손수 만드신 것이 어찌 이리도 많습니까? 이 모든 것을 주님께서 지혜로 만드셨으니, 땅에는 주님이 지으신 것으로 가득합니다(24절).

주님이 만드신 세상의 특징은 다양함에 있다. 창조 이야기를 읽을 때마다 귀에는 생명이 흥청거리는 소리가 들려오는 듯하다. 하나님은 뭇 생명이 조화롭게 어울리는 세상을 보고 기뻐하신다. '참 좋다!' 인간이 가장 인간다울 때는 하나님의 감탄에 동참할 때라고 생각한다. 감탄사는 언제 나오는가? 마음이 평화로울 때다. 안식을 누릴 때다. 그렇다면 죄는 마음이 굳어져 감사할 줄 모르는 것이고, 뭘 봐도 감탄할 줄 모르는 것이다.

돈 세상을 넘는 길

—

하나님이 창조하신 세상을 보고도 감탄할 줄 모르는 사람들은 '돈 세상'의 좋은 먹잇감이 된다. 그들은 행복의 신기루를 좇지만, 행복은 다가갈수록 저만치 멀어지곤 한다. 하지만 희망은 다른 곳에 있다. 사람들 속에는 아름다움에 대한 목마름이 깃들어 있다고 확신한다. 동해나 설악산 정상에서 일출을 기다리는 사람들, 노을빛으로 물든 하늘을 하염없이 바라보는 사람들, 사막의 고요에 몸을 맡기고 있는 사람들, 초원에 지천으로 피어난 꽃을 보며 감탄사를 발하는 사람들은 아름답다. 그 순간 만큼은 누구나 순수하고 착하다. 요즘 와서 이런 말을 하고 다닌다. "우리 속에 생태학적 감수성이 깊어지면 명품은 그 매력의 빛을 잃고 맙니다." 어플루엔자(Affluenza, 부자병/affluence와 influenza의 결합어) 바이러스를 이길 수 있는 힘은 아름다움에 대한 감수성으로부터 온다.

지금 우리에게 정말 부족한 것은 돈이나 물건이 아니라, 이미 주어진 것을 감사함으로 누릴 줄 아는 마음이다. 물론 절대적인 빈곤에 허덕이고 있는 이들도 있다. 그들에게 필요한 것을 공급하는 것은 우리가 꼭 해야 하는 일이기도 하다. 하지만 대부분의 우리에게 필요한 것은 하나님이 창조하신 세상의 아름다움을 보는 눈이다. 예수님은 먹을 것, 입을 것, 마실 것 걱정 때문에 삶을 누리지 못하는 이들을 향해 말씀하신다.

> 공중의 새를 보아라, 들의 백합화가 어떻게 자라는가 살펴보아라(마태복음 6:26, 28).

윌리엄 블레이크William Blake는 "한 알의 모래에서 세계를 보고/한 송이 들꽃에서 천국을 본다"고 노래했다.

모든 것을 쓸모의 관점에서 보는 사람들에게 모래 한 알은 하찮은 것에 지나지 않을 것이다. 하지만 그것을 하나님의 창조물로 보는 이들에게는 그렇지 않다. 아름다움은 우리 영혼을 고양시킨다. 내면이 풍요로워지면 사람들이 만들어 낸 휘황한 것들에 현혹당하지 않을 수 있다. 이제 정신을 똑바로 차려야 할 때다. 우리는 누구나 하나님이 호흡을 거두어 가시면 죽어서 본래의 흙으로 돌아갈 존재다. 하지만 하나님은 우리가 떠난 후에도 이 땅에 영을 불어넣으시어 땅을 새롭게 창조하실 것이다.

교회는 "땅과 그 안에 가득 찬 것이 모두 다 주님의 것, 온누리와 그 안에 살고 있는 모든 것도 주님의 것"(시편 24:1)임을 거듭해서 고백해야 한다. 그러나 거기에 그쳐서는 안 된다. 우리의 사고와 행동이 변해야 한다. 무너져 가는 생태계를 바로 세울 힘이 우리에게 있을까? 장담할 수 없다. 18세기 영국의 철학자인 에드먼드 버크Edmund Burke는 이렇게 말했다.

> "자기가 할 수 있는 일이 너무 적다고 그 일을 하지 않는 사람은 씻을 수 없는 잘못을 저지르는 것이다."

성도는 낙담하라고 부름 받은 사람이 아니라, 새로운 희망을 살라고 부름 받은 존재다. 존재의 기쁨이 늘어나면 소유에 대한 집착은 줄어든다. 세상의 모든 것이 하나님께 속한 것임을 알게 되면 아무것도 함부로 대할 수 없다. 우리가 망가뜨린 세상을 치유하기 위한 우리의 안간힘을 하나님은 기도로 들으실 것이다. 우리는 마른 뼈의 골짜기에 서서 바람을 향하여 대언했던 에스겔 같은 존재로 부름 받고 있다. 하나님의 영이 불어오면 땅의 모습이 새로워질 것이다. 우리 모두 주님의 영에 지펴 생명의 바람, 평화의 물결로 살아갈 수 있기를 바란다.

그 명을 땅에 보내시니

주님께 감사의 노래를 불러드려라. 우리의 하나님께 수금을 타면서 노래 불러드려라. 주님은 하늘을 구름으로 덮으시고, 땅에 내릴 비를 준비하시어, 산에 풀이 돋게 하시며, 들짐승과, 우는 까마귀 새끼에게 먹이를 주신다. 주님은 힘센 준마를 좋아하지 않으시고, 빨리 달리는 힘센 다리를 가진 사람도 반기지 아니하신다. 주님은 오직 당신을 경외하는 사람과 당신의 한결같은 사랑을 기다리는 사람을 좋아하신다. 예루살렘아, 주님께 영광을 돌려라. 시온아, 네 하나님을 찬양하여라. 주님이 네 문빗장을 단단히 잠그시고, 그 안에 있는 네 자녀에게 복을 내리셨다. 네가 사는 땅에 평화를 주시고, 가장 좋은 밀로 만든 음식으로 너를 배불리신다. 주님이 이 땅에 명령만 내리시면, 그 말씀이 순식간에 퍼져 나간다. 양털 같은 눈을 내리시며, 재를 뿌리듯 서리도 내리시며, 빵 부스러기 같이 우박을 쏟으시는데, 누가 감히 그 추위 앞에 버티어 설 수 있겠느냐? 그러나 주님은 말씀을 보내셔서 그것들을 녹이시고, 바람을 불게 하시니, 얼음이 녹아서, 물이 되어 흐른다. 주님은 말씀을 야곱에게 전하시고, 주님의 규례와 법도를 이스라엘에게 알려 주신다. 어느 다른 민족에게도 그와 같이 하신 일이 없으시니, 그들은 아무도 그 법도를 알지 못한다(시편 147:7-20).

봄 소식

—

기독교환경운동연대에서 만든 달력을 보면 3월은 '물오름달'이다. 겨우

내 숨죽인 채 겨우 연명만 하고 있던 식물들이 바야흐로 기지개를 켜며 깨어나는 달이라는 것이다. 화재로 말미암아 잿더미로 변했던 동해의 낙산사 근처, 시커먼 그루터기 사이로 봄의 전령인 복수초福壽草가 눈 속에서 노랗게 피어났다. 화마가 할퀴고 간 자리에 피어난 복수초 꽃을 보며 생명의 장엄함에 전율하지 않을 수 없다. 남녘에서는 산수유 노란꽃이 이미 만발했다고 한다. 봄 기운이 바야흐로 대지를 깨우고 있다. 이맘 때쯤 산에 한번 올라 보라. 눈석임물이 흐르는 계곡의 물소리를 따라 생명이 수런거리는 소리가 들리는 듯하다.

지난 성지 순례 여정 가운데 들른 레바논의 베이루트에는 천둥을 동반한 비가 간헐적으로 내렸다. 세찬 비바람 때문에 순례 일정에 차질을 빚지나 않나 염려하며 차에 오르니 가이드 목사님이 이런 말을 했다. "여러분, 오늘은 참 복받은 날입니다." 다들 의아한 표정을 짓고 있자 그 목사님은 비가 많지 않은 중동 지방에서는 비 오는 날이 복된 날이기에 사람들은 기쁘게 비를 맞고 다닌다고 했다. 신명기 기자는 "주님께서 당신들 땅에 가을비와 봄비를 철 따라 내려 주셔서, 당신들이 곡식과 포도주와 기름을 거두게 하실 것"(신명기 11:14)이라고 말한다. 적당한 때에 내리는 '이른 비'와 '늦은 비'는 그들에게 여호와의 은총인 것이다. 비가 뭐냐 물으면 물리학자는 "대기 중의 수증기가 높은 곳에서 찬 기운을 만나 엉겨 맺혀서 땅 위로 떨어지는 물방울"이라고 대답할 것이다. 하지만 이 대답은 비에 대한 사람들의 정서적 반응까지 다 표현한 것은 아니다. 하늘을 바라보고 사는 이들에게 비는 하늘의 선물이다. 그래서 옛 어른들은 '비가 오네' 하지 않고 '비가 오시네'라고 표현했다.

연한 몸들에 입 맞추라

—

오늘 본문에서 시인은 하나님에 대해서 이렇게 말한다.

주님은 하늘을 구름으로 덮으시고, 땅에 내릴 비를 준비하시어, 산에 풀이 돋게 하시며, 들짐승과, 우는 까마귀 새끼에게 먹이를 주신다(8-9절).

여기서 우리가 유의할 것이 있다. 자연 그 자체가 하나님은 아니다. 자연에 숨결을 불어넣는 분이 하나님이시다. 말씀을 통해 세상을 창조하신 하나님은 또한 말씀을 통해 세상을 유지해 가신다. 시인은 "주님이 이 땅에 명령만 내리시면, 그 말씀이 순식간에 퍼져 나간다"고 고백한다. 말씀은 하나님과 세상을 이어주는 다리이다. 시편 19편의 시인은 "낮은 낮에게 말씀을 전해 주고, 밤은 밤에게 지식을 알려 준다. 그 이야기 그 말소리, 비록 아무 소리가 들리지 않아도 그 소리 온누리에 울려 퍼지고, 그 말씀 세상 끝까지 번져 간다"(2-4절)고 노래했다. 때때로 서리가 내리고 우박이 쏟아지고 혹독한 추위가 찾아오기도 한다. 하지만 때가 이르면 "주님은 말씀을 보내셔서 그것들을 녹이시고, 바람을 불게 하시니, 얼음이 녹아서 물이 되어 흐르게" 하신다. 봄은 바야흐로 주님의 은총이 가시적으로 드러나는 때이다.

그런데 '춘래불사춘春來不似春'이라는 말처럼 봄이 되어도 봄의 환희와 생명을 노래할 수 없는 시간이 조만간 도래할 것만 같은 불길한 예감이 자꾸만 든다. 불과 30-40년 전만 해도 우리는 금수강산을 자랑했다. 하지만 개발 열풍으로 지금 우리 산하는 잔인할 정도로 유린당했다. 일제가 우리의 명산 곳곳에 말뚝을 박아 기운을 억누르려고 했다는 이야기를 들으면서 분노하는 사람들도, 지금 우리가 자행하는 이 무분별한 개발에 대해서는 침묵하고 있다. 피조물들의 신음 소리는 날로 높아 가고, 자연재해의 규모가 점점 커 가고 있는 데도 우리는 돌이킬 줄을 모른다. 땅에 금을 긋고, 생명의 흐름을 차단하고, 수없는 무고한 생명들을 죽음으로 내모는 개발, 그것이 결국은 우리 생명을 해치는 일임을 왜 모르는 것일까? 우리는 우리도 모르는 사이에 생명의 파괴자로 살고 있거나, 아니면 파괴의 방조자로 살고 있다. 미군 기지가 들어설 평택의 대추리에서 농성하던 문정현 신부는 "평화란 저 황새울 들녘이 푸른 생명으로 출렁이는 것"이라고 말했다. 하나님을 '생명'이라고 고백하면서 우리는 '죽임'을 살고 있다. 이 죄를 어찌 해야 하는가? 우리 시대의 한 시인은 묵시록적인 질문을 우리에게 던지고 있다.

> "인간의 시간이 봄이라고 규정한 계절에 나무들이 더 이상 잎 틔우지 않고 꽃들이 피지 않는다면? 앙상한 나뭇가지를 부딪치며 여전히 겨울나무 그대로인 채 지상의 나무들이 인간의 마을을 싸늘히 내려다본다면?"

그는 "봄이 와 가장 여린 속살을 내보이며 올해도 꽃이 피고 연둣빛 새잎들이 나풀거리기 시작한다면, 이것은 당연히 올 봄이 오는 것이 아니라 오지 않을 수도 있었던 봄이 오는 것"이라면서 그 연하디 연한 몸들에 입 맞추고 감사해야 할 일이라고 말한다.

주님이 좋아하시는 사람

—

히브리의 시인은 우리에게 하나님이 좋아하시는 사람이 누구인지를 가르쳐준다.

> 주님은 힘센 준마를 좋아하지 않으시고, 빨리 달리는 힘센 다리를 가진 사람도 반기지 아니하신다(10절).

힘센 준마는 전쟁을 연상시킨다. 빨리 달리는 힘센 다리를 가진 사람도 역시 평화의 일꾼은 아닐 터이다. 세상 사람들은 남보다 더 큰 힘을 갖기 원하고, 남보다 앞서 달리기를 원한다. 그래서 세상은 전쟁터로 변하고 말았다. 죽기 아니면 살기라는 살벌한 생각이 사람들을 사로잡고 있다. 그러니 마음 편할 날이 없다. 소득이 높아갈수록 영혼은 빈곤해지고 있다. 우리가 잊지 말아야 할 것은 생명은 소명이라는 사실이다. 우리는 모두 하나님의 일을 위해 이 세상에 보냄을 받은 사람이다. 그런데 우리는 소명을 잃은 채 세상의 논리에 밀려 살아가고 있다. 아브라함 요수아 헤셸Abraham Joshua Heschel은 현대인을 가리켜 "메시지를 잃어버린 메신저"라고 말했다. 함석헌 선생님은 그런 우리의 모습을 이렇게 탄식했다.

> "내 마음 다 팔았고나!
> 다 팔아먹었고나!
> 아버지가 집에서 나올 때
> 채곡채곡 넣어 주시며

잃지 말고 닦아 내어
님 보거든 드리라
일러 주시던 그 마음
이 세상 길거리에서
다 팔아먹었고나!"

쥐엄나무 열매로 주린 배를 채우던 탕자는 문득 제정신이 들었다. 자기가 서 있는 자리가 어딘지를 깨닫게 된 것이다. 영어성경은 이 대목을 "He came to his senses"JB, 혹은 "He came to himself"NRSV라고 옮겨 놓고 있다. 마땅히 있어야 할 자리가 어디인지를 알게 되었다는 말이다. 사람이 있어야 할 자리, 그것은 하나님 앞이다. 하나님이 좋아하시는 사람은 능력 있는 사람이 아니라, 주님을 경외하는 사람, 주님의 한결같은 사랑을 기다리는 사람이다. 《사람보다 아름다운 영혼을 가진 동물 이야기》라는 책에 보면, 사랑하는 애완견의 죽음을 놓고 슬퍼하는 어른들에게 한 어린이가 '왜 동물은 사람보다 일찍 죽는가?'에 대한 해답을 이렇게 내놓고 있다.

"전 왜 동물의 수명이 인간보다 짧은지를 알아요. 모든 사람은 어떤 삶이 훌륭한 것인지를 배우러 태어나는 거예요. 상대방을 사랑하는 친절한 사람이 되기 위해서요. 그런데 동물들은 이미 그 방법을 알고 있거든요. 그러니까 오래 머무를 필요가 없는 거예요."

설마 이 아이의 이야기를 논리적인 정합성이 있는지를 따져 물으실 분은 없을 것이다. 하나님을 경외한다는 것은 다른 것이 아니다. 생명을 가진 어떤 존재도 함부로 대하지 않는 것, 무례한 말과 행동으로 내상을 입히지 않는 것, 다른 이의 살 권리를 존중하고 남의 몫을 가로채지 않는 것…. 이 마음으로 산다면 우리는 많은 것을 소유하지 않아도 이미 풍성한 삶을 누리게 된다. 삶에서 거추장스러운 과잉을 덜어낼 때 잃어버렸던 우리의 참모습이 밝게 드러나기 때문이다. 그럴 때라야 우리는 이웃들과 사심 없이 교류하고 함께 웃고, 좋은 것을 나누는 행복을 경험하게 될 것이다.

영원한 캐처

—

믿음은 온전한 내맡김이다. 헨리 나우웬 신부는 서커스에서 공중그네를 타는 로드레이 가족과 깊은 친분을 맺었다. 헨리는 그 가족을 통해 공중그네를 타는 이들이 꼭 지켜야 할 것이 무엇인지를 배웠다.

"'나는 사람'은 절대 '잡는 사람'의 손을 잡으려고 해서는 안 됩니다. 완전히 믿고 기다려야만 합니다."

영적으로 비상하고 싶었던 헨리는 그 말을 통해 깊은 깨달음을 얻게 되었다. "영혼의 비상이란 영원한 캐처eternal catcher와의 관계 속에서 그 사랑의 손에 더욱 자신을 내어 맡김으로만 가능한 것"이라는 사실을 말이다. 영원한 캐처는 물론 하나님이시다. 오늘 우리가 하나님의 뜻대로 살지 못하는 것은 하나님을 철저히 신뢰하지 못하기 때문이 아닐까?

우리가 삶으로 주님의 영광을 구하고, 온 힘을 다해 주님을 찬양하면, 평안과 기쁨이 우리 삶에 깃들 것이다. 우리는 주님의 말씀을 받은 사람들이다. 부족하나마 나를 통해 하나님은 여러분에게 말을 건네고 계신다. 추위로 꽁꽁 얼어붙은 세상에 말씀을 보내셔서 녹이시는 하나님이 살아 계신다. 봄을 뜻하는 영어 단어 'spring'에는 '도약'이라는 뜻이 있다. 생명이 솟구쳐 일어서는 것을 연상하면 되겠다. 동시에 그 단어에는 '샘, 원천'의 뜻도 있다. 봄은 생명의 원천이신 주님께로 돌아서는 계절이다. 우리가 주님의 뜻에 온전히 귀의할 때 우리는 '봄의 사람'이 된다. 사람들과 피조 세계에 생명의 꿈을 가져가는 사람 말이다. 결국엔 마음에 허망함만을 안겨 주는 것들에 집착하지 말고, 우리 영혼을 자유로 이끄시는 주님의 뜻을 온 힘을 다해 받들어야 한다. 영원한 캐처이신 주님이 우리를 잡아 주실 것이다.

말씀이 비추는
길을 따라

주님의 말씀은 내 발의 등불이요, 내 길의 빛입니다. 주님의 의로운 규례들을 지키려고, 나는 맹세하고 또 다짐합니다. 주님, 내가 받는 고난이 너무 심하니, 주님께서 약속하신 대로 나를 살려 주십시오. 주님, 내가 기쁨으로 드리는 감사의 기도를 즐거이 받아 주시고, 주님의 규례를 내게 가르쳐 주십시오. 내 생명은 언제나 위기에 처해 있습니다만, 내가 주님의 법을 잊지는 않습니다. 악인들은 내 앞에다가 올무를 놓지만, 나는 주님의 법도를 벗어나지 않습니다. 주님의 증거는 내 마음의 기쁨이요, 그 증거는 내 영원한 기업입니다. 내 마지막 순간까지, 변함 없이 주님의 율례를 지키기로 결심하였습니다(시편 119:105-112).

엄마 걱정

—

주님의 은총과 평화가 불안하고 혼란스런 시대를 살고 있는 우리 가운데 임하시기를 빈다. 찬양대의 시니어들이 부르고 낭송한 찬양과 말씀이 어두운 시대를 살고 있는 우리에게 큰 힘이 된다.

"나의 사랑하는 책 비록 해어졌으나 어머니의 무릎 위에 앉아서 재미있게 듣던 말 그때 일을 지금도 내가 잊지 않고 기억합니다."

많은 이들이 이 찬송을 부를 때마다 눈시울이 뜨거워짐을 느낀다. 그런데 나에게는 이 찬송시가 전하는 경험이 없다. 다만 유년 시절의 여름날이면 은하수가 아련하게 흐르는 밤하늘을 바라보며 어머니 무릎을 베고 옛날이야기를 청하여 듣던 광경이 떠오른다. 민담과 전설은 나를 아득한 옛 세계와 연결시켜 주는 매개체였다. 부모님의 무릎 위에 앉아서 성경 말씀을 들을 수 있었던 사람은 행복한 사람이다. 그 말씀은 무의식 깊은 곳에 잠복해 있다가, 고단한 인생의 무게에 짓눌려 어찌할 바를 모를 때 문득 떠올라 우리 앞길을 밝혀 주기도 한다. 성령께서 하시는 일이다. 보혜사 성령은 우리에게 모든 것을 가르치실 뿐만 아니라, 주님의 말씀을 생각나게 하신다(요한복음 14:26).

지난 주일 저녁에 'KBS 열린 음악회'를 보았다. 빼어난 연주자들이 아름다운 시에 곡을 붙인 곡들을 불렀다. 한국적 정한을 가장 절실하게 표현한다는 평을 듣는 장사익 님의 노래가 가슴을 울렸다. 특히 젊은 날에 세상을 떠난 기형도 시인의 〈엄마 걱정〉이라는 시에 붙인 노래는 기다림의 절기를 지나고 있는 내게 깊은 울림을 주었다.

"열무 삼십 단을 이고
시장에 간 우리 엄마
안 오시네, 해는 시든 지 오래
나는 찬밥처럼 방에 담겨
아무리 천천히 숙제를 해도
엄마 안 오시네, 배추잎 같은 발소리 타박타박
안 들리네, 어둡고 무서워

금간 창 틈으로 고요히 빗소리

빈방에 혼자 엎드려 훌쩍거리던"

쓸쓸하고 적막한 정경이 저절로 그려진다. 엄마는 열무 삼십 단을 이고 시장에 가셨다. 그거라도 팔아야 자식들과 입에 풀칠이라도 할 수 있었기 때문이다. 아이도 그 곤고함을 잘 안다. 아이는 이제나저제나 엄마가 돌아오기를 학수고대한다. 기다림의 시간은 지루하고 무섭기만 하다. 해가 뉘엿뉘엿 서산에 지고 있지만 엄마는 돌아오지 않는다. 시인은 그것을 '해가 시들었다'고 표현한다. 어머니가 이고 가셨던 열무와 연결되는 시적 이미지다. 아이는 찬 밥처럼 방에 담겨 천천히 숙제를 한다. '찬 밥'은 시간의 경과를 나타낸다. '방에 담겼다'는 말이 참 곡진하다. 무서워서 문 밖으로 나갈 수도 없으니 담긴 것이나 마찬가지다.

숙제를 하면서도 귀는 밖을 향해 열려 있다. 어머니 발소리를 놓치고 싶지 않은 것이다. 발소리는 들리지 않고 무심한 빗소리만 처연하게 들려온다. 아이는 혼자 엎드려 훌쩍거린다. 시인은 그날의 정경을 떠올리며 이렇게 노래한다.

"아주 먼 옛날

지금도 내 눈시울을 뜨겁게하는

그 시절, 내 유년의 윗목."

세월이 많이 흘렀어도 아름답게만 추억할 수 없기에 '유년의 아랫목'이 아니라 '윗목'이다.

수동과 능동의 통일

—

기다림의 절절함을 이렇게 듬쑥하게 그려낸 시는 많지 않다. 이 시가 사람들에게 감동을 주는 까닭은 우리 역시 기다리는 사람이기 때문이다. 좋은 날이 오기를, 좋은 인연이 다가오기를, 좋은 소식이 들려오기를 기다리지만, 성취의 시간이 자꾸만 지연되는 고통을 겪어 보지 않은 사람은 없을 것이다. 우리는 그리스도를 간절히 기다린다. 막연하게 기다리는 것이 아니라, 주님을 맞이할 준비를 하며 기다린다. 분주하게 지내느라, 정신이 온통 다른 데 팔려서 주님을 잊고 산 것은 아닌가? 우리 마음 깊은 곳에 주님 모실 공간을 마련하였는가? 우리의 사귐 속에 주님을 중심으로 모실 준비가 되었는가? 사랑과 비폭력과 정의가 우리 사회의 동력이 되도록 노력하고 있는가? 주님의 말씀이 우리 삶을 인도하는 빛인가?

시편 119편은 토라 곧 율법에 대한 22개의 노래 모음집이다. 토라는 흔히 창세기부터 신명기까지를 이르는 말이지만 그 기본 의미는 '가르침'이다. 이 말을 헬라어로는 '노모스nomos'라고 옮겼다. 규범이라는 의미가 더 도드라지는 표현이다. 사실 토라의 핵심은 창조주 하나님으로부터 부여받은 우리 삶을 한껏 기뻐하며 살도록 하는 데 있다. 토라는 우리를 번거롭게 얽어매는 규정집이라기보다는 하나님과 함께 살아가는 삶의 아름다움을 가르치는 책이라는 말이다. 우리가 즐겨 암송하는 시편 1편도 "주님의 율법을 즐거워하며, 밤낮으로 율법을 묵상하는 사람"(시편 1:2)이 복 있는 사람이라고 말한다. 119편을 다 인용할 수는 없지만 33절에서 36절에 나오는 몇 가지 표현이 토라 백성으로 산다는 것이 무엇인지를 잘 보여 준다.

주님의 율례들이 제시하는 길을 내게 가르쳐 주십시오. 나를 깨우쳐 주십시오. 주님의 계명들이 가리키는 길을 걷게 하여 주십시오. 내 마음이 주님의 증거에만 몰두하게 하시고(시편 119:33-36).

시인은 하나님께 자기를 가르치시고學, 깨우치시고覺, 걷게 하시고行, 주님의 증거에만 몰두하게向 해달라고 청한다. 하나님의 뜻을 배우고, 깨닫고, 걷고, 몰두하는 것은 우리가 마음 먹는다고 할 수 있는 것이 아니다. 하나님의 은혜가 우리 속에 임할 때 비로소 가능한 현실이다. 그렇기에 시인은 하나님께 청하는 것이다. 주님이 그 가능성을 열어 주실 때 우리가 할 일은 그것을 온 마음을 다하여 지키는 것이다. 몸에 배도록 익혀야 한다는 말이다習. "성령을 소멸하지 말라"(데살로니가전서 5:19)는 말도 같은 의미일 것이다. 말씀이 육신이 되셨다는 말씀은 예수 그리스도에게만 해당되는 말이 아니라, 우리의 삶에도 적용되어야 하는 말씀이다. 하나님의 은총을 기다리고 받아들이는 동시에 그 은총이 열어 주는 삶을 살아내는 것, 그 옹근 수동과 능동의 통합이 신앙생활이다.

주일무적主一無適

—

주님의 말씀은 내 발의 등불이요, 내 길의 빛입니다(119:105).

이 말씀은 스스로 길을 안다고 자부하는 이들에게는 상투적인 말처럼 들릴 것이다. 그러나 캄캄한 어둠 속을 걸어 본 사람이라면 이 말씀이 얼마나 놀라운 표현인지를 안다. 어떤 한계상황에 몰렸을 때 "내가 광야에 길을 내겠으며, 사막에 강을 내겠다"(이사야 43:19) 하신 말씀은 얼마나 큰 힘이 되는지 모른다. "네가 물 가운데로 건너갈 때에, 내가 너와 함께 하고, 네가 강을 건널 때에도 물이 너를 침몰시키지 못할 것이다. 네가 불속을 걸어가도, 그을리지 않을 것이며, 불꽃이 너를 태우지 못할 것이다"(이사야 43:2) 하신 말씀도 그렇다. 하나님의 말씀은 절망의 심연으로 끌려들어 가던 우리 마음을 건져 올려 새로운 희망의 모험을 감행하도록 만들기도 한다.

인간의 몸에 황소의 머리를 하고 있는 괴물 미노타우르스가 살고 있던 미궁에 들어갔던 아테네의 영웅 테세우스는 미노타우르스를 제거한 후 아리아드네가 건네준 실타래를 의지하여 그곳에서 벗어날 수 있었다. 하나님의 말씀은 우리가 미로와도 같은 삶 속에서 마땅히 가야 할 길을 일러주는 실이 될 때가 많다. 주님의 말씀은 우리의 꽉 막힌 듯한 시야를 열어주어 더 넓은 지평을 보게 해준다. 삶이 암담할수록 주님의 말씀을 읽고 묵상해야 하는 것은 바로 그 때문이다.

삶이 위태롭고 고난이 지속적으로 찾아올 때 우리는 어둠의 장막에 갇히기 쉽다. 그 어둠이 짙어질 때가 바로 유혹이 찾아오는 순간이다. 광야에서 40일 동안 금식하신 주님께 악마가 찾아와 유혹했던 것처럼, 중첩된 어려움은 우리가 견결하게 지켜왔던 삶의 원칙을 내려놓으라고 요구한다. '야, 믿음이 밥 먹여주냐?', '모난 돌이 정 맞는 법이다', '혼자 깨끗한 척 해 보아야 아무도 알아주지 않는다', '전도서에서도 너무 의롭게 살지도 말고, 너무 슬기롭게 살지도 말라(전도서 7:16)지 않더냐?' 세상은 우리를 이렇게 길들이려 한다. 우리는 참 많이도 길들여졌다.

오늘의 시인이 처한 현실 또한 우리와 다르지 않다. 그는 "내 생명은 언제나 위기에 처해 있습니다", "내가 받는 고난이 너무 심합니다"라고 탄식한다. 문제를 하나님 앞으로 가져가는 순간 그는 자기의 싸움이 외로운 싸움이 아니라는 사실을 깨닫는다. 어느 순간 하나님이 그의 곁에 계심을 알아차리기 때문이다. 어둠을 밝히는 한 점 불빛이다. 어둠은 더 이상 그를 지배할 수 없다. 이제 그는 주님의 규례와 법을 잊지 않겠다고 말한다. 맹세하고 다짐하기까지 한다. 그가 맞닥뜨렸던 고난이 압도적으로 보였던 까닭은 하나님을 잊고 있었기 때문이다.

퇴계 이황 선생님의 생활 태도는 '거경궁리居敬窮理'라는 말 속에 다 담겨 있다. 자기 마음을 늘 성찰하면서 외경의 마음을 잃지 않는 동시에 사물의 이치를 깊이 궁구하려 노력한다는 뜻이다. 선비다운 삶의 자세이다. 한 가지가 더 있다. '주일무적主一無適'이 그것이다. 하나를 주로 하고 벗어남이 없다는 뜻이다. 바울 사도는 "내 주 예수 그리스도를 아는 지식이 가장 고귀하므로, 나는 그 밖의 모든 것을 해로 여깁니다"(빌립보서 3:8)라고 고백했다. 바로 이런 마음이다. 하나로 집중될 때 힘이 고이는 법이다.

성성자, 메주자, 테필린

—

조선 시대의 대학자인 남명 조식은 항상 깨어 있는 마음으로 살기 위해 옷깃에 방울을 달고 다녔다고 한다. 짤랑짤랑 울리는 그 방울을 성성자惺惺子라 했다. '영리하다, 슬기롭다'는 뜻의 '성惺'은 심방 변忄 즉 마음 심心과 별 성星자가 결합된 글자이다. 마음에 별이 뜬 상태라는 말일까? 어둠 속에서도 빛을 잃지 않겠다는 결의가 도드라진다.

사실 성경에도 비슷한 예가 있다. 유대인들이 사용하는 메주자mezuzah와 테필린tefillin이 그것이다. 메주자는 유대인들이 자기 집 문설주에 붙이는 성구 상자다. 그들은 '들어라, 이스라엘'로 시작되는 신명기 6장 4절 이하의 말씀을 그 속에 담았다. 테필린은 기도할 때 이마와 두 팔에 착용하는 가죽 주머니인데 그 속에는 토라 구절을 적은 종이가 들어 있다. 집에 들어갈 때나 나갈 때, 길을 걷거나 멈출 때마다 그들은 토라 백성임을 잊지 않으려 했던 것이다.

시인은 악인들의 올무가 발 앞에 놓여 있다 해도 주님의 법도를 벗어나지 않겠다고 다짐한다. 잠시 동안은 악이 승리하는 것처럼 보여도 결국은 하나님의 뜻이 이루어질 것임을 알기에 그는 절망하지 않는다. 하나님의 말씀은 평안한 삶을 보장하지 않는다. 우리가 바라는 것들을 다 이루어 준다고 약속하지도 않는다. 그 말씀은 우리 삶을 영원에 접속되게 만들어 준다. 유한한 시간 속에 살면서도 영원에 속한 사람이 되게 하신다. 그것을 알기에 시인은 이렇게 고백한다.

주님의 증거는 내 마음의 기쁨이요, 그 증거는 내 영원한 기업입니다(119:111).

십자가는 하나님의 실패의 상징처럼 보였지만 실은 궁극적 승리의 시작이었다. 하나님의 뜻대로 살다가 겪는 어려움은 더 큰 영광으로 나아가는 통로이다.

'찬밥처럼 방에 담겨' 있는 것처럼 우리 삶이 무겁고 두렵고 암담해도, 자식이 기다리는 집에 꼭 오시고야 말 어머니처럼, 주님은 우리 곁에 지금도 오고 계신다. 주님의 말씀을 우리의 길 삼아 걷다 보면 우리는 마침내 주님이 우리보다 먼저 길을 예비하고 계셨음을, 가장 암담한 시간에도 주님이 우리를 안고 계셨음을 알게 될 것이다.

하나님은 공감과 자비의 마음으로 세상의 연약한 이들을 돌보라 말씀하신다. 누군가를 처벌하고 혐오하고 배제하는 데 앞장서지 말고 사랑으로 감싸고 먹이고 함께 노래 부르라고 말씀하신다. 내 생각과 지향을 갖고 다른 이들을 바라보지 말고 십자가에 달리신 분의 눈으로 이웃을 대하라고 말씀하신다. 그 말씀을 꼭 붙들고 살 때 우리를 괴롭히는 세상의 인력은 줄어들고, 은총이 주는 자유가 우리 속에 스며들 것이다. 말씀이 비추는 길을 따라 모든 생명이 존중 받는 세상을 열기 위해 나아가기를 바란다.

주님이
하나님이심을 알라

온 땅아, 주님께 환호성을 울려라. 기쁨으로 주님을 섬기고, 환호성을 올리면서, 그 앞으로 나아가거라. 너희는 주님이 하나님이심을 알아라. 그가 우리를 지으셨으니, 우리는 그의 것이요, 그의 백성이요, 그가 기르시는 양이다. 감사의 노래를 드리며, 그 성문으로 들어가거라. 찬양의 노래를 부르며, 그 뜰 안으로 들어가거라. 감사의 노래를 드리며, 그 이름을 찬양하여라. 주님은 선하시며, 그의 인자하심 영원하다. 그의 성실하심 대대에 미친다(시편 100:1-5).

어둠 속에서

—

전쟁 난민들의 신산스런 처지가 아프게 들려온다. 러시아와 우크라이나에서, 팔레스타인 가자지구에서 벌어지고 있는 전쟁으로 인해 절망의 시간을 지나고 있는 이들에게 주님의 보호하시는 손길이 함께 하시기를 빈다. 병원, 난민캠프, 학교, 그리고 구급차까지도 파괴되고 있다. 이 미친 살육은 중단되어야 한다. 전쟁을 그치라는 요구가 하마스를 편드는 일이 아니다. 그리스도를 따르는 사람으로서 우리는 천하보다도 귀한 생명이 소모품처럼 취급되는 이 상황이 중단되기를 촉구해야 한다.

함무라비 법전에 소개된 탈리오의 법칙 곧 '이에는 이, 눈에는 눈'이라는 동해복수법同害復讐法을 우리는 원시적이라 여겼다. 그러나 이 법은 과도한 처벌을 막기 위한 장치이다. 인간은 자기에게 피해를 입힌 이에게 몇 배로 되돌려주려는 경향이 있다. 지금 우리가 목도하고 있는 현실이 그러하다. 탈리오 법칙은 그러한 넘치는 복수 욕망에 제한을 가하는 것이다. 창세기에 등장하는 라멕은 그의 두 아내 아다와 씰라에게 허세를 부리듯 말한다.

> 아다와 씰라는 내 말을 들어라. 라멕의 아내들은, 내가 말할 때에 귀를 기울여라. 나에게 상처를 입힌 남자를 내가 죽였다. 나를 상하게 한 젊은 남자를 내가 죽였다. 가인을 해친 벌이 일곱 갑절이면, 라멕을 해치는 벌은 일흔일곱 갑절이다(창세기 4:23-24).

오늘 우리는 확성기를 통해 증폭된 라멕의 노래를 듣고 있다. 하지만 폭력은 폭력으로 제거할 수 없다. 폭력은 누군가의 가슴에 증오와 원망과 분노를 심는 일이다. 몸에 난 상처는 시간이 지나면 아물게 마련이지만 폭력의 기억은 가슴에 새겨져 좀처럼 스러지지 않는다. 나치의 강제 수용소에서 가까스로 살아남은 오스트리아 작가 장 아메리의 증언은 생생하다. 그는 고문을 당했던 경험을 털어놓으면서 첫 번째 구타와 더불어 세상에 대한 신뢰가 상실되었다고 말한다. 그는 고문에 시달렸던 사람은 더 이상 세상을 고향처럼 느낄 수 없다고 증언한다(장 아메리, 《죄와 속죄의 저편》, 91쪽). 고향을 잃는다는 것은 영원히 떠돌이로 살 수밖에 없다는 말이다. 폭력으로 평화를 만들 수 있다고 믿는 것은 허탄한 신화일 뿐이다. 그것은 바람을 심어 광풍을 거두는 것처럼 어리석은 일이다.

우리가 당연한 듯 누리는 일상이 누군가에게는 가장 큰 행복의 이미지일 수도 있다. 아침이면 일어나 일터로 나가고, 저녁이면 가족들과 식탁에 둘러앉아 그날 있었던 일들을 나누고, 친구들과 차 한 잔을 사이에 두고 담소를 나누며 낄낄 거리고, 좋아하는 음악을 듣고, 한가롭게 공원을 산책하고, 여행자가 되어 세상을 느긋하게 떠돌기도 할 기회를 박탈당한 이들이 많다. 주님의 마음은 바로 그런 이들을 향하고 있을 것이다.

이런 어두운 시절에 우리는 추수감사절을 맞이했다. 피눈물을 흘리는 이들 곁에서 감사의 노래를 부른다는 것이 마땅치 않은 것처럼 느껴지기도 한다. 대체 우리가 드려야 할 감사는 어떤 것일까? 다른 이들이 겪는 불행이 내게 찾아오지 않은 것에 감사한다고 해야 할까? 남이 누리지 못하는 행복을 누리게 되어 감사하다고 고백해야 할까? 성경은 '범사에 감사하라'고 말한다. 감사할 수 없는 상황에서도 감사하라는 말일까? 강요된 감사가 때로는 우리 마음을 힘들게 만들기도 한다.

충만의 윤리

—

감사가 강박관념이 되면 안 되지만 믿는 사람이라면 '범사에 감사하라'는 말씀 앞에 멈춰 서서 자기 삶을 골똘히 돌아볼 필요가 있다. 멈춰 섬이 중요하다. 흐르는 물에는 얼굴을 비춰볼 수 없는 것처럼 욕망의 벌판을 겅중겅중 뛰면서 자기를 성찰할 수는 없는 법이다. 우리 마음은 늘 뭔가로 가득 차 있다. 이런 저런 일들로 마음은 한껏 달아올랐고, 사람들과 함께 지내는 동안 입은 상처가 아물 날이 없다. 불평과 불만, 분노, 서운함, 억울하다는 생각이 물결처럼 우리에게 밀려온다. 우리 마음은 어느새 흙탕

물처럼 흐려졌다. 노자 도덕경 15장에 나오는 말이 떠오른다. '누가 혼탁한 물을 고요하게 하여 서서히 맑아지게 할 수 있을까?'孰能濁以靜之徐淸숙능탁이정지서청 하나님 앞에서 자기 삶을 돌아보는 사람이 아니겠는가? 차분히 돌아보면 오늘 우리가 누리고 사는 모든 일이 다 선물임을 깨닫지 않을 수 없다. 당연한 것은 아무것도 없다. 손경민 님이 가사를 쓴 찬양 '은혜'라는 곡에는 이런 가사 있다.

"내가 누려왔던 모든 것들이/내가 지나왔던 모든 시간이/내가 걸어왔던 모든 순간이/당연한 것 아니라 은혜였소".

미국 원주민 부족인 오논다가어에서 '감사'를 뜻하는 단어는 '모든 것에 앞서는 말'이라는 뜻이라고 한다. 그 부족민들의 아이들이 다니는 학교는 한 주를 시작하고 끝낼 때 학생들이 모여 '감사 연설'을 한다. 대지, 물, 물고기, 초목, 작물, 약초, 베리, 동물, 새, 바람, 달과 별과 태양이 우리 삶을 얼마나 풍요롭게 하는지를 돌아보며 감사의 뜻을 표하는 것이다. 감사 연설은 인간이 세상을 책임진 것이 아니라 나머지 뭇 생명들과 함께 살아가는 존재임을 일깨운다. 그 부족 출신의 생태학자 로빈 월 키머러는 그 전통의 현대적 의미를 이렇게 설명한다.

"감사는 충만의 윤리를 계발하지만, 경제는 공허를 필요로 한다. 감사 연설은 우리에게 필요한 모든 것이 이미 우리에게 있음을 일깨운다. 감사는 만족을 찾기 위해 쇼핑하라고 등을 떠밀지 않는다. 감사는 상품이 아니라 선물로 다가오기에 경제 전체의 토대를 뒤엎는다. 감사는 땅에게도 사람에게도 좋은 치료약이다"(로빈 월 키머러, 《향모를 땋으며》, 169쪽).

오늘 우리가 낭독한 시편 100편은 온 세상 사람들을 기쁨의 세계로 초대한다.

온 땅아, 주님께 환호성을 울려라. 기쁨으로 주님을 섬기고, 환호성을 올리면서, 그 앞으로 나아가거라(1절).

시의 화자는 온 세상을 다스리시는 하나님의 영광스러운 대관식에 모든 민족을 초대하고 있다. 그는 모든 사람들에게 환호성을 지르며 주님 앞으로 나아오라고 부른다. 일찍이 이사야는 하나님이 통치하시는 세상의 꿈을 '이리가 어린 양과 함께 살며, 표범이 새끼 염소와 함께 누우며, 송아지와 새끼 사자와 살진 짐승이 함께 풀을 뜯고, 어린 아이가 그것들을 이끌고 다니는 세계로 형상화했다. 이 세상의 특징은 '함께'라는 말 속에서 드러난다. '홀로' 만족하는 이들의 세계가 아니다. 약자와 강자가 함께 어울리는 세상, 서로 해치거나 파괴하는 일이 없는 세상은 어떻게 열리는 것일까? 이사야는 주님을 아는 지식이 땅에 가득할 때 비로소 그런 세상의 꿈이 실현된다고 말한다. 우리는 어리석어 보이는 이런 꿈에 매달린다. 이런 꿈이 우리의 일상의 시간 속으로 스며들도록 허용할 때 어둠의 지배력은 약화된다. 비록 지금 현실은 어둠이 지배하는 것 같고, 폭력이 난무하는 것 같지만 하나님의 뜻이 이루어지는 세상을 꿈꿀 수 있기에 우리는 낙심하지 않는다.

우리는 누구인가?

—

내가 누구인가를 알고 내 삶의 주인이 누구인가를 깊이 아는 이들은 감사하지 않을 수 없다. 시편 시인은 "그가 우리를 지으셨으니, 우리는 그의 것이요, 그의 백성이요, 그가 기르시는 양"(3절)이라고 고백한다. 우리 생명은 무한하신 하나님의 사랑 안에서 빚어졌다. 그렇기에 함부로 살 수 없다. 이런 고백을 종교인들의 허위의식이라고 폄하하는 이들도 있다. 그들은 본래 인생이란 우연일 뿐 아무런 의미도 목적도 없다고 말한다. 기가 모이면 생기고 흩어지면 사라질 뿐이라는 것이다. 그것도 인생을 대하는 하나의 태도이니 굳이 싸우고 싶은 생각은 없다. 그러나 믿음의 사람들은 우리 생명을 소명으로 받아들인다.

'그의 백성'이라는 말은 단순히 소속만을 가리키는 말이 아니다. 하나님의 백성이라는 말은 하나님의 꿈을 가슴에 품고 산다는 말이다. 하나님은 지배자와 피지배자가 갈리는 세상, 폭력이 지배하는 세상에서 살던 우리를 모든 사람이 형제자매의 우애를 나누는 샬롬의 세상으로 불러주셨다. 우리가 감사드려야 하는 까닭은 남보다 많은 것을 누릴 수 있기 때문이 아니다. 오히려 하나님의 꿈에 동참하는 사람이 되었기 때문이다. 고난과 시련이 없기 때문이 아니다. 다른 이들의 아픔에 깊이 공감하고 그 아픔을 덜어주기 위해 수고를 마다하지 않는 사람이 되었기 때문이다. 난민이 되어 세상을 떠돌지 않을 수 있기 때문이 아니다. 전쟁과 테러로 찢긴 이들의 곁이 되어줄 마음이 우리 속에 생겼기 때문이다. 하나님의 백성이라는 말 속에 담긴 속뜻은 이런 것이라 믿는다.

'우리는 주님이 기르시는 양'이다. 예수님은 "나는 선한 목자이다. 선한 목자는 양들을 위하여 자기 목숨을 버린다”(요한복음 10:11) 하셨고, 당신이 이 세상에 오신 목적을 “나는, 양들이 생명을 얻고 또 더 넘치게 얻게 하려고 왔다”(요한복음 10:12)고 아주 간명하게 설명하셨다. 삶이 아무리 고달파도 주님을 신뢰하고 주님의 인도하심을 따라야 할 까닭이 여기에 있다. 고난 받는 종의 노래에 나오는 한 구절이 우리 가슴을 울린다.

> 우리는 모두 양처럼 길을 잃고, 각기 제 갈 길로 흩어졌으나, 주님께서 우리 모두의 죄악을 그에게 지우셨다(이사야 53:6).

주님을 신뢰하는 것이 우리의 힘이다.

뭇 민족들의 찬양

4절과 5절에서 시인은 주님께 나온 뭇 백성들을 찬양의 자리에 초대한다. 민족과 피부색은 이미 문제가 되지 않는다. 빈부귀천 혹은 남녀노소의 구별도 없다. 이데올로기조차 하나님 앞에서는 무용지물이다. 찬양의 자리에서 배제되는 이들은 아무도 없다. 하나님 앞에서는 사람을 인위적으로 가르던 담이 무너지게 마련이다.

> 감사의 노래를 드리며, 그 성문으로 들어가거라. 찬양의 노래를 부르며, 그 뜰 안으로 들어가거라. 감사의 노래를 드리며, 그 이름을 찬양하여라(4절).

감사의 노래, 찬양의 노래가 들려와야 할 땅에 폭발물이 터지는 소리, 비명 소리, 탄식 소리, 애곡하는 소리가 울려 퍼지고 있다. 라멕의 노랫소리가 쟁쟁하게 울리는 세상에서 우리가 부를 노래는 무엇일까? 삼국유사에 등장하는 만파식적萬波息笛 이야기가 있다. 신라의 신문왕 때 동해의 어느 섬에서 베어낸 대나무로 만든 피리인데, 이것을 불면 적병이 모두 물러가고, 질병이 낫고, 가물 때는 비가 오고, 비가 올 때는 개이고, 세찬 바람이 잠잠해지고, 물결이 평온해졌다고 한다. 세상의 모든 파란萬波을 없애고 평안하게 하는息 피리笛라 하여 사람들은 이 피리를 만파식적이라 불렀다.

이런 신통한 피리는 더 이상 찾기 어렵다. 그러나 하나님의 백성으로 부름 받은 우리들이 이 피리가 되어야 하지 않겠는가? 듣는 사람이 없는 것 같아도 평화의 노래를 불러야 한다. 세상의 굉음 속에서도 끝끝내 그 노래를 포기하지 않을 때, 그 노래가 일으킨 파장에 따라 함께 노래 부르는 이들이 늘어날 것이고, 그 노래가 마침내 우렁우렁한 합창으로 변할 때 세상은 조금씩 변화될 것이다. 그 노래의 주선율은 바로 이것이다.

주님은 선하시며, 그의 인자하심 영원하다. 그의 성실하심 대대에 미친다(5절).

이 노래가 우리의 굳은 마음을 부드럽게 바꿀 수 있기를 빈다. 이 노래가 세상의 어둠에 지친 이들에게 빛이 되기를 바란다. 우리를 그 놀라운 합창대에 불러주신 하나님께 감사드린다.

내 마음은 고요하고 평안합니다

> 주님, 이제 내가 교만한 마음을 버렸습니다. 오만한 길에서 돌아섰습니다. 너무 큰 것을 가지려고 나서지 않으며, 분에 넘치는 놀라운 일을 이루려고도 하지 않습니다. 오히려, 내 마음은 고요하고 평온합니다. 젖뗀 아이가 어머니 품에 안겨 있듯이, 내 영혼도 젖뗀 아이와 같습니다. 이스라엘아, 이제부터 영원히 오직 주님만을 의지하여라(시편 131:1-3).

버리다, 돌아서다

—

삶이 사랑의 빚임을 잊을 때 사람은 작아진다. 욕망의 거센 물살에 떠밀리는 동안 성정은 거칠어지고 명랑함을 잃게 된다. 무심하게 흘러가는 시간 속에서 바장이다 보면 우리가 지금 인생의 어느 때를 살고 있는지, 어디로 가고 있는지 망각할 때가 많다. 길을 잃지 않기 위해서는 자기를 성찰하는 동시에 하나님의 마음에 자꾸 접속해야 한다.

시편 131편은 성전에 올라가는 노래 가운데 열두 번째 노래다. 주님 앞에 나가는 이들에게 필요한 것은 무엇일까? 선지자 미가는 이 질문에 대해 아주 뚜렷한 답을 내놓고 있다. 하나님은 우리가 바치는 번제물이나 올리브 기름 혹은 우리 몸의 열매를 기뻐하지 않으신다. 하나님이 요구하시는 것은 단순하다. "오로지 공의를 실천하며 인자를 사랑하며 겸손히 네 하나님과 함께 행하는 것"(미가 6:8b)입니다. 나는 다양한 형태의 무신론 가운데 가장 위험한 무신론은 '실천적 무신론'이라고 생각한다. 스스로 잘 믿고 있다고 여기지만 삶으로는 하나님을 부인하는 이들이 많다. 하나님 앞에 나아간다는 것은 두렵고 떨리는 일이다. 떨기나무 불꽃 속에 임하신 하나님은 모세에게 '신을 벗으라'고 말씀하셨다. '신'은 사는 동안 형성한 자기 나름의 세계관, 가치관, 태도 등을 상징한다. 자기 생각, 자기 판단, 자기 이념에 집착하는 이들은 하나님 앞에 설 수 없다. 주님께 나아가며 시인은 말한다.

> 주님, 이제 내가 교만한 마음을 버렸습니다. 오만한 길에서 돌아섰습니다. 너무 큰 것을 가지려고 나서지 않으며, 분에 넘치는 놀라운 일을 이루려고도 하지 않습니다(1절).

이 번역은 의미상으로는 나무랄 데 없이 번역되었지만 시적인 운율을 살리는 데는 실패한 것처럼 보인다. 사실 이 구절에서 세 번이나 반복되고 있는 '로lō'라는 단어가 드러나지 않기 때문이다. '로'는 '아니다'라는 부정사다. 개역개정판은 이 단어를 다 살려서 번역했다.

> 내 마음이 교만하지 아니하고, 내 눈이 오만하지 아니하오며 내가 큰 일과 감당하지 못할 놀라운 일을 힘쓰지 아니하나이다.

교만한 마음으로는 하나님 앞에 설 수 없다. 교만함이란 자기를 높이려는 마음 곧 자화자찬이다. 교만함과 연결된 단어 '레브lēḇ'는 마음이라 번역되지만 인간의 의지 혹은 이해가 거하는 자리를 뜻한다. 우리의 의지와 이해는 자기 중심성을 벗어나기 어렵다. 시인은 그런 현실을 깊이 자각하고 있다.

유대인의 전설은 바벨론 왕 느부갓네살에 대한 흥미로운 이야기를 전해준다. 그는 여러 시련을 겪은 끝에 높으신 하나님을 예배하는 사람이 되었다. 어느 날 그가 하나님께 기도를 드리려고 두 손을 모았는데, 천사가 와서 그의 머리를 때렸다. 같은 일이 몇 번 반복되자 느부갓네살은 천사에게 화를 내면서 '왜 그러냐'고 물었다. 그러자 천사는 "너는 왕관을 쓴 채 하나님께 예배를 드릴 수 있다고 생각하느냐?"라고 되물었다. 누구도 왕관을 쓴 채 하나님을 예배할 수 없다. 자기를 높이는 이들이 하나님을 예배한다는 것은 어불성설이다.

'오만한 길에서 돌아섰습니다'라는 번역에서 생략된 것은 '눈'이다. 원래는 '내 눈이 오만하지 아니하오며'이다. 눈은 인간의 감각 가운데 가장 직접적인 감각이다. 우리는 눈을 통해 세상의 정보를 습득하는 경우가 많다. '제 눈의 안경'이라는 말이 있지만 우리는 세상을 있는 그대로 보지 못한다. 자기가 만든 틀을 통해 바라본다. 시인은 오만한 눈으로 세상을 바라보지 않는다고 말한다. 오만함이란 젠 체하며 남을 업신여기는 태도를 말한다. 그런데 오만한 이들은 사실은 대롱으로 세상을 보는 사람들이다. 자기보다 큰 세계가 있다는 사실을 알지 못하는 가련한 사람들이다.

가끔 다산 정약용 선생의 시 '우래憂來'의 앞부분을 되새기곤 한다.

"약령사학성弱齡思學聖, 젊어서는 성인을 꿈꾸었는데, 중세점희현中歲漸希賢, 살다보니 현인도 쉽잖구나. 노거감우하老去甘愚下, 늙으니 하우도 감지덕지(자기가 부족하다는 사실을 아는 것만도 달게 여김), 우래부득면憂來不得眠, 그 걱정에 잠도 못 이루네."

요즘 내 마음이 이러하다. 교만한 마음, 오만한 눈을 내려놓아야 현실이 제대로 보인다.

우리 마음을 어지럽히는 것들

—

그 다음 대목을 살펴보자.

너무 큰 것을 가지려고 나서지 않으며, 분에 넘치는 놀라운 일을 이루려고도 하지 않습니다(1절b).

'아니다'에 걸리는 세 번째 내용은 '큰 것을 가지려고 나서는 것', '분에 넘치는 놀라운 일을 이루려고 하는 것'이다. 세상은 끊임없이 우리에게 큰 꿈을 품어야 한다고 가르친다. 자기 능력을 최대치로 끌어올려야 한다고 말한다. 시편 시인은 정반대의 길을 가리킨다. 어찌 보면 지나칠 정도로 소극적인 생을 권유하는 것처럼 보이기도 한다. '큰 것'은 어떤 것일까? 인간관계에만 국한해서 생각해보겠다. 목소리, 숫자, 힘 등이 떠오른다.

자기 주장을 관철시키기 위해서 목소리를 높이는 이들이 많다. 함부로 말하고, 다른 이들을 깎아내리는 데 주저함이 없다. 고진하 시인의 '천국에는 아라비아 숫자가 없다'라는 시에는 모든 것을 숫자로 환원하는 세상에 대한 탄식이 담겨 있다. 성적, 연봉, 아파트 평수 등이 사람들을 평가하는 기준이 된 사회는 병든 사회다. 그런 기준이 세워질 때 사람들은 다른 삶의 가능성에 눈을 감고 오직 한 방향으로 질주한다. 지옥으로의 탈주인 셈이다. 주님은 힘 있는 이들은 가장 낮은 자리에서 힘없는 이들을 위해 일해야 한다고 가르치셨지만 세상은 정반대의 길로 가고 있다. 시인은 이런 현실에서 벗어났다고 말한다.

'분에 넘치는 놀라운 일'은 어떤 것일까? 사람들은 자기를 남과 구별해주는 특별한 것에 집착한다. 과도함이 병인 줄 모르는 게 인간의 어리석음이다. 자족할 줄 모르고, 멈출 줄 몰라 삶이 고단하다. 노자는《도덕경》12장에서 '말을 달리며 즐기는 사냥이 사람의 마음을 미치게 하고, 얻기 어려운 재화가 사람의 행동을 어지럽힌다'馳騁畋獵令人心發狂, 難得之貨令人行妨고 말했다. 너무 큰 것을 가지려는 마음, 분에 넘치는 놀라운 일을 이루려고 애쓰는 동안 기쁨과 감사는 고갈되고, 사랑해야 할 이웃들은 제거하거나 물리쳐야 할 적이 된다. 그럼 이긴 사람은 행복할까? 그렇지 않다. 그들은 끊임없이 불안해한다. 패자라고 하여 행복할까? 선망과 원망이라는 부정적인 감정에서 벗어나지 못하는 한 그들도 행복하지 않다.

자족하는 마음과 감사하는 마음이야말로 불안의 해독제다. 지금 우리에게 주어진 삶이 얼마나 놀라운 선물인지를 알아차릴 수 있어야 한다. 자족하라고 해서 세상 현실을 그대로 수용하라는 말이 아니다. 믿음의 사람들은 불의한 세상과 맞서 싸워야 하고, 주변으로 내몰린 이들이 인간다운 삶을 누리는 세상을 만들기 위해 분투해야 한다. 하지만 싸움에 매몰되어 삶의 경이로움을 잃어버려서는 안 된다. 세상에 가득 찬 하나님의 숨결을 알아차리는 민감함을 잃어버리는 것이야말로 가장 큰 손해다. 교만한 마음과 오만한 눈을 버리고, 큰 일에 대한 집착을 버릴 때 평안이 찾아온다.

고요하고 평온한 마음

—

욕망은 우리의 의지가 특정한 방향을 향해 내달리도록 만든다. 욕망에 사로잡힌 이들은 늘 숨이 차다. 다른 이들을 돌아볼 여백이 자기 속에 없기에 그들은 깊은 공감의 능력을 보이지 못한다. 일렁이는 버릇이 있는 강물이 바다에 이를 때 고요하고 잠잠해지는 것처럼, 흔들림 속에 있는 우리 마음을 하나님께 가져가야 한다. 오늘의 시인의 고백이 참 아름답다. 버리고 내려놓자 마음에 평안이 찾아왔다는 것이다.

> 오히려, 내 마음은 고요하고 평온합니다. 젖뗀 아이가 어머니 품에 안겨 있듯이, 내 영혼도 젖뗀 아이와 같습니다(2절).

1절에서 마음을 뜻하는 단어는 '레브'였다. 인간의 이해와 의지의 자리를 뜻하는 말이었다. 2절에서 마음이라 번역된 단어는 '네페쉬'다. 이 말은 충족되지 않은 욕망, 감정, 열정을 가리키는 말이다. 그 마음이 차분해졌다는 것이다. 하나님 앞에 진실하게 서면 숨이 가지런해진다. 숨가쁜 질주를 멈출 때 평온이 찾아온다. 시인은 그 상태를 젖뗀 아이가 어머니 품에 안겨 있는 모습으로 이미지화하고 있다. 젖을 뗐다는 말은 이제 어느 정도

성장하여 더 이상 젖을 먹지 않게 되었다는 말이 아니라, 젖을 만족스럽게 먹은 상태를 일컫는 말이다. 배가 고프면 아이는 허겁지겁 엄마 젖을 빨지만, 어느 정도 배가 차면 젖 빠는 것을 멈추고 엄마의 눈을 바라보기도 하고 방긋 웃기도 한다. 무언의 교감이 일어나기 때문일 것이다. 언어로 표현되지는 않지만 자기를 한없이 사랑하는 엄마의 시선을 느끼며 아이는 평안한 잠에 빠져들기도 한다. 시인은 아기가 누리는 고요함과 평온함을 한껏 누리는 삶의 아름다움을 노래하고 있다. 이런 평안함이 우리에게도 있는가?

신뢰 속에서 이루어지는 삶

—

시인은 이제 그런 삶의 경험 속으로 사람들을 초대한다.

이스라엘아, 이제부터 영원히 오직 주님만을 의지하여라(3절).

믿음이 영혼의 평안을 얻는 데서 그치면 안 된다. 우리 삶의 경험이 주변으로 조용히 확산되어야 한다. 믿음의 사람은 세상 도처에 흩어져 나가서 한지에 스며드는 먹물처럼 조용히 사람들이 자기를 지키기 위해 세워놓은 딱딱한 경계를 느슨하게 만들어야 한다. 누룩이 반죽을 부풀게 하듯 그렇게 조용하지만 근원적인 변화를 일으켜야 한다. 고요하고 평온한 사람이라야 다른 이들을 평화롭게 만들 수 있다.

삶이 무거운 것은 자기를 의지하고 살기 때문이다. 날이 갈수록 '나'는 의지할 만한 토대가 될 수 없다는 사실을 절감한다. 자기의 오류 가능성을 인정하는 것이 성숙한 영혼의 징표다. 찬송가 214장 3절의 가사가 새록새록 다가온다. "내 힘과 결심 약하여 늘 넘어지기 쉬우니 주 형상대로 빚으사 날 받아주소서." 새롭게 빚어주실 주님의 손에 우리를 맡겨야 한다. 주님을 의지한다는 말은 주님을 깊이 신뢰한다는 뜻이다. 주님의 기도는 내 뜻이 아니라 주님의 뜻이 이루어진 세상을 고대한다. "뜻이 하늘에서와 같이 땅에서도 이루어지이다." 우리의 필요를 아시는 주님께 모든 것을 맡기며 살 때 불안의 안개가 걷힐 것이다.

물론 믿는다고 하여 우리 인생의 모든 문제가 해결된다는 말은 아니다. 어려운 일은 여전히 찾아올 것이다. 그래도 주님을 신뢰하는 이들은 낙담하지 않는다. 잠시 쓰러지기는 하지만 결국은 하나님의 뜻이 이루어질 것을 믿을 때 우리는 현실의 어둠 속에서도 길을 잃지 않는다.

> 네 갈 길을 주님께 맡기고, 주님만 의지하여라. 주님께서 이루어 주실 것이다(시편 37:5).

노여움과 격분과 불평을 내려놓고 이 말씀을 등불 삼아 걸을 때 우리는 마침내 의가 이루어진 세상에 당도할 것이다. 오늘도 내일도 주님 안에서 생명과 평화를 매개하는 이들이 되기를 기원한다.

영혼의

사람을 찾으시는 하나님

어리석은 사람은 마음속으로 "하나님이 없다" 하는구나. 그들은 한결같이 썩어서 더러우니, 바른 일 하는 사람 아무도 없구나. 하나님께서는 하늘에서 사람을 굽어보시면서, 지혜로운 사람이 있는 지, 하나님을 찾는 사람이 있는 지를 살펴보신다. 너희 모두는 다른 길로 빗나가서 하나같이 썩었으니, 착한 일 하는 사람이 하나도 없구나. 죄악을 행하는 자는 다 무지한 자냐? 그들이 밥먹듯이 내 백성을 먹으면서 나 하나님을 부르지 않는구나. 하나님이 경건하지 못한 자들의 뼈를 흩으셨기에, 그들은 두려움이 없는 곳에서도 크게 두려워할 것이다. 하나님이 그들을 물리치셨으니, 그들이 수치를 당할 것이다. 하나님, 시온에서 나오셔서, 이스라엘을 구원해 주십시오! 하나님께서 당신의 백성을 그들의 땅으로 되돌려 보내실 때에, 야곱은 기뻐하고, 이스라엘은 즐거워할 것이다(시편 53:1-6).

그늘이 없는 사람

—

소서에서 대서를 향해 가고 있으니 이제 본격적인 여름이다. 며칠 전, 건널목에 서 있는 이들이 옹기종기 나무 그늘 밑에 서 있는 모습을 보면서 그늘의 고마움을 새삼스럽게 느꼈다. 지자체들이 마련한 '무더위 쉼터'라는 구조물이 곳곳에 있지만 나무 그늘만 하겠는가? 중동지역의 광야를 지나다 보면 드문드문 서 있는 싯딤나무Shittim에 눈길이 가기 마련이다. 숲을 이루지 못하는 그 나무는 외로워 보이지만 광야를 걷고 있는 이들에게는 이정표도 되고, 쉴 수 있는 품도 되어 준다. 잎이 듬성듬성하기에 별로 시원할 것 같지 않지만 뜻밖에도 그 그늘 밑에 들어가면 서늘한 기운을 느낄 수 있다.

정호승 시인의 시구가 떠오른다. "나는 그늘이 없는 사람을 사랑하지 않아/그늘을 사랑하지 않는 사람을 사랑하지 않아/나는 한 그루 나무의 그늘이 된 사람을 사랑한다." '그늘'이 없는 사람은 슬픔과 고통 그리고 좌절을 맛본 적이 없는 사람일 거다. 그늘이 없는 사람은 누군가의 품이 되어 줄 수 없다. '그늘이 있는 사람', '그늘을 사랑하는 사람'이라야 평화를 만들 수 있다. 마을 어귀의 느티나무 아래 사람들이 모여드는 것은 그늘이 있기 때문이다. 품이 넓은 그 그늘 아래 모여 두런두런 이야기도 나누고, 시원한 바람을 느끼며 낮잠을 자고 나면 울울했던 심사가 가든해진다.

일본의 한국 무시 발언이 사람들의 가슴에 조용한 분노를 일으키고 있다. 미국의 트럼프 대통령이 이민자 출신의 정적들에게 "미국이 싫으면 당신들 나라로 돌아가라go back"고 한 말 때문에 시끄럽다. 사람들은 그가 노골적인 인종주의를 부추긴다고 비판한다. '국익'이라는 명분 앞에서 보편적 인간애라는 더 소중한 가치가 천더기로 취급 받는 세상은 그늘이 없는 세상이다. 그런 세상에서 가련한 사람들은 뙤약볕 아래로 내쫓긴다.

어리석은 자들이 판치는 세상

—

히브리의 한 시인은 “어리석은 사람은 마음속으로 ‘하나님이 없다’ 하는구나”라고 탄식한다. ‘어리석다’고 번역된 히브리 단어 ‘나발’은 어리석다는 뜻 외에도 ‘불경건하다’, ‘버림받다’, ‘사악하다’는 의미로 사용되고 있다. 그러니까 여기서 말하는 어리석은 사람은 하나님에 대한 지적 이해가 결핍된 사람을 말하는 것이라기보다는 하나님을 인정하려 하지 않는 완고한 사람을 가리킨다고 보아야 할 것이다. 그는 마치 하나님이 없는 것처럼 살아간다.

도스토예프스키Dostoevsky의 《까라마조프 씨네 형제들》에 나오는 이반은 ‘만일 신이 없으면 모든 것이 허용된다’고 말한다. 그는 신이 없다면 도덕이나 정의의 근거가 사라진다고 보는 것이다. 무신론자들이라 해서 다 제멋대로 살지는 않는다. 기독교인들보다 훨씬 더 도덕적이고 금욕적이고 이타적인 사람들이 많다. 그러나 도스토예프스키는 인간성의 심연을 보고 어지러움을 느낀 사람이다. 인간 속에 있는 혼돈과 악마성을 누구보다 깊이 보았기에 그는 하나님 없는 세상을 두렵게 바라보는 것이다.

정반대의 경우도 있다. 성 아우구스티누스Augustinus는 “신을 사랑하라. 그리고 하고 싶은 대로 하라”고 말했다. ‘하고 싶은 대로 하라’는 말 때문에 당혹스러워 할 것 없다. 하나님을 사랑하는 이들은 자기 좋을 대로 살 수 없다. 사랑에 빠진 이들은 사랑하는 이가 좋아하는 일을 하며 기뻐한다. 예수님도 디베랴 바닷가에서 베드로에게 ‘네가 나를 사랑하느냐?’고 물으셨다. ‘그렇다’는 대답을 들으신 주님은 ‘내 어린양을 먹이라’ 이르셨다. 그리스도를 사랑하는 일과 어린 양을 먹이는 일은 분리될 수 없는 하나이다.

마음속으로 '하나님이 없다' 하는 이들의 삶을 시인은 아주 간명하게 요약한다.

> 그들은 한결같이 썩어서 더러우니, 바른 일 하는 사람 아무도 없구나(1절).

'썩었다'는 말은 부패했다는 말이다. 바울 사도는 사람의 마음이 부패하는 과정을 인상 깊게 설명한다.

> 사람들은 하나님을 알면서도, 하나님을 하나님으로 영화롭게 해드리거나 감사를 드리기는커녕, 오히려 생각이 허망해져서, 그들의 지각 없는 마음이 어두워졌습니다(로마서 1:21).

하나님 경외심에서 멀어짐, 감사하지 않음, 생각이 허망해짐, 마음이 어두워짐. 그 결과는 욕망의 지배를 받는 삶이다. 욕정대로 사는 것이 곧 타락이다. 하나님이 없다 하는 이들은 선한 일에 무능하다. 썩은 마음에서 깨끗한 삶이 나올 수는 없는 법이다.

하나님의 탄식

—

바빌로니아 신화는 신들이 인간을 창조한 것은 그들을 부려먹기 위해서라고 설명한다. 하지만 성경은 하나님께서 인간을 당신의 형상을 따라 창조하셨다고 말한다. 인간은 신의 노예로 창조된 것이 아니라, 신적 기쁨에 동참하도록 지어졌다. 하나님이 창조하신 세상을 잘 돌보고 가꾸면서 생명을 풍요롭게 하는 것이 인간의 소명이다. 시인은 하나님께서 하늘에서 세상을 굽어보면서 지혜로운 사람이 있는 지, 하나님을 찾는 사람이 있는 지를 살펴보셨다고 말한다. 지혜로운 사람은 '이해력이 있는 사람', '신중한 사람', '통찰력이 있는 사람'을 말한다. 물론 그 지혜로움의 뿌리는 하나님을 찾는 것이다. 결과는 어땠을까?

> 너희 모두는 다른 길로 빗나가서 하나같이 썩었으니, 착한 일 하는 사람이 하나도 없구나(3절).

모두 다른 길로 빗나가서 하나같이 썩었다. 무서운 선고이다. '빗나가다'라는 뜻의 단어 쑤우그cuwg는 '돌아서다go back'라는 뜻이기도 하다. 가야 할 길에서 벗어나 '퇴보'하는 것이다. 빗나간 까닭은 '다른 북소리', 즉 욕망의 소리를 듣고 있기 때문이다. 함석헌 선생님은 〈내 마음 다 팔았고나〉라는 시에서 우리 마음이 어떻게 빗나갔는지를 보여준다.

> "그 사탕에 맘 팔고,/그 옷에 맘 팔고,/고운 듯 꾀는 눈에/뜨거운 맘 다 팔고/피리 소리 좋은 듯해/있는 맘 툭 털어 주고 샀더니/속았구나,/속 없는 세상한테 속았구나!"

달콤한 것에 마음이 팔려 그만 님께 바쳐야 할 마음을 다 팔아먹고 껍데기만 남았다는 것이다. 그 결과는 썩음이고, 썩은 마음으로 하나님이 기뻐하시는 일을 할 수 없다. 3절에서 우리에게 충격을 주는 것은 '없구나'라는 단어이다. 1절에서 우리는 어리석은 사람의 말을 들었다. "하나님이 없다." 그런데 3절에서 하나님은 "착한 일 하는 사람이 하나도 없구나!"라고 탄식하신다. 이 엇갈림이 우리의 비극이다.

다시 하나님 앞에 서다

시인은 묻는다. "죄악을 행하는 자는 다 무지한 자냐?"(4절) 그들은 어떻게 사는 게 인간다운 삶인지 모르는 것일까? 인간의 인간됨은 자기가 선 자리를 의식하고, 자기가 해야 할 일이 무엇인지를 분별하는 데서 발현된다. 철학자 하이데거는 그래서 인간을 가리켜 현존재Dasein라 했다. 'da'는 '여기에'라는 뜻이고 'Sein'은 존재라는 뜻이다. 인간은 지금 여기서 요청받은 것에 응답하며 살아야 하는 존재라는 말이다. 우리는 하나님의 뜻이 무엇인지 모른다고 할 수 없다. 알면서도 욕심에 이끌려 짐짓 모른 체하며 살 뿐이다. 그것이 바로 타락이다.

죄악을 행하는 이들은 하나님의 백성을 밥 먹듯이 먹어치운다. 약자를 짓밟고, 멸시하고, 착취한다. 그들의 인간적 존엄을 유린한다. 그들은 하나님을 두려워하지 않는다. 하나님께서 당하신 것일까? 그렇게 보인다. 하지만 하나님은 기만당하실 분이 아니다. 때가 이르면 하나님은 악한 이들에게 맞는 보응을 내리신다. 그 두려운 날을 시인은 인상 깊게 설명한다.

하나님이 경건하지 못한 자들의 뼈를 흩으셨기에, 그들은 두려움이 없는 곳에서도 크게 두려워할 것이다. 하나님이 그들을 물리치셨으니, 그들이 수치를 당할 것이다(5절).

뼈를 흩으셨다는 구절이 참 두렵게 다가온다. 이 말은 존재의 터전이 허물어졌다는 말이 아닐까? 그들이 든든하다고 여겼던 모든 것들이 속절없이 무너져 내릴 때, 사람은 비로소 자기가 한낱 인간에 불과하다는 사실을 자각한다. 돈, 명예, 권세, 인기는 거품과 같아서 언젠가는 꺼지게 마련이다. 하나님이 거두어 가시면 그만이다. 무의미, 공허, 상실감, 우울증이 찾아온다. 뼈를 흩으신다는 말이 이런 뜻이 아닐까?

미국 소설가 필립 로스Philip Roth는 "인간은 배신을 당하면 소질로만 갖고 있던 우울을 습관화한다"고 말했다. 내가 믿었던 사람이, 믿었던 것들이 내게 등을 돌릴 때 우리는 뼈가 흩어지는 것 같은 충격을 받게 된다. 두려움이 없는 곳에서도 두려워할 수밖에 없다. 마음속으로 "하나님이 없다"고 말하며 살던 이들, 기고만장하여 앞뒤를 잴 줄 모르던 이들이 수치를 당할 날이 다가온다.

그러나 하나님을 의지하고 사는 사람들, 하나님의 도우심 없이는 살아갈 수 없기에 하나님께 부르짖는 이들은 구원을 얻을 것이다. 기쁨과 즐거움이 그들의 것이다. 오늘 우리의 삶은 어떠한가? 하나님이 우리를 불러주신 것은 '착한 일'을 하라는 것이었다. 사도 바울도 같은 말을 했다.

우리는 하나님의 작품입니다. 선한 일을 하게 하시려고, 하나님께서 그리스도 예수 안에서 우리를 만드셨습니다. 하나님께서 이렇게 미리 준비하신 것은, 우리가 선한 일을 하며 살아가게 하시려는 것입니다(에베소서 2:10).

한국교회는 오랫동안 '이신칭의'의 교리, 곧 믿음으로 의롭다 함을 얻는다는 말의 주술에 붙들린 채 지냈다. 이 말은 행위가 불필요하다는 말이 아니다. 그 교리는 율법주의를 경계하기 위한 것이지 행위를 부정하기 위한 가르침이 아니다. 선한 일, 착한 일을 행하는 것은 기독교인의 마땅한 의무이다. 예수님도 "너희의 의가 율법학자들과 바리새파 사람들의 의보다 낫지 않으면, 너희는 하늘나라에 들어가지 못할 것"(마태복음 5:20)이라고 말씀하셨다.

세상에는 윤똑똑이들이 많다. 세상에 모르는 것 하나 없는 것처럼 처신하면서도 자기 삶이 하나님의 자비와 심판 아래 있다는 것을 모르는 사람들 말이다. 하나님은 망가진 이 세상을 고치는 일에 동참할 이들을 찾고 계신다. 뙤약볕 아래를 걷고 있는 이들을 품어 안아 줄 그늘과 같은 사람, 벼랑 끝에 내몰린 사람들의 설 땅이 되어 주는 사람, 하나님이 살아 계시다는 사실을 삶으로 입증하는 사람들 말이다. 부족하지만 주님께서 우리를 그 사랑의 도구로 써 주시기를 기원한다.

북돋우어 주시는 하나님

주님, 온 마음을 기울여서 주님께 감사를 드립니다. 신들 앞에서, 내가 주님께 찬양을 드리렵니다. 내가 주님의 성전을 바라보면서 경배하고, 주님의 인자하심과 주님의 진실하심을 생각하면서 주님의 이름에 감사를 드립니다. 주님은 주님의 이름과 말씀을 온갖 것보다 더 높이셨습니다. 내가 부르짖었을 때에, 주님께서는 나에게 응답해 주셨고, 나에게 힘을 한껏 북돋우어 주셨습니다. 주님, 주님께서 친히 하신 말씀을 들은 모든 왕들이 주님께 감사를 드립니다. 주님의 영광이 참으로 크시므로, 주님께서 하신 일을 그들이 노래합니다. 주님께서는 높은 분이시지만, 낮은 자를 굽어보시며, 멀리서도 오만한 자를 다 알아보십니다. 내가 고난의 길 한복판을 걷는다고 하여도, 주님께서 나에게 새 힘 주시고, 손을 내미셔서, 내 원수들의 분노를 가라앉혀 주시며, 주님의 오른손으로 나를 구원하여 주십니다. 주님께서 나를 위해 그들에게 갚아 주시니, 주님, 주님의 인자하심은 영원합니다. 주님께서 손수 지으신 이 모든 것을 버리지 말아 주십시오(시편 138:1-8).

없으면 없는 대로

—

추수감사주일을 앞둔 지난 주일, 교우들께 하나님께 감사할 일이 무엇인지 돌아보고 할 수 있으면 내게도 알려 달라 부탁드렸다. 마흔 다섯분 정도가 응답해 주셨다. 모두가 다 어려운 시간을 보내고 있지만, 그 어려움 속에서도 아름다움을 발견하고 또 창조하려는 눈물겨운 노력들이 참 귀하게 여겨졌다. 수십 년 일하던 일터를 떠난 후에 오히려 다양하게 열리는 생의 가능성을 기쁨으로 받아들이는 교우의 이야기는 감동적이었다. 그는 자기 재능을 다른 이들에게 무상으로 나누며 무한량의 기쁨을 누린다고 말했다. 가슴으로 아이를 낳은 부부도 있었다. 누군가의 품이 되어 주려는 아름다운 실천에 가슴이 뭉클해졌다. 고통이 없기에 감사하는 것이 아니라, 고통 속에서도 희망을 찾고, 어두운 현실 속에서 등불 하나 밝히는 마음으로 사시는 교우들이 있어 놀라웠다. 나를 통해 선포되는 말씀에 응답하여 삶의 지향과 방식을 바꿨다고 말씀하시는 분들을 보면서 가슴이 뜨거워졌다. 하나님의 말씀이 일으키는 사건에 다만 감사할 따름이다. 하박국에 나오는 말씀은 얼마나 가슴절절한 감사인가.

> 무화과나무에 과일이 없고 포도나무에 열매가 없을지라도, 올리브 나무에서 딸 것이 없고 밭에서 거두어들일 것이 없을지라도, 우리에 양이 없고 외양간에 소가 없을지라도, 나는 주님 안에서 즐거워하련다. 나를 구원하신 하나님 안에서 기뻐하련다(하박국 3:17-18).

'없고', '없을지라도'라는 구절이 반복되고 있다. 흔히 사람들은 '있음'은 좋은 것이고 '없음'은 나쁜 것이라고 생각한다. 결핍을 좋아할 사람은 없다. 결핍은 영혼의 허기와 같아서 채워지지 않으면 비참하다는 생각이 들기도 하기 때문이다. 삶을 위해 필요한 최소한의 것, 곧 양식, 주거, 여가, 보건 의료 혜택조차 누릴 수 없다면 그건 문제이다. 사람들의 그런 필요를 채워 줄 수 있는 시스템을 갖출 때 사회는 건강해진다. 하지만 다수의 사람들을 힘들게 만드는 것은 그런 기본적 필요가 아니라 욕망에서 비롯된 결핍감이다. 욕망은 언제나 욕망을 매개하는 이들 때문에 발생한다. 현대인들이 기호를 소비한다는 말은 거짓이 아니다. 기호는 나를 다른 이들과 엮어 주거나 구별되게 해주는 도구이다. 유명 브랜드의 상품을 소비하는 것은 품질이 좋기 때문이기도 하지만, 그것이 나의 계급 혹은 계층 상승의 욕망을 충족시켜 준다고 여기기 때문이다.

그러나 기호를 소비하는 것으로 삶의 방향을 정하는 순간 우리는 거미줄에 걸린 것이나 마찬가지다. 거기서 벗어날 수 없기 때문이다. 이솝이 들려주는 우화 중에 '여우와 포도' 이야기가 있다. 배고픈 여우가 잘 익은 포도를 보며 침을 흘렸지만 너무 높게 열려 따먹을 수 없었다. 그러자 여우는 "저 포도는 시어서 먹을 수 없어"라고 말했다. 사람들은 이 우화를 지레 포기해 버리는 어리석음을 지적하기 위해 인용하곤 한다. 그러나 이런 태도가 지혜일 수도 있다. 누군가가 정해 놓은 삶의 문법을 따라 사느라 허덕이기보다는 자기 나름의 문법을 만들어 행복을 누리며 사는 게 낫다. '난 됐어'라고 말하면서도 스스로 비참하다고 느끼지 않으면 된다. 그럴 수 있기 위해서는 우리 마음이 더 큰 세계에 접속되어야 한다.

숨을 불어넣으시는 하나님

—

시편 138편은 개인 감사 시에 속하는 시이다. 시인은 하나님께 바쳤던 기도가 받아들여지자 친척과 친구들과 함께 서원을 갚기 위해 성전으로 올라가며 기쁨과 감사의 노래를 부른다. 이 시는 세 부분으로 구성되어 있다. 1-3절은 하나님께 온 마음을 기울여 감사드리는 까닭을 밝힌다. 4-6절은 주님의 위엄과 영광을 노래한다. 7-8절은 하나님을 신뢰하기에 두려움 없이 맞이할 미래를 그리고 있다.

시인은 지금 성전 앞에 서 있다. 주님의 인자하심과 진실하심을 생각하며 그는 감사의 심정에 사로잡혀 있다. 그가 어떤 사람인지, 어떤 처지에서 살았는지, 그를 힘들게 했던 현실이 무엇이었는지는 알 수 없다. 그는 삶의 곤경 속에서 하나님께 부르짖었고 하나님은 그의 기도에 응답하셨다. 맥이 빠져 삶의 의욕을 잃을 수도 있는 상황에서 하나님은 그의 힘을 한껏 북돋우어 주셨다. 그 곤경이 무엇인지가 특정되어 있지 않기에 이 시는 우리의 시가 될 수 있다. 살다 보면 우리도 많은 어려움을 경험한다. 기쁨과 슬픔, 빛과 어둠, 희망과 절망, 사랑과 미움이 갈마들며 우리 삶을 다채롭게 만든다. 예기치 않은 일들이 무시로 찾아와 우리를 비틀거리게 만들기도 한다.

해결의 길이 보이지 않을 때 우리는 부르짖는다. 시인은 하나님께서 그 부르짖음에 응답하셨다고 고백한다. 그 응답이란 어떤 것일까? 바라던 바가 이루어진 것일까? 하나님이 개입하셔서 우리를 괴롭혔던 문제가 다 해결될 수도 있다. 하지만 그렇지 않을 때도 있다. 그러면 대부분의 사람들은 실망한다. 하지만 실망할 것 없다. 기도의 보람은 다른 데서도 찾을 수 있다. 상황은 변하지 않지만 그 상황을 대하는 우리 마음 혹은 태도가 달라질 수 있다. 하나님이 주시는 담대함으로 시련조차 내 삶의 일부로 받아들일 수도 있다는 말이다. 그것 또한 기도의 응답이다.

하나님은 우리 기도에 응답하시는 분인 동시에 우리에게 힘을 한껏 북돋우어 주시는 분이시다. 부활하신 주님은 골방에 틀어박혀 있던 제자들을 찾아와서 평화의 인사를 하신 후 그들 속에 숨을 불어넣으셨다(요한복음

20:22). '숨을 불어넣다'라는 뜻의 '엠프싸오emphysao'라는 단어는 신약에서 오직 여기에서만 사용된 단어이다. 하지만 구약의 헬라어 번역본인 70인역 성경에는 이 단어가 몇 곳에 등장한다. 그 가운데 하나는 하나님께서 흙으로 빚은 사람의 코에 생명의 기운을 불어넣으셨다고 할 때 사용되었다. 그 숨은 일으키는 힘이다. 아르메니아의 옛 예배당들을 찾아다니다가 프리즈 부분에 있는 부조에 뺨을 부풀려서 크게 숨을 내쉬는 하나님의 모습을 보고 놀랐던 기억이 있다. 낯선 형상이긴 하지만 그걸 볼 때 왠지 큰 격려를 받는 느낌이 들었다. 하나님은 지금 마음 졸이며 살고 있는 이들 속에 당신의 숨을 불어넣으심으로 힘을 북돋우어 주신다. 주님의 생기를 받은 사람은 고난의 현실 속에서도 당당하게 자기 인생을 산다.

멀리 계신 듯하나 가까이 계신

—

하나님에 대한 시인의 고백은 개인의 차원을 넘어선다. 시인은 주님의 영광이 크고, 주님께서 하시는 일이 놀랍기 때문에 왕들이 주님께 감사를 드린다고 고백한다. 개인의 감사 시가 왕들의 감사로 이행하는 과정이 이 시에서는 다 생략되어 있다. 이런 단절적 비약을 이해하기 위해 잠시 다니엘서를 떠올려 보면 좋겠다. 어느 날 바벨론 제국의 느브갓네살 왕은 불길한 꿈을 꾼 후 번민에 휩싸였다. 그는 하늘을 찌를 듯 크게 자라던 나무가 어느 순간 다 베어지고 그루터기만 남게 된 광경을 보았던 것이다. 왕의 부름을 받은 다니엘이 그 꿈 속에 담긴 두려운 메시지를 왕에게 전했다. 스스로 커져서 공의를 무너뜨리는 왕의 제국을 하나님께서 벌하시려 한다는 것이었다. 준엄한 경고에도 불구하고 느부갓네살은 예고되었던 큰 시련을 겪은 후에야 제정신을 차렸다. 그리고 마침내 하나님의 영원한 통치를 찬양한다.

> 그의 통치 영원하고 그의 나라 대대로 이어진다. 그는 땅의 모든 거민을 없는 것 같이 여기시며 하늘의 군대와 이 땅의 모든 거민에게 뜻대로 하시지만, 아무도 그가 하시는 일을 막지 못하고 무슨 일을 이렇게 하셨느냐고 그에게 물을 사람이 없다(다니엘 4:34-35).

비슷한 고백이 다리오 왕의 입에서도 터져 나온다. 사자굴에서 살아나온 다니엘을 본 다리오 왕은 경외심에 가득 차서 자기 백성들에게 "살아 계신 하나님이 영원히 다스리신다"(다니엘 6:26)고 고백한다. 이방의 왕들까지도 찬양하는 하나님은 어떤 분이신가? 한없이 높은 분이시지만, 낮은 자를 굽어보시며, 멀리서도 오만한 자를 다 알아보시는 분이시다. 하나님은 인간의 현실을 무한히 뛰어넘는 분이시지만 역사 속에서 벌어지는 일을 섬세하게 살피시는 분이시라는 말이다. 또한 공의를 세우기 위해 우리 현실에 개입하시는 분이시다. 낮은 자를 굽어보신다는 말은 그들의 편이 되어 주신다는 말이고, 오만한 자를 알아보신다는 말은 사람들을 함부로 대하고, 무죄한 자들의 피를 흘리게 만드는 이들의 행위를 심판하신다는 말이다. 이것을 믿기에 우리는 현실의 어지러움 속에서도 역사 허무주의에 빠지지 않는다. 결국 하나님의 뜻이 이루어지리라 믿기 때문이다. 이 믿음이 우리를 살게 한다.

급진적 낙관론

—

이 확신이 있기에 시인은 고난 속에서도 좌절하지 않는다. 하나님을 믿는다고 하여 세상의 모든 불행이 우리를 비켜 가지는 않는다. 우리가 바라는 바가 다 이루어지지도 않는다. 그래도 낙심할 필요 없다. 하나님은 우리에게 하늘 숨을 불어넣으시어 우리로 일어서게 하신다. 우리는 절망을 딛고 일어서게 하시는 하나님을 믿는다.

> 내가 고난의 길 한복판을 걷는다고 하여도, 주님께서 나에게 새 힘 주시고, 손을 내미셔서, 내 원수들의 분노를 가라앉혀 주시며, 주님의 오른손으로 나를 구원하여 주십니다(7절).

믿음의 사람들은 급진적인 낙관론자radical optimist가 되어야 한다. '급진적'이란 말은 '목적, 이상 등을 급격히 실현하려는 경향'을 의미하지만, 신학에서는 다른 의미로 쓰인다. 영어로 급진적이라는 뜻의 'radical'은 뿌리를 뜻하는 라틴어 'radix'에서 온 말이다. 그러니까 래디컬하다는 말은 뿌리로 돌아간다 혹은 현상에 따라 판단하지 않고 뿌리의 관점에서 사건을 본다는 뜻이다. 믿음의 사람은 현상에 현혹되지 않고 더 근본적인 세계를 바라본다. 그렇기에 '고난의 길 한복판을 걷는다고 하여도' 낙심하지 않는 것이다. 손을 내밀어 도와주시고, 숨을 불어넣으시는 하나님을 믿기 때문이다.

이번 주 중에 내게 문자나 메일을 보내 주신 분들의 한결같은 고백이 바로 이것이었다. 그들은 어려움과 고통이 없어서가 아니라, 그 어려움을 딛고 일어설 수 있도록 힘을 불어넣으시고, 어려움 가운데서 오히려 소중한 사람들과 만나게 하신 것을 감사했다. 나는 우리 교인들이 목사보다 더 깊은 믿음의 세계 속에 살고 계시다는 사실을 재확인하고 정말 하나님께 감사하지 않을 수 없었다. 바울 사도가 어려움 속에서도 복음을 전하는 일을 멈추지 않을 수 있었던 것은 하나님을 철저히 신뢰했기 때문이다.

> 선한 일을 여러분 가운데서 시작하신 분께서 그리스도 예수의 날까지 그 일을 완성하시리라고, 나는 확신합니다(빌립보서 1:6).

지금도 여전히 고난의 한복판을 지나고 계신 분이 있다. 불확실한 미래 때문에 전전긍긍하는 분들이 있다. 그 쓰라림의 시간이 언제 지나갈지는 모르겠다. 그러나 잊지 말자. 하나님은 여러분을 고아처럼 버려두지 않으신다. 하나님이 여러분 속에 숨을 불어넣으려 하실 때 거절하지 말아야 한다. 하나님의 숨을 깊이 들이마시고 고난의 언덕을 넘어서자. 잊지 말아야 할 것이 또 있다. 하나님은 바로 우리를 당신의 숨으로 삼아 이웃들에게 생기를 불어넣고 싶어하신다. 이 척박한 역사 속에 생명과 평화의 기운을 불어넣으라고 주님은 우리를 부르셨다. 주님의 일터에 부름을 받았다는 사실을 감사함으로 받아들이자. 큰 일이 아니어도 괜찮다. 작은 일부터 시작하자. 가까운 데 있는 사람들 속에 기쁨을 안겨 주는 일부터 시작하자. 우리 사랑의 동심원이 점점 커질 때 하나님의 영광이 드러날 것이다. 다니엘의 신실한 믿음이 결국 이방 왕들의 신앙 고백을 이끌어 냈던 것처럼, 우리의 삶이 하나님 살아 계심의 증거가 되기를 기원한다.

내 발을 지키시는 하나님

하나님, 나를 불쌍히 여겨 주십시오. 사람들이 나를 짓밟습니다. 온종일 나를 공격하며 억누릅니다. 나를 비난하는 원수들이 온종일 나를 짓밟고 거칠게 나를 공격하는 자들이, 참으로 많아지고 있습니다. 오, 전능하신 하나님! 두려움이 온통 나를 휩싸는 날에도, 나는 오히려 주님을 의지합니다. 나는 하나님의 말씀만 찬양합니다. 내가 하나님만 의지하니, 나에게는 두려움이 없습니다. 육체를 가진 사람이 나에게 감히 어찌하겠습니까? 그들은 온종일 나의 말을 책잡습니다. 오로지 나를 해칠 생각에만 골몰합니다. 그들이 함께 모여 숨어서 내 목숨을 노리더니, 이제는 나의 걸음걸음을 지켜보고 있습니다. 그들이 악하니, 그들이 피하지 못하게 하여 주십시오. 하나님, 뭇 민족들에게 진노하시고 그들을 멸망시켜 주십시오. 나의 방황을 주님께서 헤아리시고, 내가 흘린 눈물을 주님의 가죽부대에 담아 두십시오. 이 사정이 주님의 책에 기록되어 있지 않습니까? 내가 주님을 부르면, 원수들이 뒷걸음쳐 물러갈 것입니다. 하나님은 나의 편이심을 나는 잘 알고 있습니다. 하나님을 의지하며 나는 하나님의 말씀만 찬양합니다. 하나님을 의지하며 나는 주님의 말씀만을 찬양합니다. 내가 하나님을 의지하니, 내게 두려움이 없습니다. 사람이 나에게 감히 어찌 하겠습니까? 하나님, 내가 주님께 서원한 그대로, 주님께 감사의 제사를 드리겠습니다. 주님께서 내 생명을 죽음에서 건져 주시고, 내가 생명의 빛을 받으면서, 하나님 앞에서 거닐 수 있게, 내 발을 지켜 주셨기 때문입니다(시편 56:1-13).

뿌리를 돌아봄

—

돌이켜 보면 아슬아슬한 세월이었지만 우리는 지금 산 자의 땅에서 주님을 찬양하고 있다. 예수님은 일찍이 "나는 참 포도나무요, 내 아버지는 농부이시다"(요한복음 15:1), "나는 포도나무요, 너희는 가지이다"(요한복음 15:5)라고 말씀하셨다. 과연 우리는 이 말씀에 값하는 삶을 살고 있을까? 늦가을 정취가 물씬 풍기는 이때는 돌아감의 계절이다. 기러기 떼는 가을 하늘을 배경으로 멋진 대형을 이룬 채 먼 길을 떠나고 있고, 나뭇잎은 하나 둘 땅으로 떨어져 내린다. 그 홀가분한 추락을 보고 어떤 이들은 삶의 비의를 배운다. '방하착放下着'이라는 말이 그것이다. 어리석은 집착에서 벗어나 자꾸 비우고 또 비워 뿌리에 이르라는 말이다. 가을과 겨울 사이의 계절은 삶의 근본을 생각하는 때이다. 노자의 말이 아주 적실하게 다가온다.

"만물은 무성히 자라나지만夫物芸芸 부물운운
저마다 제 뿌리로 돌아간다各復歸其根 각복귀기근
뿌리로 돌아감을 일러 고요함이라 하고歸根曰靜 귀근왈정
그것을 일러 제 본성으로 돌아간 것이라 한다"是謂復命 시위복명(《노자》 16장).

여름내 무성함을 자랑했던 나뭇잎도 결국 뿌리인 땅으로 돌아간다. 노자는 바로 그것이 고요함이라고 말한다. 잘 돌아가는 이들은 고요하고, 돌아갈 생각이 없는 이들은 시끄럽다. 히브리서 기자는 "우리도 갖가지 무거운 짐과 얽매는 죄를 벗어 버리고, 우리 앞에 놓인 달음질을 참으면서 달려갑시다"(히브리서 12:1b)라고 권고한다. 나아갈 때와 물러갈 때, 심을 때와 거둘 때, 세울 때와 허물 때를 분별하는 것이 지혜이다. 삶을 근원으로 돌아가는 과정으로 생각할 때 허망한 열정에서 벗어날 수 있다. 믿음의 사람들은 '하늘의 고향'을 동경하기에, 길손과 나그네로 살아가는 것을 부끄러워하지 않는다. 추수감사절기는 바로 그런 삶의 근본을 재확인하는 기회가 되어야 한다.

추수감사절기의 성서적 버전은 초막절수코트이다. 대 속죄일인 욤 키푸르가 지난 후 닷새째 되는 날부터 시작되는 절기인데, 밭에서 난 곡식을 다 거두고 난 다음 그동안 보살펴 주시고 채워 주신 하나님의 은혜를 돌아보며 찬미하는 절기이다. 그러나 초막절은 단순한 추사감사절기가 아니다. 이때 유대인들은 애굽 땅에서 선조들을 해방의 길로 이끄신 하나님의 은혜를 되새긴다. 추수감사절기는 그렇기에 단순히 지난 한 해 동안 주께서 우리에게 베풀어 주신 은혜만 돌아보는 것이 아니라, 우리를 죄와 죽음의 길에서 구원하여 하늘 백성이 되도록 해주신 그 큰 뜻을 되새기는 절기가 되어야 한다.

삶은 고달프고

—

시편 56편의 화자는 아주 큰 곤경에 처해 있다. 사람들이 그를 짓밟고, 공격하고, 억누르고, 비난한다. 사사건건 그가 하는 말의 꼬투리를 잡고 어떻게든 그를 해칠 생각에만 몰두한다. 숨어서 그의 목숨을 노리고, 그의 발걸음 하나하나를 지켜본다. 시인의 시간은 한 마디로 '두려움에 휩싸인 나날이다. 사방을 둘러보아도 그의 편이 되어 줄 사람이 하나도 없다. 모두가 합심하여 그를 해치려는 것처럼 보인다. 그를 든든히 지탱해 주던 땅이 속절없이 흔들리고, 가없는 사랑으로 품어 주던 하늘이 그를 짓누르는 것 같은 상황이었다.

이 시편을 편집하고 이 자리에 배치한 서기관은 시에 이런 표제어를 붙였다. "지휘자를 따라 요낫 엘렘 르호김에 맞추어 부르는 노래." 무슨 말인지 알 수 없다. 성경의 아랫단에 있는 주를 보면 그 뜻을 알 수 있다. '먼 느티나무 위의 비둘기 한 마리 음조에 맞춰 찬양하라'는 뜻이다. 지금은 그 음조가 무엇인지 알 길이 없지만 뉘앙스는 분명히 알 수 있다. 음악 기호를 이렇게 시적으로 서술할 수 있다니 놀랍지 않은가? 표제는 이어 이 시의 상황을 "블레셋 사람이 가드에서 다윗을 붙잡았을 때에 다윗이 지은 시"라고 말한다. 표제는 객관적인 정보를 전달하기 위한 것이 아니라, 시의 전체적인 분위기나 상황을 이해시키기 위해 대중들에게 친숙한 이야기 가운데 그 시의 상황에 어울릴 법한 일을 제시하는 것으로 보아야 한다.

이 시의 경우는 다윗의 망명 시절을 떠올리며 찬양을 올리라고 하는 셈이다. 골리앗을 물리침으로 이스라엘을 구한 다윗은 일약 대중들 사이에 스타가 되었다. 하지만 그것이 곧 다윗의 위기가 되었다. '사울은 수천 명을 죽이고, 다윗은 수만 명을 죽였다.' 사람들이 부르는 노래가 사울의 귀에 들려오자 사울은 질투심을 느껴 다윗을 제거하려 한다. 위험을 감지한 다윗은 가드 왕 아기스에게 정치적 망명을 시도한다. 하지만 아기스의 신하들은 다윗이 결국에는 화근이 될 거라며 그를 제거해야 한다고 왕을 설득한다. 다윗은 위기를 모면하기 위해서 미친 척해야 했다. 그는 성문 문짝에 아무렇게나 글자를 긁적거리기도 하고, 수염에 침을 질질 흘리기도 했다(사무엘상 21:10-15). 다윗은 그렇게 해서 위기를 또 한 번 벗어났다. '먼 느티나무 위의 비둘기 한 마리'라는 말처럼 다윗의 처지를 적절하게 설명할 말이 또 있을까?

> 나의 방황을 주님께서 헤아리시고, 내가 흘린 눈물을 주님의 가죽부대에 담아 두십시오(8절).

살다 보면 우리도 이런 처지에 빠질 때가 있다. 천애天涯(하늘 끝, 아득히 떨어진 타향)의 고아가 된 것 같은 느낌에 사로잡힐 때 말이다. 사람들의 시선은 가파르고, 사방에 올무가 놓인 것 같은 상황 말이다. 이럴 때는 할 수만 있다면 재처럼 스러졌으면 하는 부질없는 생각에 사로잡히기도 한다. 그 깊은 절망을 어떻게 돌파할 수 있을까?

주님을 의지함

—

사방이 가로막힐 때 하늘을 바라보는 것이 초월이다. 전래 동화 '햇님과 달님'에서 호랑이에게 쫓긴 오누이는 뒤꼍에 있는 나무에 오르고, 나중에는 하늘에서 내려온 동아줄을 잡고 하늘로 올라간다. 그 이야기는 호랑이처럼 포악하고 집요한 지주들과 관료들에게 쫓긴 이들이 의지할 곳이 하늘 밖에 없음을 우회적으로 들려준다. 현실이 암담할 때면 우리 시야 또한 좁아진다. 하지만 눈을 들어 바라보면 어두운 밤하늘 저편에 찬란한 별빛이 아롱대고 있음을 알 수 있다. 저 거대하고 장대한 하늘을 배경으로 하여 바라보면 오늘 이 땅에서 벌어지고 있는 일들이 절대적일 수 없음을 알게 된다. 시인은 세상천지에 홀로 버려진 것 같은 상황 속에서 문득 자기 삶을 든든하게 감싸고 계신 하나님을 발견한다. 외로움이 가져다 준 복이다. 그래서 시인은 이렇게 말한다.

> 오, 전능하신 하나님! 두려움이 온통 나를 휩싸는 날에도, 나는 오히려 주님을 의지합니다(3절).

'오'라는 감탄사가 감동이다. 두려움과 공포는 우리 눈을 가려 하나님을 볼 수 없도록 만든다. 처리해야 할 일이 태산처럼 몰려올 때도 우리는 하나님을 보지 못한다. 그런데 몰리고 몰린 자리, 벼랑 끝에서 시인은 저 아득한 심연을 넘어 자기에게 다가오시는 하나님을 본다. 그렇기에 그는 두려움이 온통 휩싸는 날에도 오히려 주님을 의지한다고 말한다. 하나님을 신뢰하는 것이야말로 우리 생의 흔들리지 않는 터전이다. 4절은 3절의 논리를 확장하고 있다. 3절에서 시인은 두려움 때문에 하나님을 의지한다고 말했다. 그런데 4절에서는 하나님을 의지했더니 두려움이 사라졌다고 고백하고 있다. 신앙이란 이런 것이다. 하나님을 신뢰하는 이는 세상의 어둠을 두려워하지 않는다. 기력을 회복한 시인은 확신에 차서 말한다.

> 육체를 가진 사람이 나에게 감히 어찌하겠습니까?(4, 11절)

> 하나님은 나의 편이심을 나는 잘 알고 있습니다(9절).

이 도저到底한 확신이야말로 절망의 구렁텅이에서 사람을 건져 내는 동아줄이다. 하나님의 뜻대로 살려다가 어려움을 겪는 이들이 많다. 세상은 길들여지기를 거부하는 이들을 미워한다. 그래서 그들을 따돌리고, 불온의 찌지를 붙이고, 모함하고, 박해한다. 하나님의 사람들에게 세상이 안겨주는 것은 십자가이다. 그런데 그 십자가가 우리를 구원한다. 나의 안일한 행복을 위해서 고난 받는 것 말고, 아름다운 세상, 하나님의 뜻이 구현된 세상을 만들기 위해 고난을 받는 이들은 모두 십자가의 길을 걷는 이들이다. 그 길을 걷는 이들은 이 시인처럼 당당해져야 한다.

육체를 가진 사람이 나에게 감히 어찌하겠습니까?(11절)

하나님의 말씀을 기억하고 찬미할 때 내적인 힘이 우리 속에 스며든다.

감사의 제사

—

시인은 이제 하나님께 서원한 그대로 감사의 제사를 드리겠다고 말한다. 여전히 상황은 별로 달라진 것이 없다. 그렇지만 그 상황을 바라보는 그의 시선은 달라졌다. 이전의 두려움은 사라졌다. 어디로 가야 할지 몰라 방황하던 시간이 지나갔다. 가야 할 길이 분명히 보인다. 서양 속담에 왜 사는지를 아는 사람은 어떻게든 살 수 있다는 말이 있다. 현대인들이 고통 앞에서 자꾸 무너지는 것은 삶의 이유를 찾지 못하기 때문이 아닐까 싶다. 삶의 이유 혹은 의미는 늘 다른 이들과의 관계 속에서 발견되는 보화들이다. 내가 누군가에게 의미 있는 존재가 될 때 나 또한 살아갈 이유가 생긴다. 이웃 사랑의 길로 나가지 않는 이들은 하나님이 우리를 위해 예비해 놓으신 보물과 만날 수 없다. 사랑한다는 것은 나 자신을 비워 내고 다른 이들로 나를 채우는 일이다. 시련과 고난은 시인의 눈을 맑게 만들었고, 이전에는 보이지 않던 삶의 차원에 눈을 뜨게 만들었다. 그는 자기 생의 든든함을 하나님의 은총이라 말한다.

> 주님께서 내 생명을 죽음에서 건져 주시고, 내가 생명의 빛을 받으면서, 하나님 앞에서 거닐 수 있게, 내 발을 지켜 주셨기 때문입니다(13절).

절망의 심연을 건넌 후 시인이 하나님께 바치는 고백이다. 짧은 구절이지만 하나님의 구원이 네 가지로 전개되고 있다. 건져 주심, 생명의 빛을 비추심, 하나님 앞에서 걷게 하심, 그리고 지켜 주심이 그것이다. 돌이켜 생각해 보면 이것은 비단 이 시인만의 고백이 아니다. 우리 또한 이런 은총 속에서 살고 있으니 말이다. 우리는 주님의 빛을 받아 환히 열린 미래를 내다보고 있다. 지금 우리 삶이 힘겹다 해도 주님의 빛이 어둡지 않다면 우리 삶 또한 어둡지 않다. 세상의 모든 빛이 꺼져도 주님의 빛은 꺼지지 않는다. 가끔 우리 내면의 빛이 가물거리고, 세상 현실이 칠흑 같은 어둠에 잠겨들 때도 있다. 그렇지만 낙심할 이유는 없다. 마치 썩은 흙에서 돋아나는 식물들처럼 하나님의 빛은 어두운 현실을 뚫고 비쳐나올 것이다.

그리고 지금 우리 곁에는 소중한 동료들이 있다. 하나님 나라의 비전을 공유하고, 기쁨과 슬픔을 함께 나눌 여러 지체들이 있다는 사실이 얼마나 큰 위안인지 모른다. 비록 지금은 '먼 느티나무 위의 비둘기 한 마리' 같이 처량한 처지에 있다 해도 하나님이 우리를 아름다운 삶의 자리로 인도하실 것이다. 우리는 그 사실을 믿기에 감사의 제사를 주님께 바치는 것이다.

아름다운 세상을 만들기 위해 애를 쓰는 사람 가운데 고은광순이라는 분이 있다. 그분이 며칠 전 어느 신문과의 인터뷰에서 했던 말에 크게 공감했다. 힘들고 어려운 길을 걸어가면서 지치지 않을 수 있는 비결을 그는 이렇게 밝혔다.

> "내 경험상 내공을 키우는 데 좋은 방법은 감사명상 축복명상입니다. 비가 오네? 감사합니다. 바람이 부네? 감사합니다. 내가 미워하는 사람 안에도 아기 예수, 아기 부처가 있어요. 발끈하지 말고, 축복의 마음으로, 그 아기 예수, 아기 부처가 커지길 비는 마음으로 싸워야죠"(〈이진순의 열림〉, 한겨레신문, 2015년 10월 24일).

감사명상, 축복명상, 여기에 미소명상까지 추가하고 싶다. 하나님의 사람들은 철저한 낙관론자가 되어야 한다. 나의 가능성이 아니라 하나님의 가능성으로 싸우고 있으니 말이다. 스스로 거칠어지거나 우울해지면 안 된다. 명랑함을 유지할 수 있어야 끈질긴 악에 맞서 싸울 수 있다. 우리 발을 지키시는 하나님을 신뢰하며 뚜벅뚜벅 하나님 나라를 향한 순례를 계속해야 한다. 지금까지 우리를 이끄신 주님의 은총이 우리를 선한 길로 인도하실 것이다.

눈여겨보시는 하나님

복되어라! 거역한 죄 용서 받고 허물을 벗은 그 사람! 주님께서 죄 없는 자로 여겨 주시는 그 사람! 마음에 속임수가 없는 그 사람! 그는 복되고 복되다! 내가 입을 다물고 죄를 고백하지 않았을 때에는, 온종일 끊임없는 신음으로 내 뼈가 녹아내렸습니다. 주님께서 밤낮 손으로 나를 짓누르셨기에, 나의 혀가 여름 가뭄에 풀 마르듯 말라 버렸습니다. (셀라) 드디어 나는 내 죄를 주님께 아뢰며 내 잘못을 덮어두지 않고 털어놓았습니다. "내가 주님께 거역한 나의 죄를 고백합니다." 하였더니, 주님께서는 나의 죄악을 기꺼이 용서하셨습니다. (셀라) 경건한 사람이 고난을 받을 때에, 모두 주님께 기도하게 해주십시오. 고난이 홍수처럼 밀어닥쳐도, 그에게는 미치지 못할 것입니다. 주님은 나의 피난처, 나를 재난에서 지켜 주실 분! 주님께서 나를 보호하시니, 나는 소리 높여 주님의 구원을 노래하렵니다. (셀라) 주님께서 말씀하신다. "네가 가야 할 길을 내가 너에게 지시하고 가르쳐 주마. 너를 눈여겨보며 너의 조언자가 되어 주겠다." "너희는 재갈과 굴레를 씌워야만 잡아 둘 수 있는 분별없는 노새나 말처럼 되지 말아라." 악한 자에게는 고통이 많으나, 주님을 의지하는 사람에게는 한결같은 사랑이 넘친다. 의인들아, 너희는 주님을 생각하며, 즐거워하고 기뻐하여라. 정직한 사람들아, 너희는 다 함께 기뻐 환호하여라(시편 32:1-11).

조석으로 바람이 제법 선득하다. 부지런한 농부들은 시금치 같은 겨울 남새 씨를 심고, 조나 수수를 수확하고 있다. 이제 얼마 후면 벼도 수확해야 할 것이다. 바쁘지만 충만한 계절이다. 가을의 초입인 지금 유대인들은 로쉬 하샤나Rosh Hashana, 곧 신년 축제를 즐기고 있다. 이 무렵부터 팔레스타인은 우기로 접어든다. 성경이 말하는 이른 비가 내리는 때가 시작된다는 말이다. 새해로부터 열흘째 되는 날이 욤 키푸르Yom Kippur 곧 대속죄일이고, 그날로부터 닷새째 되는 날이 초막절의 시작이다. 유대인들에게 지금은 매우 흥분되는 시간인 셈이다. 은총으로 열린 새로운 시간에 대한 기쁨, 지나온 삶에 대한 절절한 통회, 언약 백성으로서의 재각성이 촘촘하게 연결되어 있다. 우리의 가을도 은총의 나날이 되기를 빈다.

누가 행복한가?

—

오늘의 시편은 '복되어라!ashre아쉬레'라는 탄성으로 시작된다. 이 말은 '행복하다'고 번역해도 무방하다. 누가 행복한 사람인가? 욕망하는 모든 것을 누리는 사람이 아니다. '거역한 죄 용서받고 허물을 벗은 사람!', '주님께서 죄 없는 자로 여겨 주시는 그 사람!', '마음에 속임수가 없는 그 사람!'이다. 한마디로 요약하자면 용서 받은 사람이다. 시인은 인간이 빠져들기 쉬운 죄를 죽 열거하고 있다. 반역한 죄pesha페샤는 적극적인 위반이다. 하나님에 대한 저항 말이다. 하나님의 뜻을 알면서도 욕심에 이끌려 죄의 종노릇하는 것이다. 허물chata'ah해타아은 '빗나감, 누락, 미치지 못함'이라는 뜻이다. 하나님이 위임해 주신 일들을 제대로 해내지 못한 것을 말한다. 누구도 '죄 없다' 말할 수 없다. 그런 우리를 하나님은 냉혹하게 벌하지 않으신다.

용서는 하나님의 선물이다. 우리의 공로로 얻는 것이 아니라 하나님의 긍휼하신 사랑이 우리를 감싸 주는 것이다. 하나님은 우리의 연약함을 아신다. 자꾸 넘어지고, 어긋난 길로 나가고, 반항적이고, 신실하지 못한 우리를 가엾게 여기신다. 다른 히브리의 시인도 하나님의 가없는 사랑을 이렇게 표현한다.

> 부모가 자식을 가엾게 여기듯이, 주님께서는 주님을 두려워하는 사람을 가엾게 여기신다. 주님께서는 우리가 어떻게 창조되었음을 알고 계시기 때문이며, 우리가 한갓 티끌임을 알고 계시기 때문이다(시편 103:13-14).

용서하시고 받아들이시는 까닭은 우리를 응석받이가 되도록 하기 위한 것이 아니라, 사람다운 사람으로 회복되기를 바라시기 때문이다. 사람다운 사람은 하나님의 마음을 알아차리는 사람이다. 자아의 속박에서 벗어나 이웃들의 아픔을 헤아리고, 그들의 슬픔과 아픔을 덜어 주기 위해 사랑의 수고를 다하는 사람이 되도록 하기 위해서이다. 미성숙의 상태에서 벗어나 성숙한 사람이 되는 것이 은총에 보답하는 길이다. 바울 사도도 그래서 말했다.

> 내가 어릴 때에는, 말하는 것이 어린아이와 같고, 깨닫는 것이 어린아이와 같고, 생각하는 것이 어린아이와 같았습니다. 그러나 어른이 되어서는, 어린아이의 일을 버렸습니다(고린도전서 13:11).

미성숙한 시절의 일을 버리고 자기 삶에 책임질 줄 아는 성숙한 사람이 되어야 한다. 자기 욕망에만 충실한 사람이 아니라 세상을 고치시려는 하나님의 꿈에 동참해야 한다. 우리가 그래야 하는 것은 죄와 허물을 용서받은 사람이기 때문이다.

고백은 문을 두드려 여는 것

—

처음부터 시인이 이런 인식에 이르렀던 것은 아니다. 시간 속을 걷는다는 것은 누구에게나 힘겨운 일이다. 불안의 풍랑이 우리를 쉼 없이 몰아치기 때문이다. 삶을 누리기는커녕 버텨야 할 때가 많다. 더러 평안을 누릴 때도 있고, 행복하다는 생각이 들 때도 있지만, 다음 순간 또 다른 염려와 근심이 우리를 찾아온다. 기쁨과 슬픔, 불안과 안도감, 충만함과 탈진이 갈마들며 우리 인생의 무늬를 만든다. 넘어지지 않으려고 앙버티다 보니 우리도 모르는 사이에 사람다운 삶에서 멀어지기도 한다. 하지 말아야 할 일을 하고, 해야 할 일을 하지 못할 때가 많다. 가끔은 반성조차 없이 시간의 물결에 떠밀리며 살기도 한다. 이상한 무거움이 우리를 짓누른다. 그 무거움은 어디서 오는 것일까? 시인의 고백이다.

> 내가 입을 다물고 죄를 고백하지 않았을 때에는, 온종일 끊임없는 신음으로 내 뼈가 녹아내렸습니다. 주님께서 밤낮 손으로 나를 짓누르셨기에, 나의 혀가 여름 가뭄에 풀 마르듯 말라 버렸습니다(3-4절).

살기 위해서 우리는 타협한다. 세상과도 타협하고 자기 자신과도 타협한다. 젊은 시절, 우리는 꽤 엄정한 척도를 가지고 살았다. 하지만 현실에 부딪치면서 우리는 모서리를 잃어버린 네모꼴처럼 되었다. '좋은 게 좋은 거지' 하면서 적당한 선에서 갈등을 마무리하는 데 익숙해졌다. 삶의 기준을 자꾸만 낮추며 산다. 그런데 이상하게 삶은 무거워진다. 시인은 그 까닭이 우리의 감춰진 죄, 드러나지 않은 죄 때문이라고 말한다. 주님은 그런 죄를 모른 체하시는 분이 아니다.

시인은 '주님께서 밤낮 손으로 나를 짓누르셨다'고 말한다. 이게 하나님의 사랑법이다. 하나님은 우리가 적당히 엉너리 치며 사는 것에 속아 넘어가지 않으신다. 숨겨진 죄, 용서받지 못한 죄는 우리 삶을 무겁게 만든다. 숨겨둔 죄는 우리 영혼을 흐리게 만들어 맑은 삶을 살지 못하게 한다. 우리의 삶의 부산물인 부정적 감정과 죄는 쓰레기와 같다. 그것을 자꾸 떠나가게 해야letting-go 삶이 맑아진다. 음식물 쓰레기를 검은 봉지에 담아 집에 고이 모셔 두는 사람은 없다. 버릴 것은 버려야 한다.

시인은 자기의 죄를 덮어 두지 않고 다 털어놓자 주님께서 기꺼이 용서하셨다고 고백한다. 죄를 고백한다는 것은 자기의 이중성과 대면한다는 말인 동시에 문을 열어 하나님의 빛이 우리 마음을 비추도록 허용하는 것이다. 우리 죄를 시인하고 그것을 하나님 앞에 내놓을 때 하나님은 즉시 용서해 주신다. 이웃을 무정하게 대한 죄, 누군가를 혐오한 죄, 누군가를 수단으로 삼은 죄, 불의를 방조한 죄를 주님 앞에 고해야 한다. 새로운 삶을 다짐해야 한다. 용서받는다는 것은 하나님과 우리 사이에 담이 사라지고 친교가 회복된다는 말이다. 수영 잘 하는 이가 물에 몸을 맡기듯 하나님의 부력을 신뢰하며 살 때 두려움과 원망의 버릇이 줄어든다. 우리를 칭칭 동여매던 것들의 힘이 약해지고 비로소 자유롭게 하나님의 꿈을 꾸며 살 수 있다.

피하려 들지 말아라

—

이러한 신앙의 신비를 경험했기에 시인은 고난의 때에 경건한 사람들이 주님께 기도하게 해달라고 청한다. 하나님은 택하신 사람들을 지키시기 때문이다. 폭풍처럼 다가오는 험난한 일들이 우리를 흔들고, 절망의 벼랑으로 내몰지만 하나님을 신뢰하는 이들은 쉽게 넘어지지 않는다. 레슬리 브란트Lesley Brandt가 시편을 오늘의 상황에 맞게 번역한 《오늘의 시편》이 큰 위로와 도전을 준다.

"하느님, 당신은 나의 피신처
어려운 문제들 감연히 대처케 하시고
내가 좌절하지 않게 돌보십니다.
우리를 뒤덮는 어둠 속에서도
일상생활의 소란 가운데서도
자주 들을 수 있는 하느님의 소리
'어둠이나 소란도
그대의 삶에 있어야 할 것들.
자꾸 피하려 들지 말아라.
그대를 위해 내가 마련한 길 가려면
으레 거쳐야 하는 길목들이다.
저 주책없는 수당나귀처럼
고집스레 어리석은 짓 그만하여라.
그들은 막대기나 회초리로 몰아야 한다'"

(레슬리 브란트, 《오늘의 시편》, 김윤주 옮김, 79쪽).

하나님을 신뢰한다고 하여 인생의 어려운 문제가 다 사라지는 것은 아니다. 하지만 그 문제들에 빠져 허우적거리지 않을 수는 있다. 그 문제들은 우리를 하나님의 은총의 큰 세계로 안내하는 안내자일 수도 있다. 세상은 자꾸만 우리 시야를 협소하게 만들어 자기 문제에만 골똘하게 만들지만, 자아의 굴레에서 벗어난 믿음의 사람들은 잗다란 일들로 말미암아 일희일비하지 않는다.

지혜로운 삶에 대한 권고

—

인생의 신맛, 쓴맛, 단맛을 다 경험한 시인은 마침내 자기 내면에 우렁우렁 들려오는 하나님의 말씀에 귀를 기울인다.

> 네가 가야 할 길을 내가 너에게 지시하고 가르쳐 주마. 너를 눈여겨보며 너의 조언자가 되어 주겠다(8절).

자동차를 타고 낯선 곳을 찾아갈 때면 내비게이션이 유용하다. 요즘은 그걸 사용하지 않는 운전자를 찾아보기 어렵다. 누구 차를 얻어 타고 가다가 내비게이션의 안내를 들을 때면 가끔 '우리 삶에도 저런 안내자가 있으면 좋을 텐데!'라는 생각에 사로잡힐 때가 많다. 그러나 이내 깨닫는다. 최단거리로 가는 것만이 인생길은 아니라는 사실을 말이다. 인생을 길에 빗대 이야기하는 경우는 많아도 도로에 빗대 이야기하는 경우는 거의 없다. 두 지점 사이의 최단거리로 우리를 안내하는 것이 도로라면, 길은 사연을 품고 구비구비 돌아가면서 형성된 것이라 할 수 있다. 길은 이야기를 품고 있다. 우리는 예수님을 길이라고 고백한다. 그 길은 사람들 사이로 나 있다. 그 길은 세상의 아픔과 슬픔의 물줄기를 따라 이어진다. 그 길은 갈등과 경쟁으로 찢긴 사람들의 마음을 이어주고, 흐르고 흘러 마침내 하나님의 마음에 당도하도록 인도해 준다. 우리는 그 길의 사람이다.

마음을 비우고 또 비우면 주님의 음성을 들을 수 있다. 욕심에 들뜬 귀에는 그분의 음성이 잘 들려오지 않는 법이다. 주님이 우리를 이끄시는 대로 따라가면서, 주님의 조언에 귀를 기울이며 살 때 삶이 쉬워진다. 예수님도 같은 가르침을 베푸셨다.

> 나는 마음이 온유하고 겸손하니, 내 멍에를 메고 나한테 배워라. 그리하면 너희는 마음에 쉼을 얻을 것이다. 내 멍에는 편하고, 내 짐은 가볍다(마태복음 11:29-30).

허망한 일에 마음 쓰는 일 없이, 자기 역량에 맞는 보람 있는 일을 할 수 있다면 그것이야말로 참된 쉼이 아니고 무엇이겠는가? 시편 131편의 시인도 "주님, 이제 내가 교만한 마음을 버렸습니다. 오만한 길에서 돌아섰습니다. 너무 큰 것을 가지려고 나서지 않으며, 분에 넘치는 놀라운 일을 이루려고도 하지 않습니다"(시편 131:1)라고 고백한다. 자기 분수를 아는 게 지혜이다.

> 악한 자에게는 고통이 많으나, 주님을 의지하는 사람에게는 한결같은 사랑이 넘

친다(10절).

‘악한 자rasha라샤’는 물론 잘못을 저지르는 사람이지만 하나님을 대적하는 자이다. 그는 주님이 아니라 자기의 경험, 지식, 판단을 의지할 뿐이다. 공동의 일에는 관심 없고 오로지 자신에게만 몰두한다. 이웃들의 아픔 따위는 그에게 중요하지 않다. 그런데도 그는 늘 전전긍긍하며 살아간다. 그러나 하나님을 의지하는 사람은 고통이 없지는 않으나, 한결같은 사랑에서 벗어나지 않는다. 편안해서가 아니라 하나님의 사랑 안에 거하기에 그는 늘 기쁨을 누린다. 지금 없는 것, 부재하는 것 때문에 속상해하기보다는 지금 누릴 수 있는 것 때문에 감사하며 사는 것이다. 고통받는 이웃들 곁에 서는 것을 기뻐한다. 자기에게서 해방되었기 때문이다. 시인은 ‘의인들’과 ’정직한 사람들’을 기쁨으로 초대하고 있다. 아직 우리는 코비드19가 만들어 낸 어둠에서 벗어나지 못했다. 위기 가운데서 살아가는 이들이 많다. 아프고 쓰리지만 견뎌야 한다. 넘어진 자리를 딛고 일어서야 한다. 우리 앞에 당도한 시간을 의미와 보람, 기쁨과 감사로 채울 용기를 내야 한다. 주님이 우리와 함께 하신다.

응답하시는 하나님

구원의 문들을 열어라. 내가 그 문들로 들어가서 주님께 감사를 드리겠다. 이것이 주님의 문이다. 의인들이 그리로 들어갈 것이다. 주님께서 나에게 응답하시고, 나에게 구원을 베푸셨으니, 내가 주님께 감사를 드립니다. 집 짓는 사람들이 내버린 돌이, 집 모퉁이의 머릿돌이 되었다. 이것은 주님께서 하신 일이니, 우리의 눈에는 기이한 일이 아니랴? 이 날은 주님이 구별해 주신 날, 우리 모두 이 날에 기뻐하고 즐거워하자. 주님, 간구합니다. 우리를 구원하여 주십시오. 주님, 간구합니다. 우리를 형통하게 해 주십시오. 주님의 이름으로 오는 이에게는 복이 있다. 주님의 집에서 우리가 너희를 축복하였다. 주님은 하나님이시니, 우리에게 빛을 비추어 주셨다. 나뭇가지로 축제의 단을 장식하고, 제단의 뿔도 꾸며라. 주님은 나의 하나님이시니, 내가 주님께 감사드립니다. 내 하나님, 내가 주님을 높이 기리겠습니다. 주님께 감사하여라. 그는 선하시며, 그의 인자하심이 영원하다(시편 118:19-29).

호산나!

—

남산에는 벚꽃이 한창이고 조팝나무 흰 꽃도 세상을 환하게 만들고 있다. 하지만 우리는 이 꽃 시절을 한갓지게 즐거워할 수 없다. 우리 이웃 가운데 아픈 기억에 사로잡힌 이들이 많기 때문이다. 동해안 일대에 일어난 산불로 많은 이들이 피해를 입었고, 그들은 망연자실한 채 시간을 견디고 있다. 검게 탄 것은 숲만이 아니다. 그분들의 가슴은 여전히 까맣게 타들어가고 있다. 세월호 참사 5주기가 다가온다. 유족들은 여전히 그 참담한 기억에서 벗어나지 못하고 있다.

이런 아픔의 기억을 안고 우리는 종려주일을 맞이했다. 주님이 어린 나귀를 타고 예루살렘에 입성하실 때 사람들이 종려나무 가지를 꺾어 들고 환영한 것을 기념하는 날이다. 나귀를 타는 행위는 상징적 의미를 간직하고 있다. 순례의 명절에 수많은 인파가 예루살렘에 몰리면 폭동이 일어날 것을 염려한 로마는 가이사랴에 주둔하고 있던 군대를 보내곤 했다. 로마 군단의 깃발과 기마병을 앞세운 그 행렬은 '조금이라도 반란의 조짐이 보이면 다 죽는다'는 무언의 협박 메시지를 담고 있었다. 어린 나귀를 타신 주님의 행렬은 로마군인들의 행렬과 대비된다. 느릿느릿 걷는 나귀는 평화 시대를 상징한다.

옛날에 솔로몬은 선왕인 다윗의 나귀를 타고 기혼에 가서 사독 제사장과 나단 예언자를 통해 기름 부음을 받고 나귀를 탄 채 예루살렘으로 들어왔다(열왕기상 1:45). 그의 통치 시대가 평화의 시대가 되기를 바라는 일종의 퍼포먼스였을 것이다. 사람들은 많은 기적을 행하시고, 하나님 나라를 선포하고 구현하셨던 주님의 예루살렘 입성을 환영했다. 그들은 잎 많은 생나무 가지들을 꺾어다가 길에 깔고 외쳤다.

> "호산나!", "복되시다! 주님의 이름으로 오시는 분!", "복되다! 다가오는 우리 조상 다윗의 나라여!", "더 없이 높은 곳에서, 호산나!"(마가복음 11:9-10)

민족주의적 열정과 아울러 종교적 열정이 사람들을 사로잡았다. '호산나'는 '구하여 주십시오'라는 뜻이지만 오시는 주님에 대한 찬양이라고 보아도 좋겠다. 오랜 식민지 백성으로 살면서 생활에 지쳤을 법도 하지만 그들의 가슴에는 여전히 선민이라는 자부심의 불꽃이 꺼지지 않고 있었던 것이다. 다윗 시대의 영화로움이 회복될 것이라는 기대가 그들을 들뜨게 만들었다. 유월절이 가까웠으니 그런 열망이 더욱 커졌을 것이다.

유대인들은 3대 순례 명절이 되면 '할렐 시편'을 부르곤 했다. 할렐 시편이란 '할렐루야'로 시작되거나 끝나는 시를 말한다. 삶이 제 아무리 곤고하다 해도 그들은 하나님이 세상을 통치하신다고 믿었기에 할렐 시편을 부를 수 있었다. 시편 118편에는 할렐루야라는 단어가 등장하지 않지만 사람들은 이 시도 할렐 시편에 포함시킨다. 그 정신을 고스란히 담고 있기 때문이다.

부르짖음을 들으시는 하나님

—

이 시편은 찬양대가 축제에 참석한 회중을 하나님 앞으로 이끌며 부르는 노래이다. 제의에 참석한 사람들은 무리를 지어 하나님의 집을 향해 나아가면서 지금까지 베풀어 주신 하나님의 크신 사랑을 기억하며 감사의 노래를 부르면서 주님의 통치가 영원하다는 사실을 재확인한다. 찬양대는 이스라엘 온 백성과 아론의 집 곧 제사장의 무리, 그리고 주님을 경외하는 사람들로 소개된 개종자들을 찬양의 자리로 부른다. 찬양의 내용은 간단하다. 주님의 선하심과 인자하심이다. 삶의 어려움이 없기에 찬양하는 것이 아니다. 고통과 시련이 없기에 주님이 인자하시다고 말하는 것이 아니다.

그림자 없는 인생이 어디에 있겠으며, 원하는 모든 일을 이루며 사는 사람이 어디 있겠는가? 원치 않는 일들이 시도 때도 없이 벌어지고, 영문을 알 수 없는 고통이 우리를 괴롭힐 때도 많다. 그럼에도 불구하고 하나님이 선하시고 인자하시다고 고백할 수 있는 까닭은 무엇인가? 그 고백은 기억 공동체에 속하여 있을 때 비로소 진실한 고백이 된다. 홀로 겪을 때 고통이 우리를 압도하지만, 공동체가 함께 겪을 때 고통은 상대화되게 마련이다. 기쁨은 나눌수록 커지고 슬픔은 나눌수록 작아진다는 말은 통속적이지만 삶의 경험을 제대로 반영하고 있다. 예배 공동체에 속해 있을 때 우리는 내가 홀로 고통을 겪는 것이 아니라는 사실을 알게 된다. 또한 다른 이들 역시 나 못지않은 고통과 어려움을 겪고 있음을 알 때 비애는 줄어들고, 고통을 객관화하여 바라볼 여유가 생긴다.

이스라엘의 절기는 하나님이 베푸신 해방과 구원의 역사를 기억하고 재현하기 위한 것이다. 절기행사를 통해 그들은 조상들이 경험했던 구원의 감격을 자기들의 삶의 자리에서 새롭게 맛보았다. 할렐 시편을 부르며 행진하는 이들은 당장은 해답이 없는 것처럼 보여도 자기들의 삶이 하나님의 은혜 안에 있다는 사실을 자각하게 된다.

내가 고난을 받을 때에 부르짖었더니, 주님께서 나에게 응답하여 주시고, 주님께서 나를 넓은 곳에 세우셨다(5절).

부르짖음을 들으시는 하나님, 부르짖음에 응답하시는 하나님, 곤경에 빠진 자를 건져 넓은 곳에 세우시는 하나님에 대한 공동체의 고백 속에 머물 때 우리는 살아갈 새로운 용기를 얻게 된다.

> 주님은 내 편이시므로, 나는 두렵지 않다. 사람이 나에게 무슨 해를 끼칠 수 있으랴?(6절)

이런 담대한 확신이 우리에게 있는가? 남아프리카공화국의 신학자인 알란 뵈삭Allan Boesak은 느부갓네살이 만든 금 신상 앞에 절하기를 거절하였다가 화덕 속에 던져진 사드락과 메삭, 아벳느고 이야기를 해설하면서 놀라운 통찰을 보여 준다.

> "하나님은 불을 끄지 않으셨다. 그 이상을 하셨다. 하나님은 맹렬히 타오르는 화덕 속에 들어가 사드락, 메삭, 아벳느고와 함께 계셨다. 그리고 그들은 순종의 의미를 넘어 인간의 순종에 뒤따르는 신적 연대성의 기쁨을 발견했다"(Allan Boesak, Walking on Thorns, WCC, p.32).

이사야도 위험이나 시험을 없애 주시기보다는 그것을 함께 감내하시는 하나님에 대해 들려준다.

> 주님께서는, 그들이 고난을 받을 때에 주님께서도 친히 고난을 받으셨습니다(이사야 63:9).

사랑과 긍휼로 구하여 주시고, 백성들을 치켜들고 안아 주시는 하나님이 우리와 함께 계신다. 시련과 괴로움은 쓰라리지만 우리는 그 모든 난관을 넘어설 수 있다.

삶의 이유

—

이런 확신이 있는 이들은 세상의 위협 앞에서 위축되거나 뒷걸음질 치지 않고 당당하게 선 사람이 된다. 시인은 10절부터 12절 사이에서 자기를 괴롭히고 파괴하려는 이들을 주님의 이름을 힘입어서 물리칠 수 있었다고 세 번씩이나 반복하여 고백하고 있다. 이런 고백이 우리에게 있는가? 불의 혹은 어둠과 맞서 싸우지 않고는 이런 고백에 이를 수 없다. 적당히 세상과 타협하고 사는 이들은 이런 강건한 고백에 이를 수 없다. 이런 반복된 경험을 통해 시인은 마침내 "주님은 나의 능력, 나의 노래, 나를 구원하여 주시는 분"(14절)이라는 고백에 이른다.

주님은 유월절에 십자가에 못박히셨다. 성경이 들려주는 유월절 이야기의 핵심은 노예 생활로부터 자유로, 애도에서 축제로, 모욕에서 존엄으로 나아가는 과정에 있다. 예수 그리스도의 십자가야말로 우리를 그런 삶의 자리로 인도한다. 주님은 죽음이 삶의 최종적인 말이 아니라는 사실을 입증하기 위해 죽음을 향해 뚜벅뚜벅 걸어가셨고, 죽음을 넘어서는 참 생명을 우리에게 안겨 주셨다. 예수 그리스도 안에 있는 이들은 고통 앞에서 비명을 질러대는 사람이 아니라, 고통을 거쳐 기쁨에 이르는 사람이어야 한다.

시인은 "내가 죽지 않고 살아서, 주님께서 하신 일을 선포하겠다"(17절)고 노래한다. 삶의 이유가 분명하다. 우리에게도 지금 세상 앞에 전할 삶의 이야기가 있는가? 믿음으로 살기 위해 분투하다가 어려움을 겪었지만, 그 어려움 속에서 맛본 영적 자유로움을 증언할 수 있는가?

절망을 넘어 희망으로

—

하나님 앞에 나온 순례자들은 이제 "구원의 문들을 열어라. 내가 그 문들로 들어가서 주님께 감사를 드리겠다"(19절)고 노래한다. 그 문은 하나님의 뜻을 따라 살려는 이들만이 들어갈 수 있는 문이다. 요한계시록은 하나님의 나라에 들어갈 수 없는 이들이 있다고 말한다.

> 속된 것은 무엇이나 그 도성에 들어가지 못하고, 가증한 일과 거짓을 행하는 자도 절대로 거기에 들어가지 못합니다. 다만 어린 양의 생명책에 기록되어 있는 사람들만이 들어갈 수 있습니다(요한계시록 21:27).

순례자들이 하나님께 감사를 드리는 까닭은 무엇일까? "집 짓는 사람들이 내버린 돌이, 집 모퉁이의 머릿돌이 되었다"(22절)는 고백 속에 그 답이 있다. 하나님은 주류 세계로부터 밀려난 사람들을 통해 세상을 새롭게 하신다. 하나님은 애굽에서 종살이하던 히브리인들을 들어 제사장 나라와 거룩한 백성으로 삼으셨다. 하나님은 "세상에서 비천한 것들과 멸시받는 것들을 택하셨으니 곧 잘났다고 하는 것들을 없애시려고 아무것도 아닌 것들을 택하셨다"(고린도전서 1:28).

왜 그럴까? 아픔을 겪어 보지 않은 이들은 지금 아픈 사람의 사정을 알 수 없다. 벼랑 끝에 서 본 적이 없는 사람은 그런 형편에 처한 이들의 심정을 알지 못한다. 자기가 얼마나 부족한 존재인지를 절감해 보지 않은 사람은 자괴감에 빠진 이들을 도울 수 없다. 베드로는 주님을 세 번씩이나 부인했던 쓰라린 경험이 있기에 사람들을 함부로 판단하지 않았으며, 연약한 이들의 벗이 될 수 있었다. 주님이 그에게 '내 어린 양을 먹이라' 하신 것은 그가 넘어진 적이 없는 강자이기 때문이 아니라, 절망을 넘어 희망에 이른 사람이기 때문이다.

고난주간이 시작된다. 고난의 신비나 주님의 은총을 기억하는 것만으로 우리가 할 일을 다했다고 생각해서는 안 된다. 마지막 주간 주님의 삶을 묵상하면서 우리 삶을 재정립해야 한다. 유대인인 카프란Moredechai Kaplan의 말이 큰 도전이 된다.

"만일 당신이 회당에 들어올 때의 그 사람으로 회당을 떠난다면, 당신은 회당에 오지 않은 것이나 마찬가지이다."

사순절을 지나고도 여전히 옛 사람에 머문다면 우리는 사순절을 보낸 것이 아니다. 고난주간을 통해 우리도 오늘의 시인이 당도했던 신앙고백에 이를 수 있기를 빈다. 담대한 믿음으로 건축자들이 버린 돌이 모퉁이의 머릿돌이 되는 세상을 이루기 위해 노력하는 우리의 행보에 주님의 은총이 함께 하시기를 빈다. 세상에서 천대 받고 잊힌 이들 곁에 다가설 때 비로소 우리는 그곳에 주님이 계심을 알게 될 것이다.

기초가 흔들릴 때

내가 주님께 피하였거늘, 어찌하여 너희는 나에게 이렇게 말하느냐? "너는 새처럼 너의 산에서 피하여라. 악인이 활을 당기고, 시위에 화살을 메워서 마음이 바른 사람을 어두운 곳에서 쏘려 하지 않느냐? 기초가 바닥부터 흔들리는 이 마당에 의인인들 무엇을 할 수 있겠는가?" 주님께서 그의 성전에 계신다. 주님은 그의 하늘 보좌에 앉아 계신다. 주님은 그의 눈으로 사람을 살피시고 눈동자로 꿰뚫어 보신다. 주님은 의인을 가려내시고, 악인과 폭력배를 진심으로 미워하신다. 불과 유황을 악인들 위에 비 오듯이 쏟으시며, 태우는 바람을 그들 잔의 몫으로 안겨 주신다. 주님은 의로우셔서, 정의로운 일을 사랑하는 분이시니, 정직한 사람은 그의 얼굴을 뵙게 될 것이다(시편 11:1-7).

어지러운 세태

—

부활의 기쁨을 한껏 누리며 살고 싶지만 세상은 우리의 그런 바람을 허용할 생각이 없는 것처럼 보인다. 부활절에 스리랑카에서 벌어진 폭탄 테러로 많은 이들이 죽거나 다쳤다. 그 테러에 대한 보복으로 무슬림에 대한 공격이 일어나고 있다는 보도가 잇따르고 있다. 명분이 무엇이든 타자들의 목숨을 위협하고 빼앗는 일은 악마의 일이다. 그들은 하나님의 창조를 부정하는 자들이다. 최근에 정신적 문제가 있는 이들에 의해 자행된 끔찍한 범죄들은 우리 사회가 위험 사회에 진입했음을 보여 주는 징표이다. 도처에서 라멕의 노래가 들려온다. 가인의 후예인 라멕은 아내인 아다와 씰라에게 자랑스럽게 말했다.

> 나에게 상처를 입힌 남자를 내가 죽였다. 나를 상하게 한 젊은 남자를 내가 죽였다(창세기 4:23).

정치적인 난맥상이 더해지면서 사람들의 마음도 찢겨 있다. 요 며칠 여의도 국회 의사당에서 벌어진 일들을 보면서 국민들은 암담함을 느낀다. 증오와 혐오의 말들이 넘치고 폭력도 마다하지 않는다.

칠레의 저항 시인인 파블로 네루다의 〈침묵 속에서〉가 자꾸 떠오른다. 그는 난폭한 이 세상을 향해 이런 제안을 한다.

> "이제 열둘을 세면/우리 모두 침묵하자/잠깐 동안만 지구 위에 서서/어떤 언어로도 말하지 말자/우리 단 일 초만이라도 멈추어/손도 움직이지 말자."

말이 비수가 되어 다른 이들의 가슴을 찌르고, 사람들을 가르고 있다면서 잠시 모든 말을 멈추자는 것이다. 정말 그러고 싶다. 시인은 "만일 우리가 우리의 삶을 어딘가로 몰고 가는 것에/그토록 열중하지만 않는다면/그래서 잠시만이라도 아무것도 안 할 수 있다면/어쩌면 거대한 침묵이/이 슬픔을 사라지게 할지도 모른다"고 말한다. 우리를 어딘가로 몰아가는 열정이 때로는 우리 마음을 병들게 만들기도 한다. 시인은 아무것도 안 할 자유를 누리고 싶어 한다.

오늘 본문도 같은 상황을 반영하고 있다. 시의 화자는 하나님의 뜻대로 살기 위해 몸부림치는 사람이다. 하지만 그런 삶이 쉽지는 않다. 그의 선한 의지를 비웃는 이들이 많다. 가까운 이들조차 패배주의에 깊이 침윤되어서 시인에게 말한다.

> 너는 새처럼 너의 산에서 피하여라. 악인이 활을 당기고, 시위에 화살을 메워서 마음이 바른 사람을 어두운 곳에서 쏘려 하지 않느냐? 기초가 바닥부터 흔들리는 이 마당에 의인인들 무엇을 할 수 있겠는가?(1-3절)

시인에게 이런 충고를 하는 이들은 악인들이 아니다. 세상이 비정상적이라는 사실을 알 정도의 분별력이 있는 사람들이다. 무기력한 절망감에 사로잡힌 채 세상에 적응하며 살던 그들은 한사코 적응을 거부한 채 세상과 불화하며 사는 시인을 딱하게 바라본다. 그리고 세상의 기초가 흔들리는 마당에 의인이 할 수 있는 일이 뭐가 있겠느냐고 말한다.

최소한의 용기

—

그들은 공의가 무너진 세상, 상식과 양심과 법이 작동되지 않는 세상, 종교조차 바른길을 제시하지 않는 세상에서 우리가 할 수 있는 일은 아무것도 없다고 말한다. 꽤 적실한 충언처럼 들리지만 그것은 자기들의 비겁을 호도하기 위한 것일 뿐이다. 믿음의 사람들은 이런 달콤한 말에 속지 말아야 한다. 18세기 영국 사상가인 에드문트 버크Edmund Burke는 "악이 승리하기 위한 단 하나의 조건은 선한 이들이 아무것도 하지 않는 것"(The only thing necessary for the triumph of evil is for good men to do nothing)이라고 말했다. 악인들이 득세하는 세상에서 사람들이 흔히 취하는 태도가 몇 가지 있다.

첫째는 동화同化이다. 현실주의적인 선택이다. 그들은 권력의 향배에 민감하다. 언제나 권력의 편에 섬으로 자기 이익이나 안정을 보장 받으려 한다.

둘째는 냉소이다. 이것은 약자들의 버릇이다. 냉소를 통해 자기를 세상에 물들지 않은 사람인 양 포장하려 하지만 사실상 그는 현실에 복무하는 사람이다.

셋째는 회피이다. 현실에 등을 돌린 채 홀로 고고하게 지내려 한다. 백이숙제百二叔弟와 같은 사람이 여기에 해당할까? 그들은 깨끗하지만 공적 책임의 영역에서 벗어남으로 자기들에게 주어진 책무를 소홀히 한다고 할 수 있다.

넷째는 저항이다. 그들은 길들여지기를 거부한다. 소신을 지키기 위해 손해를 감수한다. 그들에게 중요한 것은 '무엇이 내게 유익한가가 아니라 무엇이 옳은가'이다. 현실적인 문제 때문에 적극적으로 저항하지는 못한다 해도 악인들이 하는 일에 동의하지 않을 수는 있다. 어쩌면 그게 좋은 세상을 꿈꾸는 이들에게 요구되는 최소한의 용기인지도 모르겠다. 도종환 시인의 〈뒷자리〉라는 시가 있다. 아름다운 세상을 꿈꾸면서 불의와 맞서 싸우던 시절을 상기하며 그는 이렇게 노래한다.

"맨 앞에 서진 못하였지만/맨 나중까지 남을 수는 있어요//남보다 뛰어난 논리를 갖추지도 못했고/몇 마디 말로 대중을 휘어잡는 능력 또한 없지만/한번 먹은 마음만은 버리지 않아요//함께 가는 길 뒷자리에 소리 없이 섞여 있지만/옳다고 선택한 길이면 끝까지 가려 해요."

그가 이런 노래를 부르는 까닭은 남들보다 앞에 서서 그렇게 자신만만하던 사람들이 말을 바꿔 타는 것을 보았고, 가파른 목소리를 내던 사람들도 시간이 지나면서 변질되는 것을 보았기 때문이다. 이익이 개입되는 순간 사람은 변질되게 마련이다. 끝내 변질되지 않으려면 이익이 아니라 하나님의 마음에 접속되어야 한다.

보시는 하나님

—

시편 11편의 시인이 견결한 마음을 유지할 수 있었던 것은 역사의 주관자가 하나님이라는 사실을 잊지 않았기 때문이다. 그 믿음을 굳게 붙들 때 우리는 비틀거리지 않는다. 우리는 패배해도 하나님은 결코 패배하지 않으신다는 확신이 있기에 당당하고, 우리가 심는 씨가 때가 이르면 싹이 틀 것을 알기에 낙심하지 않는다. 얼마 전에 다녀온 캘리포니아는 꽃동산이었다. 겨울비가 많이 내린 덕에 온 들과 산에 꽃이 무진장으로 피어나 장관을 이루고 있었다. 우리가 진정 하나님의 능력과 때를 신뢰하는 이들이라면 괜한 우울과 냉소주의에 빠지지 말아야 한다. 명랑하게 주님의 뜻을 받들어야 한다.

주님께서 그의 성전에 계신다. 주님은 그의 하늘 보좌에 앉아 계신다. 주님은 그의 눈으로 사람을 살피시고 눈동자로 꿰뚫어 보신다. 주님은 의인을 가려내시고, 악인과 폭력배를 진심으로 미워하신다(4-5절).

'계신다'라는 말은 평범하지만 강력하다. 하나님은 일찍이 이름을 묻는 모세에게 '나는 곧 나다'라고 대답하셨다. 히브리어를 직역하면 '나는 되고자 하는 대로 될 나일 것이다'라는 뜻이 된다. 하나님은 절대적 자유 가운데 계신다. 하나님이 살아 계신다. 1930년에 제정된 감리교 교리적 선언 제 1조는 하나님을 이렇게 고백한다.

"우리는 만물의 창조주시요 섭리자시며 온 인류의 아버지시요 모든 선과 미와 애와 진의 근원이 되시는 오직 하나이신 하나님을 믿으며."

하나님은 아니 계신 듯 보여도 온 세상을 가득 채우고 계신다. 계신 하나님은 또한 보시는 하나님이시다. 세상과 사람을 살피실 뿐 아니라 의인과 악인을 가려내신다. 하나님은 악인과 폭력배를 미워하시기에 그들을 심판하실 것이다.

하나님이 그러하시듯 우리도 보는 사람이어야 한다. 보이지 않는 가운데 자라고 있는 하나님 나라도 볼 수 있어야 하지만, 불의를 불의로 볼 수 있어야 한다. 보는 데서 그쳐서는 안 된다. 불의를 멈추게 해야 한다. 작가이자 비평가인 리베카 솔닛Rebecca Solnit은 "무지는 일종의 용인"이라면서 "무지는 내 주변 사람들이 어떤 방식으로 살아가고 죽는지, 왜 그러는지 이해하려고 들지 않는 것"(리베카 솔닛, 《이것은 이름들의 전쟁이다》, 김명남 옮김, 28쪽)이라고 말한다. 히틀러가 지배하던 제3제국 시민들은 수많은 무고한 시민들이 가스실에서 죽어갈 때 마치 아무 일도 없는 것처럼 살았다. 나중에 그들은 우리는 그런 줄 몰랐다고 말했다. 하지만 몰랐던 것이 아니라 알 생각이 없었던 것이다. 선한 이들의 침묵이 악을 번성하게 한다.

예수를 바라보라

그러나 정직한 사람, 정의로운 일을 하는 사람은 하나님의 얼굴을 뵙게 될 것이다. 얼굴을 뵙는다는 것은 친밀하게 만나게 될 것이라는 말이다. 다니엘은 사자굴 속에서 주님과 만났고, 사드락과 메삭, 아벳느고는 풀무불 속에서 하나님을 만났다. 불의 앞에 절하지 않을 때, 그래서 시련과 고난이 닥쳐올 때, 바로 그때가 주님이 가장 가까이 계실 때이다.

사람들은 십자가를 자랑하면서도 한사코 그 길을 외면한다. 십자가의 길은 좁은 길이고 어리석어 보이는 길이기 때문이다. 남의 유익을 위해 자기를 희생하기란 여간 어려운 일이 아니다. 우리의 이성과 의지는 그런 삶을 지향하지만, 우리 몸은 그런 삶을 싫어한다. 몸의 욕구가 이성과 의지를 압도할 때 우리는 습관의 폭력에 속수무책인 사람이 된다. 그럴 때 우리가 해야 할 것은 주님의 은총을 구하는 것이다. 예수님을 바라보는 것이다.

어떤 사람이 호르헤라는 사람에게 물었다. "호르헤 마리오 베르고글리오에게 예수님은 어떤 분입니까?" 그러자 그는 이렇게 대답했다. "예수님은 자비로운 눈길로 나를 바라보시고 또 나를 구원하시는 분이십니다." 놀란 것은 그 다음 대목이다. "그분은 내게 아주 중요한 은총을 주셨습니다. 그것은 부끄러움廉恥의 은총the grace of shame입니다." 부끄러움의 은총이라는 말이 참 낯설게 느껴진다. 그는 부끄러움이 참 중요하다면서 "부끄러움은 당신으로 하여금 행동하게 만들지만, 그것은 또한 당신이 서 있는 자리가 어디인지, 당신이 누구인지를 이해하게 함으로써 오만과 허영심에 빠지지 않도록 해줍니다"(Pope Francis with Antonio Spadaro, Bloomsbury Continuum, p.88)라고 말한다. 부끄러움이야말로 겸손한 실천의 뿌리라는 것이다. 이 문답의 주인공인 호르헤는 지금의 가톨릭 교종 프란치스코이다.

주님을 바라볼 때 비로소 우리는 우리가 빛이 아님을 알 수 있다. 우리가 전능하지 않음을, 우리가 죄인임을 알게 된다. 주님께 부끄러움의 은총을 구하지 않을 수 없다. 그래야 우리는 조심스럽게 주님의 뒤를 따를 수 있다. 현실에 동화되지 않고 하나님 나라의 꿈을 향해 나아갈 수 있다.

모든 삶의 기초가 속절없이 흔들리는 시대이다. 의로운 이들이 할 수 있는 일이 없다는 비관주의가 스멀스멀 우리 속에 기어드는 때이다. 그러나 속지 말자. 그것은 악한 이들이 만든 거짓 신화이다. 하나님의 꿈은 스러질 수 없다. 하나님을 믿는 이들은 숙명론자들이 아니라, 숙명의 잡아당기는 힘을 떨치고 나아가 새로운 것을 창조하는 이들이다. 어제 4·27 남북정상회담 1주년을 맞아 강화에서 고성까지 DMZ 평화 손잡기 행사가 열렸다. 사람들은 서로 손을 맞잡고 평화 통일의 나라가 오게 해달라고 빌었다. 별 것 아닌 것처럼 보여도 이것은 거대한 진보이다. 꿈을 나눈다는 것, 내 손을 잡아줄 누군가가 곁에 있음을 확인하는 것처럼 든든한 일이 어디에 있을까? 지금 여기서 우리가 살고 싶은 세상을 시작하자. 작은 시작을 부끄러워하지 말자. 누가 뭐라 하든 명랑하게 하나님 나라를 지향하면 된다. 주님은 그런 우리의 삶을 통해 세상을 새롭게 하실 것이다.

족쇄와 사슬

어찌하여 뭇 나라가 술렁거리며, 어찌하여 뭇 민족이 헛된 일을 꾸미는가? 어찌하여 세상의 임금들이 전선을 펼치고, 어찌하여 통치자들이 음모를 함께 꾸며 주님을 거역하고, 주님과 그의 기름 부음 받은 이를 거역하면서 이르기를 "이 족쇄를 벗어 던지자. 이 사슬을 끊어 버리자" 하는가? 하늘 보좌에 앉으신 이가 웃으신다. 내 주님께서 그들을 비웃으신다. 마침내 주님께서 분을 내고 진노하셔서, 그들에게 호령하시며 이르시기를 "내가 나의 거룩한 산 시온 산에 '나의 왕'을 세웠다" 하신다. "나 이제 주님께서 내리실 칙령을 선포한다. 주님께서 나에게 이르시기를 '너는 내 아들, 내가 오늘 너를 낳았다. 내게 청하여라. 뭇 나라를 유산으로 주겠다. 땅 이 끝에서 저 끝까지 너의 소유가 되게 하겠다. 네가 그들을 철퇴로 부수며, 질그릇 부수듯이 부술 것이다' 하셨다." 그러므로 이제, 왕들아, 지혜롭게 행동하여라. 세상의 통치자들아, 경고하는 이 말을 받아들여라. 두려운 마음으로 주님을 섬기고, 떨리는 마음으로 주님을 찬양하여라. 그의 아들에게 입맞추어라. 그렇지 않으면 그가 진노하실 것이니, 너희가, 걸어가는 그 길에서 망할 것이다. 그의 진노하심이 지체없이 너희에게 이를 것이다. 주님께로 피신하는 사람은 모두 복을 받을 것이다(시편 2:1-12).

이중적 책임

—

6월은 호국보훈의 달이다. 주님께서 새로운 역사를 써 가고 있는 우리 민족 위에 평강의 복을 내려 주시기를 빈다. 시편 1편이 '복 있는 사람'이라는 구절로 시작된다면 시편 2편은 '복을 받을 것이다'라는 구절로 끝난다. 그래서 학자들은 시편 1편과 2편을 시편 전체의 서론으로 보고 있다. 시편 1편은 악인의 길과 의인의 길을 대조하여 보여 준다. 복 있는 사람은 돈이 많은 사람 혹은 높은 자리에 앉은 사람, 유명한 사람이 아니라, 악인의 꾀를 따르지 않는 사람, 죄인의 길에 서지 않는 사람, 오만한 자의 자리에 앉지 않는 사람이다.

악인은 타자에게 무덤을 안겨 주고 싶어 하는 사람이다. 다시 말해 타자의 생명을 위축시키거나 병들게 하는 사람이다. 그는 하나님께서 함께 살라고 보내 주신 이웃들을 목적 자체로 존중하지 않고, 자기의 욕망 충족을 위한 도구로 삼는다. 다시 말해 하나님의 형상대로 지음 받은 소중한 존재를 물건처럼 취급한다. 인간 소외가 일어나는 것이다.

죄인 혹은 오만한 사람은 하나님의 창조 질서를 무시하거나 고의적으로 훼손하는 사람을 가리킨다. 그런데 자기 확장욕에서 비롯된 죄는 오히려 부자유를 가져온다. 죄를 짓고 나면 우리 몸과 마음은 마치 거미줄에 얽힌 것처럼 불쾌함과 두려움에 사로잡히게 마련이다. 예수님께서 "진리가 너희를 자유롭게 할 것"(요한복음 8:32)이라고 말씀하신 것은 그 때문이다. 죄에서 해방된 영혼만이 자유롭게 하나님을 찬양하고, 이웃과 동고동락할 수 있다.

하지만 우리 속에는 악의 씨앗 혹은 가능성이 심겨져 있다. 누구도 예외가 아니다. 그런데 악은 매혹적이다. 사람을 잡아당기는 힘이 크다. 이런 악의 경향성을 잘 알기에 프랑스의 소설가 조르주 베르나노스Georges Bernanos는 "확실히 인간은 저 자신의 원수", "저 자신의 비밀스럽고도 은밀한 적"이라고 말했다. 그는 왜 이런 비관적인 말을 하는 것일까?

> "아무 데나 뿌려도 악惡의 씨는 거의 틀림없이 싹을 틔운다. 반대로 정말 어쩌다 갖게 되는 작으나마 선善의 씨가 짓눌려 죽어 버리지 않기 위해서는 대단한 행운, 비상한 천운이 따라야 한다"(조르주 베르나노스, 《어느 시골 신부의 일기》, 정영란 옮김, 146쪽).

선을 행하며 산다는 게 이렇게 힘들다. 그렇기에 우리에게 필요한 것은 자꾸만 주저앉는 마음을 일으켜 세우고, 하나님의 마음과 접속하는 일이다. 다른 방법이 없다. "주님의 율법을 즐거워하며, 밤낮으로 율법을 묵상"해야 한다. 시인은 그런 사람이 '복이 있다' 말한다. 땅만 바라보던 우리 눈을 들어 자꾸 하늘을 바라보아야 한다. 촛불이 바람에 일렁이면서도 수직의 중심을 찾아가듯이 하늘의 뜻으로 우리를 채워야 한다.

세상 현실

—

그러나 믿음의 사람들은 겨우 자기 앞가림이나 하는 것으로 만족해서는 안 된다. 하나님의 법이 세상에서 구현되도록 노력해야 한다. 많은 기독교인들이 세상에서 벌어지는 일은 오불관언吾不關焉 하면서 자기들은 저 높은 차원의 세계를 추구한다고 생각한다. 그들은 오히려 세상에서 벌어지는 불의를 지적하고 거기에 맞서 싸우는 이들을 비난하기까지 한다. 하지만 그것은 정말 어리석은 생각이고, 반성경적 사고이다. 공공의 문제에는 관심이 없고 오직 사사로운 자기의 문제에만 관심이 있는 사람들을 가리키는 헬라어 단어가 '이디오테스idiotes'다. 백치를 뜻하는 영어 단어 '이디엇idiot'은 바로 여기서 파생되어 나온 단어다. 머리 나쁜 사람이 바보가 아니라, 오직 자기 문제에만 골똘한 사람이 바보라는 말이다.

공공성의 문제를 생각할 때마다 투키디데스Thucydides의 《펠로폰네소스 전쟁사》에 나오는 한 장면이 떠오른다. 기원전 431년 경에 벌어진 스파르타와의 첫 전투에서 많은 아테네의 젊은이들이 죽었다. 아테네는 그 전몰자들을 국장國葬의 예로 추모한다. 천막을 치고, 죽은 자의 뼈를 3일간 안치하고, 친지들은 제물을 가져와 묘지로 행진했다. 정중하게 뼈를 매장한 후 아테네 시의 지명을 받은 페리클레스가 국장 연설을 한다. 그는 전몰자들에게 어울리는 찬사를 바치는 한편 아테네라는 도시 국가에 대한 긍지 높은 연설을 한다. 그 가운데 한 대목은 이렇다.

> "우리는 아름다움을 추구하면서도 사치로 흐르지 않고, 지智를 사랑하면서도 유약함에 빠지지 않습니다. 전사戰士도 정치에 소홀하지 않으며, 이에 참여하지 않는 자를 공명심이 없다고 보기보다는 쓸모없는 자로 생각하는 것은 우리뿐입니다"(투키디데스, 《펠로폰네소스 전쟁사》, 박광순 역, 175쪽).

아테네는 아름다움과 지혜로움을 추구하는 국가이지만 자유를 지켜 내기 위해서는 죽음을 불사하는 용기를 발휘하는 나라라는 것이다. 군인들도 자기가 살아갈 세상을 만들어 내기 위해 정치적 의사 결정에 참여하는 것을 미덕으로 여길 뿐만 아니라, 정치에 참여하지 않는 자를 공명심이 없다고 보기보다는 쓸모없는 자로 여긴다는 것이다.

그리스 사람들이 시민들의 합의로 이루는 민주주의적인 질서를 추구했다면 우리는 하나님의 말씀에 입각하여 세상을 바라보고 또 세상을 변화시켜야 할 사명이 있다. 하나님의 통치는 힘에 의한 통치가 아니다. 하나님의 통치는 자비와 인내와 사랑으로 이루어진다. 바로 그것이 하나님의 성품이기 때문이다.

주, 나 주는 자비롭고 은혜로우며, 노하기를 더디하고, 한결같은 사랑과 진실이 풍성한 하나님이다(출애굽기 34:6).

제1성서에서 자주 마주치는 구절이다. 하나님의 통치는 홀로서기 어려운 약자들을 보살피고, 그들이 기를 펴고 살도록 돕는 사랑의 통치이다. 하나님의 백성으로 부름을 받은 이들은 그런 세상을 열기 위해 혼신의 힘을 다해야 한다. 그러나 세상의 권세 잡은 자들은 자기 힘에 도취되어 하나님의 통치에 등을 돌리곤 한다. 오늘의 본문도 그런 상황을 적나라하게 드러내고 있다.

역사의 주인

—

어찌하여 뭇 나라가 술렁거리며, 어찌하여 뭇 민족이 헛된 일을 꾸미는가? 어찌하여 세상의 임금들이 전선을 펼치고, 어찌하여 통치자들이 음모를 함께 꾸며 주님을 거역하고, 주님과 그의 기름 부음 받은 이를 거역하면서 이르기를 "이 족쇄를 벗어 던지자. 이 사슬을 끊어 버리자" 하는가?(시편 2:1-3)

이 짧은 구절 속에 '어찌하여'라는 부사가 네 번이나 반복되고 있다. 이것은 '그래선 안 된다'는 뜻이 강하게 암시되어 있다. 학자들은 이 대목을 종주국의 왕이 서거한 후 새로운 왕이 즉위하기 전에 그동안 기회를 엿보던 봉신국의 통치자들이 반란을 꾀하는 상황을 그린 것으로 보고 있다. 그렇더라도 이 대목은 권력에 취해 하나님의 통치를 받아들이지 않는 세력들에 대한 고발로 보아도 무방할 것이다.

권력에 맛들인 이들은 늘 자기 자신을 과신하는 경향이 있다. 마치 전능자라도 된 것 같은 착각 말이다. 그들은 자기들에게 위임된 권한을 사적 이익을 위해 사용하기도 한다. 아무도 제동을 걸지 않기 때문이다. 전직 대법원장과 법원 행정처가 사법 거래를 시도했다는 혐의로 재판이 진행 중이다. 사실이라면 통탄할 일이다. 법조차 이해관계에 따라 자의적으로 적용되는 게 현실이라면 불신 사회는 더욱 심화될 수밖에 없다.

이럴 때 일수록 우리가 잊지 말아야 할 것은 역사에 대한 최종적인 심판자는 하나님이라는 사실이다. 우리는 모두 하나님의 심판대 앞에 서야 한다. 오늘의 시인은 하늘의 뜻을 거역하고, 자기들 좋은 대로 처신하는 이들을 보며 하나님은 웃으신다고 말한다. 하나님의 웃음은 곧 진노로 바뀐다. 하나님은 그들을 폐위시키고 세상을 다스리기 위해 새로운 왕을 세우신다.

내가 나의 거룩한 산 시온 산에 '나의 왕'을 세웠다(6절).

이 짧은 구절에 '나'라는 단어가 세 번이나 반복되고 있다. 하나님이 역사를 주관하신다는 사실을 강조한 것이다. 하나님은 세상을 통치하기 위해 사람을 일으켜 세우시는 분이시다. 하나님은 그를 두고 "너는 내 아들, 내가 오늘 너를 낳았다(7절)"고 말씀하신다. 여기서도 역시 '나'라는 단어가 반복되고 있다. 아들이라는 단어가 불편하신 분들이 있다면 딸이라 읽어도 무방할 것이다. 하나님은 지금 당신의 통치를 수행할 사람을 일으켜 세우신다. 다른 누군가를 떠올리지 말자. 성도로 부름 받은 우리가 바로 그 사람이다.

부르심 받은 이들이 누리게 될 영화로움은 바로 주님의 통치에 참여하는 것이다. 그 통치는 우리 좋을 대로 한다는 말이 아니다. 요한은 아들이신 예수님께 품부된 다스림의 목적을 아주 간결하게 요약하고 있다.

> 그것은 아들로 하여금 아버지께서 그에게 주신 모든 사람에게 영생을 주게 하려는 것입니다(요한복음 17:2).

영생은 참 하나님을 아는 것이고, 또 예수 그리스도를 아는 것이다. 안다는 것은 그분들과 깊은 심정적 일치를 이룬다는 말이다. 영생은 다른 것이 아니다. 하나님의 마음을 품고 사는 것, 예수 그리스도의 심정으로 사람들과 세상을 대하는 것이다.

조심스럽게 나아가라

—

세상은 진보하고 있을까? 진보를 자유의 확대 과정이라고 본다면 비록 더딜망정 세상은 분명 진보의 방향으로 가고 있는 것은 틀림없다. 하지만 그 진보를 가로막는 일들이 시도 때도 없이 벌어지는 것 또한 사실이다.

진보는 기존 질서를 부정하면서 마구 치고 나가는 게 아니다. 장일순 선생님은 진보를 '따뜻하게 감싸 안는 것'이라고 말했다. 그 말에 깊이 동의한다. 스스로 진보적이라고 생각하면서 생각이나 삶의 방식이 다른 이들을 함부로 대한다면, 스스로 우월하다고 생각한다면 그는 진짜 진보가 아니다. 사람과 생명을 귀히 여기고 아끼는 것이야말로 하나님이 가장 기뻐하시는 일이다.

세상의 왕들과 통치자들은 정말 지혜롭게 행동해야 한다. 하나님의 경고의 말씀을 받아들여야 한다. 시인은 엄중하게 경고한다.

두려운 마음으로 주님을 섬기고, 떨리는 마음으로 주님을 찬양하여라(11절).

두려움과 떨림이야말로 무릇 백성들을 다스리도록 부름 받은 이들에게 필요한 덕목이다. 옛글《서경書經》가운데 무릇 다스리는 사람의 마음이 어떠해야 할지를 가리키는 대목이 있다.

"매사 두려운 듯척약惕若 마음을 삼간다. 늘 조심하고 스스로를 속이지 않는다. 썩은 새끼로 수레를 모는 것처럼어후삭馭朽索, 마른 가지를 붙들고 높은 데로 오르는 사람처럼반고지攀枯枝 전전긍긍한다. 잘나갈 때는 물러설 때를 염두에 두고, 편안하다 싶으면 곧 위기가 닥칠 듯이 살피고 또 살핀다. 그래야 어려운 때를 당해도 문제없이 건너갈 수 있다"(정민, [석복惜福], 31쪽).

이것이 지혜로운 삶이다. 지금의 국제 관계에서는 이런 조심스러움이 없다. 윽박지르기와 밀어붙이기가 성행한다. 으쓱거림과 우쭐거림이 횡

행한다. 그런 힘의 논리가 당장은 효율적인 것처럼 보이는 게 사실이다. 하지만 그런 태도는 지속되기 어렵다. 하나님이 기뻐하시는 방식이 아니기 때문이다. 마틴 루터 킹 주니어Martin Luther King Jr 목사는 "우주의 윤리적 포물선은 길지만, 그 방향은 정의의 방향으로 구부러져 있다"고 말했다. 우리는 그 말을 믿는 이들이다.

지금 우리가 사는 세상은 점점 위험한 곳으로 변하고 있다. 빈부 격차는 심화되고 있고, 성장은 둔화되고 있으며, 공동체 의식도 희미해지고 있다. 국제 관계도 전통적인 신의가 아니라 경제적 이해 관계에 따라 이합집산이 자못 심각할 정도다. 이런 때 일수록 뱀처럼 지혜롭고 비둘기처럼 순결한 마음이 필요하다. 길을 잃어버리면 잠시 그 자리에 멈춰 서서 지도를 확인해 봐야 한다. 방향은 제대로 잡은 것인지, 거리는 얼마나 되는지 가늠해 보아야 한다.

마땅히 가야 할 길이 보이지 않을 때마다 우리는 주님께 길을 물어야 한다. 어리석어 보여도 참의 길, 진리의 길, 생명의 길, 평화의 길을 선택할 용기를 내야 한다. "주님께로 피신하는 사람은 모두 복을 받을 것"이라는 말씀을 꼭 붙들어야 한다. 개인적으로 퇴락頹落하지 않기 위해 말씀을 묵상하는 한편, 그 말씀이 이 땅에서 실현되도록 하기 위해 진력해야 한다. 주님은 우리와 함께 그 꿈을 이루기를 원하신다. 그런 꿈에 동참하도록 기회를 주신 하나님께 감사하면서 오늘도 내일도 주님의 손과 발이 되는 기쁨을 누릴 수 있기를 기원한다.

내가 선 자리가 든든합니다

주님, 나를 변호해 주십시오. 나는 올바르게 살아왔습니다. 주님만을 의지하고 흔들리지 않았습니다. 주님, 나를 샅샅이 살펴보시고, 시험하여 보십시오. 나의 속 깊은 곳과 마음을 달구어 보십시오. 나는 주님의 한결같은 사랑을 늘 바라보면서 주님의 진리를 따라서 살았습니다. 나는 헛된 것을 좋아하는 자들과 한자리에 앉지 않고, 음흉한 자들과도 어울리지 않았습니다. 나는 악인들의 모임에서 그들과 어울리기를 싫어하고, 한자리에 있지도 않았습니다. 주님, 내가 손을 씻어 내 무죄함을 드러내며 주님의 제단을 두루 돌면서, 감사의 노래를 소리 높여 부르며, 주님께서 나에게 해주신 놀라운 일들을 모두 다 전하겠습니다. 주님, 주님께서 계시는 집을 내가 사랑합니다. 주님의 영광이 머무르는 그 곳을 내가 사랑합니다. 나의 이 목숨을 죄인의 목숨과 함께 거두지 말아 주십시오. 나의 이 생명을 살인자들의 생명과 함께 거두지 말아 주십시오. 그들의 왼손은 음란한 우상을 들고 있고, 그들의 오른손은 뇌물로 가득 차 있습니다. 그러나 나는 깨끗하게 살려고 하오니, 이 몸을 구하여 주시고, 은혜를 베풀어 주십시오. 주님, 내가 선 자리가 든든하오니, 예배하는 모임에서 주님을 찬양하렵니다(시편 26:1-12).

내 삶의 주인은 누구인가?

—

한 주간 내내 내 마음에서 떠나지 않은 것은 "감사하는 마음, 그것은 곧 아는 마음이다./내가 누구인가를 그리고/주인이 누구인가를 아는 마음이다"라는 김현승 시인의 싯구였다. 내가 누구인가를 알고, 그 주인이 누구인가를 알아야 진짜 감사에 이를 수 있다는 말이 새삼 놀라웠다.

주님은 일찍이 "나는 내가 어디에서 와서 어디로 가는지 알고 있다"(요한복음 8:14)고 말씀하셨다. 자기 삶의 뿌리와 목표를 안다는 것보다 더 중요한 일이 있을까? 주님은 당신이 해야 할 일을 아셨기에 현실의 난관 앞에서 좌절하지 않았고, 가야 할 곳을 아셨기에 집착하지 않으셨다. 어떤 이는 흘러가는 시간을 붙잡아 두고 싶어 하는 마음이 타락의 시작이라고 말한다. 시간을 공간화 하는 것 말이다. 사람들은 대개 가시적인 것을 통해 자기 삶의 안전을 확보하기 위해 안간힘을 다하며 살아간다. 현금, 예금 통장, 보험, 땅이나 집문서가 우리 삶의 불안을 없애줄 거라고 생각한다. 그러나 생의 근본적인 불안은 쉽게 사라지지 않는다.

니코스 카잔차키스Nikos Kazantzakis의 자서전을 읽다가 눈이 번뜩 뜨이는 대목과 만난 적이 있다. 어느 해 여름, 어린 카잔차키스는 아버지와 함께 포도밭에 있는 오두막에 가서 지냈다. 갑자기 시커먼 구름이 몰려오고, 한바탕 폭우가 쏟아졌다. 집에 두고 온 건조 중인 포도를 지키기 위해 아버지는 집으로 달려갔다. 하수도가 넘쳐서 길바닥에 물이 강처럼 흘렀다. 집집마다 1년 내내 고생해 거두어 반쯤 말린 포도가 물에 휩쓸려 갔다. 마을 곳곳에서 여자들의 통곡소리가 들려왔다. 그는 집으로 달려가면서 아버지가 어떤 반응을 보일지 궁금해 했다. 아버지도 흐느껴 우실까? 욕설을 퍼붓고 고함을 지를까? 집에 도착해 건조장을 보니 과연 포도가 하나도 남아 있지 않았다. 아버지는 문간에 서서 수염을 깨물고 있었고, 어머니는 그 뒤에서 훌쩍훌쩍 울고 있었다. 그가 "아버지, 포도가 다 없어졌어요"라고 말하자 아버지가 큰소리로 대꾸했다. "시끄럽다. 우리들은 없어지지 않았어." 니코스 카잔차키스Nikos Kazantzakis는 그 순간을 절대로 잊지 못한다며 이렇게 말한다.

> "나는 그 순간이 내가 인간으로서의 위기를 맞을 때마다 위대한 교훈 노릇을 했다고 믿는다. 나는 욕이나 애원도 하지 않고 울지도 않으면서, 문간에 꼼짝 않고 침착하게 서 있던 아버지의 모습을 항상 기억했다. 꼼짝 않고 서서 재난을 지켜보며, 모든 사람들 가운데 아버지 혼자만이 인간의 위엄을 그대로 지켰다"(니코스 카잔차키스, 《영혼의 자서전1》, 안정효 옮김, 108쪽).

시련과 고통은 우리를 낙심하게 하지만, 동시에 그것은 우리로 하여금 삶의 근본을 돌아보게 만든다. 쉽게 사라져 버릴 것들에 우리 삶을 비끄러매는 것이 어리석을 수도 있다는 사실을 깨닫게 해주기도 한다. 인간의 위엄은 고통의 순간에 드러나는 법이다.

콩팥과 심장을 보시는 주님

—

감사절은 우리에게 삶의 근본을 돌아볼 것을 요구한다. 김현승 시인은 앞서 소개한 시에서 "받았기에/누렸기에/배불렀기에/감사하지 않는다/추방에서/맹수와의 싸움에서/낯선 광야에서도/용감한 조상들은 제단을 쌓고/첫 열매를 드리었다"고 노래한다. 삶의 악조건 속에서도 그들은 자기들의 처지를 원망하거나 불퉁거리지 않고 오히려 하나님께 첫 열매를 바쳤다. 그럴 수 있는 것은 삶의 주인이 누구인지를 알았기 때문이다. 진정한 감사는 이러저러한 바람이 이루어졌을 때 뿐만 아니라, 나를 이 세상에 있게 하시고 고통 속에서도 새로운 삶을 시작하게 하시는 분에 대한 깊은 인식에서 발생한다.

시편 26편을 몇 번씩 반복하여 읽으면서 이 시인은 행복한 사람이라고 생각했다. 오만하게 들릴 수도 있지만 그는 자기가 하나님 안에서 바르게 살았다고 자부한다. 그는 주님을 자기의 변호인으로 호명한다.

> 주님, 나를 변호해 주십시오. 나는 올바르게 살아왔습니다. 주님만을 의지하고 흔들리지 않았습니다(1절).

여기서 말하는 '올바름'은 도덕적 완전함을 뜻하는 말이 아니라, 삶의 지향이 흔들리지 않았다는 뜻으로 새기는 게 좋겠다. 그가 그럴 수 있었던 것은 부나 명예 혹은 권세와 같은 무상한 것들 위에 자기 생의 집을 지으려 하지 않았기 때문이다. 그는 주님만을 의지했기에 어떤 시련이 다가와도 흔들리지 않을 수 있었다. 그는 자신을 하나님 앞에 개방한다.

> 주님, 나를 샅샅이 살펴보시고, 시험하여 보십시오. 나의 속 깊은 곳과 마음을 달구어 보십시오(2절).

'나의 속 깊은 곳과 마음'으로 번역된 구절은 사실 '콩팥과 심장'을 의미한다. 옛 사람들은 마음이 장기 속에 머물고 있다고 생각했다. 심장이 생각과 결단의 자리라면 콩팥은 감정이나 양심의 자리이다. 시편 16편 7절에서 시인은 "주님께서 날마다 좋은 생각을 주시며, 밤마다 나의 마음에 교훈을 주시니" 주님을 찬양하지 않을 수 없다고 말한다. '밤마다 나의 마음에 교훈을 주셨다'는 구절은 '밤마다 신장이 나를 징계해 주었다'는 문장의 부드러운 해석이다.

예레미야는 악인들에 대해 말하면서 "뿌리를 내리고 자라며, 열매도 맺으나, 말로만 주님과 가까울 뿐, 속으로는 주님과 멀리 떨어져 있습니다"(예레미야 12:2)라고 말한다. 여기서 '속으로는 주님과 멀리 떨어져 있다'는 문장의 원래 표현은 "주님께서 그들의 신장에서는 멀리 계시다"이다. 하나님께서 그들의 양심이나 결단에 영향을 주지 않는다는 뜻이다(한스 발터 볼프, 《舊約聖書의 人間學》, 문희석 옮김, 128쪽 참조). 본문의 시인은 자기의 생각, 지향, 감정, 양심을 다 주님 앞에 내놓고 주님의 판단을 기다린다.

시인은 자신이 '헛된 것을 좋아하는 자들', '음흉한 자들', '악인들의 모임'에 어울리지도 않았고 그들과 한자리에 있지도 않았다고 말한다. 내면의 힘은 고독을 받아들이는 데 있다. 어떤 사람은 고독과 외로움을 구별하여 말한다. 외로움은 홀로 있음으로 말미암아 빚어지는 괴로움이다. 그러나 고독은 홀로 있음의 영광이다. 홀로 있어도 비참하다는 느낌이 들지 않으려면 지향이 분명해야 한다. 다른 이들의 평판에 전전긍긍하거나, 다른 이들과의 어울림에서 얻을 수 있는 이익에 집착하는 사람은 고독의 기쁨을 누릴 수 없다. 여기저기 기웃거리며 사느라 자기를 돌아볼 시간이 없는 이들이 참 많다. 그들의 영혼은 뭔가에 붙들려 있다. 가련한 영혼이다. 시인은 결별해야 할 것들과 단호히 결별했다. 패거리에 가담함으로 얻는 이익보다 영혼의 떳떳함을 중요하게 생각했기 때문이다.

양심은 자유 얻었네

—

시인은 고독 속에서도 기쁨을 누린다. 그가 궁핍했는지 부유했는지는 알 수 없다. 하지만 그는 행복한 사람이다. 양심의 자유를 누리며 살고 있으니 말이다. 젊은 시절 찬송가 336장을 부를 때마다 가슴이 무한히 확장되는 것을 느꼈다.

"환난과 핍박 중에도 성도는 신앙 지켰네/이 신앙 생각 할 때에 기쁨이 충만하도다/성도의 신앙 따라서 죽도록 충성하겠네//옥중에 매인 성도나 양심은 자유 얻었네/우리도 고난 받으며 죽어도 영광 되도다/성도의 신앙 따라서 죽도록 충성하겠네."

이런 자유를 얻을 수 있다면 어떤 대가라도 치를 수 있을 것 같았다. 이 첫 마음을 회복해야겠다. 시인이 기뻐하는 것은 원하는 바를 다 누릴 수 있기 때문이 아니다. 하는 일마다 잘 되었기 때문이 아니다. 어떤 경우에도 하나님께 등 돌리며 살지 않았다는 내적인 자부심 때문이다.

주님, 내가 손을 씻어 내 무죄함을 드러내며 주님의 제단을 두루 돌면서, 감사의 노래를 소리 높여 부르며, 주님께서 나에게 해주신 놀라운 일들을 모두 다 전하겠습니다(6-7절).

죄와 타협하지 않은 자의 기쁨, 악인들의 자리에서 벗어난 자가 누리는 기쁨, 주님이 주시는 참된 자유를 누리는 자의 감사가 넘친다. 주님께서 해주신 놀라운 일들이 어떤 것일까? 그를 괴롭히던 문제가 일순간에 해결되었다는 말일까? 바라고 꿈꾸던 일이 생각지도 못한 방식으로 이루어졌다는 말일까? 그럴 수도 있겠다. 하지만 세상에서 가장 큰 기적은 일상적인 것들 속에서 영원을 보는 눈이 열리는 것이라고 생각한다. 그 눈이 열리면 바울처럼 고백할 수 있다.

> 나는 내게 이로웠던 것은 무엇이든지 그리스도 때문에 해로운 것으로 여기게 되었습니다(빌립보서 3:7).

시인은 이런 자유를 다른 이들도 누릴 수 있기를 바란다. 교우들 중에 세상의 주류 사회에서 떠밀리고 있는 이들의 이웃이 되어 주기 위해 애쓰는 이들이 있다. 돈벌이가 되는 것도 아니고, 사회적 명사가 되는 일도 아니다. 몸은 부서질 것처럼 힘들고, 마음이 무너질 때도 있지만 그들은 그 일을 포기하지 않는다. 삶에 멀미를 하며 자기를 함부로 대하는 이들의 품이 되어 주고, 그들이 존중 받고 있다는 사실을 일깨워 주고 싶기 때문이다. 그런 일에 헌신하는 이들은 일상이 기적이라고 말한다.

세상을 향해 꽁꽁 마음을 닫고 살던 사람이 지속적인 사랑을 경험하면서 마음을 여는 것도 기적이고, 삶의 지향을 잃고 방황하던 사람이 자기가 정말 하고 싶은 일을 찾아 그 일에 매진하는 것도 기적이다. 주님의 사랑 안에서 다른 이들을 품에 안으려는 이들은 날마다 기적을 체험한다. 그들이야말로 탕자의 귀환을 기뻐하며 잔치를 벌이는 아버지의 마음을 진정으로 이해하는 사람들이다. 그들은 우상 앞에 절하지 않는다. 뇌물도 그들의 양심을 뒤흔들 수 없다.

거대한 뿌리

—

그러나 사람이기에 가끔은 흔들릴 수도 있다. 그렇기에 그들은 더욱 간절히 기도를 바치며 산다. 적당히 사는 이들은 절박하게 기도하지 않는다. 하지만 하나님의 은혜 없이는 설 수 없음을 아는 이들은 하나님의 도우심을 청하지 않을 수 없다. 오늘의 시인 역시 마찬가지이다.

> 그러나 나는 깨끗하게 살려고 하오니, 이 몸을 구하여 주시고, 은혜를 베풀어 주십시오. 주님, 내가 선 자리가 든든하오니, 예배하는 모임에서 주님을 찬양하렵니다(11-12절).

우리의 의지와 결심은 약하다. 바람에 흔들리는 부평초와 같은 것이 우리 마음이다. 생텍쥐페리의 《어린 왕자》에 나오는 한 대목이 떠오른다. 사막을 가로지르던 어린 왕자는 우연히 만난 꽃잎이 셋 달린 꽃에게 사람들이 어디에 있냐고 묻는다. 꽃은 몇 해 전에 몇 사람을 본 적은 있지만 그들을 어딜 가야 만날 수 있는지는 알 수 없다면서 이렇게 말한다.

> "바람 따라 돌아다니니까. 사람들은 뿌리가 없어. 그래서 많은 불편을 느끼는 거야"(생텍쥐페리, 《인간의 대지/야간비행/어린 왕자/남방우편기》, 안응렬 옮김, 260쪽.

정말 그런 것 같다. 삶이 고단한 것은 그 때문이다. 하지만 우리에게는 뿌리가 있다. 세상의 창조주이시며, 모든 고통당하는 자들의 구원자이신 하나님이 우리의 뿌리이시다. 우리가 이 마음으로 산다면, 어떠한 경우에도 하나님의 마음에 깊이 뿌리를 내리고 살려고 작정한다면 우리도 이 시인처럼 고백할 수 있을 것이다.

내가 선 자리가 든든하오니, 예배하는 모임에서 주님을 찬양하렵니다(12절).

예배하는 모임은 주님께 우리의 사정을 아뢰는 탄원의 자리이기도 하지만, 주님이 우리에게 베푸신 은총과 놀라운 이적을 피차 고하며 하나님께 영광을 돌리는 자리이기도 하다.

생각해 보면 지금 우리 곁에 있는 이들은 우리의 비빌 언덕이고, 설 땅이다. 우리의 기쁨을 조금의 유보도 없이 함께 기뻐해 주고, 우리가 울 때 함께 울어주고, 비틀거릴 때 손을 잡아줄 사람이 있다는 것이 얼마나 든든한가. 가장 외로운 순간에도 우리가 결코 혼자가 아니라는 사실을 알 때 우리는 다시금 살아갈 용기를 낼 수 있다. 이제 우리에게 주어진 도전은 교회 울타리 밖에 있는 이들, 벼랑 끝으로 내몰린 이들에게 다가가 그들의 설 땅이 되어 주는 일이다. 그때 우리의 감사는 깊어질 것이고, 그런 일로 인해 하나님의 영광이 이 땅에 드러날 것이다. 주님의 마음에 깊이 뿌리내리고 사는 이들은 시인처럼 고백할 수 있다. "내가 선 자리가 든든합니다." 이 고백이 우리의 고백이 될 수 있기를 빈다.

하나님과 같은 이가 어디에 있으랴?

> 할렐루야. 주님의 종들아, 찬양하여라. 주님의 이름을 찬양하여라. 지금부터 영원까지, 주님의 이름이 찬양을 받을 것이다. 해 뜨는 데서부터 해 지는 데까지, 주님의 이름이 찬양을 받을 것이다. 주님은 모든 나라보다 높으시며, 그 영광은 하늘보다 높으시다. 주 우리 하나님과 같은 이가 어디에 있으랴? 높은 곳에 계시지만 스스로 낮추셔서, 하늘과 땅을 두루 살피시고, 가난한 사람을 티끌에서 일으키시며 궁핍한 사람을 거름더미에서 들어올리셔서, 귀한 이들과 한자리에 앉게 하시며 백성의 귀한 이들과 함께 앉게 하시고, 아이를 낳지 못하는 여인조차도 한 집에서 떳떳하게 살게 하시며, 많은 아이들을 거느리고 즐거워하는 어머니가 되게 하신다. 할렐루야(시편 113:1-9).

성탄절 이후

—

다소 외롭고 쓸쓸한 성탄절이 지난 후 맞이하는 송년주일이다. 주보에 적힌 2021-52라는 숫자가 묘한 느낌을 자아낸다. 시간의 강물 위에 놓인 쉰 두개의 징검돌 가운데 이제 마지막 돌 위에 서 있다. 긴 기다림 끝에 맞이한 성탄절이 지나고, 우리는 또 다시 스산한 겨울바람 앞에 서 있다. 며칠 전 6살 손녀가 삐뚤삐뚤한 글씨로 쓴 카드를 보았다. "산타 할아버지, 사랑해요. 우리 집에 놀러오세요. 선물도 줄게요." 왜 '선물도 줄게요'라고 썼냐고 묻자 다른 사람에게 다 주고 나면 산타 할아버지는 외로울 것 같다고 대답했다. 이 이야기를 들으며 문득 우리 시대의 산타들이 생각났다. 외롭고 쓸쓸한 사람들 곁에 함께 서고, 그들을 위해 사랑의 수고를 마다하지 않은 이들도 가끔은 선물을 받는 기쁨을 누릴 필요가 있다는 생각이 들었다. 작게나마 그런 마음을 표현해 보아야겠다.

동방박사들과 목자들은 성탄절 연극에서 빠지지 않는 등장인물이다. 그들은 성탄절 분위기를 신비스럽고 목가적인 이야기로 만드는 인물들이다. 나이 많은 현자들이 태어난 지 얼마 되지 않은 아기에게 엎드려 황금과 유향과 몰약을 바치는 이야기는 얼마나 신비스러운가? 들에서 양을 치던 목자들에게 들려온 천사들의 노랫소리 역시 마찬가지다. 그러나 성탄 이후의 이야기는 우리가 직면하고 있는 냉엄한 현실을 반영한다. 메시야가 태어났다는 소식을 들은 헤롯은 그를 제거하기 위해 베들레헴에서 태어난 두 살 미만의 영아들을 학살했다. 그것이 얼마나 역사에 부합하는 현실인지는 알기 어렵다. 이 사건은 물론 출애굽기에 나오는 히브리인 남자 아이 제거 음모를 떠올리게 한다. 역사는 늘 이런 위기 속에서 변화의 계기를 맞이한다. 요셉과 마리아는 채 몸을 추스르기도 전에 피난길에 올라야 했다. 어둠에 속한 이들은 언제든 빛을 미워한다. 새로운 세상을 꿈꾸는 이들은 기득권자들에 의해 언제든 불온한 사람으로 취급받는다.

지금 우리의 현실 또한 다르지 않다. 난민이 되어 떠도는 이들이 늘어나고 있다. 설 땅을 찾아 헤매다가 검은 바다에 가라앉기도 한다. 코로나19로 고통 받고 있을 때 가난한 나라 사람들은 백신이 제때에 공급되지 않아 위험에 노출된 채 지내곤 했다. 백신 제국주의가 건강의 불평등을 낳은 결과라 해도 과언이 아니다. 절대 빈곤에 처하게 된 사람들도 늘어나고 있고, 사람들 사이에 드리운 불안과 두려움이 타자에 대한 혐오로 표현되기도 한다. 생태계는 중병에 걸려 신음하고 있다. 성탄절 이후 시대를 살아야 하는 우리의 현실이다.

주님이 가장 연약한 자의 모습으로 오셨다는 사실이 의미심장하다. 주님은 누군가의 돌봄이 필요하시다. 아름다운 세상의 꿈은 언제나 위태롭다. 희망은 일쑤 절망의 파도에 삼켜지곤 한다. 이런 일이 반복될 때 사람들은 지치거나 냉소적으로 변한다. 세상은 아무리 몸부림쳐 봐도 변하지 않는다는 비관주의가 우리를 뒤흔든다. 바야흐로 세상과의 타협이 시작된다. 이게 타락이다. 하지만 우리는 불가능의 가능성을 붙들고 사는 사람들이다. 그렇기에 우리는 희망의 노래를 그칠 수 없다. 홀로 부르는 노래는 외롭다. 그러나 우리의 노래가 중창이 되고 합창이 되면 세상은 달라질 수 있다. 젊은 날 목이 터져라 부르던 노래가 떠오른다.

"혼자 힘으로는 할 수 없겠네/둘의 힘으로도 할 수 없겠네/둘과 둘이 모여 커단 힘이 될 때/저 굳센 장벽을 깨뜨릴 수 있네."

신앙 공동체 혹은 믿는 이들의 연대는 그래서 소중하다.

찬양받으실 이름

—

수난을 당하시기 전 최후의 만찬을 마치신 예수님은 제자들과 함께 찬송을 부르며 올리브 산으로 가셨다(마태복음 26:30). 이때 부른 찬송은 유대인들이 삼대 순례 축제 때마다 불렀던 시편 113-118편 찬양이었을 것이다. 주님은 이미 당신의 운명을 예감하셨다. 그렇다고 하여 우울이나 공포에 사로잡히시지 않았다. 모든 것을 하나님의 뜻에 맡겼기 때문이다. 그 첫 노래인 시편 113편은 하나님이 어떤 분인지를 두 갈래로 나누어 설명한다. 하나는 하나님의 존귀하심이고, 다른 하나는 하나님께서 세상의 약자들에게 베푸시는 자비의 행위이다. 시는 제사장이 찬양대에게 주님을 찬양할 것을 요구하며 시작된다.

할렐루야, 주님의 종들아, 찬양하여라. 주님의 이름을 찬양하여라(1절).

주님은 찬양을 받으실 분이시다. 찬양의 시간은 '지금부터 영원까지'이고, 찬양의 자리는 '해 뜨는 데서부터 해 지는 데까지'이다. 이 대목에서 초점은 '주님의 이름이다. 이름은 사람이나 사물을 구별하기 위해 부여한 기호다. 이름 명名 자는 '저녁夕'과 '입口'가 결합된 글자다. 어두워 사물을 분간할 수 없을 때 우리는 이름을 호명함으로 의사소통을 한다. 하지만 이름은 단순한 기호가 아니다. 어떤 이름이 발화되는 순간 우리 속에는 어떤 기억이나 정서가 떠오르게 마련이다. 마음을 따뜻하게 만드는 이름도 있고, 불쾌감을 자아내는 이름도 있다.

여호와의 이름을 찬양한다는 것은 어떤 의미일까? 앞서도 이야기 한 것처럼 찬양의 뿌리는 하나님의 위대하심과 존귀하심에 대한 자각이다. 시간 속을 바장이며 살다가도 어느 날 문득 우리가 하나님의 세계에 속해 있음을 자각하게 되는 때가 있다. 장엄한 세계에 눈을 뜰 때이다. "주 하나님 지으신 모든 세계 내 마음 속에 그리어 볼 때 하늘의 별 울려 퍼지는 뇌성 주님의 권능 우주에 찼네." 저절로 이런 찬양이 나온다.

그러나 수많은 난관과 어려움을 겪는 게 인생이다. 벼랑 끝에 선 듯 삶이 위태로운 때도 있었고, 광야에 홀로 선 듯 외로운 때도 있었고, 흐르는 모래에 갇힌 듯 무력감을 느낄 때도 있었다. 그러나 돌이켜 생각해보면 하나님은 언제나 우리 곁에 계시면서 힘을 불어넣어주셨고, 좋은 이웃들을 보내 곤경에서 건져주셨다. 시편 40편 기자의 고백이 우리의 고백이다.

> 주님께서 나를 멸망의 구덩이에서 건져 주시고, 진흙탕에서 나를 건져 주셨네. 내가 반석을 딛고 서게 해주시고 내 걸음을 안전하게 해주셨네(시편 40:2).

며칠 전 어느 성악가가 부르는 '하나님의 은혜'라는 찬양을 들었다. 그는 울먹이느라 제대로 노래를 부르지 못했다. 그러나 그 마음은 충분이 느낄 수 있었다.

> "한량없는 은혜 갚을 길 없는 은혜/내 삶을 에워싸는 하나님의 은혜/나 주저함 없이 그 땅을 밟음도/나를 붙드시는 하나님의 은혜."

행복이나 사랑이 그러하듯 감사도 언제나 반성적인 개념이다. 당장에는 느끼지 못하지만 뒤늦게야 깨닫게 되는 것이라는 말이다. 깨닫고 나면 찬양하지 않을 수 없다.

낮은 자를 살피시는 하나님

—

변화무쌍한 세상에 사는 동안 우리는 멀미를 할 때가 많다. 역사는 자유의 확대 과정이라고들 말한다. 하지만 역사는 전진과 퇴행을 반복한다. 그러나 우리는 궁극적으로는 하나님의 뜻이 승리할 것임을 믿는다. 그래서 오늘의 시인은 "주님은 모든 나라보다 높으시며, 그 영광은 하늘보다 높으시다"(4절)라고 노래한다. 우리는 패배할지 몰라도 하나님은 패배하실 리 없다. 그 희망은 근원적 희망이다. 이 희망이 우리를 어둠 너머로 밀어 올린다. 절망적인 현실 속에서도 명랑함과 유머를 잃지 않게 한다.

하늘보다 높으신 하나님은 저 초월의 자리에 머무시는 분이 아니다. 우리의 삶을 살피시고, 개입하시고, 선한 길로 이끄시는 분이시다. 가장 높으신 분이 가장 낮은 자리에 내려오신다. 그것이 강생의 신비다. 바울 사도는 그리스도 탄생의 신비를 하늘 보좌를 버리시고 낮은 땅에 내려오심으로 설명했다. 어느 영어 번역본은 빌립보서 2장 7절에 나오는 이 대목을 "He made Himself nothing."이라고 옮겼다. 모든 나라보다 높고 그 영광이 하늘보다 높으신 분께서 철저히 자기를 '무'로 만드셨다. 이 낙차가 우리에게 충격을 준다. 내려오심의 목적은 가장 낮아진 자를 들어올리기 위함이다.

주 우리 하나님과 같은 이가 어디에 있으랴? 높은 곳에 계시지만 스스로 낮추셔서, 하늘과 땅을 두루 살피시고, 가난한 사람을 티끌에서 일으키시며 궁핍한 사람을 거름더미에서 들어올리셔서(시편 113:5–7).

세 가지 동사가 눈에 띈다. '낮추다', '살피다', '들어올리다'가 그것이다. 하나님은 '가난한 사람'과 '궁핍한 사람'에게 관심이 많으시다. 가난한 사람을 뜻하는 히브리어 '달dal'은 '낮다, 약하다'는 뜻으로도 새길 수 있다. 사회적 약자를 이르는 말입니다. 궁핍한 사람을 뜻하는 히브리어 '에비온eby-own'은 억압받거나 학대당하는 사람을 가리킨다. 한 마디로 비존재 취급을 받는 사람들의 살 권리를 회복시켜 주시는 게 하나님의 뜻이다.

여러 해 전, 홍천에서 목회를 하던 선배 교회에 가서 설교를 한 적이 있다. 그 예배실 전면에 걸린 십자가가 눈에 띄었다. 볼품도 없고, 다듬지도 않은 나무가 십자 형태로 연결되어 있었다. 얼마든지 아름답고 매끈한 십자가를 만들 수도 있었는데, 굳이 저런 십자가를 걸었나 싶었다. 제 마음을 눈치챘는지 선배는 그 십자가에 얽힌 이야기를 들려주었다. 어느 날 거리를 걷다 보니 나무토막 한 무더기가 길가에 아무렇게나 방치되어 있더란다. 가만히 보니 새로 이식한 어린 가로수가 넘어지지 않도록 지탱해주던 버팀목 목재였다. 이제 나무가 스스로 설 수 있게 되자 제 구실을 다한 버팀목들은 해체되어 바닥에 그렇게 버려졌던 것이다. 선배는 그 버팀목에서 그리스도의 처지를 읽었던 것이다. 누군가의 기댈 언덕이 되어주고, 가끔은 버림받기도 하는 주님. 그는 그 나무를 가져다가 십자가로 만들었다. 하나님은 언제나 가난한 사람들과 궁핍한 사람들의 버팀목이시다.

변혁적 개입

—

그 뿐만이 아니다. 주님은 그렇게 천대받던 사람들이 근근이 살도록 하실 뿐만 아니라, 당당한 주체가 되어 살게 하신다.

> 귀한 이들과 한자리에 앉게 하시며 백성의 귀한 아들과 함께 앉게 하시고, 아이를 낳지 못하는 여인조차도 한 집에서 떳떳하게 살게 하시며, 많은 아이들을 거느리고 즐거워하는 어머니가 되게 하신다. 할렐루야(시편 113:8-9).

성경은 어떤 의미에서는 혁명적 텍스트다. 모두가 당연하게 받아들이는 힘의 질서를 뒤집어 엎으니 말이다. 제국들이 발흥하던 시기에 이스라엘 사람들은 상한 갈대도 꺾지 않으시고, 꺼져가는 등불도 끄지 않으시는 하나님을 찬양했다. 왕과 귀족들만이 존귀하게 여겨지던 세상에서 모든 인간이 다 하나님의 형상대로 지음 받았다고 선언했다. 로마 제국이 지배하는 광활한 영토의 궁벽한 변방에서 예수님은 영원한 것은 하나님 나라 밖에 없다고 가르치셨다.

하나님을 믿는 이들은 체제의 입장에서는 불온한 존재들이다. 바울 사도 일행은 데살로니가에서 유대인들의 모함으로 박해를 받았다. 유대인들은 그 도시에서 자기들을 지지하던 이들이 바울에게로 돌아서자, 불량배들을 동원하여 믿는 이들을 시청 관원들에게 끌고 가서 고발하였다. 고발의 내용은 둘이다. 하나는 황제의 명령을 거슬러 행동한다는 것이고, 다른 하나는 그들이 세상을 소란하게 한다는 것이었다(사도행전 17:6, 7). '세상을 소란하게 한다'는 말은 '불화를 조성한다'는 뜻이다. 악의적 모함이지만 어느 정도는 사실이다. 예언자들의 가르침, 예수님의 가르침, 사도들의 가르침은 다 전복적이다. 그들은 모두 의를 위하여 박해를 받았다.

지금 우리 곁에 오신 주님은 우리와 함께 세상을 고치려 하신다. 가장 높은 곳에 계신 분이 가장 낮은 이들의 동맹자라는 사실은 얼마나 놀랍고 신비한 일인가? 폭력과 독점의 욕망이 세상을 거칠게 휘몰아치는 세상에 살면서도 우리는 하나님을 마음을 다하여 높여야 한다. 주님을 믿는 이들이 함께 부르는 찬양은 세상의 굳센 장벽을 깨뜨리는 힘이 될 수 있다. 우리는 혼자가 아니다. 우리 마음에 희망의 불씨가 꺼져가도 걱정할 것 없다. 내 심지에 불을 붙여줄 동지가 있으니 말이다. 한 해의 마지막 징검돌을 건너면서 우리가 가슴에 새겨야 할 말씀은 이것이다.

"하나님과 같은 이가 어디에 있으랴?"

내 속을 새롭게 하여 주십시오

우슬초로 나를 정결케 해주십시오. 내가 깨끗하게 될 것입니다. 나를 씻어 주십시오. 내가 눈보다 더 희게 될 것입니다. 기쁨과 즐거움의 소리를 들려주십시오. 주님께서 꺾으신 뼈들도, 기뻐하며 춤출 것입니다. 주님의 눈을 내 죄에서 돌리시고, 내 모든 죄악을 없애 주십시오. 아, 하나님, 내 속에 깨끗한 마음을 창조하여 주시고 내 속을 견고한 심령으로 새롭게 하여 주십시오. 주님 앞에서 나를 쫓아내지 마시며, 주님의 성령을 나에게서 거두어 가지 말아 주십시오. 주님께서 베푸시는 구원의 기쁨을 내게 회복시켜 주시고, 내가 지탱할 수 있도록 내게 자발적인 마음을 주십시오(시편 51:7-12).

바벨탑 사건을 넘어

우리는 바야흐로 교회력으로 성령강림절기에 접어들었다. 내일이 망종芒種이다. 까끄라기 작물들의 씨를 뿌리는 때라지만 우리 기후에서는 밭보리를 수확하고 모내기를 해야 할 때이다. 우리 중 농부는 많지 않지만 생명과 평화의 씨를 뿌려야 한다는 점에서는 농부와 비슷한 사람이라 할 수 있다. 오늘부터 시작되는 성령강림절기는 대림절에 이르기까지 지속된다. 씨를 뿌리고 수확을 하는 농부들의 시간과 얼추 일치한다. 우리 신앙생활도 그런 파종의 수고와 성장의 보람과 결실의 기쁨을 모두 맛볼 수 있으면 좋겠다.

오순절 성령 강림 사건은 무기력에 사로잡혔던 제자들을 일으켜 세웠다. 그들은 성령 강림과 더불어 일어선 사람, 직립의 사람이 되었다. 위로는 하늘의 뜻을 받들고, 아래로는 그리스도의 몸이 되어 세상을 섬기는 사람 말이다. 프랑스의 조각가 알베르토 자코메티Alberto Giacometti는 늘 서 있는 사람을 형상화하곤 했다. 그는 직립의 사람들을 조각한 까닭을 이렇게 밝혔다.

> "수평의 인간은 잠이요, 의지상실이요, 인간다움의 포기요, 굴복이요, 백치이기 때문이다. 인간이 아무리 빈약한 체구를 가졌더라도 서 있을 수 있는 한은 희망을 가질 수 있다. 이것이 수직성에 관한 나의 철학이고 미학이다."

박해에 대한 두려움에 사로잡혀 골방에 숨어 지내던 제자들은 성령으로 인해 생기 충만하게 되었고, 마침내 그들은 두려움을 떨치고 광장으로 달려 나가 '그 이름'을 전하기 시작했다. 로마 당국과 유대교 성전 체제에 의해 금기시 되던 나사렛 예수의 이름을 그들은 힘차게 증언했다. 베드로의 오순절 설교는 아름답고 장엄하다.

> 유대인들은 무법자의 손을 빌어 그를 십자가에 못박아 죽였지만, 하나님께서는 그를 죽음의 고통에서 풀어서 살리셨습니다. 그가 죽음의 세력에 사로잡혀 있는 것은 있을 수 없는 일이기 때문입니다(사도행전 2:23-24).

베드로와 요한은 '나사렛 예수의 이름'으로 성전 아름다운 문 앞에 앉아 있던 날 때부터 걷지 못하던 걸인을 치유했다.

성령강림절에 일어난 한 사건을 우리는 놀라움으로 기억한다. 사도들이 방언으로 말하자 순례 차 예루살렘에 와 있던 사람들은 신기하게도 모두 자기가 태어나 살던 지방의 말로 들었다. 이 사건을 이해하기 위해서는 그 옛날 바벨탑 사건을 기억해야 한다. 창세기 11장은 처음에는 세상에 언어가 하나뿐이어서 모두가 같은 말을 썼다고 말한다. 동쪽으로 이동하던 그들은 시날 땅 한 복판에 자리를 잡고는 말했다.

> 자, 도시를 세우고, 그 안에 탑을 쌓고서, 탑 꼭대기가 하늘에 닿게 하여, 우리의 이름을 날리고, 온 땅 위에 흩어지지 않게 하자(창세기 11:4).

도시를 세우고 꼭대기가 하늘에 닿는 탑을 쌓은 동기는 두 가지였다. 이름을 날리자는 것과 흩어지지 않게 하자는 것이 그것이다. 자연과의 투쟁을 통해 살아남으려는 인간의 자구책처럼 보인다.

그러나 이 바벨탑 이야기에는 아주 심각한 문명 비판이 담겨 있다. 사람들은 탑을 쌓을 때 돌이 아닌 단단히 구워낸 벽돌을 사용했고, 흙 대신 역청을 사용했다. 벽돌은 도량형의 통일을 상징한다. 역청은 틈 없는 연결을 가리킨다. 벽돌과 역청은 하나의 목소리만이 허용될 뿐 다른 목소리는 허용하지 않는 제국주의를 달리 표현한 것이 아닐까? 일사불란, 총화단결이라는 말은 전체주의 사회에서 우리가 흔히 듣던 표현들이다. 벽돌과 역청의 세상은 평화로운 듯 보이지만 진짜 평화는 없다. 차이가 용납되지 않기 때문이다. 하나님은 스스로 신적인 존재가 되려는 인간의 오만함을 그냥 두고 보실 수 없었다. 그래서 그들을 흩으시고 언어를 혼잡하게 하셨다.

언어의 혼잡은 어찌 보면 징계이지만 은총일 수도 있다. 저마다 자기 목소리를 가지고 살 수 있게 하셨으니 말이다. 다름을 용납하는 것이 하나님의 세계의 특색이다. 그 세계는 화이부동和而不同의 세계다. 그러나 문제는 여전히 존재한다. 사람들이 서로를 이해하기 어렵게 되었으니 말이다. 오순절 성령강림 사건은 그 한계를 뛰어넘는 가능성을 보여준다. 사도들은 자기들의 언어로 말했지만 각 지방에서 온 사람들은 자기들에게 익숙한 언어로 알아들었다. 상호 소통이 일어난 것이다. 차이는 존재하되 영적으로 깊이 연결됨을 느끼게 만드는 것, 바로 그것이 성령이 하시는 일이다. 지금 같은 불통의 세상에 성령께서 임하시기를 간절히 바라는 것은 그 때문이다. 성령강림절 사건은 새로운 삶의 출발점이다. 그 출발점에 선 우리는 시편 51편을 우리 여정의 안내자로 삼으면 좋겠다.

정직한 자기 인식

—

시편 51편은 시편 가운데서 대표적인 참회시다. 시의 표제는 이 시의 상황을 '다윗이 밧세바와 정을 통한 뒤, 예언자 나단이 그를 찾아왔을 때 뉘우치고 지은 시'라고 되어 있다. 시편에 나오는 표제는 시를 읽는 독자들로 하여금 시의 세계에 쉽게 접근할 수 있도록 구체적 상황을 떠올리게 하기 위한 것이다. 그러니까 이 시를 꼭 다윗의 부끄러운 기억에 결부시켜 생각할 필요는 없다. 다윗과 똑같은 경험은 아니지만 우리도 살다보면 차마 남에게 말하기 어려운 부끄러운 일을 저지를 때가 있다. 그것은 어두운 그림자가 되어 우리를 암암리에 지배한다. 시편을 읽는다는 것은 시편을 통해 자기의 그림자를 자각하고, 그것을 하나님의 은총 앞에 내려놓는 것이다. 시인은 먼저 하나님께 자비를 베풀어달라고 청한다.

> 하나님, 주님의 한결같은 사랑으로 내게 자비를 베풀어 주십시오. 주님의 크신 긍휼을 베푸시어 내 반역죄를 없애 주십시오. 내 죄악을 말끔히 씻어 주시고, 내 죄를 깨끗이 없애 주십시오(시편 51:1-2).

한결같은 사랑을 뜻하는 헤세드는 언약에 근거한 사랑을 말한다. 긍휼을 뜻하는 라훔은 자궁을 뜻하는 말로 자식을 사랑하는 어머니의 사랑을 가리킨다. 시인은 자기를 지배하고 있는 악의 충동과 가능성을 깊이 자각하고 있다. 반역죄라고 번역된 '페쉐'는 의도적인 모반을 뜻하고, 죄악이라 번역된 '아온'은 길을 잘못 든 것을 말한다. 죄라고 번역된 '하타아'는 화살이 과녁을 빗나갔다는 뜻이다. 세 가지 단어가 거듭 사용된 것은 죄를 세밀하게 구분하기 위한 것이라기보다는 다양한 표현을 통해 하나님과의 언약에 충실하지 못했던 자기의 죄의 심각성을 드러내기 위한 것이다. '없애 주십시오', '말끔히 씻어 주십시오', '깨끗이 없애 주십시오'라는 구절도 마찬가지다.

그는 죄를 이길 힘이 자기에게 없다는 사실을 너무나 잘 알고 있다. 우리는 하나님께서 동생에 대한 미칠 듯한 질투에 사로잡혀 얼굴빛이 변한 가인에게 경고하신 말씀을 기억한다.

> 네가 올바른 일을 하였다면, 어찌하여 얼굴빛이 달라지느냐? 네가 올바르지 못

한 일을 하였으니, 죄가 너의 문에 도사리고 앉아서, 너를 지배하려고 한다. 너는 그 죄를 잘 다스려야 한다(창세기 4:7).

시인은 죄를 다스리고 싶지만 그럴 수 있는 내적인 힘이 자기에게 없음을 시인한다. 그는 그 죄의 뿌리 깊음을 나타내기 위해 어머니가 자기를 죄악 중에 잉태했다고 말한다. 어머니의 죄를 고발하기 위한 것이 아니다. 마치 자기 장기나 피부인양 떨쳐버리기 어려운 죄악을 드러내기 위한 표현일 뿐이다.

시인은 하나님께서 우리에게 바라시는 것이 '찢겨진 심령', '찢겨지고 짓밟힌 마음'(17절)이라고 말한다. 하나님은 자기의 어둠 혹은 그림자를 보며 아파하는 이들을 멸시하지 않으신다. 하나님은 우리가 흙에 지나지 않는다는 사실을 잘 아신다. 가끔 터무니없는 욕망에 사로잡혀 말도 안 되는 일을 저지르기도 하고, 또 그것 때문에 아파하는 것이 인간이다. 찢긴 마음은 부끄럽지만 하나님은 그 부끄러움과 쓰라림을 통로로 삼아 우리 속에 진실한 마음을 빚어주고, 주님의 지혜를 심어주신다. 그 사실을 알기에 시인은 고백란다.

기쁨과 즐거움의 소리를 들려주십시오. 주님께서 꺾으신 뼈들도, 기뻐하며 춤출 것입니다(시편 51:8).

주님께서 꺾으신 뼈들도 기뻐하며 춤출 것이라는 표현이 강력하다. 실패나 시련, 부끄러움이 오히려 우리를 새로운 존재로 빚어낸다면 우리는 춤이라도 추어야 할 것이다.

새로운 창조

시인은 이제 더 이상 부끄러운 옛 삶을 지속하고 싶어 하지 않는다. 새로운 존재로 거듭나고 싶어 한다. 그러나 그것은 굳건한 의지만으로 가능한 일이 아니다. 그는 자기 의지의 무력함을 처절하게 경험한 사람이다. 그렇기에 그는 하나님께 청한다.

> 아, 하나님, 내 속에 깨끗한 마음을 창조하여 주시고 내 속을 견고한 심령으로 새롭게 하여 주십시오(시편 51:10).

'깨끗한 마음', '견고한 심령'은 하나님의 은총을 통하여 받는 마음이다. 깨끗한 마음이란 어떤 것일까? 자아에 사로잡히지 않은 마음, 사욕에 물들지 않은 마음이 아닐까? 공자는 《시경詩經》 전체를 한 마디로 요약하면 '삿된 생각을 품지 않는 것'이라 했다. 그게 깨끗한 마음이다. '견고한 심령'은 바람 부는 대로 나부끼지 않는 마음, 바로 선 마음이다. 물론 어떤 경우에도 흔들리지 않는 사람은 없다. 견고한 심령의 사람은 흔들리면서도 기어코 중심을 찾아가는 사람이다. 우리 속에 깨끗한 마음과 견고한 심령을 창조하는 것이 바로 성령께서 하시는 일이다. 그것을 알기에 시인은 하나님께 청한다.

> 주님 앞에서 나를 쫓아내지 마시며, 주님의 성령을 나에게서 거두어 가지 말아 주십시오(시편 51:11).

'주님 앞'은 주님의 현존 혹은 주님의 얼굴을 가리킨다. 주님 앞에서 나를 쫓아내지 말라는 말은 당신의 얼굴을 숨기지 말아달라는 청이다. 하나님의 환한 얼굴을 보고 살 때 우리는 대낮의 사람이 된다. 우울과 무기력에 사로잡히지 않고 활기차게 살게 된다. 주님의 호흡 혹은 생기가 속에 가득 찰 때 우리는 땅의 인력 혹은 세속의 물결에 속절없이 휩쓸려 가지 않게 된다.

돈이 주인 노릇하는 세상은 우리에게 끊임없이 불안감을 심어주려 한다. 두려움과 고립감이 심화될수록 우리는 확고하게 현실에 포박 당하게 마련이다. 그러나 성령은 우리에게 다른 세계를 바라보도록 만든다. 남들과의 경쟁을 통해 쟁취해야 하는 것 말고, 마음만 먹으면 누릴 수 있는 것이 제법 많다는 사실을 느끼게 만든다. 우정, 사랑, 연대, 나눔, 섬김의 기쁨을 누리게 하신다. 성령은 우리 속에 주님의 구원의 즐거움을 회복시켜 준다. 그리고 자발적으로 주님의 뜻을 따를 수 있는 힘을 부여한다. 성령은 우리 속에 여백을 창조하여 다른 이들을 받아들이게 하고, 그들을 사랑스런 눈빛으로 바라볼 수 있게 해주신다. 바울 사도는 이 놀라운 진실을 우리에게 가르쳐 준다.

> 하나님은 여러분 안에서 활동하셔서, 여러분으로 하여금 하나님을 기쁘게 해 드릴 것을 염원하게 하시고 실천하게 하시는 분입니다(빌립보서 2:13).

놀라운 말이다. 하나님의 영은 우리로 하여금 '하나님을 기쁘게 해 드릴 것을 염원하게' 하신다. 그리고 그것을 실천할 힘을 우리 속에 불어넣으신다. 하나님을 기쁘게 해 드릴 것이 무엇일까? 뒤틀리고 구부러진 세대에 흠 없는 하나님의 자녀가 되는 것이다. 우리의 존재 자체가 하나님이 존재하신다는 사실에 대한 증거가 되는 것이다.

경험의 확장

—

시인은 하나님께 몇 가지를 더 청한다. 첫째는 반역하는 죄인들에게 주님의 길을 가르칠 수 있게 해달라는 것이다. 스스로 하나님을 반역하는 죄를 저질렀기에 그는 죄인들의 마음을 이해할 수 있다. 슬픔과 상실의 아픔을 경험해 본 사람이 슬픔에 처한 이를 위로할 수 있는 것처럼, 시인은 자기 경험을 통해 방황하고 있는 이들을 주님께로 인도하고 싶어 한다. 우리의 상처와 아픔의 경험이 하나님의 손에 들려지면 누군가를 치유하는 소중한 도구가 되기도 하는 법이다.

둘째는 살인죄를 짓지 않게 지켜달라고 한다. 이 노래가 다윗의 노래라는 전제하에 본다면 밧세바를 범한 죄를 숨기지 위해 충직한 장군 우리야를 사지에 내몰았던 일을 떠올리게 마련이다. 나의 죄를 숨기기 위해 혹은 나의 이익을 위해 누군가를 도구로 삼거나 해치는 일을 하지 말아야 한다. 푸틴은 러시아의 우크라이나 침공이 신정 국가의 순수성을 지키기 위한 것이라고 선전한다. 서방 세계의 가치관에 물든 우크라이나를 정화하기 위한 것이라는 것이다. 그러나 명분 뒤에 숨은 추악한 욕망을 우리는 잘 알고 있다. 전미총기협회NRA는 정의를 지키기 위해서 총기의 소유와 사용은 불가피하다고 말한다. 그들로부터 막대한 후원금을 받는 정치인들도 같은 논리로 총기 규제에 반대한다. 사람들은 자기 이익을 확보하기 위해 그럴듯한 명분을 만든다. 우리는 생명과 평화를 저해하는 어떤 논리도 받아들일 수 없다.

셋째는 "주님의 은혜로 시온을 잘 돌보아주시고, 예루살렘 성벽을 견고히 세워"달라는 청이다. 모든 사람은 하나님 앞에 선 단독자이지만 사회를 구성하는 최소 단위이기도 하다. 믿음의 사람들은 홀로 만족하는 사람이 아니다. 우리가 살고 있는 세상에 대한 공적인 책임을 다해야 한다. 약한 이들은 붙들어 주고, 악한 이들은 꾸짖어야 한다. 정의가 승리하도록 힘을 보태야 하고, 불의에는 항거해야 한다. 우리 사회가 약육강식의 논리가 지배하는 곳으로 전락하지 않게 해야 할 책임이 우리에게 있다.

우리는 이제 아주 긴 성령강림절기 여정을 시작한다. 하나님의 생기가 우리 속에서 잦아들지 않기를 빈다. 성령이 주시는 능력으로 생명을 북돋고, 평화를 단호하게 선택하는 용기를 발휘할 수 있기를 기도한다.

시편으로

삶에 대한 경외감과 감사함을 회복하게 해주십시오

하나님, 오늘도 산 자의 땅에서 주님을 찬미함이 우리의 기쁨입니다. 시간 여행자로 살아온 지난 날을 돌아보면 참 험악한 세월을 살아왔다는 야곱의 고백이 절로 떠오릅니다. 안식 없는 땅, 평화 없는 땅에 사느라 우리는 지쳤습니다. 그러나 돌이켜 생각해보면 주님의 섬세한 은총이 우리를 붙들고 계셨음을 깨닫습니다. 주님은 폭염에 지친 우리의 시원한 그늘이 되어 주셨습니다. 암탉이 새끼를 품에 안듯이 주님은 우리를 품어주셨습니다. 꺼져가는 등불도 끄지 않으시고, 상한 갈대도 꺾지 않으시는 하나님, 오늘 우리에게 생명을 주심은 사랑을 배우라는 명령임을 깨닫습니다. 이 황량하고 거친 세상을 사느라 힘겨웠던 이들이 여기 있습니다. 우리 마음에는 깊은 고랑이 패어 있습니다. 한숨과 비탄이 그 고랑을 가득 채우곤 했습니다. 주님, 이제는 그 고랑마다 하나님의 은혜의 강물이 흐르게 해주십시오. 남은 세월 동안 하나님의 은총을 발견하는 기쁨을 한껏 누리게 해주시고, 그 기쁨을 뭇 사람들에게 증언하며 살게 해주십시오. 주님의 마음을 향한 순롓길에 오른 우리와 동행해 주십시오. 오랫동안 우리 마음에 드리워졌던 어둠의 장막을 떨쳐버리고, 삶에 대한 경외감과 감사함을 회복하게 해주십시오. 돌베개를 베고 잠을 청해야 했던 야곱을 찾아오셔서 '네가 어디에 가든지 너와 함께 있어 너를 지키리라' 하셨던 주님, 새로운 시간을 맞이하는 우리에게도 그런 약속을 허락하여 주십시오. 그 삶의 여정 가운데 하나님의 은총과 더 깊이 만나게 해주십시오. 아멘.

고통받는 이들의 곁에 서게 해주십시오

시간의 주인이신 하나님, 우리를 불쌍히 여겨주십시오. 시간에 등떠밀리며 허둥대며 사느라 우리는 안식과 평안을 잃어버렸습니다. 이제는 우리 마음의 영원한 고향이신 주님께로 나아가오니 우리를 품에 안아주십시오. 우리 앞에 당도한 시간이 하나님의 선물임을 깨달아, 하루하루를 감사와 기쁨으로 채워가게 해주십시오. 모든 거짓과 속임수에서 우리를 지켜주시고, 위선을 만날 때마다 그것을 알아보게 도와주십시오. 주님이 이끄시는 길대로 걷게 하시고, 달콤한 유혹에 빠져 곁길로 빠지지 않게 해주십시오. 우리를 잡아당겨 발걸음을 무겁게 하는 것들이 참 많습니다. 허무한 열정, 덧없는 쾌락, 쓸데없는 염려로부터 우리를 해방시켜 주십시오. 도움받기를 싫어하게 만드는 교만함과 주님의 고통을 함께 나누지 못하는 비굴함에서 벗어나게 해주십시오. 하나님, 모든 가정들이 하나님을 중심에 모시고 살게 하시고, 각자에게 주어진 일을 하나님께서 맡기신 일로 여겨 즐겁게 감당하게 하시고, 사랑의 온기가 늘 감돌게 하여주십시오. 우리 사회는 지나칠 정도로 분열되어 있습니다. 정당하게 경쟁하되 상대에게 쓴맛을 안기려는 거친 마음을 도려내 주십시오. 정의와 평등을 추구하여 형제의 연합과 일치를 이루어나가게 해주십시오. 갈등의 밤에서 벗어나 정의의 낮으로 들어가게 해주십시오. 그리하여 사랑과 진실이 만나고, 정의는 평화와 입을 맞추는 세상을 이루는데 우리를 사용하여 주십시오. 주님의 몸으로 세움을 받은 교회가, 도처에서 추문거리로 전락하고 있습니다. 가장 아름다우신 주님의 이름이 우리로 인해 모욕당하고 있습니다. 아픔과 설움의 땅에 사는 이들을 치유하셨던 예수님처럼 우리도 고통받는 이들의 곁에 서게 해주십시오. 사람을 갈라놓는 장벽을 허무신 주님처럼, 우리도 화해의 공동체가 되게 해주십시오. 아멘.

주님의 선한 능력으로
우리를 이끌어주십시오

모든 존재의 근원이신 하나님을 찬양합니다. 혼돈과 공허와 흑암이 가득한 세상에 사느라 지친 우리들을 긍휼히 여겨시고, 다시 한 번 마음을 가다듬고 아름답게 살아보라고 새해를 허락하여 주셨습니다. 주님의 은총이 참으로 크옵니다. 옛 삶의 인력이 우리를 자꾸만 뒤로 잡아 끌려 하지만, 이제 우리는 하나님의 은총에 이끌려 새 하늘과 새 땅을 바라봅니다. 더욱 맑은 눈으로 이웃과 세상을 바라보게 해주십시오. 하나님의 숨결이 깃든 세상의 신비 앞에서 늘 경탄하며 살게 해주십시오. 비록 아무 소리 들리지 않아도 온 누리에 울려 퍼지는 하늘의 소리를 듣게 해주십시오. 지금, 우리 앞에 있는 이들이 하나님이 보내주신 선물임을 잊지 않게 해주십시오. 호불호의 감정을 넘어 그들이 하나님의 형상대로 지음 받은 존재임을 잊지 않게 해주십시오. 때로는 견디기 어려운 풍랑이 우리의 곤고한 삶을 뒤흔들 것입니다. 그러나 파도 위를 가볍게 걸으셨던 주님처럼, 의연하고 굳세게 진리의 길, 생명의 길을 걷게 해주십시오. 세상이 각박할수록 몰인정의 대지를 사랑의 쟁깃날로 갈아엎을 용기를 주시고, 생명의 씨, 평화의 씨를 파종하는 검질긴 믿음을 허락하여 주십시오. 사랑과 진실이 만나고, 정의가 평화와 입을 맞추는 세상을 이루기 위해 땀흘리게 해주시고,

그 길 위에서 문득 부활하신 주님과 만나는 더없는 기쁨을 맛보게 해주십시오. 세상을 떠돌고 있는 난민들이 안심하고 살아갈 수 있게 해주시고, 기아와 빈곤으로 인해 비인간적인 삶에 내몰린 이들이, 저마다 온전한 생명의 몫을 누리며 살 수 있도록 도와주십시오. 세상 도처에서 주님의 이름으로 모이는 교회가 저들의 고향과 둥지가 되게 해주십시오. 해함도 상함도 없는 세상의 꿈을 품고 살겠습니다. 주님의 선한 능력으로 우리를 이끌어주십시오. 우리 속에 하늘의 숨을 불어넣으시어, 하늘 군대로 살아가게 해주십시오. 아멘.

슬픔의 강물에 떠밀리고 있는 모든 이들을 궁휼히 여겨주십시오

하나님, 모처럼 내리는 봄비가 참 반가웠습니다. 그러나 우산도 없이 그 비를 맞으며 가슴 깊은 곳에서 올라오는 눈물을 금할 수 없었습니다. 그 비가 마치 가족을 잃고 슬피 우는 이들의 눈물처럼 느껴졌기 때문입니다. 주님, 자식을 잃고 통곡하는 이땅의 라헬들의 울음소리를 듣고 계십니까? 팽목항에서 담요를 들고 돌아오지 않는 아들딸을 기다리며 야속하게도 푸른 바다만 바라보는 엄마들의 심정을 헤아리고 계십니까? 이태원 참사에서 속절없이 사라진 생명을 바라보며 울부짖는 가족들의 절규를 듣고 계십니까? 이제는 울음소리조차 나오지 않아 마른 울음을 울다 지쳐 쓰러진 이들을 보고 계십니까? 공포에 질린 채 다가오는 죽음을 속절없이 바라보아야 했던 그 착하디 착한 이들은 지금 어디에 있습니까? 채 피어 보지도 못한 채 스러진 꽃봉우리들 앞에서 우리는 할 말을 잊었습니다. "나의 하나님, 나의 하나님, 왜 나를 버리십니까?" 예수님의 아픈 탄식을 우리는 지금 이 땅에서 듣고 있습니다. 주님, 뜻하지 않은 시간에 죽음을 맞이한 이들을 긍휼히 여겨주십시오. 뜻하지 않은 시간에 가족을 잃은 이들을 긍휼히 여겨주십시오. 슬픔의 강물에 떠밀리고 있는 모든 이들을 긍휼히 여겨주십시오. 가슴 속에 심연에서 벗어나지 못하는 생존자들을 긍휼히 여겨주십시오. 누구보다 큰 충격을 받은 이땅의 청소년들을 긍휼히 여겨주십시오. 주님의 크신 품으로 안으시고, 그들의 눈물을 닦아주십시오. 주님, 인류의 첫 사람을 '너희가 신처럼 되리라' 유혹하며 기어코 선악과를 따먹게 했던 그 징그러운 뱀은 지금도 사라지지 않았습니다. '성장과 발전 강박'에 사로잡혀 행복의 신기루를 따라 질주하는 동안, 우리는 하늘도, 이웃도, 자기 자신도 다 잃어버리고 말았습니다. 돈이 지배하는 세상에 사는 동안 우리는 모두 괴물로 변하고 말았습니다. '효율과 경쟁'을 삶의 원리로 받아들인 후 세상은 죽음의 벌판이 되고 말았습니다. 구조를 위해 최선을 다해야 할 그 시간에, 언론은 죽은 이들이 받을 보상을 계산하는 기민함을 보였습니다. 이것이 적나라한 우리 사회의 민낯입니다. 돈 귀신이 이 땅을 휘젓고 다닙니다. 주님, 돈벌이를 위해 생명을 죽음의 벼랑 끝으로 내몰고도 반성할 줄 모르는 기업, 관리 감독 책임을 지고 있으면서도 무사안일하게 대처해온 관료들, 위기에 빠진 이들을 버려두고 제 한 목숨 구하기 위한 달아난 사람들, 그리고 위험하다는 이유로 구조의 임무를 방기한 사람들, 그 참담한 상황 속에서도 비용만 계산하고 있던 사람들, 마치 남의 말을 하듯 다른 이들에게만 책임을 묻는 무능한 정부, 성급하게 값싼 화해와 용서를 권유하는 교회, 그리고 이런 현실에 눈을 감고 살아온 우리 모두를 엄히 꾸짖어주십시오. 하오나 주님, 우리는 이 비극 속에서도 희망을 보았습니다. 다른 이들을 위해 기꺼이 위험 속으로 들어간 이들 말입니다. 그들은 죽음의 벼랑 끝에서 오히려 인간 정신의 위대함을 드러냈습니다. 우리는 그들 속에서 참 사람이신 예수 그리스도의 그림자를 보았습니다. 그들 덕분에 우리는 슬픔 속에서도 위로를 얻습니다. 주님, 이제 다시는 이땅에서 이런 비극이 반복되지 않게 해주십시오. 세월호에서 희생당한 이들의 죽음이 헛되이 허비되지 않게 해주십시오. 이 일을 계기로 우리 문화가 생명 중심의 문화로 변화되게 해주십시오. 저들의 억울한 죽음을 망각의 강물 속에 떠내려 보내지 않게 해주시고, 새로운 세상을 위한 주춧돌로 삼게 해주십시오. 그때 비로소 우리는 부활의 기쁨을 진심으로 찬미할 수 있겠나이다. 에스겔의 해골 골짜기에 불어왔던 생기를 지금 우리에게도 보내주십시오. 아멘.

진리가 주는 자유 속에서 살게 해주십시오

하나님, 사랑하는 이들과 함께 주님의 이름을 부를 수 있는 날을 얼마나 기다렸는지 모릅니다. 위험이 모두 사라진 것은 아니지만 우리 이렇게 조심스럽게 일상을 향해 발을 내딛습니다. 힘겨운 시간이었지만 하나님은 한결같은 사랑으로 우리를 지켜주셨습니다. 위태로운 지경 속에 빠진 이들도 있었지만, 공허와 혼돈과 흑암 속에서 빛을 창조하시듯 주님은 우리 속에 희망과 생기를 불어넣어주셨습니다. 우리가 어디에 있든 주님은 언제나 우리 곁에 계셨고, 마땅히 가야 할 길로 갈 수 있는 힘을 불어넣어 주셨습니다. 넉넉하진 않았지만 하나님은 풀 위에 내리는 이슬처럼 우리 삶에 꼭 필요한 것을 채워주셨습니다. 참 감사합니다. 하지만 믿음이 부족한 우리는 자주 하나님께 등을 돌리곤 했습니다. 욕망의 벌판을 질주하느라 하늘을 바라보지 못했습니다. 경쟁에서 패배할지 모른다는 강박관념에 사로잡혀 살다보니 마땅히 사랑해야 할 이들을 돌보지 못했습니다. 세상의 공허한 시끄러움에 빠져들 때마다 우울과 냉소가 우리를 사로잡기도 했습니다. 그러나 주님은 밤하늘의 맑은 별처럼 우리에게 다가오시어, 우리가 잃어버렸던 삶의 신비와 깊이를 깨닫게 하셨습니다. 주님의 빛으로 우리를 인도하시고, 주님의 기쁨으로 우리 마음을 넓혀주십시오.

우리가 잃어버렸던 삶의 신비와 깊이를 깨닫게 하셨습니다. 주님의 빛으로 우리를 인도하시고, 주님의 기쁨으로 우리 마음을 넓혀주십시오. 모든 것으로부터 버림 받은 것처럼 느껴지는 순간에도 하나님은 절대로 우리를 저버리지 않으신다는 믿음으로 살게 해주십시오. 우리가 무력할 때 하나님의 능력이 오히려 강하게 역사하심을 잊지 않게 해주십시오. 우리를 편협함에서 구해주시고, 진리가 주는 자유 속에서 살게 해주십시오. 주님, 당신의 몸인 이 땅의 교회들을 지켜주십시오. 사방에서 뭇매를 맞고 있습니다. 세상은 우리에게서 그리스도의 향기가 나지 않는다고 말합니다. 부끄럽습니다. 참담합니다. 이제는 정말 거듭나야 할 때입니다. 늦가을이 되어 나뭇잎을 다 떨구고 졸가리만 남은 나무처럼, 허장성세를 버리고 겸손하게 잃어버린 본분을 되찾을 수 있도록 도와주십시오. 희망을 찾아 세상을 떠도는 이들을 긍휼히 여겨주십시오. 낯선 세계 속에서 천대 받으며 사는 이들을 사랑의 품으로 안아 주십시오. 전 세계에 흩어져 사는 하나님의 백성들이 그들의 좋은 이웃이 되게 해주십시오. 여전히 나가야 할 길을 더듬어 찾는 신세이지만, 하나님의 인자하심을 영원히 찬양하며 살게 해주십시오. 아멘.